RECHT WIRTSCHAFT STEUERN

Handbuch
Deutsche Kreditmarkt-Standards

Band 3

Herausgegeben von

Professor Dr. Christoph Schalast

Rechtsanwalt und Notar, Frankfurt am Main

und

Dr. Jörg Keibel

Rechtsanwalt, Frankfurt am Main

Fachmedien Recht und Wirtschaft | dfv Mediengruppe | Frankfurt am Main

Alle im Buch verwendeten Begriffe verstehen sich geschlechterneutral. Aus Gründen der besseren Lesbarkeit wird auf eine geschlechtsspezifische Differenzierung verzichtet – entsprechende Begriffe gelten im Sinne der Gleichbehandlung grundsätzlich für alle Geschlechter. Die verkürzte Sprachform hat lediglich redaktionelle Gründe und beinhaltet keine Wertung.

Bibliografische Information der Deutschen Nationalbibliothek

Die Deutsche Nationalbibliothek verzeichnet diese Publikation in der Deutschen Nationalbibliografie; detaillierte bibliografische Daten sind im Internet über http://dnb.de abrufbar.

ISBN: 978-3-8005-2046-6

dfv Mediengruppe

Mainzer Landstr. 251, 60326 Frankfurt am Main, buchverlag@ruw.de

Der Verlag im Internet: www.ruw.de

Satzkonvertierung: Lichtsatz Michael Glaese GmbH, 69502 Hemsbach

Druck und Verarbeitung: Beltz Bad Langensalza GmbH, 99947 Bad Langensalza

Printed in Germany

Vorwort des Vorstands

Wofür steht die Deutsche Kreditmarkt-Standards im 15. Jahr ihres Bestehens? Natürlich für die bereits für den deutschen Kreditmarkt entwickelten Vertragsmuster und Leitfäden, die durchgeführten Veranstaltungen und Webinare, den Aufbau eines DKS-Netzwerks sowie die wissenschaftliche Unterstützung über den DKS-Beirat mit der jährlichen Würdigung von Bachelor-, Master- und Doktorarbeiten mit dem DKS-Award.

Bei einer Mustererstellung geht es nicht immer darum, das Rad neu zu erfinden. In der Regel gibt es bereits zahlreiche Muster, die denselben Sachverhalt regeln. Das Problem besteht darin, dass dieselben Regelungen zwar in einem Muster enthalten sind, aber an ganz unterschiedlichen Stellen. Es ergibt sich also ein Such- und Abstimmungsbedarf, der mit der inhaltlichen Arbeit noch gar nichts zu tun hat. Diese Arbeit kann man sich sparen, wenn es ein am Kreditmarkt allgemein anerkanntes Muster gibt.

Gerade Kreditinstitute wollen Arbeitsabläufe möglichst standardisieren. Es macht wenig Sinn, Privat- oder Firmen-Kreditverträge immer wieder neu zu entwickeln. Allerdings hat dann jede der Bankengruppen, wie Sparkassen, Genossenschaftsbanken oder die Privatkreditbanken sein eigenes Muster. Das führt zu einem unterschiedlichen Vertragsaufbau und damit zu wenig Vergleichbarkeit. Es gibt daher bankverbandsübergreifend die Institution der Deutsche Kreditwirtschaft. Seit 2011 ist die Deutsche Kreditwirtschaft als Zusammenschluss des Bundesverbandes der Deutschen Volksbanken und Raiffeisenbanken, des Bundesverbandes deutscher Banken, des Bundesverbandes Öffentlicher Banken Deutschlands, des Deutschen Sparkassen- und Giroverbandes und des Verbandes deutscher Pfandbriefbanken die Interessenvertretung der kreditwirtschaftlichen Spitzenverbände. Diese Interessenvertretung steht für eine gemeinsame Meinungs- und Willensbildung eingeschränkt auf die Standardisierung beim Zahlungsverkehr einschließlich der Kartenzahlungssysteme, aber nicht für bankenverbandsübergreifende Mustererstellung. Diese Funktion übernimmt daher die DKS.

Um einen Marktstandard entwickeln zu können, ist es notwendig, alle Stakeholder einzubinden. Dieses gelingt der DKS zum einen über die eigenen Mitglieder und zum anderen über die Direktansprache der am Markt bekannten Experten. Hierfür ist die DKS als neutrale Plattform prädestiniert. Sie kann hierbei einen fachlichen Austausch ermöglichen, ohne selbst geschäftlichen Interessen nachzugehen. Ein qualitativ hochwertiges Produkt ist das Ziel. Die einmal entwickelten Muster und Standards bleiben auch nicht auf ewig auf der Stelle stehen, sondern werden regelmäßig an neue Gesetze oder Verordnungen bzw. die sich verändernde Rechtslage angepasst.

In den letzten Jahren wurde der Expertenaustausch vor allem über themenspezifische Veranstaltungen gefördert. Im letzten Jahr wurde nun erstmalig ein ganztägiges Symposium durchgeführt, auf dem die ganze Bandbreite der DKS-Themen von diversen Expertinnen und Experten vorgestellt wurden. Die Kernpunkte waren Verbraucherkredit – Restrukturierung – (Banken-)Regulierung. Die dortigen Beiträge bilden den Rahmen für das vorliegende Handbuch Teil 3.

Der Verbraucherschutz ist seit langem ein Thema der DKS, weil es für die Kreditinstitute mit jeder neuen Regelung oder (EuGH-)Entscheidung Umsetzungsbedarf gibt. Die Einführung der Muster-Widerrufserklärung und der sogenannte Widerrufsjoker sind noch gar nicht lange her, umso mehr bemühte sich die Bundesregierung, die von der EU beschlossene Verbraucherkredit-Richtlinie schnellstens umzusetzen. Das sollte eigentlich im November 2025 erfolgt sein. Stattdessen scheint das Thema keine Priorität mehr zu genießen, sodass das notwendige Umsetzungsgesetz immer noch nicht vorliegt. Vom typischen deutschen „Gold-Plating“ wird der Gesetzgeber dadurch wohl keinen Abstand nehmen, vielmehr verbleibt den Kreditinstituten dann nur weniger Zeit, die neuen Anforderungen bis November 2026 umzusetzen.

Nach vier Jahren Laufzeit des Gesetzes über den Stabilisierungs- und Restrukturierungsrahmen für Unternehmen (StaRUG) war es Zeit, dieses einer Evaluation zu unterziehen. Das zuständige Bundesjustizministerium hat sich dabei in einer Vielzahl von Veranstaltungen zu diesem Thema schlau gemacht. Die Diskussionen zeigten, dass nicht jeder eine Gesetzesanpassung für notwendig hält. Es hat sich nämlich gezeigt, dass erfahrene Restrukturierungsrichter StaRUG-Verfahren professionell abwickeln können. Leider ist die Verteilung der StaRUG-Verfahren bundesweit sehr unterschiedlich, sodass einige Restrukturierungsgerichte nur sehr wenige Fälle im Jahr haben. Daraus kann sich dann keine Routine entwickeln. Aber wie sich eine Krise rechtzeitig erkennen lässt, damit hat sich das Institut der Wirtschaftsprüfer beschäftigt und den IDW S 16 im November herausgebracht. Nicht nur im klassischen Bankgeschäft, sondern auch im Markt der Kryptowerte soll ein geeigneter Anleger- und Verbraucherschutz etabliert werden. Eine Projektgruppe gibt es schon.

Ein klassisches Beispiel der DKS-Arbeit ist die gerade laufende Mustererstellung für einen Konsortialkreditvertrag für Small/Mid Cap. Hier zeigt sich, dass am Markt genutzte Muster als zu umfangreich und komplex angesehen werden. Ein zwischen verschiedenen Stakeholdern gut abgestimmtes DKS-Vertragsmuster kann hier sehr hilfreich sein.

Digital Law ist auf dem Vormarsch und gerade bei rechtlichen Sachverhalten nicht mehr zu ignorieren. Wer kann schon einen mehrere hundert Seiten langen Vertrag in Sekundenschnelle analysieren. Der Rechercheaufwand wird erheblich reduziert werden. Die Rechtsberatung wird sich entsprechend umstellen müssen. Der Vorteil der DKS gegenüber einer KI-Anwendung ist dabei der persönliche Austausch zwischen verschiedenen Experten. Das gilt vor allem für die Entwicklung neuer Muster und Standards, die nicht auf bereits bestehenden Entwicklungen beruhen.

Natürlich hat sich das Symposium auch mit der Künstlichen Intelligenz (KI) beschäftigt. Ein zentraler Punkt ist dabei, potenzielle Anwendungsfälle zu identifizieren. Danach geht es zur Implementierungsphase bevor dann die KI-Lösungen skaliert werden. Ein weiterer Beitrag beschäftigte sich mit den genutzten Daten. Hierzu gab es die These, dass KI Daten braucht, keine Datensilos. Zudem gab es eine detaillierte Untersuchung zu KI-Systemen in der juristischen Due Diligence und im Kanzleibetrieb am Beispiel der Immobilien-Due-Diligence.

Manche erinnern sich noch an Non Fungible Token, heute ist ein Blockchain „Use Case" die Tokenisierung von Sachwerten, bspw. Wind- und Solaranlagen. Eine Anleitung ist beigefügt. Komplizierter wurde es dann bei der Tokenisierung, hier die Abgrenzung zwischen Central Bank Money Token und der Central Bank Digital Currency (digitaler Euro). Nicht nur eine Lösung haben, sondern auch die entsprechenden Use Cases, das ist die Aufgabe der European Blockchain Sandbox. Mit der Wertsteigerung des Bitcoins sind auf einmal auch im Fall einer Insolvenz Millionenwerte vorhanden, aber leider nur virtuell. Dadurch entsteht naturgemäß die Frage, wie man an diese Vermögenswerte herankommen kann.

Die NPL-Quote der Banken ist bei der EU seit Jahren unterbesonderer Beobachtung, obwohl Deutschland in dieser Hinsicht wenig im Fokus steht. Aber die Maturity Wall und der NPL-Backstop gelten für alle europäischen Kreditinstitute, also müssen sich die deutschen Institute auch damit beschäftigen. Beim Thema Verbriefungen ging es um Standardisierungen und die Verbriefungsplattform. Hierzu will die Bundesregierung den Markt ankurbeln, damit die von *Mario Draghi* und *Enrico Letta* in ihren Berichten genannten Investitionen finanzierbar sind. Es geht schließlich um hunderte von Milliarden Euro. Grundsätzlich ist daher auch die Entwicklung bei Private Debt und Private Credit zu beachten.

Ein großes EU-Thema (Green Deal) ist ESG, dort vor allem die umfangreiche EU-Taxonomie. Diese wurde so kompliziert angelegt, dass sie nun mit dem Omnibus-Paket wieder vereinfacht werden soll. Um die ESG-Anforderungen in Kreditverträge hineinzubringen und das notwendige ESG-Reporting zu strukturieren, hat man schon früh über Standardklauseln nachgedacht. Insoweit besonders zu erwähnen ist das Chancery Lane Projekt. Aber es gibt auch andere Geschäftsfelder, wo Standards helfen, wie bspw. für grüne Schiffsfinanzierungen.

Neben dem Mail-Versand werden die DKS-Interessenten auch über soziale Netzwerke, hier vor allem LinkedIn, über die DKS-Arbeit informiert. Die regelmäßige Zunahme der Follower-Zahlen zeigt, dass hier ein steigendes Interesse an der DKS-Arbeit zu verzeichnen ist.

Es wäre sicher wünschenswert, wenn der Ansatz der Mustererstellung und Standardisierung auch in anderen europäischen Ländern Fuß fassen würde. Allerdings hat die von der DKS im Jahr 2019 europaweit durchgeführte Analyse zu Anforderungen an NPL-Plattformen gezeigt, dass die Jurisdiktionen der 27 Länder sehr unterschiedlich aufgestellt sind. Eine Vereinheitlichung ist daher sehr schwierig. Aber vielleicht wäre eine Kooperation mit Österreich ein Start. Wie langwierig eine europaweite Abstimmung ist, zeigt die von der EU-Kommission erwogene Harmonisierung des europäischen Insolvenzrechts.

Auch die wissenschaftliche Aufarbeitung von Themen nimmt zunehmend breiten Raum ein. Dies liegt nicht nur daran, dass der wissenschaftliche Beirat der DKS erweitert wurde, sondern daran, dass die Beiräte aufgrund ihrer Qualifikation in Ausschüssen auf europäischer oder nationaler Ebene mitarbeiten oder sogar entsprechende Forschungsaufträge erteilt bekommen. Dadurch kann die DKS-Arbeit mit Informationen aus erster Hand bereichert werden. Auch in einem anderen Aspekt hilft der enge Kontakt zur Wissenschaft. Die jährlich vergebenen Awards für die besten Bachelor- und Masterarbeiten im deutschen Kreditmarkt erfreuen sich einer zunehmenden Aufmerksamkeit unter den angesprochenen Universitätsprofessorinnen und -professoren. Dieses führt zu einer höheren Qualität und Quantität der eingereichten Award-Arbeiten.

Das vorliegende Handbuch veranschaulicht die Bandbreite der Themen, die die DKS in den letzten Jahren bearbeitet hat. Als neutrale Plattform gelang es, eine Vielzahl von namhaften Referenten für die DKS-Workshops und Webinare als Referenten zu gewinnen. Zudem kooperiert die DKS mit anderen spezialisierten Verbänden aus dem Kreditmarkt. Die Arbeit der DKS hat sich kontinuierlich weiterentwickelt und ist damit zu einer festen Größe im deutschen Kreditmarkt geworden.

Frankfurt am Main, Februar 2026

Für den Vorstand

Dr. Jörg Keibel, stv. Vorstandsvorsitzender, SCHALAST LAW TAX

Prof. Dr. Christoph Schalast, Vorstandsvorsitzender, SCHALAST LAW TAX

Jens-Georg Nawrath, stv. Vorstandsvorsitzender, Ankura Consulting Group

André Barth, Schatzmeister, KUCERA Rechtsanwälte

Lars Löffelholz, Vorstand, Commerzbank AG

Claus Radünz, Vorstand, Landesbank Baden-Württemberg

Vorwort des Beirats

Es ist eine Binsenweisheit, dass Märkte ohne Standards schlechter oder schlichtweg gar nicht funktionieren. Aber Binse oder nicht, diese Weisheit stimmt. Und daher freue ich mich umso mehr, dass der dritte Teil dieses Handbuchs nun verfügbar ist. Im Namen des Beirats darf ich dem Vorstand des Deutsche-Kreditmarkt-Standards e. V. (DKS) um Prof. Dr. Christoph Schalast und Dr. Jörg Keibel von Herzen gratulieren.

Mehr als 25 Beiträge plus neue Musterverträge – als Herausgeber verschiedener Sammelwerke und Schriftleiter einer fachlich einschlägigen Fachzeitschrift ist mir bewusst, welcher Aufwand hinter solch einem Werk steckt. Bereits der Blick ins Inhaltsverzeichnis lässt Großes ahnen. Alle Themen, die Wissenschaft und Praxis umtreiben, sind vertreten – seien es große Gesetzgebungsprojekte (nicht notwendigerweise: große Würfe) wie die neue Verbraucherkreditrichtlinie, die DORA, das StaRUG oder das EU-Bankenpaket, Digitalisierung in allen ihren Facetten (Legal Tech, die Implementierung des bzw. Risikomanagement unter dem AI Act), ESG (Musterklauseln, grüne Schiffsfinanzierungen), aber auch Klassiker aus dem Bereich Verbriefung, Private Debt und Konsortialkredit. Ganz besonders freue ich mich über das mir besonders am Herzen liegende Thema Krypto/Blockchain: Kollektiver Anlegerschutz, Sonderinsolvenzrecht, Tokenisierung, DLT-Pilot und Giralgeldtoken, es ist alles da. Der innere Schriftleiter staunt und hätte sich den eigenen oder anderen Beitrag gerne im „eigenen" Heft gesehen.

Generell ist der DKS auf einem sehr guten Weg. Nicht weniger als 62 sind inzwischen Mitglieder. Sie alle eint das Ziel, Prozess- und Vertragsstandards für den deutschen Kreditmarkt zu etablieren – sei es in der Vorbereitung, in der Durchführung oder der Abwicklung.

Auch im Beirat des DKS hat es Veränderungen gegeben. Hinzugestoßen sind seit 2024 Prof. Dr. Dörte Poelzig (Uni Hamburg), Prof. Dr. Ulrich Segna (EBS), Prof. Dr. Jessica Schmidt (Uni Bayreuth), Prof. Dr. Dominik Skauradszun (HS Fulda), Prof. Dr. Annika Wolf (HS Emden-Leer) – und der Unterzeichner (TU München). In Kombination mit dem bestehenden Beirat ist ein Lineup entstanden, das sich auch in wissenschaftlichen Zeitschriften so kaum findet. Für die hartnäckige Nachwuchsarbeit gebührt Dr. Jörg Keibel große Anerkennung. Ausgeschieden ist auf eigenen Wunsch Prof. Dr. Christine Laudenbach.

Als Initiationsritus für den Beirat hat sich inzwischen ein kurzer Vortrag der Neumitglieder über die aktuellen Forschungsschwerpunkte bei der gemeinsamen Sitzung im Herbst etabliert. Der Kollege Segna sprach hierbei zu depotrechtlichen Widersprüchlichkeiten bei der Umsetzung von Sanktionen im Wertpapierbereich, während ich einen Blick auf (noch nicht) aktuelle Fragen aus dem Bereich Blockchain/DLT wie z. B. eine mögliche Infrastrukturregulierung geworfen habe.

Ausdrücklich hinweisen möchte ich auf die jährliche Auszeichnung der besten universitären Abschlussarbeiten. Der Vorstand freut sich hier auf zahlreiche Einreichungen!

Mir bleibt nur noch, dem Vorstand der DKS herzlich für die Anstrengungen der letzten Jahre danken. Und denjenigen, die dieses Buch gerade in Händen halten, wünsche ich eine erkenntnisreiche Lektüre.

München, im Februar 2026

Für den Beirat

Prof. Dr. Philipp Maume, Technische Universität München

Prof. Dr. Axel Wieandt, Vorsitzender des Beirats, WHU Vallendar

Prof. Dr. Tim Adam, Humboldt-Universität zu Berlin

Prof. Dr. Petra Buck-Heeb, Leibniz Universität Hannover

Prof. Dr. Matthias Casper, Universität Münster

Prof. Dr. Katja Langenbucher, House of Finance Goethe-Universität Frankfurt a. M.

Prof. Dr. Julia Lübke, Friedrich-Schiller-Universität Jena

Prof. Dr. Stephan Madaus, Martin-Luther-Universität Halle-Wittenberg

Prof. Dr. Peter O. Mülbert, Johannes Gutenberg-Universität Mainz

Prof. Dr. Sebastian Omlor, Philipps-Universität Marburg

Prof. Dr. Dörte Poelzig, Universität Hamburg

Prof. Dr. Dirk Schiereck, Technische Universität Darmstadt

Prof. Dr. Jessica Schmidt, Universität Bayreuth

Prof. Dr. Ulrich Segna, EBS Universität für Wirtschaft und Recht

Prof. Dr. Dominik Skauradszun, Hochschule Fulda

Prof. Dr. Annika Wolf, Hochschule Emden/Leer

Die Herausgeber des Werkes

Prof. Dr. Christoph Schalast ist Rechtsanwalt, Notar und Managing Partner bei Schalast Law | Tax.

Schwerpunkte seiner Tätigkeit als Anwalt und Notar sind M&A, Real Estate sowie das Bank- und Finanzmarktrecht. Mit NPL-Transaktionen beschäftigt er sich seit über 20 Jahren und hat an der Frankfurt School of Finance & Management dazu zahlreiche Forschungsarbeiten initiiert. Dort leitet er den M&A Master-Studiengang sowie den Master Financial Law. Des Weiteren ist er Chairman der jährlichen Konferenzen NPL-Forum und M&A/Private Equity.

Dr. Jörg Keibel ist stv. Vorstandsvorsitzender des Deutschen Kreditmarkt-Standards e. V. und Of Counsel in der Kanzlei Schalast & Partner in Frankfurt, wo er Mandanten in den Bereichen NPL-Transaktionen, Banking & Finance sowie M&A berät.

Nach dem Jurastudium mit Promotion an der Christian-Albrechts-Universität in Kiel und der mehrjährigen Tätigkeit in zwei Kieler Anwaltssozietäten wechselte er als Leiter des Juristischen Referats zur OTTO-Group nach Hamburg. Dort war er für alle M&A Aktivitäten und Kooperationen der OTTO-Group weltweit sowie der Forum Grundstücksgruppe und ECE verantwortlich. Nach mehrjähriger Tätigkeit als Geschäftsführer der Umweltstiftung WWF Deutschland in Frankfurt wurde er Geschäftsführer verschiedener Gesellschaften der OTTO-Tochtergesellschaft EOS Solutions. Ausschließlich im NPL-Forderungskauf aktiv war Jörg Keibel danach bei Arvato InFoScore in Baden-Baden sowie dem schwedischen börsennotierten Finanzinvestor Hoist Finance in Duisburg.

Er vertritt die DKS in der Bundesvereinigung Kreditankauf und Servicing e. V. Berlin und ist Mitglied des International Bankers Forum. Zudem ist Jörg Keibel Lehrbeauftragter an der Frankfurt School of Finance & Management im M&A Studiengang.

Autorinnen und Autoren

Henrik Bauß	Consultant im Bereich Deal Advisory mit Schwerpunkt Transaction Services & Valuation, München
Dr. Susann Brackmann	Rechtsanwältin und Partnerin bei CMS Hasche Sigle Partnerschaft von Rechtsanwälten und Steuerberatern mbB, Hamburg
Maren Collmann	Rechtsanwältin und Associate, Deloitte Legal Rechtsanwaltsgesellschaft mbH, Frankfurt am Main
Dennis Fromm	ESG-Berater, CSR-Manager (IHK) und Business Development Manager, Mitglied International Sustainability Committee, CMS Hasche Sigle PartG mbB, Frankfurt am Main
Moritz Gerstmayr, LL.M. (La Trobe University Melbourne)	Rechtsanwalt und Counsel, CMS Hasche Sigle Partnerschaft mbB, Frankfurt am Main
Marjolein Geus	Rechtsanwältin und Partnerin, Projektleiterin für die European Blockchain Sandbox bei Bird & Bird LLP Niederlande
Dr. Simon Grieser	Rechtsanwalt und Partner, Deloitte Legal Rechtsanwaltsgesellschaft mbH, Frankfurt am Main
Jannik Heine	Wissenschaftlicher Mitarbeiter und Doktorand an der Philipps-Universität Marburg
Jan-Peter Hülbert	Verbriefungsexperte; CEO und Geschäftsführer der True Sale International GmbH
Nasim Jenkouk	Rechtsanwältin und Partnerin, RSM Ebner Stolz Wirtschaftsprüfer Steuerberater Rechtsanwälte Partnerschaft mbB, Frankfurt am Main
Dr. Michael Jünemann	Rechtsanwalt und Partner, Leiter des Expertenteams für Finanzregulierung der European Blockchain Sandbox, Co-Leiter der internationalen Finanz- und Finanzregulierungsgruppe der Kanzlei, Bird & Bird LLP, Frankfurt
Gaby Kabbert	CEO und Geschäftsführerin, Regis24 GmbH, Berlin
Dr. Kristin Kriemann	Partnerin, EY Strategy & Transactions GmbH, Berlin

Martin Kropp	Rechtsanwalt und Fachanwalt für Bank- und Kapitalmarktrecht, Schultze & Braun, Bremen
Dr. Stefan Kucera	Partner bei KUCERA Rechtsanwälte und Co-Founder von KuCept Solutions GmbH, der LegalTech-Plattform von KUCERA
Quirijn Mohr	Teil des Kernteams der European Blockchain Sandbox und Associate in der Regulatory Practice von Bird & Bird LLP Niederlande
Prof. Dr. Sebastian Omlor, LL.M. (NYU), LL.M. Eur	Direktor des Instituts für das Recht der Digitalisierung und Professur für Bürgerliches Recht, Handels- und Wirtschaftsrecht, Bankrecht sowie Rechtsvergleichung an der Philipps-Universität Marburg
Aaron Paeffgen, LL.M.	Rechtsanwalt und Associate, RSM Ebner Stolz Wirtschaftsprüfer Steuerberater Rechtsanwälte Partnerschaft mbB, Frankfurt am Main
Claus Radünz	Executive Director im Risikomanagement Spezialkredite – Portfolio Management bei der Landesbank Baden-Württemberg
Dr. Eva Reudelhuber	Rechtsanwältin und Partnerin, Gleiss Lutz Hootz Hirsch PartmbB Rechtsanwälte, Steuerberater, München
Eva Ringelspacher	Mitglied der Geschäftsleitung, Dr. Wieselhuber & Partner GmbH, München
Dr. Johannes Schröder	Rechtsanwalt, Dispute Resolution bei Simmons & Simmons LLP, Düsseldorf
Selina Schweizer, LL.B., LL.M.	Wissenschaftliche Mitarbeiterin an der Professur für Bürgerliches Recht, Zivilverfahrensrecht und Unternehmensrecht von RiOLG Prof. Hon.-Prof. Dr. Dominik Skauradszun, LL.M., Hochschule Fulda
Alireza Siadat	Rechtsanwalt und Partner bei Deloitte Legal, Frankfurt am Main
Dr. Clemens Stauder	Managing Director, General Counsel der Oldenburgischen Landesbank AG, Frankfurt am Main/Oldenburg
Saskia Steinicke	Rechtsanwältin bei Hasche Sigle Partnerschaft von Rechtsanwälten und Steuerberatern mbB, Hamburg

Clara Sturm, LL.M.	Rechtsanwältin, Corporate & Finance Legal Counsel (Syndikusrechtsanwältin) bei Hapag-Lloyd Aktiengesellschaft
Dr. Clifford Tjiok	LOANCOS GmbH, Chief Commercial Officer & Management Board Member, Frankfurt am Main
Pacal Urban	Rechtsanwalt und Assoziierter Partner, Gleiss Lutz Hootz Hirsch PartmbB Rechtsanwälte, Steuerberater, Frankfurt am Main/München
Simon Waldbröl, MBA (Boston)	Rechtsanwalt und Partner, Schalast & Partner Rechtsanwälte, Frankfurt am Main; Global Chair der Banking & Finance Practice Group des internationalen Kanzleinetzwerks Multilaw
Max Weltersbach, LL.M.	Management Consultant im Bereich Financial Services und Private Equity, Alix Partners, Frankfurt am Main; Dokotorand (Finance and Banking), Philipps-Universität Marburg
Judith Wittig	Ehemalige Bankjuristin in einer deutschen Großbank

Inhaltsverzeichnis

Kapitel 3
Die Kreditwürdigkeitsprüfung nach § 18a KWG – neue Anforderungen durch die Verbraucherkreditrichtlinie

(Waldbröl)

Kapitel 4
StaRUG-Evaluation

(Brackmann/Steinicke)

Kapitel 5
Rechtsbehelfsverfahren zur Planbestätigung – Verfahrensgrundsätze und gerichtliche Verantwortung in der Restrukturierung

(Schröder)

Kapitel 6
IDW S 16: Krisenfrüherkennung und Krisenmanagement

(Ringelspacher)

Kapitel 7

Konsortialkredite für Small-/Mid-Cap: Von der LMA-Komplexität zum zukunftsfähigen DKS-Kreditvertragsmuster

(Reudelhuber/Urban)

Kapitel 8

Die Zukunft der Daten – Von der Akte zum fluiden Ökosystem als Fundament der Datendemokratisierung

(Kabbert)

Kapitel 9

Praxisbericht zur Umsetzung der Digital Operational Resilience Act-Anforderungen

(Jenkouk/Paeffgen)

Kapitel 10
Legal Tech in der rechtlichen Immobilien-Due-Diligence

(Kucera)

Kapitel 11

Digitalisierung des Finanzsektors – neue Herausforderungen für Banken und Finanzdienstleister

(Gerstmayr)

Kapitel 12

Monetarisierung von leistungsgestörten Kreditforderungen in einer Landesbank

(Radünz)

Kapitel 13

Erlaubnispflicht gemäß § 10 Abs. 1 KrZwMG als Verbotsgesetz im Sinne des § 134 BGB?

(Grieser/Collmann)

Kapitel 14

Künstliche Intelligenz – ein strategischer Marktausblick und Herausforderungen bei der Implementierung

(Weltersbach)

Kapitel 15

Tokenisierung von Vermögenswerten und die regulatorischen Herausforderungen: Real World Assets, Wertpapierklassifikationen und das DLT Pilot Regime

(Siadat)

Kapitel 16
Erlaubnispflichten in Giralgeldtoken-Systemen
(Omlor/Heine)

Kapitel 17
Sonderinsolvenzrecht für Krypto-Assets

(Kropp)

Kapitel 18
Die paneuropäische Blockchain-Sandbox – beste Regulierungspraxis 2026 zur Förderung von Innovation

(Jünemann/Geus/Mohr)

Kapitel 19

Finanzielle Stabilität im Fokus: Maturity Wall, NPL-Backstop und SRT-Transaktionen im Risikomanagement

(Kriemann)

Kapitel 20

Risikomanagement im Lichte der Umsetzung des EU AI Acts

(Bauß/Weltersbach)

Kapitel 21

Private Debt in Deutschland – Vom Exoten zum integralen Bestandteil moderner Finanzierungsstrukturen

(Stauder)

Kapitel 22

Private Credit als Finanzierungsform

(Tjiok)

Kapitel 23
Grüne Schiffsfinanzierungen

(Sturm)

Abkürzungsverzeichnis

a. E.	am Ende
ABl.	Amtsblatt
ABS	Asset Backed Securities
Abs.	Absatz
AcP	Archiv für die civilistische Praxis (Zeitschrift)
AER	Annual Efficiency Ratio
AG	Amtsgericht
AktG	Aktiengesetz
ALSP	Alternative Legal Service Provider
Alt.	Alternative
APLMA	Asia Pacific Loan Market Association
Art.	Artikel
Aufl.	Auflage
AVK	Anleger- und Verbraucherschutz in Kryptomärkten
BaFin	Bundesanstalt für Finanzdienstleistungsaufsicht
BAIT	Bankaufsichtliche Anforderungen an die IT
Bd.	Band
BeckHdB M&A	Beck'sches M&A-Handbuch, Meyer-Sparenberg/Jäckle (Hrsg.)
BeckOGK	beck-online. GROSSKOMMENTAR, Gsell/Krüger/Lorenz/Reymann (Gesamthrsg.)
BeckOK Insolvenzrecht	Beck'scher Online-Kommentar zum Insolvenzrecht, Fridgen/Geiwitz/Göpfert (Hrsg.)
BeckOK KI-Recht	Beck'scher Online-Kommentar zum KI-Recht, Schefzig/Kilian (Hrsg.)
BeckOK RDG	Beck'scher Online-Kommentar zum RDG, Römermann (Hrsg.)
BeurkG	Beurkundungsgesetz
BGB	Bürgerliches Gesetzbuch

BGBl.	Bundesgesetzblatt
BGH	Bundesgerichtshof
BGHZ	Entscheidungen des Bundesgerichtshofes in Zivilsachen
BKR	Zeitschrift für Bank- und Kapitalmarktrecht
BMF	Bundesministerium der Finanzen
BMJ	Bundesministerium der Justiz
BT-Drs.	Bundestagsdrucksache
bzw.	beziehungsweise
ca.	circa
CAGR	Compound Annual Growth Rate
CBMT	Commercial-Bank Money Token
CERES	Coalition for Environmentally Responsible Economics
CII	Carbon Intensity Indicator
CLM	Contract Lifecycle Management
COMI	Centre of Main Interest
CR	Computer und Recht (Zeitschrift)
CRE	Commercial Real Estate
CSRD	Corporate Sustainability Reporting Directive
CSSF	Commission de Surveillance du Secteur Financier, Finanzaufsicht Luxemburgs
d. h.	das heißt
ders.	derselbe
dies.	dieselbe(n)
DK	Deutsche Kreditwirtschaft
DKS	Deutsche Kreditmarkt Standards e. V.
DLT	Distributed Ledger Technology
DnotZ	Deutsche Notar-Zeitschrift
DNV	Det Norske Veritas
DORA	Digital Operational Resilience Act; Verordnung (EU) 2022/2554 über die digitale operationale Resilienz im Finanzsektor
DSRITB	Deutsche Stiftung für Recht und Informatik: Tagungsband

EBA	Europäische Bankenaufsicht
EBITDA	Earnings Before Interest, Taxes, Depreciation and Amortization
EBV	Eigentümer-Besitzer-Verhältnis
EEDI	Energy Efficiency Design Index
EEXI	Energy Efficiency Ship Index
EGBGB	Einführungsgesetz zum Bürgerlichen Gesetzbuche
EK	Europäische Kommission
EL	Ergänzungslieferung
ELFA	European Leveraged Finance Association
ELTIF	European Long-Term Investment Fund
ERM	Entity-Relationship-Modell
ErwG	Erwägungsgrund
ESA	European Supervisory Authorities
ESAP	European Single Access Point
ESG	Environmental, Social, Governance
ESRS	European Sustainable Reporting Standard
ESRS	European Sustainability Reporting Standards
EStDV	Einkommensteuer-Durchführungsverordnung
ESUG	Gesetz zur weiteren Erleichterung der Sanierung von Unternehmen
EU	Europäische Union
EU ETS	EU-Emissionshandelssystem
EuGH	Europäischer Gerichtshof
EuInsVO	Europäische Insolvenzordnung
EUR	Euro
EuZW	Europäische Zeitschrift für Wirtschafsrecht
eWpG	Gesetz über elektronische Wertpapiere
EWR	Europäischer Wirtschaftsraum
f./ff.	folgende
FDSS	Financial Data Sharing Schemes

FiDA-Verordnung	Financial Data Access Verordnung
FinmadiG	Finanzmarktdigitalisierungsgesetz
FISG	Gesetz zur Stärkung der Finanzmarktintegrität
FISP	Financial Information Service Provider
Fn.	Fußnote
FS	Festschrift
GAR	Green Asset Ratio
GBP	Green Bond Principles
gem.	gemäß
GenAI	Generative Artificial Intelelligence
GG	Grundgesetz
ggf.	gegebenenfalls
GLP	Green Loan Principle
GmbH	Gesellschaft mit beschränkter Haftung
GmbHG	Gesetz betreffend die Gesellschaften mit beschränkter Haftung
GPR	Zeitschrift für das Privatrecht der Europäischen Union
GRUR	Gewerblicher Rechtsschutz und Urheberrecht (Zeitschrift)
Hdb	Handbuch
Hrsg.	Herausgeber
Hs.	Halbsatz
i. d. F.	in der Fassung
i. S. d.	im Sinne des/der
i. S. v.	im Sinne von
i.V.m.	in Verbindung mit
ICA	Intercreditor Agreement
ICMA	International Capital Market Association
IDW	Institut der Wirtschaftsprüfer
IKT	Informations- und Kommunikationstechnologien
IMO	International Maritime Organization

InsO	Insolvenzordnung
Jura	Juristische Ausbildung (Zeitschrift)
JuS	Juristische Schulung (Zeitschrift)
JZ	JuristenZeitung
KAGB	Kapitalanlagegesetzbuch
KI	Künstliche Intelligenz
KI VO	Verordnung über künstliche Intelligenz
KMAG	Gesetz zur Aufsicht über Märkte für Kryptowerte (Kryptomärkteaufsichtsgesetz)
KMU	kleine und mittlere Unternehmen
KPI	Key Performance Indicator
KrDIG	Kreditdienstleistungsinstitutsgesetz
KrZwMG	Kreditzweitmarktgesetz
KTS	Zeitschrift für Insolvenzrecht
KVG	Kapitalverwaltungsgesellschaft
KWG	Kreditwesengesetz
LG	Landgericht
lit.	litera (Buchstabe)
LLM	Large Language Model
LMA	Loan Market Association
LSTA	Loan Syndications and Trading Association
M&A	Mergers & Acquisitions
m. Anm.	mit Anmerkungen
m. w. N.	mit weiteren Nachweisen
MAH GmbHR	Münchener Anwaltshandbuch GmbH-Recht, Römermann (Hrsg.)
MaRisk	Mindestanforderungen an das Risikomanagement
MiCAR	Markets in Crypto-Assets Regulation
MLR	Marburg Law Review (Zeitschrift)
MMR	Zeitschrift für IT-Recht und Recht der Digitalisierung

MüKoBGB	Münchener Kommentar zum Bürgerlichen Gesetzbuch, Säcker/Rixecker/Oetker/Limperg (Hrsg.)
MüKoGmbHG	Münchener Kommentar zum Gesetz betreffend die Gesellschaften mit beschränkter Haftung: GmbHG, Fleischer/Goette (Hrsg.)
MüKoStaRUG	Münchener Kommentar zum StaRUG, Stürner/Eidenmüller/Schoppmeyer/Madaus (Hrsg.)
NGO	Non-Governmental Organisation
NIPR	Nederlands Internationaal Privaatrecht (Zeitschrift)
NJW	Neue Juristische Wochenschrift (Zeitschrift)
NPE	Non-Performing Exposures
NPL	Non-Performing Loan
Nr.	Nummer
OLG	Oberlandesgericht
PBB	Deutsche Pfandbriefbank
PIK	Payment in Kind
PSD 2	Payment Services Directive 2
RAIF	Reserved Alternative Investment Fund
RDG	Rechtsdienstleistungsgesetz
Rdi	Recht digital (Zeitschrift)
RdZ	Recht der Zahlungsdienste (Zeitschrift)
RL	Richtlinie
RMS	Risikomanagementsystem
Rn.	Randnummer
RWA	Real World Asset
S.	Seite
SanInsFoG	Gesetz zur Fortentwicklung des Sanierungs- und Insolvenzrechts (Sanierungs- und Insolvenzrechtsfortentwicklungsgesetz – SanInsFoG)
SFDR	Sustainable Finance Disclosure Regulation
SIEM	Security Information and Event Management
sog.	sogenannt

SPO	Second Party Opinion
SPT	Sustainability Performance Target
SPV	Special Purpose Vehicle
SRT	Significant Risk Transfer
StaRUG	Gesetz über den Stabilisierungs- und Restrukturierungsrahmen für Unternehmen (Unternehmensstabilisierungs- und -restrukturierungsgesetz)
TCLP	The Chancery Lane Project
TEU	Twenty-foot Equivalent Unit
TLPT	Threat-Led Penetration Testing
Tz.	Textziffer
u. a.	und andere/unter anderem
UK	United Kingdom
UrhG	Urheberrechtsgesetz
Urt.	Urteil
US	United States
USP	Unique Selling Proposition
VDuG	Verbraucherrechtedurchsetzungsgesetz
vgl.	vergleiche
VRUG	Verbandsklagenrichtlinienumsetzungsgesetz
WHOA	Wet homologatie onderhands akkoord
WM	Zeitschrift für Wirtschafts- und Bankrecht
WP/vBP	Wirtschaftsprüfer:innen/vereidigte Buchprüfer:innen
WPg	Die Wirtschaftsprüfung (Zeitschrift)
z. B.	zum Beispiel
ZAG	Zahlungsdiensteaufsichtsgesetz
ZBB	Zeitschrift für Bankrecht und Bankwirtschaft
ZdiW	Zeitschrift für das Recht der digitalen Wirtschaft
ZfPW	Zeitschrift für die gesamte Privatrechtswissenschaft
ZHR	Zeitschrift für das gesamte Handelsrecht und Wirtschaftsrecht
Ziff.	Ziffer

ZInsO	Zeitschrift für das gesamte Insolvenz
ZIP	Zeitschrift für Wirtschaftsrecht
ZPO	Zivilprozessordnung
ZRI	Zeitschrift für Restrukturierung und Insolvenz- und Sanierungsrecht
ZRP	Zeitschrift für Rechtspolitik
ZVertriebsR	Zeitschrift für Vertriebsrecht
ZVglRWiss	Zeitschrift für Vergleichende Rechtswissenschaft
ZZP	Zeitschrift für Zivilprozess

Kapitel 1

Weitere Entwicklung des Verbraucherschutzrechts bei Finanzdienstleistungen und das Ende der normierten Widerrufsbelehrung

I. Einleitung

2026 ist der deutsche Gesetzgeber verpflichtet, zwei für den Verbraucherschutz bei Finanzdienstleistungen wesentliche EU-Richtlinien in deutsches Recht zu überführen: zum einen handelt es sich um die Verbraucherrechte-Richtlinie (VRRL) vom 22.11.2023[1] (2023/2673/EU), mit der die EU-Richtlinie 2011/83/EU (Verbraucherrechte-Richtlinie) geändert und die EU-Richtlinie 2002/65/EG (Richtlinie über den Fernabsatz von Finanzdienstleistungen) aufgehoben wurde. Kernregelung dieser Richtlinie ist die Integration der Fernabsatzrichtlinie für Finanzdienstleistungen in die Verbraucherrechte-Richtlinie aus dem Jahr 2011. Die Änderungen der VRRL (EU) 2023/2673 hätte der deutsche Gesetzgeber bis zum 19.12.2025 in deutsches Recht überführen müssen; die neuen Regelungen finden auf Verbraucherverträge Anwendung, die nach 19.6.2026 abgeschlossen werden. 1

Zum anderen muss die Verbraucherkredit-Richtlinie (VerbraucherkreditRL) des Europäischen Parlaments und des Europäischen Rats (EU) 2023/2225 in deutsches Recht übernommen werden. Nach den Bestimmungen der Richtlinie (Art. 48 VerbraucherkreditRL) hätte das Umsetzungsgesetz bis zum 20.11.2025 verabschiedet werden müssen, um auf alle nach dem 19.11.2026 abgeschlossenen Allgemein-Verbraucherdarlehensverträge Anwendung zu finden. 2

Von den Gesetzgebungsverfahren ist zum Zeitpunkt der Erstellung dieses Beitrags nur die Umsetzung der VRRL (EU) 2023/2673 vollständig im parlamentarischen Verfahren abgeschlossen, nachdem der Deutsche Bundestag am 19.12.2025 aufgrund der Beschlussempfehlung und des Berichts des Ausschusses für Recht und Verbraucherschutz vom 17.12.2025[2] das Gesetz angenommen hat. Der Bundesrat hat in seiner Sitzung am 30.1.2026 beschlossen, keinen Gegenantrag zu stellen.[3] Die Ausfertigung und Veröffentlichung im Bundesgesetzblatt stehen noch aus. 3

1 EU-ABl. v. 28.11.2023, Reihe L, S. 1.
2 BT-Drs. 21/3345.
3 BR-Drs. 7/26(B).

4 Die Umsetzung der Verbraucherkredit-Richtlinie (2023/2225/EU) in deutsches Recht ist dagegen noch nicht erfolgt. Dieser Beitrag basiert daher auf dem Gesetzesentwurf der Bundesregierung vom 25.9.2025.[4]

5 Das Recht des Verbrauchers, seine auf den Abschluss eines Vertrags gerichtete Willenserklärung widerrufen zu können, basiert auf Europäischem Verbraucherschutzrecht und ist eines der Instrumente, die den Verbraucher vor übereilten Entscheidungen über zu teure, nicht passende, übereilte oder unvorteilhafte Vertragsabschlüsse schützen sollen. Neben dem Widerrufsrecht setzen der europäische und der deutsche Gesetzgeber auf eine umfassende und verständliche Information über das Vertragsangebot, das der Unternehmer dem Verbraucher unterbreitet. Mit den vorvertraglichen Informationen soll der Verbraucher in der Lage sein, eine informierte Entscheidung treffen und die Auswirkungen des Vertragsabschlusses einschätzen zu können.

6 Dieser Beitrag befasst sich daher schwerpunktmäßig mit diesen beiden verbraucherschützenden „Instrumenten", die in 2026 eine weitere Entwicklung zum Schutz der Verbraucher erfahren werden.

7 Mit dem „Gesetz zur Änderung des Verbrauchervertrags- und Versicherungsvertragsrechts sowie zur Änderung des Behandlungsvertragsrechts" überführt der deutsche Gesetzgeber europäisches Recht ins deutsche Recht: Wie oben bereits ausgeführt, wird mit dem Gesetz die geänderte Verbraucherrechte-Richtlinie (VRRL) (2023/2673/EU) ins deutsche Recht übernommen. Gleichzeitig setzt der Gesetzgeber auch die Richtlinie (EU) 2024/825[5] zur Änderung der Richtlinien 2005/29/EG und 2011/83/EU um, die der Stärkung der Verbraucher für den ökologischen Wandel durch besseren Schutz gegen unlautere Praktiken und durch bessere Informationen dient. Außerdem bedarf es zur Umsetzung der Richtlinien einer Änderung des Versicherungsvertragsgesetzes. Darüber hinaus wird die Rechtsprechung des EuGH vom 26.10.2023[6] berücksichtigt, wonach die Mitgliedstaaten sicherzustellen haben, dass die erste Kopie einer ärztlichen Behandlungsakte für den Verbraucher unentgeltlich ist. Mit dem Gesetz wird daher auch § 630g BGB dahingehend geändert, dass der Patient eine Abschrift der Behandlungsakte verlangen kann und diese ihm unentgeltlich zur Verfügung zu stellen ist.

---

4 BT-Drs. 21/1851.
5 EU-ABl. v. 6.3.2024, Reihe L, S. 1.
6 EuGH v. 26.10.2023 – C-307/22.

II. Geringe Änderungen der Gesetzessystematik

Bereits bei der Umsetzung der Verbraucherrechte-Richtlinie (2011/83/EU) hatte der deutsche Gesetzgeber unter dem Abschnitt 3 Untertitel 2 „Grundsätze bei Verbraucherverträgen und besondere Vertriebsformen" (§§ 312 ff. BGB) des Bürgerlichen Gesetzbuchs die Regelungen der Verbraucherrechte-Richtlinie und die Regelungen der Richtlinie über den Fernabsatz von Finanzdienstleistungen (2002/65/EG) zusammengefasst. Dies erschien vor allem deswegen sinnvoll, weil die Vertriebssituationen, wie außerhalb der Geschäftsräume und der Fernabsatz, unabhängig von dem Vertragsgegenstand – Ware oder Dienstleitung (einschließlich Finanzdienstleistung) – einheitlich definiert werden. Soweit sich die vorvertraglichen Informationspflichten aufgrund der zu erbringenden Leistung des Unternehmers unterscheiden, werden diese im EGBGB geregelt und finden dort ihre richtlinienspezifischen Ausgestaltungen. Darüber hinaus beurteilte der Gesetzgeber bereits bei der Umsetzung der Verbraucherrechte-Richtlinie (EU) 2011/83 den Verbraucher in der Vertriebssituation außerhalb der Geschäftsräume für genauso schutzbedürftig wie bei einem Fernabsatzgeschäft und erstreckte die vertriebsspezifischen Verbraucherschutzvorschriften auf den außerhalb der Geschäftsräume – Vertrieb (früheres Haustürgeschäft) von Finanzdienstleistungen, obwohl die Verbraucherrechte-Richtlinie den Vertrieb von Finanzdienstleistungen ausdrücklich aus dem Anwendungsbereich herausgenommen hatte (Art. 3 Abs. 2d) (EU) 2011/83) und die Fernabsatz-Richtlinie für Finanzdienstleistungen 2002/65/EG eben nur den Distanzvertrieb von Finanzdienstleistungen regelte. **8**

Somit ändert sich in der Gesetzessystematik durch die Umsetzung der geänderten Verbraucherrechte-Richtlinie nur wenig. Allerdings wird der Begriff der Finanzdienstleistungen nicht mehr in § 312 Abs. 5 BGB a. F. definiert, sondern künftig unter § 312 Abs. 2 Nr. 1 BGB-neu bei dessen erster Verwendung im Gesetzestext. Mit dieser Verschiebung der Legaldefinition im Gesetzestext ist keine inhaltliche Änderung verbunden. **9**

An den Definitionen der Begriffe „Fernabsatz" oder den „Verträgen außerhalb der Geschäftsräume" ändert sich ebenfalls nichts. Ebenso bleibt die grundsätzliche Systematik erhalten, wonach im Bürgerlichen Gesetzbuch der Anwendungsbereich, die wesentlichen Definitionen und die Rechtspflichten eines Unternehmers gegenüber dem Verbraucher geregelt werden und die inhaltliche Ausgestaltung der – vor allem – vorvertraglichen Informations-, Gestaltungs- und Erläuterungspflichten im Einführungsgesetz zum Bürgerlichen Gesetzbuch erfolgt (Art. 246 ff. EGBGB). **10**

Grundsätzlich bestehen bleibt das Konkurrenzverhältnis zwischen vertriebsbezogenen und produktspezifischen Regelungen. So genießen die spezifischen Vorschriften zu einem Produkt, soweit sie auf Europarecht basieren, den Vorrang vor den ver- **11** triebsspezifischen Vorschriften. Exemplarisch soll hier das Widerrufsrecht stehen: besteht für den Verbraucher ein Widerrufsrecht nach § 495 BGB (Verbraucherdarlehensrecht), so richtet sich dieses Widerrufsrecht ausschließlich nach den verbraucherdarlehensrechtlichen Vorschriften und nicht nach § 312g BGB; selbst dann nicht, wenn der Vertragsabschluss in einer besonderen Vertriebssituation, wie im Fernabsatz oder außerhalb der Geschäftsräume, erfolgen sollte. Steht dem Verbraucher jedoch kein Widerrufsrecht nach § 495 BGB zu, z.B. nach geltendem Recht bei dem Abschluss einer eingeräumten Überziehungsmöglichkeit nach § 504 Abs. 2 BGB, und wird der Vertrag im Fernabsatz oder außerhalb der Geschäftsräume abgeschlossen, dann greift das Widerrufsrecht nach § 312g BGB und der Verbraucher ist entsprechend über sein Widerrufsrecht zu belehren.

12 Dieses Konkurrenzverhältnis – Produkt vor Vertriebssituation – soll jedoch dann nicht gelten, wenn dem Verbraucher ein Widerrufsrecht allein aufgrund nationaler Vorschriften eingeräumt wurde. So regelt § 312g Abs. 2 BGB, dass dem Verbraucher bei Abschluss eines Vertrags außerhalb der Geschäftsräume des Unternehmers kein Widerrufsrecht nach § 355 BGB zusteht, wenn ihm ein Widerrufsrecht nach § 305 Abs. 1 bis 6 Kapitalanlagegesetzbuch oder § 2d Abs. 1 bis 5 Vermögensanlagegesetzbuch zusteht. Diese Widerrufsrechte verdrängen als rein nationale Vorschriften nicht das Widerrufsrecht, das dem Verbraucher aufgrund europarechtlicher Vorschriften zusteht, wenn der Vertrag über die Finanzdienstleistung im Fernabsatz abgeschlossen wird.[7] In diesem Fall steht dem Verbraucher ein Widerrufsrecht nach §§ 312g Abs. 1, 355 BGB zu. Für die vorvertraglichen Informationen gilt dieselbe Systematik. So genießen auch hier grundsätzlich die produktspezifischen vorvertraglichen Informationen, wie zum Beispiel die vorvertraglichen Informationen für Verbraucherdarlehensverträge nach Art. 247 EGBGB, den Vorrang vor den vertriebsbezogenen, Art. 246b Abs. 2 EGBGB-neu. Dies gilt aber nur, wenn die Informationspflichten auf dem Unionsrecht beruhen. Näheres dazu unten.

13 Eine zu begrüßende Klarheit wurde nunmehr für die Immobiliar-Förderdarlehen im Sinne von § 491 Abs. 2 Satz 2 Nr. 5 BGB getroffen. So hat der Gesetzgeber klargestellt, dass ein Darlehensgeber dem Verbraucher ein auf die Abschnitte 3, 4 und 13 des ESIS-Merkblatts verkürztes ESIS-Merkblatt zur Verfügung zu stellen hat und mit diesem – ggf. ergänzt um die Informationen über ein vertriebsbezogenes Widerrufsrecht nach § 312g BGB (§ 495 Abs. 3 BGB-RegE) – gleichzeitig die vorvertraglichen Informationspflichten nach Art. 246b EGBGB erfüllt.[8] Nach dem geltenden Recht muss der Darlehensgeber in besonderen Vertriebssituationen ein vollständig ausgefülltes ESIS-Merkblatt dem Verbraucher übermitteln, um seinen vorvertraglichen Informationspflichten nachzukommen.

---

7 BT-Drs. 21/1856, S. 36.
8 BT-Drs. 21/1856, S. 40.

III. Neue Pflichten der Unternehmer

1. Gestaltungspflichten bezüglich Online-Benutzeroberflächen

Mit der Einführung einer neuen Gestaltungspflicht eines Unternehmers bei der Einrichtung und Zurverfügungstellung von Online-Benutzerflächen zum Fernabsatz von Finanzdienstleistungen in § 312d Abs. 2 Satz 2 BGB-neu setzt der Gesetzgeber Art. 16e VRRL (EU) 2023/2673 um. Nach Auffassung des Ausschusses für Recht und Verbraucherschutz sei es erforderlich, diese Gestaltungspflicht für Unternehmer im Zivilrecht zu verankern, um die Vorstellungen des europäischen Gesetzgebers zu erfüllen.[9] Dabei folgt der Gesetzgeber der bisherigen Regelungstechnik und führt die Verpflichtung des Unternehmers zur Gestaltung seiner Online-Benutzeroberfläche im Bürgerlichen Gesetzbuch ein (§ 312d Abs. 2 Satz 2 BGB-neu) und konkretisiert diese Pflicht inhaltlich durch Verweis auf die Art. 246b § 4 EGBGB-neu.[10] Die Pflicht zur Gestaltung erstreckt sich auf die Konzeption, Organisation und das Betreiben der Online-Benutzeroberfläche. Mit ihr soll verhindert werden, dass der Verbraucher durch sogenannte Dark Patterns in seiner „freien und informierten" Entscheidung[11] in unzulässiger Weise manipuliert oder anderweitig maßgeblich beeinträchtigt oder behindert wird (Art. 16e Abs. 1 VRRL (EU) 2023/2673). Damit hat zunächst der europäische und nunmehr der deutsche Gesetzgeber den Regelungsgehalt von Art. 25 Abs. 1 des Digital Service Act,[12] der nur für das Betreiben von Online-Plattformen gilt,[13] auf den digitalen Vertrieb von Finanzdienstleistungen durch Zurverfügungstellung von Online-Benutzeroberflächen übertragen. Online-Benutzeroberflächen im Sinne dieser Vorschrift sind dasselbe wie „Online-Schnittstellen" gemäß Art. 3m) Digital Service Act; es handelt sich dabei um eine Software, darunter auch Websites und Teile davon sowie Anwendungen, einschließlich Mobil-Apps.[14] 14

Nach Art. 16e Abs. 1 VRRL (EU) 2023/2673 sollen sich die Mitgliedstaaten mindestens mit einer der unter Art. 16e Abs. 1 a) bis c) genannten Maßnahmen gegen Dark Patterns befassen. Der deutsche Gesetzgeber hat alle drei in der Richtlinie genannten „unlauteren" Praktiken ins Gesetz übernommen (Art. 246b § 4 Abs. 2 Nr. 1 bis 3 EGBGB-neu). Somit sind nach deutscher Rechtslage das „Visual Interference",[15] also das stärkere Hervorheben bestimmter Auswahlmöglichkeiten (Art. 246b § 4 Abs. 2 Nr. 1 EGBGB), das „Nagging",[16] die wiederholte Aufforde- 15

9 BT-Drs. 21/3345, S. 47.
10 BT-Drs. 21/3345, S. 49.
11 BT-Drs. 21/3345, S. 49.
12 Verordnung (EU) 2022/2065, Europäisches Amtsblatt v. 27.10.2022, L 277/1 ff.
13 BT-Drs. 21/3345, S. 49.
14 BT-Drs. 21/3345, S. 49.
15 BT-Drs. 21/3345, S. 50.
16 BT-Drs. 21/3345, S. 50.

rung des Verbrauchers, z. B. durch wiederholtes Einblenden von Pop-up-Fenstern, eine – vom Unternehmer gewünschte – Entscheidung zu treffen, obwohl sie bereits getroffen wurde oder der Verbraucher sie nicht treffen möchte (Art. 246b § 4 Abs. 2 Nr. 2 EGBGB-neu) und das „Roach Motel“,[17] wodurch dem Verbraucher die Beendigung eines Dienstes im Verhältnis zur Anmeldung dieses Dienstes erschwert wird (Art. 246b § 4 Abs. 2 Nr. 3 EGBGB-neu), untersagt und nach Art. 246e Abs. 2 Nr. 4 EGBGB-neu sanktioniert. Eine Entscheidung für nur eine oder zwei der untersagten Praktiken wurde im Gesetzgebungsverfahren für nicht sinnvoll[18] erachtet, sodass im Interesse des Verbraucherschutzes schließlich alle drei Praktiken zivilrechtlich ausdrücklich für unzulässig erklärt wurden.

2. Vorvertragliche Informations- und Erläuterungspflichten des Unternehmers

a) Erweiterte vorvertragliche Informationspflichten bei Telefonanrufen

16 Nach § 312a Abs. 1 Satz 2 BGB-neu hat der Unternehmer oder eine von ihm beauftragte Person bei Telefonanrufen zum Zweck des Abschlusses eines Vertrags zu Beginn des Telefonats nicht nur über die Identität des Unternehmers und ggf. über die Identität des Anrufers sowie den geschäftlichen Zweck des Anrufs zu informieren, sondern auch darüber in Kenntnis zu setzen, wenn der Anruf aufgezeichnet wird oder aufgezeichnet werden könnte (§ 312a Abs. 1 Satz 2 BGB-neu). Die Informationspflicht über eine (mögliche) Aufzeichnung gilt nur für den Fernabsatz von Finanzdienstleistungen; der Gesetzgeber setzt damit Art. 16a Abs. 3 Satz 2 VRRL (EU) 2023/2673 um.

b) Vorvertragliche Informationspflichten nach Art. 246b EGBGB

17 In Art. 246b Abs. 1 EGBGB werden die vorvertraglichen Informationen aufgelistet, die der Unternehmer dem Verbraucher vor Abschluss des Vertrags über eine Finanzdienstleistung im Fernabsatz oder außerhalb der Geschäftsräume auf einem dauerhaften Datenträger zur Verfügung stellen muss.

18 Mit Art. 246b EGBGB-neu setzt der Gesetzgeber Art. 16a und Art. 16d VRRL (EU) 2023/2673 um. Den geltenden Regelungen in Art. 246b EGBGB werden neue Informationen hinzugefügt: so ist der Verbraucher über die Folgen ausbleibender Zahlungen zu informieren (Art. 246b § 1 Abs. 1 Nr. 8 EGBGB-neu) und ihm ein Hinweis zu geben, falls der Preis für die Finanzdienstleistung „auf der Grundlage einer automatisierten Entscheidungsfindung personalisiert“ worden ist (Art. 246b § 1 Abs. 1 Nr. 9 EGBGB-neu). Des Weiteren ist der Unternehmer ver-

17 BT-Drs. 21/3345, S. 50.
18 BT-Drs. 21/3345, S. 50.

pflichtet, über ökologische oder soziale Ziele zu informieren, die mit der Finanzdienstleistung verfolgt werden, wenn diese Faktoren in die Anlagestrategie der Finanzdienstleistung eingebunden werden (Art. 246b § 1 Abs. 1 Nr. 15 EGBGB-neu). Im Zusammenhang mit dem etwaigen Bestehen eines Widerrufsrechts nach § 312g BGB hat der Unternehmer nicht nur über das Bestehen oder Nichtbestehen des Rechts, die Widerrufsfrist und den Betrag, den der Verbraucher ggf. im Falle des Widerrufs zu entrichten hat, zu informieren, sondern auch über die Folgen, wenn der Verbraucher den Vertrag nicht widerruft (Art. 246b § 1 Abs. 1 Nr. 16 EGBGB-neu). Diese letzte Information ist neu und wird auch nach den neuen vorvertraglichen Informationen zum Allgemein-Verbraucherdarlehensvertrag (Europäische Standardinformationen) aufgrund der VerbraucherkreditRL (EU) 2023/2225 vom Darlehensgeber geschuldet. Zusätzlich hat der Unternehmer praktische Hinweise und Verfahren zur Ausübung des Widerrufsrechts, wie Telefonnummer und E-Mail-Adresse des Unternehmers oder andere Übermittlungswege für die Widerrufserklärung zu geben, einschließlich des Hinweise zum Bestehen und die Platzierung der Widerrufsfunktion nach § 356a BGB-neu, soweit die Finanzdienstleistung auf einer Online-Benutzeroberfläche abgeschlossen wird (Art. 246b § 1 Abs. 1 Nr. 19 EGBGB).

Auch für die vorvertraglichen Informationspflichten gilt, dass produktspezifische Informationspflichten, die auf unionsrechtlichen Vorschriften basieren, den Vorrang gegenüber den Informationspflichten nach der VRRL genießen (Art. 246b § 1 Abs. 2 EGBGB-neu). In den gesetzlichen Mustern für die vorvertraglichen Informationen für Allgemein-Verbraucherdarlehensverträge, die auf die VerbraucherkreditRL 2008/48EG und künftig auf die VerbraucherkreditRL (EU) 2023/2225 zurückzuführen sind, ist ein zusätzlicher Abschnitt enthalten, der vom Darlehensgeber auszufüllen ist, wenn der konkrete Verbraucherdarlehensvertrag in einer Fernabsatzsituation angeboten und abgeschlossen werden soll (siehe Muster „Europäische Standardinformationen für Verbraucherkredite", Anlage 4 zu § 247 § 2 EGBGB und künftig Muster „Europäische Standardinformationen für Verbraucherkredite", Anlage 4 zu Art. 247 § 2 EGBGB-RegE). Verwendet der Darlehensgeber dieses Muster und befüllt den Abschnitt „Zusätzliche Informationen beim Fernabsatz von Finanzdienstleistungen", so gelten die Anforderungen des § 312d Abs. 2 BGB (aktuelle Fassung) als erfüllt (Art. 247 § 2 Abs. 4 EGBGB). Diese gesetzliche Fiktion bleibt auch nach Einführung der VerbraucherkreditRL (EU) 2023/2225 grundsätzlich bestehen, jedoch hat der Gesetzgeber auf eine vergleichbare, ausdrückliche Regelung verzichtet. Nach seiner Auffassung ergibt sich die gesetzliche Erfüllung der vorvertraglichen Informationspflichten bereits aus Art. 247 § 2 Abs. 2 Satz 1 und Abs. 3 Satz 1 EGBGB-RegE.[19] Dies gilt aber nicht für die vorvertraglichen Informationspflichten nach § 13 VermAnlG und 19

19 BT-Drs. 21/1851, S. 159.

§ 13 FinVermV. Hier schuldet der Unternehmer nach Vorstellungen des Gesetzgebers die vorvertraglichen Informationen sowohl nach Art. 246b § 1 EGBGB-neu als auch nach § 13 VermAnG und § 13 FinVerV,[20] weil diese zusätzlichen vorvertraglichen Informationen ausschließlich auf Grundlage nationaler Vorschriften bestehen. Der Gesetzgeber sieht sich trotz des grundsätzlich vollharmonisierenden Charakters der VRRL berechtigt, strengere Vorschriften hinsichtlich der vorvertraglichen Informationen nach dem Vermögensanlagengesetzes und der Finanzanlagenvermittlungsverordnung beizubehalten, da Art. 16a Abs. 9 VRRL (EU) 2023/2673 den Mitgliedstaaten die Einführung oder Beibehaltung höherer Anforderungen an die vorvertraglichen Informationen ausdrücklich ermöglicht, soweit sie mit dem Unionsrecht vereinbar sind.[21]

20 Neu sind die formalen Anforderungen, die an die vorvertraglichen Informationen nach Art. 246b § 2 EGBGB-neu gestellt werden. Damit wird Art. 16a Abs. 5 bis 7 VRRL (EU) 2023/2673 umgesetzt. Wie bisher müssen sie auf einem dauerhaften Datenträger (§ 126b Satz 2 BGB) zur Verfügung gestellt werden; allerdings müssen die Informationen leicht lesbar in klarer und verständlicher Sprache aufbereitet sein (Art. 246b § 2 Abs 1 EGBGB-neu). Verbrauchern mit Behinderung (einschließlich einer Sehbehinderung) sind sie bei Fernabsatzverträgen auf Verlangen in einem geeigneten und barrierefreien Format zur Verfügung zu stellen. Dabei geht der Gesetzgeber davon aus, dass zum Beispiel einem sehbehinderten Verbraucher für die Möglichkeit einer erneuten späteren Kenntnisnahme der vorvertraglichen Informationen ein Dokument in der Blindenschrift Braille zur Verfügung zu stellen ist.[22]

21 Art. 246b § 2 Abs. 2 EGBGB (aktuelle Fassung) wird gestrichen. So soll der Verbraucher künftig nicht mehr während der Laufzeit des Vertrags die Übersendung der Vertragsbedingungen und der Allgemeinen Geschäftsbedingungen in Papierform verlangen können. Damit will der Gesetzgeber der zunehmenden Digitalisierung Rechnung tragen und die Unternehmer entlasten.[23]

22 Wie bisher ist der Unternehmer verpflichtet, die vorvertraglichen Informationen nach Art. 246b § 1 EGBGB-neu dem Verbraucher rechtzeitig vor Abgabe dessen Willenserklärung zur Verfügung zu stellen (Art. 246b § 1 HS 1 EGBGB-neu). Unter rechtzeitig wird im Allgemeinen verstanden, dass der Verbraucher Gelegenheit haben sollte, sich mit den vorvertraglichen Informationen vor Abgabe einer ihn bindenden Willenserklärung ohne Zeitdruck und ggf. in Abwesenheit vom Darlehensgeber zu befassen,[24] um eine informierte Entscheidung über die ange-

20 BT-Drs. 21/1856, S. 46.
21 BT-Drs. 21/1856, S. 46
22 BT-Drs. 21/1856, S. 47 unter Verweis auf *Aßfalg*, GPR 2023, 247, 255.
23 BT-Drs. 21/1856, S. 47.
24 *Wittig*, in: Kümpel/Mülbert/Früh/Seyfried, Bank- und Kapitalmarktrecht, Rn. 5.74b.

botene Finanzdienstleistung treffen zu können. Neu ist nun, dass „rechtzeitig“ eine gesetzliche Konkretisierung hinsichtlich des Zeitrahmens erfährt. So wird in Art. 246b § 2 Abs. 2 EGBGB-neu geregelt, dass der Verbraucher bei einem Fernabsatzvertrag innerhalb eines Zeitraums von einem Tag und sieben Tagen nach Abschluss des Fernabsatzvertrags an sein Widerrufsrecht auf einem dauerhaften Datenträger erinnert werden muss, sollte zwischen der Zurverfügungstellung der vorvertraglichen Informationen und der Abgabe der den Verbraucher bindenden Willenserklärung weniger als ein Tag liegen. Mit dieser Regelung wird Art. 16a Abs. 5 VRRL (EU) 2023/2673 umgesetzt. Sie soll den Verbraucher vor übereilten Entscheidungen schützen und sicherstellen, dass der Verbraucher ausreichend Zeit und Gelegenheit hat, sich mit den vorvertraglichen Informationen inhaltlich zu befassen. Eine vergleichbare Regelung findet sich in Art. 10 Abs. 1 UAbs. 2 VerbraucherkreditRL (EU) 2023/2225, wobei sich diese nicht auf den Fernabsatz von Verbraucherdarlehen beschränkt, sondern in allen Vertriebssituationen, die zum Abschluss eines (Allgemein-)Verbraucherdarlehensvertrags führen können, zur Anwendung kommt. Auch hier gilt, dass der Darlehensgeber den Verbraucher an sein Widerrufsrecht innerhalb eines Zeitraums von einem Tag und sieben Tagen nach Abgabe der bindenden Vertragserklärung des Verbrauchers oder dem Abschluss des Darlehensvertrags auf einem dauerhaften Datenträger nach Wahl des Verbrauchers zu erinnern hat, wenn die vorvertraglichen Informationen nicht mindestens einen Tag vor Abgabe der bindenden Vertragserklärung des Verbrauchers zur Verfügung gestanden haben. Diese Regelung hat der Gesetzgeber in Art. 247 § 2 Abs. 4 EGBGB-RegE[25] umgesetzt.

Werden die vorvertraglichen Informationen auf elektronischem Weg bereitgestellt, besteht nach Art. 246b § 2 Abs. 3 EGBGB-neu die Möglichkeit, die Informationen zu schichten. Der Gesetzgeber setzt damit Art. 16a Abs. 7 VRRL (EU) 2023/2673 um. Schichten von Informationen bedeutet, dass die wesentlichen Angaben klar und verständlich in einer ersten Schicht und damit auf der ersten Seite der Informationen auf der Online-Benutzeroberfläche bzw. dem Bildschirm angezeigt werden und andere, detailliertere Teile der vorvertraglichen Informationen in weiteren Schichten enthalten sein können (so zum Beispiel in Aufklapp-Menüs, Links oder Unterseiten).[26] Zu den wesentlichen Angaben zählen die in Art. 246b § 1 Abs. 1 Nr. 1 (Identität und Hauptgeschäftstätigkeit des Unternehmers), 6 (Beschreibung der wesentlichen Merkmale der Finanzdienstleistung), 7 (geschuldeter Gesamtpreis für die Finanzdienstleistung, einschließlich Provisionen, Gebühren und Abgaben etc.), 11 (Hinweis auf mögliche Steuern oder Kosten) und 16 (Bestehen oder Nichtbestehen eines Widerrufsrechts, Angaben zur Widerrufsfrist, Modalitäten für die Ausübung des Rechts, Betrag, der im Falle **23**

25 BT-Drs. 21/1851.
26 BT-Drs. 21/1856, S. 47.

des Widerrufs zu entrichten ist sowie die Folgen bei Nichtausübung des Widerrufs) EGBGB-neu genannten Informationen. Unabhängig von der Möglichkeit der Schichtung muss der Unternehmer sicherstellen, dass die vorvertraglichen Informationen nach Art. 246b § 1 Abs. 1 EGBGB-neu in einem Dokument eingesehen, gespeichert und ausgedruckt werden können und dem Verbraucher vor Abschluss des Vertrags zur Verfügung stehen (Art. 246b § 2 Abs. 3 Satz 2 und 3 EGBGB-neu). Zwar sprechen die VerbraucherkreditRL (EU) 2023/2225 und das deutsche Umsetzungsgesetz (Art. 247 § 3 Abs. 1 Satz 2 EGBGB-RegE) nicht von einem Schichten der vorvertraglichen Informationen. Die Neuordnung und Aufteilung der Informationen in „Wesentliche Angaben“ (Teil I und II) und in „Zusätzliche Informationen zum Kreditvertrag“ des Musters und den Anforderungen, dass die in Art. 247 § 3 Abs. 1 Satz 1 Nr. 1 bis 11 EGBGB-RegE genannten Informationen in auffallender Art und Weise im ersten Teil des Musters auf einer Seite darzustellen sind, führen im Grunde zu einem Abschichten der Informationen. So sollen die wesentlichen Angaben vom Verbraucher schnell und auf einer oder maximal zwei Seiten gelesen und erfasst werden können, alle weiteren Informationen finden sich in dem Dokument auf den Folgeseiten. Dabei hat der Darlehensgeber den technischen Einschränkungen des Datenträgers Rechnung zu tragen, insbesondere sind die Informationen auf den verschiedenen Kanälen angemessen und in geeigneter Weise darzustellen und die Interoperabilität zu berücksichtigen (Art. 247 § 2 Abs. 2 EGBGB-RegE). Mit diesen Regelungen wird besonders deutlich, dass der europäische und deutsche Gesetzgeber das geänderte Verbraucherverhalten in der Nutzung digitaler Medien bei Abschluss von Verträgen über Finanzdienstleistungen in den neuen Vorschriften berücksichtigen und den Verbraucher vor unzureichender Information schützen will.

c) Pflicht zu angemessenen Erläuterungen

24 Gab es die Pflicht zu angemessenen Erläuterungen bislang nur bei Verbraucherdarlehensverträgen (§ 491a Abs. 3 BGB), werden diese nun bei Fernabsatzverträgen über Finanzdienstleistungen nach Art. 246b § 3 EGBGB-neu allgemein eingeführt. Die Erläuterungen sind dem Verbraucher rechtzeitig vor Abschluss des angebotenen Vertrages kostenlos auf einem dauerhaften Datenträger zur Verfügung zu stellen. Die angemessenen Erläuterungen sollen den Verbraucher in die Lage versetzen, beurteilen zu können, ob der Vertrag und seine etwaigen Nebenleistungen seinen Bedürfnissen und seiner finanziellen Situation entsprechen (Art. 246b § 3 Satz 1 EGBGB). Hierzu sind die vorvertraglichen Informationen nach Art. 246b § 1 EGBGB-neu zu übermitteln, die Hauptmerkmale des angebotenen Vertrags und seiner etwaigen Nebenleistungen zu erläutern und auf dessen Folgen, die sich für den Verbraucher bei Abschluss ergeben können, einschließlich der Folgen bei Zahlungsverzug, hinzuweisen. Der Gesetzgeber setzt hiermit Art. 16a VRRL (EU) 2023/2673 um. Vergleichbare angemessene Erläuterungen schuldet der Unternehmer (Darlehensgeber) vor Abschluss eines Verbraucherdarlehensvertrags (§ 491a Abs. 3 Satz 1 BGB); daher ist es folgerichtig, wenn in Art. 246b § 3 Abs. 2 EGBGB-neu geregelt wird, dass die Pflicht zur angemessenen Erläuterung nach Art. 246b § 3 Abs. 1 EGBGB entfällt, wenn diese bereits nach anderen Vorschriften, die auf Unionsrecht basieren, geschuldet wird. Dies soll auch dann gelten, wenn die angemessenen Erläuterungen nach den produktspezifischen Vorschriften nicht geschuldet werden. Nach dem geltenden Verbraucherdarlehensrecht, das noch auf der VerbraucherkreditRL (2008/48/EG) beruht, ist die Anwendung des § 491a Abs. 3 BGB bei eingeräumten Überziehungsmöglichkeiten nach § 504 Abs. 2 BGB und bei geduldeten Überziehungen nach § 505 BGB ausdrücklich ausgeschlossen. Dabei soll es auch nach Inkrafttreten des Umsetzungsgesetzes bleiben, weil die Ausnahme auf Unionsrecht beruht. Mit Umsetzung der VerbraucherkreditRL (EU) 2023/2225 wird diese Ausnahme jedoch nur noch für die geduldete Überziehung im Sinne von § 505 BGB gelten, da die Sonderregelungen für die eingeräumte Überziehungsmöglichkeit im Sinne von § 504 BGB künftig entfallen werden und § 504 Abs. 2 BGB (aktuelle Fassung) ersatzlos gestrichen wird. Für die eingeräumte Überziehungsmöglichkeit (§ 504 BGB) wird der Darlehensgeber daher künftig unabhängig von der Vertriebssituation immer angemessene Erläuterungen nach § 491a Abs. 3 BGB zur Verfügung stellen müssen. Erläuterung im Sinne des § 491a BGB bedeutet, dass dem Darlehensnehmer der angebotene Vertrag und die Vertragsbedingungen verständlich gemacht werden müssen.[27] Dieses Verständnis kann auch bei der angemessenen Erläuterung nach Art. 246b § 3 EGBGB-neu zugrunde gelegt werden. Da sie auf einem dauerhaften Datenträger zur Verfügung gestellt werden müssen, kann davon ausgegangen werden, dass sie weitgehend standardisiert und auf die Verständnismöglichkeit eines durchschnittlichen Verbrauchers ausgerichtet sein können.[28] Allerdings muss der Unternehmer dem Verbraucher die Möglichkeit einräumen, ggf. weitere Erläuterungen durch die Kontaktaufnahme zu einem Menschen zu erhalten, insbesondere dann, wenn der Unternehmer Erläuterungen (nur) über automatisierte Online-Tools wie Chatbots, Robo-Advice oder ähnliche Mittel bereitstellt[29] (Art. 246b Abs. 3 EGBGB-neu).

27 *Wittig*, in: Kümpel/Früh/Mülbert/Seyfried, Bank- und Kapitalmarktrecht, Rn. 5.147.
28 *Wittig*, in: Kümpel/Früh/Mülbert/Seyfried, Bank- und Kapitalmarktrecht, Rn. 5.154 für die angemessene Erläuterung nach § 491a Abs. 3 BGB.
29 BT-Drs. 21/1856, S. 49.

IV. Widerrufsrecht des Verbrauchers

1. Konkurrenzverhältnis zwischen verschiedenen Widerrufsrechten

25 Wie bisher steht dem Verbraucher ein Widerrufsrecht nach § 312g BGB zu, wenn er Verträge über Finanzdienstleistungen im Fernabsatz oder außerhalb der Geschäftsräume abschließt. Eine Ausnahme besteht jedoch dann, wenn ihm bereits aufgrund produktspezifischer Vorschriften ein Widerrufsrecht nach § 355 BGB zusteht, die auf dem Unionsrecht beruhen. So zum Beispiel, wie bereits oben ausgeführt, das Widerrufsrecht bei Verbraucherdarlehensverträgen, die in den Anwendungsbereich der VerbraucherkreditRL 2008/48/EG oder WohnimmobilienkreditRL 2014/17/EU fallen (vgl. § 312g Abs. 3 Nr. 1 BGB-neu). Da die Widerrufsrechte nach § 305 Abs. 1 bis 6 Kapitalanlagegesetzbuch und § 2d Vermögensanlagengesetz aufgrund nationalem Verbraucherschutzrecht bestehen und nicht auf Unionsrecht beruhen, sind sie gegenüber dem Widerrufsrecht nach § 312g BGB nur dann vorrangig, wenn der Verbraucher Vertragsabschlüsse außerhalb der Geschäftsräume trifft (§ 312g Abs. 3 Nr. 2 BGB-neu). Bei Fernabsatzverträgen über Finanzdienstleistungen nach dem Kapitalanlagegesetz oder dem Vermögensanlagegesetz richtet sich das Widerrufsrecht nach § 312g BGB.

2. Das Widerrufsrecht nach §§ 355 ff. BGB-neu

26 § 312g BGB verweist wie andere Vorschriften, nach denen dem Verbraucher ein Widerrufsrecht zusteht (z.B. Teilzeitwohnrecht, § 485 BGB, Verbraucherdarlehensrecht, § 495 BGB), auf die Regelungen zum Widerrufsrecht nach §§ 355 ff. BGB.

27 Generell steht dem Verbraucher ein 14-tägiges Widerrufsrecht zu, wobei die Frist in der Regel mit Abschluss des Vertrags zwischen dem Unternehmer und dem Verbraucher beginnt, soweit nicht anderes bestimmt ist (§ 355 Abs. 2 BGB). Erklärt der Verbraucher einen Widerruf, so sind beide Vertragsparteien nicht mehr an ihre Willenserklärungen gebunden (§ 355 Abs. 1 BGB).

28 In § 356 BGB sind besondere Regelungen für den Fristbeginn und dem Erlöschen des Widerrufsrechts bei Verträgen enthalten, die im Fernabsatz oder außerhalb der Geschäftsräume abgeschlossen werden. So beginnt die Widerrufsfrist bei Finanzdienstleistungen erst dann zu laufen, wenn der Verbraucher die Vertragsbestimmungen und die Allgemeinen Geschäftsbedingungen erhalten hat und er über die vorvertraglichen Informationen nach Art. 246b § 2 Abs. 1 EGBGB-neu unterrichtet wurde (§ 356 Abs. 3 BGB-neu). Der Gesetzgeber hält daran fest, dass dem Verbraucher die Vertragsbestimmungen und die Allgemeinen Geschäftsbedingungen des Unternehmers zugegangen sein müssen, um die Widerrufsfrist in Gang

zu setzen und verweist in diesem Zusammenhang auf Art. 16b Abs. 1 UAbs. 2 lit. b VRRL (EU) 2023/2673.[30]

Das Widerrufsrecht erlischt spätestens zwölf Monate und 14 Tage nach dem in § 356 Abs. 2 oder § 355 Abs. 2 Satz 2 BGB genannten Zeitraum. Bei Verträgen über Finanzdienstleistungen tritt die Verfristung des Widerrufsrechts jedoch nur ein, wenn der Verbraucher über sein Widerrufsrecht nach Art. 246b § 1 Abs. 1 Nr. 16 EGBGB-neu belehrt wurde (§ 356 Abs. 4 BGB-neu). Diese Regelung ist grundsätzlich zu begrüßen, da die Verfristung des Widerrufsrechts für Verträge über Finanzdienstleistungen bislang nicht galt (§ 356 Abs. 3 Satz 3 BGB aktuelle Fassung). Der Gesetzgeber hat sich jedoch entschieden, künftig keine Muster-Widerrufsbelehrungen mehr für Verträge über Finanzdienstleistungen zur Verfügung zu stellen. Die bisherigen Anlagen 3 bis 3b zu Art. 246b § 2 Abs. 3 Satz 1 EGBGB (aktuelle Fassung) werden gestrichen. Der Gesetzgeber begründet diese Streichung damit, dass die VRRL (EU) 2023/2673 vollharmonisierend sei und der Richtliniengeber zwar eine Muster-Widerrufsbelehrung für sonstige Verbraucherverträge, die im Fernabsatz oder außerhalb der Geschäftsräume abgeschlossen würden, vorgesehen hat, jedoch keine für den Vertrieb von Finanzdienstleistungen. Den Mitgliedstaaten seien damit die Hände gebunden; die Einführung bzw. weitere Bereitstellung von gesetzlichen Muster-Widerrufsbelehrungen mit Gesetzlichkeitsfiktion für den Vertrieb von Finanzdienstleistungen seien mit dem vollharmonisierenden Charakter der Richtlinie nicht vereinbar.[31] Es ist daher weiterhin damit zu rechnen, dass sich die Diskussion über eine ordnungsgemäße, vollständige und verständliche Widerrufsbelehrung, die den Anforderungen des Art. 246b § 1 Abs. 1 Nr. 16 genügt, fortsetzen wird. Zumal bereits jetzt die Auffassung vertreten wird, dass die Verfristung nur eintreten kann, wenn der Verbraucher ordnungsgemäß belehrt wird und die Beschreibung von wesentlichen Grundzügen über den Inhalt des Widerrufsrechts nach Art. 246b § 1 Abs. 1 Nr. 16 EGBGB-neu nicht reichen wird, um die Frist für das endgültige Erlöschen des Widerrufsrechts in Gang zu setzen. Nach dem Regierungsentwurf[32] zur VerbraucherkreditRL (EU) 2023/2225 sieht sich der Gesetzgeber ebenfalls wegen der Vollharmonisierung der Richtlinie gehalten, die der Kreditwirtschaft zur Verfügung gestellte Muster-Widerrufsinformation bei Allgemein-Verbraucherdarlehensverträgen (Anlage 7 zu Art. 247 § 6 Abs. 2 und § 12 Abs. 1 EGBGB) ersatzlos zu streichen. Auch hier gilt, dass das Widerrufsrecht grundsätzlich nach Ablauf von zwölf Monaten und 14 Tagen erlischt, jedoch nicht, wenn der Verbraucher über sein Widerrufsrecht nicht entsprechend Art. 247 § 6 Abs. 1 Satz 1 Nr. 17 und Abs. 2 Satz 1 und 2 EGBGB-RegE informiert wurde. An dieser Stelle sei die Anmerkung erlaubt, dass bereits die erste VerbraucherkreditRL 2008/48/EG **29**

30 BT-Drs. 21/1856, S. 37.
31 BT-Drs. 21/1856, S. 52.
32 BT-Drs. 21/1851, S. 117.

vollharmonisierend war und dies den Gesetzgeber bislang nicht abgehalten hatte, Muster-Widerrufsinformationen mit Gesetzesrang zur Verfügung zu stellen. Dienten die Muster-Widerrufsinformationen schlussendlich dazu, für Rechtssicherheit für Verbraucher und Darlehensgeber zu sorgen. Es ist daher zu bedauern, dass der Gesetzgeber meint, künftig für Finanzdienstleistungen in besonderen Vertriebssituationen und für Allgemein-Verbraucherdarlehensverträge keine gesetzlichen Muster für die Widerrufsbelehrungen bzw. Widerrufsinformationen mehr bereitstellen zu können. Dies soll jedoch nicht für das Widerrufsrecht bei Versicherungsverträgen und für Immobiliar-Verbraucherdarlehensverträgen gelten. Mit dem Umsetzungsgesetz für die VRRL (EU) 2023/2673 stellt der Gesetzgeber der Versicherungswirtschaft eine überarbeitete Widerrufsbelehrung in Anlage zu § 8 Abs. 5 Satz 1 VVG-neu zur Verfügung. Die Muster-Widerrufsinformation für Immobiliar-Verbraucherdarlehensverträgen (§ 491 Abs. 3 BGB) in Anlage 8 zu Art. 247 § 6 Abs. 2 EGBGB bleibt ebenfalls erhalten.

3. Einführung eines Widerrufsbuttons im Fernabsatz von Finanzdienstleistungen

30 Eine wesentliche Neuerung ist die Einführung des sogenannten Widerrufsbuttons bei Fernabsatzverträgen, die über eine Online-Benutzeroberfläche abgeschlossen werden. Hier ist das Ziel, dass ein Verbraucher genauso einfach und unkompliziert seinen Vertrag widerrufen können soll, wie er den Vertrag abgeschlossen hat. Hierfür hat der Unternehmer auf seiner Online-Benutzeroberfläche eine Widerrufsfunktion bereitzuhalten, die gut lesbar mit „Vertrag widerrufen" oder mit einer anderen gleichlautenden eindeutigen Formulierung beschriftet sein muss (§ 356a Abs. 1 BGB-neu). Diese Widerrufsfunktion muss während der gesamten Widerrufsfrist für den Verbraucher ständig verfügbar, hervorgehoben platziert und leicht zugänglich sein, wobei der Gesetzgeber davon ausgeht, dass die Unternehmer bzw. Betreiber einer Online-Benutzeroberfläche die Widerrufsfunktion nicht nur während der Widerrufsfrist, sondern dauerhaft auf ihrer Webseite verfügbar halten werden. Die Widerrufsfunktion muss dem Verbraucher die Möglichkeit eröffnen, seinen Widerruf zu erklären und dem Unternehmer die Informationen nach § 356a Abs. 2 BGB-neu (Name, Angabe zum gegenständlichen Vertrag und Kommunikationsmittel, auf dem der Unternehmer den Eingang des Widerrufs zu bestätigen hat) zu übermitteln. Nach § 356a Abs. 3 BGB-neu muss der Unternehmer es dem Verbraucher ermöglichen, seinen Widerruf mit dem in Abs. 2 genannten Inhalt zu bestätigen. Diese Bestätigungsfunktion muss mit „Widerruf bestätigen" oder einer vergleichbaren Formulierung beschriftet sein. Der Unternehmer ist darüber hinaus verpflichtet, dem Verbraucher unverzüglich den Eingang einschließlich Datum und Uhrzeit auf dem vom Verbraucher genannten Kommunikationsweg zu bestätigen. Mit dieser Bestätigung ist aber nicht die Erklärung zu verknüpfen, dass die Wirksamkeit des Widerrufs bereits geprüft wurde.

V. Fazit

Mit den kurz dargestellten Änderungen im Finanzdienstleistungsrecht wird der **31**
Verbraucherschutz nochmals deutlich erhöht. Vor allem tragen die Vorschriften dem Umstand Rechnung, dass sich über die letzten Jahre hinweg das Verbraucherverhalten bei der Nutzung digitaler Medien bei dem Abschluss von Verträgen über Finanzdienstleistungen gravierend verändert hat. Daher sehen sich der europäische und der deutsche Gesetzgeber gehalten, den Verbraucher mit umfangreichen vorvertraglichen Informationen zu versorgen, die Verständnismöglichkeit durch Erläuterungen zu erhöhen und den Ausstieg aus einem Vertrag durch den Widerrufsbutton zu erleichtern. Für die Unternehmer führen diese geänderten Anforderungen, insbesondere an digitale Antrags- und Abschlussstrecken, zu erheblichen Investitionen in ihre technische Infrastruktur. Dabei ist es bedauerlich, dass der Gesetzgeber bei der Bereitstellung von Widerrufsbelehrungen einen Rückzieher macht und damit für alle am Rechtsverkehr beteiligten Parteien eine Rechtsunsicherheit zurückbringt, die in der Vergangenheit überwunden schien. Zumal die neuen Gesetze noch genügend Fragen zu ihrer rechtssicheren Umsetzung in die Praxis mit sich bringen werden.

Kapitel 2

Kollektiver Anleger- und Verbraucherschutz in Kryptomärkten

I. Einleitung

Die Europäische Union verfügt mit der Verordnung über Märkte für Kryptowerte (MiCAR)[1] über einen umfassenden und international führenden Regulierungsrahmen für Kryptomärkte. Erste Pressemitteilungen der Bundesanstalt für Finanzdienstleistungsaufsicht (BaFin) zeigen nun, dass Anbieter von Kryptowerte-Dienstleistungen (Art. 3 Abs. 1 Nr. 15 MiCAR – CASP) oder Emittenten von Kryptowerten (Art. 3 Abs. 1 Nr. 10 MiCAR), die die regulatorischen Anforderungen nicht erfüllen – sei es durch fehlende White Paper oder technisch unzureichende Schutzmaßnahmen – den unionalen Kryptomarkt verlassen müssen.[2] Wie dieser Situation in Hinblick auf den bisherigen (unzureichenden) Anleger- und Verbraucherschutz begegnet werden kann, ist Gegenstand der Projektgruppe „Anleger- und Verbraucherschutz in Kryptomärkten (AVK)" des Zentrums verantwortungsbewusste Digitalisierung (ZEVEDI). 1

Die Projektgruppe AVK setzt sich aus acht Wissenschaftlern aus den Bereichen der Rechtswissenschaft, Wirtschaftswissenschaften und Wirtschaftsinformatik zusammen. Die Rolle des Sprecherteams der Gruppe übernehmen Prof. Hon.-Prof. Dr. *Dominik Skauradszun*, LL.M., RiOLG (Hochschule Fulda) und Prof. Dr. *Sebastian Omlor*, LL.M. (NYU), LL.M. Eur. (Philipps-Universität Marburg). Die Projektgruppe startete am 1.9.2025 und läuft bis zum 28.2.2027. 2

Im Rahmen der Projektgruppe soll unter anderem untersucht werden, wie Informationsasymmetrien bei Anlegern und Verbrauchern weitgehend und während ihrer gesamten Teilnahme in Kryptomärkten abgebaut werden können. Dazu soll einerseits betrachtet werden, wie Anleger und Verbraucher besser mit Vorwissen ausgestattet, ihre Rechte effektiver digital ausgeübt und ihre Vermögenspositio- 3

---

1 Verordnung (EU) 2023/1114 des Europäischen Parlaments und des Rates vom 31. Mai 2023 über Märkte für Kryptowerte und zur Änderung der Verordnungen (EU) Nr. 1093/2010 und (EU) Nr. 1095/2010 sowie der Richtlinien 2013/36/EU und (EU) 2019/1937, ABl. L 150/40 v. 9.6.2023.

2 Siehe dazu etwa den Fall der Ethena GmbH: BaFin, Pressemitteilung v. 21.3.2025, https://www.bafin.de/SharedDocs/Veroeffentlichungen/DE/Verbrauchermitteilung/weitere/2025/meldung_2025_03_21_Ethena_GmbH.html (zuletzt abgerufen am 27.1.2026) und BaFin, Pressemitteilung v. 15.4.2025, https://www.bafin.de/SharedDocs/Veroeffentlichungen/DE/Verbrauchermitteilung/weitere/2025/meldung_2025_04_15_Ethena_GmbH.html (zuletzt abgerufen am 27.1.2026).

nen lückenlos dokumentiert werden können. Andererseits soll untersucht werden, wie Unternehmen incentiviert werden können, um durch einen höheren Anleger- und Verbraucherschutz einen breiteren Zugang zu den Kryptomärkten zu erhalten. Da Social Media für Anleger und Verbraucher in Märkten für Kryptowerte das primäre Informationsmedium darstellt, sollen ferner Schutzmechanismen entwickelt werden, die dazu beitragen, dass über Social Media informierte Anleger und Verbraucher die Verlässlichkeit der Quellen leichter erkennen können. Darüber hinaus sollen bereits bestehende Schutzmechanismen bewertet und Ansätze zur Risikominderung und Marktstabilität entwickelt werden, um kryptospezifische Empfehlungen insbesondere für eine effiziente Rechtsdurchsetzung abgeben zu können. Ein letztes Teilprojekt soll sich schließlich der Analyse technologie- und prozessbedingter Gefahren für Verbraucher im Lebenszyklus von Kryptoprodukten widmen, mit dem Ziel, Gestaltungsprinzipien für verbraucherschützende Systeme abzuleiten.

4 Das Team der Professur von *Dominik Skauradszun* konzentriert sich im Rahmen seiner Forschung vor allem auf die kollektive Rechtsdurchsetzung für Verbraucher in Kryptomärkten bzw. Anleger, die zugleich Verbraucher sind. Die folgenden Kapitel geben einen Überblick zu Grundlagen der Forschung und präsentieren die bisher identifizierten Forschungsfragen.

II. Kollektive Durchsetzung von MiCAR-Verbraucherrechten

5 Der erste Forschungskomplex widmet sich der Möglichkeit, MiCAR-Verbraucherrechte **kollektiv** durchsetzen zu können. Der Schwerpunkt dieses Forschungsbereichs liegt insbesondere auf der prozessualen Perspektive.

1. Kollektiver Rechtsschutz mittels Verbandsklagen

6 Der Unionsgesetzgeber hat im Jahr 2020 als Reaktion auf die zunehmende Zahl geschädigter Verbraucher infolge rechtswidriger Unternehmerpraktiken im Zuge der Globalisierung und Digitalisierung sowie auf Massenschadensereignisse wie beim Diesel-Abgasstreit die Verbandsklagenrichtlinie[3] erlassen. Hierdurch wurden die 27 Mitgliedstaaten verpflichtet, in ihren Rechtsordnungen Verbandsklagen einzuführen oder aber – falls die Instrumente in den nationalen Rechtsordnungen schon vorgesehen waren – an die Ziele der Richtlinie entsprechend der Vorgaben anzupassen.

3 Richtlinie (EU) 2020/1828 des Europäischen Parlaments und des Rates vom 25. November 2020 über Verbandsklagen zum Schutz der Kollektivinteressen der Verbraucher und zur Aufhebung der Richtlinie 2009/22/EG, ABl. L 409/1 v. 4.12.2020.

Verbandsklagen dienen der kollektiven Durchsetzung von Verbraucherrechten und sehen dafür vor, dass nicht die Verbraucher ihre Rechte selbst gerichtlich geltend machen müssen, sondern eine sog. qualifizierte Einrichtung – im deutschen Recht sog. klageberechtigte Stellen (§ 2 VDuG) – die Rechtspositionen prozessual gegen Unternehmer durchsetzt. Auf Klägerseite treten daher grundsätzlich die klageberechtigten Stellen aufgrund eigenen prozessualen Rechts[4] auf, während auf Beklagtenseite ein oder mehrere Unternehmer stehen können. Die Verbraucher sind keine Prozesspartei und tragen somit kein eigenes Kostenrisiko. Die Verbandsklagenrichtlinie wurde in Deutschland durch das Verbraucherrechtedurchsetzungsgesetz (VDuG) umgesetzt, welches am 13.10.2023 in Kraft getreten ist. Der deutsche Gesetzgeber führte im Zuge dessen mit der sog. Abhilfeklage ein neues Instrument zur kollektiven Durchsetzung von Verbraucherrechten ein.[5] Durch eine Abhilfeklage nach §§ 1, 14 VDuG können klageberechtigte Stellen Unternehmer auf Leistung zugunsten der betroffenen Verbraucher in Anspruch nehmen, etwa auf Schadensersatz, Reparatur, Ersatzleistung, Preisminderung, Vertragsauflösung oder die Zahlung eines sog. kollektiven Gesamtbetrags. 7

Mit Inkrafttreten des VDuG wurden außerdem die Regelungen zur Musterfeststellungsklage aus §§ 606 ff. ZPO a. F. in das neue Stammgesetz überführt, sodass klageberechtigte Stellen dort die Feststellung der Voraussetzungen für das Bestehen oder Nichtbestehen von Ansprüchen oder Rechtsverhältnissen beantragen können. Ungeachtet dessen, dass die Verbraucher nicht selbst Prozesspartei sind, sieht das VDuG einen sog. Opt-in-Mechanismus für die Verbraucher vor.[6] Somit können betroffene Verbraucher ebenfalls an die gerichtlichen Entscheidungen in Verbandsklageverfahren gebunden werden, wenn sie ihre Ansprüche oder Rechtsverhältnisse nach den Vorgaben des VDuG zur Eintragung in das sog. Verbandsklageregister anmelden und nicht wirksam ihre Anmeldung zu diesem Register, welches durch das Bundesamt für Justiz geführt wird, zurückgenommen haben. 8

2. Forschungsfragen

Da sich unter den Anlegern in Kryptomärkten regelmäßig zahlreiche Verbraucher befinden, stellt sich zunächst die zentrale Frage, ob die anleger- bzw. verbraucherschützenden kryptospezifischen Vorgaben der MiCAR auch kollektiv mittels Verbandsklage nach dem VDuG durchgesetzt werden können. Als mögliche Grundlagen für Verbraucherrechte bzw. Ansprüche kommen hierfür insbesondere die Vorgaben zu Inhalt und Form des Kryptowerte-Whitepapers nach Art. 6 MiCAR, Schadensersatzansprüche nach Art. 15 Abs. 1, Art. 26 Abs. 1 und Art. 75 9

4 Zu dieser dogmatischen Rolle *Skauradszun*, in: Skauradszun, VDuG, Einleitung Rn. 20.

5 *Skauradszun/Harnack*, MDR 2025, 1042.

6 *Skauradszun*, in: Skauradszun, VDuG, Einleitung Rn. 28; *Skauradszun/Harnack*, MDR 2025, 1042.

Abs. 8 MiCAR sowie das Recht auf Rücktausch nach Art. 39 Abs. 1 und Art. 49 Abs. 4 MiCAR in Betracht.

10 Die erste Forschungsfrage ist daher, ob diese MiCAR-Verbraucherrechte im Lichte der Verbandsklagenrichtlinie und des VDuG überhaupt in den Anwendungsbereich der Regelungen zu Verbandsklagen fallen und diese somit statthaft sind. Im weiteren Verlauf soll zudem untersucht werden, welche besonderen Voraussetzungen für die kollektive Durchsetzung von MiCAR-Verbraucherrechten in einem Verbandsklageverfahren gelten. Beispielsweise ist eine Abhilfeklage nach dem VDuG nur zulässig, wenn die geltend gemachten Ansprüche **gleichartig** sind (§ 15 VDuG). Ob und inwieweit das bei der Durchsetzung von kryptospezifischen Verbraucherrechten der Fall ist, gilt es exemplarisch anhand des Rücktauschrechts nach Art. 39 Abs. 1 und Art. 49 Abs. 4 MiCAR zu klären. Ein weiterer Themenkomplex betrifft die Frage, ob bei der kollektiven Durchsetzung des Rücktauschrechts mehrere Abwicklungsverfahren kollidieren. Im Rahmen einer Verbandsklage kommt es nämlich je nach Klageziel ggf. zu einem sog. Umsetzungsverfahren, innerhalb dessen die ausgeurteilten Ansprüche sodann mithilfe eines Sachwalters abgewickelt werden. Das könnte insbesondere zu Friktionen mit dem MiCAR-eigenen Rücktauschmechanismus führen (vgl. Art. 47, 55 MiCAR). Schließlich stellt sich die Frage, ob eine Verbandsklage gleichzeitig gegen den Emittenten von vermögenswertereferenzierten Token oder E-Geld-Token sowie gegen einen Anbieter von Kryptowerte-Dienstleistungen gerichtet werden kann. Prozessual könnte nämlich beispielsweise in Betracht kommen, beide Akteure nach § 7 VDuG in Streitgenossenschaft zu verklagen.[7] Ob dies zulässig ist und wie eine solche Konstellation praktisch umzusetzen wäre, bedarf weiterer Untersuchung.

III. Die Rolle des Abwicklers bei der Durchsetzung des MiCAR-Rücktauschplans

11 Der zweite Forschungskomplex betrachtet die Rolle des Abwicklers bei der Durchsetzung des MiCAR-Rücktauschplans. Sie ist demnach mehr amts- und weniger verfahrensbezogen als der zuvor vorgestellte Themenkomplex. Der Schwerpunkt dieses zweiten Forschungsbereichs liegt also in der Figur des Abwicklers nach § 28 KMAG als ein im deutschen Recht bislang unbekanntes privates Amt.[8]

---

7 Grundlegend zu Verbandsklagen gegen mehrere Unternehmer *Skauradszun/Harnack*, ZZP 2026, im Erscheinen.

8 Zur dogmatischen Stellung als Partei kraft Amtes knapp schon *Skauradszun*, in: Skauradszun/Linardatos, HK-KMAG, § 28 Rn. 55.

1. Rücktauschrecht nach der MiCAR

Emittenten von vermögenswertereferenzierten Token (ART – Art. 3 Abs. 1 Nr. 6 MiCAR) müssen nach Art. 36 Abs. 1 UAbs. 1 MiCAR eine sog. Vermögenswertreserve (Art. 3 Abs. 1 Nr. 32 MiCAR) bilden und diese jederzeit halten. Die Inhaber der Token haben sodann nach Art. 39 Abs. 1 MiCAR betreffend diese Vermögenswertreserve ein Recht auf Rücktausch gegenüber dem Emittenten der ART. Auf Wunsch eines Inhabers eines ART muss ein Emittent eines solchen Token den Rücktausch entweder im Wege der Zahlung eines Geldbetrags – dem Marktwert der Vermögenswerte der Vermögenswertreserve – oder im Wege der Bereitstellung der Vermögenswerte, auf die die Token Bezug nehmen, vornehmen (Art. 39 Abs. 2 Satz 1 MiCAR). **12**

Das Recht nach Art. 39 Abs. 1 MiCAR besteht aus einem primären Rücktauschrecht nach Art. 39 Abs. 1 Alt. 1 MiCAR. Dieses kann jederzeit ausgeübt werden und richtet sich gegen den Emittenten und sein operatives Vermögen. Zusätzlich abgesichert wird das primäre Rücktauschrecht durch Art. 39 Abs. 1 Alt. 2 MiCAR und das dortige sekundäre Zugriffsrecht auf die Vermögenswertreserve. Gesetzliche Voraussetzung für dieses sekundäre Rücktauschrecht ist, dass Emittenten ihren in Kapitel 6 dieses Titels genannten Verpflichtungen nicht (mehr) nachkommen können. Diese Formulierung ist insoweit irreführend als damit gemeint ist, dass der Rücktauschplan nach Art. 47 MiCAR zur Anwendung kommt. Dieser ist umzusetzen, wenn die zuständige Behörde (in Deutschland die BaFin) feststellt, dass der Emittent seine Verpflichtungen nicht oder wahrscheinlich nicht erfüllen kann, auch im Falle einer Insolvenz (Art. 47 Abs. 1 MiCAR). **13**

Im Rücktauschplan ist nach Art. 47 Abs. 2 UAbs. 2 MiCAR gemäß dem anwendbaren Recht ein vorläufiger Verwalter zu benennen, der für die Durchführung des Plans zuständig ist. In Deutschland wird dieser Rechtsrahmen durch § 28 KMAG ergänzt, der den sog. Abwickler einführt. Dieser entspricht dem in Art. 47 Abs. 2 UAbs. 2 MiCAR genannten vorläufigen Verwalter. Auf ihn geht insb. die Verwaltungs- und Verfügungsbefugnis betreffend die den Token-Inhabern wirtschaftlich zugeordnete Vermögenswertreserve über (§ 28 Abs. 5 Satz 1 KMAG). **14**

2. Forschungsfragen

Zunächst zu klären ist, welche Rolle § 28 KMAG als nationale Durchführungsbestimmung spielen kann, da gegen viele Teile dieser Vorschrift unionsrechtliche Bedenken vorgebracht wurden.[9] Diese Frage stellt sich, da die MiCAR als Verordnung unmittelbar in Deutschland Anwendung findet und somit nicht der Umset- **15**

9 *Skauradszun*, in: Skauradszun/Linardatos, HK-KMAG, § 28 Rn. 5 ff.

zung bedarf, vielmehr wäre eine solche sogar unzulässig.[10] Etwas anderes gilt lediglich dann, wenn die Verordnung den Mitgliedstaaten die Aufgabe überlässt, die erforderlichen Rechts-, Verwaltungs- und Finanzvorschriften zu erlassen, damit die Bestimmungen der Verordnung eine wirksame Durchführung erfahren. Dafür ist regelmäßig ein Rechtssetzungsauftrag oder eine sog. Öffnungsklausel in der Verordnung notwendig. Sodann soll die Figur des Abwicklers und insbesondere dessen dogmatische Rechtstellung näher untersucht werden. Hierbei stellt sich etwa die Frage, welche Folgen sich daraus ergeben, den Abwickler als Partei kraft Amtes zu qualifizieren. Zudem soll beantwortet werden, wie genau der Abwickler benannt wird und wie er im Falle der Anwendung des MiCAR-Rücktauschplans tatsächlich zu bestellen ist.

16 Da auf den Abwickler – wie vorstehend bereits erläutert – die Verwaltungs- und Verfügungsbefugnis betreffend die den Token-Inhabern zugeordnete Vermögenswertreserve übergeht, ist eine zentrale Forschungsfrage, welche Rolle dem Abwickler für den Anleger- und Verbraucherschutz zukommt, was dessen Aufgaben sind, und inwieweit er gegenüber den Anlegern und Verbrauchern und/oder ggf. dem Emittenten bei seiner Tätigkeit haftet. Die letzte Forschungsfrage greift sodann bereits eines der Ergebnisse zur ersten Forschungsfrage auf. Fraglich ist nämlich, wie mit der Unionswidrigkeit der deutschen Vergütungsvorschrift umzugehen ist, da die MiCAR keinen eigenen Vergütungsanspruch für den vorläufigen Verwalter (Abwickler) vorsieht, dieser aber durchaus für seine Tätigkeit bezahlt werden muss. Demnach soll im Rahmen dieser Forschung de lege ferenda ein taugliches Vergütungsfinanzierungssystem entwickelt werden, welches mit dem Unionsrecht vereinbar ist.

IV. Ausblick

17 Die Projektgruppe AVK führt während ihrer Laufzeit interne Workshops, zwei Arbeitstagungen und eine interdisziplinäre Konferenz durch. All diese Veranstaltungen dienen dem wissenschaftlichen Austausch und der disziplinübergreifenden Findung von Lösungsansätzen. Forschungsoutput der Projektgruppe wird ein Sammelband sein, der Beiträge zu allen Forschungsbereichen bündelt. Zudem werden während der Laufzeit weitere Publikationen erscheinen, die einzelne Meilensteine der Forschung bzw. weitere Verästelungen behandeln.

---

10 Siehe zum Normwiederholungs- bzw. Umsetzungsverbot ausführlich *Linardatos/Skauradszun*, in: Skauradszun/Linardatos, HK-KMAG, Einleitung Rn. 34.

Kapitel 3

Die Kreditwürdigkeitsprüfung nach § 18a KWG – neue Anforderungen durch die Verbraucherkreditrichtlinie

I. Einleitung

Die Vergabe von Verbraucherdarlehen unterliegt sowohl zivilrechtlichen Schutzvorschriften als auch aufsichtsrechtlichen Anforderungen, die gemeinsam den Rahmen für eine verantwortungsvolle Kreditvergabe bilden. Mit der neuen Verbraucherkreditrichtlinie[1] (im Folgenden „VerbraucherkreditRL") erfährt dieses Zusammenspiel eine Weiterentwicklung. Nach dem derzeit vorliegenden Entwurf eines entsprechenden nationalen Umsetzungsgesetzes[2] wird der Anwendungsbereich des § 491 BGB ab November 2026 deutlich erweitert werden. Künftig sollen demnach auch unentgeltliche Darlehen und Finanzierungshilfen, Kleinstkredite, kurzfristige Darlehen sowie *Buy-now-pay-later-Modelle* erfasst werden, die bislang nicht dem Verbraucherdarlehensrecht unterfallen. Der Gesetzgeber reagiert damit auf die zunehmende Bedeutung neuer, oft niedrigschwelliger Finanzierungsformen. 1

Um den angestrebten Gleichlauf zwischen Zivilrecht und Aufsichtsrecht zu gewährleisten, war eine entsprechende Anpassung des § 18a KWG erforderlich. Die Vorschrift bündelt die zentralen aufsichtsrechtlichen Anforderungen an die Kreditwürdigkeitsprüfung und regelt deren Umsetzung. Wesentliche Impulse für die Änderungen stammen aus Art. 18 der VerbraucherkreditRL, der insbesondere eine Angleichung an die bestehenden Regelungen für Immobiliar-Verbraucherdarlehen vorsieht. Ziel dieser Angleichung ist es, das Überschuldungsrisiko von Verbrauchern weiter zu minimieren. Die Richtlinie war bis zum 20.11.2025 umzusetzen; das nationale Umsetzungsgesetz liegt derzeit[3] nur als Entwurf vor. Der folgende Beitrag stellt dar, welche Neuerungen der Gesetzesentwurf vorsieht und welche praktischen Auswirkungen sich hieraus für Kreditinstitute ergeben können. 2

---

1 Richtlinie (EU) 2023/2225 des Europäischen Parlaments und des Rates vom 18. Oktober 2023.

2 BT-Drs. 21/1851, Gesetzentwurf der Bundesregierung zur Umsetzung der Richtlinie 2023/2225 über Verbraucherkreditverträge, 29.9.2025.

3 Zum Zeitpunkt der Veröffentlichung dieses Beitrags im März 2026.

II. Neuerungen in § 18a KWG und ihre praktische Bedeutung

1. Prüfungsmaßstab aus Darlehensgebersicht – Begriff der Wahrscheinlichkeit

3 Durch die VerbraucherkreditRL wird insbesondere der Maßstab der Kreditwürdigkeitsprüfung verschärft. Eine der zentralen Änderungen des § 18a KWG liegt darin, die Prüfung bei Allgemein-Verbraucherdarlehen nun auf eine positive Wahrscheinlichkeitsprognose bezüglich der ordnungsgemäßen Rückführung des Darlehens auszurichten. Künftig sollen Darlehensverträge dieser Art demnach nur noch gewährt werden, wenn es „wahrscheinlich" ist, dass Darlehensnehmer ihren vertraglichen Verpflichtungen nachkommen werden.[4] Die Heranziehung der Wahrscheinlichkeit als Prüfungsmaßstab stellt dabei jedoch keine grundlegende Neuerung dar. Während die bisherige Regelung zu Allgemein-Verbraucherdarlehen lediglich normiert, dass die Prüfung keine erheblichen Zweifel an der Rückzahlungsfähigkeit des Darlehensnehmers ergeben darf, wird bei Immobiliar-Verbraucherdarlehen bereits nach geltendem Recht der Wahrscheinlichkeitsmaßstab angewandt. Mit der Neufassung des § 18a Abs. 1 KWG soll diese Praxis nun auch auf Allgemein-Verbraucherdarlehen übertragen werden, um eine einheitliche Grundlage für die Kreditwürdigkeitsprüfung zu schaffen.

4 In welcher Weise dieser Prüfungsmaßstab konkret auszufüllen ist, lässt die VerbraucherkreditRL weitgehend offen. Nach Erwägungsgrund 54[5] sind bei der Kreditwürdigkeitsprüfung alle „notwendigen und relevanten Faktoren" zu berücksichtigen, die die Fähigkeit des Verbrauchers zur Rückzahlung des Kredits beeinflussen könnten. Dazu gehören insbesondere die nach § 18a Abs. 4 KWG beachtlichen Informationen zu Einkommen und Ausgaben sowie zu weiteren finanziellen Verhältnissen des Darlehensnehmers.[6] Zwar schafft dies eine gewisse Grundlage – gleichwohl bleibt das Kriterium der Wahrscheinlichkeit weiterhin abstrakt. Es ist nun an den Kreditinstituten, diesen abstrakten Begriff für sich – unter Berücksichtigung des jeweiligen Geschäftsmodells und Risikoprofils – auszulegen.

5 Während § 3 der Immobiliar-Kreditwürdigkeitsprüfungsleitlinien-Verordnung (im Folgenden „ImmoKWPLV") hierfür bei Immobiliar-Verbraucherdarlehen einen normativen Anknüpfungspunkt bietet, der die Beurteilung künftiger Entwicklungen am nach allgemeiner Lebenserfahrung typischen Geschehensablauf aus-

---

4 Dies entspricht insoweit der Vorgabe des Art. 18 Abs. 6 VerbraucherkreditRL.

5 Richtlinie (EU) 2023/2225 des Europäischen Parlaments und des Rates vom 18. Oktober 2023.

6 Dies ist in der derzeit geltenden Fassung des § 18a Abs. 4 KWG bislang ausschließlich für Immobiliar-Verbraucherdarlehen geregelt, soll jedoch mit Inkrafttreten des Umsetzungsgesetzes auch auf Allgemein-Verbraucherdarlehen erstreckt werden.

richtet, existiert für Allgemein-Verbraucherdarlehen keine vergleichbare Klarstellung. Dies eröffnet Kreditinstituten zwar einen weiten Beurteilungsspielraum, geht jedoch zugleich mit Rechtsunsicherheiten hinsichtlich des Umfangs und der Tiefe der erforderlichen Wahrscheinlichkeitsprüfung einher. Vor diesem Hintergrund liegt es nahe, zur Ausfüllung des Wahrscheinlichkeitsmaßstabs zunächst auf die für Immobiliar-Verbraucherdarlehen entwickelten Grundsätze zurückzugreifen und diese risikobasiert anzupassen. Aufgrund der regelmäßig geringeren Komplexität von Allgemein-Verbraucherdarlehen dürfte der Maßstab der Wahrscheinlichkeit dabei voraussichtlich häufiger eingehalten sein.[7]

2. Erneute Kreditwürdigkeitsprüfung bei Vertragsänderungen

Die Ausgestaltung des Wahrscheinlichkeitsmaßstabs macht deutlich, dass Kreditwürdigkeitsprüfungen künftig stärker prognoseorientiert durchzuführen sein werden. Vor diesem Hintergrund können für Kreditinstitute Unsicherheiten entstehen, in welchen Fällen eine erneute Prüfung erforderlich wird, insbesondere wenn sich wesentliche Vertragsbedingungen oder die finanziellen Verhältnisse des Darlehensnehmers nach Vertragsschluss ändern. Gemäß der aktuellen Fassung des § 18a Abs. 2 KWG ist eine erneute Kreditwürdigkeitsprüfung verpflichtend, wenn der Nettodarlehensbetrag „deutlich erhöht" wird, es sei denn, der Erhöhungsbetrag wurde schon in die ursprüngliche Kreditwürdigkeitsprüfung miteinbezogen. Ab November 2026 soll diese Ausnahme innerhalb des § 18a Abs. 2 KWG grundsätzlich nur noch für Immobiliar-Verbraucherdarlehensverträge gelten. Der Gesetzesentwurf sieht jedoch in einem neu eingefügten Abs. 2b vor, dass auch bei Allgemein-Verbraucherdarlehen eine erneute Prüfung entbehrlich ist, sofern Änderungen der Vertragsbedingungen nach Abs. 8b Satz 2 Nr. 2 erfolgen und der vom Darlehensnehmer zu leistende Gesamtbetrag dadurch nicht „deutlich erhöht" wird. Typische Fallgestaltungen betreffen insbesondere die Verlängerung der Laufzeit, die Änderung der Darlehensart sowie die Anpassung des Sollzinssatzes.[8] 6

Unklar bleibt in diesem Zusammenhang allerdings, wann eine Erhöhung „deutlich" anzunehmen ist. Für Immobiliar-Verbraucherdarlehen wird dieser unbestimmte Rechtsbegriff jedenfalls durch § 7 Abs. 1 ImmoKWPLV konkretisiert. Danach ist regelmäßig von einer deutlichen Erhöhung auszugehen, wenn der Nettodarlehensbetrag um mehr als 10% steigt. Liegt die Erhöhung darunter, entfällt die Pflicht zur erneuten Prüfung, soweit keine besonderen Umstände des Einzelfalls dies rechtfertigen. Für Allgemein-Verbraucherdarlehensverträge enthält das Gesetz hingegen keine vergleichbare präzise Vorgabe. Bislang ließ sich ableiten, 7

7 Vgl. *Rüsing*, ZBB 1/2025, 41.
8 So auch schon in der bereits geltenden Vorschrift des § 18a Abs. 8b KWG.

dass Bagatellerhöhungen von unter 200 EUR nicht als deutliche Erhöhung zu qualifizieren waren, da diese Beträge nach § 491 Abs. 2 Satz 2 Nr. 1 BGB nicht den Regelungen zu Verbraucherdarlehen unterlagen. Mit der künftigen Einbeziehung auch von Kleinstkrediten in § 491 BGB entfällt dieser Anknüpfungspunkt. Kreditinstitute werden daher eigenverantwortlich prüfen müssen, wann eine erneute Kreditwürdigkeitsprüfung vorzunehmen ist. Als Orientierung kann dabei die 10-Prozent-Grenze des § 7 Abs. 1 ImmoKWPLV dienen, wobei nicht ausgeschlossen ist, dass unter Berücksichtigung der konkreten Risikolage auch schon geringere Erhöhungen, etwa ab rund 7 %, eine erneute Prüfung erfordern.

3. Warnpflicht bei spezifischen Risiken (neuer Abs. 1b)

8 Weiterhin sieht der Umsetzungsentwurf in Übereinstimmung mit Art. 16 Abs. 5 VerbraucherkreditRL in einem neu eingefügten § 18a Abs. 1b KWG erstmals eine ausdrückliche Warnpflicht bei Verbraucherdarlehensverträgen vor und erweitert damit die bislang bestehenden aufsichtsrechtlichen Anforderungen im Zusammenhang mit der Kreditvergabe. Kreditinstitute sollen demnach verpflichtet werden, den Darlehensnehmer zu warnen, wenn der Verbraucherdarlehensvertrag unter Berücksichtigung der finanziellen Situation des Darlehensnehmers möglicherweise ein „spezifisches Risiko" für diesen begründet. Auch insoweit fehlt es an einer näheren Konkretisierung, da weder der Gesetzestext noch die Gesetzesbegründung erkennen lassen, unter welchen Voraussetzungen ein entsprechendes Risiko anzunehmen ist. Die zugrunde liegende Richtlinie enthält hierzu keine Vorgaben. Es obliegt daher den Kreditinstituten, in eigener Verantwortung festzulegen, wann ein spezifisches Risiko vorliegt und wie die Warnpflicht entsprechend den Gegebenheiten ihres Geschäftsmodells sowie des Profils des Darlehensnehmers angemessen in ihren internen Prozessen umzusetzen ist.

4. Informationsgrundlage für die Kreditwürdigkeitsprüfung

9 Mit der Neufassung des § 18a Abs. 3 KWG wird die Ermittlung der für die Kreditwürdigkeitsprüfung erforderlichen Informationen präzisiert: Ab November 2026 müssen Kreditinstitute sowohl interne Quellen, etwa die eigene Kredithistorie des Darlehensnehmers, als auch externe Quellen heranziehen. Dies entspricht im Wesentlichen ohnehin schon der bisherigen Praxis. Im Unterschied zur alten Fassung verweist die Vorschrift im Zusammenhang mit externen Informationsquellen nicht mehr ausdrücklich auf Stellen, die geschäftsmäßig personenbezogene Daten erheben, speichern oder übermitteln. Stattdessen werden beispielhaft die Einholung von Auskünften direkt beim Darlehensnehmer sowie die Abfrage geeigneter Datenbanken genannt. Klassische Auskunfteien wie die Schufa oder Creditreform bleiben damit weiterhin zulässige Quellen. Den Kreditinstitu-

ten bleibt zudem der bisherige weite Beurteilungsspielraum bei der Auswahl der Informationsquellen, da die erhobenen Angaben lediglich in „angemessener Weise“ überprüft werden müssen. Eine ausdrückliche Ausnahme bildet die Einsichtnahme in Profile des Darlehensnehmers in sozialen Netzwerken, die nach der Neufassung nicht mehr zulässig ist. Damit wird erstmals klar geregelt, welche Informationsquellen für die Kreditwürdigkeitsprüfung ausgeschlossen sind.

5. Früherkennung finanzieller Schwierigkeiten bei Allgemein-Verbraucherdarlehen (neuer Abs. 8c)

Mit dem neu eingefügten § 18a Abs. 8c KWG wird eine eigenständige aufsichts- **10**
rechtliche Pflicht geschaffen, die darauf abzielt, finanzielle Schwierigkeiten bei Allgemein-Verbraucherdarlehen frühzeitig zu erkennen. Kreditinstitute müssen künftig Verfahren und Strategien einsetzen, um frühzeitig Darlehensnehmer zu identifizieren, die aktuell oder voraussichtlich Schwierigkeiten haben könnten, ihre finanziellen Verpflichtungen zu erfüllen. Die Vorschrift zielt damit nicht auf ein bloßes Reagieren im Krisenfall, sondern auf eine fortlaufende Beobachtung der wirtschaftlichen Situation während der Vertragslaufzeit. Ergänzend verpflichtet § 18a Abs. 8c KWG die Institute, betroffene Darlehensnehmer auf bereits verbreitete leicht zugängliche und unabhängige Schuldnerberatungsdienste hinzuweisen. Diese Verweisungspflicht orientiert sich am ebenfalls im Entwurf vorliegenden Schuldnerberatungsdienstegesetz,[9] das seinerseits die Vorgaben der VerbraucherkreditRL umsetzt. Die Kreditinstitute können diese Vorgaben durch die aktive Bereitstellung entsprechender Hinweise und die Einbindung der Dienste in ihre Kreditbetreuungsprozesse erfüllen.

III. Ausblick

Die Umsetzung der VerbraucherkreditRL erweitert den Anwendungsbereich des **11**
§ 18a KWG erheblich, sodass nun auch bisher ausgenommene Finanzierungsformen in Übereinstimmung mit den Neuerungen im Verbraucherdarlehensrecht (§§ 491 ff. BGB) erfasst werden. Für Kreditinstitute bedeutet dies künftig einen spürbaren Mehraufwand, da selbst geringfügige Kredite sowie alle bisher nicht von § 18a KWG erfassten, insbesondere unentgeltlichen Finanzierungshilfen den strengen aufsichtsrechtlichen Anforderungen unterliegen werden. Besondere Rechtsunsicherheiten ergeben sich dabei durch die Einführung unbestimmter Rechtsbegriffe, wie etwa (i) ein „wahrscheinlich“ zurückzahlender Darlehensnehmer im Rahmen der Kreditwürdigkeitsprüfung, (ii) wann der Nettodarlehensbe-

9 BT-Drs. 21/1847, Gesetzentwurf der Bundesregierung über den Zugang zu Schuldnerberatungsdiensten für Verbraucher (Schuldnerberatungsdienstegesetz), 29.9.2025.

trag bei Allgemein-Verbraucherdarlehen „deutlich erhöht" wird, sowie (iii) das „spezifische Risiko" im Rahmen der Warnpflicht. Bei der praktischen Umsetzung können die Institute jedoch grundsätzlich auf bewährte Verfahren aus dem Bereich der Immobiliar-Verbraucherdarlehen zurückgreifen.

12 Die im Gesetzesentwurf vorgesehenen detaillierten Vorgaben zur Informationsbeschaffung versprechen mehr Transparenz und vermeiden die Nutzung unzuverlässiger Quellen. Auch die neuen Pflichten zur Früherkennung finanzieller Schwierigkeiten und zur Weiterleitung an Schuldnerberatungsstellen sind positiv zu bewerten, da diese nicht nur den Schutz der Verbraucherinnen und Verbraucher stärken, sondern gleichzeitig Kreditinstitute dadurch unterstützen, dass Zahlungsausfälle frühzeitig vermieden werden könnten. Auf diese Weise entsteht ein Interessengleichlauf zwischen Verbraucherschutz und institutsspezifischem Risiko. Insgesamt stellt die Umsetzung der Richtlinie die Kreditinstitute zwar vor Herausforderungen, eröffnet zugleich aber die Chance, durch einheitliche und transparente Vorgaben das Vertrauen in die Vergabe von Verbraucherdarlehen zu stärken.

Kapitel 4

StaRUG-Evaluation

I. Einleitung

1 Am 1.1.2026 feierte das Unternehmensstabilisierungs- und -restrukturierungsgesetz (StaRUG) sein fünfjähriges Inkrafttreten. Was zunächst mit Zurückhaltung in der Praxis aufgenommen wurde, etabliert sich zunehmend als ernst zu nehmendes Restrukturierungsinstrument. Während im Jahr 2021 lediglich 22 Restrukturierungssachen angezeigt wurden, stiegen die Fallzahlen bereits auf 87 Verfahren im Jahr 2025 an.[1] Die Entwicklung zeigt, dass das Vertrauen in die praktische Wirksamkeit des StaRUG wächst.

2 Das fünfjährige Bestehen des StaRUG bietet Anlass zu einer kritischen Bestandsaufnahme. Der nachfolgende Beitrag analysiert ausgewählte strukturelle Schwachstellen des geltenden Rechts und entwickelt darauf aufbauend gezielte Reformüberlegungen. Mit Blick auf die bevorstehende europäische Evaluation der Umsetzung der Restrukturierungsrichtlinie bis zum 17.7.2026[2] zielt dieser Beitrag darauf ab, Ansatzpunkte für eine nationale Nachjustierung zu identifizieren, um die praktische Relevanz des StaRUG als Restrukturierungsinstrument weiter zu stärken.

II. Das Erfordernis eines Gesellschafterbeschlusses zur Verfahrenseinleitung und der sog. Shift of Duties

3 Prominente Restrukturierungsfälle wie die der Leoni AG und der Varta AG haben das erhebliche Gestaltungspotenzial des StaRUG in der unternehmerischen Praxis verdeutlicht. Besonders die Frage, ob für die Einleitung eines Restrukturierungsverfahrens ein zustimmender Hauptversammlungs-, Aufsichtsrats- oder Gesellschafterbeschluss erforderlich ist und welche Rechtsfolgen das Fehlen eines solchen Beschlusses nach sich ziehen, gehören zu den wohl am häufigsten und kon-

1 Befragung aller 24 Restrukturierungsgerichte durch das Rheinland-pfälzisches Zentrum für Insolvenzrecht und Sanierungspraxis (ZEFIS) und INDat Report, INDat Report 2026 Heft 01, 43.

2 Vgl. Art. 33 Richtlinie (EU) 2019/1023 des europäischen Parlaments und des Rates vom 20. Juni 2019 über präventive Restrukturierungsrahmen, über Entschuldung und über Tätigkeitsverbote sowie über Maßnahmen zur Steigerung der Effizienz von Restrukturierungs-, Insolvenz- und Entschuldungsverfahren und zur Änderung der Richtlinie (EU) 2017/1132 (Richtlinie über Restrukturierung und Insolvenz).

troversesten diskutierten Fragestellungen im Zusammenhang mit dem StaRUG. Das zeigt sich nicht zuletzt daran, dass zum Zeitpunkt der Erstellung dieses Beitrags gegen die Entscheidungen des AG Stuttgart (i) vom 22.10.2024 und 6.12.2024 in der Restrukturierungssache Az. 9 RES 1112/24 sowie (ii) vom 11.12.2024 in der Restrukturierungssache Az. 6 RES 1243/24 jeweils Verfassungsbeschwerden anhängig sind, die insbesondere eine Verletzung der Eigentumsrechte der Altgesellschafter aus Art. 14 Abs. 1 Satz 1 GG durch die betreffenden Restrukturierungssachen zum Gegenstand haben.

4 Entscheidend ist in diesem frühen Stadium der Unternehmenskrise, einen angemessenen Ausgleich zwischen den Interessen der Gesellschafter und denen der Gläubiger herzustellen. Die richtige Ausgestaltung dieses Interessenausgleichs und die Anforderungen an die internen Willensbildungsprozesse stehen im Mittelpunkt der aktuellen Diskussionen zur praktischen Anwendung des StaRUG, wobei überwiegend zumindest dahingehend Einigkeit besteht, dass es einer entsprechenden gesetzgeberischen Klarstellung bedarf.

1. Ausgangssituation

5 Sowohl in der Rechtsprechung als auch im Schrifttum hat sich eine nach Gesellschaftsformen differenzierende Betrachtungsweise herausgebildet. Für die Aktiengesellschaft und die Europäische Aktiengesellschaft (SE) lehnen sämtliche mit der Frage befassten Gerichte[3] sowie die überwiegende Auffassung im Schrifttum[4] das Erfordernis eines Hauptversammlungsbeschlusses vor Einleitung eines Restrukturierungsverfahrens nach dem StaRUG ab. Demgegenüber wird die Rechtslage bei der GmbH deutlich kontroverser beurteilt. Vor der Entscheidung des OLG Stuttgart aus dem Jahr 2024 (dazu sogleich) war sich die instanzgerichtliche Rechtsprechung einig, dass der Restrukturierungsanzeige ein billigender Gesell-

3 Für die AG: AG Nürnberg, Beschl. v. 21.6.2023 – RES 397/23, ZIP 2023, 2317, 2319 f. („Leoni"); LG Nürnberg-Fürth, Beschl. v. 17.7.2023 – 4 T 3814; AG Dresden, Beschl. v. 9.8.2023 – 572 RES 1/23, ZIP 2023, 2316 („Softline"); AG Hannover, Beschl. v. 27.12.2023 – 953 RES 5/23 („HELMA Eigenheimbau"); AG Charlottenburg, Beschl. v. 4.1.2024 – 36s RES 6525/23 (SE) („Sparks"); AG Stuttgart, Beschl. v. 11.12.2024 – 6 RES 1243/24; LG Stuttgart, Beschl. v. 21.1.2025 – 1 T 12/24.

4 Siehe nur *Brinkmann*, KTS 2021, 303, 317 ff.; *Koch*, AktG, § 119 Rn. 24a und § 92 Rn. 28; *Schäfer*, ZRI 2024, 881, 885; *Thole*, in: Jacoby/Thole, StaRUG, § 1 Rn. 33; *Thole*, ZRI 2024, 1006, 1007; *Westpfahl*, in: Seibt/Westpfahl, StaRUG, § 17 Rn. 37; *Brünkmans*, ZInsO 2021, 125, 127; *Hoffmann/Braun*, in: Flöther, StaRUG, § 29 Rn. 15; *Kümpel*, AG 2024, 426, 429.

schafterbeschluss zugrunde liegen muss.[5] Das Schrifttum zeigte sich insoweit gespalten.[6]

Die unterschiedliche Behandlung von GmbH und Aktiengesellschaft im Kontext des StaRUG wird dabei überwiegend mit der divergierenden gesellschaftsrechtlichen Kompetenzordnung begründet. Diese Argumentationslinie findet sich in vergleichbarer Weise auch in der Diskussion um das Erfordernis eines zustimmenden Gesellschafter- bzw. Hauptversammlungsbeschlusses bei Vorliegen eines fakultativen Insolvenzantragsgrundes nach § 18 InsO wieder.[7] **6**

Im Aktienrecht verfügt die Hauptversammlung über eine nur begrenzte Entscheidungskompetenz. Außerhalb der ausdrücklich oder ungeschrieben zugewiesenen Kompetenzen führt der Vorstand die Geschäfte in eigener Verantwortung.[8] Da die Einleitung eines StaRUG-Verfahrens – anders als die Eröffnung des Insolvenzverfahrens (§ 262 Abs. 1 Nr. 3 AktG) – nicht zur Auflösung der Gesellschaft führt, wird richtigerweise angeführt, dass sich weder eine geschriebene Katalogzuständigkeit nach § 119 AktG noch eine ungeschriebene Kompetenz im Sinne der **7**

---

5 LG Berlin, Beschl. v. 31.5.2023 – 100 O 18/23, ZIP 2023, 1910, 1910 f. (ebenso AG Berlin-Charlottenburg, Beschl. v. 31.7.2023 – 36f RES 1604/23, ZIP 2023, 2008, 2008 f.); AG Hamburg, Beschl. v. 17.3.2023 – 61c RES 1/23, ZIP 2023, 1038 (bestätigt von LG Hamburg, Beschl. v. 20.4.2023 – 304 T 15/23, ZIP 2023, 2646.

6 Für das Erfordernis eines Gesellschafterbeschlusses: *Brünkmans*, ZInsO 2021, 125, 127; *Demisch/Schwenke*, in: Morgen, StaRUG, § 43 Rn. 91; *Gehrlein*, ZRI 2024, 737, 743 f.; MüKoGmbHG/*Stephan/Tieves*, § 37 GmbHG Rn. 156; *Goetker*, in: Flöther, StaRUG, § 1 Rn. 78; *Thole*, BB 2021, 1347, 1350; *Thole*, in: Jacoby/Thole, StaRUG, § 1 Rn. 33; *Seibt/Harf*, ZIP 2024, 2309, 2313; *Utsch*, in: Römermann, § 31 StaRUG Rn. 9; MAH GmbHR/*Schluck-Amend*, § 23 Rn. 129; BeckOGK GmbHG/*Bayer/Ceesay*, 15.6.2025, § 43 Rn. 263; *Harder/Kindler/Kluth*, Sanierungsrecht | StaRUG, § 84 Rn. 16; BeckOGK GmbHG/*Bayer/J. Schmidt*, 15.6.2025, § 37 Rn. 42. Gegen das Erfordernis eines Gesellschafterbeschlusses: *Tresselt/Locher*, NWB Sanieren 2023, 296, 301; *Mulert/Steiner*, NZG 2021, 673, 677; *Wollring/Quitzau*, ZRI 2021, 785, 789 f.; *Bernsau/Beyer*, BB 2022, 1090, 1093; MüKoStaRUG/*Prusko*, Rn. 120; *Mock*, NZI 2023, 585 f.; *Skauradszun/Harnack*, DZWiR 2023, 511, 513; *Kümpel*, NZI 2023, 969, 971; *Paulus*, EWiR 2023, 728, 729; *Flöther/Wilke*, ZRI 2023, 1029, 1040; *Streit/Kuthe/Büssemaker*, AG 2023, R228, R229; *Gravenbrucher Kreis*, ZRI 2025, 549, 553 f.; BeckOK StaRUG/*Skauradszun*, 19. Ed. 1.1.2026, § 2 StaRUG Rn. 136 m. w. N.; gegen ein Billigungserfordernis jedenfalls dann, wenn ein Restrukturierungsverfahren die einzige hinreichend erfolgversprechende Alternative zu einem Insolvenzverfahren ist: *Parzinger*, FD-InsR 2024, 818137; *Madaus/Klockenbrink/Meier*, NZI 2024, 838; *Kranz/Kirschner*, DB 2025, 1331, 1336.

7 Vgl. zum Streitstand *Korch*, ZHR 189, 2025, 647.

8 Vgl. die geschriebenen Kompetenzen, insb. nach § 119 Abs. 1 AktG sowie die ungeschriebenen Kompetenzen nach den Holzmüller/Gelatine-Doktrin, BGH, Urt. v. 25.2.1982 – II ZR 174/80, NJW 1982, 1703; siehe auch *Götze*, NZG 2004, 585, 589.

„Holzmüller/Gelatine"-Rechtsprechung begründen lässt.[9] Selbst bei Annahme einer solchen ungeschriebenen Zuständigkeit bliebe ein etwaiger Kompetenzverstoß auf das Innenverhältnis beschränkt und die Verfahrenseinleitung bliebe im Außenverhältnis wirksam.[10] Das aktienrechtliche Kompetenzgefüge ermöglicht daher jedenfalls im Außenverhältnis eine eigenverantwortliche Entscheidung des Vorstands sowohl über den Insolvenzantrag als auch die Restrukturierungsanzeige.[11]

8 Demgegenüber verfügen die Gesellschafter in der personalistisch ausgestalteten GmbH als „wirtschaftliche Eigentümer" über einen originären Zuständigkeitsbereich (§§ 46, 53 ff. GmbHG), der die eigenständige Geschäftsführungsbefugnis der Geschäftsführer ebenso wie bei besonders bedeutsamen Geschäften (§ 49 Abs. 2 GmbHG) entfallen lässt.[12] Vor dem Hintergrund, dass die mit dem Eröffnungsantrag einhergehende Verfahrenseröffnung die Beendigung der werbenden Tätigkeit der Gesellschaft zur Folge hat, hat das OLG München im Jahr 2013[13] eine fakultative Antragsstellung eines GmbH-Geschäftsführers bei drohender Zahlungsunfähigkeit (§ 18 InsO) als ein „den Gesellschaftszweck änderndes Grundlagengeschäft" qualifiziert und damit ein dem Antrag vorgelagertes Beschlusserfordernis bejaht. Im Zusammenhang mit der Restrukturierungsanzeige wird die Argumentation von Teilen der Literatur und bestimmten Instanzgerichten teilweise aufgegriffen.

2. Gesellschaftsrecht vs. Restrukturierungsrecht

9 Aus Sicht der Verfasserinnen kann die vorgenannte Rechtsprechung des OLG München jedenfalls nicht uneingeschränkt auf Restrukturierungsfälle übertragen werden. Die Anzeige nach § 31 StaRUG ist – anders als der Insolvenzantrag – nicht auf die Auflösung der Gesellschaft gerichtet und kann daher bereits begriff-

---

9 So schon BGH, Urt. v. 25.2.1982 – II ZR 174/80, NJW 1982, 1703, 1705; BGH, Urt. v. 26.4.2004 – II ZR 155/02, NJW 2004, 1860, 1863; *Brinkmann*, KTS 2021, 303, 318; *Seibt/v. Treuenfeld*, DB 2019, 1190, 1195; *Korch*, ZHR 189, 2025, 647, 652; a. A. *Herding/Krafczyk*, in: Seibt/Westpfahl, StaRUG, § 29 Rn. 45; *Seibt/Harf*, ZIP 2024, 2309, 2312.

10 BGH, Urt. v. 25.2.1982 – II ZR 174/80, NJW 1982, 1703, 1705 („Holzmüller"); BGH, Urt. v. 26.4.2004 – II ZR 155/02, NJW 2004, 1860, 1863 („Gelatine").

11 AG Nürnberg, Beschl. v. 21.6.2023 – RES 397/23, NZI 2023, 881 Rn. 68; *Madaus*, NZI 2023, 930, 930; vgl. auch zum fakultativen Insolvenzantrag: *Koch*, AktG, § 119 Rn. 2; *Korch*, GmbHR 2021, 793, 796 f.; *Mulert/Steiner*, NZG 2021, 673, 677; a. A. *Fuhrmann/Heinen/Schilz*, NZG 2021, 684, 689 f.

12 BGH, Urt. v. 8.1.2019 – II ZR 364/18, NZG 2019, 505, 509 Rn. 37; BeckOK GmbHG/*Schindler*, 66. Ed. 1.11.2025, § 49 GmbHG Rn. 39 m. w. N.

13 OLG München, Urt. v. 21.3.2013 – 23 U 3344/12, ZIP 2013, 1121.

lich kein „den Gesellschaftszweck änderndes Grundlagengeschäft" darstellen.[14] Zweifelhaft ist zudem, ob es sich um ein Geschäft von besonderer Bedeutung im Sinne von § 46 Nr. 5 bzw. § 46 Nr. 2 GmbHG handelt, wofür jedenfalls dann gute Argumente sprechen können, wenn das Restrukturierungsverfahren von Anfang an dazu gedacht war, materiell in die Rechte der Anteilsinhaber einzugreifen.

Die der Diskussion zugrunde liegende, von der Rechtsprechung bislang nur randständig behandelte Kernfrage betrifft das Vorrangverhältnis von Gesellschafts- und Restrukturierungsrecht. Im Zentrum steht, ab welchem Zeitpunkt die Entscheidungsprärogative der Gesellschafter als wirtschaftlich Berechtigte über Fortführung und Finanzierung der (immer noch) werbend tätigen Gesellschaft auf die Geschäftsleitung übergeht. Dieser sog. Shift of Duties ist derzeit weder im Gesetz ausdrücklich verortet noch wird er überwiegend befürwortet. Anders als bei Eintritt einer Insolvenzantragspflicht nach §§ 17, 19 InsO erfolgt daher *de lege lata* keine automatische Ausrichtung der Organpflichten zugunsten der Gläubigerinteressen. Das LG Berlin hat in diesem Zusammenhang bekräftigt, dass das StaRUG nicht *lex specialis* gegenüber dem Gesellschaftsrecht sei, da es lediglich die Durchführung der Restrukturierung regele. Die Entscheidung über deren Einleitung obliege vielmehr dem Gesellschaftsrecht.[15] Auch die bewusste Streichung der §§ 2, 3 StaRUG-RegE, die ursprünglich eine „Shift of Duties"-Regelung in das StaRUG einführen wollten, spreche gegen eine Vorverlagerung einer gläubigerorientierten Pflichtenausrichtung.[16] Nach derzeitiger Gesetzeslage sind Gläubigerinteressen vielmehr erst ab Rechtshängigkeit der Restrukturierungssache gemäß § 43 Abs. 1 Satz 1 StaRUG zu berücksichtigen. 10

Auch die im Ausgangspunkt zu begrüßende Entscheidung des OLG Stuttgart führt nicht zu vollständiger Rechtssicherheit. Zwar kann die Geschäftsführung danach ein Verfahren durch Anzeige nach § 31 StaRUG auch ohne Gesellschafterbeschluss einleiten, sofern das Restrukturierungsvorhaben die einzig hinreichend erfolgversprechende Alternative zu einem Insolvenzverfahren darstellt.[17] Zum einen erfolgten die Entscheidungen des OLG Stuttgart jedoch gerade nicht in einer Restrukturierungssache, sondern in einem einstweiligen Verfügungsverfahren begleitend zu dem streitgegenständlichen Restrukturierungsverfahren. Zum anderen lagen der Entscheidung derart besondere Sachverhaltsumstände zugrunde, dass die pauschale Übertragbarkeit der hier gefundenen Rechtsprechungsleitsätze fragwürdig ist. 11

14 Vgl. *Madaus*, NZI 2023, 930, 930; *Brackmann/Holze*, ZRI 2024, 143, 144; a. A. LG Berlin, Beschl. v. 31.5.2023 – 100 O 18/23, NZI 2023, 928 Rn. 4.

15 LG Berlin, Beschl. v. 31.5.2023 – 100 O 18/23, NZI 2023, 928 Rn. 6.

16 Vgl. *Korch*, ZHR 189, 2025, 647, 655 m. w. N.

17 OLG Stuttgart, Beschl. v. 28.10.2024 – Az. 20 U 30/24.

3. Reformvorschlag

12 In materieller wie zeitlicher Hinsicht erscheint eine Anknüpfung an den Überschuldungstatbestand des § 19 InsO sachgerecht.[18] Ein Shift of Duties könnte danach einsetzen, sobald die Fortbestehensprognose im Sinne von § 19 Abs. 2 InsO maßgeblich von der Inanspruchnahme eines StaRUG-Instruments (unter Berücksichtigung dessen Erfolgsaussichten) abhängt, wobei in der Fortbestehensprognose bereits die Wahrscheinlichkeit entsprechender Gesellschafterbeiträge eingewertet werden müssen.[19] Zu diesem Zweck ließe sich § 2 StaRUG-RegE entsprechend neu fassen.

13 Eine entsprechende Kodifizierung stünde zudem im Einklang mit der Zielsetzung des europäischen Richtliniengebers. Art. 19 der Restrukturierungsrichtlinie verpflichtet die Mitgliedstaaten sicherzustellen, dass die Geschäftsleitung im Stadium der wahrscheinlichen Insolvenz die Interessen der Gläubiger sowie sonstiger Stakeholder angemessen berücksichtigt. Ein normativ klar konturierter, gradueller Shift würde diese Vorgabe richtlinienkonform umsetzen.

14 Die Gesellschafter wären bei Einführung eines solchen Modells nicht schutzlos gestellt. Das StaRUG enthält mit seinen Mehrheitsmechanismen und Obstruktionsverboten Instrumente, die einerseits Blockadepotenziale begrenzen, andererseits aber verfahrensrechtliche Sicherungen gewährleisten.[20] Flankierend ließe sich der Gesellschafterschutz durch eine obligatorische vorherige Anhörung der Anteilseigner sowie gegebenenfalls durch eine Verschärfung der Innenhaftung der Geschäftsleitung stärken, sofern ein StaRUG-Verfahren ohne hinreichende Einbindung und Anhörung der Anteilseigner eingeleitet wird. Denkbar wäre zugleich eine gesetzliche Obliegenheit der Geschäftsleitung im Rahmen der Anzeige darzulegen, dass die Anteilsinhaber zuvor erfolglos um Sanierungsbeiträge oder sonstige Unterstützung ersucht worden sind.

---

18 Siehe auch *Thole*, ZRI 2025, 941, 942; *Schluck-Amend*, NZI-Beil. 2023, 7, 10; Gesellschaft für Restrukturierung – TMA Deutschland e. V., Stellungnahme zur Bewertung der Mechanismen des StaRUG nach fünf Jahren Praxiserfahrung, S. 2; a. A. *Bitter*, in: Scholz, GmbHG, § 64 Rn. 29 ff.; 461 ff.; *Bitter*, GmbHR 2021, R16, R17; *Brünkmans*, ZInsO 2021, 125, 126 f.; einen Shift of Duties bereits im Zeitpunkt der drohenden Zahlungsunfähigkeit bejahend *Hölzle*, in: Seibt/Westpfahl, StaRUG, § 6 Rn 21.

19 So auch *Thole*, ZRI 2025, 941, 942; Gesellschaft für Restrukturierung – TMA Deutschland e. V., Stellungnahme zur Bewertung der Mechanismen des StaRUG nach fünf Jahren Praxiserfahrung, S. 2.

20 *Skauradszun/Harnack*, DZWiR 2023, 511, 513; *Madaus*, NZI 2023, 930, 931.

III. Vergleichsrechnung, Rechtsschutzmöglichkeiten

1. Ausgangssituation

Eine weitere Reformdiskussion betrifft das „Herzstück" des Restrukturierungsplans: die Vergleichsrechnung. Als Bestandteil des darstellenden Teils des Restrukturierungsplans umfasst sie eine Gegenüberstellung der Befriedigungsaussichten der Planbetroffenen im Rahmen der vorgesehenen Planlösung einerseits und im sog. nächstbesten Alternativszenario andererseits. Die Vergleichsrechnung dient damit nicht nur als Referenzmaßstab für die (ökonomische) Bewertung des Plans. Sie bildet zugleich die maßgebliche Grundlage für die Prüfung des Schlechterstellungsverbots gemäß § 26 Abs. 1 Nr. 1 StaRUG sowie für einen Minderheitenschutzantrag nach § 64 Abs. 1 Satz 1 StaRUG. **15**

In der Vergleichsrechnung ist grundsätzlich die Fortführung des Unternehmens zugrunde zu legen, § 6 Abs. 2 Satz 2 StaRUG. Liquidationswerte dürfen demgegenüber nur ausnahmsweise zugrunde gelegt werden, wenn ein Verkauf oder eine Fortführung aussichtslos ist, § 6 Abs. 2 Satz 3 StaRUG. Angesichts dessen, dass bei Einleitung eines Restrukturierungsverfahrens in der Praxis häufig allein ein Insolvenzverfahren als realistische Alternative verbleibt, überrascht es indes nicht, dass sich die als Ausnahme konzipierte Regelung vielmehr zum Regelfall entwickelt hat: Ein Blick in die bislang veröffentlichten Entscheidungen verrät, dass in den allermeisten Fällen das Insolvenzverfahren als Alternativszenario angesetzt wurde.[21] Dies sollte jedoch wiederum nicht zu einem vorschnellen Ansatz von Liquidationswerten führen, wenn – wofür in einem so frühen Krisenstadium in der Regel einiges sprechen dürfte – eine Fortführung im Insolvenzverfahren als nächstbestes Alternativszenario anzusetzen ist. **16**

Vor dem Hintergrund dieser Fallpraxis werden immer wieder Bedenken geäußert, ob sich die Planersteller ausreichend und mit der gebotenen Sorgfalt mit den nächstbesten Alternativszenarien auseinandergesetzt haben. **17**

Die bisherige praktische Handhabung deutet zudem auf ein nicht unerhebliches faktisches Missbrauchsrisiko hin. Wie dargestellt, wird das StaRUG nicht selten zur Lösung und Bereinigung von Gesellschafterkonflikten eingesetzt. Wird als maßgebliches Alternativszenario ein Insolvenzverfahren zugrunde gelegt, sind die Anteile der Altgesellschafter regelmäßig wertlos oder nahezu wertlos.[22] Vor diesem Hintergrund dürfte es den Planerstellern typischerweise leichtfallen, die Angemessenheit des vorgeschlagenen Plankonzepts auch bei tiefgreifenden Ein- **18**

---

21 Vgl. die Auflistung bei *Korch*, ZHR 189 (2025), 647, 683; siehe auch *Thole*, ZRI 2025, 941, 943.

22 Vgl. auch *Korch*, ZHR 189, 2025, 647, 682.

griffen in Gesellschafterrechte mit dem Verweis auf die eben jene Wertlosigkeit im Alternativszenario zu rechtfertigen.

19 Für Gläubiger gestaltet sich demgegenüber die Glaubhaftmachung einer Schlechterstellung im Sinne von §§ 26 Abs. 1 Nr. 1, 64 Abs. 1 Satz 1 StaRUG als anspruchsvoll, insbesondere weil sie als Außenstehende oftmals weder über die notwendigen Informationen noch über die Expertise verfügen, um die Vergleichsrechnung des Schuldners umfassend zu prüfen und fundiert anzugreifen. Die gerichtlichen Anforderungen sind hoch. So verlangt das AG Hannover eine „gehaltvolle Auseinandersetzung mit der Vergleichsrechnung des Schuldners", die nicht selten in der Vorlage einer eigenen konkreten und detaillierten Vergleichsrechnung münde.[23] Das AG Bremen fordert darüber hinaus, dass der betroffene Gläubiger im Erörterungs- und Abstimmungstermin substanziiert darlegt, im nächstbesten Alternativszenario – etwa in einem Insolvenzverfahren – eine höhere Befriedigungsquote zu erzielen als nach dem Restrukturierungsplan.[24] Angesichts des strukturellen Informationsvorsprungs der Planersteller[25] überrascht es daher wenig, dass es nach den bislang veröffentlichten Entscheidungen über sofortige Beschwerden kaum einem Gläubiger gelungen ist, eine Schlechterstellung hinreichend glaubhaft zu machen.[26]

20 Vor diesem Hintergrund wird im Rahmen der Reformdiskussion teilweise vorgeschlagen, die Heranziehung von Liquidationswerten grundsätzlich auszuschließen.[27] Dies überzeugt nicht. Die geltende Regelung in § 6 Abs. 2 StaRUG eröffnet den Planerstellern bewusst einen Bewertungsspielraum bei der Bestimmung des überwiegend wahrscheinlichen und realistischen Alternativszenarios. Diese Flexibilität ist sachgerecht.

21 Aus Sicht der Verfasserinnen besteht auch kein zwingender gesetzgeberischer Änderungsbedarf hinsichtlich des § 6 Abs. 2 StaRUG. Gleichwohl zeigt die Praxis, dass die Inanspruchnahme von Rechtschutzmöglichkeiten durch die Gesellschafter und Gläubiger, insbesondere die Glaubhaftmachung einer Schlechterstellung, sehr herausfordernd bis teilweise realistisch nicht möglich ist,[28] sodass ein

23 AG Hannover, Beschl. v. 20.10.2023 – 951 RES 1/23 – 1, ZIP 2023, 2423.

24 AG Bremen, Beschl. v. 13.9.2024 – 531 RES 1/24, ZRI 2025, 92.

25 *Korch*, ZHR 189 (2025), 647, 683.

26 Vgl. LG Bremen, Beschl. v. 25.11.2024 – 7 T 307/24, ZRI 2025, 88, 89; LG Stuttgart, Beschl. v. 14.1.2025 – 1 T 11/24, ZIP 2025, 1624; LG Stuttgart, Beschl. v. 21.1.2025 – 1 T 12/24, NZI 2025, 232 Rn. 23 ff.; LG Nürnberg-Fürth, Beschl. v. 17.7.2023 – 4 T 3814/23, ZRI 2023, 794, 794 f.; vgl. auch *Korch*, ZHR 189 (2025), 647, 683.

27 Vgl. im Einzelnen, Gesellschaft für Restrukturierung – TMA Deutschland e. V., Stellungnahme zur Bewertung der Mechanismen des StaRUG nach fünf Jahren Praxiserfahrung, S. 9.

28 Mit Ausnahme LG Dresden, Beschl. v. 1.7.2021 – 5 T 363/21, BeckRS 2021, 23099 Rn. 12, wo der Vergleichsrechnung ebenfalls das Insolvenzszenario zugrunde lag.

verstärkter Schutz- und Kontrollmechanismus naheliegt, was aber nach Sicht der Verfasserinnen auf einer anderen Ebene anzugehen ist. In diesem Zusammenhang wird insoweit zum Beispiel vorgeschlagen, die Validierung der Vergleichsrechnung ausdrücklich in das Pflichtenprogramm des Restrukturierungsbeauftragten nach § 76 StaRUG aufzunehmen.[29] Alternativ könnte die Eingangshürde für Rechtsschutz an eine Art Sonderantrag von einer bestimmten Mehrheit der Stimmrechte innerhalb einer Gläubigergruppe geltend gemacht werden, um eine niedrigschwellige Überprüfung des Plans zu ermöglichen.[30]

IV. Gerichtsorganisation: Konzentration und Spezialisierung

Im Zeitraum von 2021 bis 2025 wurden bei den bundesweit 24 Restrukturierungsgerichten insgesamt 276 Restrukturierungssachen angezeigt. Die Verfahren verteilten sich dabei jedoch höchst ungleich auf die einzelnen Gerichte. Während zehn Gerichte faktisch keine Fälle zu verzeichnen hatten, erreichten lediglich eine Handvoll Gerichte Fallzahlen im zweistelligen Bereich. Entsprechend divergiert auch die gewonnene Verfahrenspraxis und -routine erheblich. Zudem konzentriert sich die vorhandene Erfahrung teilweise auf einzelne Abteilungen und nicht notwendig auf sämtliche mit Restrukturierungssachen betrauten Richter:innen.[31] **22**

Zur Stärkung des Vertrauens in die Qualität der Entscheidungen in StaRUG-Verfahren sowie zur Erhöhung der Verfahrenseffizienz wird daher vorgeschlagen, die Zuständigkeit grundsätzlich auf ein Restrukturierungsgericht je Bundesland zu konzentrieren. Für Länder mit drei Oberlandesgerichten könnte eine Ausnahme vorgesehen werden, wonach max. zwei Restrukturierungsgerichte eingerichtet werden dürfen. Die bislang fakultative Konzentrationsbefugnis nach § 34 StaRUG könnte insofern in eine verpflichtende Regelung für die Landesregierungen überführt werden.[32] **23**

Alternativ wird erwogen, an jedem Restrukturierungsgericht – von Vertretungsfällen abgesehen – nur eine einzige Abteilung für Restrukturierungssachen zuständig zu machen, um Erfahrungswissen personell zu bündeln. Schließlich wird eine Ergänzung von § 3 Abs. 2 InsO vorgeschlagen, wonach § 36 StaRUG entsprechend gelten soll. Dadurch würde im Falle eines anschließenden Insolvenz- **24**

29 *Thole*, ZRI 2025, 941; Gesellschaft für Restrukturierung – TMA Deutschland e. V., Stellungnahme zur Bewertung der Mechanismen des StaRUG nach fünf Jahren Praxiserfahrung, S. 10; *Gravenbrucher Kreis*, ZRI 2024, 549, 554.

30 *Skauradszun/Böhning/Kümpel*, ZRI 2025, 617, 621.

31 *Skauradszun/Böhning/Kümpel*, ZRI 2025, 617, 617.

32 *Skauradszun/Böhning/Kümpel*, ZRI 2025, 617, 623; *Thole*, ZRI 2025, 941, 948.

verfahrens dieselbe Abteilung zuständig bleiben, was im Interesse von Kontinuität und Sachnähe sachgerecht erscheint.[33] Daneben könnte gerade für grenzüberschreitende Sachverhalte ein englischsprachiger Spruchkörper, ähnlich der neuen Commercial Courts i. S. d. § 119a GVG, erwogen werden.

V. Weitere Diskussionspunkte aus der Praxis

25 In der Praxis und nicht zuletzt im Rahmen der Evaluationsgespräche sind neben den in diesem Beitrag intensiver behandelten Fragestellungen weitere Reformüberlegungen zum StaRUG aufgekommen. Diese betreffen sowohl materielle als auch strukturelle und verfahrensbezogene Anpassungen des bestehenden Rechtsrahmens. Zum Abschluss dieses Beitrags werden noch einmal drei ausgewählte Reformansätze zusammenfassend dargestellt.

1. Vorgespräch im Sinne von § 10a InsO

26 In der Praxis zeigt sich wiederholt, dass in größeren Restrukturierungsfällen ein erhebliches Bedürfnis nach frühzeitiger Abstimmung mit dem Restrukturierungsgericht besteht. Die Praxis zeigt aber, dass die faktische Möglichkeit eines Vorgesprächs von den Restrukturierungsrichtern bundesweit uneinheitlich gehandhabt wird.

27 Vor diesem Hintergrund erscheint es sachgerecht, im StaRUG ein gesetzlich geregeltes Vorgespräch zwischen Schuldner und Restrukturierungsgericht vorzusehen, angelehnt an § 10a InsO.[34] Denkbar wäre die Einführung eines neuen § 16a StaRUG, der ein solches Gespräch ausdrücklich normiert. Eine detaillierte gesetzliche Aufzählung möglicher Gesprächsgegenstände erscheint dabei nicht erforderlich.[35] Zugleich müsste klargestellt werden, dass das Vorgespräch keine inhaltliche Vorfestlegung des Gerichts bewirkt, sondern ausschließlich der Klärung organisatorischer und verfahrensrechtlicher Aspekte dient.[36]

2. Beendigungsmöglichkeit für laufende Verträge

28 Im Gesetzgebungsverfahren zum StaRUG war zunächst vorgesehen, dem Schuldner ein einseitiges Lösungsrecht von gegenseitig noch nicht vollständig erfüllten

33 *Thole*, ZRI 2025, 941, 948.

34 Vgl. auch Gesellschaft für Restrukturierung – TMA Deutschland e. V., Stellungnahme zur Bewertung der Mechanismen des StaRUG nach fünf Jahren Praxiserfahrung, S. 2.

35 *Thole*, ZRI 2025, 941, 947.

36 So auch *Thole*, ZRI 2025, 941, 947.

Verträgen einzuräumen. Aufgrund erheblicher Kritik[37] wurden die in §§ 51–55 StaRUG-RegE vorgesehenen Regelungen jedoch ersatzlos gestrichen, sodass entsprechende Eingriffe weiterhin dem Insolvenzverfahren vorbehalten sind.

Zur Stärkung der vorinsolvenzlichen Sanierung wird im Zuge der Evaluationsgespräche erneut diskutiert, ob eine solche Befugnis zur einseitigen Vertragsbeendigung sinnvoll wäre. Befürworter verweisen insbesondere auf zusätzliche Flexibilität und Effizienz des Restrukturierungsrahmens, insbesondere bei belastenden Dauerschuldverhältnissen (Stichwort Einzelhandel), da die Vertragspartner insoweit auch nicht schlechter stünden als im Alternativszenario der Insolvenz.[38] **29**

Demgegenüber werden Bedenken vor allem hinsichtlich der fehlenden Praxistauglichkeit vor dem Hintergrund des vom Schuldner nur schwer zu erbringenden Nachweises über die Erforderlichkeit einer jeden Vertragsbeendigung geäußert.[39] Ferner werden die Eingriffsintensität, mögliche Abgrenzungsprobleme zum Insolvenzverfahren sowie eine mögliche Überlastung der Restrukturierungsgerichte sowie eine Verkomplizierung und damit einhergehende Verzögerung des gerichtlichen Verfahrens kritisch angeführt.[40] **30**

Als Kompromiss wird daher vereinzelt vorgeschlagen, die Entscheidung über eine Vertragsbeendigung an eine qualifizierte Gläubigermehrheit zu knüpfen, um das Instrument praktikabler auszugestalten und zugleich die Gläubigerinteressen angemessen zu berücksichtigen.[41] Aus Sicht der Verfasserinnen sollte die Vertragsbeendigung aber nicht Teil der Plangestaltung sein, die den Mehrheitsvoten der Gläubigergruppen unterliegt. Vielmehr sollte die Beendigungsmöglichkeit, wie bereits im Gesetzgebungsverfahren vorgesehen, entsprechend in ein plausibilisiertes Sanierungskonzept eingebettet sein, das die Vertragsbeendigung als notwendige Sanierungsmaßnahme identifiziert. **31**

3. Stabilisierungsanordnung: Moratorium?

Schließlich wird erwogen, die bislang wenig beachteten Stabilisierungsinstrumente des StaRUG funktional zu stärken. Die Stabilisierungsanordnung dient dem Zweck, dem Schuldner in der Phase drohender, aber noch abwendbarer Krise **32**

---

37 Siehe nur *Bork*, ZRI 2020, 457; *Thole*, ZIP 2020, 1985, 1995 f.; *Fritz/Scholtis*, BB 2019, 2051, 2056; *Hofmann*, NZI 2020, 871.

38 Vgl. Gesellschaft für Restrukturierung – TMA Deutschland e. V., Stellungnahme zur Bewertung der Mechanismen des StaRUG nach fünf Jahren Praxiserfahrung, S. 6.

39 *Proske/Streit*, NZI 2020, 969, 973; *Hofmann*, NZI 2020, 871, 873; Stellungnahme der Gesellschaft für Restrukturierung – TMA Deutschland e. V., Stellungnahme zur Bewertung der Mechanismen des StaRUG nach fünf Jahren Praxiserfahrung, S. 6.

40 Vgl. Gesellschaft für Restrukturierung – TMA Deutschland e. V., Stellungnahme zur Bewertung der Mechanismen des StaRUG nach fünf Jahren Praxiserfahrung, S. 6, 7.

41 *Schluck-Amend*, NZI-Beilage 2023, 7; vgl. auch *Proske/Streit*, NZI 2020, 969, 973.

einen zeitlichen Puffer zur Ausarbeitung und Umsetzung eines Restrukturierungsplans zu verschaffen und Einzelzwangsvollstreckungen und Verwertungsmaßnahmen zur Wahrung der Gläubigergleichbehandlung zu unterbinden.

33 Der Vollstreckungs- und Verwertungsschutz nach § 49 Abs. 1 StaRUG begründet jedoch kein Fälligkeitsmoratorium. Insbesondere bleiben vertragliche Kündigungs- und Fälligstellungsrechte grundsätzlich unberührt. Dadurch können Gläubiger durch Fälligstellung die Zahlungsunfähigkeit i. S. d. § 17 Abs. 1 InsO auslösen, was Anzeige- und Aufhebungsmechanismen nach §§ 42, 33 StaRUG aktiviert und wegen der damit verbundenen faktischen Folgen (z. B. Cross-Defaults, Lieferstopps) das Restrukturierungsziel insgesamt erheblich gefährdet.[42]

34 Vor diesem Hintergrund wird eine punktuelle Erweiterung der Stabilisierungsanordnung um einen insolvenzrechtlichen Fälligkeitsschutz befürwortet, bei dem Forderungen zivilrechtlich fällig bleiben, insolvenzrechtlich jedoch nicht als „ernsthaft eingefordert“ i. S. d. § 17 Abs. 2 Satz 1 InsO gelten. Eine solche, gerichtlich anzuordnende Ergänzung – etwa durch einen neuen § 49 Abs. 1 Nr. 3 StaRUG-E – erscheint sinnvoll und praktikabel.[43]

VI. Zusammenfassung der Reformvorschläge

35 Die zahlreichen Evaluationsgespräche haben der Restrukturierungspraxis einen bunten Blumenstrauß an Gestaltungsmöglichkeiten beschert. Dass nicht jede wünschenswerte Detailkorrektur gesetzgeberisch umgesetzt werden wird (und sollte), dürfte auf der Hand liegen. Gleichwohl verdienen einzelne Reformfragen besondere Aufmerksamkeit – vor allem dort, wo sie für Rechtssicherheit und die Stärkung des StaRUG-Verfahrens zentral sind, etwa bei der Kodifizierung eines graduellen Shift of Duties.

36 Eine sorgfältige und kontinuierliche Weiterentwicklung des StaRUG sollte nicht nur mit Blick auf die bevorstehende Evaluation, sondern auch künftig eine Priorität des deutschen Gesetzgebers sein. Dies dient nicht nur der Verbesserung der Qualität gerichtlicher Entscheidungen sowie der Reduzierung von Bewertungs- und Prognoseunsicherheiten und der Stärkung der Akzeptanz bei Gläubigern und Investoren, sondern zugleich der Sicherung der internationalen Wettbewerbsfähigkeit des Sanierungsstandorts Deutschland.

42 *Thole*, ZRI 2025, 941, 944.
43 *Thole*, ZRI 2025, 941, 944.

Kapitel 5

Rechtsbehelfsverfahren zur Planbestätigung – Verfahrensgrundsätze und gerichtliche Verantwortung in der Restrukturierung

Die 2025 unter demselben Titel erschienene und im gleichen Jahr mit dem DKS-Sonderpreis ausgezeichnete Dissertation ist eine zivilverfahrensrechtliche Schrift, die im Kern das Verhältnis der verschiedenen Verfahrensgrundsätze zur Feststellung der Tatsachen zueinander im StaRUG untersucht. Ausgangspunkt der Arbeit ist § 39 Abs. 1 Satz 1 StaRUG, wonach das Restrukturierungsgericht von Amts wegen alle Umstände zu ermitteln hat, die für das Verfahren in der Restrukturierungssache von Bedeutung sind, soweit in diesem Gesetz nichts Abweichendes bestimmt ist. Somit kann „Abweichendes" bestimmt sein. Dies wirft eine Reihe von Rechtsfragen auf, auf welche die im nachstehenden Beitrag vorgestellte Dissertation Antworten sucht. 1

I. Die Struktur des § 39 Abs. 1 Satz 1 StaRUG

Beispielsweise stellt sich die Frage, was mit „abweichenden Bestimmungen" nach § 39 Abs. 1 Satz 1 StaRUG gemeint ist. Die Grundregel lautet, dass der **Amtsermittlungsgrundsatz** gilt. „Abweichend" hiervon könnte demnach der **Beibringungsgrundsatz** oder ein **eingeschränkter Amtsermittlungsgrundsatz** gelten. Allerdings fehlt es an Vorschriften, die die Grundregel des § 39 Abs. 1 Satz 1 StaRUG explizit suspendieren. „Abweichende" Bestimmungen sind daher durch Auslegung zu ermitteln.[1] Der Amtsermittlungsgrundsatz gilt dort nicht, wo eine Vorschrift etwas anordnet, was mit dem Amtsermittlungsgrundsatz nicht zu vereinbaren wäre. 2

II. Abweichende Bestimmungen

Eine solche Auslegung ergibt, dass etwa in den Rechtsbehelfsverfahren zur Planbestätigung „abweichende Bestimmungen" existieren. Namentlich der Minderheitenschutzantrag gemäß § 64 Abs. 1 Satz 1 StaRUG und die sofortige Beschwerde gegen den Beschluss zur gerichtlichen Planbestätigung gemäß § 66 Abs. 1 StaRUG verlangen vom Antragsteller/Beschwerdeführer auf Ebene der Zulässigkeit, dass die voraussichtliche bzw. wesentliche Schlechterstellung glaub- 3

1 BeckOK-StaRUG/*Kramer*, 19. Ed. 1.1.2026, § 39 Rn. 11.

haft gemacht wird, §§ 64 Abs. 2 Satz 2 bzw. § 66 Abs. 2 Nr. 3 StaRUG. Hier wird dem Antragsteller die **formelle Beweislast** zugewiesen, was prinzipiell nicht mit dem Amtsermittlungsgrundsatz harmoniert.[2] Damit handelt es sich um abweichende Bestimmungen.

III. Verschiedene Verfahrensgrundsätze zur Feststellung der Tatsachen

4 Dies führt zur interessanten Konstellation eines Verfahrens, das von verschiedenen Verfahrensgrundsätzen zur Feststellung der Tatsachen beherrscht wird. Dabei gilt für die meisten Verfahrensarten mit wenigen nur einer dieser Verfahrensgrundsätze. Im Zivilprozess gilt beispielsweise bis auf wenige Ausnahmen der Beibringungsgrundsatz (**monistisches Verfahrenssystem**). Im StaRUG hingegen können grundsätzlich beide Verfahrensgrundsätze anwendbar sein (**pluralistisches Verfahrenssystem**). Die „Herrschaft über die Tatsachen" kann im StaRUG daher situativ unterschiedlich ausgestaltet sein.

IV. Funktion der Verfahrensgrundsätze zur Feststellung der Tatsachen im StaRUG

5 Diese Besonderheiten sind in den Verfahrenssituationen bedeutsam, in denen unklar ist, ob und inwieweit eine „abweichende Bestimmung" existiert. Der Gesetzgeber hat den § 39 Abs. 1 Satz 1 StaRUG in seiner jetzigen Form gestaltet, um unterschiedliche Verfahrensbedürfnisse zu befriedigen. Der Amtsermittlungsgrundsatz wurde aufgrund seiner **verfahrensbeschleunigenden Wirkung** gewählt. Der Amtsermittlungsgrundsatz soll allerdings suspendiert werden, wenn eine Verfahrenssituation besonders zeitkritisch ist.[3] Dadurch entsteht die **paradoxe Situation**, dass der offenbar verfahrensbeschleunigend wirkende Amtsermittlungsgrundsatz zum Zwecke der Verfahrensbeschleunigung beispielsweise zugunsten des Beibringungsgrundsatzes suspendiert werden soll.

---

2 Vgl. *Deppenkemper*, in: Seibt/Westpfahl, StaRUG, § 39 Rn. 25.

3 Vgl. BT-Drs. 19/24181, S. 143.

V. Durchbrechungen des Amtsermittlungsgrundsatzes in der Zulässigkeit der Rechtsbehelfe rund um die gerichtliche Planbestätigung

Daher stellt sich die Frage, in welchen Konstellationen der Beibringungsgrundsatz eher verfahrensbeschleunigend wirkt. Dies wird beispielsweise in **kontradiktorischen** Verfahrenssituationen angenommen, wie sie in den angesprochenen §§ 64, 66 StaRUG bestehen. Insbesondere bei der Prüfung der voraussichtlichen Schlechterstellung (§ 64 Abs. 2 Satz 2 StaRUG) ist ein zügiges Verfahren wichtig, um strategische Holdout-Positionen schnell zu überwinden und im Zustand der drohenden Zahlungsunfähigkeit (§ 18 Abs. 2 InsO) schleunigst handeln zu können.[4] Geregelt hat der Gesetzgeber aber nur, wie die voraussichtliche Schlechterstellung in der Zulässigkeit zu prüfen ist. Unklar ist, wie in der Begründetheit zu verfahren ist. Im Schrifttum wird dies uneinheitlich beantwortet.[5] 6

VI. Kernthemen der Dissertation

Diese und andere Konstellationen nimmt die Dissertation zum Anlass, die Wechselwirkungen verschiedener Verfahrensgrundsätze (insbesondere solcher zur Feststellung der Tatsachen) in demselben Verfahren zu untersuchen. Daraus entstehen Folgefragen zum Prüfungsablauf der Rechtsbehelfsverfahren, zu deren Prüfungsumfang (auch im Fall von § 66 Abs. 1 StaRUG) und letztlich auch zum Verfahrenscharakter der Restrukturierungssache. 7

4 Vgl. MüKo-StaRUG/*Jungmann*, § 64 Rn. 87.

5 Ausführlich und in der Sache für den Beibringungsgrundsatz BeckOK-StaRUG/*Skauradszun*, 19. Ed. 1.1.2026, § 64 Rn. 60ff.

Kapitel 6

IDW S 16: Krisenfrüherkennung und Krisenmanagement

Frühwarnsysteme sind Pflicht! Bestandsgefährdende Entwicklungen rechtzeitig erkennen und Haftungsrisiken vermeiden

I. Einleitung

Krisenfrüherkennung und Krisenmanagement sind für jedes Unternehmen unabdingbar, denn insbesondere in Zeiten geopolitischer und wirtschaftlicher Krisen muss jedes Unternehmen so aufgestellt sein, dass es frühzeitig erste Indikatoren einer Krise erkennt und auch schon vordefinierte Maßnahmen zur Gegensteuerung vorhanden sind. In § 1 des StaRUG (Unternehmensstabilisierungs- und Restrukturierungsgesetzes) ist für alle Geschäftsleiter haftungsbeschränkter Unternehmen eine Pflicht zur Krisenfrüherkennung und zum Krisenmanagement normiert. Da § 1 StaRUG diese Anforderung nicht konkretisiert, liegt mit dem IDW S 16 ein Leitfaden vor:[1] Am 10.11.2025 veröffentlichte das Institut der Wirtschaftsprüfer (IDW) den Standard IDW S 16 „Ausgestaltung der Krisenfrüherkennung und des Krisenmanagements nach § 1 StaRUG“. Das Ziel des Standards ist es, die gesetzlichen Vorgaben des StaRUG in die Praxis zu transformieren. 1

II. Inhalt und Ziel des § 1 StaRUG

§ 1 StaRUG hat zum Inhalt, die Verpflichtung der Geschäftsleiter haftungsbeschränkter Unternehmen, die Unternehmensentwicklung kontinuierlich zu beobachten und bestandsgefährdende Entwicklungen frühzeitig zu erkennen. Damit sind alle haftungsbeschränkten Rechtsträger, zum Beispiel auch Stiftungen, juristische Personen des öffentlichen Rechts und Idealvereine umfasst. 2

Eine fortbestandsgefährdende Entwicklung ist gegeben, wenn ohne Gegenmaßnahmen wesentliche Verschlechterungen der Ertrags-, Finanz- oder Vermögenslage drohen, die das Risiko einer Insolvenz nach §§ 17–19 InsO begründen oder erhöhen. Dazu zählen insbesondere Entwicklungen, die auf Zahlungsunfähigkeit (§ 17 InsO), drohende Zahlungsunfähigkeit (§ 18 InsO) oder Überschuldung (§ 19 3

1 IDW S 16: https://www.idw.de/idw/idw-aktuell/idw-s-16-neuer-standard-zur-krisenfrueherkennung-auch-im-mittelstand.html (zuletzt abgerufen am 4.2.2026).

InsO) hindeuten. Bei Erkennen solcher Entwicklungen müssen kurzfristig geeignete Gegenmaßnahmen ergriffen werden und die zuständigen Überwachungsorgane sind unverzüglich informieren.

4 Die Risikoüberwachung für die Aktiengesellschaft, die in § 91 Abs. 2 AktG seit 1998 normiert ist, hatte bisher auch Einfluss auf andere haftungsrechtliche beschränkte Gesellschaften, aber mit § 1 StaRUG sind die Mindestanforderungen für alle anderen haftungsrechtlichen Gesellschaften gesetzlich normiert. Die sich aus anderen Gesetzen ergebenden Vorschriften hierzu, wie zum Beispiel § 91 AktG, bleiben hiervon unberührt. Aus den §§ 91 Abs. 2, 93 Abs. 2 AktG und der Rechtsprechung des BGH haben Geschäftsführer die grundsätzliche Pflicht, sich fortlaufend über die wirtschaftliche Lage des Unternehmens zu informieren.[2]

5 Sobald erste Krisenanzeichen vorliegen, ist eine Krisenfrüherkennung inklusive einer Unternehmensplanung als Prozess zu etablieren und fortlaufend durchzuführen. Werden im Rahmen dieses Prozesses fortbestandsgefährdende Entwicklungen erkannt, ist ein Krisenmanagement erforderlich. Hierzu ist eine entsprechende Dokumentation erforderlich.[3]

III. Standard IDW S 16 „Ausgestaltung der Krisenfrüherkennung und des Krisenmanagements nach § 1 StaRUG"

1. Einleitung

6 Obwohl die Standards des IDW nicht rechtsbindend sind, gelten diese in der Praxis als anerkannte Orientierungshilfe zur Auslegung gesetzlicher Vorgaben, wie zum Beispiel die Auslegung und Anwendung des § 1 StaRUG. Der IDW S 16 konkretisiert diese Pflichten für haftungsbeschränkte Unternehmen verschiedener Rechtsformen und überträgt bewährte Grundsätze in einen einheitlichen Rahmen. Kernelemente des Standards sind:

- frühzeitiges Erkennen negativer Entwicklungen;
- fortlaufende Überprüfung der wirtschaftlichen Lage durch Geschäftsleiter anhand des Krisenfrüherkennungs-Prozesses;
- wesentliche Anforderungen an die Unternehmensplanung.

7 Nach IDW S 16 umfasst der Prozess der Krisenfrüherkennung die Gesamtheit aller organisatorischen Regelungen und Maßnahmen zur frühzeitigen Identifizierung von Risiken. Dieser Prozess muss ständig hinterfragt und aktualisiert werden, im Sinne von Soll-Ist-Abgleichen, sowie auf dieser Basis dann weiterentwickelt werden.

---

2 BGH, 6.6.1994 – II ZR292/91, Abschnitt II 2d.

3 IDW S 6, Tz.17.

Kernstück und Fundament der Krisenfrüherkennung ist eine integrierte Unternehmensplanung. 8

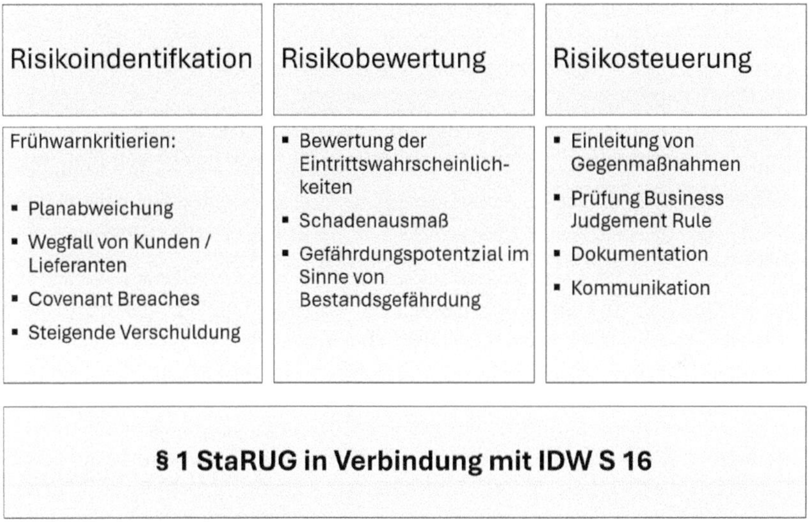

2. Risikofrüherkennung

Die Früherkennung dient dazu, bestandsgefährdende Entwicklungen frühzeitig zu identifizieren, zu bewerten und Gegenmaßnahmen zu bestimmen.[4] Die konkrete Ausgestaltung und der Umfang der Krisenfrüherkennung hängen von der Art, dem Umfang und der Komplexität der Geschäftstätigkeit und den damit verbundenen Risiken des Unternehmens ab. Wesentlicher Bestimmungsfaktor ist dabei die Risikotragfähigkeit des Unternehmens. 9

Die acht Kernelemente eines Krisenfrüherkennungssystem (KFE) sind: 10

- Risikokultur: Definition von Risikotoleranz sowie Schaffung von Risiko- und Verantwortungsbewusstsein;
- Ziele: Bewertung der Risikotragfähigkeit und Definition von Toleranzgrenzen;
- Organisation: Aufsetzen von Prozessen inklusive Verantwortlichkeiten und Kompetenzen;
- Risikoidentifikation: systematische und ganzheitliche Erfassung aller relevanten Risiken;

---

4 *Herrmanns*, KSI 3/2025, 102.

- Risikobewertung: Quantifizierung von identifizierten Risiken im Hinblick auf die Risikotragfähigkeit des Unternehmens;
- Risikosteuerung: Beseitigung von fortbestandsgefährdenden Risiken durch Definition und Umsetzung von geeigneten Gegenmaßnahmen;
- Risikokommunikation: Implementierung eines standardisierten Berichtsprozesses inklusive Sicherstellung des Informationsflusses an einen vor-definierten Empfängerkreis;
- Risikoüberwachung & Verbesserung: regelmäßiges und strukturiertes Monitoring zur Überprüfung der Maßnahmenwirksamkeit sowie Identifikation möglicher Anpassungsprozesse.

3. Frühwarn-Indikatoren

11 Frühwarn-Indikatoren sind unter anderem Umsatzrückgänge im laufenden Geschäftsjahr, ein wiederholter Bestandsaufbau bei niedrigen Erträgen, ein negativer zahlungsorientierter Cashflow sowie durch wiederholte Verluste aufgezehrtes Eigenkapital. Ebenso gelten überfällige oder gar uneinbringliche Forderungen, ausgeschöpfte Betriebsmittellinien, wiederholte Überziehungen, rückständige Tilgungsraten, Covenant Breaches, eingehende Mahnungen bis hin zu Mahn- und Vollstreckungsbescheiden als Krisenindikatoren. Solche Entwicklungen können sich aus finanziellen, betriebswirtschaftlichen oder externen Faktoren ergeben. Entscheidend ist eine Gesamtbetrachtung unter Berücksichtigung aller Umstände, wobei auch positive Entwicklungen kompensatorisch berücksichtigt werden können.

12 Beispiele für Risikoquellen (nicht abschließend):

- Betriebsunterbrechungen durch Störungen in der Lieferkette, Cybervorfälle, sonstige IT-Ausfälle, Qualitätsmängel oder Reputationsverluste;
- personalbezogene Risiken wie der Ausfall von Schlüsselpersonen, Fachkräftemangel oder mangelnde Motivation und Kompetenz der Belegschaft;
- externe Risiken sind u.a. makroökonomische Unsicherheiten wie Inflation oder Schwankungen bei Rohstoffpreisen, rechtliche Veränderungen, Naturkatastrophen bis hin zu technologischen Disruptionen.

13 Das Ziel sollte sein, sowohl operative als auch strategische Risiken, die die Zukunftsfähigkeit des Geschäftsmodells betreffen, zu erfassen. Entscheidend ist, dass die Risikoerfassung fortlaufend erfolgt.

14 Die identifizierten Risiken müssen anschließend bewertet werden. Dabei sind Eintrittswahrscheinlichkeit und potenzielles Schadensausmaß zu berücksichtigen. Risiken sind außerdem in ihrer Wechselwirkung zu betrachten: Mehrere scheinbar beherrschbare Risiken können in Kombination den Fortbestand gefährden.

Die Geschäftsleitung sollte Kennzahlen als Frühindikatoren definieren. Eine Kennzahlenanalyse basierend auf Bilanz- und GuV-Kennzahlen ist eine Möglichkeit, um sehr frühzeitig potenzielle Negativentwicklungen zu erkennen. Eine Guideline für die Einhaltung von Finanzkennzahlen liefern, zum Beispiel, die Covenants in den Kreditdokumentationen. 15

Neben den reinen Finanzkennzahlen sollten auch immer operative Faktoren miteinbezogen werden, wie zum Beispiel: 16

- Auftragseingänge, Reichweite der vorhandenen Aufträge;
- Aufbau Warenlager;
- Reklamationsquote;
- Krankenstand, Auftragseingänge.

4. Unternehmensplanung

Die Unternehmensplanung muss auf Basis plausibler Planungsprämissen, in der existierende und zukünftige Risiken der Unternehmensentwicklung ebenso wie mögliche Gegenmaßnahmen Berücksichtigung finden und durch Soll-Ist-Vergleiche ergänzt werden, aufbauen.[5] 17

Für die Bewertung der erkannten Risiken empfiehlt der IDW S 16 eine integrierte GuV-, Bilanz- und Cashflow-Planung mit einem Mindestplanungshorizont von 24 Monaten. Die Planung erfolgt auf Ebene der Einzelgesellschaft. Soweit ein Konzernverbund vorliegt, sind wirtschaftliche und finanzielle Verbindung innerhalb des Konzerns zu berücksichtigen ebenso wie ein eventuelles Cashpooling. 18

Sofern ein Unternehmen sich bereits in der Liquiditätskrise befindet, empfiehlt sich ein 13-Wochen-Cashflow-Forecast. 19

Diese Planungen müssen zeigen, dass das Unternehmen 20

- zahlungsfähig ist,
- keine bilanzielle Überschuldung droht, also den Ausschluss von Insolvenzantragsgründen und
- eine branchenübliche, marktkonforme Rendite erwirtschaftet wird.

Um auf Veränderung zu reagieren, ist eine rollierende Liquiditätsplanung, mit einem Planungshorizont von 24 Monaten und bei Liquiditätsproblemen ergänzt um eine 13-Wochen-Detailplanung, ratsam, um auf Veränderungen und Risiken zu reagieren sowie frühzeitig gegensteuern zu können. 21

Die zu erstellende Finanzplanung umfasst Budgetierung, Umsatz- und Ergebnisplanung, den Kapitalbedarf, Cashflow-Prognosen sowie Investitionsrechnungen. Bei den Prämissen sind unter anderem Marktlage- und Volumen, Preisentwick- 22

5 IDW S 16, Tz.28.

lungen, FX-Management (Wechselkurse), Hedging von Zinsrisiken und der Produktmix zu berücksichtigen.

23 Die zugrunde gelegten Planungsprämissen müssen in regelmäßigen Abständen auf Aktualität überprüft und im Falle von Abweichungen in der Planung aktualisiert werden. Dabei hat dieses Krisenfrühwarn-System dafür zu sorgen, dass ein konstanter Informationsaustausch und Soll-Ist-Abgleiche im Unternehmen stattfinden können. Dies erfolgt zentral durch die fortlaufende Unternehmensplanung als zentrales Element des Systems der Krisenfrüherkennung.

24 Für das Maßnahmencontrolling müssen Zuständigkeiten, Meilensteine und KPIs dokumentiert werden, und zwar mit Prioritäten und Verantwortlichkeiten, und in regelmäßigen Abständen auf die erfolgreiche Umsetzung und Wirksamkeit überprüft werden.

25 Für die Risikoidentifikation und -bewertung sind die identifizierten Risiken, die allein oder kumulativ zu fortbestandsgefährdenden Entwicklungen führen können, in bestimmten regelmäßigen Zeitfolgen zu dokumentieren und anschließend auch in der Unternehmensplanung abzubilden. Die vollständige Dokumentation der ex-ante Beurteilung ist entscheidend, um bei späteren Diskussionen darzulegen und auf geeignete Nachweise für die Erfüllung von § 1 StaRUG zurückzugreifen können. Und dient im Zweifelsfall der Exkulpation der Geschäftsführung.

5. Krisenmanagement – Umsetzung und Kommunikation

26 Ein Kernpunkt des IDW S 6 ist der Risikobericht als Teil des Reportingsystems. Hier werden relevante Risikofaktoren – etwa aus dem Markt, der Branche, der Lieferkette sowie Finanzierungs-, Rechts- und Compliance-Risiken – identifiziert und deren Auswirkungen in Szenarien bewertet. Klar definierte Governance und Prozesse legen Verantwortlichkeiten fest, implementieren die Kontrollmechanismen und dokumentieren die Planungsprozesse.

27 Soweit es die zu ergreifenden Maßnahmen zur Überwindung einer fortgeschrittenen Risikolage betrifft, verweist der IDW ES 16 auf die Ausführungen in dem separaten Standard zu Sanierungskonzepten (IDW S 6) und benennt die folgenden Maßnahmen:[6]

- Analyse der rechtlichen und wirtschaftlichen Ausgangslage (inkl. Vermögens-, Finanz-, Ertragslage);
- Analyse von Krisenstadium und -ursachen sowie der Insolvenzgefahr;
- Entwicklung eines (sanierten) Unternehmensleitbilds;

6 https://www.idw.de/idw/idw-aktuell/idw-standard-zu-sanierungskonzepten-idw-s-6-verab schiedet.html (zuletzt abgerufen am 4.2.2026).

- Identifikation von Maßnahmen zur Abwendung der Insolvenzgefahr und zur Krisenbewältigung;
- Erstellung eines integrierten Unternehmensplans.

Die Kommunikation ist ebenfalls ein wichtiger Baustein im IDW S 16: Es müssen Berichtslinien, Frequenzen (monatlich/ad-hoc) und Rollen (Owner, Reviewer, Eskalationsinstanz), Freigabeworkflows und Audit-Trails verbindlich festgelegt werden. **28**

6. Fazit

Zur Vermeidung persönlicher Haftungsrisiken sollten Geschäftsleiter sich mit den Anforderungen an Krisenfrüherkennung und -management auseinandersetzen, eine aussagekräftige Unternehmensplanung unter Berücksichtigung der identifizierten Risikofaktoren implementieren und geeignete Krisenfrüherkennungssysteme im Unternehmensalltag etablieren. Entsprechende Maßnahmen sind zu dokumentieren, um auch nachträglich eine pflichtgemäße Corporate Governance nachweisen zu können. **29**

Die Krisenfrüherkennung muss im Unternehmen nachhaltig aufgebaut und etabliert werden. Der hierfür erforderliche Prozess bedarf einer klaren Zuständigkeitsstruktur, vorgegebene Informationswege zu den Überwachungsorganen und einer regelmäßigen Überprüfung der Systeme. Ziel muss es sein, bestandsgefährdende Entwicklungen frühzeitig zu erkennen, Gegenmaßnahmen rechtzeitig einzuleiten, um so Haftungsrisiken zu reduzieren bzw. zu vermeiden. **30**

Sobald Geschäftsführer ein oder mehrere Krisenanzeichen erkennen, ist es ratsam, die Gegenmaßnahmen frühzeitig einzuleiten, wenn noch Zeit und Reserven vorhanden sind, um die Krise abzuwenden. **31**

Der IDW S 16 dient in der Praxis als Rahmen für Geschäftsleitung und Berater und deren Sorgfaltspflichten sowie der Vermeidung von Haftungsrisiken. Ist kein Krisenfrüherkennungssystem etabliert, können diese Versäumnisse eine persönliche Haftung der Geschäftsführung und der involvierten Berater nach sich ziehen. **32**

Kapitel 7

Konsortialkredite für Small-/Mid-Cap: Von der LMA-Komplexität zum zukunftsfähigen DKS-Kreditvertragsmuster

I. Einleitung

Der Small-/Mid-Cap-Kreditmarkt ist in den vergangenen Jahren gewachsen.[1] Während die Musterverträge der Loan Market Association (LMA) (sog. LMA-Muster) zum Marktstandard für größere (Unternehmens-)Finanzierungen aufgestiegen sind, zeigt sich in der Praxis, dass ihr Detailreichtum und die damit verbundene Verhandlungskomplexität für kleinere Transaktionen, Debütfinanzierungen und stärker lokal geprägte Finanzierungen oftmals eine hohe Hürde darstellen. 1

Die Autoren knüpfen an den Vortrag im Rahmen des 1. DKS-Symposiums am 11.11.2025 an und plädieren für ein DKS-Muster, das den Besonderheiten des Segments zukünftig Rechnung trägt. 2

Nachfolgend wird aufgezeigt, welche Klauseln des LMA-Standards im Small-/Mid-Cap-Segment zu Transaktionsreibungen führen, welche Chancen eine sinnvolle Reduktion von Komplexität mit sich bringt und welche Eckpunkte ein zukunftsfähiger Kreditvertrag berücksichtigen muss, um technischen Fortschritt und rechtliche Effizienz zu verbinden. 3

II. Der LMA-Marktstandard: Reichweite und Grenzen

Das LMA-Muster verdankt seine Verbreitung einer ebenso einfachen wie überzeugenden Logik: Es schafft erprobte Klauseln für unterschiedliche Finanzierungstypen – von Investment-Grade- über Leveraged- bis zu Real-Estate-Finanzierungen – und bildet internationale Syndizierungsprozesse in einer gemeinsamen Vertragssprache ab. Dieses Versprechen hat den Siegeszug des LMA-Musters von seinem Ursprung, dem Vereinigten Königreich, auf das europäische Festland ermöglicht, einschließlich deutscher Rechtswahl und zum Teil deutschsprachiger Fassungen.[2] Die Kehrseite dieser Erfolgsgeschichte ist die inhaltliche 4

1 Vgl. *Schwartz/Gerstenberger*, KfW-Mittelstandspanel 2025, S. 2, 21, https://www.kfw.de/%C3%9Cber-die-KfW/KfW-Research/KfW-Mittelstandspanel.html (zuletzt abgerufen am 27.1.2026).

2 Vgl. *Summ*, in: Ellenberger/Bunte, Bankrechts-Handbuch, § 101 Rn. 19, 21.

Dichte. LMA-Muster enthalten standardmäßig umfangreiche Garantiekataloge,[3] detaillierte Informations- und Mitteilungspflichten,[4] kleinteilig ausgestaltete Negativverpflichtungen,[5] komplexe Agent[6]- und umfangreiche Übertragungsmechanismen.[7] Für großvolumige, international syndizierte Transaktionen sind diese Bausteine bedeutend, im Small-/Mid-Cap-Segment sind sie häufig überbordend.

5 Gerade Unternehmen, die kleineren Finanzierungsvolumina bedürfen, trifft der Aufwand mehrfach. Verhandlungen verlängern sich, weil im konkreten Fall eine Vielzahl von Klauseln mit begrenztem Mehrwert angepasst werden müssen. Zudem steigen die Transaktionskosten, weil die Dokumentation und die darauf aufsetzenden Zustimmungsprozesse intern, mit eigenen Beratern sowie den anderen Vertragsparteien erhebliche Ressourcen benötigen. Letztlich braucht es also mehr Zeit, bis es zum Abschluss einer Finanzierung kommt und das, obwohl Geschwindigkeit ein zentraler Erfolgsfaktor für eine erfolgreiche Transaktion ist.

6 Diese strukturellen Unstimmigkeiten weisen auf die Schwächen des LMA-Musters hin und legen die Entwicklung eines DKS-Musters für das Small-/Mid-Cap-Segment nahe.

III. Mehrwert eines DKS-Musters im Small-/Mid-Cap-Segment

7 Ein zukünftiges DKS-Muster soll dabei nicht auf die Ablösung des LMA-Standards abzielen, sondern auf dessen Ergänzung um eine Variante, die den Besonderheiten des Small-/Mid-Cap-Segments entspricht.

8 Hierbei stechen unmittelbar drei Vorteile hervor. Zunächst erleichtert ein deutschsprachiges Muster die interne Abstimmung beim Kreditnehmer und bei regionalen, vornehmlich deutschsprachigen Banken, indem die Übersetzungskosten und das Entstehen von möglichen Missverständnissen reduziert wird. Überdies wird Unternehmen ohne oder mit wenig Syndizierungserfahrung ein niedrigschwelliger Zugang zu einer verständlicheren Dokumentation gegeben, die zentrale Risiken klar abbildet, ohne unnötige juristische Komplexität zu erzeugen. Zuletzt können die lokalen Besonderheiten des deutschen Rechts besser berücksichtigt

3 Vgl. Ziff. 19 (Representations) des LMA German law multicurrency term and revolving facility agreement v. 1.2.2024.

4 Vgl. Ziff. 20 (Information Undertakings) und Ziff. 21 (Financial Covenants) des LMA German law multicurrency term and revolving facility agreement v. 1.2.2024.

5 Vgl. Ziff. 22 (General Undertakings) des LMA German law multicurrency term and revolving facility agreement v. 1.2.2024.

6 Vgl. Ziff. 26 (Role of the Agent) des LMA German law multicurrency term and revolving facility agreement v. 1.2.2024.

7 Vgl. Ziff. 24 (Changes to the Lenders) des LMA German law multicurrency term and revolving facility agreement v. 1.2.2024.

werden. Das deutsche Recht kennt in einigen Bereichen andere Stellschrauben als das „Common-Law-Denken" des LMA-Musters, sodass eine spezifisch deutsche, praxisnahe Ausgestaltung unnötige Kompromisse zwischen Einfachheit in der Handhabe und Rechtsqualität des Musters verhindert.

IV. Reduktion auf kreditrelevante Kernpunkte

Komplexitätsreduktion darf aber nicht zu Schutzlücken auf Seiten der Vertrags- 9
parteien führen. Das Leitprinzip eines DKS-Musters muss daher lauten: „So einfach wie möglich, so differenziert wie nötig." Vertragskern sind die Regelungen, die im Hinblick auf Risikozuordnung, Beweislast und Informationsasymmetrie zwingend sind. Detaillierte Ausprägungen, die zwar informativ, aber im Streitfall verzichtbar sind, werden in standardisierte Berichtspflichten ausgelagert. Damit verschiebt sich die Komplexität hin zu einem klaren, überprüfbaren Reporting-Regime. Rechtlicher Maßstab bleibt die hinreichende Bestimmtheit, insbesondere bei Kündigungsgründen, Informationspflichten und sonstigen allgemeinen vertraglichen Pflichten.

V. Sechs Stellschrauben für weniger Komplexität

Die Vereinfachung setzt an sechs typischen „Komplexitätstreibern" an. An jeder 10
Stellschraube wird so angesetzt, dass die jeweiligen Klauseln und damit das ganze Muster nach deutschem Recht belastbar, aber schlank bleibt.

1. Zusicherungen

Der LMA-Katalog spiegelt historisch gewachsene, international ausgerichtete Ri- 11
sikoerwägungen wider. Für Small-/Mid-Cap genügt allerdings ein fokussierter Satz an Zusicherungen.

Es werden nur die Zusicherungen abgegeben, die durch Verpflichtungen oder aus 12
Kündigungsgründen (z. B. Insolvenzstatus) nicht bereits abgedeckt werden (z. B. Einhaltung von Gesetzen und wesentlichen Verträgen). Zusicherungen, die aus Sicht des deutschen Rechts überhaupt nicht erforderlich sind (z. B. Zusicherung zu *pari passu*, Rechts- und Geschäftsfähigkeit, ordnungsgemäßer Autorisierung), werden nicht aufgenommen.

Die wenigen verbleibenden Zusicherungen werden bezogen auf den Vertragsab- 13
schluss abgegeben. Hierzu kann eher aus der gewachsenen Marktpraxis entstammend beispielhaft die Zusicherung gehören, dass die bereitgestellten Informationen richtig und vollständig sind. Ein Konzept von zu wiederholenden Zusicherun-

gen bedarf es nicht und kann durch weitere Verpflichtungen abgedeckt werden. Branchen- oder projektspezifische Zusicherungen werden ergänzt, statt abstrakt-generell vorgegeben. Dabei sind Materialitätsschwellen festzulegen, um Bagatellverstöße zu vermeiden.

2. Informationspflichten

14 Statt dutzender Einzelmitteilungen soll ein zweistufiges System vorgesehen werden. Standardberichte (Finanzkennzahlen, Compliance-Zertifikate, wesentliche Verträge, Versicherungsstatus) in festen Intervallen sowie Ad-hoc-Mitteilungen für klar umrissene, kreditrelevante Ereignisse.

15 KYC-Unterlagen werden über eine standardisierte, digital unterstützte Checkliste bereitgestellt. Berichtskanäle und Fristen sind so konkret zu fassen, dass ein objektiver Maßstab für die Ordnungsgemäßheit entsteht.

3. Vertragliche Verpflichtungen

16 Die vertraglichen Pflichten sollen weiterhin den Kern der Risikosteuerung für die Kreditgeber bilden. So werden die Negativverpflichtungen auf Verschuldung, Verfügungen und Haftungsübernahmen beschränkt. Anstatt äußerst detailreicher Sonderregelungen für Ausnahmen wird mit Schwellenwerten und Verhältniszahlen gearbeitet, die den operativen Alltag abbilden, aber weiterhin Liquiditätsabfluss zulasten der Kreditgeber verhindern.

17 Redundanzen mit (zu wiederholenden) Zusicherungen werden zugunsten von Regelungen innerhalb der vertraglichen Verpflichtungen aufgehoben.

4. Übertragungsklauseln

18 Übertragungs-, Unterbeteiligungs- und Refinanzierungsklauseln sind zwischen Syndizierungsinteressen und Kreditnehmerinteressen zu gestalten.

19 Obwohl die Syndizierbarkeit auch im Small-/Mid-Cap-Segment wichtig ist, braucht es dort keine ausführliche Darstellung. Eine klare knappe Regelung mit Verweis auf eine Vertragsübernahme ist ausreichend. Das DKS-Muster sollte eine Übertragung an refinanzierende Institute und Fonds zulassen, flankiert von Definitionskriterien für Übernahmeberechtigte bzw. Beschränkungen zum Schutz des Kreditnehmers (insbesondere eine Blacklist für Wettbewerber, Anforderungen an Übernahmeberechtigte). Vertragsübernahmen werden nur mit Zustimmung des Kreditnehmers zugelassen, die erteilt gilt, wenn sie nicht innerhalb eines gewissen Zeitraums ausgeübt wird. Unterbeteiligungen erfolgen zustimmungsfrei, sofern die Kontrollrechte beim eigentlichen Kreditgeber verbleiben. Vor dem Hintergrund bestehender gesetzlicher Datenschutz- und Vertraulichkeitsanforderungen muss ein Muster nur weniges regeln, um Informationsflüsse an Dritte (beschränkt) zu ermöglichen.

5. Verwaltungsagent

Das DKS-Muster soll das Mandat des Verwaltungsagenten pragmatisch fassen und seine Kernaufgaben, insbesondere Informationssammlung und -verteilung, klar wiedergeben. **20**

Ein schlankes Mandat mit klaren Aufgaben definiert seine Rolle als operative Drehscheibe der Finanzierung unter Berücksichtigung eines Instruktions- und Mehrheitsregimes. Das Instruktions- und Mehrheitsregime orientiert sich an einigen wenigen Ankerpunkten: einfache Mehrheit für laufende Entscheidungen, qualifizierte Mehrheit für wesentliche Änderungen und die Zustimmung aller Kreditgeber sehr beschränkt nur für Kernrechte (z. B. Zinssatz und Fälligkeit). Wo es möglich und angemessen ist, verbleibt es bei den gesetzlichen Regelungen für den zugrunde liegenden Geschäftsbesorgungsvertrag. **21**

6. Auszahlungsvoraussetzungen

Auszahlungsvoraussetzungen sind zu reduzieren bzw. auf dem Kreditvertrag ausgelagerte Prozesse auszuweiten. **22**

Unabdingbarer Kern sind gewisse Handelsregisterunterlagen (Handelsregisterauszug, Gesellschafterliste, Satzung/Gesellschaftsvertrag), Finanzinformationen (z. B. die letzten geprüften Jahresabschlüsse und – soweit vorhanden – Zwischenabschlüsse sowie in Einzelfällen 3-Jahres-Planung und ggf. ein Bankenspiegel), Rechtsgutachten (Validity Legal Opinion) betreffend die Wirksamkeit und Durchsetzbarkeit des Kreditvertrages und sonstige Dokumente (z. B. Organigramm der Gruppe und ein Nachweis der Zahlungen aller Gebühren und Auslagen). **23**

Auf die Belieferung von Beschlussdokumentation und die Geschäftsführerbestätigung kann verzichtet werden. Ein Rechtsgutachten (Capacity Legal Opinion) betreffend u. a. die Fähigkeit, Befugnis und wirksame Unterzeichnung ist redundant. Die Informationen können den Handelsregisterunterlagen entnommen werden. Die Prüfung einfacher Beschlüsse ist im Hinblick auf die Vertretungsmacht nach deutschem Recht entbehrlich. **24**

Die Lieferung von KYC-/geldwäscherechtlich relevanten Dokumenten gemäß den aufsichtsrechtlichen Anforderungen der Finanzierungsparteien wird hier in die Auszahlungsvoraussetzungen verlagert, sofern nicht schon bestenfalls der entsprechende Prozess bereits vor Vertragsschluss beendet wurde. **25**

26 Im Übrigen sind, wo es möglich ist, Mechanismen vorzusehen, nach denen die Auszahlungsvoraussetzungen als erfüllt gelten, wenn die entsprechenden Dokumente form- und fristgerecht eingereicht sind und der Agent diese nicht binnen einer kurzen Frist beanstandet.

7. Zusammenfassung

27 Ein DKS-Muster, das diese Stellschrauben umsetzt, kann im Small-/Mid-Cap-Segment seine Wirkung entfalten. Es ermöglicht schnellere Vertragsabschlüsse. Kürzere Vertragsbestimmungen, klare Materialitätsschwellen und standardisierte Berichtspflichten verkürzen die Verhandlungs- und Umsetzungszeit. Es erhöht die Transparenz. Kreditrelevante Kernpunkte werden in den Vordergrund gerückt, operative Details in Reports ausgelagert. Zudem sinken Streit- und Prüfungsrisiken. Eindeutige Definitionen, weniger Redundanz und klare Zuständigkeitsregeln machen die Anwendung im täglichen Geschäft einfacher. Überdies erleichtert eine deutschsprachige, lokal angepasste Dokumentation des syndizierten Kredits als Finanzierungsinstrument die Einführung bei Debütkreditnehmern.

VI. Typische Fallstricke und deren Vermeidung

28 Verschlankung birgt aber auch Risiken, denen ein DKS-Muster vorbeugen muss. Dazu gehört zum einen die Nichterfassung kreditrelevanter Risiken. Abhilfe schafft ein Kernkatalog zwingender Zusicherungen und Verpflichtungen, ggf. verbunden mit modularen, branchenspezifischen Ergänzungen. Zum anderen gehören dazu Unschärfen bei Materialität. Diese werden durch quantifizierte Schwellen und qualifizierte Wesentlichkeitsbegriffe vermieden.

29 Besondere Aufmerksamkeit verdienen dabei die Kündigungsgründe. Es bietet sich ein Katalog an, der auf nachweislich kreditrelevante Umstände fokussiert ist (Nichtzahlung, Verletzung zentraler Finanzkennzahlen, unzulässige Verschuldung/Sicherheiten, falsche Zusicherungen mit Wesentlichkeitsschwelle, Cross-Default zu wesentlichen Finanzverbindlichkeiten, Insolvenzereignisse, rechtswidrige Verwendung der Kreditmittel). Abhilfefristen sollten, wo angebracht, kurz, aber praktikabel bemessen sein und klar zwischen heilbaren und unheilbaren Verstößen unterscheiden. Es ist im Übrigen auch zu überlegen, ob nicht auf den gesetzlichen Kündigungsgrund gemäß § 490 Abs. 1 BGB zurückgegriffen werden kann.

30 Wichtig ist, dass ein DKS-Muster nicht versucht, sämtliche Eventualitäten abzubilden. Nur so wird ein ausreichend schlankes Muster ermöglicht.

VII. Maschinenlesbarkeit für einen zukunftsfähigen Kreditvertrag

Die nächste Entwicklungsstufe eines zukunftsfähigen Kreditvertrages liegt in dessen Datenfähigkeit und Maschinenlesbarkeit. **31**

Ein Annex zum Muster als „Single Source of Truth" könnte dabei zentral werden. **32** Ein solcher Annex könnte in gesammelter Form strukturierte, maschinenlesbare Daten, z. B. zu Verpflichtungen, Freibeträge, Zinsanpassungsparameter, Finanzdefinitionen, KPIs, Auszahlungsbedingungen, Ereignissen mit Mitteilungspflichten, Ereignissen mit Abhilfefristen und Materialitätsschwellen, enthalten.

Dieses Konzept für einen zukunftsfähigen Kreditvertrag ermöglicht die Automatisierungen und die Einlieferung in Contract Lifecycle Management (CLM) und Risiko- und Monitoringsysteme. **33**

Daten werden aus dem Annex ausgelesen, Reportings des Kreditnehmers mit Schnittstellen abgeglichen und Abweichungen ggf. markiert. **34**

Ein in sich schlüssiger Satz an Daten ermöglicht Analysen, Stresstests und frühzeitige Warnungen. Weiterhin sinkt das Potenzial für Vertragsstreitigkeiten und langwierige Überprüfungen. Was als Datenpunkt einmal definiert und maschinenlesbar erfasst ist, lässt sich nachhalten und automatisiert überprüfen, wobei zugleich Interpretationsspielräume kleiner werden. Dies lässt die Vergleichbarkeit im Finanzierungsportfolio steigern. **35**

Um die rechtliche Tragfähigkeit der Maschinenlesbarkeit sicherzustellen, müssen jedoch einige Grundsätze eingehalten werden. Es ist wichtig, dass der Annex als Vertragsbestandteil zu verstehen ist und dass Änderungen demselben Zustimmungsregime wie die eigentlichen Vertragsinhalte unterliegen. Auch sind Begriffe einheitlich im Vertragstext und im Annex zu verwenden, wobei Parameter eindeutig auf definierte Größen und Perioden verweisen. Schließlich ist die Beweisbarkeit der Datenintegrität sicherzustellen. Hierbei könnten sich Versionsprotokolle anbieten. **36**

VIII. Ausblick und Schlussbemerkung

Der Small-/Mid-Cap-Markt bietet Raum für ein zusätzliches Muster. Ein DKS-Muster mit klaren Kernbausteinen, modularen Ergänzungen und einem maschinenlesbaren Annex verbindet die Rechtssicherheit und Verlässlichkeit etablierter Marktstandards mit der Effizienz und Nutzerfreundlichkeit, die dieses Segment verlangt. Der Weg führt nicht über „mehr" Klauseln, sondern über bessere Strukturen – rechtlich konzentriert und technisch anschlussfähig. Gelingt diese Kombination, können messbare Vorteile, wie schnellere Abschlüsse, geringere **37**

Transaktionskosten, ein höherer Monitoringstandard, eine bessere Portfoliosteuerung und letztlich ein niedrigeres Streit- und Prüfungsrisiko entstehen.

38 Die Entwicklung hin zu einem DKS-Muster für Small-/Mid-Cap ist somit auch kein Selbstzweck, sondern die Antwort auf eine Marktlogik, die auf Geschwindigkeit, Verständlichkeit und Verlässlichkeit setzt. Wer diese Logik in eine juristische Form gießt und zugleich die digitale Nutzbarkeit der Vertragsinhalte sicherstellt, stärkt damit letztendlich auch die Praxis der Kreditvergabe im Small-/Mid-Cap-Markt in Deutschland.

Kapitel 8

Die Zukunft der Daten – Von der Akte zum fluiden Ökosystem als Fundament der Datendemokratisierung[1]

Ein Fachbeitrag zur Transformation der Datenlogistik im Spannungsfeld von KI-Agenten, Regulatorik und sozialer Verantwortung

I. Die technologische Evolution – Von der analogen Akte zur digitalen Zeitenwende

Die Finanzwelt steht im Januar 2026 vor einer Zäsur. Der globale zivilisatorische Wandel mündet in eine digitale Zeitenwende, die maßgeblich durch die Symbiose aus sich stetig potenzierender Rechenkapazität (AI-Agent-Architecture[2]) und einer exzellenten Datenqualität ermöglicht wird. Die bloße Verwaltung von Informationen genügt nicht mehr; die strategische Antwort lautet Datendemokratisierung. Dies bedeutet, Datensätze aus ihren isolierten Abteilungen, den sogenannten Silos, zu befreien und sie im gesamten Unternehmen kontrolliert verfügbar zu machen, um sie in wertschöpfende Assets zu überführen. 1

In der „Prä-Computer-Ära" waren Informationen beziehungsweise Daten physisch an analoge Medien gebunden. Jene Epoche war durch eine systemimmanente Silobildung geprägt. Die darauffolgende Ära der EDV, der elektronischen Datenverarbeitung, digitalisierte zwar diese Bestände, konservierte aber die statische Logik geschlossener Systeme. Das Fax blieb hierbei die einzige technologische Brücke nach außen – ein Prozess, der in der öffentlichen Verwaltung bis heute als „hochspezialisierte Isolation" überlebt hat. 2

1 Datendemokratisierung bezeichnet den strategischen und technologischen Prozess, Daten aus isolierten Fachsilos zu befreien und sie über standardisierte Schnittstellen (z. B. APIs im Rahmen der FiDA) autorisierten Nutzern so wie KI-Agenten zu mobilisieren und somit systemweit zugänglich zu machen.

2 AI-Agents-Architecture: bezieht sich auf spezialisierte Softwaresysteme, die in der Lage sind, eigenständig Ziele zu verfolgen und dabei auf wechselnde Datenumgebungen zu reagieren.

3 Heute führen diese Legacy-Systeme[3] zu strukturellen Barrieren. Der Fokus verschiebt sich daher weg vom Silo, hin zum fluiden, vernetzten Wissenssystem. Während eine allgemeine Künstliche Intelligenz (General AI) oft zu unspezifisch agiert, benötigen spezialisierte KI-Agenten innerhalb einer strategischen Architektur demokratisierte Daten als Kontext, um komplexe Aufgaben wie die Kreditprüfung autonom und präzise auszuführen.

II. Der Paradigmenwechsel und das Trilemma der Rechtskonformität

4 Die moderne KI-Architektur übernimmt das Prozessieren der Daten sowie die Echtzeit-Anwendung regulatorischer Vorgaben. Diese Performance bedarf jedoch einer Symbiose mit kohärenten Datensätzen, um idealerweise diskriminierungsfrei, also ohne den sogenannte Bias, zu operieren. In dieses Gefüge tritt die FiDA (Financial Data Access).[4]

5 Die FiDA fungiert als technologischer Hebel durch standardisierte Schnittstellen wie die APIs. Sie tritt dabei direkt mit dem komplexen regulatorischen „Trilemma" aus DSGVO, EU AI Act und der verschärften BGH-Rechtsprechung[5] in Interdependenz:

1. Datenlöschung (BGH VI ZR 156/23): Zementierung der Pflicht zur Löschung von Restschuldbefreiungs-Daten nach spätestens sechs Monaten.
2. Datenintegrität (BGH VI ZR 210/23): Richtigkeit als Voraussetzung für automatisierte Profilbildung; Institute haften für veraltete Grundlagen.
3. Echtzeit-Korrespondenz (BGH VI ZR 45/24): Pflicht zur unverzüglichen, systemübergreifenden Implementierung von Korrekturen.

6 Gesetze und Urteile sind erst wirklich rechtsfähig, wenn sie als Compliance by Design direkt in den Code einfließen. Nur so wird aus der Inkompatibilität alter Systeme ein echter digitaler wie wirtschaftlicher Fortschritt.

---

3 Legacy-Systeme: veraltete IT-Infrastrukturen oder Softwareanwendungen, die trotz ihrer Ineffizienz aufgrund ihrer kritischen Funktion im Unternehmen weiterhin genutzt werden.

4 FiDA (Financial Data Access): eine EU-Verordnung zur Etablierung von „Open Finance", die den standardisierten Austausch von Finanzdaten zwischen Instituten unter expliziter Zustimmung der Kunden regelt.

5 Trilogie 2024/2025: bezeichnet die drei richtungsweisenden Urteile des Bundesgerichtshofs, welche die Rechte der Bürger gegenüber Kreditauskunfteien und Banken hinsichtlich Löschfristen und Datenrichtigkeit massiv gestärkt haben.

III. Der regulatorische Aufbruch – FiDA und das Ende der institutionellen Datendominanz

Die Einführung der FiDA hat das Potenzial, das Ende einer Ära zu markieren, in der Daten als passives, statisches und hoheitliches Eigentum von Institutionen verstanden wurden. Sie wirkt in der Theorie als Katalysator, um die institutionelle Datenhoheit in eine individuelle Datensouveränität zu transformieren. Doch bliebe das Versprechen brüchig, wenn Organisationen wie Institutionen eine informelle Souveränität wahrten. **7**

IV. Regulatorische Interdependenz: EU AI Act versus DSGVO

Ein kritischer Punkt ist das Spannungsfeld zwischen dem EU AI Act (Art. 10), der für Hochrisiko-KI „umfangreiche Datensätze" zur Vermeidung von Diskriminierung fordert, und der DSGVO (Art. 5), die strikte Datenminimierung verlangt. **8**

Banken stehen demzufolge vor einem Dilemma: Sie müssen mehr Daten für die KI-Qualität verarbeiten, sollen aber gleichzeitig so wenig wie möglich davon nutzen. **9**

Hier dient die verifizierte Identität als technischer Anker. Die Identitätsprüfung (KYC – Know Your Customer: gesetzliche Identitätsprüfung; hier der „Key" (Schlüssel) für die Steuerung) fungiert als zentraler „Key". Nur wenn ein KI-Agent auf diesen KYC-Key zugreifen kann, darf er innerhalb der FiDA Daten sicher austauschen. Dies stellt sicher, dass der Datenaustausch trotz der Reibungspunkte zwischen KI-Datenbedarf und Datenschutzrechten eindeutig zugeordnet bleibt. **10**

V. Soziale Verantwortung und digitale Integrität

Daten sind ein Abbild menschlicher Identitäten. Ihre Demokratisierung darf daher ethischen Grundsätzen folgen. Privacy by Design (Art. 25 DSGVO) muss fest in der Logik der Agenten-Architektur verbaut sein. Die Bank muss garantieren, dass die KI nicht durch Datenmangel diskriminierend wird (Bias), sondern durch saubere Daten inklusiv entscheidet. Es gilt, die Integrität des Individuums zu wahren und systemische Abhängigkeiten abzubauen. **11**

VI. Ausblick – Die Ära der programmierten Identität und der europäische Sonderweg

Die Integration der Digital EU ID und des digitalen Euros bildet das Schlussstück dieser Phase der digitalen Zeitenwende. **12**

13 Identität, Vermögen und Rechtsfähigkeit werden zu fluiden Datensätzen. Für den Bürger bedeutet dies eine Transformation, bei der Identitätsnachweise zu automatisierten Prozessen verschmelzen.

VII. Der globale Wettbewerb und die Vision 2027

14 Während die USA dem „Markt-Primat" und China dem „Staats-Primat" folgen, setzt Europa auf ein „Werte-Primat". Die kommenden Jahre werden zeigen, dass technologische Souveränität und Datenschutz untrennbar zusammengehören. So liegt die Zukunft in einer automatisierten Governance, in der Compliance-Agenten autonom das Gleichgewicht zwischen regulatorischen Restriktionen und technologischer Notwendigkeit überwachen. Die Fähigkeit, Identitäten hausintern als sicheren „Key" zu verifizieren, wird zum Standard.

VIII. Ethische Bastion oder technokratische Illusion?

15 Doch birgt dieser Weg durchaus Risiken. Kritisch betrachtet besteht die Möglichkeit, dass die europäische Werte-Architektur in eine technokratische Struktur abgleitet. Wenn das „Werte-Primat" zum „Technokratie-Primat" wird, droht die Entmündigung des Bürgers durch ein hochkomplexes Regelwerk, bei dem die technische Hoheit über die Schnittstellen weiterhin bei den Institutionen verbleibt.

IX. Fazit

16 Die Transformation zur Datendemokratisierung ist der notwendige Schritt, um die widersprüchlichen Anforderungen von EU AI Act und DSGVO in einer modernen Agenten-Architektur aufzulösen. Rationale Architekturentscheidungen müssen technologische Exzellenz mit gesellschaftlichem Respekt verbinden. Nur wenn Prozesse so transparent gestaltet werden, dass der Bürger wieder zum Subjekt seiner Datenökonomie wird, kann aus der programmierten Identität ein Werkzeug der Freiheit statt einer neuen systemimmanenten Abhängigkeit werden.

Kapitel 9

Praxisbericht zur Umsetzung der Digital Operational Resilience Act-Anforderungen

Zusammenfassung

Die Verordnung (EU) 2022/2554 über die digitale operationale Resilienz im Finanzsektor (DORA) ist seit dem 17.1.2025 anwendbar und stellt europäische Finanzunternehmen vor umfassende neue Anforderungen in fünf zentralen Bereichen: IKT-Risikomanagementrahmen, Management IKT-bezogener Vorfälle, Tests der digitalen operationellen Resilienz, IKT-Drittparteienrisikomanagement sowie Informationsaustausch über Cyberbedrohungen. Das erste Jahr seit Anwendbarkeit der DORA hat gezeigt, dass die systematische Ermittlung kritischer oder wichtiger Funktionen die unverzichtbare Grundlage jeder erfolgreichen DORA-Implementierung bildet. Diese Ermittlung hat praktische Auswirkungen auf nahezu jeden Anforderungsbereich. Ein ausschließlicher Rückgriff auf die bekannten Grundsätze der Business Impact Analyse (BIA) greift zu kurz, da diese sich primär auf zeitbasierte Ausfallszenarien konzentriert. DORA erfordert darüber hinaus die Identifizierung von Funktionen, deren fehlerhafte Erbringung zu aufsichtsrechtlichen Verstößen führen würde, unabhängig davon, wie schnell ein Schaden eintritt. Die BIA muss daher durch eine systematische Analyse der aufsichtsrechtlichen Verpflichtungen des Finanzunternehmens ergänzt werden. Die Erstellung des Informationsregisters erwies sich ebenfalls als deutlich komplexer als erwartet, insbesondere bei der Erfassung von Unterauftragsketten. Die Erstellung und Verhandlung DORA-konformer Vertragsnachträge erfordert ein strategisches Vorgehen. Dies umfasst eine systematische Kategorisierung der IKT-Drittdienstleister anhand der ermittelten Risiken sowie ausreichenden zeitlichen Vorlauf für die Verhandlungen. Der vorliegende Beitrag gibt einen praxisorientierten Überblick über die wesentlichen Anforderungen von DORA und deren Umsetzung in Deutschland. Im Fokus stehen die praktischen Herausforderungen bei der DORA-Implementierung. 1

I. Einleitung

Die Verordnung (EU) 2022/2554 über die digitale operationale Resilienz im Finanzsektor (DORA) ist seit dem 17.1.2025 anwendbar. Hintergrund der Verordnung ist die zunehmende Digitalisierung des Finanzsektors. Die damit einhergehenden Abhängigkeiten von IKT-Drittdienstleistern machen das Finanzsystem anfälliger für Cyberbedrohungen. DORA verfolgt das Ziel, sowohl die IKT-Resi- 2 lienz zu stärken, als auch den bislang bestehenden regulatorischen Flickenteppich zu vereinheitlichen.[1] Der Anwendungsbereich erstreckt sich gemäß Art. 2 Abs. 1 DORA auf nahezu alle beaufsichtigten Finanzunternehmen des europäischen Finanzsektors, darunter Kreditinstitute, Zahlungs- und E-Geld-Institute, Wertpapierfirmen, Anbieter von Krypto-Dienstleistungen sowie Versicherungs- und Rückversicherungsunternehmen.[2] Für diese Finanzunternehmen gelten die Anforderungen der DORA grundsätzlich vollumfänglich, wobei Art. 2 Abs. 3 und 4 DORA bestimmte Ausnahmen oder Erleichterungen vorsieht. Der deutsche Gesetzgeber hat den Anwendungsbereich durch das Finanzmarktdigitalisierungsgesetz (FinmadiG) über die unionsrechtlichen Vorgaben hinaus erweitert.[3] Danach fallen in Deutschland unter anderem auch Finanzdienstleistungsinstitute wie Finanzierungsleasing- und Factoringinstitute, Bürgschaftsbanken sowie Zweigstellen nach § 53 KWG in den Anwendungsbereich der DORA. Für diese zusätzlich erfassten Institute gelten jedoch lediglich die vereinfachten Anforderungen nach Art. 16 DORA. Somit entfallen für diese Institute die umfassenden Anforderungen der Art. 5 bis 15 DORA sowie die Pflicht zu bedrohungsorientierten Penetrationstests nach Art. 26 und 27 DORA. Für diese zusätzlich erfassten Institute gilt eine Übergangsfrist für die vollständige Implementierung des vereinfachten IKT-Risikomanagementrahmens bis zum 1.1.2027.[4] Die Pflicht zur Meldung schwerwiegender IKT-bezogener Vorfälle besteht auch für diese Institute bereits seit dem 17.1.2025.

3 Der vorliegende Beitrag gibt einen praxisorientierten Überblick über die wesentlichen Anforderungen von DORA und deren Umsetzung in Deutschland. Im Fokus stehen die praktischen Herausforderungen bei der DORA-Implementierung. Dies betrifft insbesondere die systematische Ermittlung kritischer oder wichtiger Funktionen, die Erstellung des Informationsregisters sowie die Vertragsverhandlungen mit IKT-Drittdienstleistern. Der Beitrag schließt mit Handlungsempfehlungen auf Basis der Erfahrungen aus dem ersten „DORA-Jahr".

II. Überblick über Anforderungen der DORA

4 DORA verfolgt einen präventiven Ansatz zur Stärkung der digitalen operationalen Resilienz von Finanzunternehmen. Sie setzt dabei auf qualitative Anforderungen in fünf zentralen Bereichen: IKT-Risikomanagementrahmen, Management IKT-

---

1 ErwG 1–3 VO (EU) 2022/2554.

2 BaFin, DORA – Digital Operational Resilience Act, https://www.bafin.de/DE/Aufsicht/FinTech/Digitalisierung/DORA/dora_node.html (zuletzt abgerufen am 3.2.2026).

3 Gesetz zur Finanzmarktdigitalisierung (Finanzmarktdigitalisierungsgesetz – FinmadiG) vom 27.12.2024, BGBl. I 2024 Nr. 423.

4 Art. 3 FinmadiG i.V.m. §§ 1a Abs. 2a, 65a Abs. 3 KWG.

bezogener Vorfälle, Tests der digitalen operationalen Resilienz, IKT-Drittparteienrisikomanagement sowie Informationsaustausch über Cyberbedrohungen.[5] Die folgenden Abschnitte geben einen Überblick über diese Kernelemente und beleuchten die praktischen Herausforderungen bei deren Umsetzung.

1. IKT-Risikomanagementrahmen

Der IKT-Risikomanagementrahmen bildet das zentrale Element der DORA. Nach **5**
Art. 5 bis 16 DORA sind Finanzunternehmen zum Aufbau eines umfassenden Systems zur Identifizierung, Bewertung und Steuerung von IKT-Risiken verpflichtet. Ziel ist die Aufrechterhaltung oder Wiederherstellung der Funktionsfähigkeit des Geschäftsbetriebs und der IKT-Systeme des Finanzunternehmens, insbesondere gegenüber Cyberbedrohungen. Damit soll ein hohes gemeinsames Niveau an digitaler operationaler Resilienz gewährleistet werden. Art. 5 Abs. 2 DORA weist dem Leitungsorgan die übergeordnete Verantwortung zu. Das Leitungsorgan muss alle Vorkehrungen im Zusammenhang mit dem IKT-Risikomanagementrahmen definieren, genehmigen und überwachen sowie deren Umsetzung verantworten. Diese Verantwortung wird in spezifischen Pflichten konkretisiert.[6] Sie erstreckt sich auf die Festlegung klarer Aufgaben und Verantwortlichkeiten für IKT-Funktionen, die Genehmigung der Strategie für digitale operationale Resilienz (DOR-Strategie) sowie die Zuweisung angemessener Budgetmittel für IKT-Schulungen und IKT-Kompetenzen. Für das Leitungsorgan ergeben sich daraus erhöhte Anforderungen, da es sich thematisch stärker einbringen muss als bisher. Zu den wesentlichen Anforderungen gehören:

a) Kernanforderungen

aa) Governance und Dokumentationsanforderungen

Die DOR-Strategie ist integraler Bestandteil der Unternehmensstrategie. Sie be- **6**
schreibt die übergeordneten Ziele und Maßnahmen des Finanzunternehmens zur Gewährleistung der digitalen operationalen Resilienz. Sie muss klare Ziele sowie Maßnahmen zur Gewährleistung von Verfügbarkeit, Integrität und Vertraulichkeit der Systeme definieren. DORA erfordert darüber hinaus die Erstellung weiterer Strategien und Leitlinien. Dazu gehören eine Kommunikationsstrategie für IKT-bezogene Vorfälle, eine Strategie für das IKT-Drittparteienrisiko sowie optional eine Strategie zur Nutzung mehrerer IKT-Drittdienstleister.[7] Ergänzend sind um-

---

5 ErwG 12 VO (EU) 2022/2554.

6 Art. 5 Abs. 2 VO (EU) 2022/2554.

7 Art. 9 Abs. 4 lit. a DORA (Informationssicherheitsleitlinie); Art. 11 Abs. 1 DORA (IKT-Geschäftsfortführungsleitlinie); Art. 14 Abs. 2 DORA (Kommunikationsleitlinien); Art. 5 Abs. 2 lit. h, Art. 28 Abs. 2 DORA (Leitlinie für IKT-Dienstleistungen).

fangreiche Leit- und Richtlinien zu erstellen. Hierzu zählen insbesondere eine Informationssicherheitsleitlinie, eine IKT-Geschäftsfortführungsleitlinie, Kommunikationsleitlinien für Mitarbeiter sowie eine Leitlinie für die Nutzung von IKT-Dienstleistungen.[8] Die Del. VO (EU) 2024/1774 konkretisiert die Anforderungen an den IKT-Risikomanagementrahmen. Sie verlangt detaillierte Richtlinien für nahezu alle Bereiche des IKT-Betriebs. Dies umfasst IKT-Asset-Management, Verschlüsselung, Netzwerksicherheit, Patch-Management, Personalpolitik, Datensicherung und Behandlung IKT-bezogener Vorfälle. Darüber hinaus müssen zahlreiche weitere Dokumente erstellt werden. Dazu zählen Verfahren, Protokolle, Inventare, Register, Pläne und Programme für die verschiedenen Aspekte des IKT-Risikomanagements.[9] Die Gesamtheit dieser Dokumentationsanforderungen verdeutlicht den hohen Detaillierungsgrad und Formalisierungsaufwand, den DORA von Finanzunternehmen verlangt.

bb) Risikosteuerung und Schwachstellenmanagement

7 Finanzunternehmen müssen Richtlinien, Verfahren und Protokolle für das IKT-Risikomanagement entwickeln und dokumentieren. Diese müssen eine Methodik zur Durchführung der IKT-Risikobewertung vorsehen. Auf dieser Grundlage sind Maßnahmen zur Behandlung ermittelter Risiken zu implementieren und zu dokumentieren. Ziel ist es, IKT-Risiken unter die festgelegte Risikotoleranzschwelle zu senken. Verbleibende IKT-Restrisiken sind zu inventarisieren und zu begründen.[10] Ein zentrales Element bildet das Management von Schwachstellen. DORA misst diesem Bereich besonderen Stellenwert bei. Das Management von Schwachstellen muss gewährleisten, dass relevante IKT-Assets ermittelt werden. Zudem sind automatisierte Schwachstellenbewertungen sowie Schwachstellenscans durchzuführen. Bei IKT-Assets, die kritische oder wichtige Funktionen unterstützen, sind mindestens wöchentliche Scans erforderlich.[11]

cc) IKT-Geschäftsfortführungsmanagement

8 Risikosteuerung und das Management von Schwachstellen zielen auf die präventive Vermeidung von IKT-bezogenen Vorfällen ab. Das IKT-Geschäftsfortführungsmanagement adressiert demgegenüber die Fähigkeit zur schnellen Wiederherstellung nach einem IKT-bezogenen Vorfall. Die IKT-Geschäftsfortführungs-

8 Art. 6 Abs. 8 VO (EU) 2022/2554.

9 BaFin, Dokumentationsanforderungen an Finanzunternehmen gemäß DORA, https://www.bafin.de/SharedDocs/Veroeffentlichungen/DE/Meldung/2024/meldung_2024_12_17_Dokumentationsanforderungen_DORA.html?cms_expanded=false (zuletzt abgerufen am 3.2.2026).

10 Art. 3 Abs. 1 lit. b bis d Del. VO (EU) 2024/1774.

11 Art. 10 Abs. 2 UAbs. 1 lit. b, UAbs. 2 Del. VO (EU) 2024/1774.

leitlinie muss die Ziele und den Umfang der Geschäftsfortführungsvorkehrungen beschreiben. Zudem muss sie die Kriterien für die Aktivierung und Deaktivierung von Plänen enthalten.[12] Bei der Ausarbeitung der IKT-Reaktions- und Wiederherstellungspläne sind die Ergebnisse der Business Impact Analyse (BIA) zu berücksichtigen. Diese IKT-Reaktions- und Wiederherstellungspläne müssen Maßnahmen zur Sicherstellung der Verfügbarkeit, Integrität, Kontinuität und Wiederherstellung festlegen. Dies gilt zumindest für die IKT-Systeme zur Unterstützung kritischer oder wichtiger Funktionen.[13]

b) Umsetzungsstand in der Umsetzungspraxis und Erfahrungen aus dem ersten DORA-Jahr

Das erste Jahr seit Anwendbarkeit der DORA gibt Aufschluss über die praktischen Herausforderungen der Umsetzung. Aus den ersten aufsichtlichen Prüfungen ergibt sich nach Angaben der BaFin folgendes Bild:[14] Sämtliche untersuchten Finanzunternehmen befinden sich in der Implementierung der Anforderungen. Die internen Umsetzungspläne reichen häufig bis in die Jahre 2027 oder 2028. Anpassungen in der schriftlich fixierten Ordnung sind zwar erfolgt. Es zeigen sich jedoch häufig qualitative Mängel. Diese Mängel treten insbesondere bei Finanzunternehmen auf, die Änderungen erst kurz vor Prüfungsbeginn vorgenommen haben. Auffällig waren fehlende Inhalte oder Freigaben sowie eine unzureichende Anpassung an die spezifischen Gegebenheiten des jeweiligen Unternehmens. Die Operationalisierung der angepassten Regelwerke und Prozesse steht vielfach noch aus.[15] Inhaltlich hat die BaFin folgende zentrale Handlungsfelder identifiziert: Die Ziele der Strategie für die digitale operationale Resilienz und die Risikotoleranzschwelle für IKT-Risiken sind häufig nicht überprüfbar definiert. Dies erschwert eine wirksame Überwachung durch das Leitungsorgan.[16] Bei der Ermittlung kritischer oder wichtiger Funktionen sowie bei der Erstellung voll- 9

12 Art. 24 Abs. 1 Del. VO (EU) 2024/1774.

13 Art. 26 Abs. 1 Del. VO (EU) 2024/1774.

14 BaFin, IT-Aufsicht im Finanzsektor: Das erste Jahr DORA, Präsentation v. 4.12.2025, https://www.bafin.de/SharedDocs/Downloads/DE/Veranstaltung/neu/dl_it-aufsicht_im_finanzsektor_2025_vortrag4.pdf;jsessionid=B82F88CE29E4E9DE4786EEAD4D660BC3.internet992?__blob=publicationFile&v=3 (zuletzt abgerufen am 11.2.2026).

15 BaFin, IT-Aufsicht im Finanzsektor: Das erste Jahr DORA, Präsentation v. 4.12.2025, S. 14, https://www.bafin.de/SharedDocs/Downloads/DE/Veranstaltung/neu/dl_it-aufsicht_im_finanzsektor_2025_vortrag4.pdf;jsessionid=B82F88CE29E4E9DE4786EEAD4D660BC3.internet992?__blob=publicationFile&v=3 (zuletzt abgerufen am 11.2.2026).

16 BaFin, IT-Aufsicht im Finanzsektor: Das erste Jahr DORA, Präsentation v. 4.12.2025, S. 5, https://www.bafin.de/SharedDocs/Downloads/DE/Veranstaltung/neu/dl_it-aufsicht_im_finanzsektor_2025_vortrag4.pdf;jsessionid=B82F88CE29E4E9DE4786EEAD4D660BC3.internet992?__blob=publicationFile&v=3 (zuletzt abgerufen am 11.2.2026).

ständiger Inventare von IKT-Assets bestehen noch Lücken.[17] Das Management von Schwachstellen und Patches ist oft nicht flächendeckend ausgerollt, nicht automatisiert und weist Probleme bei der Einhaltung von Bearbeitungsfristen auf.[18] Zudem sind IKT-Systeme, die kritische oder wichtige Funktionen unterstützen, nicht immer vollständig an zentrale Überwachungssysteme angebunden. Ein solches zentrales Überwachungssystem wird als Security Information and Event Management (SIEM) bezeichnet. Es dient der Erfassung, Analyse und Korrelation sicherheitsrelevanter Ereignisse aus verschiedenen IT-Systemen.[19]

10 Diese aufsichtlichen Beobachtungen decken sich mit den Erfahrungen aus der Beratungspraxis. DORA stellt für deutsche Institute keine vollständige Neuheit dar. Die Herausforderungen sind grundsätzlich vergleichbar mit denen unter den bisherigen aufsichtlichen Anforderungen an die IT (diese umfassen die Bankaufsichtlichen Anforderungen an die IT (BAIT)[20]). Die BAIT-Vorgaben, die für Finanzunternehmen im Anwendungsbereich von DORA nicht mehr gelten, bildeten bereits eine solide Grundlage für die Umsetzung.[21] Trotzdem besteht die zentrale Herausforderung darin, bestehende Lücken im Rahmen von Gap-Analysen zu identifizieren und zu schließen, Strukturen anzupassen sowie die Dokumentation an die neue Struktur, Terminologie und die umfangreichen Dokumentationsanforderungen anzugleichen. Vorhandene Dokumente müssen häufig aufgeteilt, umformuliert und neu strukturiert werden. Nur so können die spezifischen Anforderungen erfüllt werden. Dies erfordert eine fundierte Kenntnis der bisherigen schriftlich fixierten Ordnung des jeweiligen Finanzunternehmens. DORA geht in wesentlichen Punkten über die bisherigen nationalen Anforderungen hinaus. Insbesondere die Konkretisierung operativer Sicherheitsmaßnahmen, die erweiterten Szenarien im Geschäftsfortführungsmanagement sowie die detaillierten Anforde-

---

17 BaFin, IT-Aufsicht im Finanzsektor: Das erste Jahr DORA, Präsentation v. 4.12.2025, S. 6, https://www.bafin.de/SharedDocs/Downloads/DE/Veranstaltung/neu/dl_it-aufsicht_im_finanzsektor_2025_vortrag4.pdf;jsessionid=B82F88CE29E4E9DE4786EEAD4D660BC3.internet992?__blob=publicationFile&v=3 (zuletzt abgerufen am 11.2.2026).

18 BaFin, IT-Aufsicht im Finanzsektor: Das erste Jahr DORA, Präsentation v. 4.12.2025, S. 7, https://www.bafin.de/SharedDocs/Downloads/DE/Veranstaltung/neu/dl_it-aufsicht_im_finanzsektor_2025_vortrag4.pdf;jsessionid=B82F88CE29E4E9DE4786EEAD4D660BC3.internet992?__blob=publicationFile&v=3 (zuletzt abgerufen am 11.2.2026).

19 BaFin, IT-Aufsicht im Finanzsektor: Das erste Jahr DORA, Präsentation v. 4.12.2025, S. 8, https://www.bafin.de/SharedDocs/Downloads/DE/Veranstaltung/neu/dl_it-aufsicht_im_finanzsektor_2025_vortrag4.pdf;jsessionid=B82F88CE29E4E9DE4786EEAD4D660BC3.internet992?__blob=publicationFile&v=3 (zuletzt abgerufen am 11.2.2026).

20 Entsprechende Anforderungen gibt es auch für Zahlungsdienstleister aus den Zahlungsdiensteaufsichtlichen Anforderungen an die IT (ZAIT) und für Kapitalverwaltungsgesellschaften aus den Kapitalverwaltungsaufsichtlichen Anforderungen an die IT (KAIT).

21 Für Institute, die über das FinmadiG in den Anwendungsbereich aufgenommen wurden, gelten die BAIT bis zum 1.1.2027 fort, https://www.bafin.de/SharedDocs/FAQs/DE/DORA/DORA_Landingpage/13.html (zuletzt abgerufen am 11.2.2026).

rungen an das Schwachstellenmanagement erfordern in vielen Fällen zusätzliche Implementierungsschritte.

2. Meldewesen für IKT-bezogene Vorfälle

Ergänzend zum präventiven IKT-Risikomanagementrahmen regeln Art. 17 ff. DORA insbesondere die Behandlung und Meldung von IKT-bezogenen Vorfällen. IKT-bezogene Vorfälle i. S. v. Art. 3 Nr. 8 DORA sind ungeplante Ereignisse, die die Sicherheit der Netzwerk- und Informationssysteme beeinträchtigen und nachteilige Auswirkungen auf die Verfügbarkeit, Authentizität, Integrität oder Vertraulichkeit von Daten oder auf die vom Finanzunternehmen erbrachten Dienstleistungen haben. **11**

a) Klassifizierung und Meldepflichten

Finanzunternehmen müssen einen Prozess implementieren, der die Behandlung, Überwachung, Protokollierung und gegebenenfalls Meldung von IKT-bezogenen Vorfällen umfasst. Dabei sind drei Schritte zu durchlaufen: Zunächst müssen alle IKT-bezogenen Vorfälle erfasst werden. Anschließend sind diese anhand festgelegter Kriterien zu klassifizieren. Schließlich sind schwerwiegende IKT-bezogene Vorfälle der BaFin zu melden. Die Klassifizierung erfolgt anhand der in Art. 18 DORA und der Del. VO (EU) 2024/1772 genannten Kriterien. Ein einzelner IKT-bezogener Vorfall ist als schwerwiegend einzustufen, wenn er umfassende nachteilige Auswirkungen auf die Netzwerk- und Informationssysteme hat, die kritische oder wichtige Funktionen unterstützen. Dies ist insbesondere der Fall bei Beeinträchtigung von Finanzdienstleistungen oder erfolgreichem unbefugtem Zugriff auf Netzwerk- und Informationssysteme. Voraussetzung ist jeweils, dass bestimmte Wesentlichkeitsschwellen überschritten werden.[22] Auch wiederholte Vorfälle können zusammengenommen als schwerwiegend bewertet werden. Voraussetzung hierfür ist, dass sie innerhalb von sechs Monaten mindestens zweimal auftreten, dieselbe offensichtliche Ursache haben und zusammengenommen die Kriterien für die Einstufung als schwerwiegend erfüllen.[23] Die Meldepflicht besteht für schwerwiegende IKT-bezogene Vorfälle und sieht ein abgestuftes Konzept vor. Die Erstmeldung muss gemäß Art. 4 Abs. 1 der Del. VO (EU) 2025/301 innerhalb von vier Stunden nach Klassifizierung des Vorfalls als schwerwiegend erfolgen. Die Frist beträgt höchstens 24 Stunden ab Feststellung des Vorfalls. Zwischenmeldungen sind spätestens innerhalb von 72 Stunden nach der Einreichung der Erstmeldung zu übermitteln.[24] Die Abschlussmeldung ist spätestens ei- **12**

22 Art. 18 Abs. 1 VO 2022/2554, Art. 6 und 9 Del. VO (EU) 2024/1772.
23 Art. 8 Abs. 2 Del. VO (EU) 2024/1772.
24 Art. 5 Abs. 1 Del. VO (EU) 2025/301.

nen Monat nach Einreichung der zuletzt aktualisierten Zwischenmeldung vorzulegen. Die Meldung erfolgt über das MVP-Portal der BaFin im Fachverfahren „Digital Operational Resilience Act (DORA)".[25] Finanzunternehmen, die bereits mit dem Meldeverfahren für schwerwiegende Betriebs- oder Sicherheitsvorfälle nach dem Zahlungsdiensteaufsichtsgesetz vertraut sind, haben einen strategischen Vorteil. Das DORA-Vorfallsmeldewesen weist strukturelle Parallelen auf: Beide Regime folgen einem abgestuften Meldekonzept mit Erst-, Zwischen- und Abschlussmeldungen, setzen eine schwellenwertbasierte Klassifizierung voraus und sehen kurze Meldefristen vor. Zudem erfolgt die Meldung bei beiden über das MVP-Portal der BaFin. Der wesentliche Unterschied liegt im erweiterten Anwendungsbereich von DORA, der IKT-bezogene Vorfälle erfasst.

b) Herausforderungen bei der Implementierung

13 In der Praxis stellt die Implementierung eines funktionsfähigen Meldewesens für IKT-bezogene Vorfälle Finanzunternehmen vor mehrere Herausforderungen. Zunächst müssen klare Verantwortlichkeiten und Meldeketten geschaffen werden. Diese müssen gewährleisten, dass Vorfälle zeitnah erkannt, erfasst und klassifiziert werden können. Die kurzen Meldefristen erfordern effiziente Prozesse und eine klare Zuordnung von Zuständigkeiten. Dies gilt insbesondere für die Vier-Stunden-Frist der Erstmeldung. Eine weitere Herausforderung liegt in der präzisen Klassifizierung IKT-bezogener Vorfälle. Die Anwendung der Wesentlichkeitsschwellen und Klassifizierungskriterien erfordert eine fundierte Kenntnis der eigenen Netzwerk- und Informationssysteminfrastruktur sowie der kritischen oder wichtigen Funktionen. Besondere Schwierigkeiten bereitet dabei die Erfassung der relevanten Daten. Um beurteilen zu können, ob die Schwelle von 100.000 betroffenen Kunden überschritten ist oder ob finanzielle Auswirkungen bestimmte Beträge übersteigen, müssen die entsprechenden Daten zeitnah verfügbar sein. Dies erfordert geeignete technische Systeme zur Datenerfassung. Darüber hinaus sind klare Prozesse zur schnellen Informationsbeschaffung aus verschiedenen Unternehmensbereichen notwendig.

c) Schnittstellen zu bestehenden Meldewegen

14 DORA führt keine isolierten neuen Meldepflichten ein. Sie fügt sich in ein bestehendes System von Meldeverpflichtungen ein, das sie zugleich erweitert und vereinheitlicht. Im Verhältnis zur Richtlinie (EU) 2022/2555 (NIS-2-Richtlinie)

---

25 BaFin, Meldung schwerwiegender IKT-bezogener Vorfälle und erheblicher Cyberbedrohungen, https://www.bafin.de/DE/Aufsicht/DORA/Meldewesen_IKT_Vorfaelle/Meldung_schwerwiegender_IKT_bezogener_Vorfaelle_und_erheblicher_Cyberbedrohungen/Meldung_schwerwiegender_IKT_bezogener_Vorfaelle_und_erheblicher_Cyberbedrohungen_node.html (zuletzt abgerufen am 3.2.2026).

stellt DORA eine Lex specialis dar[26] und führt strengere Anforderungen ein.[27] Dies gilt jedoch nur in ihrem Anwendungsbereich. Finanzunternehmen, die sowohl unter die NIS-2-Richtlinie (EU) 2022/2555 als auch unter DORA fallen, sind daher nur zu einer Vorfallmeldung gemäß DORA an die BaFin verpflichtet. Die BaFin leitet die Meldungen unverzüglich an das BSI, an die jeweilige Europäische Aufsichtsbehörde (EIOPA, ESMA oder EBA) und gegebenenfalls weitere Akteure weiter. Zu diesen weiteren Akteuren zählt beispielsweise die Europäische Zentralbank. Auf diese Weise entstehen keine Informationslücken.[28]

3. Tests der digitalen operationalen Resilienz

DORA verpflichtet Finanzunternehmen gemäß Art. 24 ff. DORA zur regelmäßigen Durchführung von Tests. Diese Tests dienen der Überprüfung der Wirksamkeit der IKT-Systeme, IKT-Prozesse und IKT-Kontrollen. Zudem wird die Reaktionsfähigkeit der Mitarbeiter im Krisenfall geprüft.[29] Ziel ist es, Schwachstellen, Mängel und Lücken in Bezug auf Präventionsfähigkeiten, Erkennung, Wiederherstellung und Reaktion offenzulegen. Identifizierte Korrekturmaßnahmen sind umgehend umzusetzen.[30] **15**

a) Testprogramm für die digitale operationale Resilienz

Finanzunternehmen, bei denen es sich nicht um Kleinstunternehmen handelt, müssen gemäß Art. 24 Abs. 1 DORA ein solides und umfassendes Programm für das Testen der digitalen operationalen Resilienz erstellen, pflegen und überprüfen. Dieses Testprogramm ist integraler Bestandteil des IKT-Risikomanagementrahmens.[31] Das Programm umfasst eine Reihe von Bewertungen, Tests, Methoden, Verfahren und Instrumenten. Bei der Ausführung des Programms wenden Fi- **16**

---

26 National wurde die NIS-2-Richtlinie durch das Gesetz zur Umsetzung der NIS-2-Richtlinie und zur Regelung wesentlicher Grundzüge des Informationssicherheitsmanagements in der Bundesverwaltung umgesetzt, womit u. a. die Änderung des Gesetzes über das Bundesamt für Sicherheit in der Informationstechnik (BSIG) erfolgte. U.a. regelt § 28 Abs. 6 Satz 1 Nr. 1 BSIG, dass spezifische Regelungen des BSIG nicht für Finanzunternehmen nach Art. 2 Abs. 2 DORA und solche die national in den Anwendungsbereich aufgenommen wurden, gelten.

27 ErwG 16 VO (EU) 2022/2554; BaFin, Behandlung, Klassifizierung und Berichterstattung IKT-bezogener Vorfälle, https://www.bafin.de/DE/Aufsicht/DORA/Meldewesen_IKT_Vorfaelle/Meldewesen_IKT_Vorfaelle_node.html (zuletzt abgerufen am 3.2.2026).

28 BaFin, Behandlung, Klassifizierung und Berichterstattung IKT-bezogener Vorfälle, https://www.bafin.de/DE/Aufsicht/DORA/Meldewesen_IKT_Vorfaelle/Meldewesen_IKT_Vorfaelle_node.html (zuletzt abgerufen am 3.2.2026).

29 Art. 24 Abs. 1 VO (EU) 2022/2554.

30 ErwG 56 VO (EU) 2022/2554.

31 Art. 24 Abs. 1 VO (EU) 2022/2554.

nanzunternehmen einen risikobasierten Ansatz an. Dieser berücksichtigt die sich entwickelnden IKT-Risikolandschaften, spezifische Risiken des Finanzunternehmens, die Kritikalität von Informationsassets und erbrachten Dienstleistungen sowie alle sonstigen relevanten Faktoren.[32] Finanzunternehmen müssen zudem Verfahren und Leitlinien zur Priorisierung, Klassifizierung und Behebung aller während der Durchführung der Tests zutage getretenen Probleme festlegen. Darüber hinaus sind interne Validierungsmethoden zu etablieren. Diese stellen sicher, dass alle ermittelten Schwächen, Mängel oder Lücken vollständig behoben werden.[33]

b) Konkrete Testanforderungen und bedrohungsorientierte Penetrationstests

17 Das Programm für das Testen der digitalen operationalen Resilienz beinhaltet die Durchführung angemessener Tests. Hierzu zählen Schwachstellenbewertungen und Schwachstellenscans, Open-Source-Analysen, Netzwerksicherheitsbewertungen, Lückenanalysen, Überprüfungen der physischen Sicherheit, Fragebögen und Scans von Softwarelösungen, Quellcodeprüfungen, szenariobasierte Tests, Kompatibilitätstests, Leistungstests, End-to-End-Tests und Penetrationstests.[34] Bei allen IKT-Systemen und IKT-Anwendungen, die kritische oder wichtige Funktionen unterstützen, müssen mindestens einmal jährlich angemessene Tests durchgeführt werden.[35] Für eine von der Aufsicht ermittelte Gruppe von Finanzunternehmen gelten erweiterte Anforderungen.[36] Diese müssen mindestens alle drei Jahre bedrohungsorientierte Penetrationstests (Threat-Led Penetration Testing, TLPT) durchführen.[37] Die Tests können von unabhängigen internen oder externen Testern durchgeführt werden. Bei TLPT muss mindestens jeder dritte Test von einem externen Tester durchgeführt werden.[38] Das Verfahren für TLPT ist in der Del. VO (EU) 2025/1190 detailliert geregelt. Aufgrund seiner Komplexität erfordert es erhebliche Vorlaufzeiten. Eine frühzeitige Planung ist daher unerlässlich.

c) Praktische Herausforderungen

18 In der Praxis stellt die Einrichtung eines umfassenden Programms für das Testen der digitalen operationalen Resilienz Finanzunternehmen vor mehrere Herausforderungen. Die systematische Planung und Durchführung der verschiedenen Tests

---

32 Art. 25 Abs. 2 und 3 VO (EU) 2022/2554.
33 Art. 24 Abs. 5 VO (EU) 2022/2554.
34 Art. 25 Abs. 1 VO (EU) 2022/2554.
35 Art. 24 Abs. 6 VO (EU) 2022/2554.
36 Nicht alle Finanzunternehmen müssen TLPT durchführen, sondern nur diejenigen, die aufgrund ihrer Systemrelevanz, ihres Risikoprofils und ihrer Auswirkungen auf den Finanzsektor ermittelt werden (z. B. große systemrelevante Kreditinstitute).
37 Art. 26 Abs. 1 VO (EU) 2022/2554.
38 Art. 26 Abs. 8 VO (EU) 2022/2554.

erfordern eine strukturierte Herangehensweise. Dies gilt für die Auswahl geeigneter Tester sowie die Koordination mit verschiedenen Fachbereichen. Die Testergebnisse müssen systematisch dokumentiert und analysiert werden. Anschließend sind sie in konkrete Verbesserungsmaßnahmen zu überführen. Die Validierung der Behebung identifizierter Schwachstellen stellt eine weitere zentrale Aufgabe dar. Hinzu kommt die kontinuierliche Weiterentwicklung des Testprogramms im Hinblick auf die sich entwickelnde Bedrohungslandschaft.

4. Management des IKT-Drittparteienrisikos

Das Management des IKT-Drittparteienrisikos bildet einen zentralen Pfeiler von DORA und adressiert die zunehmenden Abhängigkeiten von IKT-Drittdienstleistern. Das Management des IKT-Drittparteienrisikos ruht auf drei wesentlichen Säulen. Diese sind die vorgelagerte Risikobewertung, die vertraglichen Mindestanforderungen gemäß Art. 30 DORA sowie das Informationsregister nach Art. 28 Abs. 3 DORA. Diese Elemente bilden zusammen das regulatorische Grundgerüst für die Steuerung und Überwachung von IKT-Drittdienstleistern. **19**

Eine wesentliche Neuerung gegenüber den bisherigen nationalen Anforderungen besteht darin, dass DORA klare Mindestanforderungen an vertragliche Vereinbarungen über die Nutzung von IKT-Dienstleistungen stellt. Diese Anforderungen gelten für sämtliche IKT-Dienstleistungen, unabhängig davon, ob eine Auslagerung vorliegt oder nicht. Die bisherigen nationalen Regelungen (insbesondere die Mindestanforderungen an das Risikomanagement (MaRisk)[39]) stellten primär Anforderungen an Auslagerungen von Aktivitäten und Prozessen im Zusammenhang mit der Durchführung von Bankgeschäften, Finanzdienstleistungen oder sonstigen institutstypischen Dienstleistungen, die ansonsten vom Institut selbst erbracht würden, und ließen beim sonstigen IT-Fremdbezug weitgehende Freiheiten.[40] DORA erfasst demgegenüber nach ihrem Wortlaut sämtliche IKT-Dienstleistungen, ohne dass die Aktivität ansonsten vom Finanzunternehmen selbst erbracht werden müsste. Das Management des IKT-Drittparteienrisikos tritt dabei nicht an die Stelle des bisherigen Auslagerungsmanagements, sondern gilt parallel.[41] Die DORA-Prinzipien ergänzen somit die für Auslagerungen bzw. Ausgliederungen **20**

39 Entsprechende Anforderungen gelten für Zahlungsdienstleister gemäß den Mindestanforderungen an das Risikomanagement von ZAG-Instituten (ZAG-MaRisk), für Kapitalverwaltungsgesellschaften gemäß den Mindestanforderungen an das Risikomanagement von Kapitalverwaltungsgesellschaften (KAMaRisk) sowie für Versicherungsunternehmen gemäß den Aufsichtsrechtlichen Mindestanforderungen an die Geschäftsorganisation von Versicherungsunternehmen unter Solvabilität II (MaGo für SII-VU).

40 MaRisk AT 9 Tz. 1.

41 ErwG 29 DORA.

geltenden sektorspezifischen Regelungen.[42] Auslagerungen oder Ausgliederungen können jedoch zugleich die Nutzung von IKT-Dienstleistungen darstellen. In diesem Fall müssen sowohl die Anforderungen der MaRisk als auch die der DORA erfüllt werden.

21 Die Definition der IKT-Dienstleistungen in Art. 3 Nr. 21 DORA ist weit gefasst und erfasst nach ihrem Wortlaut „digitale Dienste und Datendienste, die über IKT-Systeme einem oder mehreren internen oder externen Nutzern dauerhaft bereitgestellt werden, einschließlich Hardware als Dienstleistung und Hardwaredienstleistungen, wozu auch technische Unterstützung durch den Hardwareanbieter mittels Software- oder Firmware-Aktualisierungen gehört, mit Ausnahme herkömmlicher analoger Telefondienste". Sie bezieht sich nach dem Wortlaut auf alle IKT-Dienstleistungen, die einem oder mehreren internen oder externen Nutzern dauerhaft bereitgestellt werden.[43] In der Praxis deutet sich an, dass die BaFin sich dem Argument zugänglich zeigt, dass vorrangig IKT-Dienstleistungen im Zusammenhang mit der Geschäftstätigkeit des Finanzunternehmens erfasst werden sollten.

a) Vertragliche Mindestanforderungen nach DORA

22 DORA definiert umfassende Mindestanforderungen an vertragliche Vereinbarungen über die Nutzung von IKT-Dienstleistungen. Diese Mindestanforderungen gelten für sämtliche IKT-Dienstleistungen. Auch IKT-Dienstleistungen, die keine kritischen oder wichtigen Funktionen unterstützen, unterliegen den Basisanforderungen des Art. 30 Abs. 2 DORA. Diese Basisanforderungen umfassen eine klare Beschreibung der Funktionen und IKT-Dienstleistungen, Bestimmungen über Unterauftragsvergabe, Angaben zu den Standorten der Datenspeicherung und -verarbeitung sowie der Leistungserbringung, Datenschutzbestimmungen, Regelungen zu Datenzugang, Wiederherstellung und Rückgabe sowie Beschreibungen der Dienstleistungsgüte.[44] Bei IKT-Dienstleistungen zur Unterstützung kritischer oder wichtiger Funktionen gelten darüber hinaus die erweiterten Anforderungen des Art. 30 Abs. 3 DORA. Bei kritischen oder wichtigen Funktionen sind zusätzlich detaillierte Leistungsziele, Meldepflichten des IKT-Drittdienstleisters, Notfallpläne, Mitwirkung an TLPT sowie weitgehende Zugangs- und Auditrechte und Exit-Strategien erforderlich.[45] Besonders streng sind die Vorgaben zur Unterauftragsvergabe bei IKT-Dienstleistungen zur Unterstützung kritischer oder wichti-

---

42 BaFin, Fragen und Antworten zum Management des IKT-Drittparteienrisikos, https://www.bafin.de/DE/Aufsicht/DORA/Management_IKT_Drittparteienrisikos/FAQ/FAQ_node.html (zuletzt abgerufen am 3.2.2026).

43 Art. 28 Abs. 1 lit. a VO (EU) 2022/2554.

44 Art. 30 Abs. 2 VO (EU) 2022/2554.

45 Art. 30 Abs. 3 VO (EU) 2022/2554.

ger Funktionen. Die Del. VO (EU) 2025/532 legt detailliert dar, unter welchen Voraussetzungen eine Weitervergabe von IKT-Dienstleistungen zur Unterstützung kritischer oder wichtiger Funktionen zulässig ist. Eine solche Unterauftragsvergabe bedarf der vorherigen Zustimmung des Finanzunternehmens. Die für den Hauptvertrag geltenden Mindestvertragsinhalte sind auf den Unterauftragnehmer zu übertragen.

In der Praxis stellt bereits die Abgrenzung, wann eine IKT-Dienstleistung im Sinne von DORA vorliegt, eine Herausforderung dar. Die Abgrenzung zu nicht erfassten Dienstleistungen ist nicht immer eindeutig und erfordert eine einzelfallbezogene Bewertung. Noch komplexer ist die Bewertung der Kritikalität. Die Bewertung von Funktionen als kritisch oder wichtig erfolgt auf Grundlage der Auswirkungen, die ein Ausfall oder eine eingeschränkte Leistung der Funktion zur Folge hätte. Diese Bewertung ist methodisch nicht identisch mit einer Wesentlichkeitsbestimmung bei Auslagerungen nach den MaRisk. Eine Funktion gilt gemäß Art. 3 Nr. 22 DORA als kritisch oder wichtig, wenn eine Störung ihrer Ausführung die finanzielle Leistungsfähigkeit eines Finanzunternehmens oder die Solidität oder Kontinuität seiner Geschäftstätigkeiten und Dienstleistungen erheblich beeinträchtigen würde. Gleiches gilt, wenn deren unterbrochene, fehlerhafte oder unterbliebene Leistung die fortdauernde Einhaltung der Zulassungsbedingungen und -verpflichtungen des Finanzunternehmens erheblich beeinträchtigen würde. Durch die Ausweitung des Anwendungsbereichs auf sämtliche IKT-Dienstleistungen im Sinne der DORA und die umfassenden Mindestvertragsinhalte ist eine Nachverhandlung der Verträge mit IKT-Drittdienstleistern erforderlich. **23**

b) Informationsregister

Finanzunternehmen müssen gemäß Art. 28 Abs. 3 DORA ein Informationsregister führen und aktualisieren, das sich auf alle vertraglichen Vereinbarungen über die Nutzung von IKT-Dienstleistungen bezieht. Das Informationsregister ist auf Unternehmensebene sowie auf teilkonsolidierter und konsolidierter Ebene zu führen. Das Informationsregister erfasst sämtliche vertraglichen Vereinbarungen über die Nutzung von IKT-Dienstleistungen, unabhängig davon, ob diese kritische oder wichtige Funktionen unterstützen. Dabei ist zwischen vertraglichen Vereinbarungen zu unterscheiden, die IKT-Dienstleistungen zur Unterstützung kritischer oder wichtiger Funktionen abdecken, und solchen, bei denen dies nicht der Fall ist. Finanzunternehmen haben den zuständigen Behörden mindestens einmal jährlich über die Anzahl neuer Vereinbarungen über die Nutzung von IKT-Dienstleistungen, die Kategorien von IKT-Drittdienstleistern, die Art der vertraglichen Vereinbarungen sowie die bereitgestellten IKT-Dienstleistungen und -Funktionen Bericht zu erstatten. Das vollständige Informationsregister oder auf Anfrage bestimmte Teile dieses Registers sind der BaFin auf Verlangen zusammen mit allen **24**

Informationen vorzulegen, die für eine wirksame Beaufsichtigung des Finanzunternehmens als notwendig erachtet werden. Zusätzlich sind die zuständigen Behörden zeitnah über jede geplante vertragliche Vereinbarung über die Nutzung von IKT-Dienstleistungen zur Unterstützung kritischer oder wichtiger Funktionen zu unterrichten. Dies gilt auch in dem Fall, dass eine Funktion nachträglich kritisch oder wichtig geworden ist. Die Übermittlung erfolgt über das MVP-Portal der BaFin. Die BaFin leitet die Informationen aus den Informationsregistern zentral an die Europäischen Aufsichtsbehörden (European Supervisory Authorities – ESAs) weiter. Die Informationen aus den Informationsregistern dienen den ESAs als Grundlage für die Einstufung kritischer IKT-Drittdienstleister, die einer direkten europäischen Aufsicht unterliegen.

c) Praktische Herausforderungen

25 Die umfangreichen vertraglichen Anforderungen stellen viele Finanzunternehmen vor erhebliche Herausforderungen. Dies gilt für sämtliche vertragliche Vereinbarungen über die Nutzung von IKT-Dienstleistungen. Kleinere Finanzunternehmen mit geringer Verhandlungsmacht befinden sich in einer zweifachen Schwierigkeit. Einerseits müssen sie ihre oftmals ebenfalls kleineren IKT-Drittdienstleister mit weitreichenden aufsichtsrechtlichen Anforderungen konfrontieren. Andererseits müssen sie sicherstellen, dass deren IKT-Unterauftragnehmer die Anforderungen erfüllen. Insbesondere bei IKT-Drittdienstleistern, die nicht auf den Finanzsektor spezialisiert sind, erfordert dies erhebliche Überzeugungsarbeit. Erschwerend kommt hinzu, dass viele IKT-Drittdienstleister bislang in den kaum regulierten Bereich des sonstigen IT-Fremdbezugs fielen. Sie werden erstmals mit umfassenden aufsichtsrechtlichen Anforderungen konfrontiert. Es bleibt abzuwarten, ob dies dazu führt, dass sich IKT-Drittdienstleister vom Finanzsektor zurückziehen. Auch gegenüber großen IKT-Drittdienstleistern stehen Finanzunternehmen vor erheblichen Schwierigkeiten bei der Durchsetzung der wesentlichen Vertragsbestimmungen. Die Verhandlung von Vertragsnachträgen gestaltet sich als besonders herausfordernd. Dies betrifft insbesondere Zugangs-, Inspektions- und Auditrechte sowie Berichtspflichten. Einigungsprozesse ziehen sich aufgrund divergierender Interpretationen der DORA nicht selten in die Länge. Vielfach ist die vollständige Anpassung der vertraglichen Vereinbarungen noch nicht abgeschlossen. Behördliche Standardvertragsklauseln würden die Verhandlungen vereinfachen, liegen aber derzeit nicht vor.[46] Seit dem 18.11.2025 haben die ESAs

46 Art. 30 Abs. 4 DORA sieht vor, dass Finanzunternehmen und IKT-Drittdienstleister bei der Aushandlung vertraglicher Vereinbarungen die Verwendung von Standardvertragsklauseln erwägen, die von Behörden für bestimmte Dienstleistungen entwickelt wurden. Bislang haben die zuständigen europäischen Behörden jedoch keine solchen Standardvertragsklauseln veröffentlicht. Die BaFin hat aber eine Excel-Tabelle mit Mindestvertragsinhalten veröffentlicht.

eine Liste von 19 als kritisch eingestuften IKT-Drittdienstleistern nach Art. 31 DORA veröffentlicht, die der Überwachung der ESAs unterliegen. Erste Effekte auf Vertragsverhandlungen mit diesen kritischen IKT-Drittdienstleistern bleiben zu beobachten. Weitere Erfahrungen aus der Verhandlungspraxis werden im Abschnitt „Lessons Learned" vertieft. Eine zusätzliche Herausforderung stellt das Informationsregister dar. Es erfordert in bislang nicht gekanntem Umfang die Erfassung umfangreicher Daten. Dies betrifft nicht nur direkte Vertragspartner, sondern bei Unterauftragsvergaben auch IKT-Unterauftragnehmer. Diese Dokumentationspflicht kann sowohl kleine als auch große Finanzunternehmen vor erhebliche operative Schwierigkeiten stellen. Derzeit gelten die Anforderungen an das Auslagerungsregister nach MaRisk und das Informationsregister parallel. Eine Angleichung ist geplant, aber noch nicht erfolgt.

III. Lessons Learned – Zentrale Erkenntnisse aus dem ersten Jahr

Das erste Jahr seit Geltungsbeginn von DORA hat zentrale Erfolgsfaktoren für die Umsetzung offengelegt. Die folgenden Erkenntnisse aus der Beratungspraxis zeigen, welche systematischen Vorgehensweisen sich bewährt haben und wo die größten praktischen Herausforderungen liegen. **26**

1. Systematische Ermittlung kritischer oder wichtiger Funktionen als Grundlage

In der Praxis zeigt sich, dass viele Finanzunternehmen die DORA-Umsetzung ohne ausreichende systematische Vorbereitung angehen. Dokumente werden überarbeitet, neue Richtlinien erstellt und erhebliche Ressourcen investiert. Eine fundierte Analyse der bestehenden Strukturen erfolgt dabei häufig nicht vorab. Dieser Ansatz führt regelmäßig zu ineffizienten Prozessen und Nacharbeiten. Die Vermeidung dieser Ineffizienzen erfordert ein strukturiertes, schrittweises Vorgehen, das bei den Grundlagen ansetzt. **27**

a) Die zentrale Bedeutung der Prozesslandkarte

Als Ausgangspunkt jeder erfolgreichen DORA-Implementierung empfiehlt sich die Erstellung einer detaillierten Prozesslandkarte. Diese sollte sämtliche Geschäfts- und IT-Betriebsprozesse des Finanzunternehmens abbilden. Auf Grundlage dieser Prozesslandkarte können dann die kritischen oder wichtigen Funktionen des jeweiligen Finanzunternehmens systematisch identifiziert und zugeordnet werden. **28**

29 Die Identifizierung kritischer oder wichtiger Funktionen hat praktische Auswirkungen auf nahezu jeden DORA-relevanten Bereich, vom IKT-Risikomanagementrahmen über das Drittparteienrisikomanagement bis zu den Testanforderungen.

b) Herausforderungen bei der methodischen Ermittlung

30 In der Praxis zeigt sich, dass die Ermittlung kritischer oder wichtiger Funktionen eine der zentralen Herausforderungen der DORA-Umsetzung darstellt. Viele Finanzunternehmen stützen sich bei der Ermittlung auf etablierte Methoden des Geschäftsfortführungsmanagements. Allen voran nutzen sie die BIA. Dieser Ansatz weist konzeptionelle Grenzen auf. Die BIA folgt einer zeitorientierten Logik. Sie quantifiziert, welche Wiederherstellungszeiten für Geschäftsprozesse tolerierbar sind, bevor ein definiertes Schadensniveau erreicht wird. Diese Perspektive ist im Kontext der Notfallplanung sachgerecht. Sie erfasst jedoch nicht das vollständige Spektrum der DORA-Definition kritischer oder wichtiger Funktionen. Die Definition in Art. 3 Nr. 22 DORA weist zwei zentrale Besonderheiten auf. Erstens wird nicht nur der vollständige Ausfall einer Funktion erfasst, sondern auch eine unterbrochene oder fehlerhafte Leistungserbringung. Zweitens genügt bereits die potenzielle Beeinträchtigung der fortlaufenden Einhaltung von Zulassungsbedingungen oder sonstigen finanzaufsichtsrechtlichen Verpflichtungen des Finanzunternehmens. Entscheidend ist nicht, ob sich die Beeinträchtigung unmittelbar in finanziellen oder operativen Kennzahlen niederschlägt. Diese Dimension steht in der klassischen BIA typischerweise nicht im Fokus. Funktionen, deren Ausfall nicht zu unmittelbaren zeitkritischen Schäden führt, die aber für die Erfüllung aufsichtsrechtlicher Pflichten unverzichtbar sind, bleiben bei einer ausschließlich auf der BIA basierenden Ermittlung häufig unberücksichtigt. Die sachgerechte Ermittlung kritischer oder wichtiger Funktionen erfordert eine duale Methodik. Neben der auf der BIA gestützten Bewertung geschäftsrelevanter und zeitkritischer Ausfallszenarien im Sinne der ersten Alternative des Art. 3 Nr. 22 DORA ist eine systematische Analyse der aufsichtsrechtlichen Verpflichtungen des Finanzunternehmens angezeigt. Diese Analyse identifiziert solche compliance-essenziellen Funktionen, bei denen eine unterbrochene, fehlerhafte oder unterbliebene Leistung zu einer erheblichen Beeinträchtigung der fortdauernden Einhaltung der Zulassungsbedingungen oder finanzaufsichtsrechtlichen Verpflichtungen führen würde. Erst die Kombination beider Analyseebenen stellt sicher, dass das vollständige Spektrum der kritischen oder wichtigen Funktion erfasst wird.

c) Praktische Auswirkungen und kontinuierliche Überprüfung

31 Die methodisch fundierte Ermittlung kritischer oder wichtiger Funktionen ist jedoch nur der erste Schritt. Die Klassifizierung einer Funktion als kritisch oder

wichtig hat weitreichende praktische Konsequenzen für das Management des IKT-Drittparteienrisikos. Jeder IKT-Drittdienstleister, der eine kritische oder wichtige Funktion unterstützt, unterliegt unter anderem den erweiterten vertraglichen Anforderungen gemäß Art. 30 Abs. 3 DORA. Das Finanzunternehmen muss IKT-Unterauftragnehmer ermitteln und dokumentieren. Es muss deren Auswahl vorab schriftlich genehmigen und die damit verbundenen Risiken bewerten. Dies kann dazu führen, dass Finanzunternehmen sich auch mit technischen Detailfragen befassen müssen, die bislang ausschließlich in der Verantwortung der IKT-Drittdienstleister lagen. Beispiele hierfür sind die Auswahl konkreter IKT-Sicherheitsprodukte oder Infrastrukturkomponenten.

Die Ermittlung kritischer oder wichtiger Funktionen ist kein einmaliger Vorgang. **32** Sie ist vielmehr ein kontinuierlicher Prozess. Bei wesentlichen Änderungen der Geschäftstätigkeit, der organisatorischen Struktur oder der aufsichtsrechtlichen Anforderungen ist die Bewertung zu wiederholen und gegebenenfalls anzupassen. Nur so kann sichergestellt werden, dass neue oder veränderte Funktionen zeitnah ermittelt und entsprechend behandelt werden. Eine unvollständige oder fehlerhafte Ermittlung kritischer oder wichtiger Funktionen führt zu Lücken im IKT-Risikomanagementrahmen. Sie führt auch zu erheblichen Compliance-Risiken im Bereich des Managements des IKT-Drittparteienrisikos. Die sorgfältige und methodisch fundierte Ermittlung kritischer oder wichtiger Funktionen sowie deren kontinuierliche Überprüfung bildet daher die unverzichtbare Grundlage für eine erfolgreiche DORA-Implementierung.

2. Informationsregister – Unterschätzte Komplexität in der praktischen Umsetzung

Die Erstellung und Pflege des Informationsregisters erwies sich in der Praxis als **33** deutlich komplexer als zunächst erwartet. Die aufsichtsrechtlichen Anforderungen waren zwar bekannt, bei der Umsetzung zeigten sich jedoch eine Vielzahl praktischer Schwierigkeiten. Für das Jahr 2026 ist das Informationsregister bis zum 31.3.2026 an die BaFin zu übermitteln. Stichtag für die zu meldenden Daten ist der 31.12.2025.

a) Herausforderungen bei der Datenbeschaffung

Die größte Herausforderung lag in der Beschaffung und Konsolidierung der erfor- **34** derlichen Daten. Das Informationsregister erfordert deutlich granularere Informationen als bisherige Auslagerungsregister. Es erfasst zudem einen wesentlich breiteren Anwendungsbereich. Besonders problematisch war die Datenlage zu IKT-Unterauftragnehmern. Informationen zu IKT-Drittdienstleistern waren meist verfügbar. Vielen Finanzunternehmen fehlte die Transparenz über IKT-Unterauftragnehmer. Bei IKT-Dienstleistungen zur Unterstützung kritischer oder wichtiger Funktionen muss in der Regel die gesamte Kette von IKT-Unterauftragnehmern dokumentiert werden. Viele IKT-Drittdienstleister mussten diese Informationen selbst erst strukturiert erheben. Hinzu kam, dass relevante Informationen dezentral vorlagen. Die Zusammenführung dieser fragmentierten Datenbestände erforderte abteilungsübergreifende Koordination und erheblichen manuellen Aufwand.

b) Technische Herausforderungen bei der Einreichung

35 Neben den inhaltlichen Schwierigkeiten stellten auch technische Aspekte eine zusätzliche Hürde dar. Auf europäischer Ebene haben die ESAs xBRL als verbindliches Datenformat vorgegeben. Um insbesondere kleinere Finanzunternehmen zu unterstützen, hat die BaFin eine eigene Microsoft Excel-Vorlage entwickelt. Diese Vorlage kann auf freiwilliger Basis genutzt werden. Die BaFin übernimmt dann die Konvertierung in das xBRL-Format und leitet die Daten an die ESAs weiter.

36 Die Vorlage bringt jedoch Einschränkungen mit sich. Sie ist nur auf dem Windows-Betriebssystem verfügbar und ausschließlich mit Microsoft Excel getestet. Die Vorlage enthält zudem Makro-Elemente. Deren Verwendung ist in vielen Finanzunternehmen aus Sicherheitsgründen untersagt. Bei größeren Datenmengen stößt die Excel-Vorlage zudem an Kapazitätsgrenzen. Größere Finanzunternehmen sind daher auf die direkte Einreichung im xBRL-Format angewiesen. Diese technischen Restriktionen führten dazu, dass viele Finanzunternehmen alternative Lösungen entwickelten oder auf IKT-Drittdienstleister zurückgriffen.

3. Vertragsverhandlungen – Strategische Priorisierung statt Einzelkampf

37 Die Verhandlung von Vertragsnachträgen zur Umsetzung der wesentlichen Vertragsbestimmungen stellt Finanzunternehmen vor erhebliche Herausforderungen. Das Ausmaß hängt maßgeblich von der Verhandlungsposition ab. Ein kleineres Finanzunternehmen wird faktisch kaum in der Lage sein, mit globalen IKT-Drittdienstleistern in substanzielle Vertragsverhandlungen einzutreten. Umso wichtiger ist ein strategisches und systematisches Vorgehen.

a) Systematische Kategorisierung der IKT-Dienstleister

38 Ausgangspunkt sollte eine realistische Einschätzung der Verhandlungsposition sein. Finanzunternehmen sollten ihre IKT-Drittdienstleister in drei Kategorien einteilen. Die erste Kategorie umfasst IKT-Drittdienstleister, bei denen Verhandlungen aussichtslos erscheinen. Bei dieser Kategorie ist anhand der Risikobewertung zu prüfen, ob das Festhalten an der vertraglichen Vereinbarung möglich ist oder ob der IKT-Drittdienstleister konforme und risikoadäquate Muster zur Verfügung stellt. Die zweite Kategorie umfasst IKT-Drittdienstleister, bei denen Verhandlungen möglich, aber schwierig sind. Die dritte Kategorie umfasst IKT-Drittdienstleister, bei denen substanzielle Verhandlungen realistisch sind. Diese Kategorisierung ermöglicht eine effiziente Ressourcenallokation und verhindert, dass wertvolle Zeit in aussichtslose Verhandlungen investiert wird.

b) Nutzung standardisierter Muster der IKT-Dienstleister

Bei IKT-Drittdienstleistern mit dominanter Marktposition hat sich gezeigt, dass viele eigene DORA-konforme Zusatzvereinbarungen entwickelt haben. Hier empfiehlt es sich, proaktiv auf die IKT-Drittdienstleister zuzugehen und nach verfügbaren Mustern zu fragen. Diese werden in der Regel bereitgestellt. Die Nutzung solcher Muster entbindet das Finanzunternehmen jedoch nicht von seiner Verpflichtung zur eigenständigen Prüfung. Jedes Muster ist auf Vollständigkeit der wesentlichen Vertragsbestimmungen nach Art. 30 Abs. 2 und 3 DORA sowie auf Übereinstimmung mit der eigenen Risikobewertung zu überprüfen. Erst nach erfolgreicher Validierung können die Muster als Grundlage für die Zusatzvereinbarung dienen. Dieses Vorgehen spart in der Regel erheblichen Verhandlungsaufwand und nutzt Skaleneffekte, die entstehen, wenn ein IKT-Drittdienstleister mit vielen Finanzunternehmen verhandelt. **39**

c) Entwicklung eigener Vertragsmuster

Für IKT-Drittdienstleister, bei denen Verhandlungen realistisch erscheinen und keine eigenen DORA-konformen Muster vorliegen, empfiehlt sich die Entwicklung eigener Zusatzvereinbarungen. Die bestehenden vertraglichen Vereinbarungen bleiben in der Regel unberührt. Die aufsichtsrechtlichen Anforderungen werden durch separate Nachträge umgesetzt. Die Entwicklung eigener Muster bietet Vorteile. Sie gewährleistet mit geringerem administrativem Aufwand, dass sämtliche wesentlichen Vertragsbestimmungen nach Art. 30 Abs. 2 und 3 DORA vollständig abgedeckt sind. Alternativ müsste jedes einzelne Muster eines IKT-Drittdienstleisters individuell ausverhandelt und auf Vollständigkeit sowie Risikoadäquatheit geprüft werden. Dies bedeutet einen erheblichen Mehraufwand bei einer Vielzahl von IKT-Drittdienstleistern. **40**

IV. Fazit und Ausblick

DORA markiert einen Wendepunkt in der Regulierung der digitalen operationalen Resilienz des europäischen Finanzsektors. Die Verordnung schafft erstmals einen einheitlichen und sektorübergreifenden Rechtsrahmen. Dieser geht über die bisherigen nationalen Anforderungen deutlich hinaus. Das erste Jahr hat gezeigt, **41** dass die praktische Umsetzung erhebliche Herausforderungen mit sich bringt. Die systematische Ermittlung kritischer oder wichtiger Funktionen erfordert mehr als eine rein zeitbasierte BIA. Die Anpassung von Verträgen mit IKT-Drittdienstleistern und die Erstellung des Informationsregisters erwiesen sich als deutlich aufwendiger als erwartet. Erste Aufsichtsprüfungen der BaFin zeigen erheblichen Nachholbedarf. Strategieziele sind häufig nicht messbar definiert. Die Inventarisierung von IKT-Assets ist unvollständig. Das Schwachstellen- und Patchmanagement ist nicht flächendeckend ausgerollt. Entscheidend für die erfolgreiche Umsetzung ist das Verständnis, dass DORA kein einmaliges Compliance-Projekt darstellt. Sie erfordert kontinuierliche Weiterentwicklung. Die Ermittlung kritischer oder wichtiger Funktionen ist bei wesentlichen Änderungen zu überprüfen und anzupassen. Das Informationsregister ist regelmäßig zu aktualisieren. Vertragliche Vereinbarungen sind entsprechend anzupassen. Die digitale operationale Resilienz ist als integraler Bestandteil der Gesamtstrategie zu verstehen. Sie ist nicht nur aufsichtsrechtliche Pflicht, sondern auch Wettbewerbsvorteil. Die Verordnung bietet auch Chancen. Sie zwingt zu einer systematischen Auseinandersetzung mit IKT-Risiken. Sie schafft Transparenz über Abhängigkeiten von IKT-Drittdienstleistern. Ein robuster IKT-Risikomanagementrahmen stärkt das Vertrauen von Kunden, Geschäftspartnern und zuständigen Behörden. Mit der Einstufung kritischer IKT-Drittdienstleister, den ersten TLPT und der regelmäßigen Aktualisierung des Informationsregisters wird die Umsetzung in den kommenden Jahren ein kontinuierlicher Prozess bleiben. Die systematische Umsetzung der dargestellten Handlungsempfehlungen bildet das Fundament für eine nachhaltige Compliance und resiliente Netzwerk- und Informationssysteme. Dies umfasst die Erstellung einer vollständigen Prozesslandkarte, die fundierte Ermittlung kritischer oder wichtiger Funktionen sowie die strategische Vertragsanpassung. Entscheidend wird sein, dass die digitale operationale Resilienz als strategisches Ziel fest in der Unternehmenskultur verankert wird.

Kapitel 10

Legal Tech in der rechtlichen Immobilien-Due-Diligence*

Zusammenfassung

Die juristische Due Diligence bei Immobilientransaktionen steht vor einem strukturellen Umbruch. Steigende Dokumentenmengen, heterogene Datenräume und hoher Zeitdruck treffen auf wachsende Erwartungen an Effizienz, Transparenz und Haftungssicherheit. Der Einsatz Künstlicher Intelligenz (KI) verspricht erhebliche Produktivitätsgewinne, stößt jedoch zugleich an technische, rechtliche und organisatorische Grenzen. Der vorliegende Beitrag untersucht, warum Legal Tech im Bereich der Immobilien-Due-Diligence weniger an fehlenden Algorithmen scheitert als an Datenrauschen, unklaren Systemgrenzen und ungelösten Verantwortungsfragen. 1

Ausgehend von der Analogie autonomer Fahrzeugsysteme zeigt der Beitrag, dass KI-gestützte Rechtsprüfung nur dort zuverlässig funktioniert, wo das „juristische Gelände" kartiert ist, nämlich durch saubere Datenmodelle, klar definierte Prüfumfänge und strukturierte Risikologiken. Im Zentrum steht die Übersetzungsleistung zwischen juristischer Expertise und maschineller Verarbeitung – vom Vertragstext zum Entity-Relationship-Modell, vom Issue zum bewerteten Risk Event. Dabei wird deutlich, dass juristische Erfahrung kein Datensatz ist, sondern aus Kontextwissen, Erwartungskalkül und ökonomischer Abwägung besteht und daher systematisch formalisiert werden muss, ohne die Entscheidungshoheit des Menschen zu ersetzen. 2

Der Beitrag entwickelt ein Modell arbeitsteiliger Mensch-Maschine-Kollaboration, das maschinengeeignete Aufgaben wie Extraktion, Mustererkennung und Standardrisikobewertung von genuin menschlichen Entscheidungen trennt. Abschließend wird skizziert, wie Kanzleien und Unternehmen von experimentellen Pilotanwendungen zu standardisierten, auditierbaren KI-Prozessen gelangen können. Die Zukunft juristischer KI liegt demnach nicht in vollautonomen Systemen, sondern in hochstrukturierten, verantwortungsbewusst begrenzten Anwendungsarchitekturen, die Unsicherheit nicht eliminieren, sondern kontrollierbar und kommunizierbar machen. 3

---

* Basierend auf dem Vortrag zum gleichen Thema auf dem DKS-Symposium, Frankfurt am Main, gehalten am 11.11.2025.

I. Einleitung – Die digitale Zäsur in der Immobilienwirtschaft

4 Die Immobilienwirtschaft ist längst nicht mehr nur von Zinsen, Baukosten und Lageparametern geprägt, sondern von einer weiteren, zunehmend dominanten Größe: Daten. Gleichwohl attestieren aktuelle Branchenstudien der deutschen Immobilienbranche nach wie vor einen niedrigen digitalen Reifegrad.[1] Danach ist der digitale Transformationsdruck im Bau- und Immobiliensektor zwar messbar, zugleich zeigt sich, dass der Digitalisierungsgrad der etablierten Marktteilnehmer „stagniert" und PropTechs[2] sich an einem traditionell geprägten Markt erst noch durchsetzen müssen. Diese Diskrepanz zwischen technologischem Potenzial und tatsächlicher Umsetzung zeigt sich auch in den Zahlen. Die ZIA/EY-Digitalisierungsstudie 2024 weist darauf hin, dass die Investitionen in die Digitalisierung in der Immobilienwirtschaft im Vergleich zu 2023 insgesamt tendenziell zurückgehen; gleichzeitig nimmt der Anteil der Unternehmen zu, die nur geringe Umsatzanteile für Digitalisierungsmaßnahmen vorsehen.[3] Der Branchendiskurs dreht sich also um „Cloud", „KI" und „Data Lakes", die Investitionspraxis bleibt aber in weiten Teilen vorsichtig – insbesondere dort, wo Geschäftsmodelle über Jahrzehnte ohne digitale Durchdringung funktioniert haben.

5 Vor diesem Hintergrund kommt den PropTechs eine ambivalente Rolle zu. Die PropTech Germany Studie beschreibt sie als eine Art Forschungs- und Entwicklungsabteilung der Branche.[4] Sie treiben mit neuen Geschäftsmodellen, datenbasierten Produkten und KI-Lösungen die Digitalisierung entlang des gesamten Im-

---

1 blackprintpartners GmbH/TH Aschaffenburg, PropTech Germany 2025 Studie: PropTech-Perspektiven auf dem Bau- und Immobiliensektor v. 2025, https://www.th-ab.de/transfer/projekte/proptechgermany-studie/; *Wang*, Reality check: The true pace and payoffs of AI adoption in corporate real estate, https://www.jll.com/en-us/insights/global-real-estate-cre-technology-survey.html; ZIA/EY Real Estate, Digitalisierungsstudie 2024 – KI – ein „Game Changer" in der Immobilienwirtschaft? v. 09.2024, https://zia-deutschland.de/pressrelease/digitalisierungsstudie-2024-von-zia-und-ey-real-estate-digitalisierung-bleibt-zentraler-fortschrittstreiber-in-ki-steckt-revolutions-potenzial-fur-die-immobilienbranche/ (alles zuletzt abgerufen am 6.2.2026).

2 Als PropTech (property technology) werden Technologieunternehmen im Bereich der immobilienwirtschaftlichen Wertschöpfung bezeichnet. Die Unternehmen, häufig Start-ups, befassen sich mit der Neu- und Weiterentwicklung klassischer Prozesse und Geschäftsmodelle mittels neuer bzw. aktuell verfügbarer Technologien, vgl. https://gif-ev.com/glossar-eintrag/proptech/ (zuletzt abgerufen am 6.2.2026).

3 ZIA/EY Real Estate, Digitalisierungsstudie 2024 – KI – ein „Game Changer" in der Immobilienwirtschaft? v. 09.2024, https://zia-deutschland.de/pressrelease/digitalisierungsstudie-2024-von-zia-und-ey-real-estate-digitalisierung-bleibt-zentraler-fortschrittstreiber-in-ki-steckt-revolutions-potenzial-fur-die-immobilienbranche/.

4 blackprintpartners GmbH/TH Aschaffenburg, PropTech Germany 2025 Studie: PropTech-Perspektiven auf dem Bau- und Immobiliensektor v. 2025, https://www.th-ab.de/transfer/projekte/proptechgermany-studie/.

mobilienlebenszyklus voran, vom Bau bis zum Betrieb. Zugleich wird deutlich, dass die geringe Risikobereitschaft vieler Corporates, fehlende Business-Priorisierung und mangelnder Druck der Geschäftsleitung („C-Level-Push") die Implementierung dieser Lösungen erschweren. Mit anderen Worten ist Innovation vorhanden, aber die Andockstellen in der etablierten Immobilienwirtschaft sind häufig noch unterentwickelt.

Die ZIA/EY-Digitalisierungsstudie 2024[5] sieht zudem ein kurzfristiges Trendpotenzial für Plattformen und digitale Ökosysteme (72%) wie auch für Big Data, Data Mining und Data Analytics (58%) und macht damit deutlich, worum es in der Tiefe eigentlich geht, nämlich nicht um isolierte Digitalisierungsprojekte, sondern um den durchgängigen, strukturierten Umgang mit Daten über den gesamten Lebenszyklus einer Immobilie hinweg, und zwar von der Planung über Bau und Betrieb bis zur Veräußerung. Die Zugänglichkeit von Daten wird als Kernvoraussetzung verstanden, um Effizienz, Transparenz und bessere Entscheidungen zu ermöglichen.[6] Die Datenqualität und -verfügbarkeit wird darüber entscheiden, ob digitale Tools überhaupt wirken können. **6**

Für das Immobilienrecht und die juristische Due Diligence hat diese Konstellation unmittelbare Folgen. Juristische Prüfungen greifen regelmäßig auf Unterlagen zurück, die entlang des gesamten Lebenszyklus erzeugt wurden, insbesondere behördliche Genehmigungen, Bauverträge, Nachtragsvereinbarungen, Mietverträge, Betreiberverträge, Finanzierungsverträge, ESG-Dokumentation und vieles mehr. Wo diese Informationen fragmentiert, unstrukturiert oder nur in „Papierlogik" vorhanden sind, wirken KI-gestützte Analysetools nur bedingt – das berühmte „garbage in, garbage out" gilt im Recht nicht minder als in der Technik. **7**

Auch international zeigt sich ein klarer Trend. Die Bedeutung künstlicher Intelligenz in der Immobilienwirtschaft wächst rasant. Die Global Real Estate Technology Survey 2025 von JLL[7] weist darauf hin, dass Unternehmen weltweit zunehmend in datenbasierte Arbeitsabläufe investieren – insbesondere in den Bereichen Energiemanagement, Portfoliosteuerung und Prozessautomatisierung. KI wird dabei nicht nur als Effizienztreiber verstanden, sondern als strategisches Instrument zur Erhöhung von Transparenz, Prognosefähigkeit und Nachhaltigkeit. **8**

---

5 ZIA/EY Real Estate, Digitalisierungsstudie 2024 – KI – ein „Game Changer" in der Immobilienwirtschaft? v. 09.2024, https://zia-deutschland.de/pressrelease/digitalisierungsstudie-2024-von-zia-und-ey-real-estate-digitalisierung-bleibt-zentraler-fortschrittstreiber-in-ki-steckt-revolutions-potenzial-fur-die-immobilienbranche/.

6 ZIA/EY Real Estate, Digitalisierungsstudie 2024 – KI – ein „Game Changer" in der Immobilienwirtschaft? v. 09.2024, https://zia-deutschland.de/pressrelease/digitalisierungsstudie-2024-von-zia-und-ey-real-estate-digitalisierung-bleibt-zentraler-fortschrittstreiber-in-ki-steckt-revolutions-potenzial-fur-die-immobilienbranche/.

7 *Wang*, JLL Global Real Estate Technology Survey 2025, https://www.jll.com/en-us/insights/global-real-estate-cre-technology-survey.

9 Hinzu kommt, dass sich parallel zur langsamen Digitalisierung der Immobilienbranche ein rasanter Entwicklungsschub im juristischen Sektor vollzieht. Internationale Studien zum Einsatz generativer KI in der Rechtsberatung zeigen, dass ein erheblicher Teil der befragten Juristinnen und Juristen damit rechnet, dass Generative Artificial Intelligence (GenAI)[8] innerhalb der nächsten Jahre zu einem zentralen Bestandteil des juristischen Workflows wird. Zugleich liegt die Rate der tatsächlichen Anwendung in Organisationen noch deutlich unter der individuellen Nutzung.[9]

10 Diese Differenz – zwischen individueller Experimentierfreude und institutioneller Zurückhaltung – spiegelt sich im Immobiliensektor nahezu deckungsgleich. Die „digitale Zäsur" in der Immobilienwirtschaft ist daher weniger ein technisches Ereignis als ein strukturelles. Sie markiert den Punkt, an dem Daten als Produktionsfaktor ernst genommen werden müssen und an dem sich entscheidet, ob Transaktionen und Bestandssteuerung weiterhin auf der Grundlage verstreuter Dokumente und individueller Erfahrungswerte stattfinden, oder ob ein systematischer, datengetriebener Ansatz gewählt wird. Für die juristische Due Diligence bedeutet dies, dass sie sich von einem primär dokumentenorientierten hin zu einem datenorientierten Verfahren entwickelt – mit Legal Tech als verbindendem Instrument.

II. Markt- und Technologiekontext

11 Die Diskussion über Legal Tech im Immobilienbereich findet nicht im luftleeren Raum statt. Sie ist eingebettet in drei ineinander verschränkte Entwicklungen: den digitalen Transformationsstand der Immobilienwirtschaft und der PropTech-Szene, die Dynamik generativer KI im Rechtsmarkt selbst und den sich verdichtenden regulatorischen Rahmen, insbesondere durch die europäische KI-Verordnung (KI-VO).[10] Im Zusammenspiel bestimmen sie, was technisch möglich, was wirtschaftlich sinnvoll und was rechtlich zulässig ist – und damit auch, wie weit Legal Tech in der immobilienrechtlichen Due Diligence tatsächlich gehen kann.

---

8 World Economic Forum: Generative AI, World Economic Forum v. 9.1.2023, https://www.weforum.org/stories/2023/01/davos23-generative-ai-a-game-changer-industries-and-society-code-developers/ (zuletzt abgerufen am 6.2.2026).

9 *Hasker*, Future of Professionals Report 2025: Actionable insights for law firm leaders v. 2025, https://legal.thomsonreuters.com/en/insights/reports/future-of-professionals-report-2025-actionable-insights-for-law-firm-leaders/form (zuletzt abgerufen am 6.2.2026).

10 Verordnung (EU) 2024/1689 des Europäischen Parlaments und des Rates vom 13. Juni 2024 zur Festlegung harmonisierter Vorschriften für künstliche Intelligenz und zur Änderung der Verordnungen (EG) Nr. 300/2008, (EU) Nr. 167/2013, (EU) Nr. 168/2013, (EU) 2018/858, (EU) 2018/1139 und (EU) 2019/2144 sowie der Richtlinien 2014/90/EU, (EU) 2016/797 und (EU) 2020/1828 (Verordnung über künstliche Intelligenz – KI-VO).

1. PropTech-Status – Digitale Kluft und ESG-Druck

Die schon zitierten Studien[11] beschreiben die Lage so klar wie ernüchternd. Der digitale Reifegrad der Branche bleibt gering. Das erschwert Anbietern von digitalen Lösungen den Markteintritt. Als Haupthemmnisse nennen die Studien eine geringe Digitalisierungsbereitschaft der etablierten Immobilienunternehmen, fehlende Entscheidungsstrukturen sowie mangelnde Business-Priorisierung auf C-Level; selbst nach Vertragsabschluss scheitern Implementierungen häufig an der fehlenden Verankerung im Kerngeschäft.[12] **12**

PropTechs werden laut der PropTech-Studie[13] als eine Art Forschungs- und Entwicklungsabteilung der Immobilienwirtschaft beschrieben – mit Lösungen entlang des gesamten Immobilienlebenszyklus, von Planung und Bau bis Betrieb und Transaktion. In der Praxis jedoch trifft dieses Innovationsangebot auf eine traditionell organisierte Branche, in der Datensilos, papierbasierte Prozesse und individuell gewachsene Strukturen dominieren. Die digitale Kluft zwischen technologiegetriebenen PropTechs und vorsichtig agierenden Bestandshaltern ist damit kein abstraktes Schlagwort, sondern ein strukturelles Implementierungshindernis. **13**

Gleichzeitig zeigt die Studie, dass gesetzliche Regulatorik zum stärksten Veränderungstreiber geworden ist. 59 % der befragten PropTechs sehen sich unter starkem Nachhaltigkeits-Druck und 60 % berichten von mehr Aufträgen, die explizit mit Nachhaltigkeitsthemen verknüpft sind.[14] ESG wirkt damit nicht nur als Reporting-Pflicht, sondern als Innovationstreiber, der datenbasierte Lösungen – etwa für Energieeffizienz, Verbrauchsmessung oder Taxonomie-Reporting – erzwingt. Für die immobilienrechtliche Due Diligence hat das eine klare Konse- **14**

---

11 ZIA/EY Real Estate, Digitalisierungsstudie 2024 – KI – ein „Game Changer" in der Immobilienwirtschaft? v. 09.2024, https://zia-deutschland.de/pressrelease/digitalisierungsstudie-2024-von-zia-und-ey-real-estate-digitalisierung-bleibt-zentraler-fortschrittstreiber-in-ki-steckt-revolutions-potenzial-fur-die-immobilienbranche/; *Wang*, Reality check: The true pace and payoffs of AI adoption in corporate real estate, https://www.jll.com/en-us/insights/global-real-estate-cre-technology-survey.html; blackprintpartners GmbH/TH Aschaffenburg, PropTech Germany 2025 Studie: PropTech-Perspektiven auf dem Bau- und Immobiliensektor v. 2025, https://www.th-ab.de/transfer/projekte/proptechgermany-studie/.

12 blackprintpartners GmbH/TH Aschaffenburg, PropTech Germany 2025 Studie: PropTech-Perspektiven auf dem Bau- und Immobiliensektor v. 2025, https://www.th-ab.de/transfer/projekte/proptechgermany-studie/.

13 blackprintpartners GmbH/TH Aschaffenburg, PropTech Germany 2025 Studie: PropTech-Perspektiven auf dem Bau- und Immobiliensektor v. 2025, https://www.th-ab.de/transfer/projekte/proptechgermany-studie/.

14 blackprintpartners GmbH/TH Aschaffenburg, PropTech Germany 2025 Studie: PropTech-Perspektiven auf dem Bau- und Immobiliensektor v. 2025, https://www.th-ab.de/transfer/projekte/proptechgermany-studie/.

quenz. Wer ESG-Risiken rechtlich belastbar bewerten will, benötigt strukturierte, historisierte und verknüpfbare Daten. In einer Branche, deren digitaler Reifegrad zugleich als „gering" beschrieben wird, entsteht hier ein Spannungsfeld. Legal Tech kann ESG-Risiken nur so gut abbilden, wie die vorgelagerten PropTech- und Datenstrukturen es zulassen.

2. Legal Tech im Rechtsmarkt – Zwischen Euphorie und Geschäftsmodell-Schock

15 Parallel zu dieser Entwicklung im Immobiliensektor verändert sich der Rechtsmarkt selbst. Der Future of Professionals Report 2025 von Thomson Reuters zeigt,[15] dass die anfängliche Skepsis gegenüber generativer KI in Professional Services – insbesondere im Legal-Bereich – abnimmt. So gaben beispielsweise 80 % der Befragten an, dass KI in den kommenden fünf Jahren einen hohen oder sogar transformativen Einfluss auf ihren Beruf haben wird. Allerdings erwarten nur rund ein Drittel (38 %), dass dieser Wandel bereits in diesem Jahr spürbar einsetzt – und drei von zehn Befragten sind der Ansicht, dass ihre Organisation bei der Einführung von KI zu langsam vorankommt.

16 Bemerkenswert ist, dass diese positive Grundhaltung der Individuen nicht automatisch zu einer konsequenten Organisationsstrategie führt. Viele Kanzleien und Rechtsabteilungen experimentieren mit KI-Tools, ohne dass eine klare Governance, ein durchgängiges Zielbild oder ein tragfähiges Vergütungsmodell etabliert wären. Genau hier setzt die Studie „The AI-Conomics of Legal Services" des Bucerius Center on the Legal Profession[16] an. Sie prognostiziert, dass generative KI die Ökonomie von Rechtsdienstleistungen grundlegend verändern wird – von der Art, wie Leistungen produziert, bepreist und geliefert werden, bis hin zur Aufteilung der Wertschöpfung zwischen Kanzleien und Softwareanbietern. Mehrere Befunde dieser Studie sind für Legal Tech in der Due Diligence besonders relevant:

- Investitionsdynamik: Alle untersuchten Kanzleien investieren derzeit in GenAI-Kompetenzen und -Technologie; niemand geht davon aus, sich dem Thema entziehen zu können.
- Fokus auf Effizienz: Rund 70 % der aktuellen KI-Investitionen zielen primär auf Effizienzsteigerungen in bestehenden Prozessen; nur etwa 30 % dienen der Entwicklung völlig neuer Produkte oder Geschäftsmodelle.

---

15 *Hasker*, Future of Professionals Report 2025: Actionable insights for law firm leaders v. 2025, https://legal.thomsonreuters.com/en/insights/reports/future-of-professionals-report-2025-actionable-insights-for-law-firm-leaders/form.

16 *Biermann/Petersen/Schneider/Wenzler/Schroer*, Bucerius Law School v. 27.3.2025, https://www.law-school.de/news-artikel/the-ai-conomics-of-legal-services (zuletzt abgerufen am 6.2.2026).

- Profitabilitätserwartung: 60 % der Managing Partner erwarten einen positiven Einfluss von GenAI auf die eigene Profitabilität, insbesondere durch den Abbau unproduktiver Tätigkeiten und die Verlagerung hin zu höherwertiger Beratung.

Aber nicht nur in Kanzleien gewinnt KI und Digitalisierung an Fahrt. Zugleich wird eine Verschiebung im Wettbewerbsumfeld deutlich. Alternative Legal Service Providers (ALSPs) und Softwareanbieter gewinnen weiter an Gewicht; der globale ALSP-Markt wird inzwischen auf 28,5 Mrd. US-Dollar geschätzt und wächst stärker als der klassische Kanzleimarkt.[17] Für die juristische Due Diligence an Immobilien bedeutet das: Wer weiterhin mit rein manuell geprägten, stundenhonorarbasierten Prüfmodellen arbeitet, konkurriert zunehmend mit Anbietern, die denselben Output schneller, skalierbarer und datengetriebener erbringen – sei es in eigenständigen Legal-Tech-Lösungen oder in hybriden Modellen aus Kanzlei und Plattform. **17**

3. Die europäische KI-Regulierung als Spielregelwerk

Vor diesem Hintergrund gewinnt die KI-VO[18] eine zentrale Bedeutung. Die Verordnung schafft ein mehrstufiges Risikoregime für KI-Systeme, das von verbotenen Praktiken (Art. 6 KI-VO, z. B. Social Scoring) über hochregulierte Hochrisiko-Systeme (Art. 6) bis hin zu begrenztem Risiko mit Transparenzpflichten (Art. 50 KI-VO) reicht. Für Legal-Tech-Anwendungen im immobilienrechtlichen Kontext sind insbesondere drei Punkte relevant: **18**

a) Hochrisiko-Klassifizierung

KI-Systeme, die Behörden der Rechtspflege bei der Ermittlung und Auslegung von Sachverhalten und Rechtsvorschriften und bei der Anwendung des Rechts auf konkrete Sachverhalte unterstützen, oder von Justizbehörden für die alternative Streitbeilegung genutzt werden, sind ausdrücklich als Hochrisiko-Systeme eingestuft (Anhang III, Ziff. 8 KI-VO). Zwar bewegen sich Due-Diligence-Tools primär im Umfeld der Beratung, nicht der staatlichen Rechtsanwendung; gleichwohl zeigt diese Einstufung, dass KI-Systeme, die rechtliche Bewertungen vor- **19**

---

17 *Abbott et al.*, v. 28.1.2025, https://www.thomsonreuters.com/en-us/posts/legal/alsp-report-2025/ (zuletzt abgerufen am 6.2.2026).

18 Verordnung (EU) 2024/1689 des Europäischen Parlaments und des Rates vom 13. Juni 2024 zur Festlegung harmonisierter Vorschriften für künstliche Intelligenz und zur Änderung der Verordnungen (EG) Nr. 300/2008, (EU) Nr. 167/2013, (EU) Nr. 168/2013, (EU) 2018/858, (EU) 2018/1139 und (EU) 2019/2144 sowie der Richtlinien 2014/90/EU, (EU) 2016/797 und (EU) 2020/1828 (Verordnung über künstliche Intelligenz – KI-VO).

strukturieren, aus Perspektive des Gesetzgebers grundsätzlich als besonders sensibel gelten.

b) Anforderungen an Hochrisiko-Systeme

20 Für Hochrisiko-KI gelten strenge Vorgaben zu Risikomanagement, Daten- und Modellgovernance, Transparenz, Dokumentation, Protokollierung, Human Oversight sowie Genauigkeit, Robustheit und Cybersicherheit (Art. 8 ff. KI-VO). Viele dieser Anforderungen lassen sich 1:1 auf professionelle Legal-Tech-Lösungen übertragen – selbst dann, wenn diese formal nicht als Hochrisiko-Systeme eingestuft sind, aber vergleichbare Wirkungen entfalten. Die Definition von hohem Risiko ist nicht abschließend (Art. 6 Abs. 1 KI-VO). So können auch nicht ausdrücklich bezeichnete KI-Systeme als hochriskant eingestuft werden, wenn sie aufgrund ihrer Zweckbestimmung ein hohes Risiko bergen, die Gesundheit und Sicherheit oder die Grundrechte von Personen zu schädigen, wobei sowohl die Schwere des möglichen Schadens als auch die Wahrscheinlichkeit seines Auftretens zu berücksichtigen sind, und sofern sie in einer Reihe von Bereichen verwendet werden, die in dieser Verordnung ausdrücklich festgelegt sind.[19] Die Bestimmung dieser Systeme erfolgt nach derselben Methodik und denselben Kriterien, die auch für künftige Änderungen der Liste der Hochrisiko-KI-Systeme vorgesehen sind, zu deren Annahme die Kommission im Wege delegierter Rechtsakte ermächtigt werden sollte, um dem rasanten Tempo der technologischen Entwicklung sowie den möglichen Änderungen bei der Verwendung von KI-Systemen Rechnung zu tragen.

c) Transparenzpflichten für begrenztes Risiko

21 Für KI-Anwendungen mit begrenztem Risiko – hierzu zählen typischerweise Chatbots oder generative Systeme in Mandantenkommunikation und Wissensmanagement – fordert die KI-VO vor allem Transparenz gegenüber den Nutzern. Diese müssen erkennen können, dass sie mit einem KI-System interagieren (Kapitel IV KI-VO).

22 Für die juristische Due Diligence im Immobilienbereich bedeutet das: Legal-Tech-Lösungen, die nur vorbereitende Aufgaben übernehmen (z. B. Dokumentenklassifikation, Extraktion, Strukturierung), bewegen sich eher im Bereich begrenzten Risikos. Sobald ein System jedoch eigenständig rechtliche Bewertungen

---

19 Verordnung (EU) 2024/1689 des Europäischen Parlaments und des Rates vom 13. Juni 2024 zur Festlegung harmonisierter Vorschriften für künstliche Intelligenz und zur Änderung der Verordnungen (EG) Nr. 300/2008, (EU) Nr. 167/2013, (EU) Nr. 168/2013, (EU) 2018/858, (EU) 2018/1139 und (EU) 2019/2144 sowie der Richtlinien 2014/90/EU, (EU) 2016/797 und (EU) 2020/1828 (Verordnung über künstliche Intelligenz – KI-VO), Präambel, Erwägungsgrund 52.

suggeriert oder die Grundlage für wirtschaftlich weitreichende Entscheidungen bildet, rückt es – zumindest funktional – in die Nähe der Hochrisiko-Logik. Dann werden Fragen der Nachvollziehbarkeit, der Haftungsverteilung zwischen Anbieter, Kanzlei und Mandant sowie der Qualitätssicherung über den gesamten Lebenszyklus des Tools zentral.

4. Zwischenfazit

Der Markt- und Technologiekontext ist ambivalent: Auf der einen Seite stehen ein niedriger digitaler Reifegrad der Immobilienwirtschaft, zögerliche Implementierungen und ein traditionelles Geschäftsmodell der Rechtsberatung; auf der anderen Seite eine dynamische PropTech- und Legal-Tech-Landschaft, deutliche Effizienz- und Qualitätschancen durch GenAI und ein regulatorischer Rahmen, der gleichzeitig Begrenzungen und Orientierung bietet. In dieser Spannungslage bewegen sich Legal-Tech-Anwendungen für immobilienrechtliche Due Diligence – und genau hier setzt das nächste Kapitel an, das die Systemlogik der Due Diligence selbst und ihre Übersetzung in datengetriebene Prozesse untersucht. **23**

III. Die Systemlogik juristischer Due Diligence

Juristische Due Diligence wird im Transaktionsalltag oft als „Checkliste" erlebt – ein geordneter Durchlauf durch Verträge, Registerauszüge und interne Unterlagen. In der Sache ist sie jedoch mehr, nämlich eine institutionalisierte Risikoprozedur, die in einem begrenzten Zeitraum aus unsicheren, lückenhaften Informationen eine entscheidungsfähige Sicht auf ein Projekt erzeugen soll.[20] **24**

1. Due Diligence als institutionalisiertes Risikoverfahren

Im Lichte der Business Judgement Rule und gemäß § 93 AktG ist eine sorgfältige Due Diligence zentraler Bestandteil einer pflichtgemäßen, haftungsminimierenden Entscheidungsfindung des Managements.[21] In der M&A-Praxis wird Due Diligence dementsprechend als spezifische Ausprägung eines strukturierten Risikomanagements verstanden.[22] Sie dient der systematischen Identifikation, Analyse und Bewertbarkeit der rechtlichen, wirtschaftlichen und operativen Risiken eines Targets, bevor über Kaufpreis, Garantien oder die konkrete Deal-Struktur entschieden wird. Entsprechendes gilt in der Immobilienwirtschaft, in der Erwerber **25**

20 *Ahrens/Beuck/Bock/Fietz*, in: Godzierz, Compliance Checklisten, § 16. Mergers & Acquisitions, Rn. 70; Beck'sches Mandatshandbuch, 4. Aufl. 2024, S. 140.
21 *Diederichs*, Risikomanagement und Risikocontrolling, 2012, S. 48.
22 *Kiethe*, NZG 1999, 976, 976.

– insbesondere institutionelle Investoren – regelmäßig strikten Governance-, Compliance- und Anlagerichtlinien unterworfen sind. Auch hier ist die rechtliche Due Diligence kein fakultativer Erkenntnisgewinn, sondern integraler Bestandteil einer ordnungsgemäßen Entscheidungs- und Verantwortungsstruktur.

26 Juristisch gewendet bedeutet dies, dass die Due Diligence die tatsächlichen und rechtlichen Verhältnisse des Targets in eine entscheidungsrelevante Risikostruktur übersetzt. Sie beantwortet insbesondere die Fragen, ob belastbare Rechtspositionen bestehen (etwa aus Mietverträgen, Grundbuch oder Baugenehmigungen), welche rechtlichen Störfälle denkbar sind (z. B. Anfechtungs-, Kündigungs- oder Unwirksamkeitsrisiken) und welche Auswirkungen der Eintritt solcher Risiken auf die Transaktion hätte, insbesondere im Hinblick auf Deal-Struktur, Kaufpreis sowie Gewährleistungs- und Garantiesysteme. In diesem Sinne wirkt die Due Diligence als Filter- und Verdichtungsverfahren. Aus der Vielzahl möglicher Rechts- und Tatsachenlagen werden diejenigen Risiken identifiziert und priorisiert, die für die Transaktionsentscheidung maßgeblich sind. Sie schafft damit Risikotransparenz, fokussiert den Blick des Erwerbers auf das Entscheidungswesentliche – und dokumentiert zugleich, welche Risiken bewusst getragen werden.[23]

2. Vom Issue über Finding zum Risk Event

27 Professionelle juristische Prüfprozesse in der Due Diligence folgen, häufig ohne explizite Benennung, einer dreistufigen Erkenntnislogik. Diese Logik strukturiert den Weg von der ersten Auffälligkeit bis zur transaktionsrelevanten Risikoeinschätzung und lässt sich als Abfolge von Issue, Finding und Risk Event beschreiben. Diese Dreiteilung ist keine isolierte Methodik, sondern fügt sich in einen international anerkannten Rahmen des juristischen Risikomanagements ein. Vergleichbar strukturiert die ISO-Norm 31022 (Risk Management – Guidelines for the Management of Legal Risk[24]) den Umgang mit rechtlichen Risiken entlang der Schritte Identifikation, Analyse und Bewertung. Diese Norm liefert keinen Prüfplan für die juristische Due Diligence, wohl aber eine begriffliche und konzeptionelle Folie, vor deren Hintergrund sich die praktische Arbeitsweise von Juristen präzise einordnen lässt. Danach ist diese Methode für die Due Diligence kein bloßes didaktisches Hilfsmittel, sondern bildet den Kern juristischer Risikoanalyse. Sie trennt Beobachtung, Bewertung und Prognose – und ermöglicht dadurch eine nachvollziehbare und verantwortbare Entscheidungsunterstützung.

---

23 *Diederichs*, Risikomanagement und Risikocontrolling, 2012, S. 359 ff.

24 International Organization for Standardization (ISO), ISO 31022 – 2020-05 – Risk management – Guidelines for the management of legal risk, S. 10.

Aus systemtheoretischer Sicht ließe sich die Dreiteilung von Issue, Finding und Risk Event als Abfolge unterschiedlicher Beobachtungsleistungen beschreiben. Für *Niklas Luhmann* ist Risiko kein objektiver Tatbestand, sondern das Ergebnis von Beobachtung, Zuschreibung und Kommunikation. Risiken „existieren" nicht an sich, sondern entstehen erst dadurch, dass mögliche zukünftige Schäden auf gegenwärtige Entscheidungen bezogen werden.[25] **28**

Das Issue entspricht bei *Luhmann*[26] einer Beobachtung erster Ordnung. Beobachten heißt bei ihm, eine Unterscheidung treffen und eine Seite dieser Unterscheidung bezeichnen. Ein Issue entsteht genau in diesem Sinne. Etwas fällt auf, weil es von einer Erwartung abweicht, ohne dass diese Abweichung bereits bewertet oder erklärt wird. Es handelt sich um eine Irritation des Systems durch einen Unterschied (z. B. „Klausel weicht vom Standard ab", „Genehmigung fehlt"). Sinngemäß passt hier *Luhmanns* Gedanke, dass Beobachten unterscheiden und bezeichnen heißt.[27] Das Issue ist damit noch kein Risiko, sondern lediglich eine markierte Abweichung im Beobachtungsfeld. **29**

Das Finding lässt sich als Beobachtung zweiter Ordnung beschreiben. Das System beobachtet nun seine eigene erste Beobachtung[28] und ordnet sie rechtlich ein. Hier wird nicht mehr nur gefragt „Was fällt auf?", sondern „Was bedeutet diese Abweichung im Lichte rechtlicher Erwartungen?" Normen, Rechtsprechung und Praxis fungieren dabei als Erwartungsstrukturen, gegen die der Befund gespiegelt wird. *Luhmann* beschreibt diesen Schritt sinngemäß als den Übergang von bloßer Wahrnehmung zu reflexiver Beobachtung, also zur Beobachtung von Beobachtungen.[29] An diesem Punkt wird aus der bloßen Beobachtung einer Abweichung, also dem Issue, durch rechtliche Bewertung und Einordnung ein rechtlich relevanter Sachverhalt geschaffen. Hier entwickelt sich das Verständnis dafür, welche Bedeutung die festgestellte Abweichung im juristischen Kontext hat und wie sie in die Entscheidungsfindung einfließt. **30**

Das Risk Event schließlich entspricht *Luhmanns* eigentlichem Risikobegriff. Risiko entsteht dort, wo mögliche zukünftige Schäden einer gegenwärtigen Entscheidung zugerechnet werden.[30] Nicht jede Unsicherheit ist Risiko. Risiko liegt nur dann vor, wenn gesagt werden kann: Wenn wir uns heute so entscheiden, kann morgen X passieren. *Luhmann* formuliert das sinngemäß so: Risiko ist ein Schaden, der als Folge einer eigenen Entscheidung zugerechnet wird; Gefahr ist ein **31**

25 *Luhmann*, Soziologische Aufklärung, S. 137, 149.
26 *Luhmann*, Soziologische Aufklärung, S. 16.
27 *Luhmann*, Soziologische Aufklärung, S. 16.
28 *Luhmann*, Soziologische Aufklärung, S. 22.
29 *Luhmann*, Soziologische Aufklärung, S. 182.
30 *Luhmann*, Soziologische Aufklärung, S. 131 ff.

Schaden, der von außen zugeschrieben wird.[31] Erst auf der Ebene des Risk Events wird das Finding in einen Entscheidungskontext überführt: Kaufpreis, Garantien, Freistellungen, Dealstruktur. Das Risiko wird damit nicht nur erkannt, sondern entscheidungsrelevant gemacht. Juristische Due Diligence lässt sich also im beschriebenen Sinne als ein gestufter Beobachtungsprozess beschreiben, in dem Abweichungen zunächst wahrgenommen, sodann rechtlich gedeutet und schließlich als risikohaft in Bezug auf zukünftige Entscheidungen gedeutet werden.

3. Relevanz für Legal Tech

32 Für Legal-Tech-Anwendungen erweist sich diese Strukturierung als zentral. Sie macht sichtbar, dass unterschiedliche Formen technischer Unterstützung auf unterschiedlichen Ebenen des juristischen Erkenntnisprozesses an ihre jeweils spezifischen Stärken und Grenzen stoßen. Systeme zur Mustererkennung und Dokumentenextraktion sind besonders geeignet, Auffälligkeiten zu markieren – sie leisten das, was in der Due Diligence als Identifikation von Issues beschrieben werden kann: das Sichtbarmachen von Abweichungen, Inkonsistenzen oder Unvollständigkeiten im Datenraum. Juristische KI-Anwendungen gehen einen Schritt weiter. Sie können typische Konstellationen einordnen, bekannte Klauseltypen bewerten und daraus standardisierte Findings ableiten. In diesem Rahmen unterstützen sie die rechtliche Analyse, indem sie Erfahrungswissen, Normstrukturen und bekannte Argumentationsmuster reproduzierbar verfügbar machen.

33 Die Übersetzung dieser rechtlichen Befunde in konkrete Risk Events hingegen entzieht sich weitgehend der Automatisierung. Denn sie verlangt mehr als juristische Subsumtion. Sie erfordert die Einbettung des Findings in die Logik der konkreten Transaktion – in Marktumfeld, Deal-Struktur, Risikoprofil des Erwerbers und Verhandlungssituation. An diesem Punkt wird Risiko nicht mehr festgestellt, sondern zugerechnet und gewichtet. Ob diese letzte, genuin menschliche Aufgabe – die Zuschreibung, Gewichtung und verantwortliche Einordnung rechtlicher Risiken in konkrete Entscheidungen – auch künftig dem Menschen vorbehalten bleiben wird, ist offen. Mit zunehmender Leistungsfähigkeit lernender Systeme verschwimmen die Grenzen zwischen Analyse, Prognose und Bewertung. Denkbar ist, dass KI-Systeme künftig nicht nur rechtliche Befunde aggregieren, sondern auch Szenarien modellieren, Wahrscheinlichkeiten kalibrieren und strategische Optionen vorschlagen. Sobald solche Optionen von KI-Systemen vorgeschlagen oder vorstrukturiert werden, bleibt die Frage, ob der Kauf abgeschlossen, eine Garantieklausel angepasst oder die Transaktion insgesamt vollzogen wird, der Entscheidung des Transaktionsmanagers vorbehalten. In diesem Moment verdichtet sich Analyse zur Entscheidung und Entscheidung zur Verantwor-

31 *Luhmann*, Soziologische Aufklärung, S. 135.

tung. Denn mit der bewussten Auswahl einer Handlungsoption wird das Risiko einer Person oder Organisation zugerechnet. Nicht die Fähigkeit zur Berechnung von Optionen, sondern die Zuschreibung von Verantwortung bildet die Grenze der Delegierbarkeit. Bereits *Luhmann* hat Risiko als Ergebnis entscheidungsbezogener Zurechnung beschrieben[32]; es entsteht nur dort, wo mögliche Schäden einer verantwortlichen Entscheidung zugeschrieben werden können. Entsprechend hält das geltende europäische KI-Regulierungsmodell an menschlicher Verantwortlichkeit und „human oversight" fest. KI mag Szenarien berechnen – Verantwortung bleibt eine soziale und rechtliche Zuschreibung, die sich bislang nicht automatisieren lässt. Die Übertragung rechtlicher Verantwortung auf KI-Systeme erweist sich vor diesem Hintergrund weniger als technisches als vielmehr als normatives Problem.[33]

4. Datenrauschen als Störung der Systemlogik

Die praktische Ausgangslage juristischer Due-Diligence-Prüfungen ist selten ein geordnetes, in sich konsistentes Datenkorpus. Vielmehr präsentieren sich Datenräume als Kopien historisch gewachsener Ablagen. Verträge liegen in mehreren Fassungen vor, teils als Originale, teils als Scans unterschiedlicher Qualität; Nachträge sind unvollständig oder nur mittelbar rekonstruierbar; Genehmigungen, Bauunterlagen und Gutachten verteilen sich über verschiedene Systeme, Zeitstände und Verantwortlichkeiten. Technik-relevante Informationen kommen hinzu, häufig verdichtet in Berichten, deren zugrunde liegende Rohdaten nicht oder nur selektiv zugänglich sind (in Form von digitalisierten Planungsdaten). 34

Diese Imperfektion ist kein Randphänomen, sondern strukturelles Merkmal von Transaktionen unter Zeitdruck. Juristisch relevante Informationen sind vorhanden, aber sie sind fragmentiert, inkonsistent oder kontextlos. In der technischen Terminologie spricht man in solchen Fällen von „Noise", also Datenrauschen, das nicht aus völliger Informationslosigkeit besteht, sondern aus Überlagerungen, Verzerrungen und Lücken innerhalb eines grundsätzlich informationsreichen Systems.[34] 35

Für Analyseprozesse ist dieses Rauschen nicht neutral. Es wirkt selektiv und verzerrend. Einzelne Dokumente gewinnen ein disproportionales Gewicht, weil andere fehlen oder schwer zugänglich sind; formale Auffälligkeiten werden übersehen, während zufällige Abweichungen Aufmerksamkeit binden. Die Risikoforschung zeigt, dass bereits moderate Verzerrungen in der Datengrundlage zu systematischen Fehleinschätzungen führen können – nicht trotz, sondern wegen der 36

32 *Luhmann*, Soziologische Aufklärung, S. 149.
33 *Floridi*, The Ethics of Artificial Intelligence, S. 201 ff.
34 *Kelly*, Numeracy 2022.

vorhandenen Informationsfülle.[35] Modelle, gleich ob menschlich oder technisch, beginnen dann, Unsicherheit nicht zu reduzieren, sondern fortzuschreiben.

37 An einem Beispiel soll das verdeutlich werden. In einem Due-Diligence-Prozess wird eine Datei im Datenraum als „Genehmigung_Bauvorhaben.pdf" bezeichnet. Tatsächlich enthält das Dokument jedoch lediglich einen internen Vermerk zur Antragsstellung, nicht aber die tatsächliche Baugenehmigung. Da andere relevante Dokumente fehlen oder falsch abgelegt sind, verlässt sich der Prüfer auf diese Datei und nimmt an, die Genehmigung liege vor. Das Modell der Analyse – sowohl menschlich als auch KI-gestützt – gewichtet die Information daher falsch. Die formale Auffälligkeit (fehlende Stempel, fehlende Unterschrift) bleibt im Datenrauschen unentdeckt. Die Konsequenz ist eine systematische Fehleinschätzung des rechtlichen Risikos: Das Bauvorhaben wird als genehmigt bewertet, obwohl die entscheidende Bestätigung fehlt. Eine einzelne, falsch bezeichnete Datei kann also in einem unübersichtlichen Datenraum das Ergebnis des gesamten Analyseprozesses verzerren.

38 An diesem Punkt zeigt sich die Wirkung von Noise als Störung der Systemlogik der Due Diligence. Die Logik der Analyse (Issue – Finding – Risk Event) setzt voraus, dass Beobachtungen stabil identifizierbar, rechtlich eingeordnet werden können und in ihren Folgen abschätzbar sind. Datenrauschen unterbricht diese Abfolge. Issues entstehen zufällig oder gar nicht; Findings lassen sich mangels konsistenter Referenzen nicht verlässlich verdichten; Risk Events werden entweder überschätzt oder pauschalisiert, weil Eintrittswahrscheinlichkeit und Schadenshöhe nicht sauber getrennt werden können. Das Problem liegt damit nicht auf der Ebene einzelner juristischer Bewertungen, sondern tiefer. Noise beschädigt die Anschlussfähigkeit zwischen den Stufen der Analyse. Die Systemlogik der Due Diligence verliert ihre ordnende Funktion und wird selbst zum Unsicherheitsfaktor. In einem solchen Umfeld kann weder menschliches Urteil noch KI-gestützte Analyse ihre jeweilige Stärke entfalten, nicht weil die Entscheidung falsch wäre, sondern weil die Voraussetzungen ihrer methodischen Herleitung gestört sind. Vor diesem Hintergrund wird deutlich, dass der Einsatz von Legal Tech nicht bei der Entscheidung ansetzt, sondern vorgelagert bei der Reduktion von Datenrauschen. Erst wo Informationen konsolidiert, strukturiert und kontextualisiert sind, kann die Systemlogik der Due Diligence wieder greifen – und erst dann wird die Frage nach der normativen Zurechnung von Verantwortung sinnvoll anschlussfähig.

39 Die Konsequenz aus diesem Befund ist eine methodische Verschiebung auf die Ebene der Datenmodellierung.[36] Um Analyse trotz verrauschter Datenräume zu ermöglichen, müssen juristisch relevante Informationen aus unstrukturierten Do-

---

35 *Gigerenzer*, Risiko, S. 30 ff.

36 *Haimes*, Risk modeling, assessment, and management.

kumenten in ein formales Strukturmodell überführt werden. Technisch gesprochen erfordert dies die Extraktion von Entitäten (z. B. Mietvertrag, Nachtrag, Grundstück, Genehmigung), deren Attributen (Laufzeit, Parteien, Flächen, Genehmigungsumfang) sowie der Relationen, die diese Entitäten logisch miteinander verbinden (etwa: Nachtrag bezieht sich auf Mietvertrag; Mietvertrag betrifft Grundstück). Das zugrunde liegende Referenzmodell ist ein Entity-Relationship-Modell (ERM),[37] das die juristische Wirklichkeit nicht in Texten, sondern in strukturierten Objekten abbildet. Erst auf dieser Ebene wird es möglich, Inkonsistenzen systematisch zu erkennen, Vollständigkeit zu prüfen und vergleichbare Sachverhalte über Dokumentengrenzen hinweg zu aggregieren. Zugleich schafft das ERM die Voraussetzung für ein belastbares Scoring. Risiken können entlang definierter Attribute bewertet, über Relationen kontextualisiert und schließlich nach Wahrscheinlichkeit und Auswirkung priorisiert werden. Das Scoring ersetzt dabei nicht die juristische Wertung, sondern operationalisiert sie als datengetriebene Verdichtung – und stellt so die Funktionsfähigkeit der Systemlogik der Due Diligence unter realen Datenbedingungen wieder her.

IV. Lehre aus Waymo & Co. – Systemgrenzen als Erfolgsfaktor

Nicht jede KI kann alles. Die auf die Ankaufsprüfung von Fachmarktzentren spezialisierte KI, wird die Due Diligence für die Assetklassen Office oder Hotel voraussichtlich nur eingeschränkt beherrschen. Dort wird sich die KI nicht so gut auskennen. Was damit gemeint ist, verdeutlich ein Blick auf das autonome Fahren. Robotaxis fahren nur dort sicher, wo Daten, Infrastruktur und Regeln stabil sind. Daraus kann ein Prinzip für Legal Tech abgeleitet werden. KI-gestützte Due Diligence funktioniert nur in klar definierten, gut vorbereiteten Datenlandschaften.[38] Ein „Referenzdeal“ dient als abgegrenzte („geofencete“) Zone für die ersten Implementierungen. Der Blick auf autonome Fahrzeuge schärft das Verständnis dafür, woran KI-Systeme in komplexen Umgebungen tatsächlich scheitern – und woran sie wachsen. Waymo und andere Robotaxi-Anbieter verfolgen keinen universalistischen Ansatz. Ihre Fahrzeuge fahren nicht „überall“, sondern nur dort, wo das System die Umwelt beherrscht: in klar abgegrenzten Zonen, mit hochaufgelösten Karten, stabilen Verkehrsregeln und einer Datenbasis, die kontinuierlich gepflegt, validiert und aktualisiert wird (z. B. in San Francisco). Diese Systemgrenzen sind keine Schwäche, sondern die eigentliche Voraussetzung für Sicherheit und Skalierung. Das zentrale Prinzip lautet, Autonomie entsteht nicht durch maximale Offenheit, sondern durch kontrollierte Komplexität. Robotaxis werden deshalb zunächst in eng umrissenen, sogenannten geofenceten Gebieten 40

37 *Chen*, The entity-relationship model, S. 9.
38 *Hu/Zheng/Chen/Sun*, IEEE Trans. Intell. Transport. Syst. 2023, 6711.

eingesetzt. Innerhalb dieser Zonen ist das „Rauschen" beherrschbar – unvorhersehbare Sonderfälle sind reduziert, Datenformate standardisiert, Ausnahmezustände bekannt oder zumindest antizipierbar. Erst wenn ein Gebiet zuverlässig funktioniert, wird der Radius erweitert. Autonomie ist hier ein gradueller Prozess, kein Sprung ins Unbekannte.

41 Diese Logik lässt sich unmittelbar auf den Einsatz von KI in der juristischen Due Diligence übertragen. Auch hier scheitert der produktive Einsatz von KI weniger an der Leistungsfähigkeit der Algorithmen als an der Unklarheit des Einsatzraums. Unstrukturierte Datenräume, heterogene Dokumentstände, fehlende Versionierungen und inkonsistente Begriffe erzeugen ein rechtliches Äquivalent zum dichten Stadtverkehr ohne Verkehrszeichen. In einem solchen Umfeld kann KI zwar Texte lesen, aber keine verlässlichen Schlüsse ziehen. Die Folge ist kein Erkenntnisgewinn, sondern verstärktes Datenrauschen. Die Lehre aus Waymo & Co. lautet daher, dass KI-gestützte Legal Due Diligence klar definierte Systemgrenzen benötigt. Diese Grenzen sind funktional, nicht – wie bei Robotaxis – territorial. Sie beschreiben, welche Dokumenttypen, welche Transaktionsstrukturen und welche Prüfziele vom System sicher beherrscht werden. In der Praxis bietet sich hierfür der Gedanke des Referenzdeals an. Ein Referenzdeal fungiert als juristische Entsprechung zur geofenceten Zone: ein standardisierter, gut vorbereiteter Transaktionstyp (z. B. Asset Deal, Fachmarktzentrum, Core-Strategie des Investors) mit klarer Datenstruktur, bekannten Risikomustern und definierten Bewertungskriterien.

42 Innerhalb dieses Referenzrahmens kann KI ihre Stärken ausspielen. Systematische Extraktion von Entitäten, konsistente Anwendung von Prüflogiken, reproduzierbares Risk Scoring. Zugleich bleiben die Grenzen transparent. Atypische Gestaltungen, lückenhafte Daten oder normative Wertungen werden bewusst außerhalb des autonomen Systems gehalten und dem menschlichen Entscheider zugewiesen. Genau wie beim Robotaxi sitzt der Mensch nicht mehr am Lenkrad, aber er definiert die Route, die Regeln und die Notbremsen.

43 Der Erfolg von Legal Tech entscheidet sich demzufolge nicht an der Frage, ob KI eingesetzt wird, sondern wo und unter welchen Bedingungen. Systemgrenzen sind kein Hemmnis, sondern ein Governance-Instrument. Sie verwandeln KI von einem experimentellen Werkzeug in eine verlässliche Infrastruktur – Schritt für Schritt, Zone für Zone, Asset-Klasse für Asset-Kasse, Deal für Deal.

V. Vom Vertrag zum Datenmodell – Die große Übersetzungsleistung

44 Juristische Arbeit operiert in Bedeutungsräumen. Verträge werden nicht bloß gelesen, sondern verstanden, kontextualisiert und normativ eingeordnet. Der Jurist denkt in Rechtspositionen, Schutzrichtungen und Argumentationslinien. Die Maschine hingegen kennt keine Bedeutung im hermeneutischen Sinne. Sie operiert nicht argumentativ, sondern strukturell. Sie „versteht" die Welt nicht als Text, sondern als System von Objekten und Beziehungen. Genau an dieser Stelle setzt die zentrale Übersetzungsleistung moderner Legal-Tech-Systeme an. *Peter Chen* hat mit dem Entity-Relationship-Modell[39] bereits Mitte der 1970er Jahre einen entscheidenden Perspektivwechsel formuliert. Datenmodelle dienen nicht primär der Speicherung von Informationen, sondern der Abbildung semantischer Wirklichkeit.[40] Ziel des ERM ist eine „unified view of data", also eine konzeptionelle Ebene, auf der reale Gegenstände, ihre Eigenschaften und ihre Beziehungen explizit gemacht werden, bevor sie technisch verarbeitet werden. Entscheidend ist dabei Chens Grundannahme, dass Informationssysteme nicht die Welt selbst abbilden, sondern eine bewusste Auswahl dessen, was als relevant gilt.

Überträgt man diesen Gedanken auf die juristische Due Diligence, wird deutlich, **45**
dass ein Vertrag für die Maschine nicht primär Text, sondern Repräsentant einer Entität ist. Nicht die Argumentation ist der Ausgangspunkt, sondern die Identifikation dessen, was es überhaupt gibt: Verträge, Grundstücke, Parteien, Nachträge, Genehmigungen, Sicherheiten. Diese Entitäten existieren nicht „von selbst", sondern werden – wie im ERM – durch den User definiert. Was als Entität gilt und was lediglich Attribut oder Beziehung ist, ist keine technische, sondern eine methodische Entscheidung. Das Entity-Relationship-Modell zwingt damit zur Explikation juristischer Vorannahmen. Ein Mietvertrag ist nicht einfach ein Dokument, sondern eine Entität mit Attributen wie Laufzeit, Mietzins, Schriftformstatus oder Kündigungsrechten. Ein Nachtrag ist nicht bloß ein Annex, sondern steht in einer expliziten Änderungsrelation zum Hauptvertrag. Parteien sind eigenständige Entitäten, deren Identität, Rolle und Vertretungsmacht in Relationen zu Verträgen und Grundstücken eingebettet sind. Juristische Komplexität wird so nicht reduziert, sondern formalisiert. Die zentrale Leistung beim Aufsetzen eines ERM liegt dabei in der Trennung von drei Ebenen: der realen Welt, der konzeptionellen Modellierung und der technischen Implementierung. Für Legal Tech ist insbesondere die konzeptionelle Ebene entscheidend. Sie bildet den Raum, in dem juristische Erfahrung in strukturierte Semantik übersetzt wird. Die Maschine „denkt" nicht juristisch, sondern relational. Sie erkennt Muster nicht in Argumenten, sondern in der Konsistenz oder Inkonsistenz von Entitäten und ihren Beziehungen.[41]

Diese Systemlogik ist jedoch hochgradig störanfällig (siehe Rn. 35). *Heiko Paul-* **46**
heim betont, dass ein Datenmodell nur so gut ist wie die Klarheit seiner Entitäten

39 *Chen*, The entity-relationship model, S. 9.
40 *Chen*, The entity-relationship model, S. 9 (3.4).
41 *Paulheim*, Knowledge graph refinement, 2017, 489 (2).

und die Eindeutigkeit seiner Relationen.[42] Darin liegt die praktische Herausforderung juristischer Datenräume. Verträge liegen in unterschiedlichen Versionen vor, Nachträge sind unvollständig, Scanqualitäten variieren, Begriffe werden inkonsistent verwendet. Dieses Datenrauschen wirkt auf das System wie semantische Unschärfe. Beziehungen werden unklar, Attribute widersprechen sich, Entitäten lassen sich nicht eindeutig identifizieren. Die notwendige Folge für eine KI-gestützte Due Diligence ist ein vorgelagerter Transformationsprozess, bestehend aus Bereinigung, Harmonisierung und Validierung. Bereinigung eliminiert Mehrdeutigkeiten und Dubletten. Harmonisierung sorgt dafür, dass gleiche Sachverhalte gleich modelliert werden, etwa Parteienbezeichnungen oder Flächenangaben. Validierung prüft die logische Konsistenz der Relationen. Gehört dieser Nachtrag tatsächlich zu diesem Vertrag? Bezieht sich diese Genehmigung auf dieses Grundstück? Erst wenn diese konzeptionelle Ordnung hergestellt ist, kann die algorithmische Analyse sinnvoll einsetzen.

47 Demnach ist das Datenmodell kein technisches Hilfsmittel, sondern eine epistemische Brücke. Es übersetzt juristische Wirklichkeit in eine formale Struktur, die maschinell bearbeitbar ist, ohne ihren Bedeutungsgehalt vollständig zu verlieren. Die eigentliche Intelligenz liegt dabei nicht im Algorithmus, sondern in der Modellierungsentscheidung, nämlich in der bewussten Festlegung dessen, was als Entität gilt, welche Attribute relevant sind und welche Beziehungen rechtliche Bedeutung tragen.

48 Der Weg vom Vertrag zum Datenmodell ist damit kein Automatisierungsproblem, sondern ein Akt der methodischen Selbstverständigung. Legal Tech wird an dieser Stelle nicht zum Ersatz juristischer Expertise, sondern zu ihrem Spiegel. Es zwingt dazu, implizites Wissen explizit zu machen – und macht damit erst jene systematische Analyse möglich, auf der jede verantwortbare algorithmische Risikobewertung aufbaut.

VI. Wie man 20 Jahre Anwaltserfahrung in ein System gießt

49 Juristische Erfahrung liegt nicht wie ein Datensatz bereit. Sie ist kein Archiv aus Entscheidungen, das sich einfach digitalisieren ließe, sondern ein verdichtetes Geflecht aus Kontextwissen, Erwartungskalkül und ökonomischer Abwägung.[43] Betrachtet man zwanzig Jahre anwaltlicher Praxis näher, finden sich dort weniger „Regeln", als vielmehr ein Gespür dafür, wann eine Norm praktisch relevant wird, wie Gegenseiten typischerweise reagieren und welche rechtlichen Risiken wirtschaftlich tragfähig sind. Erfahrung ist nicht mit explizitem Wissen gleichzu-

42 *Paulheim*, Knowledge graph refinement, 2017, 489 (4.1).
43 *Ashley*, Artificial Intelligence and Legal Analytics, 1.3.1; 3.3.2.

setzen. *Michael Polanyi* hat gezeigt, dass professionelle Expertise überwiegend implizit („tacit knowledge") ist und sich nicht vollständig formalisieren lässt („We know more than we can tell.").[44] Erfahrung manifestiert sich damit nicht in isolierten Fakten, sondern in der Fähigkeit, Unsicherheit zu strukturieren und Entscheidungen unter unvollständiger Information verantwortbar[45] zu machen.

In der rechtlichen Immobilien-Due-Diligence wird diese Eigenart besonders deutlich. Der Anwalt liest Verträge nicht nur, um ihre Wirksamkeit zu prüfen, sondern um Erwartungshorizonte zu rekonstruieren: Was wollten die Parteien erreichen? Welche Risiken haben sie bewusst übernommen? Welche Unschärfen sind marktüblich und welche deuten auf strukturelle Schwächen hin? Dieses implizite Wissen ist heuristisch. Es speist sich aus Wiedererkennung, aus Vergleichsfällen, aus dem Wissen um typische Eskalationspunkte in Transaktionen. Es existiert nicht als explizite Regel, sondern als Urteilsroutine.[46] **50**

Die zentrale Herausforderung der Systematisierung besteht daher nicht darin, Recht „zu automatisieren", sondern darin, dieses heuristische Erfahrungswissen übersetzbar zu machen. Übersetzung meint nicht die Reduktion auf starre Wenn-dann-Logiken, sondern die Transformation in strukturierte Entscheidungsräume.[47] Ausgangspunkt ist die Erkenntnis, dass auch erfahrene Juristen implizit mit Modellen arbeiten. Sie identifizieren Entitäten (Verträge, Genehmigungen, Parteien), prüfen typische Risikozonen, gewichten Auffälligkeiten nach Wahrscheinlichkeit und Impact und ordnen sie schließlich einem ökonomischen Entscheidungskontext zu. Diese impliziten Schritte lassen sich explizit machen – und damit systemfähig. **51**

Ein erster Schritt ist die Trennung von Issue, Finding und Risk Event (Rn. 27 ff. oben). Was dem erfahrenen Anwalt als „Bauchgefühl" erscheint, ist methodisch betrachtet eine Hypothese. Ein Issue markiert eine Abweichung vom Erwartbaren. Erst durch Kontextualisierung – durch Vergleich mit anderen Entitäten, durch rechtliche Bewertung, durch Erfahrung mit ähnlichen Fällen – verdichtet sich dieses Issue zu einem Finding. Und erst im Zusammenspiel mit Eintrittswahrscheinlichkeit und Schadensausmaß wird daraus ein bewertetes Risikoereignis. Diese Stufung ist kein technisches Detail, sondern die formalisierte Form anwaltlicher Erfahrung. **52**

Auf dieser Grundlage lassen sich Risikomodelle entwickeln, die nicht vorgaukeln, Sicherheit zu erzeugen, sondern Unsicherheit quantifizierbar machen. Wahrscheinlichkeit (probability) und Auswirkung (impact) fungieren dabei nicht als objektive Messgrößen, sondern als operationalisierte Annahmen. Sie bilden ab, wie stabil eine Rechtsposition unter realistischen Konfliktszenarien ist. Hierin liegt der Kern anwaltlicher Erfahrung. Nicht zu sagen, was „richtig" ist, sondern **53**

44 *Polanyi*, The Tacit Dimension, 1966.

45 *Luhmann*, Soziologische Aufklärung, S. 152.

46 *Ashley*, Artificial Intelligence and Legal Analytics, 2.2.1.

47 *Ashley*, Artificial Intelligence and Legal Analytics, 3.2.1.

wie belastbar eine rechtliche Position im wirtschaftlichen Kontext erscheint. Damit wird deutlich, warum zwanzig Jahre Anwaltserfahrung nicht „in Daten gegossen“, wohl aber in Strukturen überführt werden kann. Die Leistung besteht nicht im Aufbau einer allwissenden KI, sondern in der expliziten Modellierung jener Denkbewegungen, die erfahrene Juristen täglich vollziehen. Systeme wie Legal-Tech-Plattformen werden dadurch nicht zu autonomen Entscheidern, sondern zu Verstärkern professioneller Urteilskraft. Verantwortung bleibt menschlich; sie wird lediglich auf eine neue, strukturierte Ebene gehoben.

VII. Prompting als juristische Technik

54 Die Qualität der Ergebnisse juristischer KI-Systeme wird nicht allein durch ihre Modellarchitektur oder Trainingsdaten bestimmt, sondern in erheblichem Maße durch die Art der Fragestellung. „Prompting“ ist damit kein bloßer Bedienungsschritt, sondern eine eigenständige juristische Technik der Erkenntnissteuerung. Wer eine KI befragt, strukturiert – bewusst oder unbewusst – den rechtlichen Denkraum, innerhalb dessen Antworten generiert werden.

1. Fragelogik als Steuerungsinstrument

55 Juristische Arbeit ist traditionell fragelogisch organisiert: Jede Prüfung beginnt mit einer normativ gerahmten Frage („Ist die Klausel wirksam?“, „Besteht ein Kündigungsrecht?“). Diese Fragelogik wird im Einsatz von KI-Systemen radikal verstärkt. Denn anders als der menschliche Jurist verfügt die KI nicht über ein implizites Vorverständnis von Prüfungsreihenfolgen, Relevanzschwellen oder Haftungszusammenhängen. Was nicht explizit oder implizit im Prompt angelegt ist, existiert für das System faktisch nicht. Naive Prompts, etwa kurze, kontextlose Fragen, reduzieren juristische Bewertung auf eine Art schematische Mustererkennung. Die KI antwortet dann mit generalisierten, oft lehrbuchartigen Einschätzungen, die zwar sprachlich überzeugend, methodisch aber flach bleiben. Das Problem liegt nicht in der „Falschheit“ der Antwort, sondern in ihrer unzureichenden juristischen Tiefenschärfe.

2. Professionelles Prompting – Rollen, Kontexte, Prüfschritte

56 Demgegenüber nutzt professionelles Prompting die Fähigkeit moderner Sprachmodelle, rollenbasiert, kontextsensitiv und sequenziell zu arbeiten.[48] Der Prompt

48 *Brown u. a.*, Language Models are Few-Shot Learners, § 2; *Liu u. a.*, Pre-train, Prompt, and Predict: A Systematic Survey of Prompting Methods in Natural Language Processing, § 4.

übernimmt dabei Funktionen, die in der klassischen Jurisprudenz durch Ausbildung, Erfahrung und methodische Sozialisation gewährleistet werden:

- Rollenfestlegung (z.B. „Du bist ein Fachanwalt für Miet- und Vertragsrecht mit Schwerpunkt Gewerberaum"),
- Normativer Rahmen (z.B. Prüfung nach §§ 305 ff. BGB, Transparenzgebot, aktueller BGH-Rechtsprechung),
- Prüfreihenfolge (Wirksamkeit → AGB-Kontrolle → Risikofolgen),
- Entscheidungsperspektive (z.B. Erwerbersicht im Rahmen einer Due Diligence über ein Fachmarktzentrum).

Damit wird Prompting zu einer Form der ex ante-Methodisierung juristischer Analyse. Die KI „entscheidet" nicht autonom, sondern bewegt sich innerhalb eines vorab definierten Argumentationsraums. **57**

a) Schwächen von LM – z.B. Context Drift

Professionelle Prompts helfen indes nicht über systemische Beschränkungen von Large Language Models hinweg. Mit der steigenden Komplexität professioneller Prompts treten zugleich neue, bislang unterschätzte Risiken auf. Besonders relevant ist das Phänomen des Context Drift, also die schleichende Verschiebung des Analysefokus im Verlauf längerer oder iterativer Interaktionen mit einem Language Model. Während der initiale Prompt noch einen klaren normativen und methodischen Rahmen setzt, etwa durch Rollenfestlegung, Prüfungsmaßstäbe oder Entscheidungsperspektive, kann dieser Rahmen im weiteren Dialog graduell erodieren. Das Modell beginnt, Teile der ursprünglichen Instruktion implizit zu vernachlässigen und durch statistisch naheliegende, sprachlich plausible Annahmen zu ersetzen, die zwar kohärent wirken, jedoch nicht mehr konsistent mit der ursprünglich intendierten juristischen Prüflogik sind. Empirisch lässt sich dieses Risiko durch die Arbeiten von *Wu et al.* belegen. In ihrer Untersuchung zum sogenannten Natural Context Drift[49] zeigen sie, dass die Leistungsfähigkeit von Large Language Models (LM) signifikant abnimmt, sobald sich der Kontext, selbst bei unverändertem Informationsgehalt, semantisch vom ursprünglich bekannten oder erwarteten Referenzrahmen entfernt. Entscheidend ist dabei, dass der Informationsverlust nicht durch fehlende Daten verursacht wird, sondern durch eine veränderte Kontextualisierung. Das Modell bleibt sprachlich flüssig und antwortfähig, verliert jedoch zunehmend die Fähigkeit, den ursprünglichen Bedeutungs- und Bewertungsrahmen stabil aufrechtzuerhalten.[50] **58**

49 *Wu/Schlegel/Batista-Navarro*, v. 1.9.2025, http://arxiv.org/abs/2509.01093 (zuletzt abgerufen am 2.6.2026).

50 *Wu/Schlegel/Batista-Navarro*, v. 1.9.2025, http://arxiv.org/abs/2509.01093.

59 Für juristische Anwendungen ist dieser Befund von besonderer Tragweite. Juristische Prüfung lebt von der konsequenten Einhaltung einmal gesetzter Maßstäbe, etwa der AGB-Kontrolle, der Risikoperspektive des Erwerbers oder der Trennung von Issue, Finding und Bewertung. Context Drift bedeutet nicht bloß eine technische Unschärfe, sondern eine methodische Entgleisung. Die Analyse bleibt formal korrekt formuliert, bewegt sich aber unmerklich in einem anderen normativen Raum. Professionelles Prompting muss diesem Risiko daher aktiv begegnen, etwa durch explizite Rückverankerung des Prüfungsrahmens, modulare Prompts oder klar abgegrenzte Analysephasen, um die juristische Systemlogik über den gesamten Interaktionsverlauf hinweg stabil zu halten.

3. Prompt-Beispiel – Die Indexklausel als Lackmustest

60 Die Wirkung strukturierten Promptings lässt sich exemplarisch an der Prüfung von Indexklauseln in gewerblichen Mietverträgen zeigen. Ein einfacher Prompt („Ist diese Indexklausel wirksam?") führt regelmäßig zu einer positiven Einschätzung, solange die Klausel formal an einen Verbraucherpreisindex anknüpft. Wird der Prompt hingegen rollenbasiert und risikoorientiert formuliert, treten qualitative Unterschiede zutage. Fragen nach der Aktualität der Indexbasis, nach Umstellungsmechanismen, nach einseitiger Risikoverlagerung oder nach Intransparenz im Sinne des § 307 BGB rücken in den Fokus. Die juristische Bewertung kippt, nicht, weil sich der Text geändert hätte, sondern weil die Fragelogik eine andere ist. Damit wird sichtbar, dass das Prompting darüber entscheidet, ob eine KI eine Klausel beschreibend oder kritisch-analytisch liest.

4. Systemische Risiken von Language Models in der juristischen Anwendung

61 Die Risiken von Language Models in der juristischen Anwendung liegen weniger in einzelnen Fehlleistungen als in den strukturellen Verschiebungen, die ihr Einsatz für juristische Erkenntnis, Bewertung und Verantwortung mit sich bringt. Sie betreffen damit nicht nur die Zuverlässigkeit von Ergebnissen, sondern die Bedingungen, unter denen rechtliche Entscheidungen vorbereitet und legitimiert werden.

a) Semantische Plausibilität statt normativer Wahrheit

62 Language Models sind darauf trainiert, sprachlich plausible Antworten zu generieren, nicht aber rechtlich „wahre" oder normativ „richtige". Ihre Stärke liegt in der statistischen Verdichtung von Sprachmustern, genau darin liegt zugleich ihr Risiko. Juristische Argumentation wird überzeugend simuliert, ohne notwendigerweise auf einer tragfähigen normativen Grundlage zu beruhen. Im juristischen Kontext ist diese Plausibilitätslogik besonders gefährlich. Rechtliche Bewertung

lebt von feinen Unterscheidungen, zwischen herrschender Meinung und Mindermeinung, zwischen obiter dictum und tragender Entscheidungsbegründung. Language Models glätten diese Differenzen. Sie produzieren Antworten, die klingen, als seien sie juristisch belastbar, ohne dass klar wäre, ob sie es sind.[51]

b) Entkontextualisierung rechtlicher Bedeutung

Recht ist zutiefst kontextabhängig. Die Bedeutung einer Klausel oder Norm erschließt sich nicht isoliert, sondern nur im Zusammenspiel von Vertragsstruktur, wirtschaftlichem Zweck und Risikoprofil. Language Models hingegen rekonstruieren Bedeutung primär aus Textnähe und statistischer Korrelation. *Bender et al.* zeigen, dass LMs Bedeutung nicht „verstehen", sondern kontextuelle Zusammenhänge nur insoweit abbilden, wie sie im Trainingskorpus explizit oder implizit wiederkehren.[52] Für juristische Anwendungen bedeutet dies eine systemische Entkontextualisierung. Atypische oder einmalige Konstellationen werden als Abweichung vom statistischen Normalfall behandelt und damit strukturell unterschätzt. **63**

c) Verdichtung ohne Verantwortungsadressaten

Juristische Analyse ist stets auch Verantwortungspraxis. Wer bewertet, haftet – zumindest normativ – für die Tragfähigkeit seiner Einschätzung. Language Models hingegen erzeugen Verdichtungen ohne Autor, ohne Adressaten, ohne Haftungssubjekt. *Bender et al.* beschreiben dieses Phänomen als ein zentrales Risiko großskaliger Sprachmodelle.[53] Die Autorität der Sprache wird vom Menschen auf das System übertragen, ohne dass Verantwortung mitübertragen wird. In juristischen Entscheidungsprozessen kann dies zu einer gefährlichen Verschiebung führen. Ergebnisse erscheinen objektiv und neutral, obwohl sie lediglich probabilistische Sprachprodukte sind. **64**

d) Stabilisierung impliziter Vorannahmen (Bias als Strukturproblem)

Language Models reproduzieren nicht nur Sprache, sondern auch die in ihr enthaltenen impliziten Wertungen. Begriffe wie „marktüblich", „angemessen" oder „vertretbar" werden aus historischen Textkorpora extrapoliert und dadurch faktisch normiert. *Bender et al.* warnen ausdrücklich davor, dass LMs bestehende Macht-, Wissens- und Bewertungsstrukturen stabilisieren, statt sie kritisch zu re- **65**

51 *Bender/Gebru/McMillan-Major/Shmitchell*, On the Dangers of Stochastic Parrots: Can Language Models Be Too Big?, S. 610.

52 *Bender/Gebru/McMillan-Major/Shmitchell*, On the Dangers of Stochastic Parrots: Can Language Models Be Too Big?, S. 615.

53 *Bender/Gebru/McMillan-Major/Shmitchell*, On the Dangers of Stochastic Parrots: Can Language Models Be Too Big?, S. 615.

flektieren.[54] Für das Recht bedeutet dies ein systemisches Bias-Risiko. Mindermeinungen, innovative Vertragsmodelle oder bewusst risikobehaftete Gestaltungen geraten unter Rechtfertigungsdruck, weil sie vom statistischen Erwartungswert abweichen.

e) Verlust der Negativkompetenz – Die Kunst des Nicht-Wissens

66 Ein zentrales Element juristischer Professionalität ist die Fähigkeit, Unsicherheit kenntlich zu machen. Gute juristische Beratung besteht nicht darin, auf jede Frage eine Antwort zu liefern, sondern darin, die Grenzen des Wissens transparent zu benennen. Language Models sind strukturell auf Antwortgenerierung ausgelegt. *Bender et al.* betonen, dass LMs keine epistemische Bescheidenheit kennen.[55] Sie produzieren stets eine Antwort, auch dort, wo methodisch Zurückhaltung geboten wäre. In juristischen Kontexten führt dies zu einem systemischen Risiko der Überbestimmtheit. Unsicherheit wird nicht kommuniziert, sondern sprachlich überdeckt.

5. Prompting, Verantwortung und Haftung

67 Aus rechtlicher Perspektive verschiebt Prompting die Verantwortungsfrage. Wenn die Qualität der KI-Antwort maßgeblich von der Fragestellung abhängt, liegt die Verantwortung nicht beim System, sondern bei demjenigen, der den Analyse- und Entscheidungsraum definiert.[56] Wenn der Anwalt das System modelliert hat, wird Prompting damit Teil der anwaltlichen Sorgfaltspflicht.[57] Im Ergebnis ist Prompting kein technisches Detail, sondern eine juristische Steuerungstechnik vergleichbar mit der Wahl des Prüfungsmaßstabs, der Materialitätsschwelle oder der Berichtstiefe in einer Due Diligence. Wer KI im Recht einsetzt, muss daher nicht nur Modelle verstehen, sondern Fragelogiken beherrschen.

VIII. Haftung und Verantwortung – das Bedürfnis für neue Disclaimer

68 Die Haftung für Schäden im Zusammenhang mit KI-Systemen beruht nicht auf einem eigenständigen, neu geschaffenen Haftungsregime. Die europäische KI-Regulierung verändert nicht die Grundlagen des Haftungsrechts, sondern legt

---

54 *Bender/Gebru/McMillan-Major/Shmitchell*, On the Dangers of Stochastic Parrots: Can Language Models Be Too Big?, S. 614, 618.

55 *Bender/Gebru/McMillan-Major/Shmitchell*, On the Dangers of Stochastic Parrots: Can Language Models Be Too Big?, S. 618.

56 *Kilian/Denga*, NJW 2024, 2945.

57 *Dr. Thomas Gasteyer*, 2024.

sich als regulatorisches Overlay über bestehende nationale Haftungsregime. Weder die KI-VO noch der Entwurf der KI-Haftungsrichtlinie schaffen neue Haftungstatbestände oder ersetzen die klassische Dogmatik von Rechtsgutsverletzung, Verschulden und Kausalität. Ausgangspunkt bleiben die allgemeinen deliktischen und vertraglichen Anspruchsgrundlagen, insbesondere §§ 823 Abs. 1 und 2, 826, 831 sowie §§ 280 Abs. 1, 311 Abs. 2 BGB. Die europäische Gesetzgebung verfolgt vielmehr das Ziel, durch Dokumentations-, Organisations- und Sorgfaltspflichten die Durchsetzbarkeit dieser Ansprüche zu flankieren. Die eigentliche Herausforderung liegt damit nicht auf der Ebene der Anspruchsentstehung, sondern bei der Zurechnung von Verursachungs- und Verantwortungsbeiträgen in hybriden Mensch-Maschine-Systemen. Diese Zurechnungslogik steht im Zentrum der folgenden Betrachtung.

KI-Systeme in der juristischen Due Diligence und im Kanzleibetrieb sind sozio- **69**
technische Systeme.[58] Ihre Leistung entsteht nicht allein aus Modell und Daten, sondern erst im Zusammenspiel von Technik, rechtlicher Einordnung und organisatorischer Einbettung. Genau daraus folgt das Spannungsdreieck Technik – Recht – Organisation. Technisch können Systeme erstaunlich präzise extrahieren, clustern und priorisieren – rechtlich und organisatorisch bleibt jedoch offen, wer wofür verantwortlich ist und haftet, sobald aus Analyse ein (Fehl-)Entscheid wird. Im Ausgangspunkt lohnt es sich, einen Schritt zurückzutreten und die Funktionsweise moderner KI-Systeme im Anwendungskontext zu betrachten. Anders als klassische Software, die nach festen Wenn-dann-Regeln operiert, arbeiten diese Systeme nicht mit eindeutigen Kausalabläufen. Sie erzeugen Ausgaben auf Basis von Mustern, Gewichtungen und Ähnlichkeiten, die aus großen Datenmengen abgeleitet sind. Das Ergebnis ist kein deterministisches „So ist es", sondern ein Vorschlag, eine Priorisierung oder eine Einschätzung, die innerhalb eines bestimmten Erwartungshorizonts plausibel erscheint.[59] An dieser Stelle verschiebt sich die Frage der Zurechnung. Die KI „handelt" nicht im Sinne einer autonomen Ursache, sondern liefert einen Beitrag in einer Entscheidungskette. Ihre Outputs sind typischerweise vor- oder nachgelagert eingebettet, nämlich als Vorselektion von Dokumenten, als Scoring von Risiken, als Empfehlung für eine vertiefte Prüfung. Ob und wie daraus ein regressfähiger Schaden entsteht, hängt nicht allein von der technischen Funktionsweise des Systems ab, sondern von einer Vielzahl weiterer Faktoren, etwa davon, wie diese Ergebnisse in Prozesse integriert sind, welche menschlichen Entscheidungen daran anknüpfen und welche Annahmen über Vollständigkeit und Qualität des Datenraums zugrunde gelegt werden. Vor diesem Hintergrund lässt sich ein möglicher Schaden selten monokausal auf „die KI" zurückführen. Die eigentliche Wirkung entfaltet sich erst im Zusammenspiel

58 Zum Begriff: *Karafyllis*, in: Mensch-Maschine-Interaktion: Handbuch zu Geschichte – Kultur – Ethik, 2019, 300.

59 *Ashley*, Artificial Intelligence and Legal Analytics, 10 ff.

von Mensch, Daten und Maschinen. So wird beispielsweise ein Risikoscore nicht hinterfragt, eine Empfehlung wird ungeprüft übernommen, ein unvollständiger Datenraum wird stillschweigend als ausreichend behandelt. Der Schaden ist damit nicht das Ergebnis einer einzelnen technischen Fehlleistung, sondern einer strukturellen Kette aus Modellannahmen, Prozessdesign und menschlicher Anschlussentscheidung. Man spricht von einem Black-box-Problem.[60]

70 Diese Struktur ist Juristen keineswegs fremd. Sie entspricht in bemerkenswerter Weise der bekannten Logik der juristischen Due Diligence. Auch in der maschinenlosen Prüfung sind die Ergebnisse nie Aussagen über eine gesicherte Zukunft, sondern Bewertungen unter Vorbehalt. Sie beruhen auf Annahmen über den Sachverhalt, auf der – oft stillschweigenden – Prämisse, dass der Datenraum hinreichend vollständig und zutreffend ist, und auf der Einschätzung, wie stabil eine bestimmte Rechtsposition unter Unsicherheit erscheint. Der Due-Diligence-Bericht „verursacht" in der Regel keinen Schaden, ein guter Bericht macht Unsicherheit sichtbar und kommuniziert sie. Der Schaden entsteht erst dann, wenn diese Unsicherheit missverständlich beschrieben oder die zutreffend beschriebene Unsicherheit ignoriert, fehlinterpretiert oder bewusst in Kauf genommen wird.

71 In beiden Fällen – bei KI-Systemen wie bei der Due Diligence – liegt der Kern also nicht in der Eliminierung von Unsicherheit, sondern in ihrer Strukturierung und Zurechnung. Die Verantwortung verschiebt sich von der Frage „Wer hat falsch entschieden?" hin zu der Frage „Wie wurden Annahmen, Grenzen und Unsicherheiten kenntlich gemacht – und wie wurde mit ihnen umgegangen?". Das ist keine technische, sondern eine organisations- und governancebezogene Fragestellung. Sowohl KI-gestützte Analysen als auch juristische Prüfungen sind also Instrumente zur Entscheidungsunterstützung. Sie liefern keine gültigen Wahrheiten, sondern Entscheidungsgrundlagen. Ihre Ergebnisse sind notwendigerweise annahmebasiert und ihre Qualität bemisst sich nicht daran, ob sie Sicherheit versprechen, sondern daran, ob sie Unsicherheit transparent, nachvollziehbar und verantwortbar kommunizieren.[61]

72 In der analogen Welt ist der Umgang mit genau dieser strukturellen Unsicherheit seit Langem institutionalisiert. Er äußert sich in einer Praxis, die auf den ersten Blick banal oder routiniert wirkt, tatsächlich aber einen präzisen Zweck erfüllt, nämlich der Arbeit mit Annahmen, Disclaimern und Ausschlüssen. Diese Passagen lesen sich oft wie Standardbausteine (boilerplates), sind aber funktional hoch aufgeladen. Klassisches Beispiel ist der Due-Diligence-Bericht selbst. Kaum ein Bericht beginnt oder schließt ohne Hinweise auf den begrenzten Prüfungsumfang, die Abhängigkeit von den zur Verfügung gestellten Unterlagen, die Beschränkung auf bestimmte Rechtsgebiete oder Materiality-Schwellen sowie den Ausschluss

60 *Burchardi*, EuZW 2022, 685, 686; *Thöne*, RDi 2024, 318, 319.
61 *Luhmann*, Soziologische Aufklärung, S. 136.

bestimmter Tatsachen- oder Prognosefragen. Formulierungen wie „nach Maßgabe der uns zur Verfügung gestellten Informationen", „ohne eigenständige Sachverhaltsermittlung", „keine Garantie für Vollständigkeit" oder „keine Aussage über zukünftige Entwicklungen" sind keine bloße Absicherungssprache. Sie markieren vielmehr exakt den Punkt, an dem Analyse in Entscheidungsvorbereitung übergeht.

Ähnlich gelagert ist dies bei Gutachten, Opinions oder auch bei Prospekten und 73
Management-Präsentationen. Auch dort wird Unsicherheit nicht aufgelöst, sondern eingerahmt. Die Vielzahl an Annahmen („assumes that …"), Einschränkungen („subject to …") und Ausschlüssen („no responsibility is assumed for …") dient nicht primär der Haftungsvermeidung, sondern der Klarstellung der epistemischen Reichweite des jeweiligen Instruments. Solche Disclaimer machen transparent, welche Teile der Wirklichkeit geprüft wurden, welche bewusst ausgeklammert blieben und an welchen Stellen Prognose durch Erwartung ersetzt wird. Gerade weil diese Disclaimer standardisiert sind, werden sie häufig unterschätzt. Tatsächlich erfüllen sie eine zentrale Governance-Funktion. Sie verhindern die implizite Umdeutung eines annahmebasierten Befunds in eine Tatsachenbehauptung. Sie erinnern den Adressaten daran, dass das Ergebnis kein Versprechen, sondern ein konditioniertes Urteil ist, gültig nur innerhalb eines klar definierten Rahmens aus Datenlage, Methodik und Zweck.

Überträgt man dieses Phänomen auf KI-gestützte Systeme, wird deutlich, dass 74
die vermeintlich neue Unsicherheit in Wahrheit eine alte ist. Was in der analogen Welt durch Disclaimer, Scope-Definitionen und Ausschlusskataloge kommuniziert wird, fehlt in vielen KI-Anwendungen bislang oder bleibt implizit. Die eigentliche Herausforderung liegt daher weniger in der Technik als in der Übersetzung dieser bewährten Kommunikationsmechanismen in die digitale Sphäre. Auch KI-Outputs müssen – ganz im Sinne der Transparenzgebote gemäß der der KI-VO – als annahmebasierte, kontextgebundene Entscheidungsbeiträge gekennzeichnet werden[62] – nicht als neutrale oder objektive Ergebnisse.

Damit schließt sich der Kreis. Die Disclaimer der analogen Welt sind kein rheto- 75
rischer Ballast, sondern ein präzises Instrument zur Verantwortungszuordnung unter Unsicherheit. Sie machen sichtbar, dass Verantwortung nicht dort endet, wo ein Analysewerkzeug ein Ergebnis liefert, sondern dort beginnt, wo dieses Ergebnis in eine Entscheidung überführt wird. Genau diese Logik muss für KI-Systeme gelten, wenn ihr Einsatz rechtlich und organisatorisch beherrschbar bleiben soll.

62 *Thöne*, RDi 2024, 318, 319.

IX. Mensch-Maschine-Kollaboration – Ein Arbeitsmodell

76 Die Diskussion um Künstliche Intelligenz in der juristischen Due Diligence wird häufig entlang einer falschen Alternative geführt. Entweder als Vision vollautonomer Rechtsprüfung oder als bloßes Effizienzwerkzeug zur Beschleunigung bestehender Routinen. Beides greift zu kurz. Wie die vorangegangenen Ausführungen zeigen, liegt die produktive Perspektive dazwischen, nämlich in einer präzise definierten Arbeitsteilung zwischen Mensch und Maschine, eingebettet in klar abgegrenzte, überprüfbare Systemgrenzen.

77 Juristische Due Diligence ist kein homogener Prozess, sondern eine Abfolge qualitativ unterschiedlicher Tätigkeiten. Ein Teil dieser Tätigkeiten ist hochgradig strukturierbar und damit maschinengeeignet. Andere entziehen sich bewusst einer Automatisierung, weil sie normative, strategische oder wirtschaftliche Abwägungen erfordern. Maschinengeeignet sind insbesondere:

- die Extraktion von Informationen aus großen Dokumentenmengen (z. B. Klauseln, Daten, Fristen),
- die Identifikation wiederkehrender Muster und Abweichungen,
- die Zuordnung von Sachverhalten zu bekannten Standardrisiken,
- die Konsistenzprüfung zwischen Dokumenten, Anlagen und Versionen,
- die Skalierung identischer Prüfungen über große Portfolios hinweg.

78 Hinsichtlich dieser Punkte arbeitet die Maschine nicht juristisch, sondern formal. Sie erkennt Strukturen, Häufigkeiten und Abweichungen – schneller, vollständiger und ermüdungsfrei. Demgegenüber bleiben – jedenfalls einstweilen, siehe Rn. 33 oben – dem Menschen folgende Bereiche überlassen:

- die Einordnung ambiger Befunde,
- die Bewertung atypischer Konstellationen,
- die Gewichtung rechtlicher Risiken im Lichte der wirtschaftlichen Zielsetzung,
- die Entscheidung, ob ein Risiko transaktionsrelevant, verhandelbar oder akzeptabel ist,
- die strategische Ableitung von Maßnahmen (Preis, Garantien, Struktur, Abbruch der Transaktionsabbruch).

79 Diese Entscheidungen sind nicht oder nur begrenzt algorithmisch determiniert, sondern kontextabhängig. Sie setzen Erfahrung, Branchenkenntnis und Verantwortungsbewusstsein voraus und bleiben damit bewusst beim Menschen. Die Stärke KI-gestützter Due Diligence liegt daher nicht in der Verdrängung des Juristen, sondern in seiner Entlastung von repetitiven, skalierbaren Vorarbeiten. Aus dieser Arbeitsteilung ergibt sich ein klar strukturierter Prüfungsworkflow für den Beispielsfall der Due Diligence:

Schritt 1: Vorstrukturierung des Prüfungsraums
Der Scope der Prüfung wird festgelegt: Asset-Typ, Deal-Struktur, Risikoprofil, Materialitätsschwellen. Damit wird definiert, wo die Maschine arbeiten darf – und wo nicht.

Schritt 2: Maschinelle Vorprüfung
Die KI extrahiert relevante Entitäten (Verträge, Genehmigungen, Parteien), identifiziert bekannte Klauseltypen, markiert Abweichungen und erzeugt eine strukturierte Issue-Liste.

Schritt 3: Standardisierte Risikozuordnung
Wiederkehrende, bekannte Risikomuster werden anhand definierter Kriterien klassifiziert (z. B. typische Schriftformrisiken, Indexklauseln, Optionsregelungen).

Schritt 4: Menschliche Verdichtung und Bewertung
Der Jurist prüft die maschinell identifizierten Findings, bewertet Ambiguitäten, verwirft false positives und ordnet die Risiken in den wirtschaftlichen Kontext der Transaktion ein.

Schritt 5: Strategische Entscheidung und Kommunikation
Erst dieser Schritt lässt das eigentliche juristische Produkt entstehen, nämlich die Empfehlung, wie mit einem Risiko umzugehen ist, und zwar rechtlich, wirtschaftlich und verhandlungstaktisch.

Der entscheidende Punkt ist, dass die Maschine selbst keine Entscheidung liefert, **80** sondern eine strukturierte Entscheidungsgrundlage. Die Verantwortung hingegen soll – oder sollte – beim Menschen bleiben. Der Übergang von experimentellen KI-Anwendungen zu belastbaren Prozessen ist weniger eine technologische als eine organisatorische Herausforderung. Erfolgreiche Implementierungen folgen einem klaren Muster. Sie beginnen mit klar abgegrenzten Use-Cases statt mit universellen Lösungen. Sie operieren in gut vorbereiteten Datenräumen, nicht im digitalen Wildwuchs. Sie definieren feste Systemgrenzen, innerhalb derer die KI verlässlich arbeitet. Sie erzeugen reproduzierbare Ergebnisse, die dokumentiert und überprüft werden können. Damit wird KI-gestützte Due Diligence auditierbar. Entscheidungen lassen sich auf Vorstufen zurückführen, Annahmen sind transparent, Abweichungen erklärbar. Genau hierin liegt der Schlüssel zur Akzeptanz, intern wie extern.

Die Analogie zu autonomen Fahrzeugen ist instruktiv. Robotaxis fahren nicht **81** überall, sondern nur dort, wo das Gelände kartiert, die Regeln eindeutig und die Systemgrenzen klar definiert sind. Niemand erwartet, dass sie im alpinen Gelände oder im chaotischen Stadtverkehr ohne Markierungen zuverlässig funktionieren. Dasselbe gilt für juristische KI-Systeme. Sie entfalten ihre Stärke nicht im unstrukturierten Ausnahmefall, sondern im klar definierten Normalfall. Der Fortschritt entsteht nicht durch maximale Autonomie, sondern durch minimale Unsicherheit im Systemdesign. Die Zukunft der Legal Tech liegt daher nicht in der Illusion der vollautonomen Rechtsentscheidung, sondern in hochstrukturierten, sicher ausgeführten Mensch-Maschine-Systemen. Systeme, die wissen, was sie können – und ebenso klar, was sie nicht dürfen.

82 Diese Form der Mensch-Maschine-Kollaboration fällt nicht vom Himmel. Sie ist das Resultat eines tiefgreifenden Transformationsprozesses, der weit über die Einführung neuer Werkzeuge hinausreicht. Kanzleien und Unternehmen müssen lernen, juristische Arbeit neu zu zerlegen, implizites Erfahrungswissen explizit zu machen und Prüfprozesse so zu strukturieren, dass sie zugleich maschinell anschlussfähig und rechtlich verantwortbar sind. Das bedeutet den Abschied von gewachsenen, oft informellen Routinen zugunsten klar definierter Scopes, Rollen und Entscheidungslogiken. Juristische Due Diligence wird dadurch nicht einfacher, aber belastbarer: transparenter in ihren Annahmen, konsistenter in ihren Ergebnissen und anschlussfähiger an unternehmerische Entscheidungen. Der Jurist bleibt Entscheider, die Maschine wird zum leistungsfähigen Kopiloten. Nicht als Ersatz, sondern als Instrument professioneller Verantwortung. Die eigentliche Innovation liegt damit nicht in der Automatisierung des Rechts, sondern in der Disziplinierung der Komplexität.

Kapitel 11

Digitalisierung des Finanzsektors – neue Herausforderungen für Banken und Finanzdienstleister

I. Einleitung

Die Digitalisierung des Finanzsektors schreitet weiter voran. Neue europäische Verordnungen wie FiDA, ESAP und eIDAS 2.0 sowie die geplante Einführung eines digitalen Euro bringen erhebliche Veränderungen mit sich und stellen Banken und Finanzdienstleister vor besondere Herausforderungen. Digitale Innovationen werden bestehende Systeme ergänzen oder gar ablösen. Mit den neuen Regelungen reagiert der Gesetzgeber auf dem digitalen Wandel und möchte das Finanzsystem fit für das digitale Zeitalter machen. 1

Einige Beispiele sollen hier überblickartig erläutert werden: Mit der FiDA-Verordnung soll ein Rechtsrahmen für Open Finance über den Zahlungsverkehr hinaus geschaffen werden; mit der ESAP-Verordnung entsteht eine zentrale Datenbank für Finanz- und Nachhaltigkeitsinformationen; die eIDAS-Verordnung 2.0 dient als Grundlage für die Europäische Digitale Identitäts-Wallet; mit dem digitalen Euro soll digitales Zentralbankgeld in der Eurozone geschaffen werden. 2

II. FiDA-Verordnung: Datenaustausch für Finanzdaten der Kunden

Mit der Financial Data Access Verordnung (FiDA-Verordnung)[1] wird ein Rechtsrahmen für Open Finance geschaffen. Der Begriff Open Finance beschreibt den Austausch von Daten der Finanzindustrie über den reinen Zahlungsverkehr im Anwendungsbereich der Payment Services Directive 2 (PSD 2)[2] hinaus, wie beispielsweise Daten zu Darlehen, Depots oder Versicherungen. Dadurch soll ein einheitlicher Rechtsrahmen für den Datenaustausch zwischen Kunden, Finanzinstituten und Finanzinformationsdienstleistern geschaffen werden. 3

---

1 Vorschlag der EU Kommission vom 28.6.2023 für eine Verordnung über einen Rahmen für den Zugang zu Finanzdaten und zur Änderung der Verordnungen (EU) Nr. 1093/2010, (EU) Nr. 1094/2010, (EU) Nr. 1095/2010 und (EU) 2022/2554 – 2023/0205 (COM).

2 Richtlinie (EU) 2015/2366 des Europäischen Parlaments und des Rates vom 25. November 2015 über Zahlungsdienste im Binnenmarkt, zur Änderung der Richtlinien 2002/65/EG, 2009/110/EG und 2013/36/EU und der Verordnung (EU) Nr. 1093/2010 sowie zur Aufhebung der Richtlinie 2007/64/EG.

4 Ziel ist es, auf Basis von Finanzdaten mehr Innovationen und Wettbewerb zum Vorteil der Kundinnen und Kunden zu ermöglichen. Im Mittelpunkt steht das Prinzip der Datenkontrolle, wonach Kunden selbst bestimmen sollen, wer auf ihre Finanzdaten zugreift. Finanzinstitute müssen ein Dashboard bereitstellen, über das Kunden Zugriffe auf ihre Finanzdaten steuern und Daten in Echtzeit abrufen können. Datennutzer erhalten die Finanzdaten erst nach Freigabe durch den Kunden, d.h. Kundinnen und Kunden müssen den Datennutzern zuvor ihre Zustimmung erteilen.

5 Finanzinstitute müssen sich für die Teilnahme am Datenaustausch sogenannten Financial Data Sharing Schemes (FDSS) anschließen. Dabei sollen einheitliche Regeln und technische Standards gelten, unter anderem die Standardisierung von Daten und Zugangsschnittstellen. Der Austausch der Daten kann dabei über die FDSS erfolgen, die von Dateninhaber und -nutzer gemeinsam mit Beteiligung von Verbraucherschutz-Organisationen ausgestaltet sind. Auch ein direkter Datenaustausch – Peer-to-Peer – ist möglich.

6 Der Geltungsbereich der Verordnung ist weit gefasst und soll unter anderem Kredit-, Zahlungs-, E-Geld- und Wertpapierinstitute sowie Krypto-Dienstleister umfassen. Unternehmen, die Finanzdaten im Rahmen von FiDA abrufen oder verarbeiten möchten, benötigen eine behördliche Zulassung als Finanzinformationsdienstleister (Financial Information Service Provider – FISP). Dieser neue Erlaubnistatbestand für den Datenzugriff durch Dritte wird mit der FiDA-Verordnung eingeführt. Ein Finanzinformationsdienstleister muss bestimmte Bedingungen erfüllen, um von der zuständigen Behörde für den Zugriff auf Kundendaten im Rahmen der FiDA-Regulierung zugelassen zu werden. Hierzu müssen im Rahmen der Antragstellung umfangreiche Angaben, u.a. zum Geschäftsmodell, Business Plan, Organisationsstruktur, IT-Sicherheit und Kontrollmechanismen gemacht und weitere Anforderungen erfüllt werden. Für FISP gelten zudem grundsätzlich die Vorgaben der Verordnung (EU) 2022/2554 (DORA)[3] (siehe hierzu auch Kap. 10).

7 Der Zugang zu Zahlungskontodaten bleibt weiter über die zahlungsdiensterechtlichen Vorgaben geregelt und ist von dem Zugang nach der FIDA-Verordnung abzugrenzen. Die FiDA-Verordnung sieht zudem kein Zugangsrecht für Daten zur gesetzlichen Altersvorsorge, zur Kreditwürdigkeitsprüfung von Verbrauchern sowie zu Kranken- und Lebensversicherungen vor. Der Anwendungsbereich der FiDA-Verordnung in diesen speziellen Bereichen ist somit beschränkt.

3 Verordnung (EU) 2022/2554 des Europäischen Parlaments und des Rates vom 14. Dezember 2022 über die digitale operationale Resilienz im Finanzsektor und zur Änderung der Verordnungen (EG) Nr. 1060/2009, (EU) Nr. 648/2012, (EU) Nr. 600/2014, (EU) Nr. 909/2014 und (EU) 2016/101.

Die FiDA-Verordnung soll 2026 in Kraft treten. Die seit Mitte 2025 laufenden Trilog-Verhandlungen von Rat, Europäischem Parlament und der EU-Kommission müssen allerdings noch abgeschlossen werden, unter anderem in Hinblick auf die Umsetzungszeiträume, bis zu denen die FDSS und der Datenzugriff nach Inkrafttreten der FiDA-Verordnung eingerichtet werden müssen. **8**

Trotz der noch bestehenden Unsicherheit in der Umsetzung sollte sich die betroffenen Unternehmen frühzeitig mit der Frage beschäftigen, wie sich die FiDA-Verordnung auf ihr derzeitiges Geschäftsmodell auswirkt (Dateninhaber) und welche neuen Geschäftsmodelle und Produkte durch FiDA ermöglicht werden (Datennutzer). Zudem sollte geprüft werden, welche Daten der derzeitigen Geschäftsprozesse des Unternehmens von der FiDA-Verordnung erfasst werden und inwiefern die aktuelle Dateninfrastruktur mit den Anforderungen der FiDA-Verordnung kompatibel ist. Daraus lässt sich möglicher Handlungsbedarf ableiten, um eine sichere und effiziente Echtzeitdatenbereitstellung (Dateninhaber) bzw. Verarbeitung der Daten (Datennutzer) zu gewährleisten. Im positiven Sinne bietet die FiDA-Verordnung den betroffenen Instituten Chancen bei der möglichen Monetarisierung von Daten. Neue, attraktivere Finanzprodukte und -dienstleistungen können angeboten und Innovationspotenziale erschlossen werden. **9**

III. ESAP-Verordnung: zentrale Datenbank für Finanz- und Nachhaltigkeitsinformationen

Mit dem European Single Access Point (ESAP) soll eine zentrale europäische Datenbank für öffentliche Finanz- und Nachhaltigkeitsinformationen geschaffen werden. Ziel ist es, den Zugang von Investoren zu Unternehmensdaten zu erleichtern, Kapitalmärkte besser zu integrieren und die Transparenz im Markt zu erhöhen. Bisher war die Offenlegung von Unternehmensinformationen, die sich aus einem breiten Spektrum unterschiedlicher Rechtsvorschriften ergeben, stark fragmentiert und erfolgte in uneinheitlichen Formaten. Dieses Ungleichgewicht erschwerte die Vergleichbarkeit und Analyse der Daten. Mit dem ESAP-Portal sollen relevante Unternehmensdaten vereinheitlicht und dadurch die Entscheidungsfindung für Kapitalgeber und Investoren, einschließlich Kleinanleger (Retail Investors), wesentlich erleichtert werden. **10**

Grundlage ist die Verordnung (EU) 2023/2859 (ESAP-Verordnung).[4] Diese ist am 9.1.2024 in Kraft getreten. Im Juli 2025 wurden zwei Durchführungsverordnungen der EU-Kommission zur Festlegung technischer Durchführungsstandards für **11**

4 Verordnung (EU) 2023/2869 des Europäischen Parlaments und des Rates vom 13. Dezember 2023 zur Änderung bestimmter Verordnungen in Bezug auf die Einrichtung und die Funktionsweise des zentralen europäischen Zugangsportals.

Funktionen des zentralen europäischen Zugangsportals[5] bzw. für bestimmte Aufgaben der Sammelstellen[6] im Kontext der Einrichtung eines ESAP veröffentlicht.

12 Gemäß ESAP-Verordnung ist die Europäische Wertpapier- und Marktaufsichtsbehörde (ESMA) angewiesen, bis zum 10.7.2027 das ESAP-Portal einrichten. Dieses soll einen zentralisierten elektronischen Zugang zu diversen Informationen von Unternehmen und anderen Emittenten bieten. Die über das ESAP-Portal zugänglich zu machenden Informationen sollen schrittweise, d.h. in drei Phasen, über einen Zeitraum von vier Jahren aufgenommen werden. Dabei sollen Nachhaltigkeitsinformationen frühzeitig zugänglich gemacht werden, um die Ziele des Europäischen Grünen Deals zu unterstützen.

13 Mit der ESAP-Verordnung werden keine neuen Informationspflichten für die Marktteilnehmer eingeführt, jedoch werden einheitliche Anforderungen an die Form der Bereitstellung sowie die Angabe bestimmter Metadaten vorgesehen. Die ESAP-Verordnung unterscheidet dabei zwischen verpflichtend und freiwillig zu meldenden Informationen und stellt strenge technische Anforderungen an das Format der Datenübermittlung.

14 Die über den ESAP öffentlich zugänglich zu machenden Informationen werden von nationalen Sammelstellen erhoben und an den ESAP übermittelt. Zu ihren Aufgaben gehören neben dem Sammeln auch das Speichern und Überprüfen der von Unternehmen und Institutionen übermittelten Informationen. Die nationalen Sammelstellen bilden somit die entscheidende Schnittstelle zwischen den meldepflichtigen Unternehmen und dem zentralen ESAP-Portal. In Deutschland soll das Unternehmensregister die Aufgabe als nationale Sammelstelle übernehmen. Die entsprechenden Neuregelungen in § 9d HGB treten im Juli 2026 in Kraft. Das Unternehmensregister leitet die Informationen dann an das ESAP-Portal weiter. Hierzu wird ein neuer § 24b WpHG eingefügt. Die ESAP-Implementierung erfordert zudem weiteren Änderungen in den zentralen deutschen Offenlegungsgesetzen HGB und WpHG.

15 Die Etablierung des ESAP markiert einen fundamentalen Wandel in der europäischen Offenlegungspflicht, der von einer fragmentierten, formaljuristischen Erfüllung hin zu einer zentralisierten, technologisch gesteuerten Berichterstattung übergeht. Der straffe, dreistufige Zeitplan bringt erhebliche Herausforderungen

---

5 Durchführungsverordnung (EU) 2025/1338 vom 10. Juli 2025 zur Festlegung technischer Durchführungsstandards für die Anwendung der Verordnung (EU) 2023/2859 des Europäischen Parlaments und des Rates im Hinblick auf die Funktionen des zentralen europäischen Zugangsportals.

6 Durchführungsverordnung (EU) 2025/1339 vom 10. Juli 2025 zur Festlegung technischer Durchführungsstandards für die Anwendung der Verordnung (EU) 2023/2859 des Europäischen Parlaments und des Rates im Hinblick auf bestimmte Aufgaben der Sammelstellen.

mit sich. Unternehmen müssen ihre Offenlegungsprozesse umfassend auf das maschinenlesbare Format umstellen. Dies betrifft nicht nur die klassischen Finanzberichte, sondern ab 2028 explizit auch die Nachhaltigkeitsberichterstattung gemäß der Corporate Sustainability Reporting Directive (CSRD)[7] und den European Sustainability Reporting Standards (ESRS). Marktteilnehmer sollten sich vor diesem Hintergrund frühzeitig mit der ESAP-Verordnung und den damit verbunden Anforderungen auseinandersetzen.

IV. eIDAS-Verordnung 2.0: Die Europäische Digitale Identitäts-Wallet kommt

Mit der Verordnung (EU) 2024/1183 (eIDAS-Verordnung)[8] wird die Verordnung (EU) Nr. 910/2014 im Hinblick auf die Schaffung des europäischen Rahmens für eine digitale Identität geändert. Ziel ist die Schaffung eines Ökosystems digitaler Identitäten, das sichere digitale Geschäftsprozesse als Grundlage für qualifiziertes und digital getriebenes Wachstum ermöglicht und gleichzeitig sichere Lösungen zur Verfügung stellt, die datenschutz- und nutzerfreundlich sind.[9] 16

Dazu sieht die eIDAS-Verordnung u. a. vor, dass alle EU-Mitgliedstaaten ihren Bürgerinnen und Bürgern eine elektronische Brieftasche für die digitale Identität (EUDI-Wallets) zur Verfügung stellen, mit der die Bürgerinnen und Bürger ihre Identität überall in Europa digital und sicher nachweisen können, bspw. gegenüber Banken und Zahlungsdienstleistern. Die EUDI-Wallet ist eine persönliche Smartphone-App, die Bürgerinnen und Bürger sowie Organisationen bei ihren Aktivitäten in der digitalen Welt unterstützt und die Sicherheit bei der Nutzung von Online-Diensten erhöht. EUDI-Wallets sollen den Verwaltungsaufwand verringern, die grenzüberschreitende Mobilität von Bürgerinnen und Bürger sowie Unternehmen in der gesamten EU fördern und die Entwicklung interoperabler elektronischer Behördendienste vorantreiben.[10] In Deutschland sollen die EUDI- 17

---

7 Richtlinie (EU) 2022/2464 des Europäischen Parlaments und des Rates vom 14. Dezember 2022 zur Änderung der Verordnung (EU) Nr. 537/2014 und der Richtlinien 2004/109/EG, 2006/43/EG und 2013/34/EU hinsichtlich der Nachhaltigkeitsberichterstattung von Unternehmen.

8 Verordnung (EU) 2024/1183 des Europäischen Parlaments und des Rates vom 11. April 2024 zur Änderung der Verordnung (EU) Nr. 910/2014 im Hinblick auf die Schaffung des europäischen Rahmens für eine digitale Identität.

9 Bundesministerium für Verkehr, eIDAS-Verordnung und Vertrauensdienste, 13.3.2025, https://www.bmv.de/DE/Themen/Digitales/Digitale-Dienste-Plattformen-Sicherheit/eIDAS-Verordnung-und-Vertrauensdienste/eidas-verordnung-und-vertrauensdienste.html (zuletzt abgerufen am 26.1.2026).

10 ErwG 11 eIDAS-Verordnung.

Wallets sowohl von staatlicher Stelle als auch durch private Anbieter bereitgestellt werden.

18 Für Finanzmarktteilnehmer von besonderer Relevanz – die eIDAS-Verordnung macht die Akzeptanz aller zertifizierten EUDI-Wallets für Banken verpflichtend. Private Anbieter sollen darüber hinaus die Möglichkeit haben, die EUDI-Wallets um zusätzliche Services zu erweitern, um ihren Kunden einen Mehrwert zu bieten oder bereits bestehende Angebote zu ergänzen. Banken sollten sich somit frühzeitig mit den Anforderungen und Auswirkungen vertraut machen.

19 Durch die Einführung der EUDI-Wallets können sich neue Use Cases für Banken ergeben, beispielsweise hinsichtlich der Identifizierung neuer (Retail-)Kunden im Onboarding-Prozess, der Authentifizierung von Kunden und deren Accounts oder der Einholung der Zustimmung des Kunden, u. a. bei der Autorisierung von Zahlungsvorgängen. Dadurch lassen sich – bei entsprechender Umsetzung – Kosten und Betrugsrisiken reduzieren sowie die Nutzerfreundlichkeit erhöhen. Zudem können Anwendungen und Prozesse, insbesondere im KYC-Bereich und der starken Kundenauthentifizierung (SCA), vereinfacht werden. Mit Einführung der EUDI-Wallets werden sich bestehende Prozesse in den Banken erheblich verändern.

20 Die neuen Vorgaben gelten ab Anfang 2027. Bis dahin müssen die EUDI-Wallets für die Bürgerinnen und Bürger europaweit verfügbar sein. Spätestens Ende 2027 müssen Banken und Zahlungsdienstleiter die Identitätsnachweise der Kunden über die Digitalen Identitäts-Wallets akzeptieren. Andernfalls drohen nicht unerhebliche Geldbußen.

V. Digitaler Euro

21 Zugleich arbeiten die Europäischen Zentralbank (EZB) und die nationalen Zentralbanken des Euroraums (zusammen das Eurosystem) weiter an der Einführung eines digitalen Euro. Der digitale Euro soll das klassische Bargeld ergänzen – als digitales Zentralbankgeld, ausgegeben von der EZB.

22 Mit dem digitalen Euro soll eine sichere, einfache und effiziente Zahlungsmöglichkeit neben Bargeld und bestehenden elektronischen Zahlungsmitteln geschaffen werden. Der digitale Euro wäre eine einheitliche Zahlungslösung für den gesamten Euroraum und würde Europa zugleich unabhängiger von nichteuropäischen privaten Zahlungsdienstleistern machen. Voraussetzung für die Nutzung des digitalen Euro wäre die Einrichtung einer elektronischen Geldbörse (Wallet), auf die – über ein verknüpftes Referenzkonto oder durch Einzahlung von Bargeld – ein entsprechendes Guthaben geladen wird. Die geplante Offline-Funktion des digitalen Euro schafft zusätzliche Resilienz, indem der digitale Euro in Notfällen auch ohne Internet benutzt werden kann.

Zugleich wird der digitale Euro nicht nur als Innovation verstanden, mit der der Zahlungsverkehr in der Eurozone modernisiert werden kann, sondern auch als mögliche Antwort auf teilweise erhebliche Kosten im Zahlungsverkehr.[11] Die Idee eines digitalen Euro stößt allerdings auch auf Skepsis in Wissenschaft und Praxis, da aufgrund vorhandener und funktionierender Bezahlsysteme keine offensichtliche Notwendigkeit für die Einführung eines digitalen Euro bestehe.[12] **23**

Das Projekt „Digitaler Euro" startete im Oktober 2021 im Eurosystem mit einer zweijährigen Untersuchungsphase. Auf Grundlage des daraus resultierenden ersten Konzepts für die Ausgestaltung eines digitalen Euro legte die EU-Kommission am 28.6.2023 ein ersten Gesetzespaket vor.[13] Mitte Oktober 2023 beschloss der EZB-Rat in die sogenannte Vorbereitungsphase überzugehen. Mit Abschluss dieser zweijährigen Phase ist das Eurosystem im November 2025 in die nächste Projektphase übergegangen. In dieser Phase soll die mögliche Infrastruktur getestet werden und Anforderungen beispielsweise in Bezug auf Nutzungserlebnis, Datenschutz, finanzielle Inklusion und ökologischen Fußabdruck weiter ausgearbeitet werden.[14] **24**

Neben den technischen Vorarbeiten und der Zusammenarbeit mit Marktteilnehmern bei der Untersuchung des Innovationspotenzials des digitalen Euro entwickelt die EU momentan einen Rechtsrahmen für den digitalen Euro, der auf dem initialen Legislativvorschlag der EU-Kommission aus dem Jahr 2023 basiert. Unter Mitwirkung der sogenannten Rulebook Development Group (RDG) wird ein Entwurf des Regelwerks (Digital Euro Scheme Rulebook) ausgearbeitet, das einheitliche Regeln, Standards und Verfahren festlegt, damit der digitale Euro überall im Euroraum gleich funktioniert.[15] Dieser Entwurf muss zunächst noch im Rat der Europäischen Union und dem Europäischen Parlament verhandelt werden. **25**

---

11 *Balz*, FAZ v. 5.1.2026, Das bringt der digitale Euro der Wirtschaft, https://www.faz.net/pro/weltwirtschaft/finanzwelt/bundesbank-was-der-digitale-euro-der-wirtschaft-bringen-wuerde-accg-200413754.html (zuletzt abgerufen am 26.1.2026).

12 *Brühl*, The digital euro – implications for the European banking sector, CFS Working Paper Series, No. 729.

13 Vorschlag für eine Verordnung des Europäischen Parlaments und des Rates zur Einführung des digitalen Euro (2023/0212 (COD)).

14 Deutsche Bundesbank, Stand der Dinge Digitaler Euro, https://www.bundesbank.de/de/aufgaben/unbarer-zahlungsverkehr/digitaler-euro/stand-der-dinge/stand-der-dinge-903502#par-i4ua53 (zuletzt abgerufen am 26.1.2026); Deutsche Bundesbank, Fortschrittsbericht zur Vorbereitungsphase für den digitalen Euro, 30.10.2025, https://www.bundesbank.de/resource/blob/969996/7ec6355c12e00a9ec1f6d0cf48d3da8d/472B63F073F071307366337C94F8C870/digitaler-euro-fortschrittsbericht-vorbereitungsphase-data.pdf (zuletzt abgerufen am 26.1.2026).

15 EZB, Preparation phase of a digital euro – Closing report, Ziffer 2, https://www.ecb.europa.eu/euro/digital_euro/progress/html/ecb.deprp202510.en.html#toc3 (zuletzt abgerufen am 26.1.2026).

Der Ausschuss für Wirtschaft und Währung (ECON) des EU-Parlaments hat sich zum Ziel gesetzt, bis zum zweiten Quartal 2026 eine eigene Position zu erarbeiten. Daran schließen sich weitere Verhandlungen im Trilogverfahren an. Erst nach einer rechtlichen Verankerung durch den EU-Gesetzgeber kann die EZB entscheiden, einen digitalen Euro auszugeben.

26 Als nächsten wichtigen Schritt plant die EZB ein Pilotprojekt „Digitaler Euro". Mit dem Pilotprojekt geht das Eurosystem von der Vorbereitungsphase des digitalen Euro zur möglichen Ausgabe über. Dies signalisiert zugleich den Übergang vom konzeptionellen Entwurf zur praktischen technischen und operativen Validierung. Zugleich tritt der digitale Euro in eine Phase der technischen Vorbereitung ein, mit dem Ziel, die Infrastrukturentwicklung voranzutreiben, das Engagement des Marktes zu vertiefen und den laufenden Gesetzgebungsprozess zu unterstützen.

27 Im Mittelpunkt dieser Phase steht ein zwölfmonatiges Pilotprojekt, das voraussichtlich in der zweiten Hälfte des Jahres 2027 beginnen wird und reale Transaktionen in einer kontrollierten Umgebung des Eurosystems mit einer begrenzten Anzahl ausgewählter Zahlungsdienstleister, Händler und Endnutzer umfasst. Ziel des Pilotprojektes ist es, Erkenntnisse zu operativen, technischen und nutzerbezogenen Aspekten zu gewinnen und die Grundlage für eine mögliche erste Ausgabe des digitalen Euro bis 2029 zu schaffen.

28 Im Rahmen des Pilotprojekts werden vier zentrale Anwendungsfälle für den Zahlungsverkehr im Einzelhandel getestet, darunter Online-, Offline-, Peer-to-Peer-(P2P) und Person-to-Business-(P2B)Szenarien, wobei die technischen, operativen und abrechnungstechnischen Prozesse durchgängig validiert werden. Das Pilotprojekt wird ohne eine endgültige Regelung für den digitalen Euro durchgeführt und stützt sich stattdessen auf den bestehenden PSD2-Rahmen. Daher wird das im Pilotprojekt verwendete Instrument kein gesetzliches Zahlungsmittel in Form eines digitalen Euro darstellen, sondern ein von den Zentralbanken des Euro-Währungsgebiets ausgegebenes digitales Zahlungsmittel, das technisch und funktional dem geplanten digitalen Euro nahekommen soll.[16]

29 Anbieter von Zahlungsdienstleistungen, insbesondere Banken, sollen bei der Bereitstellung des digitalen Euro eine zentrale Funktion übernehmen. Sie wären die wichtigste Anlaufstelle für Privatpersonen, den Handel und Unternehmen und würden sämtliche Services rund um den digitalen Euro erbringen, z. B. gebührenfreie Basisdienste, aber auch Mehrwertdienste (zum Beispiel bedingte Zahlungen oder Treueprogramme). Dadurch könnte der digitale Euro Zahlungsdienstleistern

16 EZB, Focus Session – The digital euro pilot, 15.1.2026, https://www.ecb.europa.eu/press/intro/events/shared/pdf/fs26/2026-01-15-Digital-euro-pilot-Focus%20session.en.pdf (zuletzt abgerufen am 26.1.2026).

zusätzliche Geschäftsmöglichkeiten eröffnen. Und dies nicht nur im Inland, sondern im gesamten Euroraum.

Die Zahlungsdienstleister spielen auch bei der Durchführung des geplanten Pilotprojekts eine wichtige Rolle, indem sie Endnutzer anbinden, Konten verwalten und Transaktionen ermöglichen. Sie sollen aktiv mit dem Eurosystem zusammenarbeiten, Überwachungsaktivitäten unterstützen und Feedback der Endnutzer sammeln. Interessierte Zahlungsdienstleister sind aufgerufen, sich für das Pilotprojekt zu bewerben. Der entsprechende „Call for expression of interest" wird voraussichtlich im März 2026 von der EZB veröffentlicht. **30**

Die EZB möchte bis 2029 technisch für die Ausgabe des digitalen Euro bereit sein, sofern die entsprechende Verordnung im Laufe des Jahres 2026 auf EU-Ebene verabschiedet wird. Nehmen die EU-Mitgesetzgeber die Verordnung zur Einführung des digitalen Euro an, könnten das Pilotprojekt und erste Transaktionen ab Mitte 2027 stattfinden. Das gesamte Eurosystem sollte dann im Jahr 2029 bereit für eine potenzielle erste Ausgabe des digitalen Euro sein. Marktteilnehmer sollten sich frühzeitig auf diese Entwicklung einstellen. **31**

Kapitel 12

Monetarisierung von leistungsgestörten Kreditforderungen in einer Landesbank

I. Einleitung und strategische Einordnung

Die Monetarisierung leistungsgestörter Kreditforderungen (Non-Performing Loans, NPL bzw. Non-Performing Exposures, NPE) hat sich in (Landes-)Banken in den vergangenen Jahren angesichts konjunktureller Unsicherheiten, gestiegener Zinsen und verschärfter regulatorischer Erwartungen von einer überwiegend reaktiven Abwicklungsaufgabe zu einem strategischen Steuerungsinstrument entwickelt. 1

Während notleidende Engagements historisch primär als notwendiges Übel betrachtet wurden, das es galt möglichst geräuschlos abzubauen, stehen sie heute verschärft im Zentrum bilanz-, kapital- und Governance bezogener Entscheidungen. Erhöhte regulatorische Anforderungen und Gesetze (wie beispielsweise das Kreditzweitmarktgesetz), erhöhte Transparenzpflichten sowie ein verändertes gesamtwirtschaftliches Umfeld haben dazu geführt, dass der Umgang mit NPL nicht mehr isoliert innerhalb von Problemkredit-/Sanierungs-/Workout-Einheiten erfolgen kann, sondern integraler Bestandteil der Gesamtbanksteuerung ist. 2

Für Landesbanken ist diese Entwicklung von besonderer Bedeutung. Als Institute mit öffentlichem Auftrag, komplexen Eigentümerstrukturen und häufig regionalökonomischer Verantwortung bewegen sie sich bei der Monetarisierung notleidender Forderungen in einem Spannungsfeld aus ökonomischer Effizienz, finanzieller Resilienz, politischer Sensibilität und reputativen Risiken. Ziel einer zeitgemäßen Monetarisierungs-Strategie ist es daher nicht allein, problematische Bestände bilanziell zu reduzieren, sondern dies in einer Weise zu tun, die kapital- und ergebniswirksam ist, regulatorischen Erwartungen genügt und zugleich dem öffentlichen Selbstverständnis der Institute Rechnung trägt. 3

II. Begriffsabgrenzung und regulatorischer Rahmen

Leistungsgestörte Forderungen sind aufsichtlich und bilanziell klar definiert, jedoch nicht vollständig deckungsgleich. Aufsichtliche NPE-Kategorien nach CRR und FINREP orientieren sich primär am Default-Begriff, insbesondere an einem Zahlungsverzug von mehr als 90 Tagen oder der Einschätzung einer Unwahrscheinlichkeit der vollständigen Rückzahlung („Unlikeliness to Pay"). Demgegenüber differenziert IFRS 9 zwischen verschiedenen Stufen der Kreditrisikovor- 4 sorge, wobei insbesondere Stage-3-Exposures regelmäßig mit notleidenden Forderungen assoziiert werden. Diese Abgrenzung ist für die Monetarisierung von zentraler Bedeutung, da sie unmittelbare Auswirkungen auf Risikovorsorge, Ergebnisrechnung, RWA und Offenlegungspflichten hat.

5 Eine besondere Rolle nehmen Forbearance-Maßnahmen ein, die als Reaktion auf finanzielle Schwierigkeiten von Kreditnehmern eingesetzt werden. Sie reichen von Stundungen und Laufzeitverlängerungen bis hin zu Zinsanpassungen oder Covenant-Erleichterungen. Forbearance kann ein wirksames Instrument zur Stabilisierung grundsätzlich tragfähiger Engagements sein, birgt jedoch das Risiko, strukturelle Probleme zu kaschieren und Entscheidungen aufzuschieben. Für die Monetarisierung ist daher entscheidend, Forbearance nicht als Endzustand zu begreifen, sondern als Teil einer klaren Entscheidungslogik, die zwischen nachhaltiger Heilung, weiterem Workout und externem Exit unterscheidet.

6 Ergänzend zu den aufsichts- und bilanzrechtlichen Vorgaben hat der nationale Gesetzgeber 2023 mit dem Kreditzweitmarktgesetz (KrZwMG) einen spezifischen Ordnungsrahmen für den Handel von Kreditforderungen geschaffen. Ziel des Gesetzes ist es, Transparenz, Funktionsfähigkeit und Integrität des Kreditforderungsmarktes zu stärken sowie zugleich den Schutz der Schuldner sicherzustellen. Das KrZwMG adressiert damit nicht die Bewertung oder Klassifizierung leistungsgestörter Engagements, sondern die institutionellen und prozessualen Voraussetzungen ihrer Übertragung und weiteren Bewirtschaftung.

7 Kernbestandteile des KrZwMG sind insbesondere Anzeige- und Erlaubnispflichten für Kreditkäufer sowie regulatorische Anforderungen an das Servicing von Kreditforderungen. Durch die Einführung eines beaufsichtigten Rahmens für Kreditservicer wird sichergestellt, dass die laufende Verwaltung und Durchsetzung von Forderungen auch nach einem Verkauf Mindeststandards hinsichtlich Professionalität, Transparenz und Schuldnerschutz erfüllt. Für monetarisierende Institute bedeutet dies, dass der regulatorische Status potenzieller Käufer und deren Servicing-Strukturen bereits in der Transaktionsvorbereitung zu berücksichtigen sind.

8 Für die Monetarisierung leistungsgestörter Kreditforderungen entfaltet das KrZwMG damit eine doppelte Wirkung. Zum einen beeinflusst es die Struktur und Zusammensetzung des Investorenuniversums, indem es Markteintrittsbarrieren definiert und regulatorische Compliance-Kosten internalisiert. Zum anderen wirkt es indirekt auf Transaktionsprozesse und Preisbildung, da zusätzliche regulatorische Anforderungen regelmäßig in den Renditeerwartungen externer Investoren reflektiert werden. Das KrZwMG ist somit als integraler Bestandteil des regulatorischen Rahmens zu verstehen, innerhalb dessen Monetarisierungs-Strategien konzipiert und umgesetzt werden müssen.

III. Leitbild der Monetarisierung und strategische Zielsetzung

Das Leitbild der Monetarisierung bildet den normativen und konzeptionellen Referenzrahmen für sämtliche Entscheidungen im Umgang mit leistungsgestörten Forderungen. Es beantwortet nicht nur die Frage, *ob* monetarisiert werden soll, sondern vor allem *wie* und *unter welchen Prämissen*. Damit fungiert es als verbindliche Klammer zwischen strategischer Gesamtbanksteuerung, operativem Kreditmanagement und gesellschaftlicher Verantwortung. Ohne ein klar formuliertes Leitbild besteht die Gefahr inkonsistenter Einzelentscheidungen, die zwar isoliert rational erscheinen mögen, in ihrer Gesamtheit jedoch zu Zielkonflikten, Reputationsschäden oder suboptimaler Kapitalallokation führen. **9**

Für Landesbanken ist das Leitbild in besonderem Maße von Bedeutung, da sie typischerweise mehreren Anspruchsgruppen verpflichtet sind. Neben ökonomischen Zielgrößen wie Bilanzentlastung, Kapitalfreisetzung und Ergebnissicherung sind politische, regionale und soziale Aspekte zu berücksichtigen. Eine strikt preismaximierende Monetarisierungs-Strategie kann zwar kurzfristig bilanziell vorteilhaft sein, langfristig jedoch Vertrauen bei Eigentümern, Kommunen oder Öffentlichkeit untergraben. Umgekehrt kann ein übermäßiges Festhalten an notleidenden Engagements aus politischen Erwägungen erhebliche Opportunitätskosten verursachen und die Risikotragfähigkeit der Institute beeinträchtigen. **10**

Ein tragfähiges Leitbild definiert daher explizit, welche Zielgrößen im Zweifel Vorrang genießen und wie Zielkonflikte aufzulösen sind. In der Praxis geschieht dies häufig durch die Festlegung strategischer Leitplanken, etwa in Form maximaler Haltedauern für Stage-3-Exposures, Mindestanforderungen an risikoadjustierte Renditen oder klarer Ausschlusskriterien für bestimmte Schuldner- oder Assetklassen. Solche Leitplanken schaffen Verbindlichkeit und reduzieren den Entscheidungsspielraum auf operativer Ebene, ohne notwendige Flexibilität vollständig zu eliminieren. **11**

Darüber hinaus erfüllt das Leitbild eine wichtige Governance-Funktion. Es dient als Referenzrahmen für interne Gremienentscheidungen, erleichtert die Kommunikation mit Aufsicht und Abschlussprüfern und erhöht die Nachvollziehbarkeit gegenüber Eigentümern. Monetarisierungsentscheidungen werden dadurch von situativen Einzelabwägungen zu einem strukturierten, prüfungsfesten Prozess weiterentwickelt. Gerade in öffentlichen Instituten ist diese Transparenz ein wesentlicher Faktor zur Absicherung der strategischen Legitimation. **12**

IV. Entscheidungslogik: Make, Work or Sell und Zeitwertbetrachtung

13 Auf Basis des Leitbilds kann die Monetarisierungs-Strategie in eine operative Entscheidungslogik überführt werden, die häufig unter dem Dreiklang „Make, Work or Sell“ zusammengefasst wird. Ziel dieser Logik ist es, für jedes leistungsgestörte Engagement systematisch zu bestimmen, ob ein Halten bis zur Endfälligkeit, ein aktives Workout oder ein externer Exit den höchsten ökonomischen und strategischen Nutzen stiftet. Dabei handelt es sich nicht um eine einmalige Entscheidung, sondern um einen iterativen Prozess, der regelmäßig überprüft und angepasst wird/werden sollte.

14 Kern dieser Entscheidungslogik ist eine Nettobarwert orientierte Betrachtung der noch zu erwartenden Zahlungsströme. Für jede Handlungsoption werden zukünftige Cashflows, Kosten, Risiken und Zeitachsen modelliert und mit einem risikoadäquaten Diskontierungszinssatz bewertet. Der Vergleich der resultierenden Barwerte ermöglicht eine konsistente, ökonomisch fundierte Entscheidungsfindung. Allerdings zeigt die Praxis, dass formale NPV-Modelle allein nicht ausreichen, um die Komplexität notleidender Engagements adäquat abzubilden.

15 Eine zentrale Ergänzung stellt daher die explizite Berücksichtigung des Zeitwerts dar. Notleidende Forderungen sind durch lange Realisierungszeiträume und hohe Unsicherheit gekennzeichnet. Jeder zusätzliche Monat der Haltedauer verursacht nicht nur direkte Kosten – etwa für internes/externes Servicing, Fallbetreuung, Managementressourcen, Rechtsverfolgung oder externe Beratung –, sondern erhöht auch das Risiko externer Wertverluste. Dazu zählen sinkende Marktwerte von Sicherheiten, veränderte regulatorische Rahmenbedingungen oder eine Verschlechterung der wirtschaftlichen Lage des Schuldners. Diese Effekte kumulieren sich zu erheblichen Opportunitätskosten.

16 Der Begriff des „Cost of Delay“ fasst diese zeitbedingten Wertverluste zusammen und fungiert als zentrales Steuerungskonzept der Monetarisierung. Er zwingt dazu, nominale Erlöserwartungen gegen Zeit, Risiko und Kapitalbindung abzuwägen. In vielen Fällen erweist sich ein frühzeitiger Verkauf zu einem scheinbar niedrigen Preis als ökonomisch vorteilhafter als ein langwieriges Workout mit unsicherem Ausgang. Der Zeitwert wirkt damit als Gegengewicht zu einer rein buchwert- oder endwertorientierten Entscheidungslogik.

17 Die konsequente Integration des Zeitwerts in die Entscheidungsprozesse erfordert jedoch organisatorische und kulturelle Voraussetzungen. Zum einen müssen Modelle und Reporting-Systeme in der Lage sein, zeitabhängige Effekte transparent darzustellen. Zum anderen bedarf es einer Governance, die zeitnahe Entscheidungen ermöglicht und Eskalationen nicht durch langwierige Abstimmungsprozesse verzögert. Monetarisierungsfähigkeit ist damit nicht nur eine Frage ökonomischer Bewertung, sondern auch der institutionellen Entscheidungsarchitektur.

V. Instrumente der Monetarisierung und Transaktionsarten

Die Auswahl geeigneter Instrumente der Monetarisierung stellt einen zentralen Hebel zur Umsetzung der strategischen Zielsetzungen dar. Sie bestimmt nicht nur die Geschwindigkeit und den bilanziellen Effekt des NPL-Abbaus, sondern prägt auch die Risikoallokation, die Kapitalwirkung und die Wahrnehmung durch externe Stakeholder. **18**

Vor diesem Hintergrund ist die Monetarisierung nicht als binäre Entscheidung zwischen Halten und Verkauf zu verstehen, sondern als Spektrum unterschiedlicher Instrumente, die je nach Portfolioeigenschaften, Marktumfeld und institutsindividuellem Leitbild eingesetzt werden können. **19**

Grundsätzlich lassen sich Monetarisierungsinstrumente entlang zweier Dimensionen systematisieren: dem Grad der Risikoübertragung und der Intensität des institutseigenen Engagements im weiteren Verlauf. Während interne Workout-Ansätze eine weitgehende Beibehaltung von Risiko und Steuerung implizieren, führen True-Sale-Transaktionen zu einer vollständigen Risikoübertragung und bilanziellen Entlastung. Zwischen diesen Polen existieren hybride Formen, die gezielt einzelne Risiken oder Zeitabschnitte adressieren. **20**

Der Workout-Pfad stellt traditionell den ersten Ansatz im Umgang mit leistungsgestörten Forderungen dar. Er zielt darauf ab, durch Restrukturierungsmaßnahmen eine nachhaltige Rückführung in den Performing-Bereich oder zumindest eine geordnete Werterhaltung zu erreichen. Typische Instrumente sind Anpassungen von Laufzeiten und Tilgungsprofilen, Zinsmodifikationen, Covenant-Restrukturierungen oder operative Sanierungsbeiträge. In Einzelfällen können auch gesellschaftsrechtliche Maßnahmen wie Debt-to-Equity-Swaps in Betracht kommen. Der ökonomische Erfolg dieses Ansatzes hängt maßgeblich von der Tragfähigkeit des Geschäftsmodells des Schuldners, der Qualität des Managements und der Kooperationsbereitschaft aller Beteiligten ab. **21**

Workout-Lösungen sind insbesondere dann sinnvoll, wenn realistische Heilungschancen bestehen und der erwartete Barwert der zukünftigen Cashflows den alternativen Exit-Optionen überlegen ist. Gleichzeitig sind sie mit erheblichen Unsicherheiten verbunden. Sanierungsprozesse sind zeitintensiv, kostenaufwendig und anfällig für exogene Schocks. Aus Monetarisierungssicht besteht daher die Gefahr, dass ein zu langes Festhalten am Workout-Pfad zu substanziellen Zeitwertverlusten führt. Die klare Definition von Abbruchkriterien und Eskalationsme- **22** chanismen ist deshalb ein wesentlicher Bestandteil einer professionellen Instrumentenstrategie.

23 Ein weiterer zentraler Instrumentenpfad ist die Sicherheitenverwertung. Sie kommt insbesondere bei besicherten Engagements zum Tragen, etwa im Immobilien-, Projekt- oder Asset-Finance-Bereich. Die ökonomische Attraktivität dieses Ansatzes hängt von der Qualität, Liquidität und rechtlichen Durchsetzbarkeit der Sicherheiten ab. Realistische Annahmen zur Verwertungsdauer, zu Liquidationsabschlägen sowie zu laufenden Kosten sind hierbei entscheidend. In der Praxis werden diese Faktoren häufig unterschätzt, was zu systematisch überhöhten internen Erwartungen führt.

24 Forderungsverkäufe in Form von True-Sale-Transaktionen stellen ein zentrales Instrument zur schnellen Bilanzentlastung dar. Sie ermöglichen die vollständige Übertragung von Kredit- und Abwicklungsrisiken auf externe Investoren und führen bei Vorliegen der bilanziellen Voraussetzungen zu einer unmittelbaren Reduktion von RWA und NPL-Quoten. True Sales können als Einzelkredittransaktionen, Portfolioverkäufe oder als Forward-Flow-Strukturen ausgestaltet werden. Jede dieser Varianten weist spezifische Vor- und Nachteile hinsichtlich Preisfindung, Komplexität und Steuerbarkeit auf.

25 Einzelkreditverkäufe eignen sich insbesondere für große, idiosynkratische/heterogene Engagements mit spezifischen Risikoprofilen. Sie erlauben eine individuelle Preisfindung und eine gezielte Ansprache spezialisierter Investoren, sind jedoch transaktionsintensiv und nur begrenzt skalierbar. Portfolioverkäufe (Bulk-Sales) ermöglichen demgegenüber erhebliche Skaleneffekte und eine rasche Volumenreduktion, setzen jedoch eine hohe Datenhomogenität voraus und gehen regelmäßig mit höheren Bewertungsabschlägen einher. Forward-Flow-Transaktionen schaffen wiederholbare Abgabekanäle für Neu-NPL und bieten aufgrund vordefinierter Preis-Mechanismen zusätzliche Planungssicherheit, binden das Institut jedoch langfristig an einen Transaktionspartner und erfordern eine stabile Pipeline geeigneter Forderungen.

26 Neben klassischen True-Sale-Transaktionen gewinnen ab einem bestimmten Forderungsvolumen strukturierte Monetarisierungslösungen an Bedeutung. Dazu zählen Verbriefungen sowie synthetische Risikotransfers, die primär auf eine Entlastung der Eigenkapitalanforderungen abzielen. Im Unterschied zum vollständigen Verkauf verbleibt das wirtschaftliche Eigentum an den Forderungen häufig ganz oder teilweise beim Institut, während definierte Risikotranchen auf den Kapitalmarkt übertragen werden. Diese Instrumente sind insbesondere für größere, homogene Portfolios geeignet und unterliegen strengen regulatorischen Anforderungen an den signifikanten Risikotransfer.

27 Die Auswahl des geeigneten Instruments ist stets im Kontext des strategischen Leitbilds und der Zeitwertbetrachtung zu treffen. Monetarisierungsinstrumente sind keine isolierten Werkzeuge, sondern Teil eines integrierten Instrumentariums, das flexibel eingesetzt und regelmäßig überprüft werden muss. Eine institutionalisierte Instrumentenlogik erhöht die Konsistenz der Entscheidungen, reduziert Ad-hoc-Abwägungen und trägt wesentlich zur Prüfungsfestigkeit der Monetarisierungsstrategie bei.

VI. Loan Trading und Marktmechanismen

Loan Trading hat sich in Europa in den vergangenen Jahren von einem opportunistischen Nischenmarkt zu einem zunehmend professionalisierten Marktsegment entwickelt. Getrieben durch regulatorische Impulse, den Aufbau spezialisierter Investorenplattformen sowie die Standardisierung von Daten- und Transaktionsprozessen ist ein eigenständiges Ökosystem entstanden, in dem Banken, Investoren, Servicer, Berater und Datenanbieter interagieren. Für Landesbanken eröffnet dieser Markt zusätzliche Monetarisierungsoptionen, erhöht jedoch zugleich den Wettbewerbs- und Transparenzdruck. **28**

Die zunehmende Bedeutung des Loan Tradings verändert dabei die Rolle von Landesbanken im Umgang mit leistungsgestörten Kreditforderungen grundlegend. Während Monetarisierung historisch stark durch interne Workout-Prozesse geprägt war, zwingt die Marktlogik des Loan Tradings die Institute dazu, ihre Portfolios stärker aus einer externen Investorenperspektive zu betrachten. Forderungen werden nicht mehr ausschließlich als bilanzielle Positionen verstanden, sondern als handelbare Vermögenswerte, deren Attraktivität maßgeblich von Transparenz, Strukturierung und Timing abhängt. **29**

Charakteristisch für den Loan-Trading-Markt ist die ausgeprägte Heterogenität der Marktteilnehmer. Auf Investorenseite agieren Distressed-Debt-Fonds, opportunistische Private-Equity-Investoren, langfristig orientierte Asset Manager sowie zunehmend auch Banken mit spezialisierten Investmentvehikeln. Diese Akteure unterscheiden sich erheblich hinsichtlich ihrer Renditeanforderungen, Haltedauern, Risikotragfähigkeit und operativen Fähigkeiten. Für verkaufende Institute ist ein differenziertes Verständnis dieser Investorenlogiken ein zentraler Erfolgsfaktor der Transaktionsvorbereitung. **30**

Ein wesentliches Charakteristikum des Loan-Trading-Marktes ist die funktionale Arbeitsteilung zwischen den beteiligten Akteuren. Neben verkaufenden Banken und Investoren nehmen mittlerweile spezialisierte Servicer eine zentrale Rolle ein. Sie übernehmen häufig das operative Forderungsmanagement nach dem Erwerb und beeinflussen damit indirekt die Preisbildung bereits im Vorfeld der Transaktion. Investoren bewerten nicht nur die Forderung selbst, sondern auch die Qualität und Leistungsfähigkeit des vorgesehenen Servicing Setups. Für Landesbanken bedeutet dies, dass (nicht zuletzt aufgrund der Vorgaben im KrZwMG) **31** die Auswahl und Einbindung von Servicern bereits in der Transaktionsvorbereitung strategische Relevanz besitzt.

32 Loan Trading ist in hohem Maße daten- und prozessgetrieben. Die Qualität, Vollständigkeit und Strukturierung der zur Verfügung gestellten Informationen beeinflussen unmittelbar die Bieterbreite, den Wettbewerbsgrad und letztlich das erzielbare Preisniveau. Standardisierte Daten Templates/Loan Tapes, wie sie sich an den Vorgaben der EBA orientieren und deren Anwendung mittlerweile vom KrZwMG vorgegeben ist, haben sich als Marktstandard etabliert und sind die zentralen Erfolgsfaktoren jeder NPL-Transaktion. Sie ermöglichen Investoren eine vergleichbare Analyse von Portfolios und reduzieren Informationsasymmetrien. Unvollständige oder inkonsistente Daten führen demgegenüber regelmäßig zu Risikoaufschlägen, verlängerten Due-Diligence-Phasen oder zum Ausschluss aus dem Bieterprozess.

33 Neben der quantitativen Datenqualität spielt die rechtliche Klarheit eine zentrale Rolle. Investoren bewerten nicht nur erwartete Cashflows, sondern auch die rechtliche Durchsetzbarkeit von Forderungen und Sicherheiten. Unklare Titellagen, komplexe Vertragsstrukturen oder ausstehende Rechtsstreitigkeiten erhöhen die wahrgenommenen Risiken erheblich und wirken unmittelbar preismindernd. Eine hohe Rechtskonformität (Legal Readiness) ist daher nicht als formale Voraussetzung, sondern als wesentlicher Werttreiber/integraler Bestandteil im Loan Trading zu verstehen.

34 Datenschutz und Bankgeheimnis stellen dabei im NPL-Kontext erhöhte Anforderungen dar, da die Daten leistungsgestörter Schuldner besonders sensibel sind. Eine Pseudonymisierung/Anonymisierung ist im Teaser- und frühen Datenraum-Stadium obligatorisch; erst in späteren Phasen sind identifizierende Informationen zweckgebunden freizugeben. Käuferqualifikationen umfassen NDA-Regime, KYC/Compliance-Checks und Nachweise zur Datenschutz-Compliance.

35 Darüber hinaus sind Loan-Trading-Transaktionen stark von standardisierten Marktprozessen geprägt. Die zunehmende Etablierung strukturierter Bieterprozesse, standardisierter Datenräume und klar definierter Transaktionsdokumentationen hat zu einer Professionalisierung geführt, reduziert jedoch nicht die inhärente Komplexität. Vielmehr verschiebt sich der Wettbewerb zunehmend auf die Qualität der Vorbereitung. Institute, die ihre Portfolios frühzeitig daten- und rechtsseitig aufbereiten, sind in der Lage, Marktfenster effizient zu nutzen und Wettbewerb zwischen Investoren zu erzeugen. Unzureichende Vorbereitung führt hingegen zu verlängerten Transaktionszeiten und erhöhten Preisabschlägen.

36 Der Transaktionsprozess im Loan Trading folgt typischerweise einem mehrstufigen Ablauf. Nach einer initialen Marktansprache und der Bereitstellung von Teaser-Informationen erfolgt die Einrichtung eines virtuellen Datenraums, in dem interessierte Investoren detaillierte Unterlagen vorfinden, auf deren Basis sie ihre

Analysen/Bewertungen durchführen. Darauf aufbauend werden indikative Gebote eingeholt, die im weiteren Verlauf durch verbindliche Angebote ersetzt werden. Die Struktur und zeitliche Taktung dieses Prozesses beeinflussen maßgeblich den Wettbewerb zwischen den Bietern und damit das Preisniveau.

Für Landesbanken ist die Ausgestaltung des Bieterprozesses auch aus Governance- und Reputationssicht von besonderer Bedeutung. Transparente, diskriminierungsfreie Verfahren reduzieren rechtliche Risiken, erhöhen die Akzeptanz bei Aufsicht und Eigentümern und stärken die interne Entscheidungslegitimation. Gleichzeitig erfordert ein wettbewerblicher Prozess klare Zeitpläne und effiziente Entscheidungswege, um unnötige Verzögerungen und damit verbundene Zeitwertverluste zu vermeiden. **37**

Ein zentraler Aspekt des Loan Tradings ist das Timing von Transaktionen. Der Markt unterliegt ausgeprägten zyklischen Schwankungen, die sowohl durch makroökonomische Rahmenbedingungen als auch durch regulatorische Entwicklungen beeinflusst werden. Phasen steigender Zinsen, erhöhter Unsicherheit oder regulatorischer Verschärfungen führen regelmäßig zu einer Zurückhaltung auf Investorenseite und zu sinkenden Preisen. Umgekehrt können Phasen hoher Liquidität und stabiler Rahmenbedingungen gezielt genutzt werden, um Portfolios zu attraktiveren Konditionen zu veräußern. Für Landesbanken ergibt sich daraus die Notwendigkeit, Monetarisierung nicht reaktiv, sondern antizipativ zu steuern. **38**

Ein weiteres zentrales Merkmal des Loan-Trading-Marktes ist die Preisbildung unter Unsicherheit. Investoren kalkulieren regelmäßig mit konservativen Annahmen zu Verwertungsquoten, langen Durchlaufzeiten und hohen Risikoprämien. Diese Vorsicht reflektiert nicht nur ökonomische Risiken, sondern auch strukturelle Informationsasymmetrien zwischen Verkäufer und Käufer. Banken verfügen naturgemäß über detailliertere Informationen zu ihren Engagements, während Investoren verbleibende Unsicherheiten durch Sicherheitsabschläge kompensieren. **39**

Eng mit der Preisbildung verknüpft ist die Frage der Portfoliozusammensetzung. Heterogene Portfolios mit stark divergierenden Risikoprofilen sind aus Investorensicht schwerer zu bewerten und führen regelmäßig zu pauschalen Risikoabschlägen. Eine gezielte Segmentierung nach Assetklassen, Besicherungsarten oder Verwertungsstrategien kann hingegen die Attraktivität erhöhen und eine differenziertere Preisbildung ermöglichen. Diese Segmentierung erfordert jedoch interne Vorarbeiten und klare strategische Entscheidungen über die gewünschte Marktansprache. **40**

Loan Trading wirkt darüber hinaus als externer Referenzpunkt für interne Bewertungslogiken. Die im Markt erzielbaren Preise liefern wichtige Benchmarks für das interne NPL-Pricing und können bestehende Annahmen zu Recoveries, Durchlaufzeiten oder Kostenstrukturen kritisch hinterfragen. Gleichzeitig besteht die Gefahr, dass Marktpreise unreflektiert als objektiver Wertmaßstab interpre- **41** tiert werden. Eine professionelle Monetarisierungs-Strategie nutzt Loan Trading daher nicht als alleinige Entscheidungsgrundlage, sondern auch als Informationsquelle innerhalb eines integrierten Entscheidungsrahmens.

42 Für die verkaufenden Institute besteht die Herausforderung darin, diese Informationsasymmetrien gezielt zu reduzieren, ohne unverhältnismäßige Vorbereitungsaufwände zu erzeugen. Investitionen in Datenaufbereitung, Servicing-Transparenz und Prozessstandardisierung zahlen sich dabei häufig in Form höherer Preise oder einer größeren Bieterbreite aus. Gleichzeitig ist zu berücksichtigen, dass der Loan-Trading-Markt teilweise kurzfristigen zyklischen Schwankungen unterliegt und Marktfenster aktiv genutzt werden müssen.

43 Aus Governance-Sicht stellt Loan Trading besondere Anforderungen an Entscheidungsprozesse und Dokumentation. Transaktionen sind regelmäßig mit hohen internen Aufwänden, öffentlicher Wahrnehmung und aufsichtsrechtlicher Aufmerksamkeit verbunden. Entscheidungen müssen daher nicht nur ökonomisch fundiert, sondern auch transparent dokumentiert und konsistent mit dem strategischen Leitbild getroffen werden. Klare Kompetenzregelungen, definierte Eskalationsstufen und eine frühzeitige Einbindung relevanter Gremien sind wesentliche Voraussetzungen, um Transaktionen effizient und prüfungsfest umzusetzen.

44 Vor dem Hintergrund des Kreditzweitmarktgesetzes ist Loan Trading dabei nicht mehr als rein bilaterale Markttransaktion zu verstehen, sondern als regulierter Transaktionsmechanismus, dessen Akteure, Kostenstrukturen und Prozessgestaltung maßgeblich durch gesetzliche Marktzugangs- und Servicing-Anforderungen geprägt sind und der zugleich eine zusätzliche Governance- und Reputationsdimension in der Auswahl und Strukturierung von Investoren erhält.

45 Loan Trading stellt für Landesbanken daher nicht nur ein opportunistisches Instrument zur kurzfristigen Bilanzentlastung dar, sondern auch ein strukturelles Element einer modernen Monetarisierungs-Strategie. Sein nachhaltiger Nutzen entfaltet sich erst dann, wenn Institute dauerhaft Marktzugangsfähigkeit, Prozesssicherheit und Bewertungsdisziplin aufbauen. In diesem Sinne fungiert Loan Trading nicht nur als Monetarisierungsinstrument, sondern auch als Katalysator für die Weiterentwicklung interner Steuerungs- und Entscheidungsstrukturen.

46 Zusammenfassend ist Loan Trading für Landesbanken ein wirkungsvolles, jedoch anspruchsvolles Monetarisierungsinstrument. Sein Erfolg hängt von der Fähigkeit ab, dauerhaft Marktzugangs- und Transaktionsfähigkeit herzustellen. Dies erfordert eine strategische Verankerung, klare Verantwortlichkeiten und die kontinuierliche Weiterentwicklung von Daten-, Prozess- und Governance-Strukturen.

VII. NPL-Pricing und Bewertungslogik

Das Pricing leistungsgestörter Kreditforderungen bildet den ökonomischen Kern jeder Monetarisierungsentscheidung. Es stellt die Schnittstelle zwischen interner Steuerungslogik und externem Kapitalmarkt dar und übersetzt komplexe Risiko-, Zeit- und Kostenstrukturen in einen monetären Entscheidungsparameter. Für Landesbanken ist dieser Prozess von besonderer Sensibilität geprägt, da Preisentscheidungen nicht nur Ergebniswirkungen entfalten, sondern auch gegenüber Aufsicht, Eigentümern und Öffentlichkeit nachvollziehbar begründet werden müssen. **47**

Ausgangspunkt des NPL-Pricings ist die Bewertung der erwarteten zukünftigen Cashflows aus dem jeweiligen Engagement. Diese Cashflows ergeben sich nicht aus einem einzelnen Szenario, sondern aus einer Vielzahl möglicher Entwicklungspfade. Dazu zählen unter anderem eine vollständige oder teilweise Heilung des Engagements, fortgesetzte Restrukturierungsmaßnahmen, die Verwertung von Sicherheiten sowie der Verkauf der Forderung an Dritte. Jedes dieser Szenarien ist mit spezifischen Eintrittswahrscheinlichkeiten, Zeitachsen, Kosten und Risiken verbunden. Ein professioneller Bewertungsansatz aggregiert diese Szenarien zu einem erwarteten Cashflow-Profil, das die Grundlage für eine risikoadjustierte Barwertberechnung bildet. **48**

Ein zentrales Element des Pricings ist die Wahl des Diskontierungszinssatzes. Während interne Bewertungsmodelle häufig an institutseigenen Kapitalkosten oder an risikoadjustierten Zielrenditen anknüpfen, kalkulieren externe Investoren in der Regel mit deutlich höheren Diskontsätzen. Diese reflektieren nicht nur das allgemeine Zinsniveau, sondern insbesondere Unsicherheiten hinsichtlich tatsächlicher Recoveries, der Dauer rechtlicher Durchsetzungsprozesse, operativer Servicing-Kosten sowie potenzieller exogener Schocks. Die daraus resultierenden Bewertungsdifferenzen erklären einen wesentlichen Teil der regelmäßig beobachteten Lücke zwischen internem Hold-Value und marktseitig erzielbaren Kaufpreisen. **49**

Der interne Hold-Value nimmt im Monetarisierungsprozess eine zentrale Referenzfunktion ein. Er beschreibt den ökonomischen Wert des Haltens beziehungsweise des internen Workouts unter Berücksichtigung realistischer Annahmen zu Cashflows, Kosten, Risiken und Zeitwert. Dabei ist entscheidend, dass der Hold-Value nicht als statische Größe verstanden wird. Vielmehr unterliegt er einer kontinuierlichen Veränderung im Zeitverlauf. Jeder zusätzliche Monat der Haltedauer beeinflusst den Barwert der erwarteten Rückflüsse, erhöht die Unsicherheit und bindet Kapital sowie Managementressourcen. Der Cost of Delay wirkt somit fortlaufend wertmindernd und kann dazu führen, dass eine ursprünglich ökonomisch sinnvolle Haltestrategie im Zeitablauf an Attraktivität verliert. **50**

51 Im Transaktionskontext stellt sich regelmäßig die Frage nach einer ökonomisch sinnvollen Preisuntergrenze. Diese ergibt sich nicht aus dem Buchwert oder dem nominalen Forderungsbetrag, sondern aus dem Vergleich zwischen dem erwarteten Hold-Value und dem marktseitig erzielbaren Verkaufspreis unter Berücksichtigung zusätzlicher Effekte. Dazu zählen insbesondere die Reduktion risikogewichteter Aktiva, die Entlastung regulatorischer Kennzahlen, die Freisetzung von Kapital sowie qualitative Effekte wie die Freistellung von Personalressourcen oder der Vereinfachung der Portfolio- und Prozessstruktur. Ein Verkauf unterhalb des Hold-Values kann daher ökonomisch rational sein, wenn die Gesamteffekte die Differenz zum internen Barwert überkompensieren.

52 Ein professioneller Pricing-Prozess zeichnet sich durch Transparenz, Konsistenz und Nachvollziehbarkeit aus. Bewertungsannahmen, Szenarien und Diskontsätze müssen klar dokumentiert und gegenüber internen Entscheidungsgremien plausibel erläutert werden. Sensitivitätsanalysen spielen dabei eine zentrale Rolle, da sie aufzeigen, wie robust eine Entscheidung gegenüber Veränderungen einzelner Parameter ist. Gerade bei notleidenden Forderungen, deren Bewertung stark von Annahmen zu Zeitverläufen und Recoveries abhängt, sind solche Analysen ein wesentliches Instrument zur Absicherung von Management- und Gremienentscheidungen.

53 Darüber hinaus ist das NPL-Pricing eng mit Marktmechanismen verknüpft. Marktpreise spiegeln nicht ausschließlich fundamentale Werte wider, sondern auch Angebots- und Nachfragesituationen, regulatorische Entwicklungen und Investorenstimmungen. Phasen erhöhter Verkaufsaktivität können zu temporären Preisabschlägen führen, während knappe Angebotslagen oder hohe Liquidität auf Investorenseite preistreibend wirken. Landesbanken stehen daher vor der Herausforderung, interne Bewertungslogiken mit externen Marktpreisen in Einklang zu bringen, ohne kurzfristigen Marktbewegungen unreflektiert zu folgen. Eine kontinuierliche Marktbeobachtung sowie der Abgleich mit Transaktionsbenchmarks sind hierfür unerlässlich.

54 Insgesamt ist das Pricing leistungsgestörter Kreditforderungen weniger als rein technische Rechenaufgabe zu verstehen, sondern als integrativer Entscheidungsprozess. Er verbindet quantitative Bewertungsmodelle mit qualitativen Einschätzungen, strategischen Zielsetzungen und Governance-Anforderungen. Eine hohe methodische Qualität im NPL-Pricing ist damit nicht nur Voraussetzung für ökonomisch sinnvolle Einzelentscheidungen, sondern ein zentraler Erfolgsfaktor einer nachhaltigen, nachvollziehbaren und prüfungsfesten Monetarisierungsstrategie.

VIII. Erfolgsmessung, KPIs und Governance

Die Erfolgsmessung der Monetarisierung leistungsgestörter Kreditforderungen stellt einen zentralen Bestandteil der strategischen und operativen Steuerung dar. Sie entscheidet darüber, ob Monetarisierung als einmalige Abwicklungsmaßnahme oder als kontinuierlicher Managementprozess verstanden wird. Für Landesbanken ist dabei von besonderer Bedeutung, dass Erfolg nicht eindimensional über erzielte Verkaufspreise definiert wird, sondern in einem mehrdimensionalen Zielsystem verankert ist, das ökonomische, regulatorische und qualitative Aspekte integriert. **55**

Traditionell lag der Fokus der Erfolgsmessung auf dem nominalen Transaktionserlös oder der erzielten Recovery-Quote. Diese Kennzahlen sind zwar weiterhin relevant, greifen jedoch isoliert betrachtet zu kurz. Sie berücksichtigen weder den Zeitwert der Rückflüsse noch die Kapitalbindung oder die Risiken, die mit der Haltedauer notleidender Engagements verbunden sind. Eine moderne Monetarisierungs-Steuerung erweitert den Kennzahlenrahmen daher um zeit- und risikoorientierte Größen. **56**

Zu den zentralen quantitativen Kennzahlen zählt die Cash-on-Cash-Recovery, die das Verhältnis der realisierten Zahlungsströme zum eingesetzten beziehungsweise gebundenen Kapital abbildet. Ergänzend gewinnt die Time-to-Recovery an Bedeutung, da sie explizit den zeitlichen Aspekt der Monetarisierung adressiert und damit den Cost of Delay operationalisiert. Kurze Realisierungszeiträume können selbst bei geringeren nominalen Erlösen ökonomisch vorteilhaft sein, wenn sie Kapital freisetzen und Unsicherheiten reduzieren. **57**

Weitere wichtige Steuerungsgrößen betreffen die Wirkung der Monetarisierung auf regulatorische Kennzahlen. Dazu zählen insbesondere die Reduktion notleidender Exposures, die Entwicklung der NPL-Quote, der Abbau risikogewichteter Aktiva sowie Effekte auf die harte Kernkapitalquote (CET1). Diese Kennzahlen sind nicht nur intern relevant, sondern stehen auch als Basis für Resilienz im Fokus der Bankenaufsicht und beeinflussen unmittelbar den strategischen Handlungsspielraum der Institute. **58**

Neben diesen quantitativen Größen gewinnen qualitative Erfolgsdimensionen zunehmend an Bedeutung. Dazu zählen die Stabilität und Reproduzierbarkeit von Prozessen, die Prüfungsfestigkeit von Entscheidungen sowie die reputative Wirkung von Monetarisierungsmaßnahmen. Insbesondere für Landesbanken ist es entscheidend, dass Monetarisierung nicht als opportunistischer Ausverkauf wahrgenommen wird, sondern als sachlich begründeter, konsistenter Bestandteil verantwortungsvoller Banksteuerung. **59**

Ein integriertes KPI-Framework verbindet diese unterschiedlichen Erfolgsdimensionen zu einem konsistenten Steuerungssystem. Es ermöglicht nicht nur eine Ex- **60** post-Bewertung abgeschlossener Transaktionen, sondern auch eine laufende Steuerung des Portfolios. Abweichungen von Zielwerten können frühzeitig identifiziert und in operative oder strategische Anpassungen überführt werden. Voraussetzung hierfür ist eine hinreichende Datenqualität sowie eine klare Zuordnung von Verantwortlichkeiten.

61 Die Governance-Struktur bildet den institutionellen Rahmen der Erfolgsmessung. Klare Entscheidungswege, definierte Eskalationsmechanismen und transparente Dokumentationsanforderungen sind unerlässlich, um Monetarisierungsentscheidungen nachvollziehbar und prüfungsfest zu gestalten. Gremienstrukturen müssen so ausgestaltet sein, dass sie sowohl fundierte Abwägungen ermöglichen als auch zeitnahe Entscheidungen fördern. Verzögerungen durch unklare Zuständigkeiten oder redundante Abstimmungsprozesse wirken sich unmittelbar wertmindernd aus und konterkarieren den Zeitwertgedanken der Monetarisierung.

62 Insgesamt zeigt sich, dass Erfolgsmessung und Governance nicht als nachgelagerte Kontrollfunktionen zu verstehen sind, sondern als integrale Bestandteile einer wirksamen Monetarisierungs-Strategie. Erst ihre konsequente Ausgestaltung ermöglicht es, Monetarisierung als dauerhaften, steuerbaren Prozess in der Gesamtbankorganisation zu verankern.

IX. Fazit und strategische Implikationen

63 Die Ausgangslage für Non-Performing Loans (NPL) ist aktuell von einem klaren Zykluswechsel geprägt: Nach einem Jahrzehnt extrem niedriger Zinsen und expansiver Geldpolitik haben der schnelle Zinsanstieg, eine hartnäckig erhöhte Inflation und die nachlassende Konjunktur das Kreditrisiko in vielen Segmenten neu kalibriert. Refinanzierungen erfolgen zu deutlich höheren Kupons, Zinsdeckungsgrade sinken, Covenants werden häufiger verletzt und der Übergang von einer Liquiditäts- zu einer Solvenzphase wird sichtbar, weil pandemiebedingte Hilfen auslaufen und Basiseffekte verpuffen.

64 Für Banken insgesamt und Landesbanken im Besonderen steigen damit die Ausfallwahrscheinlichkeiten, Sicherheitenbewertungen geraten unter Druck, und die Zeitachsen für Workouts verlängern sich. Der resultierende Anstieg des Cost of Delay verschiebt den Trade-off zwischen Halten, Arbeiten und Verkaufen und erhöht den Handlungsdruck, Daten-, Bewertungs- und Execution-Fähigkeiten zu professionalisieren.

65 Die Monetarisierung leistungsgestörter Kreditforderungen hat sich für Landesbanken daher von einer reinen Abwicklungsnotwendigkeit zu einem zentralen Element strategischer Banksteuerung entwickelt. Sie berührt zentrale Fragestellungen der Kapitalallokation, der Risikotragfähigkeit, der Resilienz, der regulatorischen Compliance sowie der institutionellen Legitimation. Vor diesem Hintergrund kann Monetarisierung nicht als isolierte Einzelmaßnahme verstanden werden, sondern als kontinuierlicher, strategisch eingebetteter Prozess.

Die vorangegangene Analyse zeigt, dass eine erfolgreiche Monetarisierung auf 66
mehreren miteinander verknüpften Ebenen ansetzt. Ein klar formuliertes Leitbild schafft den normativen Rahmen und gibt Orientierung bei Zielkonflikten zwischen ökonomischer Effizienz und öffentlichem Auftrag. Die konsequente Berücksichtigung des Zeitwerts und des Cost of Delay verhindert, dass Entscheidungen durch rein nominale Betrachtungen verzerrt werden. Instrumente und Transaktionsarten entfalten ihre Wirkung nur dann, wenn sie in eine konsistente Entscheidungslogik eingebettet sind und flexibel an Portfolio- und Marktgegebenheiten angepasst werden.

Loan Trading und NPL Pricing verdeutlichen, dass Monetarisierung stets im 67
Spannungsfeld zwischen internen Bewertungslogiken und externen Marktmechanismen stattfindet. Bewertungsdifferenzen sind dabei nicht Ausdruck methodischer Schwächen, sondern Ergebnis unterschiedlicher Risikoperspektiven und Renditeanforderungen. Entscheidend ist, diese Differenzen transparent zu machen und in eine fundierte, governancekonforme Entscheidungsfindung zu überführen.

Schließlich unterstreicht die Betrachtung von Erfolgsmessung und Governance, 68
dass Monetarisierung nur dann nachhaltig wirksam ist, wenn sie messbar, steuerbar und institutionell verankert ist. Ein integriertes KPI-System sowie klare Governance-Strukturen ermöglichen es, Monetarisierung nicht nur rückblickend zu bewerten, sondern aktiv zu steuern und kontinuierlich weiterzuentwickeln.

Für Landesbanken ergibt sich daraus die strategische Implikation, Monetarisie- 69
rung als dauerhafte Kernkompetenz aufzubauen. Dies umfasst nicht nur methodische und prozessuale Fähigkeiten, sondern auch eine entsprechende organisatorische Verankerung und kulturelle Akzeptanz. Institute, denen dies gelingt, können nicht nur ihre NPL-Bestände effizient abbauen, sondern ihre Resilienz, Handlungsfähigkeit und Glaubwürdigkeit im wirtschaftlichen Zyklus nachhaltig stärken.

X. Ergänzende Literatur

Bundesanstalt für Finanzdienstleistungsaufsicht (BaFin), Rundschreiben 05/2023 (BA) Mindestanforderungen an das Risikomanagement – MaRisk, 29.6.2023, abrufbar unter: https://www.bafin.de/SharedDocs/Veroeffentlichungen/DE/Rundschreiben/2023/rs_05_2023_MaRisk_BA.html (Zugriff 10.1.2026), 2023

Bundesanstalt für Finanzdienstleistungsaufsicht (BaFin), FAQs zum Kreditzweitmarktgesetz, 23.9.2024, abrufbar unter: https://www.bafin.de/DE/Aufsicht/Kredit zweitmarkt/FAQs/FAQs_node.html?cms_gtp=19696272_list%253D2 (Zugriff 2.1.2026), 2024

Crnkovic, Christophe/Grieser, Simon G./Weltersbach, Max, Das Kreditzweitmarktgesetz verändert den Markt für notleidende Darlehen. Börsenzeitung, abrufbar unter: https://www.boersen-zeitung.de/recht-kapitalmarkt/das-kreditzwei tmarktgesetz-veraendert-den-markt-fuer-notleidende-darlehn (Zugriff 7.1.2026), 2024

Deloitte (Roessle/Castellano u. a.), NPL Marketbeat 2025, Kreditrisiken im Aufwind – Alternativen zum klassischen Forderungsmanagement sind gefragt, September 2025, abrufbar unter: https://www.deloitte.com/content/dam/assets-zone2/de/de/docs/services/financial-advisory/2025/Deloitte_NPL_Marketbeat_2025.pdf (Zugriff 3.1.2026), 2025

European Banking Authority, Final Report – Guidelines on management of non-performing and forborne exposures (EBA/GL/2018/06), 31.10.2018, abrufbar unter: https://www.eba.europa.eu/sites/default/files/documents/10180/2425705/371ff4ba-d7db-4fa9-a3c7-231cb9c2a26a/Final%20Guidelines%20on%20manage ment%20of%20non-performing%20and%20forborne%20exposures.pdf (Zugriff 2.1.2026), 2018

Europäische Zentralbank, Leitfaden für Banken zu notleidenden Krediten (NPL-Leitfaden), 20.3.2017, abrufbar unter: https://www.bankingsupervision.europa.eu/ecb/pub/pdf/guidance_on_npl.de.pdf (Zugriff 20.12.2025), 2017

Europäische Zentralbank, Ergänzung zum EZB-Leitfaden für Banken zu notleidenden Krediten: aufsichtliche Erwartungen an die Risikovorsorge für notleidende Risikopositionen, März 2018, abrufbar unter: https://www.bankingsupervision.eu ropa.eu/ecb/pub/pdf/ssm.npl_addendum_201803.de.pdf (Zugriff 20.12.2025), 2018

Europäische Zentralbank, Entwurf einer Leitlinie der europäischen Zentralbank zum aufsichtlichen Ansatz nationaler zuständiger Behörden für die Deckung notleidender Risikopositionen durch weniger bedeutende beaufsichtige Unternehmen, September 2025, abrufbar unter: https://www.ecb.europa.eu/pub/pdf/legal/ecb.leg_gui_2025_xx.de.pdf (Zugriff 7.1.2026), 2025

Grieser, Simon Gottlieb/Wulfken, Jörg, Performing and Non-Performing Loan Transactions Across the World, 2nd Edition, London: Euromoney Institutional Investor PLC, 2014

Heuking RAe (Büssemaker, Arnold/Neises, Michael u. a.), Das Kreditzweitmarktgesetz – eine neue Regulierung für den deutschen NPL-Markt, 10.1.2024, abrufbar unter: https://www.heuking.de/de/news-events/newsletter-fachbeitraege/artikel/das-kreditzweitmarktgesetz-eine-neue-regulierung-fuer-den-deutschen-npl-markt-in-kraft-seit-dem-30-dezember-2023.html (Zugriff 3.1.2026), 2024

Hofmann, Stefan/Walter, Bernhard, Die Veräußerung Not leidender Kredite – aktives Risikomanagement der Bank im Spannungsverhältnis zwischen Bankgeheimnis und Datenschutz, in: Zeitschrift für Wirtschafts- und Bankrecht, 58 Jahrgang, 32/2004, S. 1566–1574

Radünz, Claus, Was sind NPLs? Der Versuch einer Begriffsbestimmung von notleidenden Krediten, in: Köchling, Marcel/Schalast, Christoph (Hrsg.), Grundlagen des NPL-Geschäftes, 4. Aufl. 2024, S. 3–34

Stohrer, Kathrin, Der Verkauf notleidender Unternehmenskredite in Zeiten des Kreditzweitmarktgesetzes, ZInsO 2025, 113

Wyman, Oliver (Campos/Ribeiro/Fernandes), The non-performing loans jigsaw: Pieces starting to fit?, abrufbar unter: https://www.oliverwyman.com/content/dam/oliver-wyman/v2/publications/2018/march/the-non-performing-loans-jigsaw.pdf (Zugriff 7.1.2026), 2018

Kapitel 13

Erlaubnispflicht gemäß § 10 Abs. 1 KrZwMG als Verbotsgesetz im Sinne des § 134 BGB?

I. Problemstellung

Wer nach Inkrafttreten des Kreditzweitmarktgesetzes (**KrZwMG**) am 30.12.2023 im Inland gewerbsmäßig oder in einem Umfang, der einen in kaufmännischer Weise eingerichteten Geschäftsbetrieb erfordert, Kreditdienstleistungen erbringen will, bedarf dafür einer Erlaubnis der Bundesanstalt für Finanzdienstleistungsaufsicht (**BaFin**) gemäß § 10 Abs. 1 KrZwMG. 1

Der Anwendungsbereich des KrZwMG wird in dessen § 1 festgelegt. § 1 KrZwMG regelt darüber hinaus die Anwendung des Rechtsdienstleistungsgesetzes (**RDG**) auf Kreditdienstleistungen. Mit der Anwendbarkeit des RDG auf Kreditdienstleistungen stellt sich die Frage, ob der Erlaubnisvorbehalt des § 10 Abs. 1 KrZwMG entsprechend § 3 RDG ebenfalls ein Verbotsgesetz oder etwa ein Verbot mit Erlaubnisvorbehalt ist. 2

Ob und inwieweit es sich bei § 10 Abs. 1 KrZwMG um ein Verbotsgesetz i. S. d. § 134 Bürgerliches Gesetzbuch (**BGB**) oder ein Verbot mit Erlaubnisvorbehalt handelt, wird im Folgenden diskutiert. 3

II. Verbotsgesetz i. S. d. § 134 BGB

§ 10 KrZwMG ist als formelles Gesetz im Sinne von Art. 2 EGBGB ein Gesetz i. S. d. § 134 BGB.[1] Aus § 10 Abs. 1 KrZwMG müsste sich zudem auch ein Verbot ergeben. Die Frage, ob ein Verbotsgesetz, das die Nichtigkeit des zugrunde liegenden Rechtsgeschäfts gemäß § 134 BGB nach sich zieht oder lediglich eine Ordnungsvorschrift vorliegt, muss anhand von Sinn und Zweck der dem Rechtsverhältnis zugrunde liegenden Norm festgestellt werden.[2] 4

Entscheidend ist dabei, dass sich das Gesetz nicht nur gegen den Abschluss des Rechtsgeschäfts wendet, sondern auch gegen seine privatrechtliche Wirksamkeit und damit gegen seinen wirtschaftlichen Erfolg. Ob eine Handlung dabei unter Straf- oder Bußgeldvorschrift gestellt ist, ist für die Nichtigkeit nach § 134 BGB 5

---

1 BGH, Urt. v. 28.4.2015 – XI ZR 378/13, NJW 2015, 2248, 2255; MüKo/*Armbrüster*, 10. Aufl. 2025, § 134 BGB Rn. 42.

2 BeckOGK/*Vossler*, 1.10.2025, BGB § 134 Rn. 59 ff.; MüKo/*Armbrüster*, 9. Aufl. 2021, § 134 BGB Rn. 58.

nicht maßgeblich, vielmehr müssen für jede einzelne Vorschrift Normrichtung und Normzweck ermittelt und bewertet werden.[3]

6 Als Orientierungshilfe für die Frage, ob ein Verbotsgesetz oder lediglich eine Ordnungsvorschrift vorliegt, kann Folgendes dienen: Gelangt man durch die Auslegung der Vorschrift zu dem Ergebnis, dass das Verbot sich lediglich gegen die Umstände seines Zustandekommens wendet und gerade nicht bezweckt, das Geschäft als solches zu untersagen, handelt es sich um eine Ordnungsvorschrift. Allein aus der durch den Gesetzeszweck gebotenen Rechtsfolge lässt sich dagegen kein zuverlässiger Anhaltspunkt für die Qualifikation als Verbotsgesetz herleiten. Eine weitere Orientierungshilfe bietet die Betrachtung, ob beide Vertragsparteien gegen ein Verbotsgesetz verstoßen (dann folgt die Nichtigkeit des § 134 BGB) oder nur eine Vertragspartei (dann keine Anwendbarkeit des § 134 BGB).

III. § 10 Abs. 1 KrZwMG

7 Gemäß § 10 Abs. 1 Satz 1 KrZwMG ist für das Erbringen von Kreditdienstleistungen im Inland, die einen gewerbsmäßig oder in einem Umfang, der einen in kaufmännischer Weise eingerichteten Geschäftsbetrieb erfordert, eine schriftliche oder elektronische Erlaubnis der BaFin erforderlich.

8 Schutzzweck des KrZwMG ist die Förderung eines effizienten Sekundärmarktes für notleidende Kredite durch Schaffung eines einheitlichen Rahmens für Kreditkäufer und Kreditdienstleistungsinstitute sowie die Stärkung der Kreditnehmerrechte.[4]

9 § 10 Abs. 1 KrZwMG stellt die Tätigkeit, Kreditdienstleistungen zu erbringen dem Wortlaut nach unter einen Erlaubnisvorbehalt:

> „Wer […] Kreditdienstleistungen erbringen will, bedarf dafür der schriftlichen oder elektronischen Erlaubnis […].“

1. Vergleich mit § 3 RDG

10 § 3 Rechtsdienstleistungsgesetz (**RDG**) ist eine zentrale Verbotsnorm und legt fest, dass die selbstständige Erbringung (außergerichtlicher) Rechtsdienstleistung nur nach dem RDG oder nach anderen Gesetzen erlaubt ist.[5] Bereits aus der Gesetzesbegründung ergibt sich, dass Verstoß gegen das Verbot aus § 3 RDG zu einer Nichtigkeit des gesamten der Dienstleistung zugrunde liegenden Vertrags

3 BGH, Urt. v. 30.4.1992 – III ZR 151/91, NJW 1992, 2021 ff.

4 BT-Drs. 20/9093, S. 125.

5 BeckOK RDG/*Römermann*, 35. Edition, Stand 1.7.2024, vor § 3 RDG; *Allemand*, in: Henning/Lackmann/Rein, Privatinsolvenz, § 3 RDG Rn. 1.

nach § 134 BGB führt.[6] Eine Unterscheidung zwischen verschiedenen Arten und Schweregraden der Verstöße wurde dabei gerade nicht getroffen.[7]

Entsteht im Rahmen einer unerlaubten Rechtsberatung ein Vermögensschaden aufgrund eines Beratungsfehlers, kann der Beratende auch auf Schadensersatz nach § 823 Abs. 2 i.V.m. §§ 1, 3 RDG in Anspruch genommen werden. § 3 RDG ist ein Schutzgesetz im Sinne des § 823 Abs. 2 BGB.[8] **11**

§ 3 RDG und § 10 Abs. 1 KrZwMG unterscheiden sich bereits in ihren Formulierungen bezüglich der Art der Erlaubnis. So sieht § 10 Abs. 1 KrZwMG ausdrücklich eine durch die BaFin erteilte Erlaubnis vor, während § 3 RDG eine Befugnisnorm voraussetzt. **12**

Bereits wegen dieses wesentlichen Unterschiedes zwischen den Regelungen verbietet sich eine Übertragung der durch § 3 RDG angeordneten Nichtigkeitsfolge auf § 10 Abs. 1 KrZwMG. **13**

2. Vergleich mit § 32 KWG

In § 32 Kreditwesengesetz (**KWG**) ist die Erlaubnispflicht für das Betreiben von Bankgeschäften und Erbringen von Finanzdienstleistungen geregelt. § 32 Abs. 1 Satz 1 Hs. 1 KWG sieht vor, dass „wer im Inland gewerbsmäßig oder in einem Umfang, der einen in kaufmännischer Weise eingerichteten Geschäftsbetrieb erfordert, Bankgeschäfte betreiben oder Finanzdienstleistungen erbringen will […] der schriftlichen Erlaubnis der Aufsichtsbehörde [bedarf]“. **14**

Bei § 32 Abs. 1 Satz 1 Hs. 1 KWG handelt es sich gerade nicht um ein Verbotsgesetz i.S.d. § 134 BGB, sondern um ein Verbot mit Erlaubnisvorbehalt.[9] Das Verbot, Geschäfte ohne Erlaubnis zu betreiben, richtet sich ausschließlich gegen das Institut, nicht auch gegen den Geschäftspartner.[10] Darüber hinaus sind nicht die Bank- und Finanzdienstleistungsgeschäfte an sich verboten, sondern deren Betreiben durch ein Institut, das (noch) keine Erlaubnis innehat.[11] **15**

---

6 BT-Drs. 16/3655, 51; BGH, Urt. v. 30.10.2012 – XI ZR 324/11, NJW 2013, 59, 62.

7 *Offermann-Burckart*, in: Krenzler/Remmertz, Rechtsdienstleistungsgesetz, § 3 RDG Rn. 70.

8 *Offermann-Burckart*, in: Krenzler/Remmertz, Rechtsdienstleistungsgesetz, § 3 RDG Rn. 75.

9 *Ellenberger*, in: Grüneberg, 83. Aufl. 2024, § 134 BGB Rn. 20; bereits BGH, Urt. v. 14.7.1966 – III ZR 240/64 Tz. 21, WM 1966, 1101 ff.; BGH, Urt. v. 13.7.1978 – III ZR 178/76, Tz. 17, WM 1978, 1268 ff.; BGH, Urt. v. 19.4.2011 – XI ZR 256/10, Tz. 20, WM 2011, 1168, 1171.

10 *Fischer/Boegl*, in: Ellenberger/Bunte, BankR-HdB, § 113 Rn. 9.

11 *Fischer/Krolop*, in: Fischer/Schulte-Mattler, KWG, CRR, § 32 KWG Rn. 31.

16 Im Gegensatz zu § 3 RDG ähneln sich die Formulierungen von § 10 Abs. 1 KrZwMG und § 32 Abs. 1 Satz 1 Hs. 1 KWG sehr. § 10 Abs. 1 KrZwMG lehnt sich an die Formulierung des § 32 Abs. 1 Satz 1 Hs. 1 KWG an. Bei § 10 KrZwMG richtet sich das Verbot, Kreditdienstleistungen (in entsprechendem Umfang) zu erbringen, ebenfalls nur an die Kreditdienstleistungsinstitute, nicht hingegen an deren Geschäftspartner. Auch hier liegt kein beiderseitiges Verbotsgeschäft vor.

17 Wie § 3 RDG ist auch § 32 KWG ein Schutzgesetz i. S. d. § 823 Abs. 2 BGB.[12] Der Vertragspartner des ohne Erlaubnis agierenden Instituts kann auch Schadensersatz in Form der Rückabwicklung des Vertrags verlangen.[13]

18 Ob § 10 Abs. 1 KrZwMG ebenfalls als Schutzgesetz i. S. d. § 823 Abs. 2 BGB eingeordnet werden kann, ist nicht Gegenstand dieser Diskussion.

3. Fazit

19 § 10 Abs. 1 KrZwMG ist eine Verbotsnorm mit Erlaubnisvorbehalt. Wird das Kreditinstitut ohne entsprechende Erlaubnis tätig, führt dies nicht zur Nichtigkeit des zugrunde liegenden Rechtsgeschäfts und der damit einhergehenden Verträge und Rechtshandlungen gemäß § 134 BGB.

---

12 St. Rspr., bereits BGH, Urt. v. 8.5.1973 – VI ZR 164/71, NJW 1973, 1547, 1549; BGH, Urt. v. 13.4.1994 – II ZR 16/93, NJW 1994, 1801; BGH, Urt. v. 7.12.2009 – II ZR 15/08, WM 2010, 262, 263.

13 *Fischer/Krolop*, in: Fischer/Schulte-Mattler, KWG, CRR, § 32 KWG Rn. 31.

Kapitel 14

Künstliche Intelligenz – ein strategischer Marktausblick und Herausforderungen bei der Implementierung

Der EU AI Act – Game Changer oder regulatorische Hürde? – Ein Blick auf die praktische Umsetzung innerhalb von Instituten*

Abstract

Mit Inkrafttreten der Verordnung (EU) 2024/1689 zur Festlegung harmonisierter Vorschriften für künstliche Intelligenz (KI-VO)[1] am 1.8.2024, mitunter auch als AI Act bezeichnet, wurde ein umfassender EU-weiter Regulierungsrahmen für die Bereitstellung und den Einsatz von Künstlicher Intelligenz (KI) geschaffen. Dieses regulatorische Rahmenwerk basiert auf einem risikoorientierten und anwendungsfallbezogenen Ansatz, der gezielt auf die unterschiedlichen Gefahren und Einsatzmöglichkeiten von KI ausgerichtet ist. Unternehmen im Finanzsektor stehen nun vor der Herausforderung, ihre Nutzung von KI an die neuen regulatorischen Anforderungen anzupassen. Dieser Beitrag beleuchtet die spezifischen Umsetzungsschritte, die erforderlich sind, um den EU AI Act regelkonform und effizient umzusetzen. Dabei liegt der Fokus auf einer friktionsfreien, proportionalen und kostenbewussten Implementierung, die den regulatorischen Anforderungen genügt und gleichzeitig die mit der Nutzung von KI verbundenen Risiken wirksam reduziert. Darüber hinaus wird auf bestehende Rechtsunsicherheiten eingegangen, die durch die noch ausstehenden Konkretisierungen zahlreicher Folgerechtsakte entstehen. Ziel des Beitrags ist es, Finanzinstituten praxisnahe Leitlinien an die Hand zu geben, um die neuen Regulierungen effektiv umzusetzen und gleichzeitig regulatorische Risiken der Non-Compliance zu minimieren. 1

---

* Dieser Beitrag beruht weitestgehend auf diversen Fachvorträgen des Autors und einer Veröffentlichung in der Zeitschrift für Banken- und Kapitalmarktrecht, welche am 22.1.2025 im Heft 2/2025 erschienen ist. Co-Autor war *Gabriel Aslan*. Der vorliegende Artikel wurde überarbeitet und hat einige neue Inhalte bekommen.

1 Verordnung (EU) 2024/1689 des Europäischen Parlaments und des Rates vom 13. Juni 2024 zur Festlegung harmonisierter Vorschriften für künstliche Intelligenz.

I. Hintergrund

1. Überblick über regulatorische Rahmenbedingungen und Marktperspektiven

2 Der Arbeitstitel dieses Beitrags entspringt dem besonderen Interesse an der regulatorischen Dialektik, also der fundamentalen Frage, ob Regulierung Ereignissen nachläuft oder ob sie diesen vorgreift und präventiv gestaltet. Dieses Spannungsfeld ist insbesondere im Kontext der KI von hoher Relevanz, da regulatorische Rahmenbedingungen sowohl als Chance als auch Hürde wahrgenommen werden können. Im Hinblick auf den EU AI Act stellt sich die zentrale Frage, ob dieser Regulierungsansatz den europäischen KI-Markt so transformiert, dass eine Art „Gütesiegel" oder ein Label „Made in Europe AI" entsteht, das Europa im globalen Wettbewerb strategische Vorteile verschaffen könnte. Oder führt der EU AI Act vielmehr zu einer regulatorischen Barriere, die Innovation hemmt und die technologische Entwicklung in Europa verlangsamt?

3 KI spielt eine zunehmend bedeutendere Rolle in verschiedenen Branchen, insbesondere in der Finanzdienstleistungsbranche, deren Marktvolumen für KI im Jahr 2023 bei 1,19 Mrd. USD lag und bis 2033 auf über 13 Mrd. USD anwachsen soll.[2] Global wird erwartet, dass KI im Bankensektor jährlich bis zu 1 Mrd. USD an zusätzlichem Wert schaffen kann, wobei das gesamte Marktvolumen der Finanzdienstleistungsbranche zwischen 2025 und 2030 auf 28,529 Mrd. USD geschätzt wird.[3]

4 Der EU AI Act schafft nun einen auf Menschenrechten harmonisierenden Rahmen zum Einklang mit den Werten der Union,[4] innerhalb dessen die Entwicklung und der Einsatz von KI-Technologien auf dem Binnenmarkt stattfinden sollen, vgl. Art. 1 Abs. 1 EU AI Act. In diesem Umfeld soll das Vertrauen in KI-Anwendungen gefestigt werden, ohne dabei das Innovationstempo des europäischen Marktes für KI einzuschränken.[5] Wesentlicher Träger ist hier die Achtung der europäischen Grundrechte-Charta.[6]

5 In seiner Natur ist der EU AI Act ein Produktregulierungsansatz, der KI als ein physisches, greifbares Produkt betrachtet und nicht lediglich als ein abstraktes, nicht zugängliches Konstrukt.[7] Als Verordnung gemäß Art. 288 Abs. 2 AEUV gilt

---

2 https://www.precedenceresearch.com/generative-ai-in-financial-services-market (zuletzt abgerufen am 11.12.2024).

3 *Noreen/Shafique/Ahmed/Ashfaq*, Sustainability 2023, 15, 3682, 3682.

4 Vgl. ErwG 2 EU AI Act.

5 Vgl. *Gerdemann*, NJW 2024, 2209 Rn. 1.

6 Vgl. Kritische Auseinandersetzung von *Palmstorfer*, NLMR 2024, 281, 283.

7 Vgl. *Chibanguza/Steege*, NJW 2024, 1769 Rn. 53.

der EU AI Act einheitlich in allen Mitgliedstaaten der Europäischen Union.[8] Der EU AI Act ist eine horizontale Verordnung, die sektorübergreifend wirkt und nicht auf einen bestimmten Bereich beschränkt ist.[9] Gleichzeitig eröffnet der EU AI Act die Möglichkeit, spezifische sektorale Regulierungen abzuleiten und zu integrieren. Der horizontale Charakter des Gesetzes bedeutet nicht eine isolierte Stellung innerhalb des bestehenden normativen Rahmens von Instituten, sondern vielmehr eine notwendige Einbindung und Anpassung an diese bestehenden Strukturen. Dadurch wird die umfassende Integration des EU AI Act in die vorhandenen Regulierungs- und Normengeflechte sicherzustellen sein.[10]

2. Künstliche Intelligenz in der Banken- und Finanzbranche

Die Einführung von Generativer Künstlicher Intelligenz (KI) markiert einen tiefgreifenden Wandel in der Banken- und Finanzbranche. Während Finanzdienstleister traditionell stark produktorientiert arbeiteten, ermöglicht der Einsatz Generativer KI den Übergang zu einem konsequent kundenorientierten Ansatz. Diese Technologie trägt dazu bei, sämtliche Phasen des Kundenlebenszyklus (startend bei der Akquise über die Betreuung bis zur Bindung) zu optimieren und so neue Formen von Personalisierung und Effizienz zu schaffen. **6**

Ein wesentlicher Nutzen der Generativen KI liegt in der Bewältigung der wachsenden Datenmengen in der Branche. Finanzinstitute verarbeiten täglich riesige Datenvolumina, deren manuelle oder konventionell automatisierte Auswertung bislang häufig an operative Grenzen stieß. Durch die Fähigkeit der Generativen KI, Informationen eigenständig zu strukturieren, zu interpretieren und neue Datensätze zu erzeugen, können bestehende Prozesse erheblich beschleunigt und die Datenqualität verbessert werden. **7**

Darüber hinaus eröffnet die Technologie neue Möglichkeiten der Wertschöpfung und Differenzierung. Sie ist nicht nur ein weiteres Analysewerkzeug, sondern Teil eines vernetzten Systems aus KI-Modellen, die sich gegenseitig ergänzen und voneinander lernen. Dieses Zusammenspiel steigert die Innovationskraft und ermöglicht es Banken, individuelle Produkte, Dienstleistungen und Marktstrategien schneller zu entwickeln und anzupassen. **8**

Ein besonders relevanter Anwendungsbereich ist die Transformation hin zu einem kundenzentrierten Geschäftsmodell. Durch die Kombination von Generativer KI mit fortschrittlicher Datenanalyse können Finanzinstitute personalisierte Angebote gestalten, die exakt auf die Bedürfnisse einzelner Kundinnen und Kunden **9**

8 https://www.bundesregierung.de/breg-de/aktuelles/ai-act-2285944 (zuletzt abgerufen am 10.12.2024).

9 *Wendt/Wendt*, Das neue KI-Recht, § 3 Rn. 36.

10 Vgl. ErwG 1 und 8 EU AI Act.

zugeschnitten sind. Dies verbessert nicht nur das Kundenerlebnis, sondern fördert auch langfristige Bindungen und stärkt das Vertrauen in die Marke. Gleichzeitig treibt die Technologie die digitale Transformation voran, indem sie die Entwicklung und Anpassung von Modellen beschleunigt, datenbasierte Entscheidungen unterstützt und operative Risiken, Kosten und Durchlaufzeiten reduziert. Aber nicht nur im Front-Office lassen sich positive Effekte durch die Nutzung von KI erzielen. Studien zeigen, dass der KI ebenfalls im Back-Office bspw. im Risikomanagement eine wichtige Bedeutung zukommt.[11]

10 Die praktischen Einsatzfelder von Generativer KI in der Finanzbranche sind breit gefächert. Im Audio-Bereich ermöglichen virtuelle Assistenten oder sprachgesteuerte Finanzberater die Interaktion mit Kundinnen und Kunden in Echtzeit, während immersive Anwendungen wie virtuelle Banking-Center neue Kundenerlebnisse schaffen. Im Programmier- und Analysekontext unterstützt KI die Automatisierung von Code-Generierung und Datenabfragen, wodurch Business-Intelligence-Systeme zugänglicher und agiler werden. Im Textbereich kann Generative KI Berichte, Risikoanalysen oder Schadensmeldungen automatisch erstellen und so Mitarbeitende von Routineaufgaben entlasten. Videoanwendungen kommen insbesondere im algorithmischen Handel und im Marketing zum Einsatz, wo KI Marktbewegungen prognostiziert oder personalisierte Inhalte generiert. Schließlich gewinnen 3D-Modelle und synthetische Daten an Bedeutung, bspw. etwa zur Simulation von Risiken, zur Verbesserung von Modelltrainings oder zur Erkennung von Cyberbedrohungen.

11 Insgesamt zeigt sich, dass Generative KI nicht nur ein Werkzeug zur Prozessoptimierung darstellt, sondern eine strategische Schlüsseltechnologie, die die Finanzindustrie grundlegend transformieren kann. Sie schafft neue Möglichkeiten der Automatisierung, fördert datenbasierte Innovationen und stärkt die Wettbewerbsfähigkeit von Banken in einem zunehmend digitalen Marktumfeld.

3. Was ist Künstliche Intelligenz – A quick View

12 Künstliche Intelligenz beschreibt den Einsatz von Computern und Algorithmen, um Aufgaben auszuführen, die typischerweise menschliche Intelligenz erfordern. Eine besonders dynamische Entwicklung innerhalb dieses Feldes stellt die Generative Künstliche Intelligenz (Generative AI) dar. Sie ist in der Lage, eigenständig neue Inhalte zu erzeugen (Texte, Bilder, Audiosequenzen, Videos, Softwarecode usw.).[12]

---

11 Vgl. Alix Partners, 2025, https://www.alixpartners.com/de/insights/102kq74/under-pressure-wie-cros-die-risikofunktion-uberdenken/ (zuletzt abgerufen am 20.10.2025).

12 Vgl. Deloitte, 2023, https://www.deloitte.com/us/en/what-we-do/capabilities/applied-artificial-intelligence/articles/generative-ai-for-enterprises.html (zuletzt abgerufen am 20.10.2025).

Die Funktionsweise Generativer KI beruht auf sogenannten Foundation Models, also großen neuronalen Netzwerken, die mit enormen Datenmengen trainiert werden. Diese Modelle sind auf die Verarbeitung und Analyse riesiger Datenbestände ausgerichtet und können auf dieser Basis neue, konsistente Inhalte generieren.[13] Die zunehmende Verfügbarkeit von Cloud-Infrastruktur, fortgeschrittenem maschinellen Lernen und die breite öffentliche Aufmerksamkeit für Anwendungen wie ChatGPT haben die Entwicklung der Generativen KI in den letzten Jahren stark beschleunigt. **13**

Die Einsatzmöglichkeiten sind breit gefächert (wie bereits für die Banken und Finanzbranche dargestellt): Generative KI kann Geschäftsberichte automatisiert verfassen, Softwarecode generieren, komplexe Datensätze visualisieren oder Kundendialoge über Sprachmodelle führen. **14**

Mit den Potenzialen gehen jedoch auch erhebliche Risiken einher. Eine der größten Herausforderungen besteht in der Verstärkung bestehender Verzerrungen (Biases) in Trainingsdaten, die zu unfairen oder fehlerhaften Ergebnissen führen können.[14] Ebenso kritisch sind Fragen der Datensicherheit, der verantwortungsvollen Nutzung autonomer Systeme und der Rechtskonformität von KI-basierten Entscheidungen. Auch das Fehlen klarer Zertifizierungen oder rechtlicher Standards für KI-Anwendungen stellt ein offenes Problem dar. Wenngleich der AI Act ein Rahmenwerk offeriert. **15**

Um diesen Risiken zu begegnen, setzen Unternehmen zunehmend auf Governance-Mechanismen, die den verantwortungsvollen Einsatz von KI sicherstellen sollen. Dazu gehören der Betrieb von Modellen in sicheren Umgebungen, die Verwendung interner, kontrollierter Datensätze, eine lückenlose Nachvollziehbarkeit („Audit Trail") sowie das Prinzip „Trust but verify", das menschliche Kontrolle und Bewertung der maschinell erzeugten Ergebnisse vorsieht.[15] Unter dem Begriff Trustworthy AI werden darüber hinaus ethische Grundsätze wie Transparenz, Fairness und Nachvollziehbarkeit als Leitlinien für den praktischen Einsatz von KI etabliert.[16] **16**

Wie Generative KI konkret funktioniert, lässt sich am Beispiel von ChatGPT veranschaulichen. Nutzerinnen und Nutzer geben eine Eingabe („Prompt") ein, auf die das Modell mit einer passenden Antwort reagiert. Anschließend können sie **17**

---

13 Vgl. Deloitte, 2023, https://www.deloitte.com/ch/en/about/press-room/ai-study-almost-half-of-all-employees-are-worried-about-losing-their-jobs.html (zuletzt abgerufen am 20.10.2025).

14 Vgl. *Rana* et al., Technovation, 2024.

15 Vgl. Deloitte, 2024, https://www.deloitte.com/us/en/insights/topics/digital-transformation/four-emerging-categories-of-gen-ai-risks.html (zuletzt abgerufen am 20.10.2025).

16 Vgl. Deloitte, 2024, https://www.deloitte.com/us/en/insights/topics/digital-transformation/four-emerging-categories-of-gen-ai-risks.html (zuletzt abgerufen am 20.10.2025).

das Ergebnis durch Feedback anpassen oder verbessern. So entsteht ein kontinuierlicher Lernprozess, in dem Mensch und Maschine interagieren und die Qualität der Ergebnisse schrittweise erhöhen.

18 Insgesamt eröffnet die Künstliche Intelligenz (im Speziellen die Generative KI) enorme Chancen, Geschäftsprozesse neu zu gestalten und kreative wie analytische Tätigkeiten zu transformieren. Zugleich erfordert sie eine bewusste Auseinandersetzung mit ethischen, rechtlichen und gesellschaftlichen Fragen, um sicherzustellen, dass technologische Innovationen im Einklang mit menschlichen Werten stehen und Vertrauen geschaffen wird.[17]

4. Ziel dieser Ausführungen

19 Der Einsatz von KI wirft für Institute Fragen im Hinblick auf deren Implementierung unter regulatorischen Gesichtspunkten auf. Dabei lassen sich drei wesentliche Umsetzungsstadien identifizieren: Institute, die KI einsetzen und sich nun mit der korrekten Einhaltung der neuen Regulierungen befassen müssen; Institute, die erst dabei sind, Anwendungsfälle für KI zu entwickeln und anschließend die notwendigen regulatorischen Maßnahmen zu implementieren; und Institute, die zunächst die regulatorischen Anforderungen und den damit verbundenen Aufwand evaluieren, bevor sie konkrete Use Cases in Betracht ziehen. Besondere Beachtung erhalten hierbei die gezielt eingesetzten und mit Leben auszufüllenden unbestimmten Rechtsbegriffe einerseits[18] sowie andererseits die aus der Risikoklassifizierung von KI resultierenden Pflichten,[19] die in den Prozess integriert werden müssen. Dabei ist eine risikobasierte und anwendungsfallorientierte Herangehensweise von zentraler Bedeutung, da die Verordnung KI mit einem risikobasierten Ansatz gemäß ihres potenziellen Gefährdungsgrads klassifiziert.[20]

20 Neben der regulatorischen Fragestellung und der Implementierungsstrategie ist hervorzuheben, dass ein umfangreiches Schulungskonzept für alle Mitarbeitenden innerhalb des Unternehmens ebenfalls eine regulatorische Vorgabe im Rahmen des EU AI Acts ist und ab Februar 2025 umgesetzt sein muss.

21 Der Beitrag beleuchtet zunächst die strategische Implementierung und die erforderlichen Schritte innerhalb des Instituts. Darauf aufbauend werden die theoreti-

---

17 Vgl. Deloitte, 2024, https://www.deloitte.com/global/en/services/consulting/research/generative-ai-and-the-future-of-work.html (zuletzt abgerufen am 20.10.2025).

18 *Ebers*, RDi 2021, 588, 590 Rn. 12.

19 Vgl. ErwG 26 EU AI Act.

20 Vgl. *Schwenke*, DSB 2024, 205: Der EU AI Act unterscheidet zwischen verbotenen Praktiken, systemischen Risiken, hochriskanten Risiken, begrenzten Risiken und minimal riskanten Systemen und künstlicher Intelligenz mit allgemeinem Verwendungszweck.

schen Grundlagen gelegt, um Inventarisierungs-, Kategorisierungs-, Governance- und Compliance-Aspekte abzuleiten und die theoretischen Grundlagen zu adressieren. Diese Vorgehensweise mag von der klassischen akademischen Struktur abweichen, ist jedoch notwendig, um die normative Ebene ausgewogen zu behandeln und zugleich gezielte Maßnahmen zur Implementierung des EU AI Acts abzuleiten.

5. Regulierungsstrategische Implementierung

Aus dem organisationstheoretischen Gedanken[21] heraus, empfiehlt sich die übergeordnete Gründung eines Center of Excellence (CoE). Zur Erfüllung der normativen Anforderungen bedarf es im parallellaufenden Prozess der Implementierung von KI in Instituten **drei wesentlicher Phasen**. Sie bilden einen systematischen Ansatz zur nachhaltigen Implementierung von KI-Lösungen im Einklang mit den Anforderungen des EU AI Acts und formen einen integralen Bestandteil des institutionellen Fortschritts. Die **dreiphasige Strukturierung des Prozesses** ist: die **Explorationsphase**, die **Implementierungsphase** und die **Skalierungsphase**. 22

a) Explorationsphase

In der **Explorationsphase** liegt der Fokus auf der Identifikation sowie der Analyse potenzieller Anwendungsfälle, der Durchführung von Proof of Concepts (POCs) zur Demonstration der Machbarkeit und dem Entwurf eines Zielbetriebsmodells. Hier werden erste Kompetenzlücken erkannt und priorisierte Anwendungsfälle als auch Roadmaps für das CoE erstellt. Überlegungen zum künftigen regulatorischen Korsett, in dem sich das geplante Zielbetriebsmodell befindet (Stichwort: Risikokategorie, Anbieter oder Betreiber, Anwendungsfall), sind bei der Machbarkeitsanalyse mitzudenken und regulatorisch zu bewerten. Governance-Strukturen und die Sicherstellung regulatorischer Compliance müssen hier aufgebaut und etabliert werden. 23

Im Rahmen der **Explorationsphase** sollte der Fokus auf die Schaffung einer soliden Governance-Struktur gelegt werden. Im ersten Schritt sollten Institute eine Prüfung interner Organisationsanweisungen und Richtlinien auf Notwendigkeit zur Verankerung von Managementanforderungen aus Art. 8 ff. EU AI Act vornehmen. Im Rahmen dieser Analyse ist ein Soll-Ist-Vergleich mit aktueller Governance-Struktur[22] und Anforderungen des EU AI Acts durchzuführen. Sodann sind regulatorische Vorgaben, Branchenstandards, bewährte Praktiken und Stakeholder-Erwartungen zu betrachten. Identifizierte Lücken sollten nach Relevanz 24

21 Vgl. *Terlau/Pinkepank*, in: Casper/Terlau, ZAG, § 27 Rn. 4.

22 Governance-Struktur steht in diesem Artikel synonym für betriebsinternes Risikomanagement.

und Kritikalität priorisiert werden, um sicherzustellen, dass gegenwärtige Richtlinien und Verfahren den Anforderungen der neuen Regulierung, insbesondere hinsichtlich der Einhaltung der Fristen, gerecht werden.[23] In diesem Schritt sollten Institute Regulatory Monitoring aufbauen und etablieren.[24] Genannte „Governance-Erwartungen" hängen stark von gewählter KI und dem Anwendungsbereich ab (Inventarisierung und Kategorisierung notwendig). Darauf aufbauend sollten geplante Use Cases oder bestehende KI-Anwendungen einer Vorab-Risikobewertung unterzogen werden, um den Anforderungen des EU AI Acts zu entsprechen und vor Inbetriebnahme/Inverkehrbringen die Anforderungen erfüllt.[25] Die Bewertung dient dazu, potenzielle Risiken bestehender oder neu einzuführender KI und deren Outputs zu identifizieren und zu auditieren. Diese erste Risikobewertung ist zur Schaffung einer risikopräventiven Governance-Struktur erheblich.

25 Auf dieser Grundlage sollte ein zusammenfassendes institutsbezogenes Governance-Rahmenwerk entwickelt werden. Wichtig ist, dass in diesem die drei Ebenen (1.) **Risikobewertung der KI**, (2.) **Lücken in der aktuellen Umsetzung** sowie die (3.) **Bewertung des konkreten Anwendungsfalls** enthalten sind. Das Rahmenwerk definiert sodann Leitlinien und Verantwortlichkeiten und legt Entscheidungszuständigkeiten fest, einschließlich Datenfreigaben, Risikobewertungen und Go-/No-Go-Entscheidungen für Anwendungsfälle.[26] Darüber hinaus werden für priorisierte Anwendungsfälle relevante regulatorische Einschränkungen ermittelt.

b) Implementierungsphase

26 Die **Implementierungsphase** umfasst die Anwendung des Betriebsmodells und der Etablierung von Governance-Strukturen zur Überwachung der KI-Aktivitäten. Wichtige Aufgaben sind, die Entwicklung von Minimal Viable Products (MVPs) und die Durchführung gezielter Schulungsmaßnahmen sowie die Einbettung von regulatorischen Funktionen. Diese Phase legt den Grundbaustein für produktive Implementierungen von Anwendungsfällen und der Etablierung des funktionsfähigen Betriebsmodells.

27 In der aufbauenden Implementierungsphase sollte das Ziel sein, ein Governance-Gremium[27] für das CoE einzurichten. Das Gremium soll klassische Funktionstrennung nicht ersetzen, sondern dafür Sorge tragen, ab Beginn der Umsetzung

---

23 Vgl. ErwG 178 EU AI Act.

24 Vgl. *Müller/Jarocki*, CB 2023, 441, 442.

25 Vgl. Art. 9 EU AI Act.

26 Das Rahmenwerk spiegelt Anforderungen aus Art. 4 und 22, 9, 10 EU AI Act wider.

27 Ein Zusammenspiel aus Art. 22, 14, 4 EU AI Act lässt den Schluss auf den Einsatz einer AI Task Force innerhalb des Unternehmens ziehen.

das Thema integrativ anzugehen. Sodann werden sukzessive Richtlinien, Standards und Verfahren entwickelt und eine Datenstrategie[28] ausgearbeitet.

Anschließend sollte ein maßgeschneiderter Risikorahmen entwickelt werden, der auf spezifische regulatorische Anforderungen des Instituts abgestimmt ist, und einen Plan zur Entwicklung von Risikomanagement-Strategien, einschließlich der Modellvalidierung und des Umgangs mit Modellrisiken ausarbeitet. **28**

Schließlich erfolgt die Operationalisierung von KI-Kontrollen. Diese umfasst die Einführung und den Betrieb von Überwachungssystemen, die Komplikationen in Echtzeit identifizieren können. Darüber hinaus müssen in dieser Phase Notfallpläne für unerwartete Systemstörungen oder Herausforderungen ausgearbeitet werden, um Stabilität der Betriebsabläufe sicherzustellen. **29**

c) Skalierungsphase

In der **Skalierungsphase** erfolgt die unternehmensweite Ausweitung der KI-Lösungen. Diese wird begleitet von der Implementierung umfassender Richtlinien, Kontrollmechanismen und Standards zur Einhaltung des EU AI Acts. Spätestens in dieser Phase muss eine vollumfängliche Einhaltung normativer Anforderungen sichergestellt sein.[29] **30**

Im Rahmen der abschließenden Skalierungsphase muss durch das Institut sichergestellt werden, die Vorabüberlegungen sowie entwickelten Richtlinien zur langfristigen Einhaltung im Institut umzusetzen. Die Richtlinien sollten im Rahmen von Pilotprojekten in Zusammenarbeit mit Fachbereichen implementiert werden, um Anwendbarkeit und Wirksamkeit zu prüfen, um Schwächen zu entdecken und Verbesserungsvorschläge umzusetzen. **31**

Nach Abschluss der Pilotphase werden die Richtlinien angepasst und implementiert. Hierbei sollte eine auf die spezifischen Anforderungen des KI-Projekts zugeschnittene Infrastruktur geschaffen werden, um eine reibungslose Umsetzung zu unterstützen. Tools[30] und Technologien, die eine Überwachung und Kontrolle der Governance ermöglichen; sollten gerade zu Beginn des noch zu erwartenden Wandels auf dem Thema implementiert werden. Zusätzlich sollten manuelle Kontrollen zur Sicherstellung der Komplementarität aller Entscheidungsprozesse integriert werden.[31] Um die Mitarbeitenden umfassend in die Umsetzung einzubin- **32**

28 Vgl. Art. 10 EU AI Act.

29 Insbesondere findet hier das Qualitätsmanagementsystem und die Konformitätsbewertung gem. Art. 17 EU AI Act i.V.m. Anhang VII Einzug.

30 Siehe Rn. 57–60.

31 Vgl. Art. 14 EU AI Act.

den, sollten Schulungen und Lehrmaterialien entwickelt werden, die alle Beteiligten mit den Richtlinien und ihrer Anwendung vertraut machen.[32]

6. Ergebnis-Artefakte: KI-Rahmenwerk und KI-Richtlinie

33 Als Ergebnis-Artefakt sollte aus den drei genannten Phasen eine individuell auf das Institut zugeschnittene KI-Richtlinie sowie ein KI-Rahmenwerk entwickelt werden. Dabei ist entscheidend, dass diese Artefakte nicht als zusätzliche, isolierte Produkte der normativen Ebene verstanden werden, sondern eng an bestehende Rahmenwerke, wie beispielsweise das Risikomanagement-Rahmenwerk angelehnt werden. Dies fördert die Integration und erleichtert die praktische Umsetzbarkeit innerhalb des bestehenden Governance-Systems. Wichtig ist, dass diese den gesamten Lebenszyklus der KI abbilden und jederzeit neue regulatorischen Anforderungen berücksichtigen können.[33]

34 Eine wesentliche Komponente des KI-Rahmenwerks bildet das **AI-Tracking**. Dies setzt Standards zur Konformität von Outputs und gefestigter Erwartungen.[34] Ein integriertes System zur Risikobewertung und -einstufung identifiziert und bewertet von ihnen ausgehende Risiken. Für ein umfassendes Bild der eingesetzten KI wird eine Bestandsaufnahme geführt, die alle relevanten Attribute für das Risikomanagement beinhaltet (**Inventarisierungs- und Kategorisierungstool**).[35]

35 Die **Lebenszyklusstandards** des Rahmenwerks sollen eine strenge Lebenszyklus-Kontrolle gewährleisten.[36] Es werden Standards für Entwicklung, Validierung und Überwachung dieser Modelle eingeführt, die durch klar definierte Kontrollpunkte regelmäßig überprüft werden.

36 Ein weiterer zentraler Aspekt ist die Risikoanalyse und Bewertung, die auf der kontinuierlichen Erstellung und Überwachung von Metriken basieren. Das System ermöglicht laufende Bewertung der Leistung und der Risiken der KI.[37] Die darin enthaltene Risikoklassifizierung erleichtert, unterschiedliche Risikostufen zu erkennen. Durch umfassende Berichte und Analysen wird die notwendige Transparenz für den Entscheidungsprozess geschaffen (**Kategorisierungstool sowie Compliance und Governance Tool**).

32 Vgl. Art. 4 EU AI Act.
33 Vgl. Art. 72 Abs. 2 Satz 1 EU AI Act und ErwG 49 EU AI Act.
34 Vgl. Art. 12 EU AI Act und ErwG 71 EU AI Act.
35 Vgl. ErwG 67, 107 ErwG EU AI Act.
36 Vgl. Art. 9 Abs. 2 Satz 1 und Art. 15 Abs. 1 EU AI Act.
37 Art. 8 Abs. 1 i.V.m. Art. 9 Abs. 1 EU AI Act.

Darüber hinaus ist das Rahmenwerk eng mit bestehenden Programmen wie dem Risikomanagement,[38] der Daten- und Cyberrisiko-Überwachung[39] sowie der rechtlichen Risikobewertung abgestimmt, um eine ganzheitliche Risiko- und Compliance-Strategie zu fördern (**Compliance und Governance Tool**). 37

Eine KI-Richtlinie, die eng an bestehende Rahmen des Instituts angelehnt ist, definiert klare Rollen und Verantwortlichkeiten und legt die Anforderungen für den Lebenszyklus der KI fest. Sie ist zuträglich für Konsistenz in allen Aktivitäten des KI-Risikomanagements und schafft eine einheitliche Grundlage für den Umgang mit KI-bedingten Risiken.[40] Es dürfte unstrittig sein, dass alle Maßnahmen ad hoc bei wesentlichen Änderungen oder einer mindestens jährlichen Überprüfung unterzogen werden müssen.[41] 38

Konkret ergeben sich für Institute nach den obigen Ausführungen und zur umfassenden Adoption die zentralen Fragestellungen: Gilt der EU AI Act überhaupt für sie und welche Technologien innerhalb ihres Instituts fallen unter den Anwendungsbereich des EU AI Acts? Zudem ist zu klären, welche Rolle das Institut einnimmt: Ist es Anbieter oder Betreiber eines KI-Systems? Weiterhin müssen Institute beurteilen, ob sie über ein KI-Modell oder ein KI-System verfügen und welche Risikoklassifikation die KI aufweist bzw. in welchem Anwendungsfeld es eingesetzt wird. 39

II. Wesentliche Parameter innerhalb der Normensystematik des EU AI Act

Der EU AI Act ist systematisch und adressatenfreundlich strukturiert. Der risikobasierte Ansatz lässt sich durch die Vorwegstellung verbotener Praktiken erkennen. Der Fokus richtet sich aber hauptsächlich auf Hochrisiko-KI. Eine differenzierende Kategorisierung zeigt den risikobasierten Ansatz der Verordnung deutlich auf. Dies hat jedoch keine direkte Innovationszäsur zur Folge, sondern verfolgt durch die Verpflichtung von Marktteilnehmern über ein abgestuftes System den integrativen Ansatz, KI im europäischen Raum mittels „regulierter Selbstregulierung“[42] zu ermöglichen. 40

38 Art. 9 EU AI Act.

39 Art. 10 und 15 EU AI Act.

40 Eine KI-Richtlinie muss an die harmonisierenden (auch noch kommender Vorschriften) stetig angepasst werden.

41 Vgl. *Wendt/Wendt*, Das neue KI-Recht, § 8 Rn. 24. Das Konformitätsbewertungsverfahren ist spätestens zu wiederholen, wenn die KI eine wesentliche Änderung erfährt.

42 Vgl. *Vasel*, EuZW 2024 230.

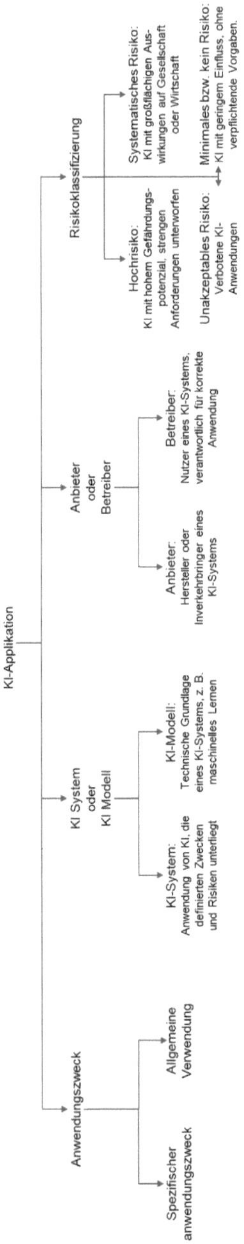

Abb. 1: Entscheidungsbaum KI

1. Ziele, Anwendungsbereich und Begriffsbestimmung

Der Anwendungsbereich erfasst KI, die innerhalb der EU entwickelt oder in Verkehr gebracht werden, als auch extraterritoriale, die durch ihre Anwendung oder ihren Output eine Wirkung auf EU-Bürger haben.[43] Zudem unterscheidet die Verordnung zwischen Anbietern[44] und Betreibern.[45] Als Hauptverantwortliche werden Anbieter (Hersteller) von KI-Systemen adressiert. Numerisch dargestellt sieht die Verordnung – differenzierend nach KI-Systemen und -Modellen – für Anbieter derzeit 10 geringe, 53 hohe respektive und 9 systemische Risiken. Betreibern ordnet die Verordnung 5 geringe beziehungsweise 35 hohe Risiken zu. **41**

Dies ergibt eine Matrix, die nicht nur die Frage klärt, ob ein Akteur Anbieter oder Betreiber ist, sondern berücksichtigt, um welche Art KI es sich handelt und in welche Risikokategorie diese fällt. **42**

Daher werden nachfolgend weitere normative Ausführungen vorgenommen, um im Anschluss zu bewerten, welche konkreten Pflichten ein Akteur in der jeweiligen Risikokategorie umzusetzen hat. Diese Anforderungen sind in die oben skizzierten strategischen Implementierungsansätze zu integrieren. **43**

2. Unterscheidung von KI-Systemen und KI-Modellen

Der EU AI Act differenziert zwischen KI-Systemen[46] und KI-Modellen.[47] **44**

Insbesondere werden Hochrisiko-KI-Systeme (Art. 6 ff. EU AI Act), bestimmte KI-Systeme (Art. 51 EU AI Act)[48] sowie KI-Modelle mit allgemeinem Verwendungszweck[49] (Art. 50 Abs. 1 EU AI Act) und KI-Modelle mit allgemeinem Verwendungszweck mit systemischem Risiko[50] (Art. 55 EU AI Act) angesprochen. **45**

Die Autoren möchten diesen Beitrag aufgrund der Relevanz für den Finanzsektor auf Hochrisiko-KI-Systeme fokussieren. Die Verordnung unterscheidet insbesondere bei Hochrisiko-KI zwischen einsatzfeldbezogenen sowie produktsicherheitsbezogenen KI-Systemen. Erstere betreffen die auf Grundlage von Art. 1 EU AI Act **46**

---

43 Vgl. ErwG 21 EU AI Act.
44 Vgl. Definition in Art. 3 Ziff. 3 EU AI Act.
45 Vgl. Definition in Art. 3 Ziff. 4 EU AI Act.
46 Vgl. Art. 3 Ziff. 1 und ErwG 12 EU AI Act.
47 Vgl. hierzu *Schwenke*, DSB 2024, 205, 205 sowie ErwG 6 EU AI Act. Der Begriff KI-System wird bewusst in der Verordnung vorrangig an Stelle von KI verwendet, um die konkrete Anwendung und deren Auswirkung auf Menschen und Umwelt zu betonen.
48 „Specific Purpose AI" (SPAI), vgl. Art. 50 Abs. 1 Satz 1 EU AI Act: Diese sind auf direkte Interaktion mit natürlichen Personen in bestimmten Anwendungsfällen bestimmt.
49 Vgl. Art. 3 Ziff. 63.
50 Vgl. Art. 3 Ziff. 65.

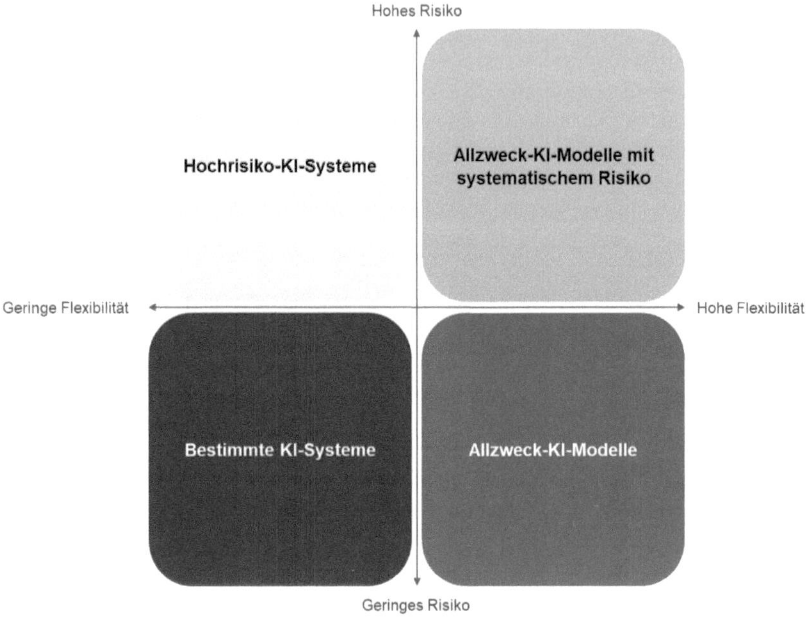

Abb. 2: Kategorisierung von KI nach Risiko und Flexibilität

besonders risikoträchtigen Bereiche, vgl. Art. 6 Abs. 2 EU AI Act i.V.m. Anhang 3. Letztere hingegen sind in Produkten integrierte Systeme und akzentuieren die körperliche Integrität, vgl. Art. 6 Abs. 1 EU AI Act i.V.m. Anhang 1 Abschnitt A.[51]

3. Zweckrichtung

a) KI mit allgemeinem Verwendungszweck (GPAI/Art. 51 EU AI Act)

47 KI mit allgemeinem Verwendungszweck (allgemeine KI)[52] – zu der leistungsstarke Sprachmodelle gehören – zeichnet sich durch hohe Flexibilität und Anpassungsfähigkeit aus und kann eigenständig neue Inhalte generieren. Sie kann direkt verwendet oder in andere Systeme integriert werden.[53] Aufgrund dieser Charakteristika ist allgemeine KI mit potenziell erheblichen Risiken behaftet,

51 Vgl. *Gerdemann*, NJW 2024, 2209 Rn. 2.
52 Vgl. hierzu *Wendt/Wendt*, Das neue KI-Recht, 1. Aufl. 2024, § 4 Rn. 2.
53 Vgl. Art. 3 Ziff. 66 und ErwG 100 EU AI Act.

die sich erst im Kontext ihrer Ausprägung als Modell oder System ergeben. Für allgemeine KI-Modelle bestehen mit Art. 51 EU AI Act konkretere Vorschriften.

b) Bestimmte KI (SPAI/Art. 50 EU AI Act)

Bestimmte KI ist für spezifische Anwendungen entwickelt und wird in klar definierten, zweckgebundenen Bereichen – wie medizinische Diagnoseanwendungen oder Finanzanalyse-Algorithmen – eingesetzt. Sie zeichnen sich durch gezielte Funktionalität und enge Bindung an ihren Einsatzzweck aus.[54] Da bestimmte KI-Systeme in besonders sicherheitskritischen und regulierten Sektoren angewendet werden, verlangt der EU AI Act, dass sie einer strikten Zweckbindung unterliegen und nur innerhalb des definierten Anwendungsrahmens betrieben werden. Eine Abweichung von dieser Zweckbindung könnte potenziell schwerwiegende rechtliche und sicherheitstechnische Konsequenzen haben und ist daher ohne entsprechende Neubewertung und Genehmigung durch die Aufsichtsbehörden unzulässig. **48**

4. Risikoklassifizierung

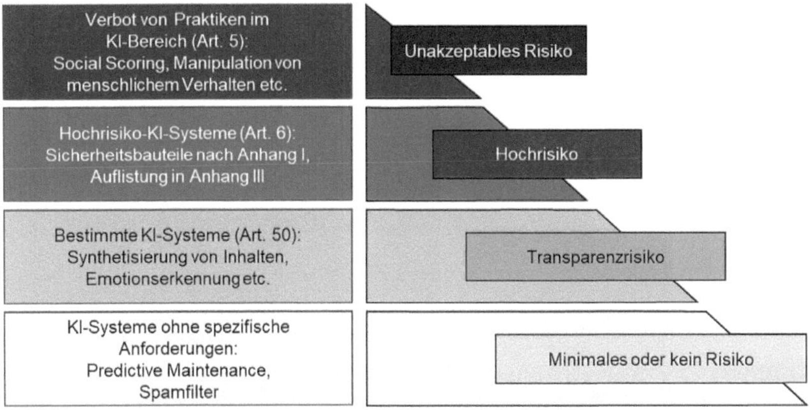

Abb. 3: KI-Risikoklassifizierung

Die technologieneutrale Klassifizierung orientiert sich am Einsatzzweck der KI.[55] **49** Als Risiko beschreibt Art. 3 Abs. 2 EU AI Act die Kombination aus Wahrscheinlichkeit des Eintritts eines Schadens und der Schwere dieses Schadens. Wie be-

54 Vgl. Art. 3 Ziff. 12 EU AI Act.
55 *Wendt/Wendt*, Das neue KI-Recht, 1. Aufl. 2024, § 4 Rn. 1.

reits dargestellt, unterscheidet der EU AI Act ausgehend vom Wirkungsgrad verbotene Praktiken mit unakzeptablem Risiko, systemisches Risiko, Hochrisiko, KI mit beschränktem Risiko sowie KI, von der minimales oder kein Risiko ausgeht. Die Klassifizierung bringt zusätzliche regulatorische Anforderungen für die jeweiligen Systemklassen mit sich.

50 Aus Sicht der Autoren ist es wichtig zu betonen, dass die Risikokategorie zwar vorgibt, wie KI innerhalb eines Instituts in einem konkreten Anwendungsfall reguliert werden soll. Gleichwohl erscheint es sinnvoll, den Fokus nicht ausschließlich auf die aktuelle Risikokategorie zu legen. Stattdessen sollten Institute in Betracht ziehen, bereits Anforderungen aus höheren Kategorien präventiv umzusetzen. Dies dient dem Gedanken der Lebenszyklusanalyse der eingesetzten KI gerecht zu werden und sicherzustellen, dass bei potenziellem Kategoriewechsel sämtliche regulatorischen Anforderungen erfüllt bleiben.[56]

a) Unakzeptables Risiko verbotener Praktiken (Art. 5 EU AI Act)

51 Ein unakzeptables Risiko wird KI-Systemen zugeordnet, die verbotene Praktiken verfolgen. Insbesondere im Bankensektor verbotene Verhaltensweisen sind solche, die menschliches Verhalten unterschwellig beeinflussen oder Schutzbedürftige ausnutzen,[57] die für privates oder öffentliches Social Scoring verwendet werden[58] oder die zur biometrischen Echtzeit-Identifizierung[59] in öffentlichen Räumen eingesetzt werden. Biometrische Kategorisierungssysteme[60] sind wie Echtzeit-Emotionsanalysesysteme[61] ebenfalls inbegriffen. Für letztere besteht bei Vorliegen medizinischer oder sicherheitstechnischer Gründe eine Ausnahme für den speziellen Zweck der Anwendung in den Bereichen des Arbeitsplatzes und Bildungseinrichtungen. Der Ausschluss solcher Systeme soll nicht erst auf operativer Ebene erfolgen, sondern regelmäßig das Inverkehrbringen und die Inbetriebnahme der Systeme verhindern.

b) Hochrisiko (Art. 6ff. EU AI Act)

52 Art. 6 Abs. 2 EU AI Act i.V.m. Anhang 3 der Verordnung listet KI-Systeme mit hohem Risiko auf und macht gleichzeitig in Art. 6 Abs. 3 EU AI Act Ausnahmen, wann das Risiko nicht als solches einzustufen ist. Wesentlicher Anknüpfungspunkt ist nicht erst das Inverkehrbringen, die Inbetriebnahme oder ein Modell per

56 Vgl. *Knoblich/Krimphove*, BKR 2024, 843 ff.
57 Vgl. ErwG 29 EU AI Act.
58 Vgl. ErwG 31 EU AI Act.
59 Vgl. ErwG 43 EU AI Act.
60 Vgl. ErwG 30 EU AI Act.
61 Vgl. ErwG 44 EU AI Act.

se, sondern die abstrakte Gefahr durch solche Systeme im Einsatz ihres jeweiligen Anwendungsbereiches.[62] Der EU AI Act verfolgt ein dualkonditionales Einstufungssystem (Art. 6 Abs. 1). Hochriskant sind insbesondere **Systeme zur Kreditwürdigkeitsprüfung** natürlicher Personen.

c) Transparenzrisiko (Art. 50 EU AI Act)

53 KI-Systeme mit beschränktem Risiko unterliegen spezifischen Transparenz- und Kennzeichnungspflichten. Solche Systeme können potenziell Auswirkungen – ohne erhebliche negative Konsequenzen – auf natürliche Personen haben. Vorstehend ist die Transparenz: Nutzern muss die Interaktion mit solcher KI oder ihrer generierten Inhalte bewusst gemacht und hierfür gekennzeichnet werden. Dies betrifft vor allem Anwendungen wie Chatbots oder Deepfakes.

d) Minimales Risiko

54 Von nicht wie vorbezeichnet kategorisierte KI geht nur ein minimales Risiko aus.[63] Hierfür besteht keine explizite Regelung, da diese KI keine oder nur sehr geringe Auswirkungen auf Rechte von Einzelpersonen hat. Sie wird in der Regel für interne verfahrenstechnische Aufgaben verwendet. Beispiele sind **interne Ratingmodelle** oder **Empfehlungssysteme**, **Chatbots** oder **Spamfilter**, die zur Unterstützung von internen Prozessen eingesetzt werden, etwa zur Verbesserung der Entscheidungsfindung oder zur Effizienzsteigerung in der Organisation. Für diese minimal riskanten Systeme gelten **freiwillige Standards**.[64] Sie müssen keine gesetzlich vorgeschriebenen Anforderungen erfüllen, sondern lediglich internen Qualitätsrichtlinien entsprechen.

III. Regulatorische und operative Ansätze zur Implementierung in Finanzinstituten

55 Mithin haben wir zwei wesentliche Grundlagen geschaffen: Zum einen die Klärung der Frage der regulatorisch-strategischen Implementierung und Umsetzung von KI innerhalb der Institute unter gleichzeitiger Einhaltung des EU AI Acts, zum anderen die wesentlichen normativen Grundlagen, die der EU AI Act an Anwendung und Umsetzung innerhalb der Institute stellt.

56 Beide Grundlagen münden in eine **dreistufige finale Umsetzungsstrategie**: die **Inventarisierung**, die **Kategorisierung** und die **resultierenden und ableitbaren**

62 Vgl. ErwG 46 EU AI Act.
63 Vgl. *Wendt/Wendt*, Das neue KI-Recht, 1. Aufl. 2024, § 4 Rn. 38.
64 Vgl. ErwG 165 EU AI Act.

normativen Anforderungen. Mit diesen drei Schritten ist es Instituten künftig möglich, oben genannte Anforderungen in jedem Schritt über den gesamten Lebenszyklus sachgerecht umzusetzen.

57 Die Inventarisierung fungiert als zentrales Verzeichnis, in dem KI einer Organisation systematisch erfasst und dokumentiert wird. Dies ist vergleichbar mit einer IT-Inventur. Die Inventarisierung ermöglicht, unabhängig von der im EU AI Act vorgesehenen kategorischen Einordnung, eine systematische Bestandsaufnahme. Diese erlaubt, nicht nur auf den EU AI Act zu reagieren, sondern proaktiv harmonisierende Regelwerke kohärent zu berücksichtigen.[65] Die Kategorisierung nimmt eine risikobasierte Einteilung der erfassten Systeme vor. Im Kern geht es um Zuordnung der Systeme zu gezeigten Risikogruppen und sichert die proportionale Umsetzung der Regulierungsmaßnahmen zu potenziellen Risiken der KI.

58 Die Inventarisierung bietet sich logischerweise als Instrument für standardisierte Abläufe in einem präpositionalen Schritt an. Sie kann auf sich im Einsatz befindliche als auch auf erst noch zu entwickelnde Systeme durchgeführt werden. Für bestehende Systeme kann die Inventarisierung als notwendig erachtet werden, um den nachfolgenden Prozess graduell zu gestalten und Vergleichbarkeit zu sukzessiv zu implementierenden Systemen vorzubereiten. Das Inventarisierungsverfahren sollte eine transparente Identifizierung relevanter Aspekte herbeiführen, um regulatorische Entwicklungen zu antizipieren. Hierzu bietet sich die Gestaltung eines Inventarisierungsprozesses durch ein zugeschnittenes Tool an.

59 Zunächst erfasst das Inventarisierungstool KI-Komponenten im Unternehmen, um Transparenz herzustellen und Anwendungsbereiche zu dokumentieren. Dies umfasst die Definition der Nutzer sowie den Anwendungsbereich.[66] Die KI wird über ihre Datenquellen und Infrastruktur betrachtet. Ausgehend davon, ob z.B. maschinelles Lernen oder Deep Learning zum Einsatz kommt, können Datenquellen der jeweiligen Algorithmen sowie der Art beschrieben werden. Dies klassifiziert, ob personenbezogene Daten betroffen sind und in welchem Datenraum (Cloud oder On-Premise[67]), diese verarbeitet werden.[68] Im weiteren Schritt werden alle Parteien identifiziert, die an Entwicklung, Implementierung und Nutzung der KI beteiligt sind. Dazu gehören Entwickler, adressierte Nutzer sowie Aufsichtsbehörden. Von gehobener Bedeutung ist die Aufnahme der Erwartungen und Interessen von Stakeholdern. Das Inventarisierungstool kann vorab Risiken

65 Vgl. ErwG 46 EU AI Act.

66 Der Inventarisierungsansatz korreliert mit den Anforderungen des EU AI Acts aus einem robusten Risikomanagement und Datenmanagement aus Art. 9 und 10 sowie den Dokumentationspflichten aus Art. 12 EU AI Act.

67 Vgl. hierzu: *Ebers/Heinze/Krügel/Steinrötter*, KI und Robotik, § 22 Rn. 35.

68 Kongruent in der technischen Dokumentation aus Art. 11 EU AI Act vorgesehen und den Dokumentationspflichten aus Art. 10 EU AI Act.

identifizieren, die vom KI-System oder einzelnen Komponenten. Das Management dieser Risiken umfasst mögliche Bias, Halluzinationswahrscheinlichkeiten und Akzeptanz- oder Ablehnungstendenzen zu behandeln. Auf Grundlage der inventarisierenden Kaskade entsteht eine zentralisierte Datenquelle. Diese kann im Unternehmen für die laufende und künftige Entwicklung, Implementierung oder Skalierung von KI als Verzeichnis herangezogen werden, um Fortschritte mit regulatorischen Anforderungen abzugleichen.

Die Kategorisierung stellt einen Zwischenschritt dar, um Governance- und Compliance-Anforderungen gemäß EU AI Act abzuleiten. Durch das aufgebaute Inventarisierungstool kann diese automatisch erfolgen und Anwendungsfall, Risikokategorie und Rollenverteilung erfassen. Entscheidend sind die abgeleiteten regulatorischen Maßnahmen, die Akteure bei der normativen Konformität und beim Management von Hochrisiko-KI-Systemen unterstützen. **60**

IV. Regulatorische Handlungsfelder für Anbieter und Betreiber zur Sicherstellung der Compliance mit dem EU AI Act

Nach detaillierter Betrachtung, wofür der EU AI Act steht und welche konkreten Handlungsfelder sich in operativer und praktischer Umsetzung für Finanzinstitute ergeben, stellt sich die Frage: Was sind die konkreten Anforderungen an Governance- und Compliance in Kombination der diversen Schichten. **61**

Im Folgenden soll daher kurz ein Überblick über entstandene Pflichten gegeben werden. **62**

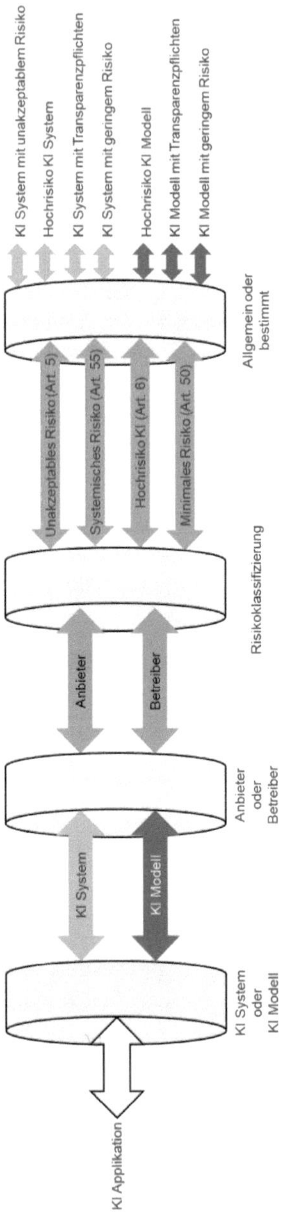

Abb. 4: KI-Klassifizierungsdimensionen

1. (Transparenz-)Pflichten von Anbietern von KI-Systemen mit geringem Risiko

Für den Fall, dass ein KI-System mit Transparenzrisiko vorliegt (s. Rn. 52), gilt: **63** Transparenz ist ein grundlegender Pfeiler. Art. 50 EU AI Act setzt Pflichten für bestimmte KI-Systeme fest. Die KI-Systeme sollen natürliche Personen darüber informieren, wann sie mit einem dieser oder generierten Inhalte interagieren.[69] Spätestens zum Zeitpunkt der ersten Interaktion ist diese Information in klarer oder eindeutiger Weise bereitzustellen, Art. 50 Abs. 5 Satz 1 EU AI Act. Dies betrifft beispielsweise eine Kennzeichnung von KI-generierten Inhalten, insbesondere von Deepfakes sowie die Offenlegung des KI-Einsatzes in Chatbots. Besondere Transparenzpflichten sind bei Gefahr eines Identitätsbetrugs, Täuschung oder Deepfakes einzuhalten. Der Anbieter hat angelehnt an Art. 95 EU AI Act Verhaltenskodizes zu veröffentlichen.[70] Des Weiteren muss er Modellkarten über Zweck, Leistung und Trainingsdaten er- und bereitstellen. KI-Systeme mit geringem Risiko sind bei der EU-Datenbank zu registrieren, Art. 6 Abs. 2 i.V.m. 49 Abs. 2 EU AI Act. Zudem muss die KI-Kompetenz gegenüber Mitarbeitenden sichergestellt werden, Art. 4 EU AI Act. Bei Chatbots müssen Nutzer darüber informiert werden, dass sie nicht mit einem Menschen, sondern mit einer KI interagieren.

2. Anforderungen und Pflichten eines Anbieters von Hochrisiko-KI-Systemen

Falls die Voraussetzungen von Hochrisiko-KI-Systemen vorliegen (siehe Rn. 51), **64** sind dedizierte Anforderungen zu beachten und verstrickte Pflichten von Anbietern zu erfüllen. Anforderungen an Hochrisiko-KI-Systeme sind in Art. 8 bis 15 EU AI Act, die über Art. 16 EU AI Act auf den Anbieter Anwendung finden, geregelt: Hiervon ist der datensensible Finanzsektor adressiert, um bei Anwendung von KI-Systemen in eigenen Produkten Leitplanken für einen sicheren Umgang mit verwendeten Daten und generierten Ergebnissen zu schaffen.

Die Anforderungen sind ab dem 2.8.2026 zu erfüllen (s. o.). Art. 8 EU AI Act legt **65** den Grundstein, indem die Erfüllung der Anforderungen unter Berücksichtigung des Verwendungszwecks und des aktuellen Stands der Technik vorschreibt. In der Übergangszeit gibt es laut Art. 111 EU AI Act Ausnahmen für viele vor diesem Datum in Verkehr gebrachte Systeme, sofern sie nicht erheblich verändert werden. Sie beginnen vor dem Inverkehrbringen oder der Inbetriebnahme des Systems und sind damit vor Markteinführung des Systems zu berücksichtigen.[71] Zudem sind Akteure zur freiwilligen Einhaltung angehalten.[72]

---

69 Vgl. ErwG 132 EU AI Act.

70 *Wendt/Wendt*, Das neue KI-Recht, 1. Aufl. 2024, § 13 Rn. 1.

71 *Wendt/Wendt*, Das neue KI-Recht, § 5 Rn. 2.

72 Vgl. ErwG 178 EU AI Act.

66 Zunächst müssen Anbieter ihr System in von der EU-Kommission eingerichteten Datenbank registrieren. Dies erfolgt unter Angabe des Namens, Handelsnamens und -Marke sowie Kontaktanschrift, Art. 16 lit. b und i i.V.m. Art. 49 Abs. 1 EU AI Act.

67 Gewichtiges Element ist die Einrichtung und Betrieb eines Risikomanagementsystems nach Art. 16 lit. a i.V.m. Art. 9 Abs. 2 EU AI Act sowie eines parallelen Qualitätsmanagementsystems Art. 16 lit. c i.V.m. Art. 17 EU AI Act. Das System muss „Trustworthy AI by Design" sein, Art. 17 Abs. 1 EU AI Act. Die Konkretisierung und Prüfung des Risikomanagements werden durch harmonisierende Vorschriften mit Ablauf des Jahres 2025 erwartet.[73] Es soll primär potenzielle Gefahren identifizieren und adressieren. Die Reichweite trifft den Betreiber, indem der Anbieter Informationen nach Art. 9 Abs. 5 EU AI Act für Betreiber in Form von Leistungskennzahlen des Systems für die Nutzer bereitzustellen[74] und über sein System zu schulen hat, Art. 9 Abs. 5 lit. c EU AI Act. Der Anbieter hat Risikomanagementmaßnahmen hinreichend zu dokumentieren und mögliche Verwendungsszenarien des Systems zu erfassen.[75]

68 Außerdem muss der Anbieter gemäß Art. 60 Abs. 4 EU AI Act einen Plan für den Test unter realen Bedingungen außerhalb von KI-Reallaboren erstellen, diesen überwachen und geeignete Maßnahmen ermitteln, Art. 9 Abs. 6–8 EU AI Act. Von Betroffenen hat er hierfür eine Einwilligung gem. Art. 61 Abs. 1 EU AI Act einzuholen, zu datieren und dokumentieren.

69 Besondere Anforderungen gelten für Datengovernance bei Systemen, die mit Daten trainiert werden Art. 16 lit. a i.V.m. Art. 10 EU AI Act. Die Anforderung ist, Maßnahmen zu treffen, um Verzerrungen zu minimieren[76] und fehlerfreie[77] wie faire[78] Ergebnisse nach höchsten Qualitätsstandards zu erzielen. Finanzinstitute, die auf präzise Datenanalysen angewiesen sind und finanzmathematische Produkte anbieten oder betreiben und personenbezogene Daten verwenden, haben harmonisierende Vorschriften zu beachten[79], die sich teilweise mit den Anforderungen der DSGVO überschneiden.[80]

---

73 *Wendt/Wendt*, Das neue KI-Recht, § 5 Rn. 7.
74 Vgl. ErwG 74 EU AI Act.
75 Vgl. ErwG 65 EU AI Act.
76 *Wendt/Wendt*, Das neue KI-Recht, § 5 Rn. 16.
77 *Wendt/Wendt*, Das neue KI-Recht, § 5 Rn. 17.
78 *Wendt/Wendt*, Das neue KI-Recht, § 5 Rn. 15.
79 Vgl. *Wendt/Wendt*, Das neue KI-Recht, § 5 Rn. 20.
80 Vgl. *Wilmer*, in: Jandt/Steidle, Datenschutz-HdB, Kap. V. Rn. 680 und ErwG 69 EU AI Act.

Eine umfangreiche technische Dokumentation[81] muss erstellt und auf neuestem Stand gehalten werden, Art. 16 lit. a i.V.m. Art. 11 EU AI Act fordert die Erstellung detaillierter technischer Dokumentation, die Transparenz und Nachvollziehbarkeit gewährleistet – ein Aspekt, der angesichts der Reichweite von Finanzprodukten von großer Bedeutung ist und Beweisführungsmöglichkeiten über Einhaltung der Compliance gegenüber nationalen Aufsichtsbehörden eröffnet.[82] Die technische Dokumentation ist vor Inverkehrbringen des Systems zu erstellen und während des laufenden Betriebs zu aktualisieren. Der Inhalt bemisst sich nach vier Kategorien des Anhangs 4: Allgemeine Beschreibung des Systems[83], detaillierte Beschreibung der Bestandteile des Systems,[84] ausführliche Information und Überwachung über Funktion und Leistungsgrenzen[85] sowie eine umfangreiche Darlegung der Leistungskennzahlen.[86] Insbesondere profitiert das Inventarisierungstool von diesen Maßnahmen und wird mit Inhalt über die einzuordnenden KI-Bestandteile bereichert. Für die Bereitstellung eines Störungssicherheitsplans für die Robustheit ist ebenfalls eine technische Dokumentation[87] nach dem EU AI Act vorgesehen. Vorhersehbare Fehlanwendungen sind im Rahmen der Er- und Bereitstellung der Gebrauchsanweisung ausdrücklich festzuhalten.[88] **70**

Die Systeme müssen gemäß Art. 16 lit. a i.V.m. Art. 12 EU AI Act, so konzipiert werden, dass sie automatische Aufzeichnungen ermöglichen, transparent in ihrem Betrieb sind Art. 16 lit. a i.V.m. Art. 13 EU AI Act und eine wirksame menschliche Aufsicht gewährleisten, Art. 16 lit. a i.V.m. Art. 14 EU AI Act. **71**

Die in Art. 12 EU AI Act geforderten automatischen Aufzeichnungsmechanismen sollen lückenlose Rückverfolgbarkeit der Systementscheidungen ermöglichen. Dies trägt gleichzeitig der Marktbeobachtungspflicht[89] aus Art. 72 EU AI Act zu. Die Implementierung von Sicherheitsmaßnahmen zur Sicherstellung der Robustheit und Überwachungsalgorithmen sollen der Überwachung dienen.[90] Zudem ist der Anbieter zur Aufzeichnung und Protokollierung während der Lebensdauer des Systems i. S. d. Art. 12 Abs. 1 und 2 EU AI Act verpflichtet.[91] **72**

---

81 Vgl. ErwG 71 EU AI Act.
82 *Wendt/Wendt*, Das neue KI-Recht, § 5 Rn. 22.
83 *Wendt/Wendt*, Das neue KI-Recht, § 5 Rn. 23.
84 *Wendt/Wendt*, Das neue KI-Recht, § 5 Rn. 24.
85 *Wendt/Wendt*, Das neue KI-Recht, § 5 Rn. 25.
86 *Wendt/Wendt*, Das neue KI-Recht, § 5 Rn. 26.
87 Vgl. ErwG 75 EU AI Act.
88 Vgl. ErwG 65 und 72 EU AI Act.
89 *Wendt/Wendt*, Das neue KI-Recht, § 5 Rn. 30.
90 Vgl. ErwG 75 EU AI Act, wonach schwellenbasierte Trigger eingesetzt werden sollen.
91 Vgl. ErwG 71 EU AI Act.

73 Transparenz und Informationsbereitstellung wie in Art. 13 EU AI Act vorgeschrieben, sollen den Betrieb angebotener Systeme konform ermöglichen und Ergebnisse generierter Inhalte der Bewertung unterziehen. Dies umfasst unter anderem die Bereitstellung der Betriebsanleitung, Kontaktinformationen über den Anbieter sowie Daten über das System. Ein Betreiber ist zudem unverzüglich über Korrekturmaßnahmen vonseiten des Anbieters zu informieren, Art. 16 lit. j i.V.m. Art. 20 Abs. 1 EU AI Act. Weiterhin ist die schriftliche Vereinbarung des Anbieters mit dem Betreiber zu dokumentieren.[92]

74 Die menschliche Aufsicht, verankert in Art. 14 EU AI Act, sieht vor, dass auf KI generierte Entscheidungen lediglich Entscheidungsempfehlungen sein sollen und als Grundlage für eine von natürlicher Person zu treffende Entscheidung dienen[93] – ein Prinzip, das im Risikomanagement von Finanzinstituten von zentraler Bedeutung ist. Die konkrete Ausgestaltung findet auf personeller und technischer Ebene statt und kann in unterschiedlicher Form, abhängig vom Entwicklungsgrad des Systems erfolgen, vgl. Art. 16 lit. a i.V.m. Art. 14 Abs. 3 EU AI Act. So ist zum Beispiel die Einrichtung einer Mensch-Maschine-Schnittstelle zwecks menschlicher Aufsicht sowie die Integration von Betriebsbeschränkungen möglicher Anwendungsfall.[94]

75 Genauigkeit, Robustheit und Cybersicherheit sind ebenfalls by Design zu implementieren, Art. 16 lit. a i.V.m. Art. 15 EU AI Act. Schließlich soll über den gesamten Lebenszyklus die Genauigkeit, Robustheit und Cybersicherheit der Systeme gewährleistet sein, um sensible Daten zu schützen. Die Verordnung möchte hierdurch die Fehlerresilienz verstärken[95] und im Falle iterativer Lernprozesse Rückkopplungen[96] oder Manipulationen des Trainingsdatensatzes[97] verhindern.

76 Anbieter müssen zudem eine CE-Kennzeichnung[98] anbringen EU AI Act, Art. 16 lit. b und h i.V.m. Art. 48 EU AI Act.

77 Art. 16 sieht in lit. f EU AI Act vor, dass ein System für Konformitätsbewertungsverfahren[99] vor dem Inverkehrbringen bereitgestellt[100] und dieses durchgeführt[101] wird, Art. 16 lit. f i.V.m. Art. 43 EU AI Act. Die Konformität ist ihrerseits durch

92 Vgl. ErwG 88 EU AI Act.
93 *Wendt/Wendt*, Das neue KI-Recht, § 5 Rn. 42 und 43, mit Verweis auf ErwG 27 EU AI Act.
94 Vgl. ErwG 73 EU AI Act.
95 Vgl. *Wendt/Wendt*, Das neue KI-Recht, § 5 Rn. 56.
96 *Wendt/Wendt*, Das neue KI-Recht, § 5 Rn. 57.
97 *Wendt/Wendt*, Das neue KI-Recht, § 5 Rn. 59 und 60.
98 Vgl. ErwG 129 EU AI Act.
99 Vgl. *Gerdemann*, NJW 2024, 2210 Rn. 3 und Rn. 8.
100 Vgl. ErwG 125 EU AI Act.
101 Vgl. ErwG 81 und 132 EU AI Act.

eine EU-Konformitätserklärung auszustellen, Art. 16 lit. g i.V.m. Art. 47 EU AI Act. Zudem ist die Konformitätserklärung für zehn Jahre aufzubewahren, Art. 47 EU AI Act.

Nach dem Inverkehrbringen sind Anbieter nicht nur zur oben genannten Beobachtung des Systems verpflichtet, sondern müssen schwerwiegende Vorfälle melden, Art. 73 EU AI Act. Sie unterliegen zudem Mitwirkungs-, Korrektur- und Informationspflichten gegenüber Behörden und Betreibern Art. 16 lit. j und k, Art. 20 und 74 EU AI Act. **78**

Maßgeblich für alle Finanzinstitute ist außerdem die Gewährleistung ausreichender KI-Kompetenz: Art. 4 EU AI Act verpflichtet sowohl Anbieter als auch Betreiber, sicherzustellen, dass ihre Mitarbeitenden und andere mit dem Betrieb von KI-Systemen betraute Personen über notwendige Fähigkeiten und Kenntnisse verfügen, um fundierte Entscheidungen über KI-Systeme zu treffen und deren Auswirkungen auf Betroffene zu verstehen. Art. 113 EU AI Act fordert von Anbietern und Betreibern mit Eintritt des 2.2.2025 für ein ausreichendes Maß an KI-Kompetenz zu sorgen. **79**

Treten Banken als Anbieter von KI-Systemen auf, werden diese von zusätzlichen Verpflichtungen getroffen. Darunter fällt die Sicherstellung der menschlichen Aufsicht durch geschultes Personal und die Durchführung eines **Fundamental Rights Impact Assessments (FRIA)** vor dem Einsatz des KI-Systems.[102] **80**

3. Pflichten des Betreibers von KI-Systemen mit geringem Risiko

Neben den vorbezeichneten Transparenzpflichten des Anbieters gibt es spezifische Verpflichtungen für Betreiber von KI-Systemen mit geringem Risiko, um ein Mindestmaß an Sicherheit und Verantwortlichkeit auch bei weniger risikoreichen Anwendungen zu gewährleisten. Dies beginnt mit der sorgfältigen Befolgung der vom Anbieter bereitgestellten Gebrauchsanweisung. Sie enthält vorgesehene Verwendungszwecke, Betriebsbedingungen und insbesondere vorsehbare Fehlanwendungen[103] des Systems.[104] Zwar richtet sich die Verordnung diesbezüglich an den Betreiber von Hochrisiko-KI-Systemen,[105] jedoch bietet sich die Einhaltung der Betriebsanleitung auch in vorstehendem Fall an. Organisatorisch ist der Betreiber bei geringen Risiken zu Informations-, Dokumentations- sowie **81**

---

102 Vgl. Art. 27 EU AI Act, wonach eine Grundrechte-Folgenabschätzung für Hochrisiko-KI-Systeme vorzunehmen ist. Das Prinzip ist auf die menschliche Aufsicht durch geschultes Personal aus Art. 14 Abs. 2 und 26 Abs. 2 EU AI Act zurückführen.

103 Vgl. ErwG 65 EU AI Act.

104 Vgl. ErwG 72 EU AI Act, wonach der Anbieter zur Erstellung und Bereitstellung einer Gebrauchsanweisung angehalten ist.

105 Vgl. Art. 26 Abs. 1 und 5 EU AI Act.

Schulungspflichten angehalten. Er ist zur besonderen Transparenz bei Gefahr von Identitätsbetrugs, Täuschung oder bei der Verbreitung von Deepfakes aufgefordert. Zudem müssen betroffene Personen unmittelbar informiert werden, sofern diese in Berührung mit Emotions- oder biometrischen Kategorisierungssystemen kommen. Durch solche Systeme erfasste Daten sind zudem rechtskonform zu verarbeiten, vgl. Art. 50 Abs. 3 und 5 EU AI Act.

4. Pflichten des Betreibers von Hochrisiko-KI-Systemen

82 Die umfangreichsten und detailliertesten Verpflichtungen des EU AI Acts sind abermals auf den Betrieb von Hochrisiko-KI-Systemen ausgerichtet. Hierfür bietet sich differenzierende Betrachtung auf technische und organisatorische Maßnahmen an.

83 Technisch ist der Betreiber zur Überwachung der Funktionsweise der KI-Systeme und der Eingabedaten verpflichtet. Außerdem ist die Einhaltung der Betriebsanleitung zu überwachen und das System entsprechend zu verwenden, vgl. Art. 26 EU AI Act.

84 Außerdem ist er zur Aufzeichnung[106] und Aufbewahrung der technischen Protokolle verpflichtet, Art. 26 Abs. 6. Automatisch erzeugte Protokolle sind für mindestens sechs Monate aufzubewahren, Art. 26 Abs. 6 Satz 1 EU AI Act.

85 Gegenüber Betroffenen bestehen Informationspflichten bei der Verwendung von KI-Systemen, die Entscheidungen betreffen oder unterstützen.[107] Zum einen muss der Betreiber eine Erklärung abgeben[108] und diese unterrichten.[109] Zum anderen ist wie vonseiten des Anbieters der Betreiber zur Einholung der Einwilligung bei Tests unter realen Bedingungen außerhalb von KI-Reallaboren angehalten. Gegenüber dem Anbieter bestehen Informationspflichten im Rahmen der Beobachtung gemäß Art. 26 Abs. 5 Satz 1 i.V.m. 72 Abs. 2 EU AI Act. Außerdem ist eine schriftliche Vereinbarung mit dem Anbieter zu schließen.[110]

86 Mitarbeitende sind über die eingesetzten Systeme zu informieren, Art. 26 Abs. 7. Außerdem besteht eine unverzügliche Pflicht zur Information der Akteure und der Behörde bei Feststellung eines schwerwiegenden Vorfalls, Art. 26 Abs. 5 Satz 3 EU AI Act. Sie sind vom Anbieter ebenfalls hinsichtlich einer KI-Kompetenz zu schulen. Der Betreiber ist zudem dazu verpflichtet, menschliche Aufsicht an eine qualifizierte Person zu übertragen und einen Verantwortlichen zu benen-

106 Vgl. ErwG 91 EU AI Act.
107 Vgl. ErwG 93 und 171.
108 Vgl. ErwG 171 EU AI Act.
109 Vgl. ErwG 93 EU AI Act.
110 Vgl. ErwG 88 EU AI Act.

nen, Art. 26 Abs. 2 Hs. 1 EU AI Act und diese angemessen zu unterstützen, Art. 26 Abs. 2 Hs. 2 EU AI Act.

Der Betreiber muss ebenfalls das KI-System bei der zuständigen Behörde registrieren und über die Erfüllung der Registrierungspflichten informieren, Art. 49 Abs. 3 i.V.m. Art. 26 Abs. 8 Satz 1 EU AI Act. Außerdem ist er zur Zusammenarbeit mit den Behörden verpflichtet, Art. 26 Abs. 12 EU AI Act. Dazu zählt auch, die zuständige Marktüberwachungsbehörde zu unterrichten und zu informieren, Art. 27 Abs. 3 EU AI Act i.V.m. Art. 79 Abs. 1 EU AI Act. Der Betreiber ist zudem zur Durchführung von Datenschutz- sowie Grundrechtefolgenabschätzungen verpflichtet, Art. 26 Abs. 9 EU AI Act und Art. 27 EU AI Act.[111] **87**

V. Fazit

Ein Fazit unter dem definierten Arbeitstitel zu ziehen, gestaltet sich angesichts der Vielschichtigkeit des Themas durchaus herausfordernd. Der EU AI Act eröffnet durch seinen horizontalen Charakter und die sektorale vertikale Wirkung eine solide Grundlage für die Regulierung von KI. Dennoch bleibt die Frage offen, wie dieses Normengerüst zukünftig ausgefüllt wird. Eine potenzielle Gefahr besteht darin, dass die Regulierung überladen wird, indem selbst kleinste Anwendungsfälle und Details übermäßig ausdefiniert werden müssen. Dies könnte dazu führen, dass neue Ansätze erforderlich werden, anstatt bestehende vertikale Regulierungsansätze zu nutzen. Aus Sicht der Autoren stellt dies nicht nur eine Herausforderung für die Effizienz und Harmonisierung der Regulierung dar, sondern birgt Risiken für die technologische und ökonomische Offenheit von KI. **88**

Dennoch erfüllt der EU AI Act wichtige Erwartungen, die nicht nur gesellschaftlich, sondern auch wirtschaftlich an KI gestellt werden. Er liefert einen Sicherheitsstandard, der es ermöglicht, sowohl innerhalb der EU entwickelte als auch importierte KI zu regulieren. Für Finanzinstitute, die mit ähnlichen Compliance-Anforderungen vertraut sind, bietet der EU AI Act ein Rahmenwerk, das in den Phasen der Exploration, Implementierung und Skalierung systematisch umgesetzt werden sollte. Inventarisierung, Kategorisierung und die Ableitung von Compliance-Anforderungen bilden dabei die Eckpfeiler für eine strategische Umsetzung. **89**

Ein CoE als organisationstheoretische Einheit zur Steuerung von KI innerhalb eines Instituts kann hier ein entscheidender Erfolgsfaktor sein. Dieses Konzept bietet die Möglichkeit, nicht nur normativen Anforderungen gerecht zu werden, sondern gleichzeitig technologische Offenheit zu gewährleisten. **90**

---

111 Vgl. ErwG 96 EU AI Act.

91 Die Bedeutung der KI-Regulierung muss dabei stets im Kontext der individuellen Prioritäten eines Instituts bewertet werden. Es ist zentral, die Umsetzung angemessen, proportional und risikobasiert zu gestalten, um eine effektive und zugleich innovationsfreundliche Einbettung des EU AI Acts in die bestehende Unternehmensstruktur zu ermöglichen.

Kapitel 15

Tokenisierung von Vermögenswerten und die regulatorischen Herausforderungen: Real World Assets, Wertpapierklassifikationen und das DLT Pilot Regime

Die Tokenisierung von Sachwerten bzw. **Real World Assets** (RWAs) revolutioniert die Art und Weise, wie Vermögenswerte digitalisiert, gehandelt und genutzt werden können. In den letzten Jahren hat die Tokenisierungstechnologie, angetrieben durch die **Distributed Ledger Technology** (DLT) und durch die Blockchain, erheblich an Dynamik gewonnen. Rechte und Forderungen an klassischen Sachwerten wie Wind- und Solaranlagen sowie Immobilien können genauso tokenisiert werden wie **Bruchteilseigentum** an Sammlerstücken. Allerdings erfordert diese Entwicklung ein tiefes Verständnis von regulatorischen Unterschieden und der sich entwickelnden Marktstruktur, einschließlich der Einführung des **DLT Pilot Regimes** in der Europäischen Union. In diesem Beitrag soll näher darauf eingegangen werden, welche Vermögenswerte tokenisiert werden können, wie sich Wertpapiere sui generis von Kryptowertpapieren unterscheiden, und warum die Sekundärmärkte für Security Token bisher schwach entwickelt sind. 1

I. Tokenisierung von Real World Assets

1. Potenziale jenseits von Wind- und Solaranlagen

Die Tokenisierung beschreibt den Prozess, bei dem reale Vermögenswerte als Token auf einer Blockchain verkörpert werden.[1] Diese Token repräsentieren dabei Eigentumsrechte, Nutzungsrechte oder Ansprüche in Bezug auf die zugrunde liegenden Vermögenswerte. Während Wind- und Solaranlagen aufgrund ihrer Transparenz und präzisen Messbarkeit bereits ein beliebtes Beispiel für tokenisierte Vermögenswerte darstellen, erstreckt sich das Potenzial der Tokenisierung auf eine Vielzahl anderer Sachwerte. 2

a) Immobilien und Cashflow-basierte Vermögenswerte

Immobilien, als einer der größten und traditionellsten Märkte, eignen sich hervorragend für Tokenisierungsprojekte. Die Zerlegung (also die **Fraktionalisierung**) großer Vermögenswerte – wie etwa eines Bürogebäudes – in kleinere, handelbare 3

1 Vgl. *Kaulartz/Hirzle/Holl*, RDi 2022, 324 ff.

Anteile ermöglicht Kleinanlegern, in Immobilien zu investieren. Durch die Tokenisierung können Mietverträge, Kreditforderungen und potenzielle Cashflows ebenfalls digitalisiert und auf der Blockchain protokolliert werden, wodurch neue Liquidität erschlossen werden könnte. Allerdings gilt hierbei zu beachten, dass nur durch die Tokenisierung ein illiquides Asset nicht ohne Weiteres liquide wird. Die Tokenisierung beschleunigt zunächst die Primärmarktemission, bei welcher klassische Intermediäre (z. B. Banken als Platzierer) nicht mehr gebraucht werden. Die Emittentin kann meist im Wege der Eigenemission eine Immobilie tokenisieren, indem sie eine Schuldverschreibung direkt ausgibt und über die eigene Webseite an potenzielle Anleger vertreibt. So können internationale Investoren an einem Immobilienprojekt partizipieren, auch wenn sie kein europäisches Bankkonto haben. Theoretisch können die internationalen Investoren auch direkt mit Kryptowährungen und Stablecoins bezahlen und damit weitere Intermediäre reduzieren, wie wir es gegenwärtig im **Kryptokapitalmarkt** bei der Tokenisierungsplattform Stokr beobachten können. Für den Sekundärmarkt bietet die Tokenisierung i. d. R. jedoch keine Liquiditätslösung. Hierfür werden klassische Finanzdienstleister benötigt, die die Liquidität stellen (Liquidity Provider bzw. sog. **Market Maker**).

b) Rohstoffe und Edelmetalle

4 Auch **Rohstoffe wie Öl** und **Edelmetalle wie Gold und Silber** gehören zu jenen Real World Assets, die sich für die Tokenisierung besonders eignen. Mithilfe transparenter Fälschungssicherheit auf einer Blockchain können diese Vermögenswerte fraktionalisiert und grenzüberschreitend unkompliziert gehandelt werden.[2] Auch hierbei gilt allerdings zu beachten, dass die DLT oder Blockchain allein nicht genügen, um die Fälschungssicherheit eines Rohstoffs oder Edelmetalls zu gewährleisten. Die Blockchain kann nur Daten, die sie von der Realwirtschaft zugespielt bekommt, fälschungssicher protokollieren. Solche Daten müssen daher zunächst in der Realwirtschaft verifiziert werden (z. B. Echtheitszertifikat bei Edelmetallen durch Gutachter) und dann unverändert in die Blockchain durch sog. **Orakel (im engl. Oracle)** übertragen werden. In Liechtenstein gibt es hierzu eine rechtlich handhabbare und pragmatisch praktische Lösung: Durch das **Token- und VT-Dienstleister-Gesetz** (TVTG)[3] wird das sog. Token-Container-Model geregelt, welches die sichere Tokenisierung von Sachwerten vorgibt. Treuhänder spielen hierbei eine wichtige Rolle, indem sie nicht nur bei der Tokenisierung, sondern auch danach validieren, dass die Sachwerte der Quantität und Qualität nach auch in der Realwirtschaft bestehen.

---

2 Hierzu *Kaulartz/Schmid*, CB 2021, 298, 299.

3 Gesetz vom 3. Oktober 2019 über Token und VT-Dienstleister (Token- und VT-Dienstleister-Gesetz; TVTG), Liechtensteinisches Landesgesetzblatt, 2019.301, 905.6; dazu *Rieländer*, ZEuP 2024, 769, 780 ff.

c) Kunst und Sammlerobjekte

Die Kunstwelt hat durch die Blockchain-Technologie einen neuen Aufschwung erlebt. Über sogenannte **Non-Fungible Token (NFT)** können reale Kunstwerke, aber auch Sammlerstücke wie Oldtimer oder Musikinstrumente in Token-Form aufgeteilt und gehandelt werden.[4] Hierbei bleibt die Authentifizierung und der Nachweis des Besitzes zentral. Bei solchen Sammlerstücken wird meist Bruchteilseigentum tokenisiert und gerade nicht wie sonst üblich eine Schuldverschreibung. Solche Modelle eigenen sich ideal für Konstellationen, bei denen das Sammlerstück zentral verwahrt wird (z. B. im Museum, in einer Kunstgalerie oder in einer steuerneutralen Jurisdiktion) und somit der Besitz bei einem Dritten liegt und die Investoren „nur" Eigentümer des Vermögenswertes werden und damit wirtschaftliche Nutznießer. Solche Modelle stellen i. d. R. auch Eigenkapitalinvestitionen dar, im Gegensatz zu fremdkapitalbasierten Tokenisierung von Schuldverschreibungen. 5

d) Finanzinstrumente und Infrastruktur

Neben physischen Anlagen lassen sich auch immaterielle Vermögenswerte tokenisieren. Dazu gehören Inhaberrechte an Krediten, Anleihen, Eigendarlehen oder Anteile an Fonds. Ebenso sind tokenisierte Infrastrukturprojekte denkbar, bei denen beispielsweise Straßen, Flughäfen oder sogar Data-Center als Basiswerte dienen. 6

e) Intellektuelles Eigentum

Patente, Urheberrechte oder Lizenzen können ebenfalls als tokenisierte Rechte auf der Blockchain protokolliert werden (wie das frühere Berliner Start-up licenserocks bei der Tokenisierung von geistigem Eigentum bei Air Berlin und später bei der Tokenisierung von Kunst bewies) und bieten Künstlern oder Schöpfern (von geistigem Eigentum) direkte Vermarktungsmöglichkeiten ohne traditionelle Intermediäre. Dies war vor allem zwischen 2022 bis 2024 sehr beliebt, als Künstler (inkl. Musiker) ihr geistiges Eigentum durch NFT verkörpern ließen, um diese direkt ohne Intermediäre (wie z. B. Spotify) an ihre Kunden und Fans zu vertreiben. Solche Lösungen eigneten sich auch ideal zur Fraktionalisierung von großvolumigen Vermögenswerten (wie hoch-volumige Kunstobjekte). 7

2. Digitale Vermögensabbildung

Um den Vermögenswert auf einer Blockchain darzustellen, wird zunächst ein Token erstellt. Der Begriff „Token" bezieht sich hier auf eine digitale Einheit, die 8

---

4 Vgl. *Siadat*, RdF 2023, 4, 6, zu NFT-Beispielen.

durch eine Blockchain-Technologie programmiert und verwaltet wird. Dieser Token stellt die Verkörperung (digitaler Zwilling) des realen Vermögenswerts dar und bezieht über sog. „**Smart Contracts**" (Protokolle auf der Blockchain) die wichtigsten Informationen zu dem zugrunde liegenden Asset.[5]

9 Folgendes technisches Prozedere hat sich in der Praxis mittlerweile etabliert:

(1) **Auswahl der Blockchain**: Der Emittent wählt eine Blockchain-Plattform (z. B. Ethereum, Bitcoin, Binance Smart Chain, Solana), die die Erstellung und Verwaltung des Token ermöglicht. Häufig wird der ERC-20- oder ERC-721-Standard auf der Ethereum-Blockchain verwendet:[6]
- **ERC-20**: Wird für fungible Token (austauschbare Einheiten) verwendet, z. B. bei Anleihen oder Anteilen an einem Immobilienfonds. Jeder Token ist identisch, sodass sich dieser Standard auch besonders als Rechnungseinheit einsetzen lässt.
- **ERC-721**: Wird für Non-Fungible Token (NFT) verwendet, die einzigartige Vermögenswerte wie Kunst oder Sammlerobjekte repräsentieren, da jeder Token einzigartig ist und nicht austauschbar. Solche Standards sind meist mit komplexen Smart Contracts verbunden, in denen flexible Tokeneigenschaften vordefiniert werden können.

(2) **Programmierung der Smart Contracts**: Die relevanten Informationen über den Vermögenswert, wie z. B. Angaben zum Eigentümer (auch zum Zwecke des Whitelistings), den finanziellen Ansprüchen oder den Nutzungsrechten, werden in einen Smart Contract eingebunden.[7] Dieser regelt, wie der Token funktioniert, wer ihn besitzt und wie Eigentumsrechte übertragen werden können. Der Smart Contract definiert auch, wie oft der Token geteilt (fraktionalisiert) werden kann. Der Smart-Contract-Inhaber kann die Token einfrieren (sodass man diese nicht mehr aus einer Wallet transferieren kann), eine Einfrierung wieder aufheben, Token vernichten (Burnen) oder neue Token schöpfen (Minten). Diese Funktionen sind nicht nur im Rahmen der Primärmarktemission wichtig, sondern vor allem dann, wenn sich im Rahmen des Sekundärmarkthandels herausstellt, dass der Private Key zum Token abhandengekommen ist oder wenn Personen rechtswidrig (z. B. wegen Verstößen gegen Geldwäsche- oder Sanktionsrecht) Inhaber des Tokens geworden sind.

(3) **Erstellung des Tokens**: Auf der gewählten Blockchain werden die Token generiert, die den realen Vermögenswert repräsentieren. Diese Token sind eindeutig identifizierbar und gegen Manipulation abgesichert, da sie durch die

---

5 Vgl. *Kaulartz/Hirzle/Holl*, RDi 2022, 324 ff.

6 Vgl. *Siadat*, RdF 2023, 4, 7; *Siadat*, in: Steege/Chianbanguza, Metaverse-Handbuch, § 24, für Beispiele im Zusammenhang mit der Metaverse.

7 Vgl. *Kluge/Hübel/Siadat/von Goldbeck*, ZdiW 2023, 217 ff., auch für das Kryptowertpapierregister.

kryptografischen Mechanismen der Blockchain unveränderbar aufgezeichnet werden. Hierdurch werden die doppelte Ausgabe von Finanzinstrumenten (Double-Issuance) und die doppelte Einlösung (Double-Spending) dieser unterbunden.

Das hier dargestellte technische Prozedere braucht der Emittent meist auch nicht allein zu bewältigen. Es haben sich nämlich verschiedene technische Dienstleister wie das Hamburger Start-up tokenforge etabliert, welche durch Schnittstellenlösungen (API-Schnittstellen) Whitelabel-Angebote ermöglichen, bei der Emittenten die technologische Tokenisierungslösung solcher Anbieter als eigene einsetzen können. **10**

3. Fractional Ownership: Die Teilung der Vermögenswerte

Der eigentliche Durchbruch der Tokenisierung liegt in der Möglichkeit, große Vermögenswerte in kleinere Anteile – sogenannte „Shares" oder „Fraktionen" – zu zerlegen und diese als digitale Token auszugeben. Fractional Ownership, also die digitale Teilung von Vermögenswerten, ermöglicht es, große Assets wie beispielsweise Immobilien, Photovoltaikanlagen oder Kunstwerke auch für Kleinanleger zugänglich zu machen. **11**

Die Fraktionalisierung ermöglicht flexible Lösungen und schafft Vorteile: **12**

- **Granularität**: Ein Luxusfahrzeug im Wert von 50 Millionen Euro kann in 1.000.000 Token zu je 50 Euro zerlegt werden. Dies ermöglicht Kleinanlegern den Zugang und Großanlegern eine präzisere Gewichtung in ihren Portfolios.
- **Liquidität durch Sekundärmärkte**: Während der Verkauf eines physischen Gemäldes über ein Auktionshaus Monate dauern kann, erlauben Handelsplattformen wie Archax oder spezialisierte Sekundärmärkte von Anbietern wie Timeless Investments den Handel von Anteilen nahezu in Echtzeit.
- **Transparenz** und **Provenienz**: Die Blockchain-Historie bietet eine unveränderliche Aufzeichnung der Besitzverhältnisse und der Echtheitszertifikate (Digitaler Zwilling). Dies reduziert das bei Sammlerstücken immanente Betrugsrisiko und Pump-and-Dump-Aktivitäten erheblich.

Für Banken und Finanzinstitute ergeben sich daraus drei strategische Handlungsfelder: **13**

- **Lombardkredite 2.0**: Tokenisierte Sachwerte können als Kollateral (Sicherheit) für Kredite dienen. Ein Kunde kann einen Kredit gegen sein tokenisiertes Uhrenportfolio aufnehmen, ohne die Uhren physisch verpfänden zu müssen – die Sperrung erfolgt digital im Smart Contract.
- **Wealth Management**: Die Einbindung von Sachwert-Token in das Reporting (Portfolio-Aggregation) wird zur Standarderwartung von High-Net-Worth-Individuals (HNWIs).

- **Tokenisierung als Service**: Banken können Unternehmen, Family Offices sowie Vermögensverwalter unterstützen, eigene Assets (z. B. Immobilien-Portfolios oder Kunstsammlungen) zu tokenisieren, um diese innerhalb der Gruppe/Familie zu übertragen oder liquide Mittel zu beschaffen.

14 Die Fraktionalisierung von Vermögenswerten wird derzeit auch bei börsengelisteten Aktien immer beliebter, indem Aktien bis auf 1 Euro fraktionalisiert werden. So können Anleger Bruchteile einer Aktie handeln, ohne eine gesamte Aktie erwerben zu müssen. Dadurch wird der Kapitalmarkt demokratisiert.

4. Alternative Assets: Seltene Weine und Spirituosen

15 Wein- und Spirituosen-Portfolios werden seit 2025 zunehmend tokenisiert, um die Lagerung in Zollfreilagern (z. B. in Genf oder Singapur) effizient zu verwalten. Der Anleger hält den Token, während die physische Flasche (oder Fässer, vor allem bei Whiskey) unter optimalen klimatischen Bedingungen verbleibt. Dies eliminiert das Transportrisiko und die damit verbundenen Versicherungskosten beim Eigentümerwechsel sowie eine Besteuerung der Sammlerstücktransaktion. Das Bruchteilseigentum kann gehandelt werden, ohne die Ware physisch zu bewegen. Damit können die Eigentümer wechseln, bestenfalls ohne dass ein steuerlich relevanter Vorgang zu verzeichnen ist.

16 Die technische Möglichkeit, nahezu jeden Vermögenswert zu tokenisieren, wirft unweigerlich die Frage nach der rechtlichen Klassifizierung der resultierenden digitalen Einheiten auf. Diese Einordnung ist entscheidend für die Rechtssicherheit bei Emission, Handel und Abwicklung.

II. Rechtliche und regulatorische Anforderungen: Einordnung digitaler Wertpapiere

17 Eine klare juristische Einordnung digitaler Vermögenswerte ist die unabdingbare Voraussetzung für die Rechtssicherheit bei deren Emission, Handel und Abwicklung. In Deutschland haben sich zwei zentrale, aber grundlegend verschiedene Konzepte entwickelt, um die Lücke zwischen technologischer Innovation und bestehendem Recht zu schließen: das aufsichtsrechtliche Konstrukt des „**Wertpapiers sui generis**“ und die gezielte zivilrechtliche Schöpfung des „**Kryptowertpapiers**“. Beide stellen konzeptionell unterschiedliche Reaktionen auf dasselbe Kernproblem dar – die fehlende urkundliche Verkörperung digitaler Finanzinstrumente –, wobei der Übergang vom Wertpapier sui generis zum Kryptowertpapier eine bewusste legislative Entscheidung markiert, aufsichtsrechtliche Vorgaben durch eine dogmatisch fundierte zivilrechtliche Lösung zu ersetzen.

1. Das Wertpapier sui generis: Eine aufsichtsrechtliche Notwendigkeit

18 Das „Wertpapier sui generis“ ist eine von der Bundesanstalt für Finanzdienstleistungsaufsicht (BaFin) geprägte Kategorie für Token, die zwar die funktionalen Merkmale eines Wertpapiers aufweisen – insbesondere Handelbarkeit und wertpapierähnliche Rechte wie Dividenden- oder Mitwirkungsansprüche –, denen aber die traditionelle urkundliche Verkörperung fehlt.

19 Als Bitbond 2019 die erste tokenisierte Schuldverschreibung mit einem von der BaFin gebilligtem Prospekt vertreiben wollte, stellte sich schnell heraus, dass durch die Tokenisierung nicht-fungible Vermögensanlagen zu fungiblen Wertpapieren (sui generis) „verschmelzen“.[8] Traditionelle Vermögensanlagen nach dem Vermögensanlagengesetz (VermAnlG) sind von Wertpapieren nach dem Wertpapierprospektgesetz (WpPG) und dem Wertpapierhandelsgesetz (WpHG) abzugrenzen.[9] Vermögensanlagen lassen sich hinsichtlich ihrer Übertragbarkeit, Standardisierung und Handelbarkeit (Kapitalmarktgängigkeit) nicht mit Wertpapieren vergleichen. Durch die Tokenisierung ändert sich dies, da damit Vermögensanlagen fungibel werden. Generell gilt: Für die Einordnung eines Finanzinstruments als Wertpapier i. S. d. § 2 Nr. 1 WpPG bedarf es ihrer Fungibilität. Fungibilität beschreibt hier die Übertragbarkeit, die Handelbarkeit am Finanzmarkt und die Ausstattung mit wertpapierähnlichen Rechten. Die Papierform, also die Verbriefung in Form einer Urkunde, die bei klassischen Wertpapieren die Verkehrsfähigkeit von Finanzinstrumenten sicherstellt, ist für die Einordnung eines Tokens als Wertpapier nicht erforderlich.[10]

20 Zum einen ist der Wertpapierbegriff aufgrund der angestrebten EU-weiten Aufsichtskonvergenz einheitlich auszulegen, wobei sowohl WpHG als auch WpPG den Wertpapierbegriff i. S. d. MiFID II in nationales Recht umsetzen (Art. 4 Abs. 1 Nr. 44 MiFID II).[11] Zum anderen ermöglicht ein Token, der die Rechte abbildet, die Verkehrsfähigkeit durch vereinfachte Übertragbarkeit und erhöhte Handelbarkeit herabzusetzen (ohne jedoch notwendigerweise eine Urkunde im Rechtssinne zu sein).

21 Die Konsequenzen dieser Einordnung sind rein aufsichtsrechtlicher Natur: Solche Token gelten als Finanzinstrumente i. S. d. MiFID II. Dadurch wird das gesamte EU-Kapitalmarktrecht anwendbar, was beispielsweise eine Prospektpflicht nach der Prospekt-Verordnung für öffentliche Angebote auslösen kann.

22 Der kritische Schwachpunkt dieses Ansatzes liegt jedoch in seiner rein aufsichtsrechtlichen Perspektive. Er schließt nicht die zivilrechtliche Lücke, die durch das

8 Vgl. *Weiß*, BaFin Journal April 2019, 8 ff.
9 Vgl. *Maume/Siadat*, NJW 2024, 1168, 1168; *Siadat*, RdF 2021, 12, 15.
10 Vgl. *Maume/Siadat*, NJW 2024, 1168, 1168 m. w. N.
11 Vgl. eingehend *Siadat*, in: Steege/Chianbanguza, Metaverse-Handbuch, § 24 Rn. 24 ff.

Fehlen einer Urkunde entsteht. Fragen zur rechtssicheren Entstehung, zur Übertragung des Eigentums und vor allem zum Schutz des gutgläubigen Erwerbs bleiben unbeantwortet. Diese Rechtsunsicherheit stellt ein erhebliches Hindernis für die Akzeptanz und den Handel solcher Security Token im Sekundärmarkt dar, denn wer möchte einen Security Token im Zweitmarkt erwerben, ohne Rechtssicherheit zu haben, dass die Transaktion im Nachgang nicht unwirksam ist?

2. Das Kryptowertpapier: Eine zivilrechtliche Revolution durch das eWpG

23 Das Kryptowertpapier, definiert in § 4 Abs. 3 des Gesetzes über elektronische Wertpapiere (eWpG), stellt eine gezielte legislative Antwort auf die zivilrechtlichen Defizite des Wertpapiers sui generis dar. Es ist ein elektronisches Wertpapier, das durch die konstitutive Eintragung in ein Kryptowertpapierregister entsteht.[12]

24 Die fundamentale Wirkungsweise des eWpG beruht auf zwei entscheidenden Mechanismen:

(1) **Ersetzung der Urkunde**: Die Eintragung in das Register ersetzt den traditionellen „Skripturakt", also die physische Ausstellung einer Wertpapierurkunde.

(2) **Gesetzliche Fiktion**: Der Kern der zivilrechtlichen Revolution liegt in § 2 Abs. 3 eWpG. Diese Norm fingiert, dass elektronische Wertpapiere als „Sache" im Sinne des § 90 BGB gelten. Dieser legislatorische Kunstgriff ist von fundamentaler dogmatischer Bedeutung, da er die Anwendung des gesamten, über Jahrhunderte entwickelten Instrumentariums des Sachenrechts – insbesondere der §§ 929 ff. BGB zur Übereignung sowie der Gutglaubensvorschriften – auf ein originär unkörperliches, digitales Gut ermöglicht, und somit eine immense Rechtssicherheit schafft, die durch bloße schuldrechtliche Konstruktionen nicht erreichbar wäre.[13]

25 Durch diesen Kunstgriff wird ein rechtssicherer Übertragungsvorgang etabliert. Gemäß § 25 eWpG erfolgt die Übereignung durch Einigung und Umtragung im Register. Dies schafft nicht nur Klarheit über die Rechtsinhaberschaft, sondern ermöglicht auch einen umfassenden Gutglaubensschutz (§ 26 eWpG), der für das Vertrauen des Rechtsverkehrs unerlässlich ist.

26 Die Regelungen des eWpG gelten für folgende Finanzinstrumente:

- Inhaberschuldverschreibungen
- Namensaktien (seit Inkrafttreten des Zukunftsfinanzierungsgesetzes)
- Anteilsscheine an Sondervermögen (als sogenannte Kryptofondsanteile)

12 Vgl. *Kluge/Hübel/Siadat/von Goldbeck*, ZdiW 2023, 217 ff.

13 Vgl. *Kleinert/Mayer*, EuZW 2020, 1059, 1060, zur Entstehung und Rechtsnatur.

3. Synoptischer Vergleich und Analyse der Unterschiede

Die Gegenüberstellung der beiden Konzepte verdeutlicht die signifikanten Unterschiede in ihrer rechtlichen Fundierung und praktischen Konsequenz. 27

Merkmal	*Wertpapier sui generis (Marktbezeichnung: Security Token)*	*Kryptowertpapier (nach eWpG)*
Rechtsgrundlage	Aufsichtsrechtliche Praxis der BaFin/MiFID II	Zivilrecht/Gesetz über elektronische Wertpapiere (eWpG)
Entstehungsakt	Zivilrechtlich unklar, i. d. R. vertraglich	Konstitutive Eintragung in ein Kryptowertpapierregister
Zivilrechtliche Natur	Schuldrechtliche Forderung, deren dingliche Übertragung zivilrechtlich ungeregelt und unsicher ist	Fiktive „Sache" nach § 2 Abs. 3 eWpG i. V. m. § 90 BGB
Übertragungsmechanismus	Rechtlich unsicher (i. d. R. Abtretung nach §§ 398 ff. BGB)	Sachenrechtliche Übereignung durch Einigung und Umtragung
Gutgläubiger Erwerb	Grundsätzlich nicht möglich	Umfassend gesetzlich geregelt und möglich
Rechtssicherheit	Gering, da zivilrechtliche Fragen offen sind	Hoch, durch Anlehnung an das bewährte Sachenrecht

Die Analyse zeigt, dass das Kryptowertpapier eine durchdachte legislative Antwort auf die zivilrechtlichen Unsicherheiten darstellt, die mit dem rein aufsichtsrechtlichen Konstrukt des Wertpapiers sui generis verbunden sind.[14] Es schafft ein robustes Fundament für die Emission und Übertragung digitaler Wertpapiere in Deutschland. 28

Nachdem nun die rechtliche Natur dieser Assets geklärt ist, stellt sich die entscheidende Frage, wie ein effizienter Handel, also ein Sekundärmarkt, für sie geschaffen werden kann. 29

III. Der fehlende Sekundärmarkt: Herausforderungen und das DLT Pilot Regime

Ein wesentliches Hindernis für die breite Akzeptanz von Security Token und anderen tokenisierten RWAs ist die schwache Entwicklung eines Sekundärmarktes. 30

14 Vgl. *Skauradszun*, ZfPW 2022, 56 ff., zum Privatrecht der Kryptowertpapiere.

Die Attraktivität und der wirtschaftliche Erfolg von Security Token hängen entscheidend von der Existenz eines liquiden Sekundärmarktes ab. Ohne die Möglichkeit eines einfachen, sicheren und schnellen Handels bleibt das zentrale Versprechen der Tokenisierung – die Mobilisierung von Kapital – unerfüllt. Anleger investieren nur dann in neue Anlageklassen, wenn sie darauf vertrauen können, ihre Positionen bei Bedarf wieder veräußern zu können.

1. Die Infrastruktur im traditionellen Finanzsystem

31 Eine traditionelle Wertpapiertransaktion an einer Börse durchläuft typischerweise drei Phasen:

(1) **Handel (Trading)**: der Abschluss des Kauf- oder Verkaufsgeschäfts an einem organisierten Handelsplatz;
(2) **Abrechnung (Clearing)**: die Ermittlung der gegenseitigen Erfüllungsverpflichtungen;
(3) **Abwicklung (Settlement)**: die tatsächliche Übertragung des Wertpapiers gegen Zahlung.

32 In diesem System spielen zentrale Intermediäre wie Börsen und insbesondere Zentralverwahrer (Central Securities Depositories, CSDs) eine entscheidende Rolle. Zentralverwahrer ermöglichen die effiziente und sichere Abwicklung von Wertpapiergeschäften durch elektronische Buchungen in ihren Systemen (**Effektengiro**).

33 Genau hier liegt die entscheidende Hürde für DLT-basierte Wertpapiere: Security Token und Kryptowertpapiere sind konzeptionell dezentral und passen nicht ohne Weiteres in die zentralisierte Infrastruktur des traditionellen Finanzmarktes. Der zentrale Grund für diese Inkompatibilität ist die fehlende Anbindung an einen Zentralverwahrer. Diese Anbindung ist für den börslichen Handel eine zwingende regulatorische Voraussetzung (vgl. Art. 3 Abs. 1 CSDR), weshalb DLT-basierte Wertpapiere systemisch von der existierenden Marktinfrastruktur ausgeschlossen sind. Der für den klassischen Markt geschaffene regulatorische Rahmen erweist sich somit als eine unpassende und zu hohe Hürde, die den Aufbau eines liquiden Sekundärmarktes für diese neuen Instrumente verhindert.

34 Daneben fehlen in einem klassischen (Peer-to-Peer) Markplatz für Security Token Market Maker, die offene Orders annehmen und somit Liquidität stellen. Diese Aufgabe erfüllen in traditionellen Märkten Eigenhändler, die es so in einem Marktplatz für Security Token nicht gibt.

2. Das DLT Pilot Regime als regulatorischer Brückenbauer

35 Als gezielte regulatorische Antwort auf diese Infrastrukturlücke hat die Europäische Union die Verordnung (EU) 2022/858, das sogenannte „**DLT Pilot Re-**

gime", geschaffen. Diese Verordnung ist seit dem 23. März 2023 in Kraft und verfolgt das Ziel, die Entwicklung einer DLT-basierten Finanzmarktinfrastruktur zu ermöglichen.

Die Kernfunktionen des DLT Pilot Regimes sind: **36**

- Schaffung eines regulatorischen „Sandkastens": Das Regime etabliert einen zeitlich auf sechs Jahre begrenzten Testrahmen.[15] Innerhalb dieses Rahmens können Marktteilnehmer unter bestimmten regulatorischen Erleichterungen neue, auf DLT basierende Geschäftsmodelle erproben, ohne die vollen für traditionelle Infrastrukturen geltenden Anforderungen erfüllen zu müssen.
- Ermöglichung von **DLT-Marktinfrastrukturen**: Die Verordnung erlaubt den Betrieb von DLT-basierten multilateralen Handelssystemen (MTF). Auf diesen Plattformen können Handel, Clearing und Abwicklung von tokenisierten Finanzinstrumenten integriert und direkt auf der Blockchain stattfinden. Dies überwindet die Notwendigkeit einer Anbindung an einen traditionellen Zentralverwahrer.
- Anwendung des etablierten EU-Kapitalmarktrechts: Trotz der technologischen Innovation und der regulatorischen Erleichterungen wird die Integrität des Marktes gewahrt. Etablierte Kapitalmarktregeln, insbesondere die Marktmissbrauchsverordnung (MAR), kommen innerhalb des Pilotregimes vollständig zur Anwendung. Dies gewährleistet einen hohen Standard an Anlegerschutz und verhindert Marktmanipulation.

Im Dezember 2025 hat die Europäische Kommission im Rahmen des neuen **EU Market Infrastructure Package** weitreichende Vorschläge zur Erleichterung und Ausweitung des DLT-Pilot-Regimes veröffentlicht. Diese Änderungen zielen darauf ab, die bislang geringe Marktakzeptanz zu steigern und das Regime attraktiver für innovative Finanzmarktinfrastrukturen zu machen.[16] **37**

Die wichtigsten geplanten Erleichterungen umfassen: **38**

(1) Massive Anhebung der Schwellenwerte

Die bisherigen wertmäßigen Grenzen für handelbare Finanzinstrumente werden deutlich ausgeweitet, um größere Skaleneffekte zu ermöglichen:

- Gesamtvolumen: Die Obergrenze für den Gesamtwert der unter dem Pilotregime gehandelten Finanzinstrumente soll von 6 Mrd. EUR auf 100 Mrd. EUR steigen.
- Asset-spezifische Grenzen: Die strikten Einzelobergrenzen für Aktien (500 Mio. EUR) und Anleihen (1 Mrd. EUR) sollen gestrichen werden.

---

15 Wobei die Europäische Kommission eine Verlängerung dieser Frist bereits vorgeschlagen hat, vgl. *McGuinness*, Ares (2024) 3056562.

16 Vgl. *Siadat*, Börsen-Zeitung v. 16.12.2025.

- Erleichterungen für KMU: Für kleinere Anbieter mit einem verwalteten Volumen von bis zu 10 Mrd. EUR ist ein vereinfachtes Regime vorgesehen.

(2) Ausweitung des Anwendungsbereichs

- Zulassung neuer Akteure: Künftig sollen auch Kryptowerte-Dienstleister (CASP), die nach der Markets in Crypto Assets Regulation (MiCAR) zugelassen sind, als Markteilnehmer im DLT-Pilotregime partizipieren.
- Erweiterte Instrumente: Das Spektrum der zulässigen Finanzinstrumente wird auf alle Finanzinstrumente gemäß MiFID II ausgeweitet.

(3) Höhere operative Flexibilität

- Zahlungsabwicklung: Die Abwicklung von Geschäften soll flexibler gestaltet werden, unter anderem durch die explizite Einbeziehung von **Stablecoins** und **E-Geld-Token** als Alternative zu Zentralbankgeld.
- Geteilte Rollen: Es wird mehr Spielraum bei der Aufteilung von Rollen innerhalb der Infrastruktur gewährt (z.B. getrennte Notar- oder Verwaltungsdienstleistungen durch verschiedene Firmen).
- Entfristung: Es gibt Bestrebungen, die ursprüngliche Sechsjahresfrist zu streichen und das Pilotregime in eine permanente Regelung zu überführen.

(4) Zentralisierung der Aufsicht

Ein zentraler Punkt des Pakets ist die Übertragung der direkten Aufsichtsbefugnisse von nationalen Behörden (wie der BaFin) auf die **ESMA** für signifikante Marktinfrastrukturen und alle CASPs, um eine einheitliche Rechtsanwendung in der EU zu gewährleisten.

39 Das DLT Pilot Regime stellt somit den entscheidenden Schritt dar, um die notwendige regulatorische Grundlage für liquide, geordnete und faire Sekundärmärkte für Security Token zu schaffen. Strategisch schlägt das Regime eine Brücke zwischen der technologischen Effizienz der dezentralen Abwicklung auf einer DLT und den bewährten, zentral durchgesetzten Schutzmechanismen des etablierten Kapitalmarktrechts, insbesondere der Marktmissbrauchsverordnung. Damit nehmen die technologischen, rechtlichen und infrastrukturellen Bausteine für eine umfassende Token-Ökonomie zunehmend Gestalt an.

IV. Ausblick

40 Die Tokenisierung von Vermögenswerten transformiert die Kapitalmärkte und bietet neue Möglichkeiten der Kapitalallokation, Effizienzsteigerung und Markttransparenz. Die regulatorischen Ansätze des eWpG und des DLT Pilot Regimes zeigen, dass Europa entschlossen ist, diese Entwicklung voranzutreiben. Langfristig hängt der Erfolg jedoch von der Überwindung technologischer und regulatorischer Hindernisse sowie von einer erhöhten internationalen Koordination ab.

Tokenisierte Vermögenswerte könnten sich zu einem der zentralen Pfeiler moderner Finanzmärkte entwickeln und Europa eine führende Rolle in der globalen digitalen Finanzwirtschaft verschaffen. Dennoch bleibt entscheidend, wie schnell und effizient Regulierungsrahmen an die technologischen Entwicklungen angepasst werden. **41**

Kapitel 16

Erlaubnispflichten in Giralgeldtoken-Systemen*

Die Deutsche Kreditwirtschaft und der BDI haben ein gemeinsames Konzept zur Einführung von Giralgeldtoken (Commercial-Bank Money Token – CBMT) entwickelt, das die Vorteile von tradiertem Buchgeld und privaten Zahlungstoken verbinden soll. Der nachfolgende Beitrag untersucht die möglichen bankaufsichtsrechtlichen Erlaubnispflichten in einem solchen Giralgeldtoken-System für die Verwahrer der kryptografischen Schlüssel und dem sog. technischen Dienstleister. 1

I. Giralgeldtoken – eine Einführung

1. Konzeption

Nach dem gemeinsamen Konzept der Deutschen Kreditwirtschaft und des BDI[1] sollen Giralgeldtoken (Commercial-Bank Money Token – CBMT) das bestehende Angebot an Zahlungsmitteln und -systemen der Geschäftsbanken um eine neue Komponente ergänzen. Dabei soll ein evolutionärer Schritt gegangen werden, der das bestehende System lediglich um ein weiteres Produkt ergänzt und zudem an der rechtlichen wie volkswirtschaftlichen Funktion des Buchgeldes anknüpft. Damit zeichnet sich eine doppelte Zielsetzung für Giralgeldtoken ab. Zum einen stellen sie eine privatwirtschaftliche Antwort auf das Vordringen von digitalem Zentralbankgeld dar, das in einem Spannungsverhältnis zur klassischen Aufgabenverteilung zwischen Geschäfts- und Zentralbanken steht. Zum anderen will die Kreditwirtschaft ihr tradiertes Buchgeldangebot zukunftsfähig machen, indem es ohne Medienbruch in ein Web3-Ökosystem auf Blockchain-Basis integrierbar wird. Geschaffen werden soll ein privater Stablecoin, der jedoch rechtlich als Buchgeldvariante konstruiert ist. 2

Diese Ausgestaltung als Krypto-Buchgeld grenzt die Giralgeldtoken von anderen Stablecoins ab, die von Zahlungsdienstleistern außerhalb der reinen Kryptowelt bislang etabliert wurden. Der PayPal-Stablecoin „PayPal USD (PYUSD)“,[2] der in 3

---

* Es handelt sich um einen aktualisierten Zweitabdruck von *Omlor/Heine*, RDi 2025, 177–186 mit freundlicher Genehmigung des Verlags C.H. Beck. Alle Internetquellen wurden zuletzt am 9.1.2026 abgerufen.

1 BDI/Deutsche Kreditwirtschaft, Commercial-Bank Money Token – Proof of Concept Report, 17.7.2024, S. 9f., abrufbar unter https://english.bdi.eu/publication/news/commercial-bank-money-token; dazu bereits *Omlor*, ZBB 2023, 330, 335 f.; *Korschinowski/Pussar*, RdZ 2023, 84; *Maume/Tollenaar*, BKR 2024, 312; *Strobel*, BKR 2024, 52.

2 Dazu bereits *Omlor*, RdZ 2023, 164 ff.

den USA bereits im August 2023 eingeführt wurde, weist jedenfalls keine solche Zielsetzung auf. Vielmehr erscheint er als Übertragung der E-Geld-Konzeption, auf der das PayPal-Geschäftsmodell basiert, in ein Blockchain-Ökosystem. Dennoch bestehen gewisse Verbindungslinien zwischen Giralgeldtoken und PayPal USD, da auch E-Geld wiederum als besondere Form des Buchgeldes einzuordnen ist.[3]

2. Aufsichtsrechtliche Einordnung

4 Die aufsichtsrechtliche Einordnung hängt erheblich vom konkreten Produktdesign ab. Auf Grundlage des Proof of Concept der Deutschen Kreditwirtschaft und des BDI vom Juli 2024 lassen sich solche Giralgeldtoken als Einlagen i. S. d. § 1 Abs. 1 Satz 2 Nr. 1 KWG einordnen.[4] In der Folge wäre der sachliche Anwendungsbereich der MiCAR[5] nicht eröffnet (Art. 2 Abs. 4 lit. b MiCAR), sodass in der Folge auch keine E-Geld-Token vorliegen können. Eine Einordnung als E-Geld i. S. d. § 1 Abs. 2 Satz 3 ZAG scheitert nach teilweise vertretener Ansicht[6] an der fehlenden Drittakzeptanz, zumindest aber am Eingreifen der Bereichsausnahme für begrenzte Netze.[7]

5 Der allgemeine E-Geld-Tatbestand ist insofern zentral und folgenreich für die aufsichtsrechtliche Kategorisierung, als eine Einordnung als E-Geld kraft Fiktion die Qualifikation als Einlage nach § 3 Abs. 2 Satz 2 ZAG ausschließt. Sofern danach keine Einlage vorläge, wäre die gesetzliche Einlagensicherung nicht anwendbar. Stattdessen wäre der sachliche Anwendungsbereich der MiCAR nicht durch Art. 2 Abs. 4 lit. b MiCAR versperrt. Liegt jedoch kein E-Geld vor, stehen der Einlagentatbestand und die gesetzliche Einlagensicherung offen.

II. Erlaubnispflichten der Verwahrer kryptografischer Schlüssel in einem Giralgeldtoken-System

6 Zur Teilnahme an DLT-basierten Netzwerken ist ein kryptografisches Schlüsselpaar, bestehend aus einem öffentlichen und einem privaten Schlüssel, erforderlich.[8] Während der öffentliche Schlüssel mit einer Kontonummer vergleichbar ist,

---

3 Staudinger/*Omlor*, 2024, Vorbem A101 zu BGB §§ 244–248.

4 Eingehend dazu *Omlor/Heine* WM 2025, 729 ff.

5 VO (EU) 2023/1114, ABlEU 2023 Nr. L 150, 40.

6 *Maume/Tollenaar*, BKR 2024, 312, 316 f.; skeptisch bezüglich der Drittakzeptanz auch *Liebert/Bauer*, in: Meier, MiCAR-HdB, Kap. 1 Rn. 17; ähnlich wohl EBA, Report on Tokenised Deposits, Dezember 2024, EBA/REP/2024/24, S. 19.

7 *Omlor*, ZBB 2023, 330, 336; im Hinblick auf das Vorliegen eines begrenzten Netzes nach § 2 Abs. 1 Nr. 10 lit. a Var. 2 ZAG offen auch *Maume/Tollenaar*, BKR 2024, 312, 317.

8 *Schröder/Triantafyllakis*, BKR 2023, 12, 14.

dem die jeweiligen Kryptowerte zugeordnet werden, ähnelt der private Schlüssel eher dem PIN-Code einer Zahlungskarte, mit denen Transaktionen an den öffentlichen Schlüssel anderer Blockchain-Teilnehmer validiert werden.[9]

Wallet-Anbieter bieten Softwareprogramme an, in denen nicht die Token selbst, sondern lediglich die jeweiligen privaten Schlüssel auf einem Endgerät oder einem Server gespeichert werden.[10] Zur Signatur einer Transaktion benötigen die Kunden dann lediglich ihre Nutzerdaten für den jeweiligen Account, ohne den aufgrund seiner Länge wenig einprägsamen privaten Schlüssel kennen oder verwenden zu müssen.[11] Wallet-Provider tragen damit maßgeblich zur Vereinfachung von Transaktionen von Kryptowerten allgemein bei. 7

Die praktischen Vorteile derartiger Wallet-Applikationen sollten auch für die Verwaltung von Giralgeldtoken genutzt werden können, wenn die Akzeptanz dieses neuen Zahlungsmittels an diejenige von klassischem Buchgeld angenähert werden soll. Analog dem klassischen Buchgeld wäre so die Integration in bestehende Banking-Apps möglich und dieses neue Zahlungsmittel damit alltagstauglich. Dies wirft die Frage auf, ob das Anbieten derartiger Wallet-Modelle, insbesondere die Verwahrung von Schlüsselpaaren, die für den Zugriff auf Giralgeldtoken erforderlich sind, eine aufsichtsrechtliche Genehmigung voraussetzt. 8

1. Regulierungssystematik des Aufsichtsrechts

a) Unionsrechtliche Regulierung

Die aufsichtsrechtlichen Tatbestände des Bank- und Kapitalmarkt- sowie des Zahlungsdiensteaufsichtsrechts sind im Grundsatz technikneutral formuliert.[12] Den Ausgangspunkt der aufsichtsrechtlichen Behandlung der verwahrenden Stellen muss der unionsrechtliche Wertpapierbegriff gem. Art. 4 Abs. 1 Nr. 44 MiFID2[13] bilden, der seinerseits als Unterfall des Finanzinstrumentes nach Art. 4 Abs. 1 Nr. 15 MiFID2 anzusehen ist.[14] Um als übertragbares Wertpapier zu gelten, muss ein Instrument standardisiert handelbar und vergleichbar mit traditionellen Wertpapierarten ausgestaltet sein.[15] Diese Anforderung betrifft insbesondere solche Kryptowerte, die etwa Zahlungsansprüche gegen den Emittenten oder Dritte bein- 9

9 *Fromberg/Haffke/Zimmermann*, BKR 2019, 377, 379.

10 Vgl. *Schröder/Triantafyllakis*, BKR 2023, 12, 14; *Spindler/Bille*, WM 2014, 1357, 1358.

11 *Schröder/Triantafyllakis*, BKR 2023, 12, 15; *Fromberg/Haffke/Zimmermann*, BKR 2019, 377, 379.

12 Speziell zum Bank- und Kapitalmarktaufsichtsrecht *Denga*, BKR 2022, 288, 291 f.

13 RL 2014/65/EU, ABlEU 2014 Nr. L 173, 349.

14 *Maume/Siadat*, NJW 2023, 1168, 1169.

15 *Höhlein/Weiß*, RdF 2019, 116, 118; *Kaulartz/Matzke*, NJW 2018, 3278, 3282; *Klöhn/Parhofer/Resas*, ZBB 2018, 89, 101 f.; *Zickgraf*, AG 2018, 293, 301.

halten. Dabei ist keine physische Verkörperung notwendig,[16] sodass auch digital ausgegebene Kryptowerte darunterfallen können. Zur Verdeutlichung wurde Art. 4 Abs. 1 Nr. 15 MiFID2 im Rahmen des DLT-Pilotregimes[17] ab dem 23.3.2023 um den Zusatz „einschließlich mittels Distributed-Ledger-Technologie emittierter Instrumente“ ergänzt. Die BaFin stand jedoch bereits vor der ergänzenden Kodifikation der Kryptowerte auf dem Standpunkt, dass es sich hierbei um „Wertpapiere eigener Art“ (sui generis) handeln könnte, da sie Vermögenswerte durch Tokenisierung handelbar machen.[18]

10 Mit der Einordnung als Finanzinstrument nach Art. 4 Abs. 1 Nr. 15 MiFID2 können Kryptowerte grundsätzlich dem EU-Kapitalmarktrecht unterfallen und sind zugleich über Art. 2 Abs. 3 MiCAR vom Anwendungsbereich der MiCAR ausgenommen, die einen einheitlichen Unionsrahmen für kryptowertbezogene Primär- und Sekundärmarktaktivitäten vorsieht.[19] Für solche Kryptowerte, die wie Giralgeldtoken als Zahlungs- und Wertaufbewahrungsmittel primär geldsubstituierende Funktionen erfüllen, wird die Einordnung als Finanzinstrument nach Art. 4 Abs. 1 Nr. 44 MiFID2 jedoch allgemein abgelehnt.[20] Auch wenn Finanzinstrumente in der Regel eine hohe Liquidität aufweisen, sind sie dennoch nicht selbst das Zahlungsmittel,[21] sondern dienen typologisch vor allem der Unternehmensfinanzierung.[22] Aus unionsrechtlicher Perspektive kann sich eine Aufsichtspflicht für die Giralgeldtoken damit allein aus der MiCAR ergeben.

b) Regulierung nach deutschem Recht

11 Das nationale Aufsichtsrecht bildet die durch das Unionsrecht vorgegebene Dichotomie von Finanzinstrumenten und (sonstigen) Kryptowerten nach aktuellem Stand allerdings (noch) nicht kohärent ab, was vor allem darauf zurückzuführen ist, dass MiFID2 durch die deutsche Legislative überschießend umgesetzt wurde.[23] Zusätzliche Komplexität erhält die nationale Regelungsmaterie durch den am 26.6.2021 in Kraft getretenen speziellen aufsichtsrechtlichen Rahmen für aus-

---

16 *Maume/Siadat*, NJW 2023, 1168, 1171; *Patz*, BKR 2021, 725, 727; *Höhlein/Weiß*, RdF 2019, 116, 120.

17 VO (EU) 2022/858, ABlEU 2022 Nr. L 151, 1.

18 BaFin, Zweites Hinweisschreiben zu Prospekt- und Erlaubnispflichten im Zusammenhang mit der Ausgabe sogenannter Krypto-Token, 16.8.2019, S. 7.

19 *Krönke*, RDi 2024, 1, 3.

20 *Spindler*, in: Möslein/Omlor, FinTech-HdB, § 25 Rn. 21; *Hacker/Thomale*, ECFR 2018, 645, 676 ff.

21 Siehe nur *Linardatos*, WM 2024, 1633, 1635 m. w. N.

22 Siehe auch *Ribak*, Wertpapierrecht der Security Token Offerings, S. 480; allgemeiner *Lehmann/Schinerl*, The Concept of Financial Instruments, EBI Working Paper Series, 2024 – no. 171, S. 23.

23 *Maume/Siadat*, NJW 2023, 1168, 1168.

gewählte Wertpapierinstitute, bestehend aus der Investment Firm Regulation,[24] der Investment Firm Directive[25] und dem WpIG. Durch diese Änderungen soll die Aufsicht über Wertpapierinstitute risikogerechter gestaltet werden, indem die divergierenden Geschäftsmodelle mitsamt den spezifisch damit verbundenen Risiken sowie die Unternehmensgrößen stärker berücksichtigt werden.[26] Große Wertpapierinstitute unterliegen weiterhin den Regelungen des KWG, während kleine und mittlere Institute nach dem WpIG beaufsichtigt werden.

Im nationalen Recht werden Kryptowerte und damit auch die Giralgeldtoken zumindest im Grundsatz einheitlich als Finanzinstrument nach § 1 Abs. 11 Satz 1 Nr. 10 KWG bzw. § 2 Abs. 5 Nr. 10 WpIG reguliert.[27] Tätigkeiten in Bezug auf Kryptowerte können damit erlaubnispflichtige Bankgeschäfte bzw. Finanz- oder Wertpapierdienstleistungen mitsamt den dazugehörigen Organisationspflichten sein.[28] Aufgrund der Funktionalität als Zahlungsmittel und der potenziellen Einordnung als E-Geld ist zudem auch das ZAG einschlägig, da dieses Dienstleistungen rund um Geldbeträge erfasst, die in Art. 4 Nr. 25 PSD2 als Banknoten, Münzen und E-Geld definiert werden.[29] **12**

c) Neue Regulierungssystematik nach MiCAR und KMAG

Die Voraussetzungen der Erlaubnistatbestände der MiCAR sowie diejenigen von KWG und WpIG entsprechen sich in vielen Belangen inhaltlich.[30] Seit dem Geltungsbeginn der MiCAR zum 30.12.2024 ist damit vor allem die MiCAR für die regulatorische Einordnung von Verwahrdienstleistungen maßgebend.[31] Als Verordnung ist sie gem. Art. 288 UAbs. 2 AEUV unmittelbar geltendes Recht, für das es keines Umsetzungsaktes bedarf.[32] Entgegenstehende oder bloß wiederholende nationale Rechtssetzung ist unzulässig und entfaltet insofern keine Wirksamkeit. Letzteres ergibt sich vor allem daraus, dass ansonsten das Auslegungsmonopol des EuGH unterminiert zu werden droht.[33] Diesen Geltungsvorrang begleitend, ist das nationale Aufsichtsrecht durch das Gesetz über die Digitalisierung des Finanzmarktes (FinmadiG)[34] an den neuen harmonisierenden Regelungsrahmen der **13**

---

24 VO (EU) 2019/2033, ABlEU 2019 Nr. L 314, 1.
25 RL 2034/2019/EU, ABlEU 2019 Nr. L 314, 64.
26 Umfassend dazu *Neumann/Schmidt*, BKR 2001, 535.
27 *Linardatos*, WM 2024, 1685, 1687; *Patz*, BKR 2021, 725, 727.
28 *Kaulartz/Holl*, RDi 2024, 241, 246.
29 Siehe bereits *Birne*, RDi 2024, 521, 526 f.; *Omlor*, ZHR 187 (2023), 635, 641 ff.
30 *Kaulartz/Holl*, RDi 2024, 241, 247; *Linardatos*, WM 2024, 1685, 1686.
31 *Kaulartz/Holl*, RDi 2024, 241, 246; *Maume/Siadat*, NJW 2023, 1168, 1170.
32 So auch *Linardatos*, WM 2024, 1685, 1686.
33 EuGH ECLI:EU:C:1973:101 Rn. 9 ff. = BeckRS 2004, 70873 – Variola; *W. Schroeder*, in: Streinz, EUV/AEUV, Art. 288 AEUV Rn. 43.
34 Vgl. den RegE, BT-Drs. 20/10280.

MiCAR angepasst worden.[35] Hierzu wurde der Begriff des Kryptowerts aus dem Katalog der regulierten Finanzinstrumente nach § 1 Abs. 11 KWG und § 2 Abs. 5 WpIG herausgelöst und in das neu geschaffene Kryptomärkteaufsichtsgesetz (KMAG) überführt.[36] Das KMAG trägt der unionsrechtlichen Dichotomie von Finanzinstrumenten nach MiFID2 einerseits und den Kryptowerten nach der MiCAR andererseits Rechnung,[37] sodass sich die nationalen Erlaubnistatbestände nicht mehr auf solche Kryptowerte erstrecken, die in den Anwendungsbereich der MiCAR fallen.[38] Bis zur Umsetzung dieser nationalen Gesetzesänderung konnte sich für die Verwahrung der privaten Schlüssel für Endkunden eine Erlaubnispflicht somit auch aus dem KWG oder dem WpIG sowie dem ZAG ergeben.[39] Dabei ist zu beachten, dass das ZAG für sekundärmarktbezogene Tätigkeiten – im Gegensatz zu Primärmarktaktivitäten[40] – keine Sperrwirkung entfaltet, die potenzielle Einordnung der Giralgeldtoken als E-Geld-Token insoweit also mehrerer Erlaubnisse erforderlich machen kann.[41]

2. Erlaubnispflicht nach Art. 59 MiCAR

14 Sämtliche Erlaubnistatbestände der MiCAR stehen unter dem Vorbehalt, dass der sachliche Anwendungsbereich der MiCAR nicht nach Art. 2 Abs. 4 lit. b MiCAR ausgeschlossen ist, wie vorliegend im Hinblick auf das Vorliegen einer Einlage angenommen wird. Nur bei einem Nichteingreifen dieses Ausnahmetatbestands für Einlagen könnte überhaupt eine Erlaubnispflicht nach Art. 59 MiCAR entstehen. Nach Art. 59 Abs. 1 lit. a MiCAR dürfen Kryptowerte-Dienstleistungen nur dann angeboten werden, wenn eine juristische Person oder ein anderes Unternehmen gem. Art. 63 MiCAR als Kryptowerte-Dienstleister zugelassen wurde.

a) Kryptowerte-Dienstleistung

15 Die Erlaubnispflicht besteht, wenn Kryptowerte-Dienstleistungen nach Art. 3 Abs. 1 Nr. 16 MiCAR erbracht werden sollen.[42] Fast alle Kryptowerte-Dienstleistungen sind an Vorbilder aus der MiFID2 angelehnt, insbesondere die Beratung, Portfolioverwaltung, Platzierung und Auftragsführung. Einzig die Verwahrung und Verwaltung von Kryptowerten für Dritte nach Art. 3 Abs. 1 Nr. 16 lit. a Nr. 17

35 BT-Drs. 20/10280, S. 3; dazu *Linardatos*, WM 2024, 1685, 1686 ff.
36 *Linardatos*, WM 2024, 1685, 1685.
37 Vgl. BT-Drs. 20/10280, S. 3; *Möslein/Rennig*, RDi 2024, 145, 147.
38 *John/Patz*, BKR 2023, 849, 850; siehe auch BR-Drs. 679/23, S. 3, 65 und 188.
39 *Lösing/John*, BKR 2023, 373, 375; *Maume/Siadat*, NJW 2023, 1168, 1170.
40 BaFin, Merkblatt zum ZAG v. 22.12.2011 (Stand: 5.7.2024), D. I.1.
41 BaFin, Merkblatt zum ZAG v. 22.12.2011 (Stand: 5.7.2024), D. I.2.; *Birne*, RDi 2024, 521, 526; *Lösing/John*, BKR 2023, 373, 375.
42 *Birne*, RDi 2024, 521, 524; *Machacek*, EuZW 2021, 923, 927.

MiCAR ist kryptospezifisch.[43] Darunter fällt die sichere Aufbewahrung oder Kontrolle von Kryptowerten oder der Mittel für den Zugang zu solchen Kryptowerten für Kunden, unter Umständen in Form privater kryptografischer Schlüssel. Aufbewahrung dürfte dem Wortsinn nach die Inobhutnahme der Kryptowerte für Kunden oder der jeweiligen Zugangsmittel, also der privaten Schlüssel, bedeuten, was das Erlangen von verfügender Gewalt voraussetzt. Die Speicherung der privaten Schlüssel für Dritte ist damit jedenfalls dann erfasst, wenn diese auf einem Server der verwahrenden Stelle erfolgt.[44]

Referenzobjekt der Verwahrung können aber wiederum nur die von der MiCAR erfassten Kryptowerte oder die zu solchen gehörenden privaten Schlüssel sein.[45] Damit erlangt die Abgrenzung von E-Geld(-Token) und Einlage auch für das Aufsichtsrecht über die verwahrenden Stellen Bedeutung. Nur sofern die Giralgeldtoken als E-Geld-Token und nicht als Einlage qualifiziert würden, fielen sie unter die MiCAR und wären damit geeigneter Gegenstand der Kryptoverwahrung nach Art. 3 Abs. 1 Nr. 16 lit. a, Nr. 17 MiCAR. 16

b) Ausnahmen von der Erlaubnispflicht

Art. 59 Abs. 1 lit. b MiCAR suspendiert für ausgewählte Institutionen das Erfordernis einer gesonderten Zulassung für die Erbringung von Kryptowerte-Dienstleistungen innerhalb der Union, wenn diese die Voraussetzungen von Art. 60 MiCAR erfüllen. Das sog. Notifizierungsverfahren[46] (auch: Anzeige-[47] oder Äquivalenzverfahren[48]) berücksichtigt den Umstand, dass die erfassten Institutionen für die Erbringung der von ihnen angebotenen Finanzdienstleistungen bereits umfangreiche, funktionsäquivalente Zulassungsverfahren durchlaufen haben, die sich aus anderen unionsrechtlichen Finanzmarktvorschriften ergeben. Sofern dies der Fall ist, müssen die Rechtsträger lediglich die in Art. 60 Abs. 7 MiCAR aufgezählten Informationen an die zuständige Behörde übermitteln und dürfen nach Ablauf von 40 Arbeitstagen mit der Erbringung der beabsichtigten Kryptowerte-Dienstleistung beginnen.[49] 17

Die privilegierten Rechtsträger dürfen gem. Art. 60 Abs. 1 bis 6 MiCAR jedoch nur solche ausgewählten Kryptowerte-Dienstleistungen erbringen, die den Tätig- 18

43 *Maume*, RDi 2022, 497, 503.

44 *Hermann/Aschenbeck*, BB 2023, 2883, 2884.

45 *Birne*, RDi 2024, 521, 524; *Georg* ZIP 2024, 58, 62; *Maume/Siadat*, NJW 2023, 1168, 1169; *Terlau*, BKR 2023, 809, 810.

46 *Denga/Pohl*, in: Meier, MiCAR-HdB, Kap. 2 Rn. 92; *Beck*, WM 2024, 425, 427; *Herrmann/Aschenbeck*, BB 2023, 2883, 2887.

47 *Michel/Schmitt*, BB 2023, 905, 907.

48 *Siadat/Asatiani*, BKR 2023, 221, 223 ff.

49 *Maume*, RDi 2022, 497, 504.

keiten entsprechen, für die bereits eine Zulassung nach anderen unionsrechtlichen Zulassungsverfahren erlangt wurde.[50] Die hier interessierte Kryptowerte-Verwahrung darf daher vor allem erbracht werden durch Kreditinstitute nach Art. 3 Abs. 1 Nr. 29 MiCAR, durch nach der CSDR zugelassene Zentralverwahrer,[51] durch Wertpapierfirmen, sofern sie eine Zulassung für Wertpapiernebendienstleistungen nach § 2 Abs. 3 Nr. 1 WpIG oder § 2 Abs. 9 Nr. 1 WpHG besitzen,[52] und durch E-Geld-Institute; für Letztere greift allerdings die Ausnahme, dass nur die von ihnen selbst emittierten E-Geld-Token oder zu solchen gehörende private Schlüssel verwahrt werden dürfen.[53] Es gilt aber zu beachten, dass ein Entzug der nationalen Erlaubnis zugleich den Verlust der Privilegierung zur Erbringung von Krypto-Dienstleistungen nach Art. 60 MiCAR zur Folge hat.[54]

3. Erlaubnispflicht nach § 15 WpIG

19 Sofern die Giralgeldtoken als Einlage zu qualifizieren sind und der Anwendungsbereich der MiCAR damit ausgeschlossen ist, kann sich eine Erlaubnispflicht nur nach den nationalen Vorschriften von WpIG, KWG oder ZAG ergeben. Das durch die Umsetzung RL (EU) 2024/2019 eingeführte WpIG regelt speziell die Aufsicht über ausgewählte kleine und mittlere Wertpapierinstitute und ist daher vorrangig zu prüfen. Durch den speziellen Regelungsrahmen soll eine zielgenauere Aufsicht unter Berücksichtigung der unterschiedlichen Geschäftsmodelle und der damit verbundenen Risiken ermöglicht werden. Die aufsichtsrechtlichen Anforderungen entsprechen dabei dem Proportionalitätsgrundsatz[55] und sind vom Umfang und der Komplexität der jeweils angebotenen Tätigkeiten abhängig.[56]

20 Gemäß § 15 Abs. 1 Satz 1 WpIG benötigt ein Unternehmen eine Erlaubnis, sofern es in Deutschland Wertpapierdienstleistungen, Wertpapiernebendienstleistungen oder ein Nebengeschäft anbieten möchte und dabei die in § 32 Abs. 1 Satz 2 KWG definierte Schwelle nicht überschreitet. Diese Schwelle legt fest, dass das KWG nicht greift, sofern das Unternehmen mit seinen Vermögenswerten unterhalb von 30 Mrd. EUR bleibt. Überschreitet der Monatsdurchschnitt der Vermögenswerte in den letzten zwölf Monaten jedoch diese Schwelle und betreibt das

---

50 *Denga/Pohl*, in: Meier, MiCAR-HdB, Kap. 2 Rn. 93.

51 *Hermann/Aschenbeck*, BB 2023, 2883, 2887.

52 Vgl. *Bauerfeind/Hille/Loff*, RdF 2023, 84, 89; *Herrmann/Aschenbeck*, BB 2023, 2883, 2884.

53 *Hermann/Aschenbeck*, BB 2023, 2883, 2888.

54 *Siadat/Asatiani*, BKR 2023, 221, 224.

55 Zum Proportionalitätsgrundsatz und dessen Abgrenzung gegenüber der Verhältnismäßigkeit bzw. Angemessenheit sowie diesbezüglichen Pflichten der Aufsichtsbehörden im Detail *Krimphove*, BKR 2017, 535.

56 *Krimphove*, CB 2021, 181, 183; *Schwennicke*, BKR 2021, 150, 152.

Unternehmen Emissionsgeschäft, Eigenhandel oder Eigengeschäft (nach Nr. 1), oder erreicht der Monatsdurchschnitt der konsolidierten Vermögenswerte der Gruppe 30 Mrd. EUR (nach Nr. 2), dann ist § 32 Abs. 1 Satz 1 KWG einschlägig. Unternehmen, die weder Emissionsgeschäft, Eigenhandel noch Eigengeschäft betreiben, sind von der 30-Mrd.-Euro-Schwelle nicht betroffen. In diesen Fällen tritt der Erlaubnisvorbehalt des § 32 Abs. 1 Satz 1 KWG vollständig hinter der Erlaubnispflicht nach § 15 WpIG zurück.[57]

Der Katalog der erlaubnispflichtigen Wertpapierdienst- und Wertpapiernebendienstleistungen in § 2 Abs. 2 WpIG ist inhaltlich weitestgehend deckungsgleich mit dem Katalog der Finanzdienstleistungen des KWG.[58] Damit wird die – vorliegend abgelehnte – Einordnung der Giralgeldtoken als Finanzinstrument nach Art. 4 Abs. 1 Nr. 15 MiFID2 virulent. Zudem nimmt § 2 Abs. 3 Nr. 1 WpIG die isolierte Verwahrung von Rechnungseinheiten und Kryptowerten explizit vom Katalog der ansonsten erfassten Wertpapiernebendienstleistungen aus. Selbst wenn die Giralgeldtoken als Finanzinstrument nach Art. 4 Abs. 1 Nr. 15 MiFID2 zu qualifizieren wären, folgt daraus nicht die Notwendigkeit, für die Verwahrung der privaten Schlüssel eine Erlaubnis nach § 15 Abs. 1 Satz 1 WpIG einzuholen. 21

4. Erlaubnispflicht nach § 32 KWG

Eine Erlaubnispflicht nach § 32 Abs. 1 KWG ist gegeben, wenn ein Unternehmen entweder gewerbsmäßig oder in einem Umfang, der einen in kaufmännischer Weise eingerichteten Gewerbebetrieb erfordert, im Inland Bankgeschäfte betreiben oder Finanzdienstleistungen erbringen will. 22

a) Verwahrung der privaten Schlüssel als Bankgeschäft oder Finanzdienstleistung

Durch das Verwahren der privaten Schlüssel können die verwahrenden Stellen ein Einlagengeschäft nach § 1 Abs. 1 Satz 2 Nr. 1 KWG, ein Depotgeschäft nach § 1 Abs. 1 Satz 2 Nr. 5 KWG oder das neu eingefügte qualifizierte Kryptoverwahrgeschäft nach § 1 Abs. 1a Satz 2 Nr. 6 KWG erbringen. 23

aa) Einlagengeschäft nach § 1 Abs. 1 Satz 2 Nr. 1 KWG

Das Einlagengeschäft umfasst in seinem Kern die Annahme unbedingt rückzahlbarer Gelder, sofern der Rückzahlungsanspruch nicht in Inhaber- oder Orderschuldverschreibungen verbrieft wird. Bei den Giralgeldtoken handelt es sich zumindest im Grundsatz um monetäre Werteinheiten, die von Dritten akzeptiert werden und damit – vorbehaltlich eines Eingreifens der Bereichsausnahme für be- 24

57 Umfassend dazu *Neumann/Schmidt*, BKR 2001, 535, 536 ff.
58 *Schwennicke*, BKR 2021, 150, 153.

grenzte Netze – potenziell um einlagefähiges E-Geld.[59] Aus der Qualifikation als E-Geld folgt jedoch, dass dieses nur dann entgegengenommen wird, wenn es zu einer Speicherung der Werteinheit durch die verwahrende Stelle kommt.[60] Eine entsprechende Speicherung liegt nicht vor, solange nicht die Kryptowerte selbst, sondern nur die privaten Schlüssel gespeichert werden. In einem solchen Fall fehlt es an der erforderlichen Transaktion innerhalb der Blockchain-Netzwerke. Damit nehmen die Stellen kein E-Geld an[61] und betreiben folglich auch kein Einlagengeschäft nach § 1 Abs. 1 Satz 2 Nr. 1 KWG.

bb) Depotgeschäft nach § 1 Abs. 1 Satz 2 Nr. 1 KWG

25 Ein Depotgeschäft erbringt, wer für andere Wertpapiere verwahrt und verwaltet. Das KWG selbst kennt keine Wertpapierdefinition und greift insofern auf den Wertpapierbegriff des § 1 DepotG zurück.[62] Dieser erfasst insbesondere Aktien, Kuxe, Zwischenscheine, Zins-, Gewinnanteil- und Erneuerungsscheine, auf den Inhaber lautende oder durch Indossament übertragbare Schuldverschreibungen sowie andere Wertpapiere, vorbehaltlich ihrer Vertretbarkeit. Bei Giralgeldtoken handelt es sich weder um Inhaber- noch um Orderschuldverschreibungen, da es an einer haptischen Fixierung fehlt. Gerade die greifbare Niederlegung wird aber auch für die vom Depotgeschäft erfassten Wertpapiere als notwendige Voraussetzung angesehen.[63] Zudem kommt es auch nicht zu der erforderlichen Inobhutnahme der Giralgeldtoken, da mit dem privaten Schlüssel kein Wert an die Verwahrer übertragen, sondern nur deren Zugriffsmöglichkeit begründet wird.[64] Der Tatbestand des Depotgeschäfts ist damit ebenfalls nicht erfüllt.

cc) (Qualifiziertes) Kryptoverwahrgeschäft nach § 1 Abs. 1a Satz 2 Nr. 6 KWG

26 Die Einbeziehung von virtuellen Währungen in das europäische Geldwäscherecht hatte den nationalen Gesetzgeber jedoch bereits Anfang 2020 dazu veranlasst, das

59 Zur Eignung von E-Geld für das Einlagengeschäft siehe nur *Langner*, in: Ellenberger/Bunte, BankR-HdB, § 44 Rn. 10.

60 *Schäfer*, in: Fischer/Schulte-Mattler, KWG, CRR, § 1 KWG Rn. 39; *Langner*, in: Ellenberger/Bunte, BankR-HdB, § 44 Rn. 10; *Prehn*, DÖV 2011, 174, 176; siehe zudem für Netzgeld i. S. d. § 1 Abs. 1 Satz 2 Nr. 12 KWG a. F. bereits *Demgensky/Erm*, WM 2001, 1445, 1448.

61 *Rennig*, Finanztechnologische Innovationen im Bankaufsichtsrecht, S. 376; *Keding*, WM 2018, 64, 70; *Spindler/Bille*, WM 2014, 1357, 1365.

62 BaFin, Merkblatt Depotgeschäft v. 6.1.2009 (Stand: 15.12.2021), 1.a); *Terlau*, in: Ellenberger/Bunte, BankR-HdB, § 35 Rn. 251.

63 *Behrends*, in: Scherer, DepotG, § 1 Rn. 2; *Terlau*, in: Ellenberger/Bunte BankR-HdB, § 35 Rn. 251.

64 Schwennicke, in: Schwennicke/Auerbach, KWG, § 1 Rn. 133d; *Rennig*, BKR 2020, 23, 27; *Spindler/Bille*, WM 2014, 1357, 1365.

deutsche Bankaufsichtsrecht grundlegend zu reformieren. Im Zuge der Reform wurde in § 1 Abs. 1a Satz 2 Nr. 6 KWG aF das Kryptoverwahrgeschäft als zumindest im Grundsatz erlaubnispflichtige Finanzdienstleistung etabliert.[65] Konzeptionell orientierte sich der Tatbestand des Kryptoverwahrgeschäfts an demjenigen des Depotgeschäfts nach § 1 Abs. 1 Satz 2 Nr. 1 KWG, berücksichtigte aber den Umstand, dass neben den Kryptowerten auch lediglich die privaten kryptografischen Schlüssel verwahrt werden können.[66] Erfasst waren daher die Verwahrung, Verwaltung oder die Sicherung von Kryptowerten als solche sowie von privaten kryptografischen Schlüsseln, die dazu dienen, Kryptowerte für andere zu halten, zu speichern oder darüber zu verfügen. Während der Gesetzestext die Handlungsvarianten der Verwahrung, Verwaltung oder Sicherung sowohl in Bezug auf die Kryptowerte selbst als auch auf private kryptografische Schlüssel für anwendbar hält, geht aus der Gesetzesbegründung hervor, dass in Bezug auf private Schlüssel allein die Sicherung als erlaubnispflichtige Handlung erfasst ist.[67]

Das KWG-Kryptoverwahrgeschäft a.F. nahm damit im Katalog der Finanzdienstleistungen eine Sonderrolle ein, da es sich im Kontrast zur Regelungssystematik nur auf Kryptowerte und private kryptografische Schlüssel und nicht auf sämtliche Finanzinstrumente bezieht.[68] Der nationale Gesetzgeber, der bei der Kodifikation ähnlich dem europäischen Gesetzgeber[69] eine möglichst weite und umfassende Definition etablierte,[70] nahm ohne zwingenden Grund solche digitalen Wertdarstellungen vom Tatbestand aus, die nach § 1 Abs. 2 Satz 4 ZAG als E-Geld zu qualifizieren sind.[71] Daher betrieben Stellen, die ausschließlich private Schlüssel für Giralgeldtoken verwahren, nicht zwangsläufig ein Kryptoverwahrgeschäft nach § 1 Abs. 1a Nr. 6 KWG a.F. 27

Allerdings wurde mit der Überführung des MiCAR-Begriffs der Kryptowerte in das KMAG zugleich der sachliche Anwendungsbereich der KWG-Regulierung der Kryptoverwahrung zurückgefahren, um den Anwendungsvorrang der MiCAR zu respektieren. Neu eingeführt wurde das kryptografische Instrument als Referenzobjekt des Kryptoverwahrgeschäfts nach dem KWG. Tauglicher Gegenstand 28

---

65 Zum Hintergrund der Einführung, insbesondere der literarischen Rezeption der strafrechtlichen Entscheidung des KG v. 25.9.2018 (4) 161 Ss 28/18 (35/18), BeckRS 2018, 24193) siehe *Blassl/Sander*, WM 2020, 1188, 1189.

66 Skeptisch, ob es sich dabei um einen relevanten Anwendungsfall handelt: *Resas/Ulrich/Geest*, ZBB 2020, 22, 27.

67 BT-Drs. 19/13827, S. 109; dazu *Resas/Ulrich/Geest*, ZBB 2020, 22, 27.

68 *Omlor*, ZHR 187 (2023) 635, 646; *Terlau*, in: Ellenberger/Bunte, BankR-HdB, § 35 Rn. 239.

69 ErwG 10 RL (EU) 2018/943.

70 BT-Drs. 19/13827, S. 49, 110.

71 Zu dessen Implikationen für das Kryptoverwahrgeschäft siehe bereits *Wittig*, WM 2023, 412, 415.

eines qualifizierten Kryptoverwahrgeschäfts sind nach dem neuen § 1 Abs. 1a Satz 7 KWG nach wie vor digitale Darstellungen von Werten, die von keiner Zentralbank oder öffentlichen Stelle emittiert oder garantiert werden und nicht den gesetzlichen Status einer Währung oder von Geld besitzen, aber von natürlichen oder juristischen Personen aufgrund einer Vereinbarung oder tatsächlichen Übung als Tausch- oder Zahlungsmittel akzeptiert werden oder Anlagezwecken dienen und die auf elektronischem Wege übertragen, gespeichert und gehandelt werden können. Diese Voraussetzungen erfüllen die Giralgeldtoken ohne Weiteres.

29 Die positive Umschreibung des kryptografischen Instruments entspricht zwar derjenigen, die nach der früheren Rechtslage für Kryptowerte nach § 1 Abs. 11 Satz 4 KWG a. F. galt. Ausgenommen sind inzwischen jedoch neben E-Geld vor allem Kryptowerte im Sinne des MiCAR. Das qualifizierte Kryptoverwahrgeschäft nach § 1 Abs. 1a Satz 2 Nr. 6 KWG erfasst daher ausschließlich die Verwahrung von kryptografischen Schlüsseln für Kryptowerte, welche nicht in den Anwendungsbereich der MiCAR oder des ZAG fallen.[72] Sollten die Giralgeldtoken also – wofür einiges spricht – als Einlage nach § 1 Abs. 1 Satz 2 Nr. 1 KWG und Art. 2 Abs. 4 lit. b MiCAR qualifiziert werden, erfüllt die Verwahrung der privaten Schlüssel für solche Token den Tatbestand des qualifizierten Kryptoverwahrgeschäfts nach § 1 Abs. 1a Satz 2 Nr. 6 KWG.

b) Erlaubnispflichtiger Umfang

30 Sofern die Giralgeldtoken in einer Weise ausgestaltet werden, die eine Qualifikation als E-Geld – etwa durch Eingreifen der Bereichsausnahme für begrenzte Netze – ausschließt, besteht die Erlaubnispflicht für Verwahrer trotz der Tatbestandsmäßigkeit einer Finanzdienstleistung allerdings nur, wenn das Verwahrgeschäft auch in einem erlaubnispflichtigen Umfang erbracht wird. Die Verwahrer müssten dafür entweder in einem Umfang, der die Einrichtung eines in kaufmännischer Weise eingerichteten Geschäftsbetriebs erfordert, oder gewerbsmäßig tätig sein.

aa) Erfordernis eines in kaufmännischer Weise eingerichteten Geschäftsbetriebs

31 Für das Erfordernis eines in kaufmännischer Weise eingerichteten Geschäftsbetriebs sieht die Verwaltungspraxis der Finanzaufsicht für das Kryptoverwahrgeschäft bisher keine konkreten Schwellenwerte vor. Maßgeblich seien vielmehr die konkreten Umstände des Einzelfalls, wobei auch der simultane Betrieb anderweitiger Bank- oder Finanzdienstleistungsgeschäfte zu berücksichtigen sei.[73] Auf-

72 BT-Drs. 20/10280, S. 69; zum RefE bereits *John/Patz*, BKR 2023, 849, 851.
73 *Freis*, in: Kümpel/Mülbert/Früh/Seyfried, Bank-/KapMarktR, Rn. 2134b m.w.N.

grund der allgemein unbestrittenen prallelen zum Depotgeschäft[74] wird in der Literatur allerdings der Vorschlag unterbreitet, zur Konkretisierung auf die diesbezüglich entwickelte ständige Verwaltungspraxis der Finanzaufsicht zurückzugreifen.[75] Für das Depotgeschäft nimmt diese bei mehr als fünf Depots (sog. Depotzahlgrenze) oder bei einem Gesamtvolumen von mehr als 25 Wertpapieren (sog. Stückzahlgrenze) an, dass die Tätigkeit einen Umfang aufweist, der einen in kaufmännischer Weise eingerichteten Geschäftsbetrieb erfordert.[76] Auf das Kryptoverwahrgeschäft übertragen ist also von einem erlaubnispflichtigen Umfang auszugehen, wenn die Verwahrung für mehr als fünf Kunden erfolgt oder ein Gesamtvolumen von mehr als 25 Kryptowerten bzw. kryptografischen Schlüsseln im Bestand hat.[77]

bb) Gewerbsmäßiger Betrieb des Kryptoverwahrgeschäfts

Da allerdings bereits das mit der 6. KWG-Novelle eingeführte Erfordernis einer gewerbsmäßigen Tätigkeit zur Begründung einer Erlaubnispflicht ausreichend ist, kommt dem Umfang der Dienstleistungserbringung in der Praxis keine übermäßige Bedeutung zu.[78] Allgemein wird es für die Annahme gewerbsmäßigen Handeln als ausreichend angesehen, dass die Tätigkeit auf gewisse Dauer angelegt ist und mit Gewinnerzielungsabsicht vorgenommen wird.[79] Hierfür soll bereits der Abschluss eines einzelnen Geschäfts ausreichend sein, sofern nur die Absicht einer Repetition besteht.[80] Letztendlich sind damit nur solche Verwahrtätigkeiten ausgenommen, die einmalig oder unentgeltlich erfolgen. Damit besteht im Grundsatz eine Erlaubnispflicht der Anbieter nach § 32 Abs. 1 Satz 1 i.V.m. § 1 Abs. 1a Satz 2 Nr. 6 KWG. 32

5. Erlaubnispflicht nach § 10 Abs. 1 Satz 1 i.V.m. § 1 ZAG

Zuletzt kommt auch eine Erlaubnispflicht nach § 10 Abs. 1 Satz 1 ZAG in Betracht. 33 Diese besteht, wenn Zahlungsdienste gewerbsmäßig oder in einem Umfang erbracht werden, der einen in kaufmännischer Weise eingerichteten Geschäftsbetrieb erfordert. Für den Fall, dass die Stellen, die die privaten Schlüssel verwah-

74 BaFin, Merkblatt: Hinweise zum Tatbestand des Kryptoverwahrgeschäfts v. 2.3.2020 (Stand 25.9.2023), III.1.

75 *Rennig*, BKR 2020, 23, 28.

76 BaFin, Merkblatt Depotgeschäft v. 6.1.2009 (Stand: 15.12.2021), 1.a).

77 *Rennig*, Finanztechnologische Innovationen im Bankaufsichtsrecht, S. 191; *Rennig*, BKR 2020, 23, 28.

78 *Renner*, ZBB 2014, 261, 266; zur Gesetzgebungsgeschichte siehe *Schwennicke*, WM 2010, 542, 542 ff.

79 *Rennig*, BKR 2020, 23, 28.

80 Vgl. *Renner*, ZBB 2014, 261, 266.

ren, nach ihren Geschäftsmodellen Zugriff auf die privaten Schlüssel ihrer Kunden haben und auf deren Weisungen Transaktionen auf der Blockchain initiieren können, ist die Ausführung von Zahlungsgeschäften nach § 1 Abs. 1 Satz 2 Nr. 3 ZAG, die Erbringung von Zahlungsauslösediensten nach § 1 Abs. 1 Satz 2 Nr. 7 ZAG oder die Erbringung von Kontoinformationsdiensten nach § 1 Abs. 1 Satz 2 Nr. 8 ZAG denkbar.[81]

a) Zahlungsgeschäft nach § 1 Abs. 1 Satz 2 Nr. 3 ZAG

34 Das Zahlungsgeschäft umfasst nach § 1 Abs. 1 Satz 2 Nr. 3 ZAG jedenfalls drei Erscheinungsformen, nämlich die Lastschrift, das Geschäft mit Zahlungskarten und die Überweisung. In den Gesetzesmaterialien zum ZAG von 2009 hatte der Gesetzgeber eben diese Aufzählung als lediglich exemplarisch, mithin als nicht abschließend bezeichnet.[82] Diese Einschätzung, die jedoch weder im Wortlaut der Ersten Zahlungsdiensterichtlinie (Payment Services Directive 1 – PSD1)[83] noch demjenigen des § 1 Abs. 2 Nr. 3 ZAG aF eine Stütze fand, ist in den Materialien zur aktuellen Gesetzeslage nicht länger explizit vorhanden, wenngleich sich dort immerhin die Aussage findet, dass die Vorgängerregelung „inhaltlich unverändert" übernommen werden soll.[84] Die überwiegende Ansicht im rechtswissenschaftlichen Schrifttum geht daher davon aus, dass die Aufzählung der in § 1 Abs. 1 Satz 2 Nr. 3 lit. a–c ZAG genannten Zahlungsgeschäfte lediglich beispielhaften Charakter hat.[85] Neben der Gesetzeshistorie lässt sich dies vor allem auf den Gesetzeszweck stützen, wonach das ZAG auch künftige, vergleichbare Zahlungsverfahren erfassen soll, die zum Zeitpunkt der Kodifikation noch nicht bekannt sind.[86]

35 Maßgeblich ist somit zunächst das Vorliegen eines Zahlungsvorgangs, also die Übermittlung von Geldbeträgen auf ein Zahlungskonto bei dem Zahlungsdienstleister des Nutzers oder bei einem anderen Zahlungsdienstleister.[87] Sofern sich diejenigen Token, die den Gegenstand der potenziellen Transaktionen bilden, als E-Geld oder E-Geld-Token qualifizieren lassen, liegt jedenfalls die Übermittlung eines Geldbetrags vor.[88] Die nicht vollständig auszuschließende Einordnung der

81 *Wettlaufer/Patz*, in: Maume/Maute, Kryptowerte-Hdb, § 13 Rn. 69; ähnlich auch *Terlau*, in: Möslein/Omlor, FinTech-HdB, § 36 Rn. 215.

82 BT-Drs. 16/11613, S. 33.

83 RL 2007/64/EG, ABlEU 2007 Nr. L 319, 1.

84 BT-Drs. 18/11495, S. 105.

85 *Casper*, in: Casper/Terlau, ZAG, § 1 Rn. 47; *Findeisen*, in: Ellenberger/Findeisen/Nobbe/Böger, ZAG, § 1 Rn. 224.

86 Kritisch *Mimberg*, in: Schäfer/Omlor/Mimberg, ZAG, § 1 Rn. 69.

87 *Casper*, in: Casper/Terlau, ZAG, § 1 Rn. 48.

88 Siehe bereits *Omlor*, ZEuP 2021, 821, 828; tendenziell bejahend auch *Wettlaufer/Patz*, in: Maume/Maute, Kryptowerte-Hdb, § 13 Rn. 69.

Giralgeldtoken als E-Geld lässt damit der Frage entscheidende Bedeutung zukommen, ob die Konten, welche die verwahrenden Stellen unterhalten, als Zahlungskonto nach § 1 Abs. 17 ZAG qualifiziert werden können.[89] Auf einem Zahlungskonto wird Geld i.S.d. Art. 4 Nr. 25 PSD2 verwahrt. Eine systematische Auslegung im Zusammenspiel mit dem Begriff des Zahlungsvorgangs, der sich nicht nur auf Bar- oder Buchgeld, sondern auch auf E-Geld bezieht, ergibt somit, dass auch reine E-Geld-Konten als Zahlungskonto angesehen werden können. Diese Einordnung folgt inzwischen eindeutig aus § 675i Abs. 3 Satz 1 BGB, der wiederum Art. 63 Abs. 3 Satz PSD2 umsetzt.[90] Konten werden allgemein als buch- und rechnungsmäßige, für sachverständige Dritte nachvollziehbare dokumentierte Gegenüberstellungen von Forderungen und Verbindlichkeiten zwischen dem Zahlungsdienstnutzer und ihren Zahlungsdienstleistern verstanden. Zu Zahlungskonten werden solche Konten, sobald sie auf den Namen eines oder mehrerer Zahlungsdienstnutzer lauten und für die Ausführungen von Zahlungsvorgängen genutzt werden können.[91] Die verwahrenden Stellen geben allenfalls einen Überblick über die der jeweiligen öffentlichen Adresse zugehörigen Token. Diese Einheiten repräsentieren aber im Grundsatz keine Forderung gegen die verwahrende Stelle, sondern gegen die Emittenten des jeweiligen Tokens. Das Wallet liefert damit keinen Überblick über Ansprüche, die gegen den Wallet-Betreiber bestehen. Etwas anderes kann man allenfalls dann annehmen, wenn die emittierenden Institute selbst die Verwahrung der privaten Schlüssel übernehmen.[92]

b) Zahlungsauslöse- und Kontoinformationsdienste nach § 1 Abs. 1 Satz 2 Nr. 7 und 8 ZAG

Ein Zahlungsauslösedienst nach § 1 Abs. 1 Satz 2 Nr. 7 ZAG erbringt, wer auf **36**
Veranlassung des Zahlungsdienstnutzers einen Zahlungsauftrag auf ein bei einem anderen Zahlungsdienstleister geführtes Zahlungskonto auslöst. Ganz ähnlich sind für die Erbringung von Kontoinformationsdiensten Mitteilungen von konsolidierten Informationen über ein Zahlungskonto oder mehrere Zahlungskonten erforderlich. Kennzeichnend für beide Tätigkeiten und zugleich der Legitimationsgrund für deren Regulierung ist der ungehinderte Zugriff auf die Kontozugangsdaten anderer Personen und damit die Möglichkeit einer Verfügung über fremdes (E-)Geld.[93] Einen solchen Zugriff haben auch Stellen, welche die privaten Schlüssel für Dritte verwahren.[94]

89 *Wettlaufer/Patz*, in: Maume/Maute, Kryptowerte-Hdb, § 13 Rn. 69.
90 Staudinger/*Omlor*, 2020, BGB § 675f Rn. 144 und § 675i Rn. 32.
91 *Mimberg*, in: Schäfer/Omlor/Mimberg, ZAG, § 1 Rn. 361.
92 Siehe *Omlor*, ZHR 187 (2023), 635, 652; *Birne*, RDi 2024, 521, 526.
93 *Terlau*, in: Casper/Terlau, ZAG, § 1 Rn. 611.
94 Für die Einordnung anderer Wallet-Applikationen als Zahlungsauslösedienst nach § 1 Abs. 1 Satz 2 Nr. 7 ZAG siehe *Harman*, BKR 2018, 457, 461.

37 Allerdings ist eine weitere zentrale Voraussetzung beider Tätigkeiten, dass sie einen Bezug zu einem anderweitig geführten Zahlungskonto haben. Die einzelnen öffentlichen Schlüssel werden aber ebenso wenig als Konto eingeordnet wie die DLT als solche.[95] Hier zeigt sich ein grundlegendes Problem: Während die DLT-Technologie für Disintermediation steht, geht das Zahlungsdienstrecht jedenfalls in Bezug auf E-Geld nach wie vor von der Existenz zentraler Intermediäre aus. Dazu gehören die kontoführenden/sendenden Zahlungsdienstleister im Deckungsverhältnis mit den Zahlern und die empfangenen Zahlungsdienstleister im Inkassoverhältnis mit den Empfängern.[96]

6. Ergebnis zu II.

38 Grundsätzlich besteht für die Verwahrung von privaten Schlüsseln, welche für Transaktionen in Bezug auf Giralgeldtoken erforderlich sind, somit unabhängig von der Qualifikation der Token keine Erlaubnispflicht nach § 10 Abs. 1 ZAG. Eine Ausnahme gilt nur dann, wenn die Verwahrung durch die Emittenten der Token selbst erfolgt.

39 Sollten die Giralgeldtoken als Einlage nach Art. 2 Abs. 4 lit. b MiCAR qualifiziert werden, ist für Stellen, welche die privaten Schlüssel für Kunden verwahren, eine Erlaubnis nach § 32 Abs. 1 Satz 1 i.V.m. § 1 Abs. 1a Satz 2 Nr. 6 KWG aufgrund des Betriebs eines qualifizierten Kryptoverwahrgeschäfts erforderlich.

40 Sollten die Giralgeldtoken hingegen atypischerweise als E-Geld-Token zu qualifizieren sein, besteht seit dem 30.12.2024 die Notwendigkeit, nach Art. 63 MiCAR eine Zulassung als Kryptowerte-Dienstleister zu beantragen, wenn nicht bereits eine Zulassung nach anderen unionsrechtlich determinierten Zulassungsverfahren vorhanden ist. Sollte die Verwahrung durch die emittierenden Institute selbst erfolgen, bedarf es in diesem Fall zusätzlich einer Erlaubnis nach § 10 Abs. 1 ZAG.

III. Erlaubnispflichten technischer Dienstleister in einem Giralgeldtoken-System

1. Überblick zum technischen Dienstleister

41 Die Implementierung von Giralgeldtoken macht einen neuartigen Akteur erforderlich, den technischen Dienstleister (Technical Service Provider – TSP).[97] Dem

95 *Terlau*, in: Möslein/Omlor, FinTech-HdB, § 36 Rn. 215; *Kreding*, WM 2018, 64, 69.
96 Zu dem (notwendigen) Paradigmenwechsel *Omlor*, RdZ 2024, 76, 82.
97 Zu der Figur des TSP siehe BDI/Deutsche Kreditwirtschaft, Commercial-Bank Money Token – Proof of Concept Report, 17.7.2024, S. 12 f. abrufbar unter https://english.bdi.eu/publication/news/commercial-bank-money-token.

aktuellen gemeinsamen Konzept der Deutschen Kreditwirtschaft und des BDI zufolge, sind die TSP für den Betrieb und die Weiterentwicklung des Giralgeldtoken-Ökosystems verantwortlich, indem sie technologische, regulatorische und operative Kompetenzen vereinen. Sie sorgen unter anderem für die Einhaltung regulatorischer Vorgaben, definieren Standards wie Token- und Whitelist-Regeln und koordinieren Vertragsbeziehungen zwischen den teilnehmenden Kreditinstituten, DLT-Anbietern und Kunden. Zudem übernehmen sie die technische Implementierung, einschließlich der API-Bereitstellung, Smart Contracts und die Integration in bestehende Bankensysteme. Diese – zugegebenermaßen noch sehr abstrakte – Tätigkeitsbeschreibung wirft die Frage auf, ob für die Tätigkeiten der TSP eine aufsichtsrechtliche Genehmigung erforderlich ist.

Hierbei wäre es vorschnell, den Blick nur auf das (qualifizierte) Kryptoverwahrgeschäft nach § 1 Abs. 1a Satz 2 Nr. 6 KWG zu beschränken. Zwar nehmen kryptografische Instrumente nach § 1 Abs. 1a Satz 7 KWG insofern eine besondere Stellung unter den Finanzinstrumenten des KWG ein, als diese nur Referenzobjekt des qualifizierten Kryptoverwahrgeschäfts nach § 1 Abs. 1a Satz 2 Nr. 6 KWG sein können. Bereits vor der expliziten Aufnahme von Kryptowerten in das KWG wurde allerdings die Frage intensiv diskutiert, ob diese als Rechnungseinheit nach § 1 Abs. 11 Satz 1 Nr. 7 Alt. 2 KWG einzuordnen sind. Somit können darauf bezogene Sekundärmarktaktivitäten wie der Handel oder die Anlage Finanzdienstleistungen nach § 1a KWG darstellen und damit dem Erlaubnisvorbehalt des § 32 Abs. 1 KWG unterfallen. **42**

2. Giralgeldtoken als Rechnungseinheit

Die deutsche Finanzaufsicht vertritt bereits seit geraumer Zeit unter teilweiser Billigung durch die Literatur[98] die Ansicht, dass Kryptowerte als Rechnungseinheiten nach § 1 Abs. 11 Satz 1 Nr. 7 Alt. 2 KWG anzusehen seien. Die Einordnung als Rechnungseinheit sei indifferent gegenüber der zugrunde liegenden Software oder Verschlüsselungstechnik, weshalb auch eine Qualifikation des Datensatzes als E-Geld unschädlich sei.[99] **43**

Rechnungseinheiten werden durch das KWG zwar ebenso wenig wie durch die zugrunde liegende Wertpapierdienstleistungsrichtlinie definiert, gelten aber inso- **44**

---

98 *Meier/Kotovskaia*, BKR 2021, 348; *Terlau*, in: Casper/Terlau, ZAG, § 1 Rn. 245; *Maume*, in: Maume/Maute, Kryptowerte-Hdb, § 12 Rn. 13 ff.; *Danwerth/Hildner*, BKR 2019, 57, 58 ff.; *Kleinert/Mayer*, EuZW 2019, 857, 859, 861; *Kütük/Sorge*, MMR 2014, 643, 644; a. A. *König/Beck*, EuZW 2019, 42, 45 ff.; *Froitzheim*, BKR 2018, 473, 476 ff.; *Lehmann*, NJW 2018, 3734, 3736 ff.; *Auffenberg*, NVwZ 2015, 1184; krit. auch *Lösing/John*, BKR 2023, 373, 375.

99 BaFin, Merkblatt zum ZAG v. 22.12.2011 (Stand: 5.7.2024), D.I.1.; BaFin, Hinweise zu Finanzinstrumenten nach § 1 Abs. 11 Satz 1–5 KWG v. 1.12.2022, 2.b)gg).

weit als Funktionsäquivalent zu den in § 1 Abs. 11 Satz 1 Nr. 7 KWG genannten Devisen. Letztere sind auf fremde Währung lautende Zahlungsmittel, wie beispielsweise auf Fremdwährungen lautendes Bankguthaben, Wechsel und Schecks.[100] Da die Giralgeldtoken als Zahlungsmittel eingesetzt werden sollen und Eurobeträge referenzieren, sind sie deswegen auch als Rechnungseinheit anzusehen.[101]

3. Einschlägige Sekundärmarktaktivitäten

45 Folgt man der Qualifikation als Rechnungseinheit und damit als Finanzinstrument, so sind Bank- und Finanzdienstleistungen, die im Inland mit diesen erbracht werden, erlaubnispflichtig. Weder das Definieren von Standards wie Token- und Whitelist-Regeln noch die Koordination der Vertragsbeziehungen zwischen den teilnehmenden Kreditinstituten, DLT-Anbietern und Kunden erfüllt allerdings Voraussetzungen von aufsichtspflichtigen Sekundärmarktaktivitäten. Das Gleiche gilt auch für die dritte Dimension des Tätigkeitsprofils, die technische Implementierung, einschließlich der API-Bereitstellung, Smart Contracts und die Integration in die bestehenden Bankensysteme.

46 Weder liegt ein Einlagegeschäft nach § 1 Abs. 1 Satz 2 Nr. 1 KWG noch ein Depotgeschäft nach § 1 Abs. 1 Satz 2 Nr. 5 KWG vor, da der technische Dienstleister über keine öffentliche Adresse im Netzwerk verfügt, an das Giralgeldtoken transferiert würden oder werden könnten. Zudem ist der Technische Dienstleister auch nicht an dem Erwerb oder der Veräußerung der Giralgeldtoken unmittelbar beteiligt, sodass auch kein Finanzkommissionsgeschäft und kein Eigenhandel vorliegt. Schließlich gilt es zu beachten, dass die Schaffung von Rechnungseinheiten i. S. d. § 1 Abs. 11 Satz 1 Nr. 7 Alt. 2 KWG nicht von einem Tatbestand des § 1 Abs. 1 oder 1a KWG erfasst wird.[102]

4. Ergebnis zu III.

47 Die Aufgaben des technischen Dienstleisters unterfallen – jedenfalls auf Basis des derzeit angedachten Tätigkeitsprofils – keinem der bankaufsichtsrechtlichen Erlaubnistatbestände. Damit ist keine aufsichtsrechtliche Lizenz erforderlich.

---

100 *Schäfer*, in: Fischer/Schulte-Mattler, KWG, CRR, § 1 KWG Rn. 287 m. w. N.

101 Ähnlich auch *Lösing/John*, BKR 2023, 373, 375, jedoch ohne Differenzierung zwischen der Denominierung auf inner- und außerstaatliche Währungen.

102 *Spindler/Bille*, WM 2014, 1357, 1365.

IV. Zusammenfassung

1. Das Bestehen einzelner Erlaubnispflichten aus dem Bankaufsichtsrecht hängt von der aufsichtsrechtlichen Einordnung von Giralgeldtoken ab, die wiederum unmittelbar durch das konkrete Produktdesign beeinflusst wird.
2. Sollten Giralgeldtoken als Einlage nach § 1 Abs. 1 Satz 2 Nr. 1 KWG qualifiziert werden, ist für Stellen, welche die privaten Schlüssel für Kunden verwahren, eine Erlaubnis nach § 32 Abs. 1 Satz 1 i.V.m. § 1 Abs. 1a Satz 2 Nr. 6 KWG (qualifiziertes Kryptoverwahrgeschäft) erforderlich.
3. Sofern Giralgeldtoken hingegen atypischerweise als E-Geld-Token qualifiziert werden, besteht seit dem 30.12.2024 die Notwendigkeit, nach Art. 63 MiCAR eine Zulassung als Kryptowerte-Dienstleister zu beantragen, wenn nicht bereits eine Zulassung nach anderen unionsrechtlich determinierten Zulassungsverfahren vorhanden ist. Sollte die Verwahrung durch die emittierenden Institute selbst erfolgen, bedarf es zusätzlich einer Erlaubnis nach § 10 Abs. 1 ZAG.

Kapitel 17

Sonderinsolvenzrecht für Krypto-Assets

1 Krypto-Assets sind auf dem Weg, ein integraler Bestandteil der Finanzwirtschaft zu werden, und weisen immer mehr Schnittstellen zur Realwirtschaft auf. Diese Entwicklung machte notwendig – und wurde gleichzeitig befördert durch – einen aufsichtsrechtlich-regulatorischen Rahmen, der den finanzwirtschaftlichen Risiken und den technischen Funktionsweisen der zugrunde liegenden Blockchain-Anwendungen Rechnung trägt. In den letzten Jahren wurde auf europäischer und nationaler Ebene ein regulatorisches Rahmenwerk für die Kryptomärkte geschaffen, das in den letzten Stufen zum Jahresende 2024 anwendbar geworden ist. Dieses beinhaltet auch insolvenzrechtliche Regelungen, die ein partielles Sonderinsolvenzrecht für Krypto-Assets bilden.

2 Den wesentlichen Hintergrund für die Regulierung der Kryptomärkte bildet die europäische Verordnung (EU) 2023/1114 über Märkte für Kryptowerte (Markets in Crypto-Assets Regulation – MiCAR). Mit der MiCAR wurde 2023 ein umfassendes und europaweit einheitliches regulatorisches Rahmenwerk für die Emission sowie den Handel und die Verwahrung von Kryptowerten geschaffen. Als ein Bestandteil des Regelungsregimes tragen spezielle insolvenzrechtliche Vorschriften den systemischen Risiken, die mit dem fortschreitenden Einzug von Krypto-Assets im Finanz- und Wirtschaftsleben einhergehen, Rechnung. Den Regelungsort für die neuen insolvenzrechtlichen Vorschriften bilden das Ende Dezember 2024 verabschiedete Finanzmarktdigitalisierungsgesetz (FinmadiG) und das im Zuge dessen in Kraft getretene Kryptomärkteaufsichtsgesetz (KMAG). Das FinmadiG weist ersten Regelungen im Kreditwesengesetz (KWG), die bereits im Jahr 2023 geschaffen worden waren, nun nur noch eine Auffangfunktion für bestimmte Arten von kryptografisch repräsentierten Werten bzw. kryptografischen Schlüsseln zu.

I. Der Einzug von Krypto-Assets auf dem Finanzmarkt

3 Laut einer Erhebung des Finanzinvestors Wisdom Tree hatte oder hat mehr als die Hälfte der deutschen Privatanleger in Kryptowährungen investiert oder zieht eine solche Investition in Erwägung.[1] Die Etablierung von Krypto-Assets änderte bislang allerdings nichts daran, dass selbst die bekannteste und verbreitetste Asset-Klasse Kryptowährungen – und dabei auch das Aushängeschild des gesamten

1 *Neuhaus*, Handelsblatt v. 27.8.2025, https://www.handelsblatt.com/finanzen/anlagestrategie/bitcoin-und-ether-jeder-zweite-interessiert-sich-fuer-krypto-investments/100150426.htm (zuletzt abgerufen am 26.2.2026).

Krypto-Marktes, der Bitcoin – noch immer eine Volatilität aufweist, die höher ist als bei fast allen anderen Anlageklassen. Seinen bislang höchsten Stand erreichte der Bitcoin am 6.10.2025 mit rund 126.000 US-Dollar. Keine zwei Monate später war er Ende November um mehr als 40.000 US-Dollar gefallen und lag nur noch knapp über dem niedrigsten Jahresstand von Anfang April 2025. Im Februar 2026 hat sich der Kurs gegenüber dem Allzeithoch wieder halbiert. Dem wiederum war eine Entwicklung vorausgegangen, bei der der Kurs zu Beginn des Jahres 2025 schon einmal die Marke von 100.000 US-Dollar überschritten hatte. Zum Zeitpunkt des bisherigen Allzeithochs Anfang Oktober 2025 betrug die globale Marktkapitalisierung von Kryptowährungen fast 4,4 Billionen US-Dollar.[2] Noch höher als beim Bitcoin ist die Volatilität häufig bei sog. Altcoins, wie z.B. Ethereum (ETH) oder Solana (SOL), also Kryptowährungen, die als Alternative zu der ältesten Kryptowährung Bitcoin aufgelegt wurden, wobei die schier unüberschaubare Vielzahl der angebotenen Altcoins und die unterschiedlichen verfolgten Konzepte Generalisierungen insoweit kaum zulassen.

4 Anleger, die nicht unmittelbar Kryptowährungen erwerben und verwahren oder über Dienstleister (Kryptoverwahrer) verwahren lassen wollen, können auf ein wachsendes Angebot an Krypto-ETNs (Exchange Traded Notes) zurückgreifen. ETFs (Exchange Traded Funds), die unmittelbar in Krypto-Assets investieren, sind in Europa mangels Vereinbarkeit mit den UCITS-Vorgaben (Undertakings for Collective Investments in Transferable Securities) nicht zulassungsfähig.[3] Mithilfe von ETNs wird dennoch versucht, an den Erfolg von indexbezogenen ETFs anzuknüpfen. Als börsengehandelte Inhaberschuldverschreibungen bilden Krypto-ETNs die Wertentwicklung von einzelnen oder mehreren Kryptowährungen ab.

5 Während sich der Bitcoin und die Altcoins dadurch auszeichnen, dass sie allein digitale Werte repräsentieren, weshalb man von „intrinsischen" Krypto-Assets spricht, können Krypto-Assets auch „extrinsisch" nicht-digitale Gegenstände oder Vermögensrechte außerhalb der Blockchain-Umgebung verkörpern.[4] Hierzu zählen zuvorderst sog. Stablecoins. Stablecoins wie Tether oder USD Coin sind mit dem Ziel einer möglichst hohen Wertstabilität auf bestimmte Vermögenswerte – typischerweise Fiat-Währungen, zumeist den US-Dollar – bezogen, d.h. an deren Wert gekoppelt.[5] Stablecoins müssen von ihren Emittenten mit einer Vermögenswertreserve hinterlegt werden. Mangels eines digitalen Euros finden Stablecoins als kosten- und zeitsparendes Transaktionsmedium und zum Zwecke der

---

2 https://www.coingecko.com/de/charts (zuletzt abgerufen am 26.2.2026).

3 BaFin-Veröffentlichung vom 12.3.2024, https://www.bafin.de/SharedDocs/FAQs/EN/Fintech/Kryptotoken/FAQ3/0600_Kryptowerte_in_Deutschland_und_Europa_zulaessig_en.html?utm_source=copilot.com (zuletzt abgerufen am 26.1.2026).

4 *Rieländer*, ZEuP 2024, 769, 775.

5 *Skauradszun/Wrede*, RDi 2024, 55, 56; *Terlau*, BKR 2023, 809, 811.

Zwischenverwahrung zwischen zwei Krypto-Investments Verwendung. 2025 wurde mit dem EURAU der erste regulierte Stablecoin aus Deutschland emittiert. AllUnity, ein Joint-Venture unter Beteiligung u.a. der DWS, hat für den EURAU im Juli des Jahres eine Erlaubnis der BaFin erhalten.[6] Der Joint-Venture-Charakter ist dabei durchaus typisch für die Entwicklungen im Bereich von finanzwirtschaftlichen Krypto-Angeboten; es sind unterschiedliche Formen von Kooperationen zwischen etablierten Kreditinstituten, Finanzdienstleistern und anderen Akteuren, nicht zuletzt auch Krypto-FinTechs, zu beobachten. Auch dies fördert die fortschreitende Verschmelzung des traditionellen Finanzmarktes mit den Akteuren des sog. Krypto-Ökosystems.

Eine weitere Form von extrinsischen kryptografischen Finanzprodukten ist die sog. Tokenisierung von Sachwerten oder Fondsanteilen, also die Aufteilung von Vermögenswerten in auf einer Blockchain gespeicherte digitale Einheiten. So hat sich beispielsweise die Hamburger FINEXITY AG auf die Begebung von Token auf Immobilien, Kunstwerke und verschiedene andere Güter spezialisiert.[7] Praktiziert wird insoweit auch die „Tokenisierung" von Fondsanteilen, die wesentlich darauf abzielt, durch die Einsparung von traditionellen Intermediären Effizienzsteigerungen zu erreichen.[8] 6

II. Das Aufsichtsregime für Krypto-Assets

Die Etablierung kryptografisch-basierter Finanzprodukte findet vor dem Hintergrund einer gemeinsamen unionsweiten Regulierung mit gewissen nationalen Ausgestaltungen statt und wird durch diese zugleich auch weiter vorangetrieben. 7

1. Europäische Krypto-Regulierung

Im Rahmen der im September 2020 verabschiedeten Strategie der EU-Kommission für ein digitales Finanzwesen, die darauf abzielt, Innovationen im Finanzsektor zu fördern, den digitalen Binnenmarkt zu stärken und gleichzeitig Verbraucherschutz sowie Finanzstabilität zu gewährleisten, ist am 29.6.2023 die MiCAR in Kraft getreten.[9] Die MiCAR bildet einen einheitlichen Regulierungsrahmen mit Aufsichts- und Marktstandards für die Primär- und Sekundärmärkte, d.h. die 8

6 *Müller*, Handelsblatt v. 1.8.2025, https://www.handelsblatt.com/finanzen/maerkte/devisen-rohstoffe/kryptowaehrung-allunity-startet-die-erste-euro-stablecoin-mit-bafin-lizenz/100144500.html (zuletzt abgerufen am 26.2.2026).

7 *Ost*, Handelsblatt v. 8.1.2025, www.handelsblatt.com/unternehmen/mittelstand/geldanlage-wie-finexity-mit-token-die-kita-finanziert/100094196.html (zuletzt abgerufen am 26.2.2026).

8 *Kreft/Raetz*, BKR 2024, 497.

9 COM (2020) 591 final.

Emission und den Handel von Krypto-Assets samt damit einhergehender Kryptowerte-Dienstleistungen wie insbesondere die Kryptoverwahrung. Die Verordnung beinhaltet im Wesentlichen Transparenz- und Offenlegungspflichten für die Emission von und den Handel mit Kryptowerten, Zulassungspflichten für sowie Regelungen zur Aufsicht über Kryptowerte-Dienstleister (Crypto Asset Service Provider – CASP) und Emittenten von Kryptowerten, die ordnungsgemäße Geschäftsorganisation von Kryptowerte-Emittenten und Kryptowerte-Dienstleistern, sodann Investoren- bzw. Verbraucherschutzvorschriften im Hinblick auf die Emission, den Handel und die Verwahrung von Kryptowerten sowie Vorschriften zum Marktmissbrauch auf Krypto-Handelsplätzen. Die MiCAR wird als Meilenstein und bedeutender historischer Schritt zur Schaffung eines Binnenmarktes für kryptografische Finanzprodukte gewertet.[10] So sieht die Verordnung mit Art. 16 Abs. 1, 48 Abs. 1, 65 MiCAR ein sog. Passporting vor, mittels dessen die Zulassung für Krypto-Dienstleistungen in einem EU-Mitgliedsland das Tätigwerden im gesamten Binnenmarkt erlaubt.

9 Am 30.12.2024 sind die letzten Teile der MiCAR anwendbar geworden. Parallel erfolgte mit dem FimadiG und als dessen zentralen Bestandteil, dem KMAG, eine Umsetzung in das deutsche Recht. Bei der MiCAR handelt es sich um eine sog. hinkende Verordnung, die in einzelnen Bereichen eine nationale Begleitgesetzgebung erforderlich macht.[11] Das Inkrafttreten der MiCAR bzw. die Notwendigkeit einer nationalen Ausgestaltung in Teilbereichen hat damit einen Wettbewerb der Finanzplätze um die Erteilung von Erlaubnissen für die Erbringung von Kryptowerte-Dienstleistungen ausgelöst, in dem sich Deutschland gemessen an der Anzahl der erteilten BaFin-Erlaubnisse durchaus beachtlich schlägt.[12]

2. Einführung des KMAG als zweite Säule der nationalen Regulierung

10 Die MiCAR aus Brüssel machte in Deutschland eine grundlegende Änderung der Regulierungssystematik erforderlich. Der deutsche Gesetzgeber war vergleichsweise früh selbstständig aktiv geworden und hatte im Rahmen der Umsetzung der Änderungsrichtlinie zur Vierten EU-Geldwäscherichtlinie im Jahr 2019 eine Legaldefinition von Kryptowerten im KWG vorgenommen (§ 1 Abs. 1a Satz 2 Nr. 6 KWG a. F.).

11 Diese Definition entsprach jedoch nicht mehr derjenigen Definition, die Eingang in die MiCAR fand. Art. 3 Nr. 5 MiCAR definiert als Kryptowert „die digitale

---

10 *Linardatos/Aubrunner*, RDi 2026, 1; *Möslein/Omlor*, ZRP 2025, 44.

11 *Linardatos/Skauradszun*, in: Skauradszun/Linardatos, KMAG, Einführung Rn. 1, 25 ff.; *Maume*, ZBB 2025, 209, 210.

12 *Maume*, ZBB 2025, 209, 210; siehe auch BaFin-Datenbank, https://portal.mvp.bafin.de/database/InstInfo/sucheForm.do?institutName=&institutId=&institutBakNr=&institutRegNr=&kategorieId=170&sucheButtonInstitut=Suche (zuletzt abgerufen am 26.2.2026).

Darstellung eines Werts oder eines Rechts, der bzw. das unter Verwendung der Distributed-Ledger-Technologie oder einer ähnlichen Technologie elektronisch übertragen und gespeichert werden kann“. Die Definition dient als Oberbegriff mit Auffangcharakter.[13] Während neben einer Auffangkategorie „sonstige Token“ vermögensreferenzierte Token (Asset-referenced Token – ART), E-Geld-Token sowie Utility Token der MiCAR unterfallen, nehmen Art. 2 Abs. 3 MiCAR sowie der katalogartig ausgestaltete Art. 2 Abs. 4 MiCAR insbesondere sämtliche kryptografische Finanzinstrumente i. S. d. Art. 4 Abs. 1 Nr. 15 (Anlage I Abschnitt C) der Richtlinie über Märkte für Finanzinstrumente (2014/65/EU) (sog. Finanzmarktrichtlinie – MiFID II) und nicht-fungible Token von der Anwendung aus. Der sachliche Anwendungsbereich und damit der Kryptowert-Begriff des KMAG folgt gem. § 1 Abs. 2 Satz 2 KMAG dem der MICAR. Damit gilt das KMAG insbesondere nicht für Kryptowerte, die zugleich ein Wertpapier, also z. B. Aktien, Anleihen oder Derivate, darstellen. Eingebürgert hat sich für diese entsprechend dem englischen Begriff für Wertpapiere die Bezeichnung „Security Token“. Die Regulierungs- und Aufsichtsbehörde für die Finanzmärkte der EU (ESMA) hat im März 2025 Leitlinien zu den Bedingungen und Kriterien für die Qualifizierung von Krypto-Assets als Finanzinstrumente im Sinne von MiFID II veröffentlicht.[14]

Der Anwendungsbereich ist damit im Ergebnis enger gefasst als nach der ursprünglichen Definition des KWG. Es ergibt sich eine Zweiteilung, bei der bestimmte Arten von Krypto-Assets vom sachlichen Anwendungsbereich der MiCAR und des KMAG ausgenommen sind. Das KMAG bildet ein Schwestergesetz zum KWG, das die Emittenten von Kryptowerten und Kryptowerte-Dienstleistungen, die in den Anwendungsbereich der MiCAR fallen, erfasst.[15] Für vom Anwendungsbereich der MiCAR ausgenommene Finanzdienstleistungen gilt neben der MiFID II weiterhin insbesondere das KWG.[16] Insoweit wurde zur Abgrenzung der Verwahrung von Kryptowerten i. S. d. MiCAR bzw. des KMAG mit § 1 Abs. 1a Satz 2 Nr. 6 KWG insbesondere die Kategorie „qualifiziertes Kryptoverwahrgeschäft“ eingeführt. 12

3. Sonderinsolvenzrechtliche Regelungen

Bei dem KMAG handelt es sich grundsätzlich um ein aufsichtsrechtliches Gesetz; es enthält jedoch auch insolvenzrechtliche Bestimmungen, insbesondere § 45 13

13 *Linardatos*, in: Skauradszun/Linardatos, KMAG, vor § 1 Rn. 9; *Hermann/Aschenbeck*, BB 2023, 1987, 1988 f.

14 Referenz ESMA75453128700-1323.

15 *Skauradszun/Kümpel*, DB 2024, 783.

16 *Linardatos*, in: Skauradszun/Linardatos, KMAG, vor § 1 Rn. 13; *Skauradszun/Kümpel*, DB 2024, 783.

KMAG, die Insolvenz von Kryptoverwahrern betreffend, und § 44 KMAG, die Einleitung eines Insolvenzverfahrens betreffend.[17] Neben dezidiert das Insolvenzverfahren betreffenden Vorschriften finden sich auch insolvenzvorbeugende bzw. insolvenzvorbereitende Regelungen wie insbesondere § 43 KMAG im Hinblick auf die Emittierung von Stablecoins.[18] Ähnlich angelegte Vorschriften finden sich mit den §§ 46b ff. im KWG für solche Sachverhalte, die, wie unter vorstehend Ziffer 2 dargestellt, nicht dem KMAG unterfallen. Systematisch ergibt sich damit außerhalb der eigentlichen Insolvenzordnung (InsO) ein Sonderinsolvenzrecht für Institute, die Kryptoverwahrung und andere Kryptowerte-Dienstleistungen erbringen oder Stablecoins emittieren.[19]

III. Die Kryptoverwahrung als wesentlicher Ansatzpunkt der Regulierung

14 Nicht zuletzt die internationale Aufmerksamkeit, welche die Insolvenz der Kryptohandelsplattform FTX Trading Ltd. hervorgerufen hat, ließ erahnen, welche Auswirkungen Insolvenzen im Kryptosektor mit sich bringen können. Art. 3 Abs. 1 Nr. 16 MiCAR enthält eine abschließende Liste von zehn Krypto-Dienstleistungen, darunter z.B. den Betrieb von Handelsplattformen für Kryptowerte oder die Platzierung (Emittierung) von Kryptowerten, und an erster Stelle als lit. a) die Verwahrung und Verwaltung von Kryptowerten für Kunden. Für alle diese Krypto-Dienstleistungen gilt, dass sie aufgrund des ihnen potenziell inhärenten Risikos grundsätzlich nur nach einer Zulassung erbracht werden dürfen (Art. 59 ff. MiCAR).

15 Die Kryptoverwahrung wird als wichtige und zentrale Krypto-Dienstleistung bewertet, zumal sie häufig notwendige Bedingung für die Erbringung weitergehender Krypto-Dienstleistungen, wie etwa die Handelsabwicklung auf einer Krypto-Börse, ist.[20] Der deutsche Gesetzgeber hatte mit Blick auf das Risikopotenzial im Rahmen des KWG bereits 2019 das Kryptoverwahrgeschäft als gem. § 1 Abs. 1a Satz 2 Nr. 6 KWG a. F. erlaubnispflichtige Finanzdienstleistung aufgenommen.[21] Art. 3 Abs. 1 Nr. 17 MiCAR definiert die „Verwahrung und Verwaltung von Kryptowerten für Kunden“ als sichere Aufbewahrung oder Kontrolle von Kryptowerten oder der Mittel für den Zugang zu Kryptowerten für Kunden, unter Umständen in Form privater kryptografischer Schlüssel.

---

17 *Linardatos*, in: Skauradszun/Linardatos, KMAG, § 1 Rn. 7.
18 *Skauradszun*, in: Skauradszun/Linardatos, KMAG, § 43 Rn. 1.
19 *Miernicki*, LRZ 2024, Rn. 389, www.lrz.legal/2024Rn389; *Skauradszun*, in: Skauradszun/Linardatos, KMAG, vor § 44 Rn. 1, 5.
20 *Brauneck*, EuZW 2025, 981.
21 BGBl. I 2019, 2602.

1. Technische Ausgestaltung der Kyptoverwahrung

Die Blockchain-Technologie, eine Unterform der Distributed Ledger Technology (DLT), ist eine spezielle Datenbanktechnologie, bei der kryptografisch verschlüsselte Daten chronologisch verknüpft in dezentralen Netzwerken parallel gespeichert und miteinander abgeglichen werden. Ihre Funktionsweise bringt es mit sich, dass Kryptoverwahrer entgegen dem sprachlichen Bedeutungsgehalt des Begriffes nicht im eigentlichen Sinne Kryptowerte verwahren, sondern lediglich kryptografische Schlüssel. Die Kryptowerte bzw. die sie repräsentierenden kryptografischen Werteinheiten (sog. „Token“ oder „Coins“) sind in einer zumeist öffentlichen Blockchain-Datenbank einem aus einer bestimmten Buchstaben- und Zahlenfolge bestehenden sog. Public Key zugeordnet. Einzelne Token werden einem Inhaber dabei allein über einen korrespondierenden kryptografischen Schlüssel zugewiesen, den sog. Private Key, ebenfalls bestehend aus einer Abfolge von Buchstaben und Zahlen. Auch wenn Kryptowährungen in ihrem Ursprung wesentlich auf der Idee von unmittelbaren Transaktionen ohne Beteiligung von Dritten wie Banken beruhten, bedient sich inzwischen das Gros von Kryptonutzern kommerzieller Kryptoverwahrer anstatt eigener Datenträger.[22] Diese verwahren als Dienstleister die kryptografischen Schlüssel in sog. Wallets. 16

2. Rechtliche Hürden zur Erreichung einer insolvenzfesten Position

Bei Zugrundelegung des geflügelten Slogans der Krypto-Szene „Not your keys, not your coins“ ergibt sich ein grundlegendes Problem. Da typischerweise allein der Kryptoverwahrer über den kryptografischen Schlüssel verfügt, würden die Kryptowerte nicht dem Kunden, sondern dem Kryptoverwahrer zugeordnet. Mit der Entscheidung für einen Kryptoverwahrer gibt der Kunde zugriffstechnisch seine digitalen Vermögenswerte in dessen Hand; der Kunde selbst kann regelmäßig nicht mehr unmittelbar über die Werte verfügen. Die Vertragsbeziehung zwischen Kryptoverwahrer und Kunden ist daher in der Regel wesentlich als Treuhandverhältnis ausgestaltet.[23] 17

Im Falle der Insolvenz des Kryptoverwahrers stellt sich für den Kunden damit elementar die Frage, ob und inwieweit er einen Anspruch auf die kryptografischen Schlüssel hat und auf diesem Weg die Möglichkeit hat, an die digital repräsentierten Werte zu gelangen, diese zu übertragen und damit auch verwerten zu können. Insolvenzrechtlich betrachtet stellt sich damit die Frage, ob der Kunde lediglich einfacher Insolvenzgläubiger ohne besondere Sicherungsrechte oder sonstige Privilegierung ist oder über ein sog. Aussonderungsrecht Rechte an den für ihn verwahrten Krypto-Assets geltend machen kann mit der Folge, dass diese nicht in 18

22 Z.B. Finoa oder Tangany.
23 *Skauradszun/Schweizer/Kümpel*, ZIP 2022, 2101, 2105.

die allgemeine Insolvenzmasse fallen. Angesichts der in aller Regel außerordentlich niedrigen Insolvenzquoten im zumeist unteren einstelligen Prozentbereich muss unbedingtes Ziel jedes Kunden eines Kryptoverwahrers – gleich, ob als privater Verbraucher oder institutioneller Investor – die Stellung als aussonderungsberechtigter Gläubiger sein.

19 Nach allgemeinen insolvenzrechtlichen Grundsätzen kann sich auf ein Aussonderungsrecht nach § 47 InsO nur berufen, wer ein dingliches oder persönliches Recht an dem auszusondernden Gut innehat. Dies kollidiert damit, dass Kryptowerte nach bislang herrschender Ansicht aufgrund ihrer rein digitalen Natur grundsätzlich keine absoluten Rechte wie Sacheigentum vermitteln können.[24] Eine punktuelle Spezialregelung findet sich im Gesetz über elektronische Wertpapiere (eWpG).[25] Gem. § 2 Abs. 3 eWpG gelten elektronische Wertpapiere, d. h. Wertpapiere, für die lediglich ein elektronisches Wertpapierregister geführt wird, was inzwischen auch für elektronische Aktien zulässig ist, als Sache im Sinne des BGB und sind damit eigentumsfähig. Jenseits dessen behilft sich die herrschende Meinung damit, Krypto-Assets als vermögenswerte Position und „sonstigen Gegenstand" i. S. d. § 453 Abs. 1 BGB einzuordnen, auf den die Vorschriften über den Kauf von Sachen entsprechend angewendet werden.[26]

20 Um vor diesem Hintergrund zu einem privilegierten Herausgabeanspruch an den verwahrten Kryptowerten zu gelangen, waren Kunden darauf angewiesen, dass bei der Verwahrung die strengen und im Einzelnen zum Teil umstrittenen Voraussetzungen einer fremdnützigen Treuhand, wie eine getrennte Verwahrung vom Vermögen des Treuhänders oder eine hinreichende Bestimmtheit oder jedenfalls Bestimmbarkeit, vorliegen.[27] Inwieweit eine fremdnützige Treuhand im Einzelfall gegeben war, hing damit neben der vertraglichen Ausgestaltung des Verwahrvertrages beispielsweise auch von der konkreten Ausgestaltung der Verwahrung ab. Besondere Schwierigkeiten ergeben sich dabei, wenn der Kryptoverwahrer nicht für jeden Kunden ein eigenes Wallet (sog. Segregated Wallet) führt, sondern, wie es zum Zweck der Transaktionskostenreduzierung verbreiteter Praxis entspricht, Kryptowerte verschiedener Kunden in einer sog. Omnibus Wallet auf einer gemeinsamen Blockchain-Adresse poolt, also eine Sammelverwahrung betreibt.[28] Die Zuordnung, d. h. die Zuordnung der Anzahl der betreffenden sammelverwahr-

---

24 *Rieländer*, ZEuP 2024, 769, 788.

25 *Omlor*, in: Omlor/Link, Kryptowährungen und Token, III Rn. 44, 65.

26 *Maute*, in: Maume/Maute, Rechtshandbuch Kryptowerte, § 6 Rn. 122; *Omlor*, in: Omlor/Link, Kryptowährungen und Token, III Rn. 44, 54; *Maultzsch*, in: MüKo-BGB, § 453 Rn. 6, 9.

27 Vgl. *Skauradszun/Schweizer/Kümpel*, ZIP 2022, 2101, 2109; *Ganter*, in: MüKo-HGB, § 47 Rn. 462 ff.; *d'Avoine/Hamacher*, ZIP 2022, 2214, 2218 f.

28 *Skauradszun*, RDi 2023, 269, 270; *d'Avoine/Hamacher*, ZIP 2022, 2214, 2218.

ten Kryptowerte zu einzelnen Kunden, nimmt der Kryptoverwahrer bei der Sammelverwahrung außerhalb der Blockchain anhand eines komplexen internen Buchführungssystems vor.[29]

3. Abhilfe durch Gesetzgeber

Unabhängig von der eigentumsrechtlichen Ausgestaltung in den jeweiligen nationalen Rechtsordnungen der Mitgliedstaaten verpflichtet Art. 75 Abs. 7 MiCAR Kryptoverwahrer, für eine Trennung der für Kunden gehaltenen Kryptowerte von ihren eigenen Kryptowerten zu sorgen und eine eindeutige Kennzeichnung sicherzustellen, sodass Gläubiger des Kryptoverwahrers insbesondere im Falle einer Insolvenz nicht auf die für Kunden verwahrten Kryptowerte zurückgreifen können. Der EU-Gesetzgeber intendiert damit die Schaffung der Voraussetzungen für eine Aussonderungsfähigkeit.[30] **21**

Der deutsche Gesetzgeber hat bereits im Jahr 2023, zu einer Zeit also, als für jede Form der Kryptoverwahrung unterschiedslos noch das KWG Anwendung fand, mit § 26b Abs. 1 Satz 1 KWG die Verpflichtung zur Verwahrung der Kryptowerte von Kunden getrennt von Eigenbeständen statuiert. § 26b Abs. 1 Satz 2 KWG verpflichtet Kryptoverwahrer außerdem im Falle einer gemeinschaftlichen Verwahrung der Kryptobestände verschiedener Kunden, d. h. deren Bündelung auf einen gemeinsamen Public-Key, die jederzeitige Bestimmbarkeit der den einzelnen Kunden zustehenden Anteile zu gewährleisten. **22**

Die grundlegende Frage der Zugehörigkeit von Kryptowerten in der Insolvenz eines Kryptoverwahrers wurde zwischenzeitlich im Sinne der Anleger geregelt. Mit Wirkung seit dem 15.12.2023 regelt § 46i Abs. 1 KWG, dass ein im Rahmen eines Kryptoverwahrgeschäfts für einen Kunden verwahrter Kryptowert als dem Kunden gehörig gilt, soweit nicht der Kunde die Einwilligung zu Verfügungen über den verwahrten Wert auf Rechnung des Kryptoverwahrers oder Dritter erteilt hat. Im Rahmen des KMAG wurde – im Sinne des Alternativprinzips zum KWG – mit § 45 Abs. 1 KMAG eine inhaltlich parallele Regelung eingeführt. Die gesetzliche Regelung bildet eine unwiderlegliche Vermutung.[31] Die unwiderlegliche Vermutung macht grundsätzlich die Prüfung der Anforderungen, die die Rechtsprechung an Treuhandverhältnisse stellt, entbehrlich.[32] Dies gilt nach dem ausdrücklichen Gesetzeswortlaut des § 46i Abs. 2 KWG n. F. bzw. § 45 Abs. 2 KMAG in entsprechender Anwendung auch im Fall einer Sammelverwahrung; **23**

29 *Skauradszun*, in: Skauradszun/Linardatos, KMAG, § 45 Rn. 34.

30 Vgl. *Skauradszun/Kümpel*, DB 2024, 783.

31 *Skauradszun*, in: Skauradszun/Linardatos, KMAG, § 45 Rn. 21; *Skauradszun/Kümpel*, DB 2024, 783, 786.

32 *Skauradszun*, in: Skauradszun/Linardatos, KMAG, § 45 Rn. 12.

auch insoweit gilt eine unwiderlegliche Vermutung für ein Aussonderungsrecht. Bei einer Sammelverwahrung in einem Omnibus Wallet besteht ein Aussonderungsanspruch dabei grundsätzlich bezogen auf den dem Kunden zustehenden Anteil an den gemeinschaftlich verwahrten Kryptowerten.

24 Mangels anderweitiger Anhaltspunkte und vor dem Hintergrund der Gesetzesbegründung und des Gesetzgebungsverfahrens – die jedoch auch nicht eindeutig und interpretationsbedürftig sind – wird davon ausgegangen, dass eine Verletzung der Pflicht zu Vermögenstrennung von eigenen Kryptowerten der Entstehung eines Aussonderungsrechts im Ergebnis nicht entgegensteht.[33] Die unwiderlegliche Vermutung würde dann auch den Fall einer – gesetzlich unzulässigen – gemeinsamen Verwahrung von Eigen- und Fremdwerten erfassen. Ein Aussonderungsrecht soll danach auch dann vorliegen, wenn die aufsichtsrechtliche Pflicht zur Vermögenstrennung nicht eingehalten wurde.[34] Der Verstoß zieht nach diesem Verständnis lediglich aufsichtsrechtliche Sanktionen für den Kryptoverwahrer nach sich, tangiert aber nicht das Aussonderungsrecht des Inhabers.[35] Dieses kundenfreundliche weite Verständnis ist jedoch nicht unbestritten.[36] Vor dem Hintergrund, dass Art. 75 Abs. 7 MICAR ausdrücklich das Gebot der Trennung verwahrter Kryptowerte von eigenen Beständen gebietet und die Unbeachtlichkeit eines Verstoßes eine erhebliche Besserstellung gegenüber den allgemeinen Treuhandvorschriften gedeutet werden kann, wird man die Auffassung, die an eine Vermischung mit eigenen Krypto-Beständen keine Folgen für das Bestehen eines Aussonderungsrechts knüpft, nicht als gesichert betrachten können. Es verbleibt eine nicht unerhebliche Unsicherheit. Angesichts der Tragweite wünschenswert wäre insoweit eine baldige Klärung durch die Rechtsprechung oder ggf. auch eine Klarstellung durch den Gesetzgeber.

25 Vom Gesetz ausgenommen sind gem. § 46i Abs. 1 Satz 2 KWG bzw. § 45 Abs. 1 Satz 2 KMAG Fälle, in denen der Kunde ausdrücklich darin eingewilligt hat, dass die Verwahrung für Rechnung des Kryptoverwahrers oder eines Dritten erfolgt. Als Ausnahmevorschrift ist die Zustimmungsvariante im Zweifel eng auszulegen.[37] Auch wenn intuitiv zunächst nicht erkennbar erscheint, warum ein Kunde seinem Kryptoverwahrer gestatten sollte, über seine verwahrten Kryptowerte auf eigene Rechnung zu verfügen, hat die Regelung neben rechtsdogmatischen durch-

33 *Skauradszun/Kümpel/Schweizer/Gramlich*, ZBB 2023, 355, 360; *Miernicki*, LRZ 2024, Rn. 389, www.lrz.legal/2024Rn389; *Haneke*, NZI 2023, 529, 531.

34 *Skauradszun/Kümpel*, DB 2024, 783, 788; *Skauradszun/Kümpel/Schweizer/Gramlich*, ZBB 2023, 355, 360.

35 *Skauradszun*, in: Skauradszun/Linardatos, KMAG, § 45 Rn. 23

36 *Klinck*, in: BeckOK-Insolvenzrecht, 42. Edition, Geschichte und Chronik Rn. 196.

37 *Skauradszun*, in: Skauradszun/Linardatos, KMAG, § 45 Rn. 31.

aus auch auf der Blockchain-Technologie fußende Gründe.[38] So existieren besondere Formen von Krypto-Dienstleistungen bzw. Praktiken, wie das sog. Staking und das sog. Lending. Insbesondere das Staking erfreut sich wachsender Beliebtheit.[39]

a) Staking

Beim sog. Staking handelt es sich um ein technisches Überprüfungsverfahren **26**
(sog. Proof of Stake), das bei bestimmten Kryptowährungen erforderlich ist, um im Rahmen des zugrunde liegenden Konsensmechanismus neue Blockchain-Währungseinheiten erstellen und Transaktionen im Blockchain-Netzwerk auf ihre Ordnungsgemäßheit überprüfen zu können.[40] Private Inhaber oder Investoren, die ihre Krypto-Währungsbestände zur Verfügung stellen, erhalten eine Vergütung (sog. Reward) als Gegenleistung und können auf diese Weise zinsähnliche Einkünfte generieren, entweder in Form der Zuteilung neuer Token-Anteile oder in Form von Gebühren. Mit Staking kann ein gewisses technisch bzw. verfahrenstechnisch begründetes Risiko einer Vernichtung von gestakten Krypto-Assets verbunden sein (sog. Slashing).[41] Die technischen Erfordernisse und der Vorgang des Stakings hindern technisch betrachtet jedoch nicht die Entstehung eines Aussonderungsrechts i. S. d. § 47 InsO. Sofern im Rahmen des treuhänderisch ausgestalteten Verwahrungsvertrags zwischen dem Inhaber der Kryptowährung und dem Kryptoverwahrer die Möglichkeit einer Staking-Teilnahme der verwahrten Bestände ausdrücklich vereinbart ist, kann der Staking-Vorgang treuhänderisch für den Inhaber erfolgen.[42] Auch die Rewards werden regelmäßig zugunsten des Inhabers verbucht.[43] Die mit Staking verbundene zeitlich befristete Hinterlegung und Sperrung von Krypto-Währungsbeständen stellt keine Verfügung auf Rechnung des Kryptoverwahrers oder des Validators dar; sie ist unschädlich für das Aussonderungsrecht des Inhabers im Falle einer Insolvenz.[44]

b) Lending

Lending bezeichnet die entgeltliche Nutzungsüberlassung von Kryptowerten, bei **27**
welcher der Zurverfügungstellende die Verfügungsbefugnis über eine bestimmte Anzahl von Währungstoken überträgt.[45] Es findet eine Änderung der Rechtsposi-

---

38 *Skauradszun/Kümpel*, DB 2024, 783, 787.
39 *Kaulartz/Holl*, RDi 2024, 241.
40 Ausführlich zu den technischen Abläufen: *Kaulartz/Holl*, RDi 2024, 241.
41 *Kaulartz/Holl*, RDi 2024, 241, 245.
42 *Skauradszun/Kümpel/Schweizer/Gramlich*, ZBB 2023, 355, 362.
43 *Skauradszun/Kümpel/Schweizer/Gramlich*, ZBB 2023, 355, 364 ff.
44 *Skauradszun*, in: Skauradszun/Linardatos, KMAG, § 45 Rn. 31.
45 *Krey/Mayer*, EuZW 2025, 844, 845, 848.

tion an den betroffenen Token statt.[46] Wirtschaftlich betrachtet und hinsichtlich der möglichen Anwendungsfälle, wie etwa einem Leerverkauf, ähnelt das Lending der verbreiteten sog. Wertpapierleihe respektive dem Wertpapierdarlehen, wie es z.B. in § 15 Abs. 3 DepotG auch gesetzlich Erwähnung findet.[47] Die rechtliche Einordnung des Lending ist mangels ausdrücklicher Regelung und angesichts der fehlenden Körperlichkeit von Kryptowerten offen. Es wird davon ausgegangen, dass eine analoge Anwendung der Vorschriften zum Sachdarlehen gem. § 607 BGB, bei welchem sich der Darlehensnehmer bei Fälligkeit zur Rückerstattung von Sachen gleicher Art, Güte und Menge verpflichtet, oder unmittelbar der Vorschriften zum Darlehen das Lending-Geschäft am besten erfasst.[48] Auch Wertpapierdarlehen werden zivilrechtlich als Sachdarlehen eingeordnet.[49] Angesichts dessen wird man die Zustimmung zum Lending als Verwahrung für Rechnung des Kryptoverwahrers respektive eines Dritten zu qualifizieren haben.[50] Dies hat zur Folge, dass der Kunde sich hinsichtlich der erfassten Kryptowerte nicht auf ein Aussonderungsrecht berufen kann.

4. Kostentragung im Falle der Aussonderung

28 Bezüglich der Kosten, die mit der Aussonderung verbunden sind, hat der Gesetzgeber im KWG und im KMAG insolvenzrechtlich einen besonderen Weg beschritten. § 47 InsO regelt die Frage der Kostentragung nicht. Es entspricht aber dem allgemeinen Verständnis, dass nur die Kosten für die Prüfung, ob ein Aussonderungsrecht besteht, sowie für die Bereitstellung zulasten der Insolvenzmasse gehen, während die Kosten für die Abholung des auszusondernden Vermögenswertes der Aussonderungsberechtigte zu tragen hat.[51] Für Kryptowerte sehen § 45 Abs. 3 KMAG und parallel § 46i Abs. 3 KWG hingegen einen Sonderweg vor. Danach trägt der Kunde die Kosten der Aussonderung nur dann, wenn er einer gemeinschaftlichen Aussonderung aller betroffenen Kryptowerte durch Übertragung der Werte von dem insolventen Kryptoverwahrer an einen vom Insolvenzverwalter bestimmten anderen Kryptoverwahrer nicht zustimmt. Nach der gesetzlichen Konzeption ist der Kunde dem Insolvenzverwalter und dessen Übertragungsentscheidung nicht vollständig ausgeliefert. So gilt die Kostentragungspflicht nach dem jeweiligen Abs. 4 nicht, wenn die Bedingungen für eine Fortführung des Verwahrverhältnisses bei dem vom Insolvenzverwalter benannten Alter-

46 *Krey/Mayer*, EuZW 2025, 844, 848.
47 *Krey/Mayer*, EuZW 2025, 844, 846.
48 *Krey/Mayer*, EuZW 2025, 844, 846.
49 *Lohsse*, in: Gsell/Krüger/Lorenz/Reymann, beck-online.GK-BGB, § 607 Rn. 18.
50 So wohl auch: *Hirtenlehner/Isci*, BKR 2025, 348, 352 f.
51 BGH, 28.6.2012 – IX ZR 219/10, NJW 2012, 2800, 2802 Rn. 19; *d'Avoine/Hamacher*, ZRI 2024, 49, 52; *Bäuerle*, in: Braun, InsO, § 47 Rn. 39.

nativanbieter für den Kunden unzumutbar sind. Damit gilt aber auch zugleich: Stimmt der Kunde dem Wechsel zu dem vom Insolvenzverwalter angebotenen neuen Kryptoverwahrer zu, können ihm keine Kosten auferlegt werden. Zweck dieser abweichenden Regelung ist es, die Zustimmung zu der Gesamtübertragung zu incentivieren.[52]

Da ein Wechsel des Kryptoverwahrers mit einem nicht unerheblichen organisatorischen Aufwand und entsprechenden Kosten verbunden ist, wird insbesondere von Insolvenzverwalterseite kritisiert, dass die gesetzliche Regelung eine unbillige Belastung der Insolvenzmasse und damit gerade derjenigen Insolvenzgläubiger mit sich bringt, die selbst mangels privilegierten Aussonderungsrechts nicht an den verwahrten Kryptowerten partizipieren.[53] **29**

Tatsächlich wird man jedoch davon ausgehen können, dass Kundenportfolien eines insolventen Kryptoverwahrers für Wettbewerber wirtschaftlich lukrativ sind. Es dürfte zu erwarten sein, dass Wettbewerber Insolvenzverwaltern von Kryptoverwahrern nicht nur einen für die Insolvenzmasse kostenfreien Transfer der verwalteten Krypto-Bestände anbieten, sondern darüber hinaus auch bereit sind, dem Insolvenzverwalter ein Entgelt für die Möglichkeit zu zahlen, die Verwahraufträge mit den von der Insolvenz betroffenen Kunden zu übernehmen. So eröffnet sich Wettbewerbern durch eine derartige Übernahme die Gelegenheit, auf einen Schlag und ohne Kosten für Werbung einen signifikanten Kundenzuwachs zu generieren und damit die eigene Wettbewerbssituation auszubauen. Angesichts der dynamischen Marktentwicklung und der Kosten für Kundenwerbung wird man davon ausgehen können, dass im Fall der Insolvenz von Kryptoverwahrern die Insolvenzmasse und die Insolvenzgläubiger bis auf Weiteres regelmäßig nicht belastet werden, sondern von der Übernahme durch einen Drittanbieter im Ergebnis profitieren. **30**

IV. Regulierung von Stablecoins

1. Insolvenzvorbeugende Regulierung

Einen wesentlichen Gegenstand der Regelung der MiCAR und der KMAG bilden vermögenswertereferenzierte Token (auch Asset Referenced Token, abgekürzt „ART“ genannt) und E-Geld-Token (E-Money-Token, abgekürzt „EMT“ ge- **31**

52 *Skauradszun*, in: Skauradszun/Linardatos, KMAG, § 45 Rn. 41.

53 *d'Avoine/Hamacher*, ZRI 2024, 49, 52; Stellungnahme des VID (Verband Insolvenzverwalter und Sachwalter Deutschlands) vom 13.11.2023, https://www.vid.de/wp-content/uploads/2023/11/VID_Stellungnahme_RefE_FinmadiG.pdf (zuletzt abgerufen am 26.2.2026).

nannt).[54] Bei solchen Token handelt es sich um Kryptowerte, die auf die Erhaltung einer stabilen Wertreferenz abzielen, indem sie an ein gesetzliches Zahlungsmittel (z.B. US-Dollar oder Euro) oder andere Vermögenswerte (wie z.B. Gold oder Wertpapiere) oder Kombinationen hiervon als Referenz anknüpfen. Landläufig werden sie auch als Stablecoins bezeichnet. Den Inhabern von Stablecoins ist gesetzlich ein Anspruch auf jederzeitige Rücktauschbarkeit gegenüber dem Emittenten eingeräumt (Art. 39 Abs. 1 1. Alt. bzw. Art. 49 Abs. 4 MiCA). Die Stablecoins betreffenden Regelungen der MiCAR zielen darauf ab, einem besonderen Risikopotenzial für die Stabilität des Finanzsystems, das Anlegervertrauen und das Vertrauen in die Integrität der Märkte, das aufgrund ihrer Funktionsweise und Verbreitung mit Stablecoins verbunden ist, zu begegnen.[55]

32 Die Bestimmungen für die Emission von vermögensreferenzierten Token nach Titel III MiCAR (Art. 16ff. MiCAR) bzw. von E-Geld-Token nach Titel IV MiCAR (Art. 48ff. MiCAR) sind daher streng.[56] Die Emittenten müssen eine Mindesthöhe an Eigenmitteln vorhalten (Art. 35 MiCAR). Darüber hinaus sind die Emittenten gesetzlich verpflichtet, Vermögensreserven zu bilden und zu unterhalten. Dabei gelten Vorgaben für die sichere Anlage dieser Mittel. Die Vermögensreserven sollen neben den Risiken im Zusammenhang mit denjenigen Vermögenswerten, auf die sich der Stablecoin bezieht, die Liquiditätsrisiken abdecken, die sich aus dem dauerhaften Rücktauschrecht ergeben. Das Gesetz verpflichtet die Emittenten weiter, vorsorglich einen Sanierungs- und einen Rücktauschplan zu erstellen. Ersterer hat gem. Art. 46 MiCAR Maßnahmen vorzusehen für den Fall der Notwendigkeit einer Wiederherstellung der für die Vermögensreserve geltenden Anforderungen. Der Rücktauschplan gem. Art. 47 MiCAR ist demgegenüber ein operativer Plan für den Fall eines erforderlichen Rücktausches.

2. Insolvenzbezogene Regelungen

33 Art. 36 Abs. 2 MiCAR schreibt auch insoweit vor, dass die Vermögensreserve im Interesse der Inhaber vermögensreferenzierter Token vom Vermögen des Emittenten sowie von Vermögenswertreserven anderer Token rechtlich in einer Weise getrennt wird, dass die Gläubiger des Emittenten insbesondere im Insolvenzfall keinen Zugriff auf die Vermögensreserve haben. Auf diese Weise hat der europäische Gesetzgeber ein harmonisiertes gesetzliches Sondervermögen geschaffen.[57] Der bevorzugte Zugriff auf die Vermögensreserve beinhaltet eine privilegierte Gläubigerstellung.[58] In Umsetzung der MiCAR-Regelungen enthält § 28 KMAG

54 *Skauradszun/Wrede*, RDi 2024, 55, 56.
55 ErwG 40, 45, 53ff., 71ff., 103 MiCAR.
56 *Skauradszun/Wrede*, RDi 2024, 55, 56.
57 *Skauradszun/Wrede*, RDi 2024, 55, 58.
58 *Skauradszun/Wrede*, RDi 2024, 55, 59.

ergänzende Bestimmungen. § 28 Abs. 2 KMAG sichert in der Folge im Falle einer Zwangsvollstreckung in das Vermögen des Emittenten, dass das Reservevermögen dem Zugriff sonstiger Gläubiger entzogen ist. Nach § 28 Abs. 8 Satz 1 KMAG als zentraler insolvenzrechtlicher Weichenstellung fällt das Reservevermögen im Insolvenzfall des Emittenten nicht in die Insolvenzmasse. In der Gesamtbetrachtung wird man das Sondervermögen angesichts der Tatsache, dass es nicht in die Insolvenzmasse fällt und nicht der Verwaltung des Insolvenzverwalters obliegt, am ehesten ebenfalls als Aussonderungsrecht i. S. d. § 47 InsO zu qualifizieren haben.[59]

Die BaFin als national zuständige Aufsichtsbehörde hat nach Art. 47 der MiCAR **34**
für den Fall, dass sie feststellt, dass der Emittent nicht oder wahrscheinlich nicht in der Lage ist, seine Verpflichtungen zu erfüllen, also drohend oder gar eingetreten zahlungsunfähig ist, die Möglichkeit, die Umsetzung des verpflichtenden Rücktauschplans anzuordnen. Gemäß § 28 Abs. 3 KMAG muss der Emittent in diesem Fall einen Abwickler bestellen, dem die Umsetzung des Rücktauschplans obliegt. Der Abwickler verwertet das Reservevermögen und kehrt den Erlös nach Abzug der Kosten und Vergütung anteilig an die Inhaber der betroffenen Kryptowerte aus. Sollten Inhaber keine vollständige Befriedigung durch die Erlösauskehr erhalten, können sie als normale Insolvenzgläubiger anteilsmäßige Befriedigung aus der Insolvenzmasse verlangen. Umgekehrt fallen etwaige Vermögenswerte, die nach Durchführung des Rücktauschplans verbleiben, an die Masse und stehen allen sonstigen Gläubigern zur Verfügung.

V. Antragsmonopol der BaFin für Insolvenzantragstellungen

Mit der Aufsicht durch die BaFin geht ein Insolvenzantragsmonopol der BaFin **35**
einher.[60] Gem. § 44 Abs. 1 Satz 4 KMAG bzw. § 46b Abs. 1 Satz 4 KWG kann ein Antrag auf Eröffnung des Insolvenzverfahrens über das Vermögen eines Kryptoverwahrers oder einer einem Kryptoverwahrer übergeordneten Finanzholding sowie sonstiger Kryptowerte-Anbieter oder -Dienstleister, soweit diese nicht aufgrund einer anderweitigen Regulierung nach § 44 Abs. 5 KMAG ausnahmsweise ausgenommen sind, nicht von dem betreffenden Institut selbst, sondern allein von der BaFin als Aufsichtsbehörde gestellt werden. Es ergibt sich insoweit eine Sonderzuständigkeit ähnlich § 17 KAGB für Kapitalverwaltungsgesellschaften, § 312 Abs. 1 VAG für Versicherungsinstitute oder § 21 Abs. 4 ZAG für Zahlungsinstitute.

59 Vgl. *Skauradszun/Wrede*, RDi 2024, 55, 61.
60 *Skauradszun*, in: Skauradszun/Linardatos, KMAG, § 44 Rn. 5.

36 An die Stelle der Insolvenzantragspflicht tritt für die Geschäftsleiter entsprechender Institute gem. § 46b Abs. 1 Satz KWG bzw. § 44 Abs. 1 KMAG die Pflicht, eine Zahlungsunfähigkeit oder Überschuldung der BaFin unverzüglich anzuzeigen. Gem. § 44 Abs. 1 Hs. 2 KMAG gilt diese Anzeigepflicht auch für den Fall der nur drohenden Zahlungsunfähigkeit. Im Fall der lediglich drohenden Zahlungsunfähigkeit, der im allgemeinen Insolvenzrecht nur einen fakultativen, aber keinen verpflichtenden Insolvenzgrund darstellt, darf die BaFin einen Insolvenzantrag gem. § 44 Abs. 1 Satz 5 KMAG nicht gegen den Willen des betroffenen Instituts, sondern nur mit dessen Zustimmung stellen.

37 Die Übertragung der Kompetenz zur Insolvenzantragsstellung soll der BaFin einen Beurteilungsspielraum einräumen, inwieweit im konkreten Fall Maßnahmen zur Vermeidung einer Insolvenz sinnvoll erscheinen, darüber hinaus die Einbindung der BaFin in ein Insolvenzverfahren gewährleisten und eine Balance zwischen den wesentlichen Beteiligten schaffen, namentlich dem Insolvenzgericht, einem bestellten Insolvenzverwalter und der BaFin als zuständiger Aufsichtsbehörde.[61] So sieht § 44 Abs. 2 KMAG auch die Anhörung der BaFin vor, bevor das Insolvenzgericht wesentliche Maßnahmen oder Anordnungen erlässt.

VI. Fazit

38 In der Umsetzung der europäischen Vorgaben der MiCAR hat der deutsche Gesetzgeber mit dem KMAG und Krypto-Assets betreffenden modifizierten Vorschriften des KWG ein zum Teil komplexes, aber grundsätzlich funktionales aufsichtsrechtliches Regime für Krypto-Assets gestaltet. Das Regime beinhaltet partiell sonderinsolvenzrechtliche Vorschriften. Sowohl die Kunden von Kryptoverwahrern als auch die Inhaber von Stablecoins können sich im Falle der Insolvenz des Kryptoverwahrers bzw. des Stablecoin-Emittenten in der Regel auf ein Aussonderungsrecht an den verwahrten Krypto-Assets bzw. dem Reservevermögen berufen und haben damit Aussicht auf eine privilegierte Befriedigung. Konsequent wurde dabei entsprechend den Kompetenzen in vergleichbaren Bereichen ein Antragsmonopol der BaFin für die Stellung von Insolvenzanträgen geschaffen.

---

61 *Skauradszun*, in: Skauradszun/Linardatos, KMAG, § 44 Rn. 5.

Kapitel 18

Die paneuropäische Blockchain-Sandbox – beste Regulierungspraxis 2026 zur Förderung von Innovation

I. Einleitung

Die europäische Blockchain Regulatory Sandbox ist eine Initiative der Europäischen Kommission (EK), die einen paneuropäischen Rahmen für einen grenzüberschreitenden Regulierungsdialog zwischen Blockchain-/DLT-Innovatoren im privaten und öffentlichen Sektor sowie Regulierungsbehörden und anderen öffentlichen Stellen auf nationaler und EU-Ebene schafft.[1] Sie zielt darauf ab, die Rechtssicherheit für innovative Blockchain-/DLT-Anwendungen zu verbessern und die Entwicklung von bewährten Verfahren in diesem Bereich zu erleichtern.[2] Das Projekt begann im Jahr 2023 und lief über drei Jahre. Jedes Jahr fand eine Runde von Regulierungsdialogen statt, deren Ergebnisse in Best-Practice-Berichten zusammengefasst wurden, die in enger Abstimmung mit den Teilnehmern erstellt und am Ende jeder Runde zum Nutzen der breiteren Öffentlichkeit veröffentlicht wurden. Der dritte und letzte Best-Practice-Bericht wurde am 11.2.2026 veröffentlicht. 1

Der Begriff „Sandbox" wird für verschiedene Testumgebungen verwendet, die operative Tests und/oder Ausnahmen von bestehenden Rechtsvorschriften oder behördlichen Genehmigungen umfassen können. Die Merkmale der Europäischen Blockchain-Sandbox unterscheiden sich von denen anderer Sandboxen. Die Europäische Blockchain-Sandbox bietet einen Rahmen für einen vertraulichen und informellen grenzüberschreitenden Regulierungsdialog zwischen Regulierungsbehörden und Innovatoren, der eine Reihe verschiedener Regulierungsbereiche abdeckt und für verschiedene Industriezweige relevant ist. 2

Die Anwendungsfälle, die an der Europäischen Blockchain-Sandbox teilnehmen, werden auf der Grundlage transparenter und nichtdiskriminierender Bewerbungsbedingungen und Auswahlkriterien ausgewählt. Die Europäische Blockchain-Sandbox bietet keinen Rahmen für Ausnahmen von bestimmten Gesetzen oder 3

1 Zu den Regulierungsbehörden können sowohl zuständige öffentliche Stellen gehören, die mit der Überwachung und Durchsetzung von Vorschriften betraut sind, als auch öffentliche Stellen, die an der Entwicklung und Umsetzung von Vorschriften beteiligt sind.

2 Informationen über die Einrichtung und den Betrieb der European Blockchain Sandbox finden Sie auf der Projektwebsite, https://blockchain-observatory.ec.europa.eu/european-blockchain-sandbox_en (zuletzt abgerufen am 17.2.2026).

Vorschriften, und die teilnehmenden Anwendungsfälle werden von den teilnehmenden Regulierungsbehörden/öffentlichen Stellen nicht „genehmigt“. Außerdem sind die Dialoge, die im Rahmen der europäischen Blockchain-Sandbox stattfinden, in der Regel weniger zeitaufwendig als die Teilnahme an einer Sandbox, die regulatorische und operative Tests umfasst. Bewährte Verfahren, gewonnene Erkenntnisse und Klärungsbedarf, die während der Regulierungsdialoge in der europäischen Blockchain-Sandbox ermittelt werden, werden der breiteren Öffentlichkeit durch die Veröffentlichung von Berichten über bewährte Verfahren und öffentliche Webinare zugänglich gemacht.

4 Die Sandbox steht für eine Vielzahl von Anwendungsfällen der Blockchain/DLT im öffentlichen und privaten Sektor offen, auch in Kombination mit anderen neuen Technologien wie KI, IoT, Cloud Computing und fortschrittlichen Datenanwendungen, wobei der Schwerpunkt auf regulatorischen Themen liegt, die für alle Sektoren und Regionen relevant sind. Ein besonderer Schwerpunkt liegt auf Anwendungsbereichen, in denen sich neue rechtliche und regulatorische Fragen im Finanzsektor und anderen Schlüsselbereichen wie Nachhaltigkeit, Gesundheit, Lieferkette und Logistik/Handel, Mobilität und Energie stellen. Wichtige Regulierungsbereiche sind die Regulierung des Finanzsektors, der Datenschutz und die Regulierung nicht personenbezogener Daten, die ESG-Regulierung, elektronische Identifizierung, Authentifizierung und Vertrauensdienste (eIDAS), Cybersicherheitsregulierung, Verbraucherschutz, Altersüberprüfung und Online-Kinderschutz, Smart Contracts für die automatisierte Datenverarbeitung, Haftungsfragen und AML/KYC-Regeln.

5 Es war interessant zu sehen, wie sich die ausgewählten Anwendungsfälle im Laufe des Projekts weiterentwickelt haben. Zusammenfassend lässt sich sagen, dass die Anwendungsfälle ausgereifter wurden und sich zunehmend auf eine Kombination innovativer Technologien stützten, z.B. Blockchain/DLT in Verbindung mit KI, IoT oder Cloud Computing. Darüber hinaus deckten die Anwendungsfälle in der dritten Kohorte zusätzliche Sektoren ab, wie den Energiesektor, den Gesundheitssektor und die Modebranche. Gleichzeitig gewann die Finanzregulierung zunehmend an Bedeutung für Anwendungsfälle, die ihren Ursprung in anderen Sektoren hatten, da solche Anwendungsfälle mit zunehmender Reife in Krypto-Asset-Transaktionen einbezogen werden.

II. Die klassische „Regulatory Sandbox“

Die Einhaltung der aufsichtsrechtlichen Anforderungen im Finanzsektor[3] ist nicht nur mit einem gewissen organisatorischen Aufwand oder einem gewissen Maß an regulatorischem Wissen verbunden, sondern auch mit höheren finanziellen Aufwendungen. Insbesondere die Lizenzanforderungen in der Finanzsektorregulierung erschweren jungen Unternehmen den Markteintritt,[4] und unter diesen Umständen besteht auch ein gewisses Risiko: Sie müssen Zeit und Geld investieren, um ihr Geschäft überhaupt auf den Markt bringen zu können. Oft haben sie jedoch keine Möglichkeit, ihr Geschäftsmodell im Voraus zu evaluieren, und haben erhöhte Schwierigkeiten, dessen Marktchancen auf der Grundlage von Testreihen zu beurteilen. Dies kann insbesondere für junge Unternehmer, aber auch für erfahrenere Unternehmer eine hohe Markteintrittsbarriere darstellen und folglich dazu führen, dass Innovationen verhindert oder verzögert werden. Die sogenannte klassische „Regulatory Sandbox“ im Finanzsektor ist ein Konzept, das Finanzinstituten und Unternehmen einen kontrollierten Raum bietet, um innovative Fintech-Lösungen mit Unterstützung einer Behörde für einen begrenzten Zeitraum zu testen, damit sie ihr Geschäftsmodell in einer sicheren Umgebung validieren und testen können und so die oben genannten Probleme mit den Aufsichtsvorschriften vermeiden.[5] 6

III. Überblick über das Projekt „European Blockchain Sandbox“

Die europäische Blockchain-Regulatory-Sandbox für DLT-Projekte wurde 2023 ins Leben gerufen. Wie oben erwähnt, handelt es sich hierbei jedoch nicht um eine klassische Regulatory Sandbox zum Testen eines Geschäftsmodells, sondern um einen Rahmen zur Verbesserung des grenzüberschreitenden Regulierungsdialogs zwischen öffentlichen Stellen/Regulierungsbehörden und Innovatoren in einer sicheren und vertraulichen Umgebung. Zwischen 2023 und 2026 wurden drei jährliche Kohorten von 20 innovativen DLT/Blockchain-Anwendungsfällen aus verschiedenen Branchen und EWR-Regionen ausgewählt, um vertrauliche und in- 7

3 Grundsätzlich unterliegt die Erbringung von Bankgeschäften im Sinne des § 1 Absatz 1 des Kreditwesengesetzes (Kreditwesensgesetz – KWG) oder die Erbringung von Finanzdienstleistungen im Sinne des § 1 Absatz 1a KWG einer Zulassungspflicht gemäß § 32 KWG und die Erbringung von Finanzdienstleistungen im Sinne des § 2 Absatz 2 des Gesetzes über die Wertpapierdienstleistungen (Gesetz zur Beaufsichtigung von Wertpapierinstituten – WpIG) unterliegt einer Zulassungspflicht gemäß § 15 WpIG. Das bedeutet, dass in diesen Fällen vor Aufnahme der Tätigkeit eine Zulassung bei der Bundesanstalt für Finanzdienstleistungsaufsicht (BaFin) beantragt werden muss.

4 *Krimphove/Rohwetter* BKR 2018, 494, 495.

5 Discussion Paper on the EBA's approach to financial technology (FinTech) 4.8.2017, S. 7.

formelle grenzüberschreitende Regulierungsdialoge mit den zuständigen nationalen und EU-Regulierungsbehörden und öffentlichen Stellen zu führen. Soweit während der vertraulichen und informellen Dialogtreffen bewährte Verfahren/Empfehlungen ermittelt werden, die mit der breiteren Öffentlichkeit geteilt werden können, werden diese in Form eines Berichts über bewährte Verfahren veröffentlicht, jedoch nur mit Zustimmung der Teilnehmer und in Verbindung mit einzelnen Anwendungsfällen.

8 Alle 60 ausgewählten Anwendungsfälle, die in den drei Kohorten teilgenommen haben, wurden erfolgreich mehr als 120 nationalen und EU-Regulierungsbehörden und öffentlichen Stellen aus der gesamten EU/dem EWR zugeordnet, die ein breites Spektrum an Regulierungsbereichen abdecken. Alle drei Kohorten mit jeweils 20 ausgewählten Anwendungsfällen führten zu bewährten Verfahren, gewonnenen Erkenntnissen und Empfehlungen zur Klärung, die im Laufe des Projekts in den Berichten über bewährte Verfahren mit der breiteren Öffentlichkeit geteilt wurden. Da das Projekt drei aufeinanderfolgende Dialogrunden ermöglichte, konnte jede nächste Dialogrunde von den Ergebnissen der vorherigen Runde(n) profitieren. So konnten im Laufe des Projekts immer tiefere Einblicke gewonnen und immer mehr Regulierungsbereiche und Themen in den Berichten über bewährte Verfahren behandelt werden, was schließlich in dem am 11.2.2026 veröffentlichten abschließenden Bericht über bewährte Verfahren gipfelte.

9 Die Berichte über bewährte Verfahren enthalten keine vertraulichen Informationen, und wenn Teilnehmer mit bestimmten Ergebnissen nicht einverstanden sind, werden diese nicht in die Berichte aufgenommen. Dieser Ansatz stärkt das Vertrauen der Teilnehmer in das Projekt und ermöglicht einen sicheren, vertraulichen und konstruktiven Dialog über relevante regulatorische Fragen, sodass Innovatoren die einschlägigen Gesetze und Vorschriften besser verstehen und öffentliche Stellen und Regulierungsbehörden innovative DLT-Technologien aus regulatorischer und rechtlicher Sicht besser verstehen können.[6]

10 Da die Berichte mit bewährten Verfahren und Erfahrungen, die aus den kombinierten Erfahrungen gewonnen wurden, stets die Vertraulichkeit seitens der Teilnehmer und der Regulierungsbehörden/öffentlichen Stellen wahren und die Dialoge informell sind, enthalten die Berichte keine formellen Stellungnahmen im Namen einer Regulierungsbehörde/Behörde. Die Berichte werden vom European Blockchain Sandbox Team unter der Leitung der internationalen Anwaltskanzlei Bird & Bird veröffentlicht. Für alle Kohorten wurden drei Hauptansätze je nach Anwendungsfall und relevanten Regulierungsbereichen gewählt:

---

6 Link zu den Berichten über bewährte Verfahren für die 1. Kohorte (Teil A), 1. Kohorte (Teil B), 2. Kohorte und 3. Kohorte: https://blockchain-observatory.ec.europa.eu/european-blockchain-sandbox-wiki/key-documents_en (zuletzt abgerufen am 17.2.2026).

- Mehrere Dialoge konzentrierten sich auf die Einhaltung von Vorschriften durch DLT-/Blockchain-Anwendungsfälle. Beispiele hierfür sind die Dialoge mit Schwerpunkt auf der DSGVO,[7] dem KI-Gesetz,[8] der horizontalen Datenregulierung (Datengesetz,[9] DGA,[10] DSA[11]), der Cybersicherheitsgesetzgebung, den AML-Anforderungen und der Regulierung des Finanzsektors. Während dieser Dialoge gaben die teilnehmenden Regulierungsbehörden/öffentlichen Stellen wertvolle Hinweise zu den Anwendungsfällen, die zu bewährten Verfahren und gewonnenen Erkenntnissen führten, die in den Best-Practices-Berichten für die erste, zweite und dritte Kohorte vorgestellt werden.
- Andere Dialoge konzentrierten sich darauf, wie der Einsatz von DLT-/Blockchain-Anwendungen eine effiziente und wirksame Compliance und Aufsicht unterstützen kann. Beispiele für den Einsatz von Blockchain/DLT als zusätzliches Instrument zur effizienteren Gestaltung von Compliance und Aufsicht wurden im Zusammenhang mit AML/KYC, Sanktionsvorschriften, Alterssicherung/Online-Kinderschutz und Lieferkettenmanagement zur Erleichterung von Batteriepässen/digitalen Produktpässen und der Einhaltung von ESG-Vorschriften diskutiert. Der Einsatz von Blockchain/DLT für die obligatorische Überwachung, Berichterstattung und Aufsicht wurde im Laufe des Projekts immer mehr „akzeptiert“ und wird wahrscheinlich auch in Zukunft relevant bleiben.
- Schließlich konzentrierten sich die Dialoge für einige Anwendungsfälle in jeder Runde auf die EU-Regulierung als Wegbereiter, wie z. B. (i) die Verwendung der EUDI-Wallet und neuer Kategorien qualifizierter Vertrauensdienste

---

7 Verordnung (EU) 2016/679 des Europäischen Parlaments und des Rates vom 27. April 2016 zum Schutz natürlicher Personen bei der Verarbeitung personenbezogener Daten, zum freien Datenverkehr und zur Aufhebung der Richtlinie 95/46/EG (Datenschutz-Grundverordnung).

8 Verordnung (EU) 2024/1689 des Europäischen Parlaments und des Rates vom 13. Juni 2024 zur Festlegung harmonisierter Vorschriften für künstliche Intelligenz und zur Änderung der Verordnungen (EG) Nr. 300/2008, (EU) Nr. 167/2013, (EU) Nr. 168/2013, (EU) 2018/858, (EU) 2018/1139 und (EU) 2019/2144 sowie der Richtlinien 2014/90/EU, (EU) 2016/797 und (EU) 2020/1828 (Gesetz über künstliche Intelligenz).

9 Verordnung (EU) 2023/2854 des Europäischen Parlaments und des Rates vom 13. Dezember 2023 über harmonisierte Vorschriften für den fairen Zugang zu Daten und deren Nutzung.

10 Verordnung (EU) 2022/868 des Europäischen Parlaments und des Rates vom 30. Mai 2022 über die europäische Datenverwaltung.

11 Verordnung (EU) 2022/2065 des Europäischen Parlaments und des Rates vom 19. Oktober 2022 über einen Binnenmarkt für digitale Dienste und zur Änderung der Richtlinie 2000/31/EG (Gesetz über digitale Dienste).

im Rahmen der eIDAS-Verordnung,[12] (ii) zusätzliche Möglichkeiten z. B. im AMLR[13] zur Wiederverwendung von Informationen, (iii) die Möglichkeit, sich als anerkannte Data Altruism Organisation oder Data Intermediation Service im Sinne des Data Governance Act zu qualifizieren, um die Glaubwürdigkeit eines Blockchain-/DLT-Anwendungsfalls zu erhöhen, (iv) den harmonisierten Rechtsrahmen der Verordnung über Märkte für Krypto-Assets (MiCAR)[14] und (v) die Einführung des EU-Unternehmenszertifikats und der digitalen EU-Vollmacht in der jüngsten Änderung der Unternehmensrichtlinie.[15]

11 Die Sandbox wird von einem Konsortium unter der Leitung der internationalen Anwaltskanzlei Bird & Bird mit ihrem Beratungsarm OXYGY und Blockchain-Experten von Warren Brandeis organisiert, während die Website-Entwicklung von Spindox übernommen wird. Eine Gruppe unabhängiger akademischer Experten, bestehend aus Professor *Roman Beck* (Bentley University, MA, Vereinigte Staaten), Professor *Soulla Louca* (Universität Nikosia, Zypern) und Professor Dr. Dr. *Walter Blocher* (Universität Kassel, Deutschland) überwachte den Bewerbungs- und Auswahlprozess für die jährliche Auswahl von Anwendungsfällen in jeder Runde und war federführend bei der Vergabe des jährlichen Preises für die innovativste Regulierungsbehörde, der nach jeder Dialogrunde auf der Grundlage der auf der Website veröffentlichten Kriterien für diesen nicht monetären Preis bekannt gegeben wurde.

IV. Ziele der EU-Blockchain-Sandbox

12 Blockchain-/DLT-Innovatoren sollen ein besseres Verständnis des Rechtsrahmens für Compliance erhalten und auch die Regulierungsinstrumente der EU nutzen können. Darüber hinaus zielt das Projekt darauf ab, öffentliche Stellen und Blockchain-/DLT-Innovatoren für ein besseres Verständnis innovativer Technologien

---

12 Verordnung (EU) Nr. 910/2014 des Europäischen Parlaments und des Rates vom 23. Juli 2014 über elektronische Identifizierung und Vertrauensdienste für elektronische Transaktionen im Binnenmarkt, geändert durch die Verordnung (EU) 2024/1183 des Europäischen Parlaments und des Rates vom 11. April 2024 zur Änderung der Verordnung (EU) Nr. 910/2014 hinsichtlich der Schaffung eines europäischen Rahmens für digitale Identitäten.

13 Verordnung (EU) 2024/1624 des Europäischen Parlaments und des Rates vom 31. Mai 2024 zur Verhinderung der Nutzung des Finanzsystems zum Zwecke der Geldwäsche oder der Terrorismusfinanzierung.

14 Verordnung (EU) 2023/1114 des Europäischen Parlaments und des Rates vom 31. Mai 2023 über Märkte für Krypto-Assets.

15 Richtlinie (EU) 2017/1132 des Europäischen Parlaments und des Rates vom 14. Juni 2017 über bestimmte Aspekte des Gesellschaftsrechts, zuletzt geändert durch die Richtlinie (EU) 2025/25.

und potenzieller regulatorischer Herausforderungen sowie möglicher Lösungen zu sensibilisieren. Darüber hinaus sollen im Rahmen des Projekts bewährte Verfahren und gewonnene Erkenntnisse identifiziert werden, die in Form von jährlichen Best-Practice-Berichten veröffentlicht werden.

V. Ablauf des Auswahlverfahrens

Für jede Kohorte sind die Programmgestaltung sowie das Bewerbungs- und Auswahlverfahren von Bedeutung. Die Bewerbungen für jede Runde konnten über ein Formular eingereicht werden, das auf der Projektwebsite[16] zur Verfügung gestellt wurde. Das Hochladen und Ausfüllen der Formulare war für die Teilnehmer mit Zeit- und Arbeitsaufwand verbunden, da detaillierte Angaben zum Anwendungsfall und zu den Auswahlkriterien verlangt wurden. **13**

In jeder Runde gingen weit mehr als 20 Bewerbungen aus allen EU-/EWR-Mitgliedstaaten ein, sodass in jeder Runde eine Auswahl auf der Grundlage der transparenten und nichtdiskriminierenden Zulassungs- und Auswahlkriterien auf der Projektwebsite getroffen werden musste. Das Bewerbungs- und Auswahlverfahren wurde von einer Gruppe unabhängiger Blockchain-Experten durchgeführt und von einer Gruppe unabhängiger akademischer Experten überwacht. Dieses Verfahren wurde in jeder Runde angewendet. **14**

Zunächst müssen die grundlegenden Zulassungskriterien erfüllt sein. Dabei handelt es sich um zwingende Bedingungen, die über die Teilnahmeberechtigung der Antragsteller an der Blockchain-Sandbox entscheiden. Zulässige Anträge werden anhand von drei verschiedenen Vergabekriterien bewertet: (i) Reife des Geschäftsmodells, (ii) rechtliche/regulatorische Relevanz und (iii) Beitrag zu den übergeordneten politischen Prioritäten der EU. Darüber hinaus gibt es eine Einteilung in vier verschiedene Kategorien: „mikro“, „klein“, „sonstige“ und „öffentliche Einrichtungen“. **15**

Es gibt verschiedene Regeln für den Fall einer Punktgleichheit: Eine davon ist die Unterstützung durch Regulierungsbehörden/öffentlichen Stellen, wenn die Anwendungsfälle in der endgültigen Auswahlliste der Kandidaten ähnliche Punktzahlen aufweisen, die sie für die Auswahl qualifizieren. Darüber hinaus wird ein förderfähiger Anwendungsfall gegenüber anderen Kandidaten bevorzugt, wenn eine EWR-Region sonst nicht in der endgültigen Auswahlliste der Kandidaten vertreten wäre. Schließlich wird die technische Neuheit des Anwendungsfalls als Tiebreaker herangezogen, wenn Kandidaten in der endgültigen Auswahlliste ähn- **16**

16 https://blockchain-observatory.ec.europa.eu/european-blockchain-sandbox_en (zuletzt abgerufen am 17.2.2026).

liche Punktzahlen haben, die durch die anderen Tiebreaker nicht aufgelöst werden können.

17 Nach der Auswahl werden die regulatorischen Schwerpunkte für die Dialoge zu den einzelnen Anwendungsfällen festgelegt. Die zuständigen nationalen und EU-Regulierungsbehörden und öffentlichen Stellen werden kontaktiert, um ihnen Informationen über die Sandbox und die Regeln zu übermitteln und sie zur Teilnahme einzuladen. In den drei Dialogrunden nahmen mehr als 120 öffentliche Stellen und Regulierungsbehörden aus verschiedenen Regulierungsbereichen an den Dialogen für die Gesamtgruppe von 60 Anwendungsfällen teil,[17] die zusammen alle EU-/EWR-Regionen und eine Reihe von Industriezweigen (einschließlich drei von der Europäischen Blockchain-Partnerschaft vorgeschlagenen EBSI-Anwendungsfällen) repräsentierten. Finanz-/Krypto-Asset-Anwendungen waren in jeder Kohorte gut vertreten, aber nicht dominierend, und eine Vielzahl anderer Anwendungsfälle war in allen Kohorten vorhanden, darunter Bereiche wie überprüfbare Berechtigungsnachweise/Authentifizierung, CO_2-Emissionen, digitale Produktpässe, Kulturgutpässe, Zoll, Cybersicherheit, Datenaustausch (einschließlich im Energie- und Gesundheitssektor), Altersüberprüfung/Online-Kinderschutz, DAOs und Einhaltung von AML- und Sanktionsvorschriften, Überprüfung von Smart Contracts und Vertrauenswürdigkeit von Cloud-Diensten und KI-generierten Inhalten.

18 Wie oben erwähnt, haben sich die ausgewählten Anwendungsfälle im Laufe der Zeit weiterentwickelt: Sie wurden ausgereifter, stützten sich zunehmend auf eine Kombination aus innovativer Technologie und Blockchain/DLT und deckten in der dritten und letzten Kohorte mehr Branchen ab, darunter das Gesundheitswesen, die Modebranche und den Energiesektor.

---

17 Eine Übersicht über die Regulierungsbehörden/öffentlichen Stellen pro Kohorte finden Sie unter: https://ec.europa.eu/digital-building-blocks/sites/pages/viewpage.action?spaceey=EBSISANDCOLLAB&title=Announcement+of+the+regulators+and+authorities+participating+in+the+first+cohort; https://blockchain-observatory.ec.europa.eu/european-blockchain-sandbox-announces-regulatorsauthorities-second-cohort_en und https://blockchain-observatory.ec.europa.eu/european-blockchain-sandbox-announces-regulators-and-authorities-involved-third-cohort_en (zuletzt abgerufen am 17.2.2026).

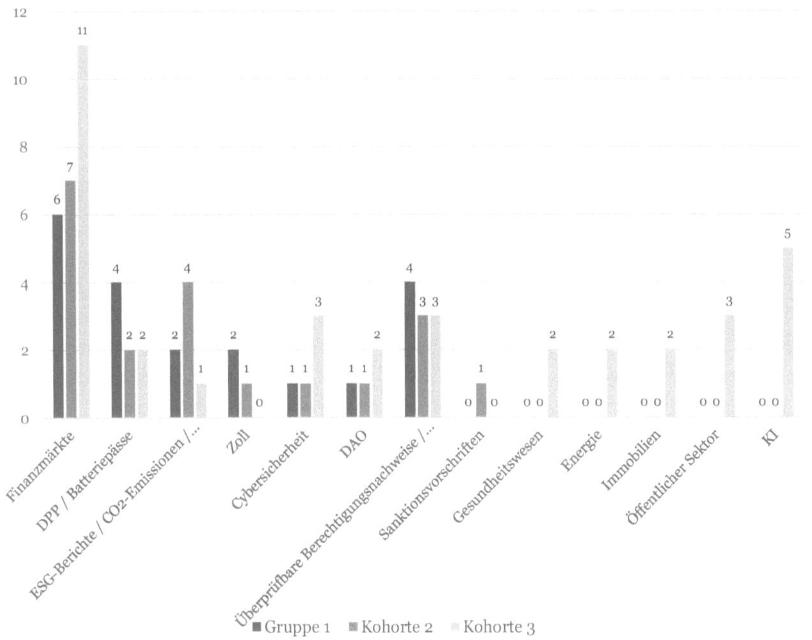

Abb. 1: Europäische Blockchain-Sandbox – Teilnehmende Anwendungsfälle aller Kohorten

VI. Vorteile der Europäischen Blockchain-Sandbox

Die Europäische Blockchain-Sandbox bietet sowohl für die Betreiber der Blockchain-/DLT-Anwendungsfälle als auch für die beteiligten Regulierungsbehörden/öffentliche Stellen viele Vorteile: **19**

1. Vorteile für die Teilnehmer

Die am Projekt teilnehmenden Blockchain-/DLT-Anbieter erhalten spezialisierte rechtliche und regulatorische Beratung, um eine effektive und effiziente Compliance zu verbessern und relevante EU-Regulierungsinstrumente zu nutzen. **20**

Weiterhin bietet die Sandbox den Betreibern der Anwendungsfälle die Möglichkeit, in einen konstruktiven Dialog mit verschiedenen nationalen und EU-Regulierungs- und Aufsichtsbehörden zu treten, wo sie in einer sicheren und vertraulichen Umgebung kommunizieren und den Bedarf an Leitlinien und Rechtssicherheit klären können. **21**

22 Darüber hinaus haben die Betreiber der Anwendungsfälle die Möglichkeit, ihr Netzwerk durch die Teilnahme an diesem paneuropäischen Projekt zu erweitern, wobei für die Bewerbung und Teilnahme an der Sandbox keine Gebühren anfallen.

2. Vorteile für die Regulierungsbehörden

23 Die Europäische Blockchain-Sandbox bietet auch europäischen Regulierungsbehörden und öffentlichen Stellen viele Möglichkeiten und Vorteile.

24 Sie erhalten die Möglichkeit, regulatorische Fragen, die auf nationaler Ebene im Zusammenhang mit konkreten innovativen Blockchain-/DLT-Anwendungsfällen aufgetreten sind, in einem grenzüberschreitenden Umfeld zu diskutieren und Erfahrungen und Ideen mit Innovatoren und anderen Regulierungsbehörden und öffentlichen Stellen auszutauschen. Sie können ihr Wissen über Spitzentechnologien erweitern und haben die Chance, als „innovativste Regulierungsbehörde" anerkannt zu werden.

25 Darüber hinaus haben sie durch die Teilnahme an dem Projekt die Möglichkeit, relevante Regulierungsthemen zur Diskussion zu stellen und zur Entwicklung von bewährten Verfahren und gewonnenen Erkenntnissen beizutragen, die in den oben genannten Best-Practice-Berichten veröffentlicht werden.

VII. Feedback der Teilnehmer

26 Die drei Runden des Regulierungsdialogs führten durchweg zu einem verstärkten Engagement der Regulierungsbehörden und öffentlichen Stellen (von durchschnittlich vier verschiedenen Regulierungsbehörden pro Dialog in der ersten Runde auf durchschnittlich elf verschiedene Regulierungsbehörden pro Dialog in der dritten Runde), einem breiteren Spektrum an bewährten Verfahren und gewonnenen Erkenntnissen (rund 85 Seiten im Best-Practices-Bericht der ersten Runde und rund 230 Seiten im Best-Practices-Bericht der dritten Runde) und zusätzlichen Branchen, die in jeder Kohorte abgedeckt wurden. Darüber hinaus konnten sich die Dialoge zunehmend auf das Zusammenspiel zwischen verschiedenen Regulierungsbereichen konzentrieren, und in jeder Kohorte stieg auch der Prozentsatz der Dialoge, an denen Teilnehmer auf EU- und nationaler Ebene teilnahmen.[18]

27 Das Feedback der ausgewählten Anwendungsfälle und der teilnehmenden Regulierungsbehörden/öffentlichen Stellen war in jeder Runde sehr positiv. Die An-

18 Der Bericht über bewährte Verfahren der ersten Kohorte (Teil B) umfasste 13 Regulierungsbereiche und 85 Seiten, der Bericht über bewährte Verfahren der zweiten Kohorte umfasste 15 Regulierungsbereiche und 145 Seiten und der Bericht über bewährte Verfahren der dritten Kohorte umfasste 20 Regulierungsbereiche und 230 Seiten.

wendungsfälle schätzten die rechtlichen/regulatorischen Leitlinien und die Möglichkeit eines offenen Dialogs mit den Regulierungsbehörden/öffentlichen Stellen. Die Regulierungsbehörden/öffentlichen Stellen schätzten es, mehr über DLT-Anwendungsfälle zu erfahren und einen grenzüberschreitenden Dialog mit anderen nationalen und EU-Regulierungsbehörden/öffentlichen Stellen zu führen.

Das nach der dritten Kohorte erhaltene Feedback zeigte: 77% der Befragten waren der Meinung, dass die Europäische Blockchain-Sandbox einen entscheidenden oder wertvollen Einfluss auf Innovation und Regulierung hat, und keiner der Befragten war der Meinung, dass die Sandbox keinen oder nur einen begrenzten Einfluss auf Innovation und Regulierung hat. Fast alle Regulierungsbehörden/öffentlichen Stellen waren daran interessiert, erneut an einer EU-/EWR-weiten Regulierungs-Sandbox-Initiative oder einer anderen grenzüberschreitenden Regulierungs-Sandbox (je nach Anwendungsfällen und Regulierungsbereichen/Themen) teilzunehmen, und viele Regulierungsbehörden/öffentlichen Stellen haben hilfreiches Feedback und Empfehlungen für mögliche Verbesserungen gegeben. **28**

Die zweite und dritte Kohorte ermöglichten eine zunehmend tiefere Auseinandersetzung mit den verschiedenen Regulierungsthemen und berücksichtigten neue rechtliche/regulatorische Entwicklungen und weitere Innovationen, unter anderem in der Kombination von Technologien (Blockchain/DLT in Kombination mit KI oder IoT). **29**

VIII. Strategische Relevanz für das übergeordnete Thema der regulatorischen Sandboxen

Die European Blockchain Sandbox wurde mit dem Ziel geschaffen, die Rechtssicherheit im Bereich der Blockchain-/DLT-Anwendungen zu verbessern, um einen robusten Rechtsrahmen in der EU/im EWR zu schaffen. Die Regulierungsdialoge bildeten eine solide Grundlage nach den Erfahrungen der drei Kohorten, um den Aufbau, den Betrieb und die Verwaltung einer grenz- und branchenübergreifenden Regulierungs-Sandbox zu testen. Dazu gehörte auch die Prüfung des Potenzials, nützliche regulatorische Erkenntnisse und Erfahrungen zu sammeln. **30**

Die von der Sandbox identifizierten Regulierungsbereiche waren sowohl für reine Blockchain-/DLT-Lösungen als auch für Blockchain-/DLT-Lösungen relevant, die gemeinsam mit innovativen Technologien wie KI, IoT und Cloud Computing eingesetzt werden. Die zahlreichen Erkenntnisse und bewährten Verfahren, die die European Blockchain Sandbox identifiziert hat, sind daher von strategischer Bedeutung für andere Arten von Regulierungs-Sandboxen.[19] **31**

---

19 Weitere Einblicke in die strategische Relevanz der Sandbox finden Sie in Absatz 23.2 des Berichts über bewährte Verfahren der dritten Kohorte.

32 Mittlerweile gewinnt das Konzept der „Sandboxen“ in verschiedenen Formen und Ausprägungen in der EU als bewährtes politisches Instrument auch auf EU-Ebene an Bedeutung. So bieten beispielsweise der AI Act, der Cyber Resilience Act[20] und der Interoperability Europe Act[21] Rahmenbedingungen für die Einrichtung verschiedener Arten von Sandboxen, und weitere Sandbox-Vorschläge sind in der EU-Pharmareform[22] und dem EU-Biotech-Gesetz[23] enthalten. Derzeit haben diese Regulierungsinstrumente noch nicht zu veröffentlichten Ergebnissen geführt, was in Zukunft zu beobachten sein wird.

IX. Ausblick

33 DLT und Blockchain sind relativ neue Technologien, die in der heutigen Welt unverzichtbar geworden sind. DLT- und Blockchain-Technologien gewinnen für praktisch alle nationalen und EU-Regulierungs- und Aufsichtsbehörden zunehmend an Bedeutung.

34 Die Einrichtung der European Blockchain Sandbox ist ein wichtiger Schritt, um Innovationen in diesem Bereich innerhalb der EU/des EWR zu fördern und Europa damit zu einem attraktiven Standort für innovative Unternehmen zu machen. Die European Blockchain Sandbox schuf die Möglichkeit, Innovationen in einem rechtssicheren Rahmen zu unterstützen. Hier nutzte die EU die Chance, ein positives Beispiel im „Flickenteppich“ unterschiedlicher Regelungen für DLT- und Blockchain-Technologien weltweit zu sein. Die Zusammenarbeit und der Dialog im Rahmen der Europäischen Blockchain-Sandbox führten zu einem besseren ge-

---

20 Verordnung (EU) 2024/2847 des Europäischen Parlaments und des Rates vom 23. Oktober 2024 über horizontale Cybersicherheitsanforderungen für Produkte mit digitalen Elementen und zur Änderung der Verordnungen (EU) Nr. 168/2013 und (EU) 2019/1020 sowie der Richtlinie (EU) 2020/1828 (Cyber-Resilienz-Gesetz).

21 Verordnung (EU) 2024/903 des Europäischen Parlaments und des Rates vom 13. März 2024 zur Festlegung von Maßnahmen für ein hohes Maß an Interoperabilität im öffentlichen Sektor in der gesamten Union (Interoperable Europe Act).

22 Vorschlag für eine Verordnung des Europäischen Parlaments und des Rates zur Festlegung von Unionsverfahren für die Genehmigung und Überwachung von Humanarzneimitteln und zur Festlegung von Vorschriften für die Europäische Arzneimittelagentur, zur Änderung der Verordnung (EG) Nr. 1394/2007 und der Verordnung (EU) Nr. 536/2014 sowie zur Aufhebung der Verordnung (EG) Nr. 726/2004, der Verordnung (EG) Nr. 141/2000 und der Verordnung (EG) Nr. 1901/2006, 2023/0131 (COD).

23 Vorschlag für eine Verordnung des Europäischen Parlaments und des Rates zur Schaffung eines Rahmens für Maßnahmen zur Stärkung der Biotechnologie- und Bioherstellungssektoren der Union, insbesondere im Bereich der Gesundheit, und zur Änderung der Verordnungen (EG) Nr. 178/2002, (EG) Nr. 1394/2007, (EU) Nr. 536/2014, (EU) 2019/6, (EU) 2024/795 und (EU) 2024/1938 (Europäisches Biotechnologiegesetz), 2025/0406 (COD).

genseitigen Verständnis und einer effektiveren und effizienteren Anwendung der relevanten Gesetze und Vorschriften. Regulierung ist wichtig für den Markt und dient insbesondere auch dem Schutz der Verbraucher, muss aber künftige Innovationen und den Wirtschaftsraum der EU nicht behindern. Die Europäische Blockchain-Sandbox und die Berichte über bewährte Verfahren der ersten, zweiten und dritten Kohorte leisten hier einen wichtigen Beitrag.

Kapitel 19

Finanzielle Stabilität im Fokus: Maturity Wall, NPL-Backstop und SRT-Transaktionen im Risikomanagement

I. Die Maturity Wall – eine kritische Weichenstellung für den Immobilienfinanzierungsmarkt

Der europäische Immobilienfinanzierungsmarkt steht vor einer erheblichen Herausforderung durch die sogenannte „**Maturity Wall**". Darunter versteht man die zeitliche Konzentration von Kreditfälligkeiten, bei der eine große Anzahl von Immobilienfinanzierungen innerhalb weniger Jahre zur Refinanzierung ansteht. Besonders ausgeprägt ist dieses Phänomen im **Commercial-Real-Estate-(CRE)-Segment**, insbesondere bei **Büroimmobilien**. 1

Die Maturity Wall führt dazu, dass Banken und Investoren eine Vielzahl von Krediten gleichzeitig neu bewerten und refinanzieren müssen – häufig unter deutlich verschärften Bedingungen. In einem Umfeld steigender Zinsen, erhöhter regulatorischer Anforderungen und wirtschaftlicher Unsicherheit steigen die Refinanzierungskosten erheblich, während Beleihungswerte unter Druck geraten. Dies erschwert die Umfinanzierung und erhöht das Ausfallrisiko.[1] 2

Der Büroimmobiliensektor ist von diesen Entwicklungen besonders betroffen. Strukturelle Veränderungen infolge der COVID-19-Pandemie, insbesondere der Trend zu Homeoffice und hybriden Arbeitsmodellen, haben die Nachfrage nach Büroflächen nachhaltig reduziert. Gleichzeitig belasten steigende Zinsen die Tragfähigkeit vieler Finanzierungsstrukturen zusätzlich. 3

Die wesentlichen Risiken der Maturity Wall für Büroimmobilien lassen sich wie folgt zusammenfassen:[2] 4

1. **Refinanzierungsrisiken:** Viele Eigentümer sind nicht in der Lage, auslaufende Kredite zu vergleichbaren Konditionen zu prolongieren. Höhere Zinsen und niedrigere Bewertungen führen zu Finanzierungslücken.

---

1 *Eisele*, Zweistellige Renditechance für Immobilienfinanzierer, https://www.portfolio-institutionell.de/zweistellige-renditechance-fuer-immobilienfinanzierer/ (zuletzt abgerufen am 6.2.2026).

2 BaFin, Risks in BaFin's Focus, https://www.bafin.de/EN/Aufsicht/Fokusrisiken/Fokusrisiken_2025/Druckansicht/Fokusrisiken_2025_druck_node.html? (zuletzt abgerufen am 6.2.2026).

2. **Marktrisiken:** Die Nachfrage nach Büroflächen bleibt in vielen Märkten strukturell gedämpft. In einzelnen Städten ist sie bereits um bis zu 25 % gesunken, was die Ertragskraft und Werthaltigkeit der Objekte beeinträchtigt.
3. **Liquiditätsrisiken:** Scheitert die Refinanzierung oder der Verkauf, drohen Liquiditätsengpässe, Zahlungsausfälle oder Zwangsverwertungen – mit potenziellen Rückwirkungen auf die Marktstabilität.

5 Schätzungen zeigen, dass der europäische CRE-Finanzierungsmarkt vor einer ausgeprägten Maturity Wall mit einem Höhepunkt in den Jahren **2025 bis 2027**, insbesondere **2026**, steht. Der starke Anstieg der auslaufenden Finanzierungen (CAGR ca. 40 %) verdeutlicht den zeitlich hoch konzentrierten Refinanzierungsdruck. Besonders Büroimmobilien stehen dabei im Fokus, da sie zusätzlich unter strukturellen Nachfrage- und Bewertungsanpassungen leiden. Zwar entspannt sich die Situation ab 2028, die Jahre zuvor sind jedoch kritisch für die Stabilität des CRE-Finanzierungsmarktes und erfordern frühzeitige Gegenmaßnahmen von Kreditnehmern, Banken und Aufsichtsbehörden.

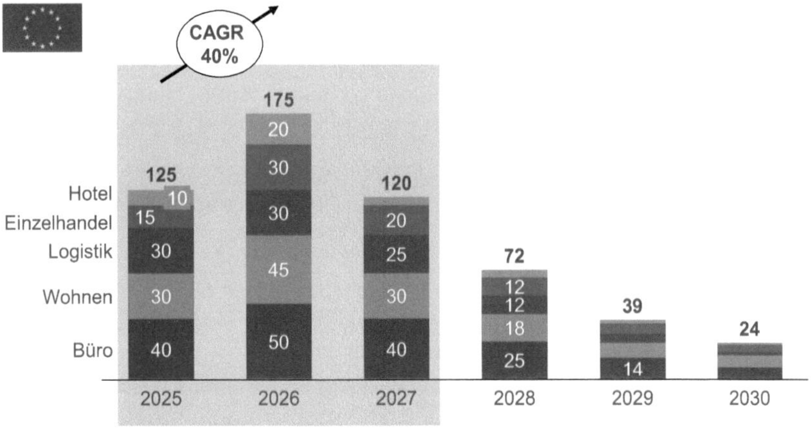

Abb. 1: Geschätzte Commercial Real Estate (CRE) Kreditfälligkeiten in Europa – „Maturity Wall“ in EUR Mrd.[3]

3 Studie Empira, Private Debt als alternative Lösung zur Immobilienfinanzierung, https://empira-invest.com/_Resources/Persistent/b/9/d/a/b9dab9402af4e17b50c072c97ff559574fc4a32a/ResearchView_2025Q1_Private%20Debt_17032025_DE.pdf (zuletzt abgerufen am 6.2.2026); Analyse, geschätztes Volumen.

Die Konzentration von Kreditfälligkeiten erhöht nicht nur die Refinanzierungsrisiken, sondern auch die Wahrscheinlichkeit, dass Kredite notleidend werden. 6

II. Die NPL-Welle – Deutschlands Aufstieg zum drittgrößten Markt für notleidende Kredite in Europa

Vor dem Hintergrund der Maturity Wall rücken **Non-Performing Loans (NPLs)** 7
zunehmend in den Fokus. NPLs entstehen, wenn Kreditnehmer ihre Verpflichtungen über einen längeren Zeitraum – in der Regel mehr als 90 Tage – nicht erfüllen. Sie stellen eine erhebliche Belastung für Banken dar, da sie Eigenkapital binden, die Profitabilität schmälern und bei starkem Anstieg systemische Risiken verursachen können.[4]

Während die Maturity Wall primär den Refinanzierungsdruck beschreibt, mate- 8
rialisieren sich die Risiken in Form steigender NPL-Bestände, sobald Kreditnehmer ihren Verpflichtungen nicht mehr nachkommen können. Insbesondere im Büroimmobiliensektor, der bereits unter strukturellem Druck steht, wirken beide Effekte verstärkend.

Auf EU-Ebene beläuft sich das gesamte NPL-Volumen in 2024 auf rund **373,4** 9
Mrd. EUR bei einer durchschnittlichen NPL-Quote von **1,9 %**. Frankreich weist mit **120,2 Mrd. EUR** das höchste absolute NPL-Volumen auf, gefolgt von Spanien mit **76,2 Mrd. EUR**. Deutschland ist mit einem Volumen von **46,7 Mrd. EUR im Jahr 2024** zum **drittgrößten NPL-Markt Europas** aufgestiegen.[5]

---

4 European Commission, Non-performing loans (NPLs) – EU and national authorities are joining forces to address the risks related to high stocks of NPLs in Europe, https://finance.ec.europa.eu/banking/non-performing-loans-npls_en?; BKS, EBA Risk Dashboard Q2 2025: NPL-Entwicklung in Deutschland koppelt sich vom europäischen Trend ab, https://bks-ev.de/eba-risk-dashboard-q2-2025-npl-entwicklung-in-deutschland-koppelt-sich-vom-europaeischen-trend-ab-handlungsbedarf-im-unternehmenssektor-steigt/?utm_ (beides zuletzt abgerufen am 6.2.2026).

5 EU banks NPL Heatmaps – Marginal deterioration in NPL ratios in Q3 2024, https://www.scoperatings.com/ScopeRatingsApi/api/downloadstudy?id=9fc33a94-8af3-41db-8714-7f7893621f5b&utm_ (zuletzt abgerufen am 6.2.2026).

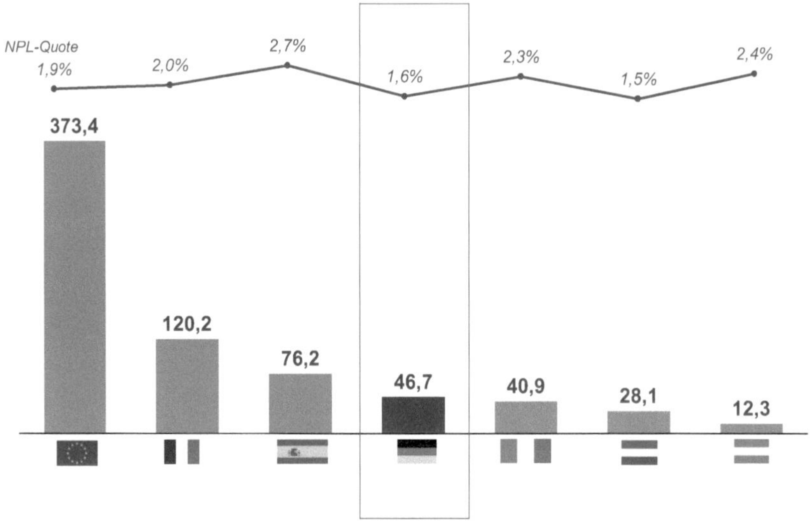

Abb. 2: NPL-Volumen in ausgewählten europäischen Ländern (2024)[6]

10 Die Entwicklung der vergangenen Jahre zeigt einen strukturellen Wendepunkt: Nach einer stabilen Phase von rund 30 Mrd. EUR zwischen 2019 und 2022 stieg das NPL-Volumen ab 2023 deutlich an und wurde für 2025 auf **über 55 Mrd. EUR** prognostiziert. Parallel dazu erhöhte sich die NPL-Quote von ihrem Tiefstand bei 1,0 % wieder auf rund 1,4 %. Dies markiert eine zunehmende systemische Belastung des Bankensektors.

6 EBA-Risiko-Dashboards (zuletzt abgerufen im August 2025).

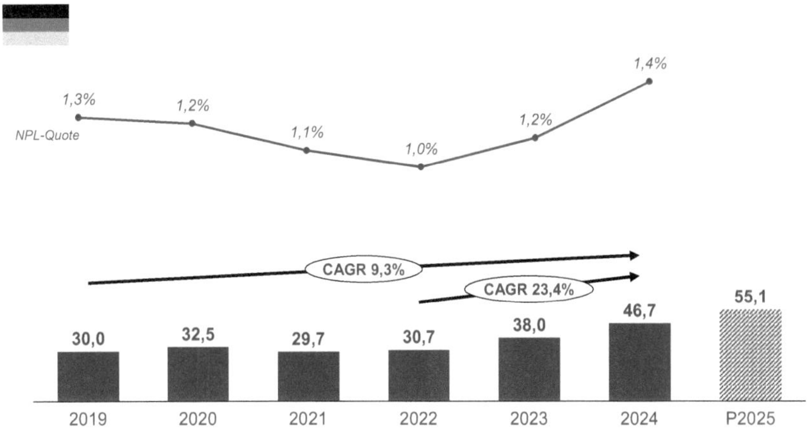

Abb. 3: Entwicklung des NPL-Volumens und der NPL-Quote in Deutschland[7]

11 Der deutliche Anstieg – allein 2023 um rund 20 % – reflektiert die zunehmende Belastung des deutschen Finanzsektors. Wirtschaftliche Unsicherheit, steigende Zinsen sowie eine erwartete Zunahme von Unternehmensinsolvenzen, insbesondere im Mittelstand, dürften diese Entwicklung weiter verstärken. Höhere NPL-Bestände führen zu steigenden Risikovorsorgen, belasten Eigenkapital und Liquidität und erhöhen Konzentrationsrisiken. In der Folge ist mit einer restriktiveren Kreditvergabe zu rechnen, was insbesondere die Realwirtschaft beeinträchtigen kann.

III. Der NPL-Backstop – regulatorisches Schutzschild für Banken

12 Angesichts steigender NPL-Bestände gewinnt der **NPL-Backstop** als regulatorisches Instrument zunehmend an Bedeutung. Ziel dieses Mechanismus ist es, Banken zu einem frühzeitigen und konsequenten Umgang mit notleidenden Krediten zu verpflichten, um eine schleichende Bilanzbelastung und systemische Risiken zu verhindern.[8]

7 EBA-Risiko-Dashboards (zuletzt abgerufen im Juli 2025); P2025: Schätzung.
8 European Central Bank, What are provisions and non-performing loan (NPL) coverage?, https://www.bankingsupervision.europa.eu/about/banking-supervision-explained/html/provisions_and_nplcoverage.en.html?utm_ (zuletzt abgerufen am 6.2.2026).

13 Der NPL-Backstop sieht insbesondere vor:

- **Verpflichtende Mindestwertberichtigungen:** Banken müssen für notleidende Kredite schrittweise zusätzliche Rückstellungen bilden, solange diese in der Bilanz verbleiben.
- **Zeitliche Vorgaben:** Für unbesicherte NPLs ist spätestens nach zwei Jahren eine vollständige (100 %) Vorsorge erforderlich, für besicherte Engagements gelten längere Übergangsfristen.

14 Die europäische NPL-Verordnung verpflichtet Banken damit, potenzielle Verluste frühzeitig zu antizipieren und bilanziell abzubilden. Dies erhöht zwar kurzfristig den Druck auf Eigenkapital und Profitabilität, stärkt jedoch langfristig die Transparenz und Stabilität des Finanzsystems.[9]

IV. SRT-Transaktionen – Risikotransfer als strategisches Steuerungsinstrument

15 Zur praktischen Umsetzung der regulatorischen Anforderungen und zur aktiven Steuerung von Kreditrisiken gewinnen **SRT-Transaktionen (Significant Risk Transfer)** zunehmend an Bedeutung. Im Kontext notleidender Kredite erfolgt dies häufig durch den Verkauf oder die strukturierte Übertragung von NPL-Portfolios an spezialisierte Investoren.

16 Durch solche Transaktionen können Banken einen wesentlichen Teil des Kreditrisikos auslagern, ihre NPL-Bestände reduzieren und regulatorische Kapitalanforderungen gezielt entlasten. Gleichzeitig wird Liquidität freigesetzt, die für Neugeschäft oder Bilanzstabilisierung genutzt werden kann.

17 Für Investoren eröffnen SRT-Transaktionen den Zugang zu risikobehafteten, aber potenziell attraktiven Renditeprofilen. Dadurch entsteht ein funktionierender Sekundärmarkt für NPLs, der sowohl zur Risikodiversifikation der Banken als auch zur Effizienz des Finanzsystems beiträgt. SRT-Transaktionen sind somit nicht nur ein Instrument der Bilanzbereinigung, sondern ein zentraler Bestandteil eines modernen, proaktiven Risikomanagements im Einklang mit dem NPL-Backstop.

9 European Council, Council adopts reform of capital requirements for banks' non-performing loans, https://www.consilium.europa.eu/en/press/press-releases/2019/04/09/council-adopts-reform-of-capital-requirements-for-banks-non-performing-loans/ (zuletzt abgerufen am 6.2.2026).

V. Zusammenfassung

Der europäische Immobilienfinanzierungsmarkt steht in den Jahren **2025–2027** vor einem erhöhten Risikoniveau infolge einer ausgeprägten **Maturity Wall** im Commercial-Real-Estate-Segment. Besonders **Büroimmobilien** sind aufgrund struktureller Nachfragerückgänge und des gestiegenen Zinsniveaus betroffen. Der daraus resultierende Refinanzierungsdruck erhöht die Wahrscheinlichkeit von Finanzierungslücken und Kreditausfällen deutlich. **18**

Parallel dazu ist ein struktureller Anstieg der **Non-Performing Loans (NPLs)** zu beobachten. Das europäische NPL-Volumen lag bei über **370 Mrd. EUR**; Deutschland stieg mit rund **46,7 Mrd. EUR (2024)** zum drittgrößten NPL-Markt Europas auf. Die Entwicklung seit 2023 reflektiert zunehmende Belastungen durch höhere Finanzierungskosten, wirtschaftliche Unsicherheit und steigende Insolvenzen. **19**

Steigende NPL-Bestände belasten Eigenkapital, Profitabilität und Liquidität und erhöhen den Druck auf die Kreditvergabe. Der **NPL-Backstop** zwingt Institute zu einer frühzeitigen und konsequenten Risikovorsorge. **SRT-Transaktionen (Significant Risk Transfer)** gewinnen dabei an Bedeutung, um Kreditrisiken gezielt zu reduzieren, regulatorische Kapitalanforderungen zu entlasten und Liquidität freizusetzen. **20**

Ein proaktives, integriertes Management von Refinanzierungsrisiken und NPL-Beständen ist erforderlich, um die Widerstandsfähigkeit des Instituts zu sichern und negative Auswirkungen auf Kapital, Liquidität und Neugeschäft zu begrenzen. **21**

Kapitel 20

Risikomanagement im Lichte der Umsetzung des EU AI Acts

Ein Blick auf die praktische Umsetzung für Institute im Spannungsfeld der vertikalen Regulierung*

Abstract

Dieser Beitrag liefert einen praktischen und regulierungstheoretischen Umsetzungsleitfaden, wie im Rahmen der vertikalen Regulierung des AI Acts Risikomanagementanforderungen an Finanzinstitute (insbesondere an Banken) sachgemäß umgesetzt und integriert werden können. Dabei zeigt sich, dass einige Anforderungen bereits zwischen dem EU AI Act und gängigen Risikomanagementstandards harmonisiert sind. Gleichwohl bestehen noch Unterschiede, da sowohl der EU AI Act selbst als auch die gängigen relevanten Normen zum Risikomanagement in bestimmten Punkten nicht vollständig deckungsgleich sind. Daher ist eine Angleichung dieser Regelwerke erforderlich. Dies hat der vorliegende Beitrag zum Ziel und versucht, entsprechende Lösungsansätze aufzuzeigen. Es soll der Praxis helfen, konkrete Integrationsschritte als Leitfaden zu haben und der theoretischen Forschung ein Fundament zu Regulierungsuntersuchungen bieten. 1

I. Hintergrund

1. Überblick

Max Weltersbach ist mit Blick auf die regulierungsstrategische Implementierung und Umsetzung des EU AI Acts bereits im Kapitel 14 dieses Buches konkretisierend auf die Anwendungsbereiche von Künstlicher Intelligenz (KI) im Bankensektor eingegangen. Er hat neben den Chancen und Use Cases der KI auch einige Risikofelder skizziert. Darüber hinaus wurden die Grundzüge des EU AI Acts sowie dessen Klassifizierungs- und Normierungssystem in unterschiedliche risikobasierte Ansätze im Rahmen des produktregulatorischen Ansatzes von KI dargestellt. 2

---

* Dieser Beitrag beruht weitestgehend auf diversen Fachvorträgen der Autoren sowie wissenschaftlicher Arbeiten der Autoren und einer Veröffentlichung in der Zeitschrift für Banken- und Kapitalmarktrecht, welche erscheinen wird.

3 In diesem Beitrag wollen wir uns nun vertiefend der Frage der vertikalen Integration widmen. Während im vorherigen Beitrag ein grundlegendes Modell zur ganzheitlichen Umsetzung vorgestellt wurde, beschäftigen wir uns hier spezifischer mit der praktischen Implementierung von KI im Kontext bestehender Risikomanagementverfahren.

4 Der Einsatz von KI im Bankensektor wird zunehmend gefordert, steht jedoch unter dem Einfluss wachsender regulatorischer Anforderungen, insbesondere durch den EU AI Act. Laut einer Deloitte-Studie sehen 43 % der deutschen Unternehmen regulatorische Vorgaben als zentrales Hemmnis für KI-Innovationen. Daher benötigen Banken ein spezifisches Risikomanagementsystem, das regulatorische Vorgaben wie MaRisk, KWG und CRR mit den Anforderungen des EU AI Acts kohärent verbindet.

5 Die Implementierung von KI erzeugt für Institute vielfältige Herausforderungen. Die geringe Transparenz komplexer Modelle, algorithmische Verzerrungen, datenschutzrechtliche und ethische Implikationen sowie erhöhte Anforderungen an Governance, Datenqualität und Cybersicherheit unterstreichen den Bedarf nach präzisen regulatorischen Vorgaben. Um diesen Herausforderungen zu begegnen, hat die Europäische Union (EU) mit dem EU AI Act im Jahr 2024 einen sektorenübergreifenden Ordnungsrahmen geschaffen, der den sicheren und vertrauenswürdigen Einsatz von Künstlicher Intelligenz gewährleisten soll. Der EU AI Act verbietet den Einsatz bestimmter KI-Anwendungen und macht andere vom Nachweis technischer, organisatorischer und rechtlicher Anforderungen abhängig.

6 Normen des Risikomanagements – etwa ISO 31000, ISO 14971 und ISO/IEC 42001 – legen international anerkannte Prinzipien für die systematische Identifikation, Bewertung und Steuerung von Risiken fest und schaffen Transparenz, Vergleichbarkeit und Prüfsicherheit. Ihre Relevanz für Governance, Compliance und Wertschutz ist unbestritten. Dieser Beitrag verzichtet jedoch auf einen normsetzenden bzw. -prüfenden Schwerpunkt und verfolgt bewusst einen didaktischen Ansatz, der Konzepte und Methoden für Lehre und Praxis adressatengerecht aufbereitet.

2. Kurzer Überblick über den EU AI Act

7 Der EU AI Act stellt ein horizontal wirkendes Regulierungskonstrukt dar. Das bedeutet, dass seine Bestimmungen grundsätzlich branchenübergreifend Anwendung finden und somit für eine Vielzahl unterschiedlicher Sektoren relevant sind. Gleichwohl erfordert dieses horizontale Regulierungssystem eine vertikale Integrationsweise, um in den jeweiligen Branchen wirksam werden zu können.

8 Die Umsetzung in der Vertikalen bedarf daher einer Anpassung an bestehende Branchenstandards und -praktiken, um regulatorische Kohärenz und Praxistaug-

lichkeit sicherzustellen. Aus dieser Überlegung heraus ergibt sich die Motivation dieses Beitrags: Im Folgenden soll konkret beleuchtet werden, wie der EU AI Act insbesondere in bestehende Risikomanagementsysteme integriert werden kann.

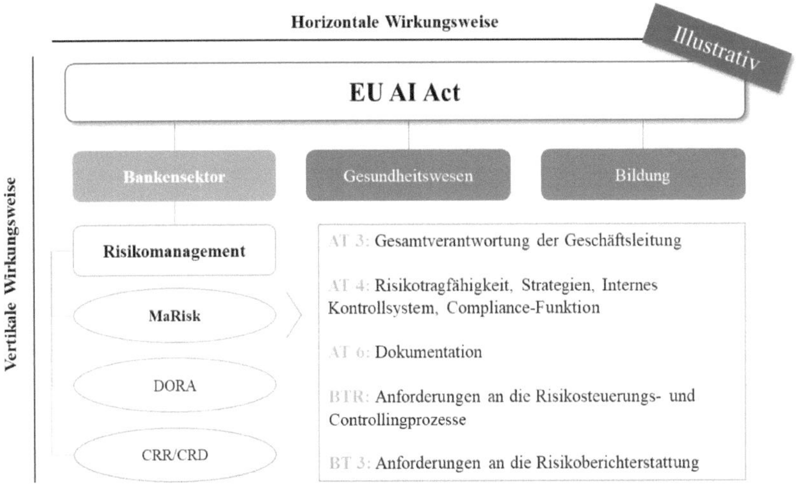

Abb. 1: Wirkungsweise des EU AI Act

Der EU AI Act, verabschiedet im Jahr 2024, ist der erste umfassende Rechtsrahmen der EU zur Regulierung von Künstlicher Intelligenz (KI) auf Basis eines risikobasierten Ansatzes.[1] Ziel ist es, Grundrechte zu schützen, Innovation zu fördern und einen einheitlichen Binnenmarkt für vertrauenswürdige KI-Systeme zu schaffen.[2] Die Verordnung definiert KI-Systeme als maschinengestützte, autonome und anpassungsfähige Systeme, die auf Basis von Eingabedaten eigenständig Ergebnisse erzeugen.[3] **9**

Der EU AI Act verfolgt eine horizontale, sektorübergreifende Regulierung und ergänzt bestehende branchenspezifische Regelwerke wie MaRisk oder DORA.[4] Er gilt für alle Akteure, die KI-Systeme beruflich entwickeln, vertreiben oder einset- **10**

1 European Commission, AI Act: Shaping Europe's digital future, https://digital-strategy.ec.europa.eu/en/policies/regulatory-framework-ai (zuletzt abgerufen am 21.6.2025); *Bolek-Fügl*, in: Windholz et al., Praxishandbuch KI-VO, S. 39.

2 *Lühmann/Görgülü/Marciniak*, BKR 2024, 175, 176; *Ebers*, in: Ebers/Quarch, Rechtshandbuch ChatGPT, § 2 Rn. 70; *Bolek-Fügl*, in: Windholz et al., Praxishandbuch KI-VO, S. 36; *Kilian/Denga*, NJW 2024, 2945, 2945.

3 *Bolek-Fügl*, in: Windholz et al., Praxishandbuch KI-VO, S. 36.

4 Ossmann-Magiera/Dehmel, KIR 2024, 11334, 139 f.; Bernau/Lutterbach, BKR 2023, 506; *Voigt/Hullen*, Handbuch KI-Verordnung, S. 112.

zen – auch Banken, die KI lediglich anwenden, gelten als Betreiber mit spezifischen Pflichten.[5] Der räumliche Anwendungsbereich ist extraterritorial: Entscheidend ist, ob ein KI-System in der EU genutzt wird, unabhängig vom Sitz des Anbieters.[6]

11 Die Verordnung unterscheidet vier Risikoklassen: (1) verbotene KI-Systeme, etwa solche, die schutzbedürftige Personen ausnutzen;[7] (2) Hochrisiko-KI, z.B. bei Kreditwürdigkeitsprüfungen, die strengen Anforderungen unterliegt;[8] (3) transparente KI, etwa Chatbots, die als solche erkennbar sein müssen;[9] und (4) Systeme mit minimalem Risiko, wie Spamfilter, die keinen regulatorischen Pflichten unterliegen.[10]

12 Hochrisiko-KI-Systeme stehen im Zentrum der Regulierung. Sie müssen ein umfassendes Risikomanagementsystem (Art. 9), eine robuste Daten-Governance (Art. 10), technische Dokumentation (Art. 11), Aufzeichnungspflichten (Art. 12), Transparenzinformationen (Art. 13), menschliche Aufsicht (Art. 14) sowie Anforderungen an Genauigkeit, Robustheit und Cybersicherheit (Art. 15) erfüllen.[11]

13 Anbieter solcher Systeme tragen die Hauptverantwortung für deren Konformität. Sie müssen ein Qualitätsmanagementsystem etablieren, technische Unterlagen zehn Jahre aufbewahren und bei Sicherheitsmängeln unverzüglich reagieren.[12] Auch Anbieter außerhalb der EU müssen einen Bevollmächtigten mit Sitz in der EU benennen.[13] Banken treten meist als Betreiber auf, etwa bei der Nutzung von KI zur Kreditvergabe, im Risikomanagement oder in der Kundenkommunikati-

---

5 *Woesch/Vogt*, BKR 2024, 689, 691 f.

6 *Wendt/Wendt*, Das neue Recht der Künstlichen Intelligenz, 1. Aufl. 2024, § 3 Rn. 56; *Möller-Klapperich*, NJ 2024, 337, 339; *Wendt/Wendt*, Das neue Recht der Künstlichen Intelligenz, § 3 Rn. 53.

7 *Feiler*, in: Forgó/Feiler, KI-VO, Art. 5 Rn. 2; *Woesch/Vogt*, BKR 2024, 689, 692 f.

8 ErwG 58 EU AI Act; *Woesch/Vogt*, BKR 2024, 689, 693.

9 *Woesch/Vogt*, BKR 2024, 689, 693 f.; Splittgerber/Becker, DB 2024, 984, 987 f.

10 *Woesch/Vogt*, BKR 2024, 689, 693.

11 *Woesch/Vogt*, BKR 2024, 689, 693; Frank/Heine, NZA 2023, 1281, 1282; BeckOK KI-Recht/*Gerdemann*, 1. Edition, Stand: 1.1.2025, Art. 9 KI-VO Rn. 35; BeckOK KI-Recht/*Kilian/Schefzig*, Art. 10 KI-VO Rn. 42; BeckOK KI-Recht/*Siglmüller/Zdanowiecki*, KI-VO Art. 12 Rn. 10; BeckOK KI-Recht/*Zech/Linhart*, Art. 13 KI-VO Rn. 17, 18; BeckOK KI-Recht/*Buchner*, Art. 14 KI-VO Art. Rn. 8; *Voigt/Hullen*, Handbuch KI-Verordnung, S. 72, 73, 75, 77, 78, 80, 81, 83, 84, 86, 87; *Wendt/Wendt*, Das neue Recht der Künstlichen Intelligenz, § 5 Rn. 7, 12, 16, 23, 24, 25, 27, 31, 32, 37, 40, 43, 55, 59, 61; ErwG 67, 68, 71, 73, 76 EU AI Act.

12 *Wendt/Wendt*, Das neue Recht der Künstlichen Intelligenz, § 6 Rn. 2, 3, 5, 9, 13, 22, 23, 27; BeckOK KI-Recht/*Henke*, Art. 16 KI-VO Rn. 17; BeckOK KI-Recht/*Spittka*, Art. 21 KI-VO Rn. 8; *Voigt/Hullen*, Handbuch KI-Verordnung, S. 89, 91, 98; *Woesch/Vogt*, BKR 2024, 689, 694; ErwG 81 EU AI Act.

13 *Wendt/Wendt*, Das neue Recht der Künstlichen Intelligenz, § 6 Rn. 27.

on.[14] Sie sind verpflichtet, die Systeme gemäß Anleitung zu verwenden, qualifiziertes Personal für die Aufsicht zu benennen und sicherheitsrelevante Vorfälle zu melden.[15] Zudem müssen sie automatisch erzeugte Systemprotokolle speichern und Datenschutz-Folgenabschätzungen durchführen, insbesondere bei sensiblen Daten.[16] Der Einsatz biometrischer Fernidentifizierungssysteme ist nur in engen Ausnahmefällen zulässig, etwa zur Strafverfolgung mit behördlicher Genehmigung.[17] Betreiber müssen mit Aufsichtsbehörden kooperieren und bei Audits unterstützen.[18]

Insgesamt schafft der EU AI Act einen flexiblen, innovationsfreundlichen Ordnungsrahmen, der technologische Entwicklung mit europäischen Werten, Datenschutz und demokratischen Prinzipien verbindet. **14**

II. Regulierung des Risikomanagements von Banken

Die MaRisk (Mindestanforderungen an das Risikomanagement) sind das zentrale aufsichtsrechtliche Regelwerk für deutsche Kreditinstitute.[19] Sie konkretisieren § 25a KWG und gelten als normenkonkretisierende Verwaltungsvorschrift mit faktischer Verbindlichkeit.[20] Ziel ist ein wirksames Risikomanagement, das Institute wettbewerbsfähig hält und rechtssichere Geschäftsentscheidungen ermöglicht.[21] **15**

Die MaRisk sind Teil der qualitativen Säule 2 des Baseler Rahmenwerks und folgen einem prinzipienorientierten, proportionalen Ansatz.[22] Die Anforderungen richten sich nach Größe, Geschäftsmodell und Risikostruktur des jeweiligen Instituts. Die Struktur gliedert sich in einen allgemeinen Teil mit bereichsübergreifen- **16**

---

14 *Wendt/Wendt*, Das neue Recht der Künstlichen Intelligenz, § 6 Rn. 35.

15 *Voigt/Hullen*, Handbuch KI-Verordnung, S. 105, 107; *Woesch/Vogt*, BKR 2024, 689, 695; *Wendt/Wendt*, Das neue Recht der Künstlichen Intelligenz, § 6 Rn. 38, 40; ErwG 73 EU AI Act.

16 *Voigt/Hullen*, Handbuch KI-Verordnung, S. 108; *Wendt/Wendt*, Das neue Recht der Künstlichen Intelligenz, § 6 Rn. 43, 45.

17 *Voigt/Hullen*, Handbuch KI-Verordnung, S. 110, 111; *Wendt/Wendt*, Das neue Recht der Künstlichen Intelligenz, § 6 Rn. 54.

18 *Voigt/Hullen*, Handbuch KI-Verordnung, S. 112.

19 *Beck*, in: Becker/Gruber/Heuter, Handbuch MaRisk. S. 94.

20 *Krimphove*, BKR 2021, 589, 597.

21 *Krimphove*, BKR 2021, 589, 598; *Braun*, in: Fischer/Schulte-Mattler, KWG, CRR, § 25a Rn. 70.

22 *Huppertz/Conrad*, in: Auer-Reinsdorff/Conrad, Handbuch IT- und Datenschutzrecht, § 33 Rn. 343; *Braun*, in: Fischer/Schulte-Mattler, KWG, CRR, § 25a Rn. 88.

den Anforderungen und einen besonderen Teil mit Vorgaben zu spezifischen Risikoarten.[23]

17 AT 4.1 verlangt, dass Institute ihre wesentlichen Risiken dauerhaft durch ein ausreichendes Risikodeckungspotenzial abfedern können.[24] Dabei werden normative und ökonomische Perspektiven kombiniert.[25] Die Risikotragfähigkeit ist eng mit der Strategie (AT 4.2) und der Risikosteuerung (AT 4.3.2) verzahnt.

18 Fundierte Schätzungen auf Basis historischer Daten, Extremszenarien und volatiler Marktphasen sind erforderlich.[26] Diversifikationseffekte dürfen nur konservativ und nachvollziehbar berücksichtigt werden.[27] Die Wahl der Methoden sowie deren Dokumentation, Validierung und Präsentation gegenüber der Geschäftsleitung obliegen dem Institut.[28]

19 Ferner soll ein mehrjähriger Kapitalplan die langfristige Widerstandsfähigkeit sicherstellen.[29] Die Geschäftsstrategie muss technologische Entwicklungen und ESG-Risiken berücksichtigen.[30] Änderungen im Geschäftsmodell sind strategisch zu analysieren und in der Risikostruktur abzubilden.

20 AT 4.3 beschreibt Anforderungen an ein wirksames internes Kontrollsystem (IKS).[31] Die Aufbau- und Ablauforganisation muss dabei klar strukturiert und dokumentiert sein.[32] Funktionstrennung, Vier-Augen-Prinzip und vollständige Geschäftserfassung sind zentrale Prinzipien. Effektive Risikosteuerungsprozesse sind vollständig ins Steuerungssystem zu integrieren.[33] Modell- und Technologierisiken sind im Gesamtrisikoprofil abzubilden.[34] Die Risikoberichterstattung muss regelmäßig, anlassbezogen und adressatengerecht erfolgen. Große Institute

---

23 *Einig*, MaRisk Bei Finanzdienstleistungsinstituten, S. 10.

24 *Krob*, in: Krimphove/Lüke, MaRisk, AT 4 Rn. 16; *Zaruk*, in: Hannemann et al., Mindestanforderungen an das Risikomanagement, Teilband 1 AT 4.1 Rn. 208.

25 *Krob*, in: Krimphove/Lüke, MaRisk, AT 4 Rn. 106, Rn. 113.

26 *Zaruk*, in: Hannemann et al., Mindestanforderungen an das Risikomanagement, Teilband 1 AT 4.1 Rn. 69.

27 *Krob*, in: Krimphove/Lüke, MaRisk, AT 4.1 Rn. 149 f.

28 *Krob*, in: Krimphove/Lüke, MaRisk, AT 4.1, Rn. 169, 180, 194.

29 *Krob*, in: Krimphove/Lüke, MaRisk, AT 4.1 Rn. 201.

30 *Pfau/Pfaff*, in: Krimphove/Lüke, MaRisk, AT 4.2, Rn. 45; *Hannemann*, in: Hannemann et al., Mindestanforderungen an das Risikomanagement, Teilband 1 AT 4.2, Rn. 28, 89.

31 *Geiersbach*, in: Becker/Gruber/Heuter, Handbuch MaRisk, S. 163.

32 *Pfau/Pfaff*, in: Krimphove/Lüke, MaRisk, AT 4.3, Rn. 1; *Hannemann*, in: Hannemann et al., Mindestanforderungen an das Risikomanagement, Teilband 1 AT 4.3.1, Rn. 8 f., 26.

33 *Hannemann*, in: Hannemann et al., Mindestanforderungen an das Risikomanagement, Teilband 1 AT 4.3.2, Rn. 2, 92, 128.

34 *Hannemann*, in: Hannemann et al., Mindestanforderungen an das Risikomanagement, Teilband 1 AT 4.3.2 Rn. 97.

unterliegen besonderen Anforderungen an Datenmanagement, Datenqualität und Aggregation.[35] Die Verwendung von Modellen (AT 4.3.5) erfordert nachvollziehbare Annahmen und eine umfassende Prüfung der Eignung.[36] Bei KI-basierten Modellen ist die Erklärbarkeit der Ergebnisse besonders wichtig.

AT 4.4 regelt besondere Funktionen wie Risikocontrolling, Compliance und Interne Revision. Die Risikocontrolling-Funktion ist unabhängig und unterstützt die Geschäftsleitung strategisch.[37] Sie führt Risikoinventuren durch, erstellt das Gesamtrisikoprofil und entwickelt Frühwarnsysteme. **21**

Die Compliance-Funktion stellt sicher, dass gesetzliche und regulatorische Vorgaben eingehalten werden.[38] Sie berät die Geschäftsleitung und berichtet mindestens jährlich. Die Interne Revision prüft unabhängig alle Geschäftsbereiche und bewertet die Wirksamkeit des Risikomanagements.[39] **22**

AT 5 verlangt eine schriftlich dokumentierte Organisation mit klaren Zuständigkeiten.[40] AT 6 fordert eine nachvollziehbare und vollständige Dokumentation aller risikorelevanten Prozesse.[41] Die Dokumentation muss sachkundigen Dritten eine fundierte Beurteilung ermöglichen. AT 7 verlangt eine angemessene personelle und technische Ausstattung für kritische Anwendungen.[42] Notfall- und Wiederanlaufpläne sind regelmäßig zu testen. Der Neu-Produkt-Prozess (AT 8.1) verlangt eine strukturierte Risikoanalyse vor Einführung neuer Produkte.[43] BT 1 formuliert Anforderungen an ein konsistentes Risikotragfähigkeitskonzept mit funktionaler Trennung.[44] Die BTR-Abschnitte konkretisieren die Steuerung zentraler **23**

---

35 *Zaruk*, in: Hannemann et al., Mindestanforderungen an das Risikomanagement, Teilband 1 AT 4.3.4, Rn. 109 f., 144.

36 *Krimphove*, BKR 2023, 500, 505.

37 *Hannemann*, in: Hannemann et al., Mindestanforderungen an das Risikomanagement, Teilband 1 AT 4.4.1, Rn. 2, 29, 114.

38 *Kunze*, MaRisk-Compliance, 2.1 S. 21; 2.3 S. 25; *Adelt/Mietzner*, in: Krimphove/Lüke, MaRisk, AT 4.4, Rn. 100.

39 *Hannemann*, in: Hannemann et al., Mindestanforderungen an das Risikomanagement, Teilband 1 AT 4.4.3 Rn. 2; *Geiersbach*, in: Becker/Gruber/Heuter, Handbuch MaRisk, S. 163.

40 *Batzenschlager*, in: Krimphove/Lüke, MaRisk, AT 5 Rn. 10; *Biewer*, in: Hannemann et al., Mindestanforderungen an das Risikomanagement, Teilband 1 AT 5 Rn. 17; *Braun*, in: Fischer/Schulte-Mattler, KWG, CRR, § 25a Rn. 388.

41 *Biewer*, in: Hannemann et al., Mindestanforderungen an das Risikomanagement, AT 6, Rn. 9, 12, 17.

42 *Batzenschlager/Mietzner*, in: Krimphove/Lüke, MaRisk, AT 7.3, Rn. 5, 20.

43 *Hannemann*, in: Hannemann et al., Mindestanforderungen an das Risikomanagement, Teilband 1 AT 8.1, Rn. 5, 11, 61, 67, 79.

44 *Engels*, in: Krimphove/Lüke, MaRisk, BT 1, Rn. 6, 8, 11.

Risikoarten wie Adressenausfall-, Marktpreis-, Liquiditäts- und operationelle Risiken.[45]

24 Adressenausfallrisiken sind durch individuell festgelegte Limite zu steuern und kontinuierlich zu überwachen.[46] Marktpreisrisiken erfordern tägliche Bewertungen des Handelsbuchs und regelmäßige Analysen des Anlagebuchs.[47] Zur Risikomessung kommen Value-at-Risk-Modelle, Sensitivitätsanalysen und Stresstests zum Einsatz.

25 Liquiditätsrisiken sind aktiv zu steuern, etwa durch Liquiditätsübersichten, interne Stresstests und Transferpreissysteme.[48] Operationelle Risiken entstehen durch Prozesse, Technik oder menschliches Verhalten und müssen systematisch erfasst und überwacht werden.[49]

26 Kreditspreadrisiken im Anlagebuch sind differenziert zu analysieren und transparent zu dokumentieren.[50] BT 2 regelt die Anforderungen an die Interne Revision, die risikoorientiert und unabhängig agiert.[51] BT 3 stellt Anforderungen an die Risikoberichterstattung, die alle relevanten Risiken identifizieren, beurteilen und kommunizieren muss.[52]

---

45 *Jankowski*, in: Krimphove/Lüke, MaRisk, BTR 1 Rn. 46, 55, 66; *Laufenberg/Knecht*, in: Krimphove/Lüke, MaRisk, BTR 2.2 Rn. 5; *Schulte/Mietzner*, in: Krimphove/Lüke, MaRisk, BTR 4 Rn. 67; *Hannemann*, in: Hannemann et al., Mindestanforderungen an das Risikomanagement, Teilband 2 BTR 1 Rn. 56; BTR 2.3 Rn. 2; BTR 4 Rn. 73; BTR 5 Rn. 10, 67; *Biewer*, in: Hannemann et al., Mindestanforderungen an das Risikomanagement, Teilband 2 BTR 3.1 Rn. 56; *Reichling*, Risikomanagement und Rating, S. 31 f.; *Maslen*, Steuerung und Reduktion operationeller Risiken im Bankensektor, S. 6.

46 *Jankowski*, in: Krimphove/Lüke, MaRisk, BTR 1 Rn. 46, 55, 66; *Hannemann*, in: Hannemann et al., Mindestanforderungen an das Risikomanagement, Teilband 2, BTR 1 Rn. 56.

47 *Laufenberg/Knecht*, in: Krimphove/Lüke, MaRisk, BTR 2.2 Rn. 5; *Hannemann*, in: Hannemann et al., Mindestanforderungen an das Risikomanagement, Teilband 2 BTR 2.3 Rn. 2.

48 *Biewer*, in: Hannemann et al., Mindestanforderungen an das Risikomanagement, Teilband 2 BTR 3.1 Rn. 56; *Reichling*, Risikomanagement und Rating, S. 31 f.

49 *Maslen*, Steuerung und Reduktion operationeller Risiken im Bankensektor, S. 6; *Schulte/Mietzner*, in: Krimphove/Lüke, MaRisk, BTR 4 Rn. 67; *Hannemann*, in: Hannemann et al., Mindestanforderungen an das Risikomanagement, Teilband 2 BTR 4 Rn. 73.

50 *Hannemann*, in: Hannemann et al., Mindestanforderungen an das Risikomanagement, Teilband 2 BTR 5 Rn. 10, 67.

51 *Hannemann*, in: Hannemann et al., Mindestanforderungen an das Risikomanagement, Teilband 2, BT 2.1 Rn. 2, 8; BT 2.2 Rn. 11 f.; BT 2.3 Rn. 2.

52 *Zaruk*, in: Hannemann et al., Mindestanforderungen an das Risikomanagement, Teilband 2, BT 3 Rn. 4; BT 3.1 Rn. 54.

Das bestehende aufsichtsrechtliche Rahmenwerk – allen voran die MaRisk – bietet bereits einen soliden Rahmen für das bankinterne Risikomanagement. Der EU AI Act tritt somit in ein bereits dicht reguliertes Umfeld ein, wobei er die Integration von KI-Risiken in bestehende Regulierungsgeflechte ausdrücklich vorsieht. Damit gewinnen die MaRisk als Bezugspunkt für eine KI-konforme Umsetzung an Bedeutung. 27

Wenngleich es das Ziel vertikaler Regulierung ist, die allgemeine Systematik des EU AI Acts durch sektorspezifische Regeln zu ergänzen, die auf die besonderen Risiken und Aufsichtsstrukturen des jeweiligen Bereichs zugeschnitten sind, führt das nicht zu regulatorischen Lücken, jedoch zu Schnittstellenproblemen, Rechtsunsicherheiten und potenziellen Konflikten zwischen Normen und Aufsichtsstrukturen. Ohne klare Koordination mit bestehenden Vorgaben droht eine Fragmentierung der Regulierungslandschaft. Mithin erscheint es mehr als fraglich, ob Banken angesichts der Vielzahl heterogener Vorschriften den Überblick wahren können und ob eine zusätzliche Regulierung wie der EU AI Act in einem bereits stark regulierten Finanzmarkt nicht zu zusätzlicher Verunsicherung, Verzögerungen in der Umsetzung oder gar innovationshemmenden Effekten führt. Es braucht daher eine Harmonisierung, etwa durch ergänzende Leitlinien, die branchenspezifische Besonderheiten berücksichtigen und die Anbindung an etablierte Rahmenwerke ermöglichen. Das nächste Kapitel beleuchtet schlussfolgernd aus den beiden vorangegangenen Kapiteln, welche zusätzlichen Anforderungen ein zukunftsfähiges Risikomanagementsystem im Einklang mit dem EU AI Act erfüllen muss und wie diese mit der MaRisk harmonisiert werden können. 28

III. Entwicklung eines KI-Risikomanagementsystems

Aufbauend auf den dargelegten Grundlagen der MaRisk (Mindestanforderungen an das Risikomanagement) bedarf es nun einer Adaptionsanalyse, um herauszuarbeiten, in welchen Bereichen Überschneidungen zwischen den bestehenden Risikomanagement-Rahmenwerken und dem EU AI Act bestehen. Zugleich ist zu prüfen, welche regulatorischen Strukturen neu geschaffen oder angepasst werden müssen, damit Institute die Anforderungen des EU AI Acts effizient in ihre bestehenden Risikomanagementprozesse integrieren können. 29

Mit dem Paradigmenwechsel im digitalen Zeitalter durch den EU AI Act stehen Banken vor der Notwendigkeit, ihr Risikomanagement gezielt weiterzuentwickeln, um ein spezifisches, techniknahes KI-Risikomanagementsystem zu etablieren. 30

Zwar bestehen strukturelle Parallelen zwischen dem EU AI Act und den MaRisk, etwa in den Bereichen Governance, Datenqualität oder Risikoüberwachung. Allerdings geht Erstgenannter darüber hinaus. Er fordert ein dynamisches, lebens- 31 zyklusübergreifendes und erklärungsfähiges Risikomanagement, das auch ethische und gesellschaftliche Risiken einbezieht.

32 Abbildung 2 stellt – ohne Anspruch auf Vollständigkeit – die Verknüpfung des EU AI Acts mit branchenspezifischen Vorgaben zum Risikomanagement von Banken dar und zeigt Überschneidungen bzw. Schnittstellen zwischen den jeweiligen Regelwerken auf. Für die vorliegende Arbeit ist insbesondere relevant, dass Abbildung 2 auch Bereiche veranschaulicht, in denen keine Überschneidungen zwischen MaRisk und EU AI Act bestehen und somit ein Adaptionsbedarf für die Entwicklung eines zukunftsorientierten KI-Risikomanagementsystems erkennbar wird.

33 Das folgende Kapitel analysiert konkret die Schnittstellen des EU AI Act zu bestehenden Regelwerken und leitet daraus ab, wie ein KI-Risikomanagementsystem im Sinne des EU AI Acts konkret ausgestaltet werden sollte. Es wird dargestellt, inwieweit die MaRisk hierfür ergänzt werden müssen, um eine Harmonisierung des KI-Risikomanagements zu ermöglichen und den regulatorischen Anforderungen im Bankensektor zielführend zu begegnen.

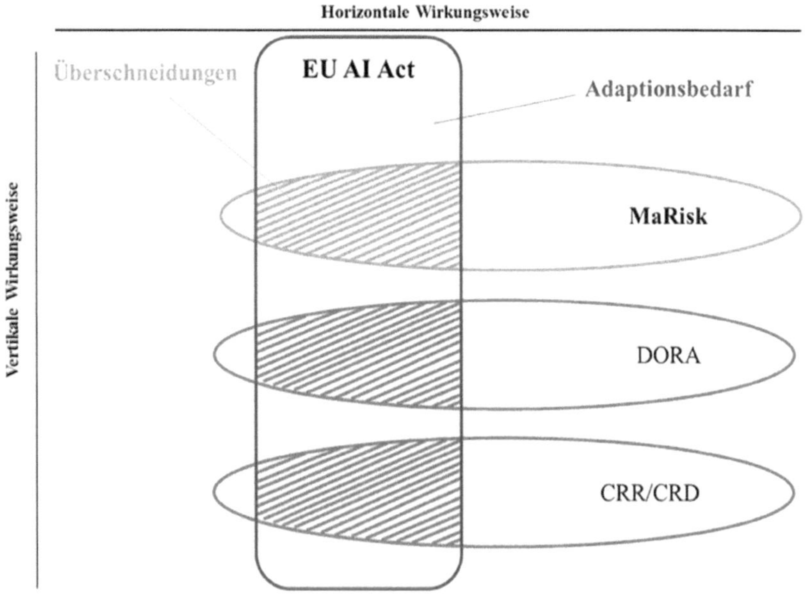

Abb. 2: Adaptionsbedarf der MaRisk; nicht abschließende Übersicht

1. Lebenszyklusübergreifendes Risikomanagement (Art. 9 EU AI Act)

Nach Art. 9 EU AI Act müssen Banken ein dynamisches, ganzheitliches und interdisziplinär verankertes Risikomanagementsystem für Hochrisiko-KI-Systeme etablieren. **34**

a) Regulatorische Anforderungen des EU AI Acts an ein zukunftsfähiges KI-Risikomanagementsystem in Banken

Im Gegensatz zu herkömmlichen risikoorientierten Verfahren ist nicht nur eine punktuelle Prüfung, sondern eine kontinuierliche und adaptive Steuerung über den gesamten Lebenszyklus der Systeme hinweg erforderlich. **35**

aa) Ganzheitlicher Lebenszyklusansatz

Ein zukunftsfähiges KI-Risikomanagementsystem umfasst alle Phasen eines KI-Systems (von der Entwicklung und Inbetriebnahme bis hin zur Außerbetriebnahme). Technische, betriebliche und ethische Risiken sind fortlaufend zu identifizieren, zu bewerten und zu steuern. Zentrale Elemente sind dabei die kontinuierliche Überwachung des Systemverhaltens und die Einrichtung von Feedbackschleifen, etwa durch Audits oder Nutzerhinweise.[53] **36**

bb) Interdisziplinäre Risikosteuerung

Art. 9 EU AI Act fordert explizit die Verzahnung technischer und organisatorischer Kontrollmaßnahmen. Technisch umfasst dies etwa Bias-Erkennung, Fail-Safe-Mechanismen und lückenlose Logging-Systeme. Organisatorisch sind klare Zuständigkeiten, Eskalationsstrukturen und Schulungen notwendig. Dabei erfordert die Steuerung eine enge Zusammenarbeit zwischen IT, Risiko-Controlling, Compliance, Datenschutz und Ethik – nur so kann ein ethisch, regulatorisch und technisch robustes System sichergestellt werden. Zentral ist, dass alle getroffenen Risikomanagementmaßnahmen geeignet und zielgerichtet sind, das heißt, entsprechende Risiken müssen im Nachhinein tatsächlich minimiert werden können[54] und die Maßnahme muss konkret auf die Minimierung eines spezifischen Risikos gerichtet sein.[55] **37**

53 Vgl. ErwG 65 EU AI Act.
54 BeckOK KI-Recht/*Gerdemann*, Art. 9 KI-VO Rn. 55.
55 BeckOK KI-Recht/*Gerdemann*, Art. 9 KI-VO Rn. 56.

cc) Dynamik und Iteration

38 Ein KI-RMS muss darüber hinaus dynamisch und lernfähig sein.[56] Re-Ratings, versionierte Risikodokumentationen und automatische Prüfmechanismen ermöglichen eine kontinuierliche Anpassung an neue Datenlagen, Nutzungsszenarien oder Systemanomalien.[57] Der KI-Einsatz wird so als permanenter, regulatorisch überwachter Prozess verstanden.[58]

dd) Validierung und Risikominderung

39 Banken müssen technische und organisatorische Maßnahmen zur Risikominderung implementieren.[59] Dazu zählen unter anderem redundante Systemarchitekturen, automatische Abschaltmechanismen und Bias-Kontrollen. Ergänzend sind strukturierte Tests und Validierungsprozesse auf Basis standardisierter Metriken durchzuführen,[60] sowohl initial als auch bei jeder Systemänderung. Die Prüfprozesse sind umfassend zu dokumentieren und dauerhaft in die Risikosteuerung zu integrieren.[61]

b) Ableitungen für die MaRisk – Adaptionsbedarf zur Umsetzung von Art. 9 EU AI Act

40 Der EU AI Act verändert den Risikobegriff sowie das Steuerungsverständnis grundlegend. Die MaRisk, insbesondere die Module AT 4.3.1 und AT 4.3.2, bilden zentrale Anknüpfungspunkte, greifen jedoch für KI nicht weit genug. Die regulatorische Transformation lässt sich in drei systematische Ergänzungen übersetzen:

aa) Erweiterung des Risikoverständnisses in AT 4.3.1 und AT 4.3.2 MaRisk

41 Die Regelungen in AT 4.3.1 und AT 4.3.2 MaRisk bilden das zentrale Gerüst für das institutsweite Risikomanagement. Während AT 4.3.1 auf ein konsistentes Gesamtrisikoprofil abzielt, verpflichtet AT 4.3.2 zur Steuerung sämtlicher relevanter Risiken – einschließlich solcher aus ausgelagerten Aktivitäten. Bislang konzentrieren sich diese Vorgaben jedoch vorwiegend auf klassische Risikoarten wie Kredit-, Marktpreis- oder Liquiditätsrisiken. Im Kontext des EU AI Acts zeigt sich, dass dieser Fokus nicht ausreicht, um die komplexen Gefährdungslagen hochentwickelter KI-Systeme adäquat zu erfassen. Dafür ist als erstes der Risiko-

---

56 BeckOK KI-Recht/*Gerdemann*, Art. 9 KI-VO Rn. 9.
57 *Voigt/Hullen*, Handbuch KI-Verordnung, S. 72.
58 Vgl. *Wybitul*, Arbeitsbuch AI Act, Teil 2 Rn. 126, S. 33 f.
59 Vgl. ErwG 66 EU AI Act.
60 BeckOK KI-Recht/*Gerdemann*, Art. 9 KI-VO Rn. 91.
61 *Voigt/Hullen*, Handbuch KI-Verordnung, S. 72.

begriff zu erweitern. Art. 9 Abs. 2 EU AI Act weitet das Risikoverständnis über klassische Finanzrisiken hinaus aus.[62] Zusätzlich zu ökonomischen Risiken sind Grundrechtsverletzungen (z.B. Diskriminierung), gesellschaftliche Folgen (z.B. strukturelle Benachteiligung) und sicherheitsbezogene Gefahren (z.B. Manipulation) zu berücksichtigen. Damit wird das Risikomanagement normativ, multidimensional und ethikorientiert – es verlangt die Integration qualitativer, normativer und ethischer Kriterien in bestehende Bewertungsmodelle. Zur Schließung dieser Regelungslücke sollte ein ergänzendes Modul AT 4.3.6 „KI-Risiken" in die MaRisk aufgenommen werden. Es hätte die Aufgabe, jene Risikoformen systematisch zu klassifizieren und zu bewerten, die sich aus algorithmischen Verfahren und ihrer Anwendung im Bankkontext ergeben – insbesondere Verzerrungen durch fehlerhafte Trainingsdaten (Bias), der schleichende Modellverfall (Data Drift), mangelnde Erklärbarkeit automatisierter Entscheidungen sowie potenzielle Verletzungen von Grundrechten im Sinne von Art. 9 Abs. 2 lit. a–e EU AI Act.

Dieses Modul würde erstmals einen multidimensionalen Risikoansatz verankern, der nicht nur technische, sondern auch ethische und gesellschaftliche Aspekte integriert – und damit den regulatorischen Anforderungen an Hochrisiko-KI-Systeme Rechnung trägt. **42**

bb) Dynamisierung des Risikomanagementprozesses

Gemäß Art. 9 Abs. 3 und 4 EU AI Act ist eine kontinuierliche, kontextadaptive Steuerung erforderlich. Deshalb sollte AT 4.3.2 um eine Pflicht zur zyklischen und ereignisbezogenen Re-Evaluation ergänzt werden. Dies ist beispielsweise bei Änderungen an Modellen oder Datengrundlagen sowie bei Auffälligkeiten im Systemverhalten der Fall. Ziel ist die Etablierung eines iterativen Risikokreislaufs mit dokumentierten Feedbackmechanismen und versionierter Risikobewertung, der auf die Dynamik lernender Systeme reagiert. **43**

cc) Interdisziplinäre Steuerung und strukturelle Verankerung

Da die aktuelle MaRisk bislang keine spezifischen Vorgaben zur Zusammensetzung der Risikosteuerungsstrukturen enthält, erfordert die Umsetzung der Vorgaben aus Art. 9 Abs. 3 EU AI Act eine ausdrückliche Ergänzung von AT 4.3.2 um interdisziplinäre Steuerungseinheiten. Für den Umgang mit KI-Risiken sollten diese Teams Vertreter aus IT, Datenanalyse, Compliance, Recht und Ethik umfassen. Nur durch die enge Verzahnung technischer und organisatorischer Kompetenzen lassen sich KI-spezifische Risiken wirksam und ganzheitlich steuern. **44**

---

62 *Ossmann-Magiera/Dehmel*, KIR 2024, 134, 134.

2. Governance und Organisation – Institutionelle Voraussetzungen für ein KI-resilientes Aufsichtsregime

45 Ein zukunftsgerichtetes KI-Risikomanagementsystem im Sinne des EU AI Acts kann nur dann wirksam funktionieren, wenn es in belastbare Governance- und Organisationsstrukturen eingebettet ist.

a) Regulatorische Anforderungen an ein zukunftsfähiges KI-Risikomanagementsystem gemäß Art. 14, 17–19, 26 und 43 EU AI Act

46 Der EU AI Act, insbesondere in den Art. 14, 17 bis 19, 26 und 43, formuliert klare Anforderungen, wie diese strukturelle Verankerung im Bankensektor aussehen muss. Dabei geht es um spezifische, auf KI bezogene Steuerungs- und Kontrollfunktionen, die über klassische Risikomanagementprozesse hinausgehen.

aa) Rollen und Verantwortlichkeiten klar zuweisen

47 Ein zukunftsfähiges KI-Risikomanagementsystem erfordert eine eindeutige institutionelle Verankerung von Zuständigkeiten über den gesamten Lebenszyklus eines KI-Systems hinweg, von der Entwicklung über den Betrieb bis zur Stilllegung. Der EU AI Act verlangt, dass Verantwortlichkeiten konkret personell zugeordnet werden. Dafür bedarf es Rollen wie dem AI Compliance Officer, KI-Risiko-Officer oder Model Owner, die hierbei nicht nur Kontroll-, sondern auch Interventions- und Eskalationsaufgaben übernehmen. Entscheidend ist, dass sie jeweils mit ausreichenden Befugnissen und Ressourcen ausgestattet werden. An dieser Stelle übernimmt ein KI-Beauftragter, der primär für die KI-Strategieentwicklung zuständig ist, die Leitung.[63] Außerdem kommt den unternehmensinternen AI Offices eine zentrale Steuerungsfunktion zu: Sie überwachen Compliance und Risikomanagement, agieren als Schnittstelle zu Datenschutz, IT, Recht und Fachbereichen und unterstützen bei Audits sowie Behördenkontakten.[64] Das Compliance-Team wiederum trägt die Verantwortung für die operative Umsetzung der regulatorischen Vorgaben, begleitet interne Audits, verantwortet Schulungsmaßnahmen[65] und erstellt Risikoanalysen sowie DSFA. Eine enge Anbindung dieser Strukturen an den Vorstand ist dabei unerlässlich, um KI-Governance als Führungsaufgabe zu verankern.

---

63 Vgl. BeckOK KI-Recht/*Kaufmann*, Art. 4 KI-VO Rn. 45.
64 Vgl. BeckOK KI-Recht/*Kaufmann*, Art. 4 KI-VO Rn. 44.
65 *Schippel*, KIR 2025, 119, 120.

bb) Interdisziplinäre Governance-Strukturen schaffen

Ein wesentliches Strukturmerkmal eines KI-RMS ist die institutionalisierte, interdisziplinäre Steuerung. Der EU AI Act, insbesondere Art. 26, verlangt von Betreibern die Verzahnung technischer, regulatorischer und ethischer Perspektiven. Daraus ergibt sich die Anforderung, interne KI-Governance-Gremien einzurichten, in denen Experten aus IT, Compliance, Datenanalyse, Recht und Ethik regelmäßig zusammenarbeiten. Ziel ist die koordinierte Bewertung von Modellen, die Überwachung von Zielkonflikten[66] und die gemeinsame Verantwortung für Systementscheidungen. Für Banken bedeutet dies konkret: Sie müssen zusätzliche Compliance-Strukturen aufbauen, etwa KI-Governance-Teams oder Kontrollinstanzen für algorithmische Systeme. Eine zentrale strategische Entscheidung betrifft die Frage, ob KI-Systeme intern entwickelt oder extern zugekauft werden. Beide Ansätze erfordern ein belastbares Risikomanagementsystem nach Maßgabe des Art. 9 EU AI Act.[67] **48**

cc) Qualitätsmanagement systematisch aufbauen

Die Art. 17 bis 19 des EU AI Acts verpflichten Banken als Anbieter zur Einführung eines spezifischen Qualitätsmanagementsystems (QMS) für den Einsatz von Hochrisiko-KI-Systemen.[68] Dieses QMS muss sicherstellen, dass Validierungen, Prüfverfahren und Änderungsprozesse systematisch dokumentiert, reproduzierbar und risikoadäquat durchgeführt werden.[69] Darüber hinaus ist, etwa zur Unterstützung von Konformitätsbewertungen gemäß Art. 43 EU AI Act, eine externe Prüfarchitektur organisatorisch vorzusehen. Damit bildet das QMS das operative Rückgrat eines robusten und regulatorisch tragfähigen KI-Risikomanagements. Zugleich erkennt der EU AI Act an, dass sektorspezifische Regelwerke, wie die MaRisk im Bankenumfeld, bereits einschlägige Anforderungen enthalten. In diesen Fällen sind Erleichterungen für das QMS möglich, sofern das bestehende Regelwerk funktional gleichwertige Anforderungen erfüllt.[70] **49**

dd) Menschliche Aufsicht organisatorisch absichern

Zudem verlangt Art. 14 EU AI Act eine effektive menschliche Kontrolle über den KI-Einsatz. Dies bedeutet nicht nur, dass technische Eingriffsmechanismen vorhanden sein müssen, sondern vielmehr müssen Banken technisch und organisatorisch sicherstellen, dass qualifiziertes Personal diese Aufsicht auch tatsächlich **50**

66 Vgl. ErwG 71 EU AI Act.
67 Vgl. ErwG 65 EU AI Act.
68 Vgl. ErwG 81 EU AI Act.
69 *Voigt/Hullen*, Handbuch KI-Verordnung, S. 90.
70 *Voigt/Hullen*, Handbuch KI-Verordnung, S. 90.

ausüben kann.[71] Die verantwortlichen Personen benötigen dazu eine definierte Mindestkompetenz, die technisches Verständnis, regulatorisches Wissen und ethisches Urteilsvermögen umfasst. Diese Qualifikation ist dauerhaft sicherzustellen.[72]

b) Ableitungen für die MaRisk – Adaptionsbedarf zur Umsetzung von Art. 14, 17–19, 26 und 43 EU AI Act

51 Die MaRisk enthalten bereits tragfähige Vorgaben für Organisation, Verantwortung und Kontrollsysteme, insbesondere in AT 5 (Verantwortlichkeitsregelung), AT 7.3 (Notfallmanagement) und BT 2 (Interne Revision). Jedoch sind diese Regelungen nicht auf die Anforderungen lernfähiger, adaptiver und teilweise intransparenter Systeme zugeschnitten. Für eine EU-AI-Act-konforme Governance bedarf es deshalb gezielter Erweiterungen.

aa) AT 5 Verantwortung für multidimensionale KI-Risiken

52 Auch AT 5 MaRisk muss konkretisiert werden. Die bestehende Forderung nach eindeutiger Zuweisung von Verantwortlichkeiten sollte erweitert werden um den Aspekt der multidimensionalen Verantwortung für KI-Systeme. Dabei ist darauf zu achten, dass sowohl technische, rechtliche, datenschutzbezogene als auch ethische Bewertungs- und Steuerungsaufgaben institutionell verankert und nachvollziehbar zugeordnet sind. Nur so lassen sich Risiken aus Intransparenz und Unklarheit über Zuständigkeiten wirksam vermeiden.

bb) AT 7.3 Notfallmanagement bei KI-Fehlfunktionen

53 Das Modul AT 7.3 MaRisk, das das Notfallmanagement regelt, ist bislang auf klassische IT-Ausfälle und betriebliche Störungen fokussiert. Für KI-Systeme bedarf es jedoch spezifischer Ergänzungen. Insbesondere müssen Anforderungen an technische und organisatorische Deaktivierungsmechanismen formuliert werden, die es Aufsichtspersonen ermöglichen, bei erkannten Fehlfunktionen oder ethischen Bedenken das System kontrolliert auszusetzen oder abzuschalten. Diese sogenannten „Human override"-Mechanismen müssen nicht nur technisch möglich, sondern auch organisatorisch verankert und regelmäßig getestet sein.

cc) BT 2 Interne Revision als KI-Prüfinstanz

54 Darüber hinaus ist BT 2 MaRisk so zu ergänzen, dass die Revisionsfunktion künftig explizit zur Bewertung algorithmischer Steuerungsprozesse befähigt und ver-

71 *Voigt/Hullen*, Handbuch KI-Verordnung, S. 85.
72 *Forgó/Feiler*, in: Forgó/Feiler, KI-VO, Einführung 4.1.1 a) 6., S. 21.

pflichtet ist. Dazu zählt die Überprüfung der zugrunde liegenden Modelllogik, der eingesetzten Daten und Algorithmen, der dokumentierten Entscheidungsabläufe sowie der Einhaltung ethischer Standards. Auch das Zusammenspiel der verschiedenen Steuerungseinheiten sollte in den Prüfauftrag einbezogen werden. Auf diese Weise wird die Interne Revision zu einer zentralen Kontrollinstanz im risikoadäquaten KI-Einsatz.

3. Datenmanagement und Datenqualität – Fundament regulatorischer Integrität im KI-Risikomanagement

Ein wirksames KI-Risikomanagementsystem im Sinne des EU AI Acts setzt voraus, dass Datenmanagement und Datenqualität systematisch, dynamisch und regulatorisch eingebettet gesteuert werden. Die folgenden Anforderungen ergeben sich insbesondere aus Art. 10, Art. 11 und Art. 26 EU AI Act und sind essenzielle Voraussetzungen für die rechtssichere und ethisch vertretbare Nutzung hochriskanter KI-Systeme im Bankensektor. 55

a) Regulatorische Anforderungen des EU AI Acts an ein zukunftsfähiges KI-Risikomanagementsystem in Banken

aa) Sicherstellung datengestützter Modellintegrität

Zentral für ein robustes KI-RMS ist die Gewährleistung, dass Trainings-, Validierungs- und Testdaten den Anforderungen an Repräsentativität, Vollständigkeit und Verzerrungsfreiheit (Art. 10 Abs. 2 EU AI Act) entsprechen.[73] Nur so können faire, sichere und nicht-diskriminierende Entscheidungen durch das System getroffen werden. Dabei ist auch aus ethischer und aufsichtsrechtlicher Perspektive sicherzustellen, dass systemische Benachteiligungen bestimmter Gruppen ausgeschlossen werden. 56

bb) Dokumentation: Datenherkunft und -verarbeitung

Ein weiterer Kernbestandteil ist die lückenlose Dokumentation sämtlicher Datenprozesse.[74] Nach Art. 10 Abs. 3 i. V. m. Art. 11 EU AI Act müssen Herkunft, Strukturierung, Bereinigung und verwendete Ausschlusskriterien der Datensätze nachvollziehbar festgehalten werden.[75] Das KI-RMS muss entsprechende Nachweise bereitstellen – etwa in Form eines „Data Provenance Reports“ –, um Prüf- und Auditierbarkeit sicherzustellen.[76] 57

---

73 *Voigt/Hullen*, Handbuch KI-Verordnung, S. 75.
74 *Voigt/Hullen*, Handbuch KI-Verordnung, S. 78.
75 Vgl. ErwG 71 EU AI Act.
76 *Pötsch/Bernnat*, Regulierung von Künstlicher Intelligenz in der EU, S. 159.

cc) Organisatorische Einbettung der Datenverantwortung

58 Art. 26 EU AI Act verpflichtet Banken als Betreiber dazu, Datenmanagement nicht als rein technische Aufgabe zu verstehen. Vielmehr muss die Verantwortung für Datenqualität in die Governance des Risikomanagements integriert sein.[77] Das bedeutet: Entscheidungen über Datennutzung, Zulässigkeit neuer Datenquellen oder Anpassungen an den Datenverarbeitungsprozess müssen innerhalb eines definierten Rahmens erfolgen, der interdisziplinär aufgestellt ist und regulatorisch nachvollziehbar dokumentiert wird. Ein möglicher Ansatz wäre die Einrichtung eines zentralen „Data Governance Committee".[78]

dd) Governance-integrierte Datenverantwortung

59 Datenmanagement darf nicht isoliert betrachtet werden. Nach Art. 26 EU AI Act ist die Verantwortung für Datenqualität institutionell zu verankern. Das bedeutet: Entscheidungen zu Datenquellen, Verarbeitungslogiken und Anpassungen müssen in interdisziplinär aufgestellten Governance-Strukturen getroffen, dokumentiert und kontrolliert werden. Nur so wird sichergestellt, dass Datenentscheidungen sowohl technisch als auch regulatorisch tragfähig sind.

ee) Mechanismen zur Risikoerkennung und Meldepflicht

60 Ein KI-RMS muss in der Lage sein, datenbezogene Risiken frühzeitig zu erkennen. Bei signifikanten Abweichungen, etwa in der Verteilung von Entscheidungsoutputs nach sensiblen Merkmalen, sind interne Prüfprozesse auszulösen.[79] Im Fall schwerwiegender Auswirkungen ist eine umgehende Meldung an die zuständigen Behörden gemäß Art. 26 Abs. 3 EU AI Act verpflichtend.[80] Damit wird die Einhaltung von Datenqualität auch zu einem prüfrelevanten Aspekt der behördlichen Aufsicht.

b) Ableitung für die MaRisk – Adaptionsbedarf zur Umsetzung von Art. 10 und 26 EU AI Act

61 Daraus folgt ein Ergänzungsbedarf in den Bereichen Datenqualität und Bias-Kontrolle sowie in der Integration in Governance-Strukturen und in Überwachungssystemen.

77 Vgl. *Wybitul*, Arbeitsbuch AI Act, Teil 2 Rn. 192, S. 49.
78 Vgl. *Wybitul*, Arbeitsbuch AI Act, Teil 2 Rn. 189, S. 49.
79 Vgl. *Wybitul*, Arbeitsbuch AI Act, Teil 2 Rn. 193, S. 49.
80 Vgl. *Wybitul*, Arbeitsbuch AI Act, Teil 2 Rn. 191, S. 49.

aa) Datenqualität, -integrität und -verfügbarkeit

Die MaRisk enthalten mit AT 4.3.4 eine allgemeine Anforderung zur Sicherstellung von Datenqualität, -integrität und -verfügbarkeit. Diese Norm adressiert bisher vor allem operative Daten im Rahmen des Kredit- und Marktgeschäfts. Für den KI-Einsatz bedarf es jedoch einer konkreten Ausweitung. So sollte AT 4.3.4 künftig ergänzen, dass bei der Nutzung von KI-Systemen eine dokumentierte Prüfung auf Repräsentativität, Verzerrungsfreiheit und Eignung der Daten durchzuführen ist. Diese Prüfung muss nicht nur initial, sondern auch bei jeder wesentlichen Änderung des Systems oder seiner Datenbasis wiederholt werden. **62**

bb) Verankerung von Bias-Kontrolle und Herkunftsnachweis

Darüber hinaus sollte die MaRisk künftig explizit vorsehen, dass Banken Verfahren zur systematischen Bias-Erkennung einführen. Diese könnten etwa durch den Einsatz von Fairness-Metriken, Gleichverteilungstests oder Gegenüberstellungen tatsächlicher versus intendierter Klassifikationsergebnisse erfolgen. Zusätzlich ist der Nachweis der Datenherkunft zu normieren. Dies betrifft insbesondere Trainings- und Testdaten, deren Ursprung, Strukturierungslogik und Verwendungskontext nachvollziehbar dokumentiert sein müssen. Diese Anforderungen lassen sich unmittelbar aus Art. 10 Abs. 3 EU AI Act ableiten. **63**

cc) Integration in Risikosteuerung und Governance-Strukturen

AT 4.3.4 sollte außerdem verdeutlichen, dass Datenmanagement nicht isoliert in der IT angesiedelt sein darf. Die Verantwortung für die Datenverwendung im Rahmen von KI-Systemen ist dem Risikomanagement organisatorisch zuzuordnen. Eine verbindliche Governance-Struktur – z. B. in Form eines interdisziplinären „Daten Governance Komitees" – kann diese Verantwortung institutionell absichern. Die fachliche Einbindung von Risikocontrolling, Compliance und Datenschutz ist dabei in Einklang mit Art. 26 Abs. 2 EU AI Act verpflichtend vorzusehen. **64**

dd) Aufbau von datenbasierten Überwachungssystemen

Schließlich sollten die MaRisk die kontinuierliche Überwachung von Datenqualitätsparametern explizit einfordern. Dazu gehören etwa Monitoring-Dashboards, Anomalieerkennungstools oder automatisierte Schwellenwertanalysen. Werden signifikante Abweichungen erkannt, sind interne Review-Prozesse anzustoßen. In besonders schwerwiegenden Fällen, exemplarisch bei Diskriminierung oder Modellversagen aufgrund fehlerhafter Daten, sind diese Vorfälle als meldepflichtige Ereignisse zu behandeln. Hierzu wäre AT 4.3.4 um einen Verweis auf die erforderlichen Meldeprozesse gemäß BT 3 zu ergänzen. **65**

4. Kommunikation, Transparenz und Meldewesen – Umsetzung regulatorischer Pflichten im bankenspezifischen KI-Risikomanagementsystem

66 Ein wirksames KI-Risikomanagementsystem im Bankensektor erfordert die technische und inhaltliche Nachvollziehbarkeit algorithmischer Entscheidungen.

a) Regulatorische Anforderungen an ein KI-Risikomanagementsystem im Bereich der Kommunikation, der Transparenz und des Meldewesens

67 Der EU AI Act formuliert hierzu in den Art. 13 und 26 EU AI Act verbindliche Anforderungen an Gestaltung, Dokumentation und Kommunikation von Hochrisiko-KI-Systemen. Diese Pflichten richten sich nicht nur an Anbieter, sondern ausdrücklich auch an Banken in ihrer Rolle als Betreiber.

aa) Nachvollziehbarkeit als Grundvoraussetzung

68 Ein bankenspezifisches KI-Risikomanagementsystem muss daher über strukturierte und nachvollziehbare Prozesse verfügen, die sowohl die Zweckbestimmung als auch die Funktionsweise des jeweiligen KI-Systems intern dokumentieren.[81] Dies kann etwa durch die Einrichtung eines Modellregisters, die Pflege von Versionshistorien sowie durch detaillierte Analysen der Entscheidungspfade erfolgen. Darüber hinaus sind adressatengerechte Erklärungen bereitzustellen, die es den unterschiedlichen Zielgruppen innerhalb des Instituts, wie dem Risikomanagement, der Compliance-Funktion oder dem Kundenbereich, ermöglichen, die Funktionslogik und die Ergebnisse der Systeme angemessen zu verstehen.[82] Schließlich ist sicherzustellen, dass gegenüber den Aufsichtsbehörden jederzeit umfassende und aktuelle Informationen über die Systemlogik, die zugrunde liegenden Annahmen, die bestehenden Grenzen sowie die konkreten Einsatzbedingungen vorgelegt werden können. Der explizite Fokus liegt dabei auf der praktischen Umsetzung der Anforderung der Erklärbarkeit algorithmischer Entscheidungen. Ist ein KI-System nicht ausreichend erklärbar, sieht Art. 13 Abs. 1 EU AI Act verpflichtend ergänzende Kontroll- und Absicherungsmaßnahmen vor.[83]

69 Diese Anforderungen an Nachvollziehbarkeit setzen nicht erst mit dem laufenden Betrieb ein, sondern beginnen bereits vor der Inbetriebnahme.[84] Schon in der Entwicklungsphase ist eine vollständige, verständliche und kontinuierlich aktualisierte Systembeschreibung zu erstellen. Dabei sind mindestens folgende Aspekte zu berücksichtigen: Zunächst sind der Zweck und der konkrete Einsatzkontext

---

81 *Voigt/Hullen*, Handbuch KI-Verordnung, S. 83.
82 Vgl. ErwG 72 EU AI Act.
83 *Voigt/Hullen*, Handbuch KI-Verordnung, S. 82.
84 *Voigt/Hullen*, Handbuch KI-Verordnung, S. 78 f.

des Systems klar zu definieren.[85] Darüber hinaus sind die Modellarchitektur sowie die verwendeten Trainings- und Testverfahren umfassend zu dokumentieren. Ebenso müssen die Herkunft, Qualität und Auswahlkriterien der eingesetzten Daten offengelegt werden. Ergänzend sind die festgelegten Risikosteuerungsmaßnahmen sowie die vorgesehenen menschlichen Eingriffsmöglichkeiten detailliert darzustellen.[86]

Die Dokumentation verknüpft mit Transparenz ist sodann nicht nur ein internes Steuerungsinstrument, sondern erfüllt drei zentrale Funktionen: Sie ermöglicht regulatorische Prüfungen,[87] unterstützt interne Kontrollmechanismen und stärkt nicht zuletzt das Vertrauen von Kunden in die Integrität automatisierter Entscheidungen.[88] **70**

In der Praxis erfordert dies den Aufbau zentraler Modellverzeichnisse, die Pflege transparenter Versionshistorien sowie die Durchführung regelmäßiger technischer und organisatorischer Überprüfungen im Rahmen eines fortlaufenden Governance-Prozesses.[89] **71**

bb) Externe Transparenz: Das „Recht auf Erläuterung“ gemäß Art. 13 und 86 EU AI Act

Die zentrale Kommunikationspflicht gegenüber betroffenen Personen ergibt sich aus Art. 13 Abs. 3 sowie Art. 86 EU AI Act: Kunden haben Anspruch darauf, über den Einsatz eines Hochrisiko-KI-Systems, dessen Funktionsweise und die zugrunde liegenden Entscheidungsparameter verständlich informiert zu werden.[90] Dies gilt vor allem dann, wenn die Entscheidung wesentliche rechtliche oder wirtschaftliche Auswirkungen hat.[91] So beispielsweise bei der Kreditablehnung, der Risikoeinstufung oder dem Ausschluss von Dienstleistungen. **72**

Ein KI-RMS muss daher in der Lage sein, erklärbare Ausgaben zu generieren. Das kann durch ergänzende Interpretationsmodelle geschehen. Diese Informationen müssen strukturiert, standardisiert und in zielgruppengerechter Sprache aufbereitet sein. Dieser Ansatz nennt sich „Explainable AI“, wobei es darum geht, mittels spezieller Methoden nachvollziehen zu können, was die KI produziert, sodass man ihr vertrauen kann.[92] In der Praxis könnte dies bedeuten: ein erklärender **73**

85 *Voigt/Hullen*, Handbuch KI-Verordnung, S. 79.
86 *Wybitul*, Arbeitsbuch AI Act, Teil 2 Rn. 135, S. 36.
87 Vgl. ErwG 72 EU AI Act.
88 Vgl. ErwG 71 EU AI Act.
89 *Pötsch/Bernnat*, Regulierung von Künstlicher Intelligenz in der EU, S. 160.
90 Vgl. ErwG 72 EU AI Act.
91 *Voigt/Hullen*, Handbuch KI-Verordnung, S. 83.
92 IBM, What is Explainable AI (XAI)?, https://www.ibm.com/think/topics/explainable-ai (zuletzt abgerufen am 21.6.2025).

Absatz in der Kreditentscheidung, ein interaktives Dashboard für Kunden oder ein erklärender Gesprächsleitfaden für Servicemitarbeitende.

cc) Technische Robustheit und Schutzmaßnahmen im Bankenumfeld

74 Hochrisiko-KI-Systeme müssen so gestaltet sein, dass sie sowohl gegen interne Störungen als auch gegen externe Angriffe widerstandsfähig bleiben.[93] Für Banken bedeutet das, im Rahmen ihres KI-Risikomanagements geeignete Schutzmechanismen zu etablieren, die die Zuverlässigkeit, Stabilität und Sicherheit der Systeme dauerhaft sichern.[94]

75 Konkret geht es darum, typische Gefahren wie manipulierte Eingabedaten, gezielte Datenverfälschung oder den schleichenden Qualitätsverlust von Modellen frühzeitig zu erkennen und abzusichern. Technische Kontrollsysteme wie Intrusion-Detection-Mechanismen oder Redundanzstrukturen helfen dabei, Fehler rasch zu identifizieren und zu beheben.

76 Darüber hinaus müssen präventive und reaktive Sicherheitsmaßnahmen eng mit den bestehenden IT-, Sicherheits- und Datenschutzprozessen der Bank verzahnt werden, um einen umfassenden Schutz sicherzustellen. Ein robustes KI-Risikomanagement erfordert dabei nicht nur technische Vorkehrungen, sondern auch organisatorische Strukturen – beispielsweise in Form von Notfallplänen, regelmäßigen Stresstests und der Einbindung in das Business Continuity Management.[95]

dd) Interne Kommunikation (Art. 26 Abs. 7 EU AI Act)

77 Die Transparenzanforderungen des EU AI Act richten sich nicht nur an externe Stellen, sondern ausdrücklich auch an interne Beteiligte.[96] Bevor ein Hochrisiko-KI-System in Betrieb genommen wird, sind Banken verpflichtet, ihre Mitarbeitenden, Interessenvertretungen und zuständigen Gremien umfassend über den geplanten Einsatz, die Funktionsweise sowie mögliche Auswirkungen des Systems zu informieren.[97]

ee) Meldesysteme und Incident Reporting (Art. 26 Abs. 2 EU AI Act)

78 Nach Art. 26 Abs. 5 EU AI Act sind Betreiber verpflichtet, schwerwiegende Vorfälle wie diskriminierende Ergebnisse, Systemausfälle oder unerwartetes Modellverhalten umgehend sowohl dem Anbieter als auch der zuständigen Aufsichts-

93 *Voigt/Hullen*, Handbuch KI-Verordnung, S. 86.
94 *Voigt/Hullen*, Handbuch KI-Verordnung, S. 87.
95 *Voigt/Hullen*, Handbuch KI-Verordnung, S. 87.
96 *Voigt/Hullen*, Handbuch KI-Verordnung, S. 109.
97 *Wybitul*, Arbeitsbuch AI Act, Teil 2 Rn. 204, S. 52.

behörde zu melden.[98] Allerdings genießen unter anderem Kreditinstitute, mithin Banken, nach Art. 26 Abs. 5 Unterabsatz 2 insoweit eine Privilegierung,[99] als ihre Überwachungspflichten bereits durch die Implementierung interner Führungs- und Kontrollstandards erfüllt sind, sofern diese den jeweils anwendbaren regulatorischen Vorgaben entsprechen.[100] Dafür muss ein wirksames KI-Risikomanagementsystem im Bankensektor strukturierte Überwachungs- und Meldemechanismen vorhalten, die mithilfe vordefinierter Schwellenwerte Auffälligkeiten wie Verzerrungen oder ungewöhnliches Systemverhalten frühzeitig erkennen.

Darüber hinaus sind interne Eskalationswege einzurichten, die sicherstellen, dass alle relevanten Bereiche wie Risikomanagement, IT und Compliance bei Zwischenfällen koordiniert eingebunden werden. Ergänzend müssen standardisierte Meldeprozesse gegenüber externen Stellen – wie der BaFin, den Datenschutzbehörden oder, bei systemischen Risiken, auch der Öffentlichkeit – klar geregelt und im laufenden Betrieb verlässlich umgesetzt werden.[101] **79**

ff) Systemüberwachung und Protokollierung (Art. 12 EU AI Act)

Die fortlaufende Überwachung des Systemverhaltens und die revisionssichere Protokollierung wesentlicher Ereignisse gehören zu den Kernanforderungen beim Betrieb hochriskanter KI-Systeme.[102] Im bankenspezifischen KI-Risikomanagement muss diese Überwachung dauerhaft gewährleistet[103] und eng in bestehende Kontrollprozesse wie Kreditvergabe, Geldwäscheprävention und KYC eingebunden sein. Automatisierte Protokollierungssysteme erfassen relevante Ereignisse, archivieren sie datenschutzkonform und bewahren sie entsprechend den Vorgaben des Art. 12 EU AI Act mindestens sechs Monate auf. So werden sowohl regulatorische Nachvollziehbarkeit als auch interne Revisionsfähigkeit sichergestellt.[104] **80**

gg) Datenschutz-Folgenabschätzung (Art. 35 DSGVO i. V. m. Art. 26 EU AI Act)

Sobald Hochrisiko-KI-Systeme personenbezogene oder besonders schützenswerte Daten verarbeiten, ist gemäß Art. 35 DSGVO in Verbindung mit Art. 26 EU AI Act verpflichtend eine DSFA durchzuführen.[105] Idealerweise wird diese bereits vor der Entwicklung oder Integration des Systems eingeleitet und im Rahmen ei- **81**

---

98 *Voigt/Hullen*, Handbuch KI-Verordnung, S. 108.
99 BeckOK KI-Recht/*Denga*, Art. 26 KI-VO Rn. 53.
100 BeckOK KI-Recht/*Denga*, Art. 26 KI-VO Rn. 54.
101 *Wybitul*, Arbeitsbuch AI Act, Teil 2 § 199, S. 50 f.
102 *Voigt/Hullen*, Handbuch KI-Verordnung, S. 81.
103 Vgl. ErwG 71 EU AI Act.
104 *Wybitul*, Arbeitsbuch AI Act, Teil 2 Rn. 202 f., S. 51 f.
105 *Voigt/Hullen*, Handbuch KI-Verordnung, S. 114.

nes interdisziplinären Verfahrens durchgeführt, bei dem technologische, ethische und rechtliche Risiken umfassend bewertet werden.

82 Die Ergebnisse sind nachvollziehbar zu dokumentieren und regelmäßig zu überprüfen. Die DSFA dient dabei nicht nur der Einhaltung der datenschutzrechtlichen Vorgaben, sondern wirkt auch präventiv im Rahmen der Risikominimierung, indem sie Risiken wie Diskriminierung, Reputationsschäden oder Grundrechtseingriffe frühzeitig identifiziert und adressiert.[106]

b) Ableitungen für die MaRisk – Adaptionsbedarf zur Umsetzung von Art. 11, 13, 14 und 15 EU AI Act

83 Es erscheint folglich notwendig, die MaRisk tiefergreifend zu ergänzen, um die Datenqualität, die Modellkontrolle und die Berichterstattung auf KI-spezifische Risiken anzupassen.

aa) AT 4.3.4 Datenschutz und Datenqualität im KI-Kontext

84 Die MaRisk enthalten bereits Vorgaben zur Datenqualität, -integrität und -verfügbarkeit. Für den Einsatz von KI-Systemen reichen diese jedoch nicht aus und müssen konkretisiert werden, um den Anforderungen des EU AI Act und der DSGVO gerecht zu werden.

85 Künftig sollte daher festgelegt werden, dass alle für KI verwendeten Daten – also Trainings-, Validierungs- und Testdaten – systematisch auf Repräsentativität, Verzerrungen und Eignung überprüft werden. Diese Prüfung erfolgt sowohl vor dem Ersteinsatz als auch bei jeder wesentlichen Änderung am Modell oder den Daten. Herkunft und Aufbereitung der Daten sind dabei nachvollziehbar zu dokumentieren.[107]

86 Wird mit sensiblen oder umfangreichen personenbezogenen Daten gearbeitet, ist frühzeitig eine DSFA durchzuführen, idealerweise bereits vor der Entwicklung des Systems. Diese erfolgt interdisziplinär und wird regelmäßig aktualisiert, um neue Risiken frühzeitig zu erkennen und in das Gesamtrisikoprofil der Bank einfließen zu lassen.

87 Die Verantwortung für die Datenqualität liegt dabei nicht allein bei der IT. Vielmehr sollte sie organisatorisch dem Risikomanagement zugeordnet werden. Ein interdisziplinäres Data Governance Committee kann hierbei als zentrales Entscheidungsgremium dienen, etwa bei der Zulassung neuer Datenquellen oder Anpassungen an den Datenprozessen.

---

106 Vgl. *Wybitul*, Arbeitsbuch AI Act, Teil 2 Rn. 206 f., S. 53.
107 *Voigt/Hullen*, Handbuch KI-Verordnung, S. 83.

Ergänzend braucht es kontinuierliche Überwachungssysteme, die automatisch Auffälligkeiten erkennen und Schwellenwerte überwachen. Bei schwerwiegenden Vorfällen, wie diskriminierenden Systementscheidungen, sind unverzüglich interne Eskalations- und Meldewege zu aktivieren. **88**

bb) AT 4.3.5 Modellkontrolle und Validierung

Die bisherigen Vorgaben zur Modellverwendung decken die Besonderheiten adaptiver KI-Systeme bislang nur unzureichend ab. Lernende Systeme, die sich fortlaufend an neue Daten anpassen, benötigen erweiterte Validierungsprozesse. Neben der Nachvollziehbarkeit und Wiederholbarkeit von Ergebnissen müssen auch die Stabilität bei veränderten Datenlagen, die Widerstandsfähigkeit gegenüber Störungen und die Transparenz der Entscheidungslogik regelmäßig überprüft werden. Ergänzend sind regelmäßige Stresstests und Simulationen erforderlich, um mögliche Fehlfunktionen frühzeitig zu identifizieren. **89**

Die laufende Modellüberwachung sollte durch definierte Schwellenwerte gestützt werden, die bei Abweichungen automatische Prüfungen auslösen. Eine lückenlose Protokollierung sämtlicher Modellaktivitäten (Logging) schafft zusätzliche Nachvollziehbarkeit und bildet die Grundlage für eine verlässliche Auditierbarkeit. **90**

cc) AT 6 Systematische Dokumentation

Auch die Dokumentationspflichten müssen deutlich ausgeweitet werden. Künftig sind systematisch der Einsatzbereich des KI-Systems, die Modellarchitektur, Herkunft und Auswahl der verwendeten Daten, Risikobewertungskriterien sowie definierte Systemgrenzen und menschliche Eingriffsoptionen festzuhalten. **91**

Modellversionen sind revisionssicher zu dokumentieren, Audit-Trails vollständig zu führen und ein zentrales Modellregister einzurichten. Standardisierte Dokumentationsformate fördern Transparenz und erleichtern die Prüfung durch Aufsichtsbehörden. **92**

Zudem sind die internen und externen Adressaten klarer zu definieren: Interne Funktionen wie das Kontrollsystem, Compliance und Revision benötigen detaillierte Prüfprotokolle und Erläuterungen. Für externe Adressaten, etwa Kunden, sind verständliche Erklärungen zur Funktionsweise der KI bereitzustellen, um dem „Recht auf Erklärung" gemäß EU AI Act gerecht zu werden. **93**

dd) BT 3 KI-spezifisches Berichtswesen

Das Berichtswesen sollte um spezifische Pflichten im Zusammenhang mit KI erweitert werden. Dazu gehören regelmäßige Berichte über die Nutzung, Modifika- **94** tion und gegebenenfalls Stilllegung von KI-Modellen. Auch Vorfälle wie Diskriminierungen, Fehlfunktionen oder deutliche Leistungsabweichungen sind zeitnah zu melden. Ergänzend sollten die Auswirkungen algorithmischer Entscheidungen auf ESG-Aspekte erfasst werden.

95 Für die notwendige begriffliche Klarheit empfiehlt sich zudem, zentrale Begriffe des EU AI Acts wie „Bias", „Transparenz" oder „Blackbox" in einem Anhang zu den MaRisk präzise zu definieren.

ee) AT 8 Produktspezifische KI-Prüfung

96 Neue KI-Anwendungen sollten künftig einem eigenständigen Prüfprozess unterzogen werden. Ein standardisierter Prüfpfad, der die Risikoklassifizierung gemäß EU AI Act berücksichtigt, ermöglicht eine strukturierte Bewertung der technischen, regulatorischen und ethischen Implikationen. Neben der Risikoeinstufung sind Tests zur Genauigkeit, Robustheit und Fairness verpflichtend durchzuführen. Ebenso sind mögliche gesellschaftliche und ESG-bezogene Auswirkungen systematisch zu prüfen.

ff) BTR 4 KI-spezifische Risikocharakterisierung

97 Im Rahmen des operationellen Risikomanagements sollte eine eigene Subkategorie „KI-Risiken" eingeführt werden, die spezifische Bedrohungslagen systematisch erfasst. Dazu gehören intransparente Modellentscheidungen, Verzerrungen durch ungeeignete Daten, mangelnde Kommunikation zwischen System und Nutzer, Angriffe durch Manipulationstechniken sowie Defizite in der technischen Überwachung und Protokollierung. Datenschutz-, Ethik- und Governance-Aspekte sind dabei verpflichtend in das Risikoinventar einzubeziehen, um eine ganzheitliche Steuerung der KI-bedingten Risiken zu gewährleisten.

5. Fazit: Erweitertes MaRisk Rahmenwerk als Basis für ein KI-Risikomanagementsystem

98 Der Einsatz von Hochrisiko-KI in Banken ist kein bloßes Technologieprojekt, sondern fordert auch organisatorische und regulatorische Anpassungen. Banken müssen dabei nicht ihr gesamtes Risikomanagement neu aufsetzen, sondern vielmehr ihr bestehendes System gezielt erweitern. Die MaRisk bieten dafür eine solide Grundlage. Sie decken aber die besonderen Anforderungen an ein modernes KI-Risikomanagement in ihrer bisherigen Form noch nicht vollständig ab.

99 Die Weiterentwicklung sollte in mehreren Bereichen ansetzen: Der Risikobegriff muss künftig nicht nur finanzielle, sondern auch ethische, rechtliche und gesellschaftliche Risiken erfassen. Zudem braucht es neue Governance-Strukturen mit klaren Verantwortlichkeiten für den Einsatz von KI, zum Beispiel eigene Gremien oder spezifische Rollen für die Steuerung dieser Systeme. Auch das Datenmanagement gewinnt an Bedeutung. So müssen Qualitätssicherung, Herkunftsnachweise und eine interdisziplinäre Steuerung fester Bestandteil des Risikoprozesses werden. Nicht zuletzt verlangt der EU AI Act von Banken gegenüber der Aufsicht als auch gegenüber Kunden und Mitarbeitern ein höheres Maß an Transparenz und Nachvollziehbarkeit.

Ein entsprechend erweitertes MaRisk-Rahmenwerk kann so zur wichtigen **100** Schnittstelle zwischen Innovation und Kontrolle werden. Es hilft dabei, den Einsatz von KI in Banken nicht nur zu steuern, sondern vor allem auch das notwendige Vertrauen bei Kunden, Mitarbeitenden und Aufsichtsbehörden zu schaffen.

IV. Handlungsempfehlungen für Banken

Daraus folgt, dass der EU AI Act von Banken mehr als punktuelle Anpassungen **101** verlangt. Er fordert eine tiefgreifende Neuausrichtung des Risikomanagements, das technologische, regulatorische und ethische Anforderungen systematisch integriert. Gerade beim Einsatz von Hochrisiko-KI ist ein vorausschauendes, belastbares Risikomanagementsystem unerlässlich. Dabei steht nicht nur die Umsetzung der Vorgaben aus Art. 26 EU AI Act im Mittelpunkt, sondern ebenso die organisationsrechtliche Verantwortung der Geschäftsleitung. Gemäß § 93 Abs. 1 Satz 2 AktG greift der Schutz der Business Judgement Rule nur, wenn unternehmerische Entscheidungen auf einer fundierten Informationsbasis sowie nachvollziehbaren Prüf- und Kontrollprozessen beruhen.[108] Für Banken bedeutet das: Die Einführung und Nutzung von KI-Systemen muss stets strukturiert, dokumentiert und durch institutionalisierte Aufsicht begleitet werden. Andernfalls drohen nicht nur regulatorische, sondern auch haftungsrechtliche Konsequenzen. Die Umsetzung dieser Anforderungen stellt hohe Bedingungen an Governance, Fachkompetenz und Prozessdisziplin. KI-Systeme sind fortlaufend zu evaluieren, Risiken über den gesamten Lebenszyklus hinweg zu dokumentieren und auch Drittanbieterrisiken gezielt zu steuern. Unklare Zuständigkeiten oder fehlende Standards gefährden nicht nur die Compliance, sondern auch die Resilienz der Bank.[109] Deshalb müssen Maßnahmen und Standards individuell an Strategie,[110] Risikolage und Ressourcen des Instituts skalierbar, zukunftsfähig und anschlussfähig angepasst werden.[111] Regulatorisch anerkannte Rahmenwerke wie ISO/IEC 42001

108 *Hopt/Roth*, in: Hirte/Mülbert/Roth, AktG, § 93 Rn. 71.
109 Vgl. *Pötsch/Bernnat*, Regulierung von Künstlicher Intelligenz in der EU, S. 157.
110 *Pötsch/Bernnat*, Regulierung von Künstlicher Intelligenz in der EU, S. 101.
111 *Pötsch/Bernnat*, Regulierung von Künstlicher Intelligenz in der EU, S. 103.

oder NIST AI RMF bieten hier praxistaugliche Orientierung.[112] Das folgende Kapitel übersetzt diese Anforderungen als strategischen Leitfaden für den Aufbau eines wirksamen, KI-sensiblen Risikomanagements im Bankensektor in konkrete Handlungsempfehlungen.

1. Inventarisierung und Klassifikation von KI-Systemen

102 Der Einstieg in jedes KI-Risikomanagement beginnt mit Transparenz über die eingesetzten Technologien. Banken müssen sämtliche KI-Anwendungen systematisch erfassen, unabhängig davon, ob sie sich in Entwicklung, Pilotierung oder Produktivbetrieb befinden. Im nächsten Schritt erfolgt die Klassifikation gemäß Art. 3 EU AI Act in die Kategorien „verboten", „hochriskant", „begrenzt" oder „geringes Risiko". Eine solche Risikoeinordnung schafft die Basis für sämtliche regulatorische Folgepflichten. Empfohlen wird die Einrichtung eines zentralen KI-Registers nach dem Vorbild des Produktgenehmigungsprozesses gemäß AT 8 MaRisk. Auch Drittanbietersysteme müssen frühzeitig auf EU-AI-Act-Konformität geprüft und entsprechend klassifiziert werden.

2. Aufbau eines KI-spezifischen Risikomanagementsystems

103 Um die Anforderungen des EU AI Acts wirksam umzusetzen und gleichzeitig ein zukunftsfähiges Risikomanagement zu gewährleisten, müssen Banken ihr bestehendes Risikomanagementsystem gezielt weiterentwickeln. Dabei geht es nicht nur um punktuelle Anpassungen, sondern um die strategische Etablierung eines eigenständigen, KI-spezifischen Risikomanagementsystems, das den gesamten Lebenszyklus von KI-Anwendungen abdeckt und technologische, regulatorische sowie ethische Anforderungen integriert.

a) Benötigte Erweiterung bestehender MaRisk-Module

104 Wie im vorangegangenen Kapitel ausgeführt, besteht signifikanter Weiterentwicklungsbedarf der MaRisk, um einen konsistenten und sektorspezifischen Regulierungsrahmen für das KI-Risikomanagement im Bankensektor zu gewährleisten. Für Banken ist die Harmonisierung regulatorischer Vorgaben dabei kein bloßes Detail, sondern ein zentraler Grundpfeiler eines effektiven KI-Risikomanagementsystems. Nur durch einheitliche und präzise ausformulierte Anforderungen lassen sich Unsicherheiten bei der Auslegung sowie ein regulatorischer Flickenteppich vermeiden. Eine solche Harmonisierung schafft klare Prüfstandards, erhöht die Rechtssicherheit und unterstützt Institute dabei, KI-Anwendungen systematisch, nachvollziehbar und compliant zu steuern. Sie bildet somit die notwen-

112 Vgl. *Pötsch/Bernnat*, Regulierung von Künstlicher Intelligenz in der EU, S. 102.

dige Grundlage für eine wirksame Integration von KI-Systemen in das bestehende Governance- und Risikomanagementgefüge von Banken.

b) Entwicklung eines eigenständigen KI-RMS

Flankierend zur MaRisk-Erweiterung sollten Banken ein dediziertes KI-RMS **105** aufbauen, das sämtliche Prozesse, von der Entwicklung über die Inbetriebnahme bis hin zur laufenden Überwachung, integriert und dynamisch gestaltet ist. Dieses System muss die Anforderungen der Art. 9 bis 14 EU AI Act erfüllen und sollte dabei insbesondere auf eine durchgängige Risikobewertung, klare Notfallmechanismen, nachvollziehbare Entscheidungsprozesse sowie menschliche Kontrollinstanzen („Human Oversight") fokussieren.

c) Strategische Leitlinien verankern

Ein solches KI-RMS sollte auf vier strategischen Grundsätzen basieren. Erstens: **106** Das Risikomanagement darf technologische Innovation nicht verhindern, sondern soll sie durch Transparenz und Steuerbarkeit ermöglichen. Zweitens: Die Steuerung von KI-Systemen muss sich am konkreten Risikoprofil der Anwendung orientieren. Drittens: Die Planung und Umsetzung sollten interdisziplinär, unter aktiver Einbindung von IT, Compliance, Datenschutz, Fachabteilungen und Geschäftsleitung erfolgen. Und viertens: Das zugrunde liegende Rahmenwerk muss flexibel, technologieoffen und erweiterbar sein, um mit regulatorischen wie technischen Entwicklungen Schritt zu halten.

3. Governance: Rollen, Verantwortung und Aufsicht

Ein zukunftsfähiges KI-Risikomanagementsystem beginnt mit klaren Govern- **107** ance-Strukturen. Die zentrale Handlungsempfehlung für Banken lautet daher: Sie müssen ihre Aufbau- und Ablauforganisation gezielt um KI-spezifische Verantwortlichkeiten erweitern. Dies sollte aufbauend auf den bestehenden Modulen AT 5 und AT 4.4.2 der MaRisk geschehen.

Konkret sollten Banken die Funktion eines „Chief AI Officer" (CAIO), eines **108** „KI-Risiko-Officers" sowie ein interdisziplinär besetztes KI-Governance-Gremium institutionell verankern. Diese Einheiten koordinieren die Entwicklung, Steuerung und Überwachung sämtlicher KI-Anwendungen im Haus – insbesondere solcher, die unter den Hochrisikobereich des EU AI Acts fallen. Die Verantwortung der Geschäftsleitung muss hierbei explizit geregelt und durch klare Berichtswege abgesichert werden.

Die Einführung eines Governance-Modells nach dem „Three Lines of Defense"- **109** Prinzip ist essenziell: Die erste Linie (z.B. Entwickler, Data Scientists) trägt die technische Verantwortung für den Betrieb und die Dokumentation von KI-Systemen. Die zweite Linie, bestehend aus Compliance, GRC-Teams und KI-Koordinatoren, definiert Standards, schult Mitarbeitende und überwacht deren Einhaltung. Die dritte Linie, die Interne Revision, prüft unabhängig die Funktionsfähigkeit und Konformität des Systems und berichtet direkt an das Management.[113]

110 Für die praktische Implementierung einer effektiven KI-Governance empfiehlt sich eine Ausrichtung an vier zentralen strukturellen Leitkomponenten. Zunächst ist die Entwicklung einer umfassenden, unternehmensweit gültigen KI-Strategie erforderlich, die auf die spezifischen Geschäftsmodelle des Instituts, bestehende ethische Leitlinien sowie Nachhaltigkeitsziele abgestimmt ist und als verbindlicher Orientierungsrahmen für den KI-Einsatz fungiert.

111 Die organisatorische Verankerung der KI-Governance setzt klar definierte Zuständigkeiten, transparente Kommunikations- und Entscheidungsprozesse sowie zielgruppenspezifische Schulungsmaßnahmen voraus, um die notwendige Handlungssicherheit auf allen Ebenen der Organisation sicherzustellen. Flankierend tragen festgelegte Vertretungsregelungen und eine systematische Dokumentations- und Ablagestruktur zur Sicherung von Kontinuität, Transparenz und Nachvollziehbarkeit bei. Die Auswahl und Implementierung eines standardisierten KI-Rahmenwerks bilden hierbei eine wesentliche Grundlage für Skalierbarkeit und Standardisierung der KI-Anwendungen.

112 Darüber hinaus ist der gesamte Lebenszyklus der eingesetzten KI-Systeme einer strukturierten und fortlaufenden Steuerung zu unterwerfen. Jeder Anwendungsfall ist kontinuierlich im Hinblick auf bestehende Risiken, regulatorische Anforderungen und die Wahrung der Rechte betroffener Personen zu prüfen und umfassend zu dokumentieren.[114] Schließlich ist die Einhaltung regulatorischer, technischer und ethischer Standards durch ein robustes System interner Kontrollmechanismen, regelmäßiger Audits sowie dokumentierter Review-Prozesse sicherzustellen. In diesem Kontext sind insbesondere die Vorgaben des Art. 26 EU AI Act konsequent in die Unternehmenspraxis zu überführen.[115]

113 Somit ist die Governance das Rückgrat eines tragfähigen KI-Risikomanagementsystems. Sie macht Risiken steuerbar, stärkt interne Kontrollstrukturen und schafft sowohl gegenüber Aufsichtsbehörden als auch gegenüber Kunden und der Öffentlichkeit Vertrauen. Wer KI systematisch in seine Unternehmensführung integriert, etabliert nicht nur rechtliche Sicherheit, sondern positioniert sich auch strategisch als zukunftsfähige und verantwortungsbewusste Bank.

---

113 *Pötsch/Bernnat*, Regulierung von Künstlicher Intelligenz in der EU, S. 32.
114 *Pötsch/Bernnat*, Regulierung von Künstlicher Intelligenz in der EU, S. 151.
115 *Pötsch/Bernnat*, Regulierung von Künstlicher Intelligenz in der EU, S. 152.

4. Datenmanagement: Qualität, Fairness, Sicherheit

Ein zukunftsfähiges KI-Risikomanagementsystem steht und fällt mit der Qualität der zugrunde liegenden Daten. Banken sind daher angehalten, ein strukturiertes und überprüfbares Datenmanagementsystem aufzubauen, das die Anforderungen aus Art. 10 EU AI Act mit den Vorgaben aus AT 4.3.4 MaRisk systematisch verzahnt. **114**

Die konkrete Handlungsempfehlung lautet: Banken müssen sicherstellen, dass alle für KI-Systeme genutzten Daten relevant, fehlerfrei und repräsentativ sind. Dazu gehört insbesondere die Einführung verbindlicher Prüfprozesse zur Erkennung von Bias, zur Analyse der Datenherkunft und zur Sicherstellung ethischer Datenverarbeitung. Die MaRisk sollten entsprechend geschärft werden, um spezifische Prüfpflichten für Trainings- und Entscheidungsdaten von KI-Systemen zu verankern. **115**

Gleichzeitig ist der Datenschutz durchgängig an der DSGVO auszurichten – nicht als separate Prüfung, sondern als integraler Bestandteil des Risikomanagements. Ergänzend sollten die FAIR-Prinzipien (Findable, Accessible, Interoperable, Reusable) als Orientierungsrahmen für die Strukturierung von Datenbeständen dienen.[116] **116**

Um diese Anforderungen wirksam umzusetzen, bedarf es weiterer klarer organisatorischer Verantwortlichkeiten: Es empfiehlt sich die Einrichtung zentraler Rollen wie „Data Stewards" oder eines „Data Governance Boards", die übergreifend für die Qualität und Integrität aller datenbezogenen Prozesse verantwortlich sind. Sie koordinieren die Einhaltung regulatorischer Standards, moderieren den interdisziplinären Austausch und dokumentieren systematisch alle datenschutz- und risikorelevanten Aspekte entlang des KI-Lebenszyklus.[117] **117**

5. Dokumentation und Transparenz

Für ein KI-Risikomanagementsystem ist die lückenlose Nachvollziehbarkeit aller KI-gestützten Entscheidungen essenziell. Banken sollten daher als konkrete Maßnahme eine strukturierte, standardisierte Dokumentationsarchitektur implementieren, die die Anforderungen aus Art. 11 und 13 EU AI Act konsequent in AT 6 MaRisk integriert. **118**

Die Handlungsempfehlung lautet: Institute müssen sicherstellen, dass für jedes eingesetzte KI-System vollständige Informationen zu Modellversionen, Entscheidungslogiken, Datenquellen, Trainingsverfahren und implementierten Schutzmechanismen nachvollziehbar dokumentiert sind. Hilfreich sind hier praxisbewährte **119**

116 *Pötsch/Bernnat*, Regulierung von Künstlicher Intelligenz in der EU, S. 160.
117 Vgl. *Pötsch/Bernnat*, Regulierung von Künstlicher Intelligenz in der EU, S. 162 f.

Tools wie Modellkarten, SHAP-Analysen zur Erklärbarkeit sowie Audit-Trails zur Nachverfolgbarkeit. Diese Dokumentation ist regelmäßig zu aktualisieren, revisionssicher zu archivieren und für interne sowie externe Prüfungen verfügbar zu halten.

120 Ziel ist es, Transparenz nicht nur regulatorisch zu erfüllen, sondern auch als Grundlage für Vertrauen, interne Kontrollfähigkeit und spätere Nachvollziehbarkeit bei Fehlfunktionen oder Kundenbeschwerden zu nutzen.[118]

6. Technische Kontrollmechanismen

121 Ein weiterer zentraler Baustein eines resilienten KI-Risikomanagements ist die Sicherstellung menschlicher Eingriffsrechte, insbesondere bei Hochrisiko-KI. Banken sollten deshalb konkrete technische und organisatorische Maßnahmen ergreifen, um die Anforderungen aus Art. 14 EU AI Act zuverlässig umzusetzen und dabei die MaRisk-Module AT 7.3 (Notfallmanagement) und BT 2 (Interne Revision) gezielt erweitern.

122 Die klare Handlungsempfehlung lautet: Institute müssen technische Kontrollmechanismen implementieren, die eine sofortige Intervention durch qualifiziertes Personal ermöglichen. Dazu zählen u.a. Logging- und Alarmierungssysteme, Echtzeit-Monitoring, Abschaltfunktionen sowie strukturierte Notfallprozesse zur Fehlererkennung und Systemdeaktivierung. Zusätzlich sind Schutzmaßnahmen gegen adversariale Angriffe zu entwickeln, zum Beispiel durch Redundanzkonzepte, Backup-Routinen oder Isolationsmechanismen für kritische Komponenten.

123 Diese technischen Vorkehrungen sind als Pflichtbestandteil eines wirksamen Notfall- und Überwachungskonzepts in die bestehenden MaRisk-Strukturen zu integrieren. Nur so lässt sich gewährleisten, dass KI-Systeme auch in Stresssituationen oder bei Fehlverhalten sicher beherrscht werden können – ein zentrales Element für Haftungsvermeidung, Reputationsschutz und regulatorische Konformität.

7. Kompetenzaufbau und Schulungsstrategien

124 Ein zukunftssicheres KI-Risikomanagementsystem steht und fällt mit der Qualifikation der Mitarbeitenden und ist ohne fundierte und institutionalisierte Kompetenzbasis nicht denkbar. Die zentrale Handlungsempfehlung für Banken lautet daher: Die KI-Kompetenz muss systematisch aufgebaut, institutionell verankert und kontinuierlich weiterentwickelt werden.

---

118 Vgl. ErwG 72 EU AI Act.

Gemäß Art. 4 EU AI Act sind Banken verpflichtet, sicherzustellen, dass ausreichend Wissen über KI-Systeme und deren Risiken im Unternehmen vorhanden ist.[119] Diese Anforderung lässt sich in vier konkreten Umsetzungsschritten realisieren: **125**

a) Kompetenzstand erfassen und strategisch entwickeln

Zunächst sollten Banken eine strukturierte Bestandsaufnahme aller eingesetzten KI-Systeme sowie eine Kompetenzanalyse der Belegschaft durchführen. Ziel ist es, fachliche Lücken in den Bereichen Technik, Regulierung, Ethik und Risikomanagement zu identifizieren. Auf dieser Grundlage lässt sich ein maßgeschneidertes Qualifizierungsprogramm aufbauen. **126**

b) Zielgruppenspezifische Schulungen etablieren

Die Schulungsmaßnahmen sollten regelmäßig durchgeführt werden, aber auch differenziert und bedarfsorientiert ausgestaltet sein:[120] So erhalten die Fachabteilungen grundlegende Kenntnisse über die Funktionsweise, den Nutzen und die Risiken von KI-Systemen. IT-Teams und Data Scientists vertiefen ihre Kompetenzen insbesondere in den Bereichen Bias, Modellvalidierung, Auditierbarkeit und Überwachung. Für die Compliance- und Rechtsabteilungen stehen die regulatorischen Anforderungen, Dokumentationspflichten sowie Kontrollmechanismen im Vordergrund. Führungskräfte wiederum werden in strategischer Steuerung, Governance-Strukturen und der verantwortungsbewussten Zuweisung von Zuständigkeiten geschult.[121] **127**

c) Interdisziplinäre Governance verankern

Um Schulung und Steuerung nicht dem Zufall zu überlassen, empfiehlt sich die Etablierung von *KI-Governance-Arbeitsgruppen*. Dieses Team verantwortet die Koordination aller KI-bezogenen Schulungs- und Kontrollprozesse und fungiert als interne Schnittstelle zu IT, Recht, Datenschutz und Geschäftsleitung. **128**

d) Standards, Richtlinien und Audits einführen

Flankierend sollten unternehmensweit verbindliche Richtlinien für den KI-Einsatz, inklusive Anforderungen an Datenqualität, ethische Entscheidungsgrundsätze und Dokumentationspflichten, formuliert werden. Ergänzt wird dies durch **129**

119 *Sorge*, KIR 2024, 77, 77.
120 *Schippel*, KIR 2025, 119.
121 *Schippel*, KIR 2025, 119, 122.

regelmäßige Audits, Review-Prozesse und ein kontinuierliches Monitoring regulatorischer Entwicklungen auf nationaler und europäischer Ebene.[122]

8. Umsetzungsfahrplan und regulatorisches Monitoring

130 Ein strukturierter Umsetzungsplan ist für die Einhaltung der Fristen des EU AI Acts unerlässlich: Verbotene KI-Systeme sind bereits bis Februar 2025 abzuschalten, GPAI-spezifische Regeln gelten ab August 2025, für Hochrisiko-KI besteht ab 2026 vollständige Konformitätspflicht. Die vollständige Umsetzung des EU AI Acts ist bis August 2027 vorgesehen. Entsprechend ist ein institutsweiter Transformationsplan mit klarer Aufgabenverteilung, Zeitachse und Eskalationsmechanismen zu etablieren.[123]

9. Fazit: Ganzheitlicher KI-Governance-Ansatz

131 Der Einsatz von KI im Bankensektor verlangt mehr als technologische Implementierung, er erfordert ein institutionelles Umdenken. Nur wer Governance, Regulatorik und ethische Verantwortung konsequent verknüpft, kann KI wirksam und vertrauenswürdig einsetzen. Ein wirksames KI-Risikomanagementsystem muss strategisch geplant, in der Organisation verankert und fortlaufend weiterentwickelt werden. Banken, die ihre MaRisk-konformen Strukturen frühzeitig KI-tauglich ausgestalten, stärken nicht nur ihre regulatorische Resilienz, sondern auch ihre Innovationskraft und gesellschaftliche Legitimation. Die skizzierten Maßnahmen bieten hierfür einen praxisnahen Orientierungsrahmen. Dabei gilt stets, Regeltreue ist kein Endpunkt, sondern Ausgangsbasis für strategische Exzellenz. Wer KI nicht nur regelkonform nutzt, sondern aktiv gestaltet, gewinnt Vertrauen sowie langfristige Wettbewerbsstärke im digitalen Wandel.

V. Fazit und Ausblick

132 Der EU AI Act stellt einen grundlegenden Wandel für den Einsatz von KI im Finanzsektor dar und verlangt eine strategische Auseinandersetzung mit technologischen, ethischen und organisatorischen Fragen. Die bestehenden MaRisk bieten erste Anknüpfungspunkte, reichen jedoch nicht aus, um die Anforderungen des EU AI Acts vollständig abzubilden. Eine gezielte Erweiterung der MaRisk um KI-spezifische Risikoarten, Governance-Strukturen, Datenstandards und Kontrollmechanismen ist notwendig, um regulatorische Konformität und Innovationsfähigkeit zu verbinden. Der EU AI Act formuliert technikoffene, sektorübergrei-

122 *Wybitul*, Arbeitsbuch AI Act, Teil 2 Rn. 97, S. 24.
123 Vgl. *Wendt/Wendt*, Das neue Recht der Künstlichen Intelligenz, § 3 Rn. 65.

fende Anforderungen, deren branchenspezifische Konkretisierung im Bankensektor jedoch noch aussteht. Eine kohärente Integration beider Regelwerke schafft regulatorische Klarheit, verhindert Doppelregulierung und stärkt die Aufsichtspraxis. Gleichzeitig zeigt die Analyse, dass weitere Bereiche wie Datenschutz, IT-Governance und internationale Schnittstellen eigenständiger Betrachtung bedürfen. Die Limitation des Beitrags liegt darin, dass sie sich auf normative Überlegungen konzentriert und keine empirische Bewertung der Umsetzbarkeit, insbesondere für kleinere Institute, vornimmt. Durch Marktteilnehmer ist für eine ganzheitliche Würdigung des Themenfeldes ebenfalls noch die Rolle des Datenschutzes und der DSGVO, die Rolle der DORA, die Rolle der ISO-Normen sowie urheberrechtliche Fragestellungen im Kontext generativer KI und die extraterritoriale Geltung und internationale Anschlussfähigkeit des EU AI Act zu berücksichtigen.

Kapitel 21

Private Debt in Deutschland – Vom Exoten zum integralen Bestandteil moderner Finanzierungsstrukturen

I. Einleitung und Marktüberblick

1 Der europäische, vor allem aber der deutsche Kreditmarkt ist historisch bedingt stark institutionalisiert. Besonders mittelständische Unternehmen finanzieren sich langfristig traditionell über bestehende Hausbankbeziehungen. Infolge der internationalen Finanzkrise 2008/2009 kam es zu erheblichen Veränderungen, einhergehend mit einem tiefgreifenden strukturellen Wandel. Verschärfte regulatorische Anforderungen, insbesondere infolge von Basel III und der fortschreitenden Umsetzung von Basel IV, haben die Kreditvergabekapazitäten vieler Banken beschnitten und trafen ebendort auf einen bereits stark reduzierten Risikoappetit. Auf Investorenseite, auf der stets nach renditestabilen, illiquiden Investments mit planbaren Cashflows gesucht wird, war parallel hierzu indes ein erheblicher Kapitalzufluss in alternative Anlageklassen zu verzeichnen, die insbesondere im sog. Niedrigzinsumfeld noch attraktive Renditen bei überschaubaren Risiken versprachen. In dieser speziellen Gemengelage, diesem sich durch gegenseitig bedingende und gleichzeitig befördernde Strukturen entstandenen Spannungsfeld, hat sich Private Debt als feste Größe im deutschen Kreditgeschäft etabliert und dort im Laufe der Jahre als echte Erfolgsgeschichte entpuppt. Hilfreich und förderlich war dabei der Aufstieg von Private Equity (PE), in dessen unmittelbarem Windschatten oder als dessen „Erfüllungsgehilfe“[1] Private Debt prächtig gedeihen konnte.

II. Strukturen, Marktsegmente und rechtlicher Rahmen von Private Debt-Fonds

2 Obwohl vielfach synonym für Kreditfonds verwendet, werden unter dem Schlagwort bzw. Sammelbegriff „Private Debt“ in der breiten Öffentlichkeit Anlagestrategien unterschiedlichster Art subsumiert. Gemeinsam ist allen dabei grundsätzlich, dass – im Gegensatz zu Private Equity – nicht Eigen-, sondern Fremdkapital vergeben wird. Es handelt sich um außerbörsliche, überwiegend längerfristige Fremdkapitalinstrumente (inkl. hybride Finanzierungen), deren jeweilige Ausgestaltung und Renditeerwartung recht unterschiedlich ausfallen kann. Obwohl

---

1 *Habdank*, Börsenzeitung v. 26.3.2023.

sich am Markt im Laufe der Jahre zahlreiche Private Debt-Fonds gebildet und diese Form der Fremdkapitalvergabe institutionalisiert haben, gibt es auch andere Akteure, insbesondere Versicherungen, Pensionskassen und Stiftungen, die als Darlehensgeber an Unternehmen in Erscheinung treten. Daneben fungieren aber auch sog. Family Offices oder gar spezialisierte Kreditplattformen als Anbieter. Wenngleich der breitere Markt also auch nicht fondbasierte institutionelle Investoren umfasst, so ist das Segment Fremdkapitalfinanzierung doch in der Regel vielfach eng mit Fondstrukturen verbunden, den eingangs erwähnten Kreditfonds.

1. Rechtliche Einordnung

3 Solche Debt-Fonds dürfen erst seit 2015 überhaupt eigene Kredite vergeben und waren bis dahin stets gezwungen, einen Umweg über eine sog. Fronting Bank zu nehmen. Mit der Einstufung als kollektive Vermögenverwalter sind sie heute in der Regel als Alternative Investmentfonds (AIF) im Sinne des § 1 Abs. 1 KAGB ausgestaltet und unterliegen damit zwar der Aufsicht nach dem Kapitalanlagegesetzbuch, nicht aber den bankaufsichtsrechtlichen Eigenkapital- und Liquiditätsanforderungen.[2] Diese regulatorische Ausgestaltung ermöglicht, vor allem im Vergleich zu den Kreditinstituten, eine sehr viel größere Flexibilität bei Kreditstruktur, Laufzeiten und Covenants, erfordert zugleich aber ein ausgeprägtes internes Risikomanagement.[3]

2. Marktsegmente und Finanzierungsinstrumente

4 Üblicherweise treten Private Debt-Fonds in abgrenzbaren Marktsegmenten und mit sich wiederholenden Produktgruppen in Erscheinung. Neben dem sog. Direct Lending handelt es sich dabei vornehmlich um Unitranchen-, Mezzanine- und Nachrangfinanzierungen.

5 Das Direct Lending stellt im Grundsatz das Kernsegment vieler Private Debt-Strategien dar und ist entsprechend häufig anzutreffen. Hierbei werden Kredite direkt an Unternehmen vergeben, wobei die Finanzierung in der Regel besichert und mit umfassenden Financial Covenants erfolgt.[4]

6 Unitranche-Kreditlinien, gewissermaßen das Flagship Produkt der Debt-Fonds, kombinieren hingegen Senior- und Mezzaninrisiken in einer einheitlichen Kredittranche[5] und erfreuen sich insbesondere im Rahmen von Akquisitionsfinanzierungen im Mid-Market großer Beliebtheit.

---

2 *Schäfer*, in: Fischer/Schulte-Mattler, KWG, CRR-VO, Rn. 62.

3 *Josenhans/Danzmann*, RdF 2017, 38, 38.

4 *Risse/Kästle/Töke*, M&A, D Direct Lending.

5 *Diem/Jahn*, Akquisitionsfinanzierung, § 5 Rn. 13.

Die Instrumente der Mezzanin- und Nachrangfinanzierungen dienen häufig eigenkapitalähnlichen Finanzierungen und werden vorwiegend zur Optimierung der Kapitalstruktur eingesetzt.[6] 7

In letzter Zeit treten Private Debt-Fonds indes vermehrt in anderen Marktsegmenten in Erscheinung, etwa bei sog. Distressed Debt, d.h. bei der Fremdkapitalfinanzierung von Unternehmen, die sich in einer Restrukturierungphase bzw. wirtschaftlich schwierigen Lage mit drohender Insolvenz befinden.[7] Daneben versucht Private Debt sukzessive auch andere vielversprechende Marktsegmente zu erschließen, etwa Infrastructure-, Real Estate- und Venture Debt. Aber auch das Geschäft mit Collateralized Loan Obligations (CLOs) oder gar das Net Asset Value (NAV-)Lending erregen das Interesse der Kreditfonds.[8] Diese stetige Erweiterung des Geschäftsmodells und der Ausdehnung des Wirkungsradius wird von den Kreditinstituten wie der Aufsicht gleichermaßen, wenn auch aus unterschiedlicher Motivation, genauestens beobachtet. 8

III. Verhältnis zwischen Banken und Private Debt

Während die Aufsicht primär die Finanzstabilität im Blick hat, liegt die Betrachtung seitens der Kreditinstitute schwerpunktmäßig auf dem Wettbewerb. Wurde dort die aufsteigende Konkurrenz zunächst recht kritisch verfolgt, so hat man sich über die Zeit auf die neuen Bedingungen und ihre Akteure eingestellt. Ausdruck dessen und von zunehmender Relevanz ist dann auch die fortschreitende Verflechtung zwischen Banken und Kreditfonds. Heute treten die Kreditinstitute nicht nur als Finanzierer oder Investoren in entsprechenden Fonds auf, sondern vielfach auch parallel als Kreditgeber derselben Unternehmen. Die Zunahme der funktionalen Arbeitsteilung zeigt sich gerade im Bereich des Direct Lending. Während die Kreditfonds hier verstärkt langfristige strukturierte Finanzierungen übernehmen, stellen Banken häufig Betriebsmittellinien, Avale und Zahlungsverkehrsdienstleistungen bereit.[9] In der Praxis haben sich über die Jahre Parallel- und Club-Finanzierungen etabliert, in denen klassische wie moderne Marktteilnehmer sehr erfolgreich komplementär zusammenwirken. 9

Die sich aus diesen engen Verbindungen und Verflechtungen ergebenden Risiken und wechselseitig bestehenden Abhängigkeiten sind hingegen nicht in allen Marktsegmenten anzutreffen. Dies insbesondere dort nicht, wo Kreditinstitute und Private Debt-Fonds sich in einem direkten Wettbewerbsverhältnis befinden, wie es etwa bei Akquisitionsfinanzierungen im Small- und Mid-Cap-Bereich so- 10

6 *Clauss/Jäckle/Strehle*, in: BeckM&A-HdB, § 56 Rn. 48, 49.
7 *Meinel*, in: Schäfer/Conzen, Immobilien-Investitionen-HdB, Teil 2 VIII. 4. 4.5.
8 *Habdank*, Börsenzeitung v. 30.8.2023.
9 *Linde*, in: Holzapfel/Pöllath/Berjan/Engelhardt, Unternehmenskauf, Rn. 1476.

wie Transaktionen mit erhöhtem Leverage oder sehr komplexen Strukturen der Fall ist. In diesem Umfeld können Kreditfonds mit ihren schnellen Entscheidungsprozessen und ihrer signifikant höheren Risikotoleranz punkten. Banken, durch regulatorische Vorgaben und interne Kreditprozesse stärker in die Pflicht genommen, geraten dabei nicht selten ins Hintertreffen.

11 Zusammenfassend kann man das Verhältnis der Banken zu Private Debt als komplex und vielschichtig bezeichnen. Auf der einen Seite werden Banken aus manchen Geschäftsfeldern verdrängt und sehen sich in anderen, risikoreicheren Segmenten einem erhöhten Margendruck ausgesetzt. Auf der anderen Seite treten die Kreditinstitute mittlerweile selbst als Financiers von Kreditfonds auf, halten deren Anteile und beteiligen sich gemeinsam mit ihnen an Finanzierungsstrukturen. Auf diese Weise partizipieren sie mittelbar an Nischen, wie etwa der Mittelstandsfinanzierung oder der Finanzierung von PE-Transaktionen, aus denen sie sich aus unterschiedlichen Gründen vielfach zurückgezogen haben.

12 Letztlich hat dieser Wettbewerb freilich auch positive Auswirkungen für die Banken, etwa im Hinblick auf hieraus folgende bilanzielle Entlastungen der Häuser. Strategisch verlagert sich der Fokus vieler Institute auf beratungsintensive Geschäftsmodelle sowie auf Kooperationen mit alternativen Kreditgebern.

IV. Auswirkungen auf den Markt und seine Teilnehmer

13 Für kapitalsuchende Unternehmen und Finanzinvestoren führt die Etablierung von Private Debt-Fonds zu einer deutlichen Erweiterung des Finanzierungsspektrums.

14 Die Vorteile liegen insbesondere in der höheren Transaktionssicherheit und der individuellen Strukturierung, aber auch der höhere Risikoappetit, ermöglicht Finanzierungen, die mit herkömmlichen Kreditinstituten nur schwer umsetzbar wären. Auf diese Weise leistet Private Debt einen wichtigen Beitrag zur Diversifizierung der Unternehmensfinanzierung und kann nicht selten Finanzierungslücken schließen, die durch regulatorische Einschränkungen im Bankensektor entstanden sind.

15 Die Auswirkungen von Private Debt auf Markt und Teilnehmer sind vielfältig, besonders prägnant aber im Hinblick auf das Wirken von Finanzinvestoren. Die enge Verzahnung und intensive Verbindung von Private Equity und Private Debt zeigt sich besonders deutlich im Rahmen von PE-Deals, in denen Private Debt eine zentrale Rolle einnimmt. Gerade bei den schon erwähnten Leveraged Buyout Konstruktionen (LBOs)[10] sind Kreditfonds heute kaum mehr wegzudenken und haben Banken meist den Rang abgelaufen. Strukturell stellen Debt-Fonds in die-

---

10 *Baums*, in: Baums Unternehmensfinanzierung, § 66 Rn. 1–4.

sen Fällen, um die Rendite für die PE-Investoren zu steigern, das Fremdkapital zur Verfügung. Die Vorteile für die Finanzinvestoren liegen dabei auf der Hand. Private Debt ermöglicht häufig deutlich höhere Verschuldungsgrade als traditionelle Kreditinstitute mit der Folge, dass PE-Investoren weniger Eigenkapital einsetzen müssen. Bei einem erfolgreichen Exit erhöht das die Eigenkapitalrendite (Leverage-Effekt) beträchtlich. Für gesteigerte Attraktivität sorgt überdies auch die Möglichkeit endfälliger Tilgungen, die sog. Bullet-Strukturen, die den Cashflow des Zielunternehmens schonen.

V. Zukunftsausblick

Die vergangenen Jahre waren die Jahre des Aufstiegs für Private Debt und obwohl die Zeichen auch weiterhin ausgesprochen günstig stehen, sich der Markt für Private Debt weiter professionalisieren und noch stärker etablieren wird, gibt es auch vereinzelt Anzeichen der Konsolidierung **16**

Steigende Zinsen, konjunkturelle Unsicherheiten und zunehmende Restrukturierungsfälle führen zu einer stärkeren Selektion der Kreditnehmer und zu konservativeren Finanzierungsstrukturen seitens der Banken. Obwohl sich damit die Tür für Private Debt noch weiter öffnen wird, ist von einer Verdrängung der Banken wohl kaum auszugehen. Erwartbar ist vielmehr ein dauerhaftes, duales Finanzierungssystem, in dem Banken und Kreditfonds unterschiedliche, aber komplementäre Rollen einnehmen. Dies erklärt auch die Haltung der Aufsichtsbehörden, aus deren Sicht es weniger auf eine Einschränkung dieses Marktsegments ankommt als vielmehr auf eine angemessene Überwachung, höhere Transparenz und robuste Risikomanagement- und Liquiditätsstrukturen der Fonds, um die Finanzstabilität dauerhaft zu gewährleisten. **17**

VI. Fazit

Private Debt-Fonds haben sich als integraler Bestandteil des deutschen und internationalen Kreditmarktes etabliert. Heute sind sie vielfach erste Wahl für sehr komplexe, zeitkritische oder (hoch-)gehebelte Transaktionen, bei denen klassische Kreditinstitute aufgrund regulatorischer Hürden oft zurückhaltend agieren müssen. Die Volatilität der letzten Jahre, ausgelöst durch die Finanzkrise, gefolgt von Corona-Pandemie, dem Ukraine-Konflikt und der sich daran anschließenden Energiekrise, hat die Bedeutung privater Kreditgeber weiter gestärkt und dafür gesorgt, dass Private Debt, durch maßgeschneiderte Lösungen und hoher Flexibilität, sukzessive Marktanteile gewinnen konnten. Der Markt ist über die Jahre gereift und hat an Breite und sicherlich auch Qualität gewonnen. Während vor zehn Jahren nur wenige, meiste stark spezialisierte Kreditfonds in Erscheinung traten, **18** zeigt sich heute eine große Fülle und hohe Varianz an Anbietern – von globalen Schwergewichten bis hin zu lokalen Boutiquen.

19 Das traditionelle Bankensystem hat die beiden „neu“ erschienen Protagonisten am Markt, Private Equity und Private Debt, weitestgehend unbeschadet überstanden. Auch wenn in bestimmten Segmenten freilich ein ungewohnter, zum Teil auch recht starker Wettbewerb eingesetzt hat, so ist das Verhältnis, anders als es in der Vergangenheit mancherorts prognostiziert und befürchtet wurde, sehr viel weniger durch Verdrängung und Konkurrenz als vielmehr durch arbeitsteilige Koexistenz geprägt. Alle Teilnehmer haben in unterschiedlicher Weise durch die Verbreiterung bzw. Öffnung bestimmter Marktsegmente, auch wenn dies nicht immer ganz freiwillig geschehen ist, profitiert. Der enorme Kapitalbedarf, den die Transformation unserer Gesellschaft erfordert, ist ohne die maßgebliche Einbindung privater Investoren und Geldgeber kaum vorstellbar. Nicht zuletzt vor diesem Hintergrund dürften wir wohl noch vergleichsweise am Anfang einer Entwicklung stehen, im Rahmen derer Private Debt und Private Equity eine noch sehr viel größere Bedeutung zukommen wird, als dies den meisten heute bewusst ist.

Kapitel 22

Private Credit als Finanzierungsform

Im Folgenden soll zunächst ein Überblick zu Private Credit als Finanzierungsform gegeben werden, bevor die Bandbreite möglicher Finanzierungsarten und die Finanzierungsfähigkeit in Abhängigkeit vom Alter eines Unternehmens betrachtet wird. 1

I. Was versteht man unter Private Credit?

Private Credit in Europa ist untrennbar verbunden mit der EU-Initiative zur Kapitalmarktunion, bei der unter anderem die Kreditvergabe durch Fonds gefördert wird, als Ergänzung zur Bankenfinanzierung, um die Finanzierung von Unternehmen in der EU diversifizieren und stärken zu helfen. 2

Aus Sicht der Unternehmen trägt die Kreditvergabe durch Fonds dazu bei, Finanzierungsquellen breiter zu diversifizieren und weniger abhängig von Bankenfinanzierungen zu werden sowie die verfügbaren Kapazitäten für die kritische Ressource Kredit zu erhöhen. Durch die Kapitalmarktunion wird außerdem die grenzüberschreitende Kreditvergabe durch Harmonisierung von Gesetzen und paneuropäischer Regelwerke für Fonds erleichtert. 3

Unter den Begriff Private Credit fällt eine Vielzahl höchst unterschiedlicher Arten von Finanzierungen: 4

- Unternehmensfinanzierungen;
- Immobilienfinanzierungen;
- Infrastrukturfinanzierungen;
- Asset-based Finanzierungen.

Grundsätzlich lassen sich alle diese Finanzierungsarten über den Bankenmarkt oder den öffentlichen Kapitalmarkt darstellen. Von Private Credit wird allerdings dann gesprochen, wenn es sich weder um eine Finanzierung durch Banken noch durch den Kapitalmarkt (z. B. mittels einer Verbriefung) handelt. Als Kreditgeber fungieren in der Regel Fondsvehikel oder Vehikelstrukturen, die regulatorisch entweder direkt Kredite vergeben können oder die zur Kreditvergabe eine Fronting Bank einsetzen. 5

Bei den Investoren, die die Fondsvehikel oder Vehikelstrukturen finanzieren, handelt es sich um: 6

- Institutionelle Investoren (Versicherer, Versorgungswerke, Staatsfonds);
- Family Offices;
- Retail Investoren.

7 Der BAI (Bundesverband Alternative Investments) sieht wesentliche Treiber für die Entwicklung des Private Credit-Markts auf der Angebots- und auf der Nachfrageseite wie folgt (der BAI spricht von Private Debt – dieser Begriff wird synonym verwendet mit Private Credit):

Wesentliche Treiber für die Entwicklung des Private Debt-Markts	
Angebot	**Nachfrage**
Rückzug der Banken aus Teilbereichen des Kreditgeschäftes aufgrund strengerer Eigenkapitalvorgaben durch das Basler Regelwerk	– Diversifikation zu klassischen Anlageformen – Renditeerzielung auch im Niedrigzinsumfeld. Ggf. Erzielung einer Illiquiditätsprämie im Vergleich zum Erwerb z. B. von Anleihen börsennotierter Unternehmen – Investitionsformen mit flexiblen Zinssätzen im Falle eines steigenden Zinsniveaus
Starker Bedarf an Re- und Neufinanzierungen für Unternehmen und Projekte gerade auch in Wachstumsphasen	Regulatorisches Umfeld: attraktivere Eigenkapitalunterlegungsvorschriften für Private Debt als für Equity
Kreditbedarf in kapitalintensiven Branchen, z. B. Infrastruktur und zugleich Immobilienboom	Aufgrund einer Vielzahl unterschiedlicher Private Debt-Ausprägungen können Investoren zielgerichtet die für sie regional, währungs- und laufzeitspezifisch sowie hinsichtlich des Rendite-/Risikoprofils optimierten Private Debt-Investments auswählen
Seit 2015 Zulässigkeit der Kreditvergabe durch Investmentfonds	Private Debt ist mittlerweile eine etablierte Assetklasse mit einer großen Anzahl erfahrener Manager und veritablen Track Records

Megatrends und Private Debt[1]

1. Unternehmensfinanzierungen

8 Das Spektrum der Unternehmensfinanzierungen ist ziemlich breit und reicht von granularen KMU (Klein- und Mittelstandsunternehmen) mit Gewerbefinanzierungen, z. B. für Handwerksbetriebe, Händler aller Art (u. a. Autohäuser, eCommerce

1 BAI Bundesverband Alternative Investments e. V. (März 2020): Informationsbroschüre Private Debt, S. 5 https://www.bvai.de/fileadmin/Veroeffentlichungen/BAI_Publikationen/BAI_Informationsbroschueren/Informationsbroschuere_Private_Debt_-_Teil_1_22.04.2020__Final_.pdf (zuletzt abgerufen am 3.2.2026).

Händler auf Amazon etc.) mit Kreditbeträgen von 50 bis 150 Tsd. EUR, über mittelständische Unternehmen mit Kreditbeträgen von 5 bis 15 Mio. EUR, bis hin zu Großunternehmen mit Kreditbeträgen zwischen 100 und 500 Mio. EUR und höher.

Bei den mittelständischen Unternehmensfinanzierungen werden Unternehmen unterschieden, die sich in Privatbesitz befinden (sog. Sponsor-less deals), von Unternehmen, die sich im Besitz eines Private Equity Sponsors (sog. Sponsor deals) befinden. **9**

Eine bemerkenswerte Entwicklung der letzten zwei Jahre ist der Trend zu erheblich größeren Kreditbeträgen, die vollständig durch Private Credit darstellbar sind. **10**

In der Unternehmensfinanzierung zählt bislang zu den größten Transaktionen in Europa die Private Credit-Finanzierung von SumUp in Höhe von 1,5 Mrd. EUR im Mai 2024 durch Goldman Sachs u. a. mit Alliance Bernstein, Apollo Global Management, Fortress Investment Group, Arini, Deutsche Bank AG, Silver Rock Financial Services und Vista Credit Partners. **11**

2. Immobilienfinanzierungen

Private Credit für Immobilienfinanzierungen sind typischerweise Kredite an Projektentwickler und Bestandshalter sowie für Überbrückungssituationen. In der Segmentierung nach Seniorität wird unterschieden nach Seniorkrediten mit erstrangiger Besicherung, Juniorkrediten bzw. Nachrangdarlehen mit nachrangiger Besicherung oder Whole Loans, mit denen das gesamte Fremdkapital mit Besicherung dargestellt wird. **12**

3. Infrastrukturfinanzierungen

Bei Infrastrukturfinanzierungen handelt es sich in der Regel um langfristige Kredite für die Finanzierung von u. a. Verkehrswegen, Straßen, Flughäfen, Kommunikationsnetzen, Rechenzentren, Wasserversorgung, erneuerbare Energien (z. B. Offshore Windparks). **13**

4. Asset-based Finanzierungen

Eine der häufigsten Arten im Asset-based Finance besteht darin, Cashflows zu beleihen, die innerhalb bestimmter operativer Plattformen generiert werden. **14**

Zu den operativen Plattformen zählen u. a. Konsumentenkreditfinanzierer, Leasingfinanzierer und Handelsfinanzierer, die Forderungen aus Lieferungen und Leistungen gegen Abschlag bzw. Gebühr ankaufen. **15**

II. Finanzierungsfähigkeit vs. Alter des Unternehmens / der operativen Plattform

16 Eine der häufig gestellten Fragen im Zusammenhang mit Private Credit ist, ob die Kreditvergabe durch Banken durch Private Credit verdrängt wird.

17 Um diese Frage zu beantworten, lohnt es sich, auf die Möglichkeiten der Finanzierung in Abhängigkeit vom Alter eines Unternehmens/einer operativen Plattform zu schauen. Es können vier Phasen unterschieden werden.

1. Phase 1: Unternehmen in Frühphase

18 In sehr frühen Phasen gibt es für junge Unternehmen oft nur den Weg, sich über „Seed" Kapital von „Friends and Family" zu finanzieren. Gegebenenfalls sind Gründerhilfen von Landesförderbanken verfügbar, die zu beantragen sind.

19 Typische Ticketgrößen liegen zwischen 1 und 10 Mio. EUR. Es müssen Anlaufkosten finanziert werden, die kein fremdes Kapital bereit ist, zu finanzieren. Aufgrund der anfänglichen Verlustsituation und des Kapitalbedarfs, befinden sich diese Unternehmen recht häufig eher an der Grenze zum Scheitern als auf dem Weg zum Erfolg.

20 Die Ausfallrate ist hoch: So überleben von zehn Unternehmen aus der Frühphase möglicherweise nur zwei bis drei.[2] Im Vordergrund steht neben dem Überleben des Unternehmens der „Proof of Concept" – Das Unternehmen hat unter Beweis zu stellen, dass das Geschäftsmodell funktioniert und skalierbar ist.

21 Eine Kreditvergabe durch Banken kommt hier generell überhaupt nicht infrage.

2. Phase 2: Unternehmen in initialer Wachstumsphase

22 Sobald sich Unternehmen in diese Phase vorgearbeitet haben, kommen im Eigenkapital auch VC Venture Capital Funds in Frage, die ganz bewusst Risikokapital bereitstellen.

23 In der Phase 2 gibt es eine sehr eingeschränkte Bankability oder Bankfähigkeit, mit der sich die nächsten 20 Mio. EUR Kredit organisieren lassen. Kreditgeber sind regionale innovative Banken, die allerdings nur einen begrenzten Risikoappetit haben. Beliehen werden die Cashflows, die mit den finanzierten Assets der operativen Plattform verbunden sind.

2 Vgl. Harvard Law School (2023), https://corpgov.law.harvard.edu/2023/09/29/startup-failure/ (zuletzt abgerufen am 3.2.2026).

Für diese Art von Asset-basierter Finanzierung kommen in der Regel keine Banken infrage, deren Kreditwürdigkeitsprüfung von der klassischen Bilanzanalyse von Unternehmen herrührt. **24**

3. Phase 3: Unternehmen in Skalierungsphase

In der Phase 3 lässt sich nach dem ersten Kreditvolumen von bis zu 30 Mio. EUR weiteres Kreditvolumen von bis zu 50 bis 70 Mio. EUR aus zwei Quellen organisieren. Erstens stehen Regionalbanken sehr selektiv bereit, um Wachstum zu finanzieren. Ganz vereinzelt sind in dieser Phase auch große Investmentbanken aktiv. **25**

Gleichwohl ist der Prüfungsaufwand, den Banken betreiben, immens, insbesondere wenn es sich um relativ junge Plattformen handelt. **26**

Zweitens gibt es Private Debt Funds, die ganz gezielt in diesem Segment aktiv sind und risiko-renditeorientiert Fremdkapital bereitstellen. **27**

Sofern Kreditgeber auf die Bonität der operativen Plattform abstellen, wird man hier nicht weiterkommen, da diese Art von Unternehmen häufig noch außerhalb der Gewinnzone arbeiten. Im Gegenteil: die „Cash Burn"-Rate ist in dieser Phase erheblich. **28**

Banken, die von der traditionellen Bilanzanalyse her kommen, werden diesen Unternehmen keinen Kredit geben. **29**

4. Phase 4: Unternehmen in Wachstumsphase

Phase 4 beginnt in der Regel ab einem Finanzierungsvolumen von 100 Mio. EUR. Ab da wächst eine Plattform hinein in die Kapitalmarktfähigkeit und kommt infrage für eine Finanzierung durch den Verbriefungsmarkt. **30**

Ab 100 Mio. EUR beginnt eine operative Plattform für zwei Finanzierungsquellen interessant zu werden. Erstens beginnt bei 100 bis 200 Mio. EUR die Schwelle für die großen Investmentbanken, die eine Warehousefinanzierung anbieten, um anschließend eine Verbriefung am Kapitalmarkt zu platzieren. **31**

Zweitens kommen die großen Private Debt Funds auf den Plan, die immer auf der Suche nach interessanten operativen Plattformen sind, die großvolumige Finanzierungen suchen. **32**

Auch in dieser Phase ist häufig die Gewinnzone noch nicht erreicht. Für die häufig teuren Fremdfinanzierungsmittel aus den drei vorausgegangenen Phasen ist der Kapitaldienst zu leisten bzw. diese Fremdfinanzierungsmittel sind durch günstigere Mittel abzulösen. **33**

34 Gleichzeitig muss die gesamte operative Plattform strikt auf Kosteneffizienz getrimmt werden, damit die Gewinnzone erreicht werden kann.

35 Wenn nachhaltige Profitabilität bzw. wenn der EBITDA nachhaltig positiv ausfällt, dann erreicht die operative Plattform eine Zone, in der sehr frühe Eigenkapitalgeber langsam den Exit suchen.

III. Kreditvergabe

36 Die Kreditvergabe kann aktuell in der Regel in drei möglichen Formen stattfinden:

1. Fronting Bank

37 Die Verwendung einer Fronting Bank für die Kreditvergabe erfüllt die regulatorischen Anforderungen, die durch das KWG und die MaRisk gestellt werden. In der Regel funktioniert die Kreditvergabe über eine Fronting Bank so, dass zum Zeitpunkt der Kreditgewährung die Fronting Bank den für die Kreditvergabe erforderlichen Pflichten nachkommt. Im Anschluss daran wird der vergebene Kredit an eine Haltevehikelstruktur verkauft. Die Haltevehikelstruktur hält auf der Aktivseite der Bilanz die angekauften Kredite und auf der Passivseite die Refinanzierungsmittel in Form von Eigenkapital und Fremdkapital.

38 Allerdings sind die Anforderungen an das Loan Fronting durch die BaFin dahingehend präzisiert worden, dass bei jeweiligen Kreditrückzahlungen den Pflichten der Geldwäscheprüfung (i.W. Prüfung der Mittelherkunft) nachzukommen ist.[3]

39 Dadurch ergeben sich im Unterschied zur bis dato praktizierten Vorgehensweise der Fronting Bank nachlaufende Pflichten über die gesamte Kreditlaufzeit hinweg bis zur endgültigen Rückzahlung des vergebenen Kredits. Diese regulatorische Präzisierung hat in einigen Fällen dazu geführt, dass die Fronting Bank ihre Tätigkeit im Neugeschäft beendet hat.

40 Allerdings sind mittlerweile Finanzdienstleister (Kreditplattformen, Kreditservicer) auf den Plan getreten, die den Fronting Banken recht erfolgreich dabei behilflich sein können, den Pflichten der laufenden Geldwäscheprüfung nachzukommen.

---

3 Vgl. BaFin (2024), https://www.bafin.de/SharedDocs/Veroeffentlichungen/DE/Aufsichtsmitteilung/2024/aufsichtsmitteilung_240719_fronting_gw.html (zuletzt abgerufen am 3.2.2026).

Die Haltevehikelstruktur ermöglicht dem Sponsor der Transaktion, Eigenkapital einzubringen sowie Fremdkapital z. B. von finanzierenden Banken zu arrangieren, mit dem der eigene Mitteleinsatz gehebelt wird. 41

2. Luxembourg-basierter RAIF

Der Reserved Alternative Investment Fund (RAIF) wurde 2016 in Luxembourg für professionelle Investoren (z. B. Versicherer und Versorgungswerke) eingeführt, und kann ohne den Regulator CSSF in Luxembourg relativ schnell aufgesetzt werden. Der RAIF erfordert zwingend einen RAIF-Manager, der durch die CSSF reguliert ist. 42

Der Luxembourg RAIF ist in vielen Fällen im Private Credit-Bereich als Vehikel der Wahl verwendet worden, in erster Linie in der gewerblichen Immobilienfinanzierung, aber auch für Unternehmenskredite. 43

3. ELTIF

Nach der ELTIF 2.0 Verordnung (EU 2023/606) kann ein ELTIF (European Long-Term Investment Fund)-Darlehen an gewerbliche Kreditnehmer wie Unternehmen vergeben, sofern der Kreditnehmer kein Finanzunternehmen ist. Die Konzentrationsrisikogrenze für Kreditnehmer wurde von 10 % auf 20 % erhöht. Der ELTIF kann bis maximal 50 % Fremdkapital aufnehmen. Durch den Entfall des bisherigen Mindestanlagebetrags von 10 Tsd. EUR soll die Kapitalanlage von Kleinanlegern auch mit geringen Beträgen in Private Credit ermöglicht werden, z. B. 25 EUR pro Monat. 44

Der ELTIF kann in Deutschland oder in Luxembourg domiziliert sein. Der ELTIF benötigt in jedem Fall eine Kapitalverwaltungsgesellschaft (KVG) als Verwalter. Die KVG benötigt eine aufsichtliche Zulassung und hat wesentliche Aufgaben zu übernehmen (u. a. Portfoliomanagement, Risikomanagement, Bewertung). 45

IV. Pricing und Kreditbedingungen

Im Private Credit-Bereich existieren vier wesentliche Bestandteile für das Pricing: Gebühren, Zinsen, PIK (Payment in Kind-Komponenten) sowie Warrants. Nicht alle Bestandteile werden gleichermaßen genutzt. Durch Kombination aller Bestandteile lässt sich das Renditeprofil von Private Credit deutlich verbessern, sodass sich durchaus Renditen ähnlich wie im Private Equity erreichen lassen. 46

1. Gebühren

47 Gebühren werden in der Regel einmalig und vorschüssig erhoben für die Bearbeitung und das Onboarding. Weitere Gebühren können fällig werden bei Krediterhöhungen oder Prolongationen.

2. Zinsen

48 Zinszahlungen werden laufend fällig und setzen sich zusammen aus einem Referenzzinssatz, wie dem 3-Monats-Euribor, zuzüglich eines Aufschlags, der sogenannten Marge. Durch die laufende Zinsanpassung wird der Kredit quasi variabel verzinst. Zinserhöhungen, z. B. infolge steigender Inflation, werden also durchgereicht an den Kreditnehmer und sind vom Kreditnehmer entsprechend durch einen Zins-Hedge abzusichern.

49 Neben dem Risiko aus Wechselkursschwankungen stellen Zinsänderungsrisiken die wesentlichen Komponenten des Marktrisikos dar, die durch den Kreditnehmer zu adressieren ist.

3. PIK (Payment in Kind)

50 Bei Payment in Kind (PIK)-Zinsen, werden die Zinsen nicht laufend während der Kreditlaufzeit gezahlt, sondern kapitalisiert und erst am Laufzeitende gezahlt. Dadurch kann dem Kreditnehmer entgegengekommen werden und die laufende Liquidität geschont werden.

4. Warrants

51 Bei Warrants handelt es sich um Optionen auf Aktien eines Unternehmens. Warrants ermöglichen dem Inhaber, an der Wertsteigerung eines Unternehmens (Upside) zu partizipieren.

V. Position in der Kapitalstruktur

52 Private Credit kann grundsätzlich als Seniorkredit oder als Juniorkredit bzw. Nachrangdarlehen vergeben werden.

53 Im Vergleich zu „herkömmlichem" Senior Debt in Form von sogenannten Senior Secured Bonds und in Form von Bankkrediten fallen folgende Dinge auf.

54 Die sog. Senior Secured Bonds werden im Rahmen von Leveraged Buyout Finanzierungen (LBOs) häufig auf Ebene der Holding emittiert in Form von HoldCo Debt. Aus Sicht der Zugriffsmöglicheit auf operative Assets in den operativen Ge-

sellschaften unterhalb der HoldCo handelt es sich de facto um strukturell nachrangige Verbindlichkeiten.

Gläubiger, die im Gegensatz dazu besicherte Finanzierungen auf Ebene der operativen Gesellschaften begeben haben, befinden sich im Wasserfall nach einer Insolvenz nahezu an erster Stelle und kommen in der Reihenfolge der Befriedigung ihrer Ansprüche unmittelbar hinter denjenigen Parteien, die mit ihren Forderungen an höchster Stelle kommen. Zu den Gläubigern an höchster Stelle zählen die Steuerbehörden mit Blick auf ausstehende Steuerzahlungen (z. B. Umsatzsteuer, Gewerbesteuer etc.) und Sozialversicherungsträger (Krankenkassenbeiträge und Rentenversicherungsbeiträge) sowie Service Provider in insolvenzfest aufgesetzten Finanzierungsstrukturen, wie z. B. Unternehmenstreuhänder oder Sicherheitentreuhänder. **55**

VI. Default Rates, Recovery und Covenants

Der Blick auf die Default Rate (Ausfallrate) im Private Credit zeigt eine erstaunliche Spreizung. **56**

Gemäß Fitch Ratings liegt im US Private Credit die Ausfallrate im KMU-Bereich bei 10,9 % (für Unternehmen mit EBITDA < USD 25 Mio.), im Gegensatz zu größeren Unternehmen mit 2,9 % Ausfallrate (EBITDA von USD 25 Mio. bis USD 50 Mio.).[4] In Europa sieht S&P Ratings die Ausfallrate bei 4,25 %. **57**

Die Recovery, d. h. die Wiedereinbringung nach Ausfall eines Kredits im Private Credit-Bereich, wird meist bei 65 bis 70 % bzw. sogar bei bis zu 75 % gesehen.[5] **58**

Nach dem starken Wachstum des Private Credit-Markts in den letzten Jahren reagieren Anleger äußerst sensibel auf negative Meldungen, wie z. B. Ausfälle von Kreditnehmern. Die Insolvenzen in den USA vom Autoteilehersteller First Brands und vom Autohändler Tricolor, die beide stark durch Private Credit finanziert wurden, gingen wie ein Alarm durch den gesamten Markt, auch wenn Ausfälle vom Markt bereits erwartet wurden.[6] **59**

4 Vgl. Fitch Ratings (2025), https://www.fitchratings.com/research/corporate-finance/us-private-credit-defaults-ease-to-5-2-in-october-2025-21-11-2025#:~:text=Fitch%20Ratings%2DAustin/New%20York,before%20in%20the%20TTM%20period (zuletzt abgerufen am 3.2.2026).

5 Vgl. Pitchbook (2024), https://pitchbook.com/news/articles/private-credit-recoveries-in-focus# (zuletzt abgerufen am 3.2.2026).

6 Vgl. Reuters (2025), https://www.reuters.com/business/first-brands-tricolor-collapses-invite-more-scrutiny-wall-street-sees-robust-2025-10-14/; Morningstar (2025), vgl. https://global.morningstar.com/de/fonds/die-von-der-first-brands-insolvenz-am-meisten-betroffenen-fonds-und-was-anleger-von-ihnen-lernen-knnen (beides zuletzt abgerufen am 3.2.2026).

60 Je höher die Position in der Kapitalstruktur, z. B. als Seniorkreditgeber mit erstrangiger Besicherung, desto höher fällt die Recovery aus.

61 Dabei spielt auch das Sicherheitenpaket eine große Rolle. Wenn alle Cashflows, Assets und auch die Anteile an der Firma an den Seniorkreditgeber per Share Pledge sicherungsübereignet sind und keine weiteren Gläubiger existieren, dann ist der Seniorkreditgeber im Insolvenzfall ein Insolvenzgläubiger im Sinne des § 38 der Insolvenzordnung.

62 Eine besondere Rolle für das Erkennen und das Management eines Ausfallrisikos vor einer Insolvenz spielen die Covenants bzw. die vertraglich festgelegten Kreditbedingungen. Hierunter werden Informations Covenants, Financial und Non-Financial Covenants unterschieden. Financial Covenants beziehen sich auf die Einhaltung bestimmter Finanzkennzahlen, dazu zählen u. a. der Verschuldungsgrad (Net Debt/EBITDA), der Zinsdeckungsgrad (EBIT/Zinsen), eine Mindest-Eigenkapitalquote.

63 Zu den Non-Financial Covenants gehören u. a.: Pari-passu-Klausel, Negativerklärung und Cross-default-Klausel.

64 Je enger die Financial Covenants formuliert sind und je eher die mit den Financial Covenants gemessenen Zahlen der vom Seniorkreditgeber vorgegebenen Definition entsprechen, desto eher werden sie ihrer Rolle als Steuerungs- und Überwachungsinstrument für den Kreditgeber während der gesamten Kreditlaufzeit gerecht.

VII. Ausblick

65 Private Credit hat sicher dazu beigetragen, dass die Kreditversorgung für Unternehmen, Immobilienbestände, Infrastrukturvorhaben und für die Beleihung von Asset-based Cashflows deutlich diversifizierter sowie breiter und dadurch auch bankenunabhängiger aufgestellt ist.

66 Natürlich steht seit es Private Credit gibt, die Vorhaltung im Raum, dass auf diese Weise sehr große Kreditbestände in einem Reich des Schattenbankings aufgebaut werden.

67 Dieser Vorhaltung sollte zum einen mit mehr Transparenz der Kreditvergabe begegnet werden, zum anderen wird sich die Frage stellen, auf welche Weise die Kapitalanlage und Kreditvergabe durch Fonds stärker durch den Regulator in die Regulatorik der Kreditvergabe durch Banken einbezogen wird, mit allen Restriktionen, die damit verbunden sind. Dabei wird es darum gehen, dass mit Augenmaß vorgegangen wird.

68 Insgesamt kann festgestellt werden, dass die Kreditvergabe von Banken durch Private Credit nicht verdrängt wird, sondern im Gegenteil komplementär ergänzt wird.

Kapitel 23

Grüne Schiffsfinanzierungen

I. Einführung

Die Schifffahrt, insbesondere die Containerschifffahrt ist für etwa 2,6% der weltweiten klimaschädlichen CO_2-Emissionen verantwortlich, dies entspricht mehr als der gesamten Emission Deutschlands im Jahr 2019.[1] Ohne konkrete Maßnahmen, ist die Tendenz der CO_2-Emissionen im Seeverkehr steigend.[2] Vor diesem Hintergrund stehen Reedereien vor erheblichen wirtschaftlichen Herausforderungen. Die Investitionssummen für die Umrüstung der Flotte vom Betrieb mit Schweröl auf nachhaltige Treibstoffe oder für den Neubau emissionsärmerer Schiffe sind hoch. Zudem handelt es sich bei Schiffen um eine langlebige Assetklasse, sodass Investitionsentscheidungen besonders sorgfältig und langfristig geplant werden müssen.[3] Die Hapag-Lloyd AG hat allein im Februar 2025 eine der bisher größten projektbezogenen Green-Loan-Finanzierungen im Schifffahrtssektor abgeschlossen: Gegenstand der Finanzierungen ist der Bau von 24 neuen Großcontainerschiffen mit einer Gesamtkapazität von 312.000 TEU[4] bei einem Investitionsvolumen von rund vier Milliarden US-Dollar.[5] Die Finanzierung erfolgt auf Basis des Hapag-Lloyd Green Financing Frameworks, das wiederum den Standards der Green Loan Principles (GLPs) der Loan Market Association (LMA) entspricht, die Finanzierung wurde durch ein Gutachten des DNV (Det Norske Veritas) entsprechend klassifiziert und bestätigt, dass die Finanzierung dem Green Financing Framework von Hapag-Lloyd entspricht.[6] Die 24 Schiffe werden in China gebaut und mit hochmodernen, emissionsarmen und kraftstoffeffizienten Hochdruck-Dual-Fuel Flüssiggas-Motoren ausgestattet. Außerdem kön- 1

---

1 Umweltbundesamt, https://www.umweltbundesamt.de/themen/wasser/gewaesser/meere/nutzung-belastungen/schifffahrt#fakten-zur-seeschifffahrt-und-zu-ihren-auswirkungen-auf-die-umwelt (zuletzt abgerufen am 30.1.2026).

2 IMO, Third IMO GHG Study 2014, https://www.imo.org/en/ourwork/environment/pages/greenhouse-gas-studies-2014.aspx (zuletzt abgerufen am 30.1.2026).

3 Siehe zur Einordnung der Assetklasse Schiff, Fondbörse Deutschland, https://www.fondsboerse.de/wissen/schiffsfonds (zuletzt abgerufen am 30.1.2026).

4 Abkürzung TEU meint „Twenty-foot equivalent unit“, Deutsch: Zwanzig-Fuß-Standardcontainer.

5 Hapag-Lloyd AG Pressemitteilung v. 4.2.2025, https://www.hapag-lloyd.com/de/company/press/releases/2025/02/hapag-lloyd-concludes-green-financing-of-its-24-new-container-sh.html (zuletzt abgerufen am 30.1.2026).

6 Hapag-Lloyd AG Pressemitteilung v. 4.2.2025, https://www.hapag-lloyd.com/de/company/press/releases/2025/02/hapag-lloyd-concludes-green-financing-of-its-24-new-container-sh.html (zuletzt abgerufen am 30.1.2026).

nen diese Schiffe mit Biomethan betrieben werden, wodurch sich die CO_2-Emissionen im Vergleich zu konventionellen Antrieben um bis zu 95 % reduzieren lassen.[7] Die neuen Schiffe sind zudem Ammonia ready.[8] Viele Reedereien investieren seit Jahren in moderne Schiffe und alternative Antriebe und Effizienzmaßnahmen. Neben finanziellen Förderprogrammen ist aber auch ein einheitlicher verbindlicher Rechtsrahmen erforderlich, um zielführende Investitionen zu ermöglichen.[9] Neben hohen Investitionssummen kommt erschwerend hinzu, dass die Abstimmung über ein globales Klimaabkommen zur CO_2-Bepreisung und die Einigung auf konkrete Maßnahmen in der Schifffahrt durch die International Maritime Organization (IMO) um ein Jahr vertagt worden ist.[10] Da sich viele Reedereien eigene interne Ziele zur Reduzierung der CO_2-Emissionen setzen und nicht ausschließlich auf gesetzliche Vorgaben warten, müssen sie frühzeitig handeln.[11] Bei Entscheidungen über Investitionen, insbesondere in neue Treibstoffe, sind sie daher gezwungen, ein Entscheidungen unter Unsicherheit treffen zu müssen und abzuschätzen, welche Technologien langfristig zukunftsfähig sein werden. Dabei ermöglichen nachhaltig strukturierte Finanzierungen im maritimen Sektor die Dekarbonisierung der Schiffe voranzutreiben. Banken knüpfen Schiffsfinanzierungen zunehmend an Umweltkriterien. Durch die Einhaltung dieser Kriterien und die dadurch reduzierten CO_2-Emissionen, können Reedereien bessere Konditionen erhalten.

2 Dieser Beitrag gibt einen Praxiseinblick in die Strukturierung grüner Schiffsfinanzierungen im deutschen Kreditmarkt und beleuchtet, welche gesetzlichen Grundlagen sowie von der Industrie entwickelten Marktstandards dabei eine Rolle spielen, insbesondere im Rahmen von Finanzierungsverhandlungen. Die in diesem Beitrag genannten Rechtsgrundlagen und Verordnungen im Bereich der Schifffahrt erheben dabei keinen Anspruch auf Vollständigkeit.

7 Hapag-Lloyd AG Pressemitteilung v. 4.2.2025, https://www.hapag-lloyd.com/de/company/press/releases/2025/02/hapag-lloyd-concludes-green-financing-of-its-24-new-container-sh.html (zuletzt abgerufen am 30.1.2026).

8 Hapag-Lloyd AG Pressemitteilung v. 4.2.2025, https://www.hapag-lloyd.com/de/company/press/releases/2025/02/hapag-lloyd-concludes-green-financing-of-its-24-new-container-sh.html (zuletzt abgerufen am 30.1.2026).

9 Verband Deutscher Reeder Pressemitteilung v. 3.7.2025, https://www.reederverband.de/2025/07/400-millionen-euro-fuer-klimaneutralen-kurs-der-maritimen-branche/ (zuletzt abgerufen am 30.1.2026).

10 IMO Latest News v. 17.10.2025, https://www.imo.org/en/mediacentre/pressbriefings/pages/imo-net-zero-shipping-talks-to-resume-in-2026.aspx (zuletzt abgerufen am 30.1.2026).

11 Siehe Hapag-Lloyd AG Sustainability Strategy, https://www.hapag-lloyd.com/en/company/responsibility/sustainability/strategy.html (zuletzt abgerufen am 30.1.2026).

II. Rechtlicher und regulatorischer Rahmen

Der rechtliche und regulatorische Rahmen wird primär durch die IMO, durch die Europäische Union, die jeweiligen Gesetzgeber der einzelnen Länder sowie durch private Marktstandards aus der Branche vorgegeben und geprägt. 3

1. IMO

Die IMO ist eine Sonderorganisation der Vereinten Nationen, mit Sitz in London, sie wurde 1948 gegründet und nahm im Jahr 1958 ihre Arbeit auf.[12] Zentraler Auftrag der IMO ist die Entwicklung eines einheitlichen, verbindlichen und global akzeptierten Regelwerks für die Sicherheit der Seeschifffahrt, den Schutz der Meeresumwelt sowie der Gefahrenabwehr im maritimen Bereich.[13] Die Organisation setzt damit internationale Mindeststandards, die von den Mitgliedstaaten in ihre nationalen Rechtssysteme umzusetzen sind. Zu den zentralen Übereinkommen der IMO zählen insbesondere das SOLAS-Übereinkommen (Safety of Life at Sea), das MARPOL-Übereinkommen zum Schutz der Meeresumwelt, der ISM-Code (International Safety Management Code) und der ISPS-Code (International Ship and Port Facility Security Code).[14] Durch die Schaffung international einheitlicher Standards gewährleistet die IMO gleiche Wettbewerbsbedingungen für Reeder und verhindert, dass Staaten und Unternehmen wirtschaftliche Vorteile durch geringere Sicherheits- oder Umweltanforderungen erzielen.[15] Die IMO entwickelt ihr Regelwerk durch ihre technischen Ausschüsse ständig weiter, zunehmend verstärkt mit dem Fokus auf Klimaschutz, Energieeffizienz, alternative Kraftstoffe und nachhaltige maritime Entwicklung im Einklang mit der UN Agenda 2030 für nachhaltige Entwicklung und den damit verbundenen SDGs (Sustainable Development Goals), insbesondere mit dem SDG 14 („Life Below Water“).[16] Die Durchsetzung der IMO-Übereinkommen obliegt allerdings ausschließlich den Vertragsstaaten, nicht der IMO selbst.[17] Primär ist der Flaggen- 4

12 IMO, https://www.imo.org/en/about/historyofimo/pages/default.aspx (zuletzt abgerufen am 30.1.2026).

13 IMO, https://www.imo.org/en/about/pages/default.aspx (zuletzt abgerufen am 30.1.2026).

14 IMO, https://www.imo.org/en/about/historyofimo/pages/default.aspx (zuletzt abgerufen am 30.1.2026).

15 IMO, https://www.imo.org/en/about/pages/default.aspx (zuletzt abgerufen am 30.1.2026).

16 IMO, https://www.imo.org/en/about/pages/default.aspx (zuletzt abgerufen am 30.1.2026).

17 IMO, https://www.imo.org/en/about/conventions/pages/default.aspx (zuletzt abgerufen am 30.1.2026).

staat verpflichtet, die Vorschriften gegenüber seinen Schiffen umzusetzen, zu kontrollieren und Verstöße zu sanktionieren. Ergänzend kann der Hafenstaat ausländische Schiffe kontrollieren und bei erheblichen Mängeln Maßnahmen wie Festsetzungen ergreifen.[18] Ziel der IMO-Staaten, zu denen auch Deutschland gehört, war es, die Klimaneutralität in der Schifffahrt bis etwa 2050 zu erreichen, zudem legten die IMO-Mitgliedstaaten Zwischenziele für 2030 (Reduzierung der Emissionen im Seeverkehr um 20 bis 30% bis 2023) und bis zu 70% bis 2040 fest. Die Regeln hierzu sollten im sogenannten „Net-Zero Framework" ab 2027 greifen und zudem Standards für Treibstoffe definieren und Treibhausgasemissionen weltweit bepreisen.[19] Diese Debatte um die Verabschiedung des Maßnahmenpakets ist nun um ein Jahr verschoben worden (siehe I. Einführung). Es bleibt abzuwarten, wie die Verhandlungen nach der Pause weitergehen werden und welche Maßnahmen die Schifffahrtsbranche derweil selbst trifft. Das Ziel für 2030 könnte zwar erreichbar sein, doch die breite Einführung sauberer Kraftstoffe könne durch hohe Kosten verlangsamt werden.[20] Neben der Ungewissheit welcher Treibstoff künftig führend und preislich attraktiv sein wird, ist auch ungewiss, welcher Treibstoff in den Häfen im großen Umfang verfügbar sein wird und welche Häfen die passende Infrastruktur bieten können.[21] Daher sind insbesondere Reedereien bei der Umrüstung und beim Neukauf von Schiffen angehalten, sich mehrere Optionen offenzuhalten, um die hohen Investitionen langfristig abzusichern und regulatorische wie technologische Entwicklungen flexibel berücksichtigen zu können.

2. EU-Regelwerke

5 Neben dem Regelwerk der IMO existiert in Europa ein eigenständiges, sehr viel strengeres Regelwerk, das vor allem auf die Dekarbonisierung der Schifffahrt abzielt. Zu den zentralen Regelwerken die für den Seeverkehr relevant sind, zählen

18 https://www.imo.org/en/about/conventions/pages/default.aspx.

19 tagesschau Newsticker v. 17.10.2025, https://www.tagesschau.de/ausland/un-klimaschutz-abkommen-schifffahrt-100.html (zuletzt abgerufen am 30.1.2026).

20 Safety4sea Related News v. 26.1.2016, https://safety4sea.com/imo-shipping-decarbonization-moving-forward-despite-framework-delay/ (zuletzt abgerufen am 30.1.2026).

21 Safety4sea Related News v. 26.1.2016, https://safety4sea.com/imo-shipping-decarbonization-moving-forward-despite-framework-delay/ (zuletzt abgerufen am 30.1.2026).

die EU-Taxonomie-Verordnung, EU-ETS,[22] EU-MRV[23] und Fuel EU Maritime,[24] auf die nur kurz eingegangen werden soll.

a) EU-Taxonomie

Die EU-Taxonomie-Verordnung ist zwar kein Schifffahrtsregelwerk, aber ein zentrales nachhaltigkeitsrechtliches Instrument, das unter anderem definiert, unter welchen Bedingungen Schifffahrtsaktivitäten als ökologisch nachhaltig eingestuft werden, sie wirkt stark in die Schifffahrtsbranche hinein, da sie Kapitalströme lenkt und Voraussetzung für nachhaltige Finanzierungen und ESG-Berichtserstattung ist.[25] Zudem verweist die EU-Taxonomie-Verordnung über die „Climate Delegated Acts“ auf die von der IMO, im Rahmen des MARPOL-Übereinkommens,[26] entwickelten Effizienzparameter, wie der Energy Efficiency Design Index (EEDI) und der Energy Efficiency Ship Index (EEXI), die als Prüfkriterien für die Einordnung eins Schiffes als ökologisch nachhaltige Wirtschaftlichkeit dienen.[27] Der EEDI bewertet die Energieeffizienz von neuen Schiffen bereits in der Konstruktionsphase und ermöglicht es, die CO_2-Emissionen von Schiffen bereits durch ein effizientes Design, etwa durch Maßnahmen wie ein Windshield am Bug, zu reduzieren.[28] Schiffe ab dem 1.1.2026 müssen einen EEDI-Wert erreichen, der mindestens 20 % unter der maßgeblichen IMO-Referenzlinie gemäß 6

22 Richtlinie 2003/87/EG des Europäischen Parlaments und des Rates vom 13. Oktober 2003 über ein System für den Handel mit Treibhausgasemissionszertifikaten in der Gemeinschaft und zur Änderung der Richtlinie 96/61/EG des Rates.

23 Verordnung (EU) 2015/757 des Europäischen Parlaments und des Rates vom 29. April 2015 über die Überwachung von Kohlendioxidemissionen aus dem Seeverkehr, die Berichterstattung darüber und die Prüfung dieser Emissionen und zur Änderung der Richtlinie 2009/16/EG.

24 Verordnung (EU) 2023/1805 des Europäischen Parlaments und des Rates vom 13. September 2023 über die Nutzung erneuerbarer und kohlenstoffarmer Kraftstoffe im Seeverkehr und zur Änderung der Richtlinie 2009/16/EG.

25 Verordnung (EU) 2020/852 des Europäischen Parlaments und des Rates vom 18. Juni 2020 über die Einrichtung eines Rahmens zur Erleichterung nachhaltiger Investitionen und zur Änderung der Verordnung (EU) 2019/2088.

26 IMO, https://www.imo.org/en/knowledgecentre/conferencesmeetings/pages/marpol.aspx (zuletzt abgerufen am 31.1.2026).

27 Delegierte Verordnung (EU) 2023/2485 der Kommission vom 27. Juni 2023 zur Änderung der Delegierten Verordnung (EU) 2021/2139 durch Festlegung zusätzlicher technischer Bewertungskriterien, anhand deren bestimmt wird, unter welchen Bedingungen davon auszugehen ist, dass bestimmte Wirtschaftstätigkeiten einen wesentlichen Beitrag zum Klimaschutz oder zur Anpassung an den Klimawandel leisten, und anhand deren bestimmt wird, ob diese Tätigkeiten erhebliche Beeinträchtigungen eines der übrigen Umweltziele vermeiden.

28 IMO, https://www.imo.org/en/ourwork/environment/pages/improving%20the%20energy%20efficiency%20of%20ships.aspx (zuletzt abgerufen am 30.1.2026).

den am 1.4.2022 geltenden EEDI-Anforderungen liegt.[29] Der EEXI ist hingegen für bestehende Schiffe eingeführt worden, um die technische Energieeffizienz bereits in Betrieb befindlicher Schiffe nachträglich zu messen.[30] Daneben existieren noch weitere Screening-Kriterien, wie der verpflichtende Carbon Intensity Indicator (CII), der die jährliche betriebliche CO_2-Intensität eines Schiffes bemisst und eine kontinuierliche Reduktionsverpflichtung vorschreibt, sowie ein Indikator, der das Energieeffizienz-Management (SEEMP) bewertet.[31] Der CII und der SEEMP sind nicht explizit in der EU-Taxonomie-Verordnung genannt sind, aber die Kommission bestätigt durch ihre Erwähnung im Rahmen der Anforderungen des EEXI, dass die technischen Screening-Kriterien im Rahmen der EU-Taxonomie-Verordnung kompatibel mit dem von der IMO entwickelten Rahmenwerk sind.[32] Auch die EU-Taxonomie-Verordnung befindet sich in fortlaufender Weiterentwicklung, so verabschiedete die EU-Kommission am 4.7.2025 einen neuen delegierten Rechtsakt zur Vereinfachung der Berichterstattung der Taxonomie-Verordnung,[33] der ab dem 1.1.2026 für Berichterstattungen über das Geschäftsjahr 2025 anwendbar ist. Auch für Reedereien soll durch eine neue 10 % Materialitäts-

---

29 Delegierte Verordnung (EU) 2023/2485 der Kommission vom 27. Juni 2023 zur Änderung der Delegierten Verordnung (EU) 2021/2139 durch Festlegung zusätzlicher technischer Bewertungskriterien, anhand deren bestimmt wird, unter welchen Bedingungen davon auszugehen ist, dass bestimmte Wirtschaftstätigkeiten einen wesentlichen Beitrag zum Klimaschutz oder zur Anpassung an den Klimawandel leisten, und anhand deren bestimmt wird, ob diese Tätigkeiten erhebliche Beeinträchtigungen eines der übrigen Umweltziele vermeiden.

30 IMO, https://www.imo.org/en/mediacentre/hottopics/pages/eexi-cii-faq.aspx (zuletzt abgerufen am 30.1.2026).

31 IMO, https://www.imo.org/en/mediacentre/hottopics/pages/eexi-cii-faq.aspx (zuletzt abgerufen am 31.1.2026); IMO, https://www.imo.org/en/ourwork/environment/pages/improving%20the%20energy%20efficiency%20of%20ships.aspx (zuletzt abgerufen am 31.1.2026).

32 Delegierte Verordnung (EU) 2023/2485 der Kommission vom 27. Juni 2023 zur Änderung der Delegierten Verordnung (EU) 2021/2139 durch Festlegung zusätzlicher technischer Bewertungskriterien, anhand deren bestimmt wird, unter welchen Bedingungen davon auszugehen ist, dass bestimmte Wirtschaftstätigkeiten einen wesentlichen Beitrag zum Klimaschutz oder zur Anpassung an den Klimawandel leisten, und anhand deren bestimmt wird, ob diese Tätigkeiten erhebliche Beeinträchtigungen eines der übrigen Umweltziele vermeiden.

33 Delegierte Verordnung (EU) 2026/73 der Kommission vom 4. Juli 2025 zur Änderung der Delegierten Verordnung (EU) 2021/2178 im Hinblick auf die Vereinfachung des Inhalts und der Darstellung der in Bezug auf ökologisch nachhaltige Tätigkeiten offenzulegenden Informationen und der Delegierten Verordnungen (EU) 2021/2139 und (EU) 2023/2486 im Hinblick auf die Vereinfachung bestimmter technischer Bewertungskriterien zur Feststellung, ob Wirtschaftstätigkeiten erhebliche Beeinträchtigungen der Umweltziele vermeiden.

schwelle und reduzierte Templates die Berichtserstattung erleichtert werden.[34] Die Kernanforderungen an Schiffsneubauten, alternative Kraftstoffe und Emissionskriterien bleiben jedoch vollumfänglich wirksam.[35]

b) EU ETS & Fuel EU Maritime

Schifffahrtsunternehmen sind ferner zu einem umfassenden Monitoring und Reporting im Zusammenhang mit dem EU-Emissionshandelssystem (EU ETS) und der MRV-Maritime-Regulierung verpflichtet.[36] Die MRV-Maritime-Verordnung verpflichtet Schifffahrtsunternehmen zur Erfassung, Berichterstattung und Verifizierung von Treibhausgasemissionen bestimmter Schiffe (Schiffe mit mindestens 5.000 GT[37])[38] auf Reisen innerhalb der EU, zwischen EU-Häfen und zwischen EU- und Drittstaatenhäfen. Die EU-ETS Richtlinie erstreckt den Emissionshandel nun auch auf den Seeverkehr, Emissionen bestimmter Schiffe müssen daher mit Emissionszertifikaten abgedeckt und jährlich abgegeben werden.[39] 7

3. Private Marktstandards

Neben dem europäischen Rechtsrahmen haben sich insbesondere im Bereich der nachhaltigen Finanzierungen private Marktstandards etabliert. Die Besonderhei- 8

34 Delegierte Verordnung (EU) 2026/73 der Kommission vom 4. Juli 2025 zur Änderung der Delegierten Verordnung (EU) 2021/2178 im Hinblick auf die Vereinfachung des Inhalts und der Darstellung der in Bezug auf ökologisch nachhaltige Tätigkeiten offenzulegenden Informationen und der Delegierten Verordnungen (EU) 2021/2139 und (EU) 2023/2486 im Hinblick auf die Vereinfachung bestimmter technischer Bewertungskriterien zur Feststellung, ob Wirtschaftstätigkeiten erhebliche Beeinträchtigungen der Umweltziele vermeiden.

35 Europäische Kommission, Questions and answers on EU Taxonomy simplifications to cut red tape for companies v. 4.7.2025, https://ec.europa.eu/commission/presscorner/detail/en/qanda_25_1726 (zuletzt abgerufen am 30.1.2026).

36 Siehe European Comission Guidance Document The EU ETS and MRV Maritime General guidance for sipping companies v. 18.11.2025, https://climate.ec.europa.eu/document/download/31875b4f-39b9-4cde-a4e2-fbb8f65ee703_en?filename=policy_transport_shipping_gd1_maritime_en.pdf (zuletzt abgerufen am 30.1.2026).

37 „GT" meint gemäß Artikel 2 Nr. 4 International Convention on Tonnage Measurement of Ships, 1969, die Bruttoraumzahl („Gross Tonnage", GT) eines Schiffes.

38 Verordnung (EU) 2015/757 des Europäischen Parlaments und des Rates vom 29. April 2015 über die Überwachung von Kohlendioxidemissionen aus dem Seeverkehr, die Berichterstattung darüber und die Prüfung dieser Emissionen und zur Änderung der Richtlinie 2009/16/EG.

39 Richtlinie 2003/87/EG des Europäischen Parlaments und des Rates vom 13. Oktober 2003 über ein System für den Handel mit Treibhausgasemissionszertifikaten in der Gemeinschaft und zur Änderung der Richtlinie 96/61/EG des Rates.

ten im Rahmen von nachhaltigen Schiffsfinanzierungen werden in diesem Kapitel betrachtet.

a) Poseidon Principles

9 Die Poseidon Principles sind ein vertraglich bindendes, freiwilliges Rahmenwerk für Finanzinstitutionen, das darauf abzielt, die Klimawirkung von Schiffsfinanzierungsportfolios zu messen und zu bewerten. Sie wurden im Juni 2019 von führenden Schiffsfinanzierungsbanken entwickelt.[40] Aktuell sind 36 Banken Unterzeichner der Poseidon Principles.[41] Ziel ist die Sicherstellung, dass das Finanzierungsverhalten von Banken und anderen Kreditgebern zur Reduzierung von Treibhausgasemissionen im Schifffahrtssektor beiträgt. Dies erfolgt in Anlehnung an die Ziele der IMO, insbesondere zur Reduktion der Emissionen um 50 % bis 2025 und dem Streben nach Net-Zero.[42] Da die Poseidon Principles ein freiwilliges Rahmenwerk sind („soft law"), werden sie durch Standardklauseln in die Kreditverträge aufgenommen, sodass die Einhaltung sichergestellt ist. Die Unterzeichner der Poseidon Principles verpflichten sich, die Principles in ihre internen Richtlinien sowie in die Standardklauseln in den jeweiligen Kreditverträgen einzubauen, sodass neue Finanzierungen nur noch gewährt werden, wenn bestimmte Klimaanforderungen und Reportinganforderungen erfüllt werden. Dadurch entsteht ein indirekter, aber wirksamer Regulierungsdruck für Schiffseigentümer, dass die zu finanzierenden Schiffe im Einklang mit den Poseidon Principles und den definierten Dekarbonisierungszielen stehen. Die Poseidon Principles basieren auf vier Kernelementen.[43] Erstens („Principle 1 Assessment") der Bewertung der Klimaausrichtung, bei der die Kreditgeber jährlich messen, wie gut ihre finanzierten Schiffe mit den vorgegebenen Dekarbonisierungszielen übereinstimmen.[44] Zweitens („Principle 2 Accountability") der Rechenschaftspflicht, denn die Principles schreiben die Nutzung standardisierter IMO Datenquellen und Methoden vor, um eine Vergleichbarkeit und Verlässlichkeit der Daten sicherzustellen.[45] Drittens („Principle 3 Enforcement") der Durchsetzung, da die Principles über

40 Poseidon Principles, https://www.poseidonprinciples.org/finance/about/ (zuletzt abgerufen 30.1.2026).

41 Poseidon Principles, https://www.poseidonprinciples.org/finance/signatories/ (zuletzt abgerufen 30.1.2026).

42 Poseidon Principles, https://www.poseidonprinciples.org/finance/about/ (zuletzt abgerufen 30.1.2026).

43 Poseidon Principles, https://www.poseidonprinciples.org/finance/principles/ (zuletzt abgerufen 30.1.2026).

44 Poseidon Principles, https://www.poseidonprinciples.org/finance/principles/assessment/ (zuletzt abgerufen 30.1.2026).

45 Poseidon Principles, https://www.poseidonprinciples.org/finance/principles/accountability/ (zuletzt abgerufen 30.1.2026).

vertragliche Verpflichtungen („covenants") in die Kreditverträge implementiert werden und somit gegenüber dem Kreditnehmer rechtlich bindend und durchsetzbar werden.[46] Und viertens („Principle 4 Transparency") der Transparenz, indem alle Unterzeichner jährlich ihren sogenannten „Portfolio Alignment Score" veröffentlichen müssen. Durch diese Offenlegung wird Markttransparenz geschaffen und Druck erzeugt, die Portfolios auch im Einklang mit den IMO-Dekarbonisierungszielen zu bringen.[47] Dadurch, dass immer weitere große Schiffsfinanzierer den Poseidon Principles beigetreten sind, entsteht ein globaler Standard, der die maritime Industrie insgesamt in eine Richtung emissionsärmer Technologien lenkt und die mittlerweile fester Bestandteil der Diskussionen im Rahmen der Finanzierungen sind.

b) LMA Sustainability-Linked Loans & Green Loan Principles

Auch die LMA mit Sitz in London hat internationale Standards für nachhaltige Finanzierungen geschaffen.[48] Hierzu zählen neben den GLPs, die Sustainability Linked-Loan Principles (SLLP), die Social Loan Principles (SLP), Richtlinien für grüne Bonds („Guidelines for Sustainability-Linked Loan Financing Bonds") und Guidelines für Kredite, die Übergangsaktivitäten zu einer dekarbonisierten Wirtschaft finanzieren sollen („Guide to Transition Loans").[49] Im Bereich der grünen Schiffsfinanzierungen werden überwiegend Sustainability-Linked Loans und Green Loans verwendet. **10**

aa) Sustainablity-Linked Loans

Sustainability-Linked Loans sind Kredite, bei denen die Zinskonditionen an die Erreichung individuell vereinbarter Nachhaltigkeitsziele (Key Performance Indicators – KPIs) geknüpft sind, verbunden mit konkret zu erreichenden Zielgrößen (Sustainability Performance Targets – SPTs).[50] Im Gegensatz zu Green Loans besteht keine Zweckbindung der Darlehensmittel für ökologische oder soziale Vorhaben, das Darlehen kann für allgemeine Unternehmenszwecke (oder für andere **11**

46 Poseidon Principles, https://www.poseidonprinciples.org/finance/principles/enforcement/ (zuletzt abgerufen 30.1.2026).

47 Poseidon Principles, https://www.poseidonprinciples.org/finance/principles/transparency/ (zuletzt abgerufen 30.1.2026).

48 LMA, https://www.lma.eu.com/sustainable-lending/resources (zuletzt abgerufen 30.1.2026).

49 LMA, https://www.lma.eu.com/sustainable-lending/resources (zuletzt abgerufen 30.1.2026).

50 Siehe Sustainability-Linked Loans Principles (26 March 2025), S. 2, https://www.lma.eu.com/application/files/2317/4481/8026/Sustainability-Linked_Loan_Principles_-_26_March_2025_.pdf (zuletzt abgerufen 30.1.2026).

Zwecke) genutzt werden.[51] Entscheidend ist die im Kreditvertrag festgelegte Anreizstruktur, wonach bei Zielerreichung eine Reduktion der Marge und bei Zielverfehlung eine Erhöhung der Marge erfolgt. Die KPIs müssen wesentlich, messbar und strategisch bedeutsam für das Geschäftsmodell des Darlehensnehmers sein, die STPs müssen ambitioniert sein und über gesetzliche Anforderungen sowie das „Business as usual" hinausgehen.[52] Die Festlegung von KPIs und STPs ist bei Schiffsfinanzierungen durchaus schwieriger umzusetzen als bei Green Loans, weil Emissionswerte stark von äußeren Faktoren wie Einsatzgebiet, Auslastung oder Marktbedingungen abhängen.[53] Zudem gibt es aktuell noch keinen Konsens in der Branche über die Technologie, die am effektivsten bei der Erreichung erheblicher Emissionsreduktionen sein wird.[54] Damit die Nachhaltigkeitsziele auch realistisch erreichbar sind, werden diese in der Regel an anerkannte Kennzahlen in der Schifffahrt ausgerichtet.[55] Hierzu tragen die von der IMO entwickelten Indikatoren bei, wie der CII, der als globale Maßnahme die jährliche Berechnung und Berichterstattung des sogenannten Annual Efficiency Ratio (AER) für jedes Schiff verlangt.[56] Ein KPI könnte beispielsweise die Reduzierung des AER um 60 % bis 2030 sein.[57] Da die SPTs jährlich festzulegen sind, könnte dies insbesondere bei Fazilitäten mit längeren Laufzeiten und aufgrund der Entwicklung und des Wandeltempos in der Schifffahrt durchaus positiv sein, da die periodische Festlegung von STPs, an die Marktbewegungen angepasst werden können.[58]

bb) Green Loans

12 Green Loans sind hingegen Darlehen, die der Finanzierung oder Refinanzierung von ökologischen Vorhaben dienen, entscheidend ist hier der „grüne Zweck" („use of proceeds") der Mittelverwendung.[59] Die maßgeblichen Kernkomponenten eines Green Loans werden von der LMA, APLMA und LSTA durch die GLPs

51 *Lewens/Rölike*, BKR 2024, 463, 464.
52 *Lewens/Rölike*, BKR 2024, 463, 465.
53 LMA Blogbeitrag v. 27.9.2023, https://blog.lma.eu.com/financing-sustainability-in-shipping/ (zuletzt abgerufen am 30.1.2026).
54 LMA Blogbeitrag v. 27.9.2023, https://blog.lma.eu.com/financing-sustainability-in-shipping/ (zuletzt abgerufen am 30.1.2026).
55 LMA Blogbeitrag v. 27.9.2023, https://blog.lma.eu.com/financing-sustainability-in-shipping/ (zuletzt abgerufen am 30.1.2026).
56 LMA Blogbeitrag v. 27.9.2023, https://blog.lma.eu.com/financing-sustainability-in-shipping/ (zuletzt abgerufen am 30.1.2026).
57 DNV, https://www.dnv.com/maritime/hub/decarbonize-shipping/key-drivers/investors-and-finance/green-finance/ (zuletzt abgerufen 30.1.2026).
58 LMA Blogbeitrag v. 27.9.2023, https://blog.lma.eu.com/financing-sustainability-in-shipping/ (zuletzt abgerufen am 30.1.2026).
59 *Lewens/Rölike*, BKR 2024, 463, 463.

vorgebeben.[60] Diese nennen vier Kernelemente, die ein Darlehen als „Green Loan“ qualifizieren.[61] Erstens Mittelverwendung „Use of Proceeds“, die Mittel müssen ausschließlich für die Verwendung förderfähiger grüner Projekte dienen. Was unter grünen Projekten zu verstehen ist, geben die GLPs vor.[62] Für Schiffsfinanzierungen sind hier insbesondere Energieeffizienz („Energy efficiency“), Vermeidung und Kontrolle von Umweltverschmutzung („Pollution prevention and control“), saubere Transportlösungen („Clean transportation“) oder umweltfreundliche Technologien („Green technologies“) relevant. Zweitens transparente Darstellung der ökologischen Zielsetzung und Auswahlkriterien („Process for Project Evalution and Selection“). Drittens getrennte oder nachvollziehbar getrackte Mittelverwendung („Management of Proceeds“). Und viertens regelmäßige Berichtserstattung über Mittelverwendung und, soweit möglich, über Umwelteffekte („Reporting“). Green Loans sind nicht leistungs- oder performancebezogen, damit ist auch keine Anpassung der Marge an Nachhaltigkeitskennzahlen erforderlich.[63] Die Rechtsfolgen bei Nichteinhaltung der Zweckbestimmung ergeben sich aus der individuellen Kreditdokumentation, hier sind beispielsweise die Verletzung von Zusicherungen oder etwaigen Reportingpflichten zu nennen, eine Kündigung ist in der Praxis eher unüblich. Möglich und üblich ist dagegen eine Deklassifizierung der Bezeichnung als „Green Loan“, sodass eine Vermarktung als „Green Loan“ nicht mehr möglich ist.[64]

III. Einbindung des Green Financing Frameworks

Da die GLPs lediglich freiwillige Marktstandards darstellen und keine unmittelbare Rechtsbindung entfalten, stellt sich die Frage, wie diese abstrakten Vorgaben in der Finanzierungspraxis konkretisiert und rechtssicher implementiert werden können. Neben ausdrücklicher Implementierung der GLPs ist auch der Bezug in 13

60 Siehe Green Loan Principles (26 March 2025), https://www.lma.eu.com/application/files/1917/4298/0817/Green_Loan_Principles_-_26_March_2025.pdf (zuletzt abgerufen am 30.1.2026).

61 Siehe Green Loan Principles (26 March 2025), https://www.lma.eu.com/application/files/1917/4298/0817/Green_Loan_Principles_-_26_March_2025.pdf (zuletzt abgerufen am 30.1.2026).

62 Siehe Green Loan Principles (26 March 2025), https://www.lma.eu.com/application/files/1917/4298/0817/Green_Loan_Principles_-_26_March_2025.pdf (zuletzt abgerufen am 30.1.2026).

63 Siehe Green Loan Principles (26 March 2025), https://www.lma.eu.com/application/files/1917/4298/0817/Green_Loan_Principles_-_26_March_2025.pdf (zuletzt abgerufen am 30.1.2026).

64 Siehe Green Loan Principles (26 March 2025), https://www.lma.eu.com/application/files/1917/4298/0817/Green_Loan_Principles_-_26_March_2025.pdf (zuletzt abgerufen am 30.1.2026).

der Kreditvertragsdokumentation zu dem sogenannten „Green Financing Framework“ des Kreditnehmers eine Möglichkeit, die entsprechenden Inhalte rechtswirksam in die Kreditvertragsdokumentation aufzunehmen.[65]

1. Aufbau

14 International tätige Reedereien wie Hapag-Lloyd,[66] A.P. Møller-Maersk[67] oder COSCO Shipping[68] haben eigenständige Green Financing Frameworks erarbeitet und veröffentlicht. Diese können sich jedoch im Aufbau und Funktion unterscheiden. Der Fokus kann verstärkt auf dem Asset Schiff liegen oder auf sämtlichen Bereichen, wie Terminalbetrieb, Zug- und Flugverkehr, und somit die gesamte Wertschöpfungskette der jeweiligen Reederei betreffen. Im Kern orientieren sich die Frameworks jedoch an den GLPs, den Green Bond Principles (GBP) der International Capital Market Association (ICMA), der EU-Taxonomie-Verordnung oder den Vorgaben der IMO.[69]

2. Zweck

15 Der Zweck eines Green Financing Frameworks ist als Bindeglied zwischen den abstrakten Marktstandards der GLPs oder GBPs, den Vorgaben der EU-Taxonomie und der konkreten Finanzierungspraxis eines Unternehmens zu dienen. Das Green Financing Framework beschreibt, wie ein Unternehmen – hier Reedereien – die GLPs auf seine Geschäftstätigkeit anwendet, insbesondere welche Projekte als „Green Projects“ gelten und wie die Mittelverwendung und das Reporting organisiert ist.[70] Daneben erläutern die Green Financing Frameworks die jeweiligen Strategien im Hinblick auf die Reduzierung der CO_2-Emissionen (Maersk plant

---

65 Siehe Green Loan Principles (26 March 2025), https://www.lma.eu.com/application/files/1917/4298/0817/Green_Loan_Principles_-_26_March_2025.pdf (zuletzt abgerufen am 30.1.2026).

66 Hapag-Lloyd Green Financing Framework Version 2.0, https://www.hapag-lloyd.com/content/dam/website/downloads/ir/HLAG_Brochure_Green_Finance_Framework_v2.0.pdf (zuletzt abgerufen am 30.1.2026).

67 Maersk Green Financing Framework February 2024, https://investor.maersk.com/system/files-encrypted/nasdaq_kms/assets/2024/02/23/4-08-39/APMM_Green%20Financing%20Framework_2024.pdf (zuletzt abgerufen am 30.1.2026).

68 Container News v. 12.5.2021, https://container-news.com/cosco-launches-green-finance-framework/ (zuletzt abgerufen am 30.1.2026).

69 Hapag-Lloyd Green Financing Framework Version 2.0, https://www.hapag-lloyd.com/content/dam/website/downloads/ir/HLAG_Brochure_Green_Finance_Framework_v2.0.pdf (zuletzt abgerufen am 30.1.2026).

70 Hapag-Lloyd Green Financing Framework Version 2.0, https://www.hapag-lloyd.com/content/dam/website/downloads/ir/HLAG_Brochure_Green_Finance_Framework_v2.0.pdf (zuletzt abgerufen am 30.1.2026).

bis 2040 „net zero“-Emissionen im gesamten Unternehmen und 100% umweltfreundliche Lösungen für Kunden bereitzustellen).[71]

3. EU-Taxonomie-Konformität & Haftungsrisiken

In den Green Financing Frameworks wird die EU-Taxonomie als objektiver Prüfstab zur Erhöhung der Glaubwürdigkeit und Transparenz gegenüber Banken und Investoren und zur Absicherung gegen haftungs- und reputationsrechtliche Risiken genutzt. Insbesondere im Hinblick auf die Reportingpflichten gemäß Art. 8 der EU-Taxonomie-Verordnung ermöglicht das Green Financing Framework die systematische Erfassung und Abgrenzung taxonomiefähiger („eligible“) und taxonomiekonformer („aligned“) Tätigkeiten.[72] Als taxonomiegeeignet (taxonomiefähig) gelten Tätigkeiten, für die in den jeweiligen delegierten Rechtsakten zu den sechs Umweltzielen technische Bewertungskriterien definiert sind.[73] Dabei ist unerheblich, ob diese technischen Bewertungskriterien auch erfüllt sind.[74] Entscheidend ist, dass für die Tätigkeit Kriterien entwickelt wurden. Entsprechend gelten alle Tätigkeiten, für die Kriterien entwickelt wurden, als taxonomiegeeignet (taxonomiefähig).[75] Taxonomiekonform sind demgegenüber nur solche Tätigkeiten, die sämtliche Voraussetzungen des Art. 3 der EU-Taxonomie-Verordnung erfüllen. Das bedeutet, dass diese Tätigkeit einen wesentlichen Beitrag zur Verwirklichung eines oder mehrerer Umweltziele leisten muss und andere Umweltziele nicht erheblich beeinträchtigt („Do no significant harm“).[76] In den Green Financing Frameworks der Reedereien findet eine Einordnung der grünen Projekte im Rahmen der „Use of Proceeds“ als „green elige“ also als taxonomiefähig statt, es wird auch deutlich gemacht, wenn einige Projekte nicht vollständig in den Einklang mit der EU-Taxonomie-Verordnung gebracht werden können.[77] Beispielsweise ist die bloße Nutzung von grünem Methanol einer Reederei nicht ausreichend, um die Tätigkeit als taxonomiekonform einzustufen. Erforderlich wäre zusätzlich, dass die Reederei auch die Erzeugertätigkeit ausübt oder kontrol- 16

71 Maersk Green Financing Framework February 2024, https://investor.maersk.com/system/files-encrypted/nasdaq_kms/assets/2024/02/23/4-08-39/APMM_Green%20Financing%20Framework_2024.pdf (zuletzt abgerufen am 30.1.2026).

72 Hapag-Lloyd Green Financing Framework Version 2.0, https://www.hapag-lloyd.com/content/dam/website/downloads/ir/HLAG_Brochure_Green_Finance_Framework_v2.0.pdf (zuletzt abgerufen am 30.1.2026).

73 *Rahn/Sebralla*, in: Fellenberg/Kment, Taxonomie-VO, Art. 8 Rn. 25.

74 *Rahn/Sebralla*, in: Fellenberg/Kment, Taxonomie-VO, Art. 8 Rn. 25.

75 *Rahn/Sebralla*, in: Fellenberg/Kment, Taxonomie-VO, Art. 8 Rn. 25.

76 *Rahn/Sebralla*, in: Fellenberg/Kment, Taxonomie-VO, Art. 8 Rn. 26.

77 Siehe Maersk Green Financing Framework February 2024, https://investor.maersk.com/system/files-encrypted/nasdaq_kms/assets/2024/02/23/4-08-39/APMM_Green%20Financing%20Framework_2024.pdf (zuletzt abgerufen am 30.1.2026).

liert.[78] Eine Einordnung der Projekte als „eligible" oder „aligned" dient somit lediglich der Differenzierung und der Transparenz.

4. Second Party Opinion

17 Die LMA empfiehlt, das Green Financing Framework zusätzlich durch eine Second Party Opinion (SPO), ein Gutachten eines unabhängigen Dritten, bestätigen zu lassen.[79] Eine SPO ist eine unabhängige externe Stellungnahme, die die Übereinstimmung eines grünen Finanzierungsinstruments oder eines Green Financing Frameworks mit anerkannten Markstandards bewertet.[80] Sie dient auch der Erhöhung der Transparenz und Glaubwürdigkeit und wird im Markt, insbesondere von Bankenseite gefordert. Hierbei nimmt der DNV eine bedeutende Rolle als externer Gutachter ein. Der DNV wurde im Jahr 1864 als Mitgliedschaftsorganisation in Oslo mit dem Ziel gegründet, eine zuverlässige und einheitliche Klassifikation und Besteuerung norwegischer Schiffe zu ermöglichen.[81] Heute ist der DNV eine weltweit führende und anerkannte Klassifikationsgesellschaft in der maritimen Industrie.[82] In der Praxis prüft der DNV daher häufig, ob Projekte taxonomiefähig und/oder taxonomiekonform sind, ohne die Finanzierung allein wegen fehlender Taxonomiekonformität als nicht „grün" einzustufen, sofern die Transaktion den GLPs entspricht.[83]

IV. Umsetzung in der Kreditvertragsdokumentation eines Green Loans

18 Wie nun die vorgenannten GLPs, die Poseidon Principles oder das Green Financing Framework konkret in die Kreditvertragsdokumentation im Rahmen eines Green Loans für Schiffsfinanzierungen einfließen, wird in diesem Abschnitt beschrieben.

---

78 Siehe Maersk Green Financing Framework February 2024, https://investor.maersk.com/system/files-encrypted/nasdaq_kms/assets/2024/02/23/4-08-39/APMM_Green%20Financing%20Framework_2024.pdf (zuletzt abgerufen am 30.1.2026).

79 Siehe Green Loan Principles (26 March 2025), https://www.lma.eu.com/application/files/1917/4298/0817/Green_Loan_Principles_-_26_March_2025.pdf (zuletzt abgerufen am 30.1.2026).

80 DNV, https://www.dnv.com/services/second-party-opinions-for-sustainable-finance/ (zuletzt abgerufen am 30.1.2026).

81 DNV, https://www.dnv.de/ueber-uns/uebersicht/historie/ (zuletzt abgerufen am 30.1.2026).

82 DNV, https://www.dnv.de/ueber-uns/ (zuletzt abgerufen am 30.1.2026).

83 DNV, https://www.dnv.com/services/second-party-opinions-for-sustainable-finance/ (zuletzt abgerufen am 30.1.2026).

1. Typische Green Loan Clauses

Die Green-Loan-Bestimmungen sind in der Kreditvertragsdokumentation nicht als separater Abschnitt zu finden, sondern als Sonderregelungen, die sich systematisch in die jeweiligen Abschnitte des Loans integrieren. **19**

a) Präambel und Zweckbestimmung

Ausgangspunkt bildet die Präambel und die Zweckbestimmung („use of proceeds"), hier kann explizit auf die Bezugnahme des Green Financing Frameworks als externes Referenzdokument verwiesen werden, indem sichergestellt wird, dass die Finanzierung der Schiffe in Übereinstimmung mit dem Green Financing Framework erfolgt. Das Green Financing Framework wird entsprechend definiert unter Bezugnahme auf die GLPs und die SPO. **20**

b) Greenspezifische Ship Covenants

Die Green-Loan-Bestimmungen können in den eigenständigen Ship Covenants abgebildet werden. Neben schiffsspezifischen Anforderungen zum Flaggenstaat oder Management des Schiffes kann hier insbesondere der Bezug zu den Poseidon Principles aufgenommen werden und dass der Kreditnehmer verpflichtet ist, sämtliche Informationen, die für die Kreditgeber, die den Poseidon Principles beigetreten sind und die zur Einhaltung der Poseidon Principles beitragen, zur Verfügung zu stellen. Ferner kann die Pflicht zur Verfügungstellung des Green Financing Frameworks und der Einholung der SPO aufgenommen werden. Hierbei handelt es sich um Nebenpflichten, nicht um Hauptleistungspflichten. Die Kreditgeber dürfen ohne weitere Prüfung auf die Angaben vertrauen. **21**

c) Representations (Zusicherungen), Events of Default (Kündigung)

In den Representations (Zusicherungen) kann aufgenommen werden, dass der Kreditnehmer zusichert, keine Umweltgesetze zu verletzen. Umweltgesetze können unter anderem als EU ETS oder Fuel EU Maritime definiert werden, sodass eine entsprechende Einhaltung durch den Kreditnehmer gewährleistet wird. Auch die Zusicherung zu taxonomiefähigen Projekten kann ergänzt werden. Es sollte jedoch klarstellend aufgenommen werden, dass ein Verstoß gegen etwaige Green Loan Represenations oder etwaige Reportingpflichten unter den Ship Covenants nicht zu einem Kündigungsgrund führt, sondern lediglich ein Deklassifizierungs-Event, mit einer entsprechenden Heilungsfrist, auslöst, mit der Folge, dass der Kreditnehmer den Kredit nicht mehr als „grün" vermarkten darf und der „grüne Status" verloren geht. Eine Auswirkung auf die Marge oder Laufzeit erfolgt nicht. Durch die Aufnahme des Deklassifizierungs-Events wird verhindert, dass eine Zusicherung zur außerordentlichen Kündigung der Kredit- **22** verträge führt.[84] Ein Verstoß gegen die Green-Loan-Bestimmungen kann auch ergänzend in den Kündigungsgründen als Kündigungsgrund ausgeschlossen werden.

V. Ausblick

23 Grüne Schiffsfinanzierungen können auf dem Weg zur Dekarbonisierung den ökologischen Umbau der Schifffahrt finanziell beschleunigen und dazu beitragen, dass die CO_2-Emissionen entsprechend reduziert werden. Dabei können die Finanzierungen an die jeweiligen Strategien der Reedereien und damit an deren Engagement angepasst werden. Allerdings ist neben den eigenständig entwickelten Zielen und Bestrebungen der Reedereien vor allem ein internationaler und länderspezifischer Rechtsrahmen erforderlich. Die Schifffahrt ist eine internationale Branche und sie kann nur dann effektiv funktionieren, wenn Vorschriften und Standards auf internationaler Basis vereinbart, angenommen und umgesetzt werden.[85] Die Aussetzung der Verhandlungen der IMO kann nun zu erheblicher regulatorischer Unsicherheit für die maritime Wirtschaft führen.[86] Da die Schifffahrt durch langfristige Investitionen und eine hohe Kapitalintensität geprägt ist, erschwert das Fehlen klarer internationaler Vorgaben insbesondere Entscheidungen über den Einsatz zukunftsfähiger Antriebstechnologien und Treibstoffe. In der Folge besteht die Gefahr, dass die Reedereien und Finanzierungsinstitute zurückhaltend investieren. Zudem besteht das Risiko einer regulatorischen Fragmentierung, da einzelne Staaten und Regionen, insbesondere die Europäische Union, eigene, teils weitergehende Regelwerke implementieren. Diese Entwicklung kann nicht nur zu Wettbewerbsverzerrungen führen, sondern auch das Risiko für „stranded assets“ (Vermögenswerte, die unter unerwarteten oder vorzeitigen Abschreibungen, Abwertungen oder der Umwandlung in Verbindlichkeiten gelitten haben[87]) erhöhen, für die Reedereien eine Entschädigung verlangen könnten und zudem den Transformationsprozess der Schifffahrt insgesamt verlangsamen.[88] Ein Teil der Reedereien wird sich vermutlich abwartend verhalten und entsprechend zurückhaltend investieren, andere Reedereien, wie Hapag-Lloyd oder A.P. Møller-Maersk, werden weiterhin zielgerichtet nach ihrer Strategie in nachhaltige

84 Siehe *Diem*, in: Diem/Jahn, Acquisition Finance Agreements in Germany, S. 264 Rn. 8.

85 IMO, https://www.imo.org/en/about/pages/default.aspx (zuletzt abgerufen am 30.1.2026).

86 Deutsche Verkehrs-Zeitung „Die Welt kann sich den IMO-Stillstand nicht leisten“ v. 21.10.2025, https://www.dvz.de/politik/detail/news/die-welt-kann-sich-den-imo-stillstand-nicht-leisten.html (zuletzt abgerufen am 30.1.2026).

87 Siehe auch die Definition „stranded assets“ in Gabler-Bankenlexikon, https://www.gabler-banklexikon.de/definition/stranded-asset-99717 (zuletzt abgerufen am 30.1.2026).

88 Siehe auch *Schlemmer*, BKR 2025, 823, 827.

Schiffe investieren. Dies zeigt die Bestellung von Hapag-Lloyd im Dezember 2025 von weiteren acht neuen Dual-Fuel Methanol Containerschiffen mit jeweils 4.500 TEU, deren Auslieferung für 2028 und 2029 geplant ist. Das Investitionsvolumen beträgt mehr als 500 Millionen US-Dollar. Die Schiffe werden bis zu 30% effizienter als ältere Schiffsgenerationen in der gleichen Größenklasse sein. Damit wird deutlich, dass Reedereien unabhängig von dem Tempo internationaler Regulierungen handeln und somit auch grüne Schiffsfinanzierungen und deren Ausgestaltung weiter an Bedeutung gewinnen.

Kapitel 24

ESG-Klauseln in Verträgen. Nachhaltigkeitsfachliche Perspektiven für Unternehmen, Finanzierer, Fonds und Investoren im Jahr 2026

Unverständnis, Schulterzucken und die Frage nach dem „Wozu“ – wer vor rund zehn Jahren vorschlug, Nachhaltigkeitsvorgaben vertraglich abzubilden, erntete in der Regel alles andere als Begeisterung. Es gäbe keinen Grund hierzu – so schätzten Anwälte im Allgemeinen den Bedarf ein. 1

Rund zehn Jahre später ist die Welt eine andere. Prinzipien des nachhaltigen Wirtschaftens wurden verrechtlicht[1] – mit einer Welle an ESG-Vorgaben für den regulierten Bereich wie die Industrie gleichermaßen. Einher mit verschiedenen direkten regulatorischen Sorgfalts- und Berichtspflichten gehen eine Reihe ESG-Pflichten für Unternehmen, Finanzierer, Fonds und Investoren, auf die unter dem Schlagwort „Trickle Down“-Effekt Bezug genommen wird. 2

Der „Trickle Down“-Effekt[2] bezeichnet in diesem Kontext, dass Unternehmen, Finanzierer, Fonds und Investoren Teile ihrer eigenen ESG-Pflichten in ihre Wertschöpfungskette mitnehmen – und damit nicht nur an Zulieferer, sondern an Geschäftspartner sowie im Rahmen von Finanzierungen und Investitionen verschiedener Art generell an Transaktionsparteien weitergeben bzw. diese gemeinsam aufgreifen müssen. Aufgrund verbundener Haftungsrisiken erfolgt die Weitergabe hiermit im Zusammenhang stehender unmittelbarer und mittelbarer Pflichten bzw. die Abbildung einer kommerziell sinnvollen Risikoverteilung mehr und mehr auf vertraglichem Wege. 3

Dieser vom Gesetzgeber prinzipiell intendierte „Trickle Down“-Effekt ist in Verbindung mit der Etablierung von nachhaltigem Wirtschaften als neuem Performance-Kriterium durch die stärkere Bindung von Finanzierungskonditionen an Nachhaltigkeitsfaktoren sowie den verschärften Haftungsrisiken, ein zentrales (und durchaus raffiniertes) Element des European Green Deals, mit dem Ziel, Unternehmen, Finanzierer, Fonds und Investoren verstärkt zur Integration von Prinzipien nachhaltigen Wirtschaftens in ihre Geschäftsaktivitäten zu zwingen. Ungeachtet des European Green Deals sowie jüngsten Diskussionen um eine Abschwächung seiner Vor- 4

1 *Frank-Fahle/Falder/Lemmerz*, Quick Guide Compliance, ESG und Investigations in Emerging Markets. Ein Leitfaden für Praktiker, S. 11 ff.

2 Vgl. *Schulz*, Compliance Management im Unternehmen. Grundlagen, Erfolgsfaktoren und praktische Umsetzung, S. 3

gaben ist ökonomische Realität, dass Nachhaltigkeitsrisiken (insbesondere klimabezogene) für Unternehmen weiterhin weit oben auf der Agenda stehen.[3]

5 Dementsprechend sind Unverständnis, Schulterzucken und die eingangs fiktiv zitierte Frage nach dem „Wozu" hinsichtlich der vertraglichen Abbildung von Nachhaltigkeitsvorgaben inzwischen einem realistischen Pragmatismus gewichen. Begeisterung stellt sich zwar nach wie vor selten ein; alldieweil ist das rechtliche Aufgreifen von Nachhaltigkeitsvorgaben nichts Ungewöhnliches mehr. Die Diskussion kreist vielmehr um das „Wie". Um eine klarere Bindungswirkung herzustellen und damit eine bestmögliche Weitergabe von ESG-Pflichten bzw. Risikoverteilung zu ESG-Themen sicherzustellen, bewegen sich die eingeschlagenen vertraglichen Wege beispielsweise inzwischen vermehrt weg von Code-of-Conduct-Konstruktionen hin zu der Aufnahme von ESG-Klauseln.

6 Der Bandbreite der Vertragsarten, in denen ESG-Klauseln zum Einsatz kommen können, sind dabei keine Grenzen gesetzt. Ein Projekt, in dem dies bereits heute eindrucksvoll gezeigt wird, ist The Chancery Lane Project (nachfolgend TCLP):[4] eine aus UK stammende, inzwischen internationale, gemeinnützige Kooperation, die Muster-Klimaschutzklauseln für verschiedenste Verträge entwickelt und auf ihrer Website kostenlos zur Verfügung stellt.[5] Die Bandbreite der Vertragsarten sowie Jurisdiktionen, für die in der öffentlich zugänglichen Datenbank des TCLP ESG-Musterklauseln zur Verfügung gestellt werden, wächst stetig. Selbst für als aus deutscher Sicht „exotisch" empfundene Vertragsarten finden sich Klauseln. Seit 2023 sind auch Klimaschutz-Musterklauseln nach deutschem Recht auf der TCLP-Website abrufbar.

7 Autoren dieser ESG-Musterklauseln sind Teams, die aus Anwälten verschiedener Kanzleien, Unternehmen und anderen Marktteilnehmern bestehen, um eine hohe juristische Qualität sowie Praktikabilität ihrer ESG-Klauseln sicherzustellen. Die Teams sind nach Praxis- und Branchenschwerpunkten organisiert. Die Arbeit erfolgt auf Pro-bono-Basis. Dieser kooperative Aspekt ist auf dem Rechtsmarkt außergewöhnlich; im Sinne des 17. United Nations Sustainable Development Goals (UNSDG) das empfiehlt, Partnerschaften für eine nachhaltige und inklusivere Wirtschaft einzugehen, ist er es nicht, sondern entspricht dem dort formulierten Gedanken.

8 Tatsächlich entstammt die TCLP-Initiative einer idealistischen Strömung, die sich gefragt hat, welchen Beitrag Anwälte und Unternehmensjuristen für Nachhaltigkeit im Allgemeinen und Klimaschutz im Speziellen leisten können. Obwohl (noch) nicht qualitativ messbar, liegt dem TCLP die Überzeugung zugrunde,

---

3 Allianz Risk Barometer 2026 v. 14.1.2026: https://commercial.allianz.com/news-and-insights/news/allianz-risk-barometer-2026/de.html.

4 https://chancerylaneproject.org/

5 https://chancerylaneproject.org/.

mit juristischen Instrumenten, wie entsprechenden Vertragsklauseln, als Jurist einen wesentlichen Beitrag zu einem verringerten ökologischen Fußabdruck der Wirtschaft leisten zu können. Diesem Ansatz wird großes Potenzial beigemessen.[6] Die Begründung ist simpel wie plausibel: Verträge regeln einen enormen Anteil wirtschaftlicher Aktivitäten weltweit. Ferner seien Verträge im Gegensatz zu Verordnungen und Gesetzen schneller anpassbar, einsetzbar und nutzbar, um Klimaschutzziele rechtlich verbindlich zu machen, wird die ehemalige Leiterin der TCLP-Initiative *Becky Clissmann* sinngemäß zitiert.[7]

Dabei liegt das Ziel des TCLP nicht bloß darauf, ESG-Klauseln auszuformulieren. Im Sinne eines „Walk the Talk"-Ansatzes wird seitens der Initiatoren des Projekts betont, Dialoge zwischen den Stakeholdern bzw. Vertragsparteien zu Nachhaltigkeits- und Klimaschutzthemen zu fördern sowie gewissermaßen zu einem Standard erheben zu wollen, so wie Gerichtsstandklauseln, Datenschutzthemen oder Vergleichbares Teil in quasi jeder Vertragsgestaltung und -verhandlung im Wirtschaftsleben sind. ESG-Themen sollen bei jedem Vertragswerk mitgedacht werden. 9

Derartige Initiativen plus die stetig wachsende Praxiserfahrung sind dabei, den Weg zu erprobten Standards und Herangehensweisen zu ESG in der Vertragsgestaltung zu pflastern. Möglicherweise wird dies sogar durch den „Omnibus"[8] gefördert. Eine klare vertragliche Regelung mag innerhalb dieser Gemengelage, in dem die konkreten regulatorischen ESG-Vorgaben und -Pflichten einerseits schwanken, andererseits der weiter oben beschriebene „Trickle Down"-Effekt allerdings bestehen bleibt, möglicherweise ein attraktiver Lösungsansatz im Zusammenhang mit der regulatorischen Unsicherheit sein, insbesondere für die vom Omnibus tangierten ESG-Themen, die in Transaktionen, Finanzierungen und Investitionen ungeachtet dessen relevant bleiben. 10

Denn jenseits der regulatorischen, juristischen und „aktivistischen" bzw. nachhaltigkeitsfachlichen Realitäten finden sich gute Gründe, sich mit der Abbildung von Nachhaltigkeitsthemen in ESG-Klauseln auch aus kommerzieller Sicht befassen zu müssen. Zum Beispiel als „Verhandlungsargument" in M&A-Transaktionen.[9] Identifizierte ESG-Themen können ungeachtet der regulatorischen Ent- 11

6 Vergleich Thomson Reuters Practical Law: *Kalajdžić/Fromm*, Law Firms and ESG. Getting it right v. 26.2.2022, https://uk.practicallaw.thomsonreuters.com/w-035-6632?transitionType=Default&contextData=(sc.Default) (zuletzt aufgerufen am 16.2.2026).

7 Work for Climate v. 12.12.2022, https://www.workforclimate.org/post/the-chancery-lane-project-is-hacking-contract-law-for-the-climate (zuletzt aufgerufen am 24.1.2026).

8 News European Parliament v. 16.12.2025, https://www.europarl.europa.eu/news/en/press-room/20251211IPR32164/simplified-sustainability-reporting-and-due-diligence-rules-for-businesses (zuletzt aufgerufen am 24.1.2026).

9 *Niggemann/Hofer/Everling/Schmitz/Dahlhausen*, ESG als Treiber von M&A. Unternehmenskäufe und Zusammenschlüsse erfolgreich managen.

wicklungen im Rahmen der Kaufpreisanpassungsklausel Eingang finden. Ein festgesetztes Bußgeld ist bspw. ein messbarer Schaden und kann den Kaufpreis bereits mindern. Alternativ kann ein ESG-Risiko aber auch eingepreist und zunächst vom Kaufpreis abgezogen werden. Zugleich wird ein Earn-out-Mechanismus vorgesehen, wonach ein Teil des an den Verkäufer zu zahlenden Kaufpreises vom Eintritt bestimmter in der Zukunft liegender Bedingungen abhängt. So könnte bspw. ein Zuschlag auf den Kaufpreis vereinbart werden, wenn eine gewisse CO_2-Bilanz-Größe oder bestimmte prozentuale Reduktions-Ziele erreicht werden. Alternativ sind auch bestimmte ESG-Ratings-Score dahingehend denkbar, wie beispielsweise eine bestimmte Punktzahl bei einem EcoVadis-Audit. Für den Käufer bedeutende ESG-Themen können zudem als aufschiebende Bedingungen (Closing Conditions) oder in weicherer Form als Verkäuferpflichten als Post-Closing- oder Post-Merger-Integrations-Maßnahmen aufgenommen werden. Darüber hinaus können Garantien und Freistellungen allgemeine ESG-Risiken abdecken oder mit Blick auf erhöhte Risiken der jeweiligen Geschäftstätigkeit angepasst werden. Ein Käufer kann so identifizierte ESG-Risiken mit dem üblichen Vertragshandwerk bespielen bzw. sich vor ESG-Risiken im Rahmen einer Transaktion mit den klassischen Instrumentarien eines M&A-Vertrags schützen.[10]

12 Es mag strategische Gründe und immer mehr pragmatische Sachzwänge geben, über ESG-Klauseln und ihren vermehrten Einsatz in der Praxis nachzudenken. Aber gleich, ob hieraus, oder wie das TCLP aus der Ambition bzw. dem Potenzial heraus getrieben, über die Entwicklung und Bereitstellung von Muster-Vertragsklauseln auf einem Terrain, in dem Standards und Best Practices noch rar gesät sind, einen Beitrag zu einer nachhaltigeren Wirtschaft zu leisten und dahingehendes zu wenig genutztes Potenzial zu heben, oder aus rein kommerziellen Gründen: die Entwicklung, Etablierung und nicht zuletzt Anwendung von ESG-Klauseln ist eine höchst anspruchsvolle Aufgabe. One-Size-Fits-All-Lösungen sind auch im ESG-Bereich Grenzen gesetzt. Musterklauseln sind das eine, der Einbau in einen konkreten Vertrag mit einem für die Vertragsparteien zufriedenstellenden Gleichgewicht aus Anreizen und Sanktionen das andere. Hier sind und bleiben spezialisierte Anwälte gefragt. Das Schulterzucken im Hinblick auf Nachhaltigkeitsvorgaben in Verträgen mag heute der Vergangenheit angehören. Individuelle Überlegungen, Verhandlungen und Lösungen definitiv nicht.

10 CMS Blog v. 13.7.2022, https://www.cmshs-bloggt.de/rechtsthemen/sustainability/sustainability-social-and-human-rights/fuenf-mythen-zu-esg-in-ma-transaktionen/ (zuletzt aufgerufen am 24.1.2026).

Kapitel 25

Verbriefungen – im Spagat zwischen Regulierung und Standardisierung

1 Die Diskussion über Verbriefungen in Europa ist seit der globalen Finanzkrise von 2008 von einer bemerkenswerten Ambivalenz geprägt, neutral formuliert. Kaum ein anderes Finanzierungsinstrument wurde regulatorisch derart umfassend behandelt und zugleich politisch so kontrovers diskutiert, basierend auf einer unzureichenden Berücksichtigung der Ursachen der globalen Finanzkrise in amerikanischen Verbriefungen und der gleichzeitig exzellenten Performance europäischer Verbriefungen. Während Verbriefungen vor der Krise häufig als effizientes Mittel zur Refinanzierung und Risikoallokation galten, wurden sie in der Folgezeit vielfach zum Synonym für Intransparenz, Komplexität und Fehlanreize. Inzwischen ist die Debatte in Kreisen der Fachwelt, Wissenschaft und Finanzaufsicht sachlicher geworden. Gerade vor dem Hintergrund hoher Transformations- und Investitionsbedarfe tritt zunehmend in den Vordergrund, dass Verbriefungen – richtig ausgestaltet – einen strukturellen Beitrag zur Finanzierung der Realwirtschaft leisten können. Die Frage darf daher heute nicht lauten, ob Verbriefungen grundsätzlich „gut“ oder „schlecht“ sind, sondern ob der europäische Rahmen die volkswirtschaftlich wünschenswerten Verbriefungen ermöglicht, ohne Stabilität und Integrität des Finanzsystems zu gefährden.

2 Verbriefungen wirken auf die Finanzierung der Realwirtschaft in doppelter Weise. Sie entfalten eine unmittelbare Wirkung, wenn Unternehmen eigene Forderungen – etwa aus Lieferungen und Leistungen, Leasing- und Mietverhältnissen oder aus Kreditportfolien von non-bank Finanzierungsplattformen – bündeln, strukturieren und über den Kapitalmarkt refinanzieren. In diesen Fällen fließt Kapital direkt aus dem Investorenkreis in die Unternehmensfinanzierung, was den Finanzierungsmix verbreitern und Abhängigkeiten von einzelnen Finanzierungsquellen reduzieren kann. Diese unmittelbare Wirkung ist insbesondere dort relevant, wo Forderungsbestände planbar sind und die Strukturierungskosten durch hinreichendes Volumen getragen werden können.

3 Mindestens ebenso bedeutsam ist die mittelbare Wirkung. Der überwiegende Teil europäischer Verbriefungen wird weiterhin von Banken und banknahen Finanzintermediären initiiert. Durch den Transfer oder die Absicherung von Kreditrisiken können regulatorische Eigenmittel entlastet oder effizienter eingesetzt werden. Das erhöht die Kreditvergabekapazität des Bankensektors signifikant: Freigesetzte Eigenmittel können für neue Kredite an Unternehmen und private Haushalte verwendet werden, ohne dass die Kreditvergabe allein durch Bilanzsummen und harte Eigenmittelunterlegung begrenzt bleibt. In einem bankbasierten System

wie dem europäischen ist diese Hebelwirkung gesamtwirtschaftlich zentral – nicht als „Trick", sondern als Ausdruck einer arbeitsteiligen Finanzierung, bei der Kreditrisiken dort getragen werden, wo sie am besten verarbeitet werden können.

4 Vor diesem Hintergrund ist es folgerichtig, Verbriefungen in den größeren Kontext der europäischen Wettbewerbsfähigkeits- und Resilienzdebatte einzuordnen. Europa steht vor erheblichen Investitionsanforderungen: Dekarbonisierung, Digitalisierung, Modernisierung kritischer Infrastruktur sowie die Stärkung der Verteidigungsfähigkeit erfordern über Jahre hinweg hohe, planbare Finanzmittel. Gleichzeitig sind Bankbilanzen durch Eigenmittel-, Liquiditäts- und Verschuldungsanforderungen limitiert. Diese Limitationen sind aus Stabilitätsperspektive sinnvoll, sie reduzieren aber den Spielraum, Investitionswellen allein über klassische Bankkredite zu finanzieren. Verbriefungen können hier als ergänzender Finanzierungsbaustein wirken, indem sie die aktive Portfoliosteuerung ermöglichen und so zusätzliche Kreditkapazität für die Realwirtschaft freisetzen.

5 Mit Wirkung zum 1.1.2019 trat die europäische Verbriefungsverordnung (Securitisation Regulation, SECR)[1] in Kraft. Sie schuf erstmals einen unionsweit einheitlichen Rahmen für Verbriefungen, einschließlich umfangreicher Transparenzpflichten, Sorgfaltspflichten für Investoren, Vorgaben zur Risikoeinbehaltspflicht sowie des Konzepts einfacher, transparenter und standardisierter Verbriefungen (STS). Ergänzt wird die SECR durch die Capital Requirements Regulation (CRR),[2] die die Eigenmittelanforderungen für Banken als Investoren und Originatoren (inklusive der spezifischen Methoden zur Risikogewichtung von Verbriefungspositionen) detailliert festlegt. Der Anspruch dieser Architektur war klar: Verbriefungen sollten wieder möglich werden, aber nur in einer Qualität, die Vertrauen rechtfertigt und Fehlanreize begrenzt.

6 Dieser Anspruch ist nur teilweise erreicht worden, um den Preis erheblicher Komplexität und übermäßig hohen Kapitalanforderungen, die nicht ansatzweise durch empirische Ausfallraten zu rechtfertigen sind. Die europäische Verbriefungsregulierung ist heute bereits weitgehend standardisiert, weil sie unmittelbar in allen Mitgliedstaaten gilt und durch technische Regulierungsstandards weiter konkretisiert wird. Der zentrale Engpass liegt daher nicht in fehlender Standardisierung der Aufsichtsvorgaben, sondern in deren Überkomplexität, Detailtiefe und Präskriptivität. In der Praxis bedeutet das hohe Rechts- und Prozesskosten, umfangreiche Dokumentations- und Reportingpflichten sowie eine starke Abhängigkeit

1 Verordnung (EU) 2017/2402 des Europäischen Parlaments und des Rates vom 12. Dezember 2017 zur Festlegung eines allgemeinen Rahmens für Verbriefungen und zur Schaffung eines spezifischen Rahmens für einfache, transparente und standardisierte Verbriefungen.

2 Verordnung (EU) Nr. 575/2013 (Capital Requirements Regulation – CRR), zuletzt geändert durch Verordnung (EU) 2019/876 (CRR II) und nachfolgende Änderungen.

von externen Gutachten, Datenformaten und Compliance-Routinen. Diese Last trifft nicht nur kleine Marktteilnehmer; sie wirkt auch bei großen Akteuren als permanente Bremse, die Transaktionsgeschwindigkeit und Skalierbarkeit begrenzt.

Die Folge ist ein strukturelles Problem: Ein Markt, der eigentlich Skaleneffekte und Standardprozesse begünstigen sollte, wird durch übermäßige Spezifikation in kleinteilige Nachweis- und Kontrollanforderungen zerlegt. Das bremst Innovation ebenso wie „Plain Vanilla"-Transaktionen. Die regulatorische Standardisierung existiert also – aber sie ist in ihrer jetzigen Ausprägung viel zu kompliziert. Daraus folgt eine zentrale Leitidee für jede Reform: Europa benötigt nicht mehr Standardisierung im aufsichtsrechtlichen Sinne, sondern weniger Komplexität, klare Proportionalität und risikosensitive Kalibrierung. Vereinfachung ist kein Gegensatz zu Stabilität; sie kann Stabilität sogar fördern, wenn Regeln dadurch besser verstanden, konsistenter umgesetzt und effektiver überwacht werden. 7

Von dieser bereits harmonisierten Aufsichtsebene zu unterscheiden ist die Ebene der nationalen Rechtsordnungen, insbesondere im Zivil-, Steuer-, Unternehmens- und Insolvenzrecht. Hier bestehen tatsächlich große Unterschiede in Europa: Regeln zur Forderungsabtretung, zum gutgläubigen Erwerb, zu Anfechtungsrechten in der Insolvenz oder zur steuerlichen Behandlung bestimmter Zahlungsströme variieren. Diese Heterogenität ist allerdings in der Praxis für Strukturierungen nicht schädlich, da grenzüberschreitende Portfolien selten als True-Sale-Verbriefungen strukturiert werden und die unterschiedlichen Rechtsvorschriften für synthetische Verbriefungen nicht relevant sind. Die Einbindung von Investoren aus mehreren Jurisdiktionen ist über die SECR unproblematisch möglich. Eine Harmonisierung mag zwar aus integrationspolitischer Perspektive wünschenswert sein – etwa im Zusammenhang mit dem jüngst von der Kommissionspräsidentin angestoßenen Diskurs über ein „28. Regime" bzw. eine „EU Inc.".[3] Für die kurzfristige und mittelfristige Stärkung der europäischen Verbriefungsmärkte ist sie jedoch weder notwendig noch hinreichend. Notwendig ist sie nicht, weil robuste Verbriefungsmärkte auch in rechtlich heterogenen Räumen existieren können, solange Aufsichtsrahmen und Kapitalunterlegung die ökonomische Funktion nicht übermäßig hemmen. Hinreichend ist sie nicht, weil selbst eine perfekte zivilrechtliche Harmonisierung wenig bewirken würde, wenn die Kapitalanforderungen und Prozesspflichten weiterhin überproportional sind. 8

Die Reformdebatte ist deshalb untrennbar mit der Kapitalmarktunion und der europäischen Wettbewerbsfähigkeitsagenda verbunden. In den Berichten von 9

3 Vgl. Europäische Kommission, 2026, https://ec.europa.eu/commission/presscorner/detail/de/ac_26_171 (zuletzt abgerufen am 23.2.2026).

Draghi,[4] *Noyer*[5] und *Letta*[6] wird wiederholt betont, dass Europa mehr privates Kapital mobilisieren, seine Kapitalmärkte vertiefen und Fragmentierungen abbauen muss, um Investitionsbedarfe zu decken und im globalen Wettbewerb zu bestehen. Verbriefungen werden in diesem Kontext als Instrument gesehen, das Banken entlasten, Investoren Zugang zu granularen Kreditrisiken eröffnen und die Risikoteilung zwischen Bankensystem und Kapitalmarkt verbessern kann. Der Taskforce-Bericht von True Sale International GmbH (TSI) und dem Bundesverband deutscher Banken (BdB) knüpft daran an und formuliert konkrete Reformansätze zur Stärkung des europäischen Verbriefungsmarktes.[7] Ergänzende Analysen und praxisnahe Einordnungen werden fortlaufend auf www.tsi-kompakt.de bereitgestellt.[8]

10 Vor diesem Hintergrund leitete die Europäische Kommission (DG FISMA) im vierten Quartal 2024 eine Konsultation zur Überprüfung des Verbriefungsrahmens ein.[9] Diese Konsultation markierte nicht nur ein technisches Review, sondern auch ein politisches Signal: Verbriefungen sollen als Teil der Kapitalmarktunion wieder funktionsfähiger werden. Im Anschluss veröffentlichte die Kommission am 17.6.2025 Gesetzgebungsvorschläge zur Änderung des bestehenden Rahmens.[10] Aus fachlicher Perspektive weist der Kommissionsentwurf jedoch große Schwächen auf. Er adressiert zwar einzelne Prozessfragen und punktuelle Klarstellungen, bleibt aber bei der Kernfrage – der sachgerechten und international wettbewerbsfähigen Kalibrierung der Kapitalanforderungen – zu zaghaft. Damit droht der Entwurf, die strukturelle Benachteiligung hochwertiger europäischer Verbriefungen gegenüber anderen Jurisdiktionen fortzuschreiben und die angestrebte Marktbelebung zu verfehlen.

11 Die Position des Rates, verabschiedet am 19.12.2025,[11] nimmt gegenüber dem Kommissionsentwurf einige wesentliche Verbesserungen vor. Sie stärkt in Teilen

---

4 *Draghi*, The Future of European Competitiveness, Bericht an die Europäische Kommission, 2024.

5 *Noyer*, Bericht zur Kapitalmarktintegration und Finanzstabilität, 2024.

6 *Letta*, Much More Than a Market, Bericht zur Zukunft des Binnenmarktes, 2024.

7 TSI/BdB Taskforce: Reformvorschläge zur Stärkung des europäischen Verbriefungsmarktes, 2024, https://www.tsi-kompakt.de/2024/09/abschlussbericht-der-taskforce-verbriefungen-veroeffentlicht/.

8 True Sale International: Fachanalysen und Einordnungen, www.tsi-kompakt.de (zuletzt abgerufen 23.2.2026).

9 Europäische Kommission (DG FISMA): Public Consultation on the Securitisation Framework, 2024, https://www.tsi-kompakt.de/2024/10/eu-kommission-veroeffentlicht-konsultation-zu-verbriefungsregulierung/ (zuletzt abgerufen am 23.2.2026).

10 Europäische Kommission: Gesetzgebungsvorschläge zur Änderung des EU-Verbriefungsrahmens (u. a. Anpassungen der Verordnung (EU) 2017/2402), 17.6.2025.

11 Rat der Europäischen Union: Allgemeine Ausrichtung (General Approach) zur Reform des EU-Verbriefungsrahmens, 19.12.2025.

die Rechtssicherheit, nimmt bestimmte Definitionen genauer vor und zielt auf operative Erleichterungen, die in der Praxis unmittelbar Wirkung entfalten können. Zugleich bleibt die Ratsposition bei den Kapitalanforderungen insgesamt konservativ. Sie spiegelt die traditionelle Präferenz des Rates wider, Stabilitätsfragen vorrangig zu gewichten und Änderungen eher inkrementell vorzunehmen. Diese Vorsicht ist politisch verständlich, sie ist aber ökonomisch riskant, wenn sie dazu führt, dass ein im Kern gesundes Marktsegment dauerhaft unterentwickelt bleibt und Europa Finanzierungspotenziale ungenutzt lässt.

Der Berichtsentwurf des ECON-Rapporteurs vom 12.12.2025[12] zeigt demgegenüber die größten Ambitionen. Er adressiert explizit die Wettbewerbsfähigkeit des europäischen Verbriefungsmarktes und setzt stärker auf Proportionalität und risikosensitive Kalibrierung. In der Logik dieses Entwurfs spiegelt sich die Einsicht, dass hochwertige Verbriefungen nicht wie Krisenprodukte behandelt werden sollten, sondern als infrastrukturelles Finanzierungsinstrument der Kapitalmarktunion. Es ist daher zu hoffen, dass das Europäische Parlament im Mai 2025 eine starke Position verabschieden wird und im anstehenden Trilog im zweiten Halbjahr 2026 wesentliche Teile seiner Änderungsvorschläge umsetzen kann. Nur so bestehen realistische Chancen auf deutliche Verbesserungen der Rahmenbedingungen, die über kosmetische Anpassungen hinausgehen. **12**

Die Bewertung der Reformoptionen sollte jedoch nicht nur an juristischen Textpassagen hängen, sondern an ihrer wahrscheinlichen Wirkung auf Marktliquidität, Investorenbasis und Kreditkapazität. Ein europäischer Verbriefungsmarkt kann nur dann substanziell wachsen, wenn der regulatorische Rahmen die ökonomische Funktion der Verbriefung nicht überproportional verteuert. Transparenz und Sorgfaltspflichten sind zentral; sie dürfen aber nicht in eine Übersteuerung münden, bei der zusätzliche Seiten an Reportingpflichten keinen spürbaren Gewinn an Risikokontrolle mehr bringen, sondern nur Kosten. Ähnliches gilt für Kapitalanforderungen: Sie müssen Risiken abbilden und Fehlanreize begrenzen, sollten aber dort, wo empirische Daten stabile Performance belegen, nicht künstlich hohe Kapitalkosten erzeugen. **13**

Besonders wichtig ist in diesem Zusammenhang die Unterscheidung zwischen Qualitätssicherung und Mikro-Management. Die SECR hat mit STS einen Qualitätsstandard geschaffen; die Frage ist, ob dieser Standard im Zusammenspiel mit der CRR tatsächlich zu einer risikoadäquaten Kapitalentlastung führt. Wenn das nicht der Fall ist, bliebe STS in Teilen ein Label ohne hinreichende ökonomische Wirkung. Gerade in der Kapitalmarktunion sollte ein Qualitätsstandard jedoch nicht nur deklaratorisch sein, sondern in klaren, nachvollziehbaren Anreizen münden – insbesondere in der Ansprache langfristiger Investoren, die stabile, **14**

---

12 Europäisches Parlament, Ausschuss für Wirtschaft und Währung (ECON): Berichtsentwurf (Draft Report) zur Reform des EU-Verbriefungsrahmens, 12.12.2025.

transparente und gut strukturierte Kreditrisiken suchen. Daher ist das von der Europäischen Kommission vorgeschlagene Resilienz-Segment für True Sale Verbriefungen abzulehnen, dessen Folge wären eine deutlich erhöht Komplexität, zusätzliche Bürokratiekosten und eine steigende Marktfragmentierung. Vielmehr muss das bereits erfolgreich etablierte STS-Segment weiter gestärkt werden.

15 Der wiederkehrende Ruf nach „Standardisierung" wird in der öffentlichen Debatte gelegentlich missverständlich verwendet. Auf der Ebene der Aufsichtsvorschriften ist Standardisierung bereits Realität. Der Reformbedarf liegt darin, die bestehenden Regeln zu entwirren, zu vereinfachen und praxisnah zu gestalten. Auf der Ebene der nationalen Privatrechtsordnungen ist Harmonisierung hingegen ein langfristiges, politisch anspruchsvolles Projekt. Es kann aus Gründen der Binnenmarktintegration sinnvoll sein, etwa um grenzüberschreitende Unternehmensgründungen zu erleichtern oder Investitionen in der EU zu skalieren. Für die Stärkung der Verbriefungsmärkte ist es jedoch kein vorrangiger Hebel. Weder wird eine zivilrechtliche Harmonisierung automatisch eine Investorenbasis schaffen, noch wird sie die Kapitalkosten senken, solange die aufsichtsrechtliche Behandlung nicht passt. Der Reformfokus sollte deshalb dort liegen, wo Wirkung unmittelbar und mit politisch realistischer Hebelkraft erzielt werden kann: bei Vereinfachung, Klarheit und risikogerechter Kapitalunterlegung.

16 Mit Blick auf das Jahr 2026 wird sich zeigen, ob Europa bereit ist, diesen pragmatischen Weg zu gehen. Der Trilog bietet die Chance, die Balance neu zu justieren. Gelingt es, Komplexität abzubauen, Kapitalanforderungen angemessen zu kalibrieren und regulatorische Kohärenz zu stärken, könnten Verbriefungen ihre doppelte Wirkung – direkte Unternehmensfinanzierung und mittelbare signifikante Erhöhung der Kreditvergabekapazität des Bankensektors – voll entfalten. Misslingt dies, droht eine Fortsetzung der europäischen Unterentwicklung in einem Marktsegment, das international längst als Normalbestandteil moderner Finanzierung gilt.

17 Zugleich wäre es verkürzt, in Verbriefungen allein den Schlüssel zur Stärkung der europäischen Resilienz und Wettbewerbsfähigkeit zu sehen. Die notwendigen Investitionen in Transformation, Innovation, Infrastruktur und Sicherheit werden nicht durch ein einzelnes Finanzierungsinstrument ermöglicht. Verbriefungen sind ein Baustein in einer breiteren Finanzierungsarchitektur – wichtig, aber nicht allein ausreichend. Neben der Finanzierung sind andere, häufig noch wichtigere Rahmenbedingungen erforderlich: ein spürbarer Bürokratieabbau, beschleunigte Planungs- und Genehmigungsprozesse, verlässliche und kohärente Regulierung über Politikfelder hinweg sowie ein langfristiges, geeintes Engagement der Mitgliedstaaten für Wachstum, Integration und strategische Handlungsfähigkeit. Ohne diese strukturellen Voraussetzungen bleibt jede finanzielle Hebelwirkung begrenzt.

Gerade deshalb kommt der Reform des Verbriefungsrahmens besondere Bedeutung zu. Das Dossier liegt seit Jahren im Kontext der Kapitalmarktunion auf dem Tisch. Die Problemanalyse ist abgeschlossen, die Verbesserungsvorschläge sind klar formuliert und in der Fachöffentlichkeit breit diskutiert. Es fehlt nicht an Konzepten, sondern an konsequenter politischer Umsetzung in Brüssel. Wenn Europa seine Kapitalmarktunion ernst nimmt, muss es auch bereit sein, Fehlkalibrierungen zu korrigieren, unnötige Präskription abzubauen und einen Rahmen zu schaffen, der hochwertige Verbriefungen ermöglicht, statt sie strukturell zu benachteiligen. In Zeiten historisch hoher Investitionsbedarfe kann es sich Europa nicht leisten, Finanzierungspotenziale aus regulatorischer Trägheit ungenutzt zu lassen. **18**

Verbriefungen stehen damit weiterhin im Spannungsfeld zwischen Stabilität und Wettbewerbsfähigkeit. Sie sind kein Allheilmittel, aber ein wirksames Instrument zur Mobilisierung privaten Kapitals, zur Diversifizierung der Finanzierungsquellen und zur Stärkung der Finanzierungskraft der Realwirtschaft. Ihre Zukunft in Europa hängt weniger von weiterer regulatorischer Verfeinerung als von mutiger Vereinfachung, sachgerechter Kapitalunterlegung und politischer Entschlossenheit ab. **19**

Anhang

Anhang 1

Kaufvertrag über notleidende Kreditforderungen

zwischen

[…]

als Verkäuferin

und

[…]

als Käufer

DIESER KAUFVERTRAG wird geschlossen zwischen:

(1) […] („**Verkäuferin**")

und

(2) […] („**Käufer**").

Präambel

(A) Die Verkäuferin ist ein Kreditinstitut mit Sitz in […]. Die Verkäuferin beabsichtigt, ein Portfolio von Kreditengagements, wie es in diesem Kaufvertrag als Kaufgegenstand näher beschrieben ist, an den Käufer zu verkaufen und zu übertragen.

(B) Der Käufer ist eine nach dem Recht der […] errichtete Gesellschaft mit Sitz in […].

(C) Um sich vom Verwaltungsaufwand und von Eigenmittelanforderungen zu entlasten, hat sich die Verkäuferin entschlossen, den in diesem Kaufvertrag näher beschriebenen Kaufgegenstand zu veräußern. Die Verkäuferin und der Käufer bezwecken mit dem Abschluss dieses Vertrages und mit der Veräußerung des Kaufgegenstandes eine möglichst vollständige und umfassende Übertragung aller Nutzen und Lasten aus dem Kaufgegenstand und aller Rechte aus den dazugehörigen Kreditverhältnissen von der Verkäuferin auf den Käufer.

(D) Für die Verkäuferin als Kreditinstitut ist es eine wesentliche Voraussetzung für die Übertragung des Kaufgegenstandes auf den Käufer, dass sich die zukünftige Verwaltung des Kaufgegenstandes nach geltendem Recht sowie nach den mit den Kreditnehmern, Sicherungsgebern und den anderen Dritten abgeschlossenen Vereinbarungen richtet und hierbei insbesondere das Bankgeheimnis im Rahmen von dessen Anwendungsbereich strikt beachtet wird.

1. Begriffsbestimmungen und Auslegung

1.1. Begriffsbestimmungen

In diesem Vertrag haben nachstehend aufgeführte Begriffe die folgende Bedeutung, soweit sich aus dem Zusammenhang nichts anderes ergibt:

„**BaFin**" ist die Bundesanstalt für Finanzdienstleistungsaufsicht.

„**Forderung**" ist jede Forderung der Verkäuferin gegen einen Schuldner bestehend aus dem ausstehenden Kapital, den fälligen Zinsen (einschließlich Verzugszinsen) und Kosten einschließlich aller bestehenden und zukünftigen Ansprüche und Rechte sowie den Nebenrechten aus den Forderungen.

„**Gekaufte Forderung**" ist jede in Anlage […] aufgeführte Forderung (Stand: Stichtag) zzgl. etwaiger nach dem Stichtag im Zusammenhang mit den aufgeführten Forderungen entstehenden Zinsen und Kosten.

„**Geschäftstag**" ist jeder Tag, an dem Banken in […] für den allgemeinen Geschäftsverkehr geöffnet sind.

„**Kartellbedingung**"[1] ist die (i) Freigabe des Vollzuges dieses Vertrages ohne Bedingungen und Auflagen durch die zuständigen Kartellbehörden oder (ii) der Ablauf der

1 Sofern gewisse Schwellenwerte für Käufer und Verkäufer überschritten sind, könnte auch eine Anmeldung nach EU-Kartellrecht notwendig sein.

Monatsfrist ohne Untersagung, oder (iii) die schriftliche Mitteilung der zuständigen Kartellbehörden, dass keine Anmeldepflicht besteht oder (iv) die gegenseitige Verständigung der Parteien darüber, dass keine Anmeldepflicht besteht.

„**Kauf-Informationen**" sind alle Informationen und Daten hinsichtlich des Kaufgegenstandes, welche die Verkäuferin dem Käufer während des Prüfungszeitraums zwischen dem [...] und dem [...] zur im Datenraum physisch [online] [auf einer Datenträgerkopie des Datenraums] zur Verfügung gestellt hat.[2]

„**Kaufgegenstand**" ist jede Gekaufte Forderung.

„**Kaufpreis**" ist der gemäß Ziffer 3 für den Kaufgegenstand bestimmte Gesamtkaufpreis.

„**Kreditakte**" ist die von der Verkäuferin geführte Kreditakte, die Unterlagen enthält, die dem Nachweis einer Forderung oder einer Sicherheit dienen und die unter anderem die zugehörigen Stammdaten, Korrespondenz mit Schuldnern, Rechtsanwälten, Grundbuchämtern enthält (mit Ausnahme solcher Unterlagen, die von der Verkäuferin für rein interne Zwecke generiert worden sind), d. h. Dokumente in digitaler Form, vorhandene Originale oder beglaubigte Abschriften hiervon und Korrespondenz (in digitaler Form oder in Papierform) mit Schuldnern, Insolvenzverwaltern und Gerichten der letzten [...] Jahre ab Vollzugstag.

„**Kreditdienstleister**" sind Kreditdienstleistungsinstitute i. S. d. § 2 Absatz 2 KrZwMG sowie, wenn sie Kreditdienstleistungen für einen Kreditkäufer erbringen, (i) im Inland niedergelassene Kreditinstitute mit Erlaubnis zum Erbringen des Kreditgeschäfts oder in einem anderen Vertragsstaat niedergelassene CRR-Kreditinstitute und (ii) Nichtkreditinstitute, die der Beaufsichtigung durch eine zuständige Behörde eines Vertragsstaats nach Artikel 20 der Richtlinie 2008/48/EG oder Artikel 35 der Richtlinie 2014/17/EU unterliegen, wenn sie in diesem Vertragsstaat tätig sind.

„**Kreditdienstleistungen**" sind entsprechend der Definition in § 2 Absatz 3 KrZwMG zu verstehen.

„**KrZwMG**" ist das Gesetz über den Zweitmarkt für notleidende Kredite und über Kreditdienstleistungsinstitute (Kreditzweitmarktgesetz).

„**Nachteil**" ist jeder vermögensrechtliche und wirtschaftliche Nachteil sowie jede Aufwendung (§ 670 BGB) einschließlich Drittaufwendungen, soweit die verpflichtete Partei solche Drittaufwendungen aufgrund außerhalb dieses Vertrages liegender Umstände zu ersetzen hat.

„**Nebenrechte**" sind alle gegenwärtigen und zukünftigen, entstandenen und entstehenden Rechte, selbständige und unselbständige Gestaltungsrechte einschließlich des Kündigungsrechts im Zusammenhang mit dem Kaufgegenstand.

„**Parteien**" sind die Verkäuferin und der Käufer zusammen.

„**SCHUFA**" ist die Schufa Holding AG, eine privatwirtschaftliche deutsche Wirtschaftsauskunftei.

„**Schuldner**" ist jeder Schuldner einer Gekauften Forderung oder Sicherheit.

„**Servicer**" ist [der von dem Käufer bestimmte Dritte], [...] der das Servicing betreibt.

---

2 Hierzu können auch Datentapes gehören.

„**Servicing**" ist die Verwaltung und Abwicklung des Kaufgegenstands, einschließlich der Verwaltung von Zahlungseingängen.

„**Servicing-Übertragungstag**" ist spätestens der [...] Tag nach dem Unterzeichnungstag, soweit die Parteien nichts Anderweitiges vereinbaren.

„**Sicherheit**" ist jede [...] (Stand: Stichtag) schuldrechtliche Sicherheit.

„**Stichtag**" ist der [...].

„**Teilkaufpreis**" ist der auf die einzelnen Gekauften Forderungen und die jeweils dafür bestellten Sicherheiten entfallende Teilkaufpreis, der sich aus Anlage [...] (Teilkaufpreis) ergibt.

„**Unterzeichnungstag**" ist der Tag, an dem die Parteien diesen Kaufvertrag unterzeichnet.

„**Vertragsstaat**" ist ein Mitgliedstaat der Europäischen Union oder ein Vertragsstaat des Abkommens über den Europäischen Wirtschaftsraum.

„**Vollzugstag**" ist der [...]. Geschäftstag nach dem Unterzeichnungstag.

„**Zahlungseingänge**" sind bezogen auf den Kaufgegenstand alle Einzahlungen, Gelder, Einzüge sowie alle sonstigen monetären Vorteile, die eine Zahlungsverpflichtung eines Schuldners ganz oder teilweise erfüllen.

1.2. Bezugnahmen

Soweit dieser Vertrag nicht ausdrücklich etwas anderes bestimmt, beziehen sich Bezugnahmen auf Gesetze, Verordnungen oder privatrechtliche Vereinbarungen jeweils auf deren aktuelle Fassung.

1.3. Zinsberechnung

Sämtliche Zinsen, einschließlich Verzugszinsen, die nach diesem Vertrag zu zahlen sind, werden, soweit nicht ausdrücklich anders bestimmt, gemäß der Effektivzinsmethode/ISMA Rule nach den tatsächlich abgelaufenen Tagen auf der Basis eines kalenderechten Zinsjahres berechnet (*actual/actual*).

1.4. Zahlungen, Fälligkeit, Bankkonten, Steuern

(a) Alle unter diesem Vertrag zu leistenden Zahlungen sind an dem ausdrücklich in diesem Vertrag oder dem von den Parteien festgelegten Tag, ansonsten sofort fällig; sollte eine zu leistende Zahlung an einem anderen Tag als einem Geschäftstag fällig werden, hat diese Zahlung an dem darauffolgenden nächsten Geschäftstag zu erfolgen.

(b) Alle unter diesem Vertrag zu leistenden Zahlungen sind von den Parteien ohne Abzug, Aufrechnung oder Zurückbehaltung zu leisten, soweit im Folgenden nicht ausdrücklich anders vereinbart.

(c) Alle unter diesem Vertrag zu leistenden Zahlungen sind von den Parteien durch Banküberweisung mit taggleicher Wertstellung in frei verfügbaren Mitteln, kosten- und gebührenfrei für den jeweiligen Empfänger zu überweisen:

(i) an den Käufer auf das folgende Bankkonto:

Kreditinstitut: [...]

IBAN: [...]

BIC / SWIFT: [...]

(ii) an die Verkäuferin auf das folgende Bankkonto:

Kreditinstitut:	[...]
IBAN:	[...]
BIC / SWIFT:	[...]

(d) Alle unter diesem Vertrag zu leistenden Zahlungen erfolgen netto, das heißt, ohne Abzug von etwaigen anfallenden Steuern oder sonstigen Abzügen, soweit im Folgenden nicht ausdrücklich anders vereinbart.

1.5. Ziffern und Anlagen

Ziffern und Anlagen sind solche dieses Vertrags.

2. Kaufgegenstand

(a) Die Verkäuferin verkauft hiermit an den Käufer den Kaufgegenstand.

(b) Die Parteien sind sich weiter darüber einig, dass

(i) der Käufer den Kaufgegenstand einschließlich des Delkredererisikos (Risiko der Zahlungsunfähigkeit und -unwilligkeit eines Schuldners) übernimmt,

(ii) dem Käufer alle Zahlungseingänge nach dem Stichtag zustehen, und

(iii) der Käufer nach dem Stichtag sämtliche Aufwendungen nach Ziffer 7.2 der Verkäuferin im Zusammenhang mit dem Kaufgegenstand und dessen Servicing (außer den Sach- und Personalaufwendungen der Verkäuferin vom Stichtag bis zum Servicing-Übertragungstag) trägt.

3. Kaufpreis

3.1. Gesamtkaufpreis

Der vom Käufer an die Verkäuferin zu zahlende Kaufpreis für den Kaufgegenstand beträgt [...] % des Hauptforderungsvolumens, ____________ Euro (in Worten: ________________________________ Euro).

3.2. Fälligkeit

Der Kaufpreis ist am Vollzugstag fällig. Die Verkäuferin wird dem Käufer auf der Grundlage ihrer Information [...] Geschäftstage vor dem voraussichtlichen Vollzugstag die bis dahin festgestellten Zahlungseingänge gemäß Ziffer 2 und Aufwendungen gemäß Ziffer 2 schriftlich mitteilen. Der Käufer ist berechtigt, den Kaufpreis mit dem Saldo der festgestellten Zahlungseingänge und Aufwendungen zu verrechnen (Netting).

3.3. Endgültige Abrechnung

Die Verkäuferin wird dem Käufer innerhalb von [...] Geschäftstagen nach dem Vollzugstag eine Abrechnung über die tatsächlich bis zum Vollzugstag erfolgten Zahlungseingänge gemäß Ziffer 2 und Aufwendungen gemäß Ziffer 2 erstellen und dem Käufer übersenden. Sofern sich aus der Abrechnung eine Differenz zu dem gemäß Ziffer 3.2 gezahlten Betrag ergibt, ist die begünstigte Partei verpflichtet, der jeweils anderen Partei den Differenzbetrag zuzüglich Zinsen in Höhe von [...] % p.a. ab dem Vollzugstag (ausschließlich) bis zum Tag der Zahlung (einschließlich) innerhalb von [...] Geschäftstagen nach Übersendung der Abrechnung zu zahlen.

3.4. Umsatzsteuer

Die Parteien gehen auf Basis des Urteils des Europäischen Gerichtshofs vom 27.10.2011 (Rs. C93/10, „GFKL Financial Services AG“) sowie der Urteile des Bundesfinanzhofs vom 26. Januar 2012 (V R 18/08) und 4. Juli 2013 (V R 8/10) davon aus, dass dieser Vertrag und seine Durchführung keine Umsatzsteuerpflicht bei einer der Parteien auslöst, da es sich bei den vertragsgegenständlichen Forderungen um zahlungsgestörte Forderungen im Sinne des Abschnitts 2.4 Abs. 7 UStAE handelt, deren tatsächlicher wirtschaftlicher Wert zum Zeitpunkt des Vertragsabschlusses dem vereinbarten Kaufpreis entspricht und unter dem Nennwert liegt. Der Käufer erbringt folglich keine umsatzsteuerpflichtige Leistung, insbesondere keine auf die Einziehung der Darlehensforderungen gerichtete Leistung, gegen Entgelt an den Verkäufer. Der Kaufpreis ist daher als Netto-Kaufpreis kalkuliert. Die Parteien gehen ferner davon aus, dass der Verkäufer auf Basis dieses Vertrages im Inland nach § 3a Abs. 2 Satz 1 UStG steuerbare und nach § 4 Nr. 8 Buchstabe c UStG steuerfreie Umsätze im Geschäft mit Forderungen an den Käufer erbringt.

Die Forderungen sind zahlungsgestört im Sinne des Abschnitt 2.4 Abs. 7 Sätze 1f UStAE. Demzufolge erklärt der Verkäufer, da es sich bei den Portfolio-Forderungen um Kreditforderungen handelt, dass die Voraussetzungen für die Kündigung der zugrunde liegenden Kreditverträge vorliegen bzw. eine solche Kündigung durch den Verkäufer bereits vorgenommen wurde. Der Verkäufer erklärt, dem Käufer alle Unterlagen und Informationen zur Verfügung zu stellen, die zur Feststellung der Zahlungsgestörtheit der Portfolio-Forderung erforderlich sind. Sollte das Finanzamt aufgrund der Feststellung, dass (einzelne) Forderungen nicht zahlungsgestört im Sinne des Abschnitt 2.4 Abs. 7 Sätze 1f UStAE sind, Umsatzsteuer bei dem Käufer nachfordern, ist der Verkäufer verpflichtet, den Käufer von der Inanspruchnahme durch das Finanzamt freizustellen bzw. dem Käufer entstehende finanzielle bzw. steuerliche Nachteile (einschließlich steuerlicher Nebenleistungen gem. § 3 Abs. 4 AO) auszugleichen.

Die Verkäuferin verpflichtet sich unwiderruflich, von einem etwaigen Optionsrecht nach § 9 UStG ohne Zustimmung des Käufers keinen Gebrauch zu machen.

4. Vollzugsvorbereitung

Die Parteien verpflichten sich, alle erforderlichen Rechtsgeschäfte und Maßnahmen unverzüglich durchzuführen, um (i) die Kartellbedingung herbeizuführen, (ii) diesen Vertrag zu vollziehen und (iii) diesem Vertrag die gewünschten Rechtswirkungen zu geben.

5. Vollzug

Am Vollzugstag wird die Verkäuferin die Gekauften Forderungen an den Käufer abtreten.

5.1. Abtretung der Gekauften Forderungen

(a) Die Verkäuferin wird mit dem Käufer eine Abtretungsvereinbarung hinsichtlich der Gekauften Forderungen sowie jedes damit im Zusammenhang stehenden Nebenrechts schließen.

(b) Soweit einzelne Gekaufte Forderungen bis zum Vollzugstag durch Erfüllung oder in sonstiger Weise, insbesondere durch Zahlung oder Ablösung, ganz oder teilweise untergegangen oder auf einen Dritten übergegangen sind, wird die Verkäuferin die für die betroffene Gekaufte Forderung erhaltene Erfüllungsleistung („Zahlungseingang") an den Käufer auskehren, soweit diese nicht verrechnet worden ist. Etwaige Guthaben der Schuldner auf Konten bei der Verkäuferin wird die Verkäuferin soweit möglich und zulässig mit den Gekauften Forderungen vor oder am Vollzugstag verrechnen. Basis für die Berechnung des Kaufpreises ist der Forderungssaldo zum Stichtag. Danach erfolgende Aufrechnungen sind als Zahlungseingänge zu werten, die dem Käufer zustehen. Unbeschadet der Garantie nach Ziffer 8.1 sind weitergehende Ansprüche des Käufers gegen die Verkäuferin in diesen Fällen ausgeschlossen.

(c) Sofern einzelne Gekaufte Forderungen zum Vollzugstag nicht übertragbar sein sollten, gilt Ziffer 5.5(b) hinsichtlich dieser Forderungen.

5.2. Datenübermittlung

Die Verkäuferin wird dem Käufer die forderungsrelevanten Vertrags-/Rechnungs- und Zahlungsinformationen (wie z. B. Stammdaten zu den Forderungen und Bewegungsdaten zu den historischen Zahlungen auf die Forderungen) in geeigneter, EDV-technisch verarbeitbarer Form (MS EXCEL Dateien, ASCII-Textdateien oder MS ACCESS Dateien) zur Verfügung stellen.

5.3. Zahlung des Kaufpreises

Der Käufer überweist rechtzeitig den fälligen Kaufpreis an die Verkäuferin, so dass dieser dem Konto am Vollzugstag mit der Valuta des Vollzugstages gutgeschrieben ist.

5.4. Vollzugsprotokoll/Bestätigung der Kaufpreiszahlung

(a) Die Parteien werden am Vollzugstag ein Protokoll ausfertigen und unterzeichnen, in dem die in Ziffer 5.1 bis 5.2 genannten Schritte dokumentiert werden.

(b) Den Erhalt des Kaufpreises wird die Verkäuferin dem Käufer schriftlich bestätigen.

5.5. Pflicht zur Übertragung von Forderungen

(a) Soweit verkaufte Forderungen am Vollzugstag nicht auf den Käufer übergegangen sind, werden die Parteien jeweils auf Verlangen der anderen Partei alle erforderlichen Maßnahmen für deren alsbaldige Abtretung treffen.

(b) Soweit die Abtretung und/oder Übertragung einer Forderung von der Verkäuferin auf den Käufer nicht möglich ist, werden die Parteien darauf hinwirken, dass der Käufer wirtschaftlich so gestellt wird, als wäre die entsprechende Forderung übertragen worden. Treten die Voraussetzungen für eine Übertragung ein, wird die Verkäuferin in Absprache mit dem Käufer die betreffende Forderung übertragen.

6. Übertragung des Servicing

6.1. Zeitpunkt

Die Verkäuferin wird mit dem Käufer zusammenarbeiten, um das Servicing, einschließlich der Übergabe der entsprechenden Kreditakten, am Servicing-Übertragungstag auf den Käufer zu übertragen. Die Kosten und Gebühren zur Übertragung des Servicing tragen die Parteien jeweils selbst, es sei denn im Vertrag werden zu einzelnen Punkten der Übertragung andere Regelungen getroffen.

6.2. Übernahme von Zwangsvollstreckungsverfahren

Beide Parteien verpflichten sich, nach dem Vollzugstag darauf hinzuwirken, dass der Käufer durch Parteiauswechslung Zwangsvollstreckungsverfahren, die hinsichtlich des Kaufgegenstands anhängig sind, in der Lage übernimmt, in der diese sich befinden. Die Verkäuferin bestätigt weiterhin, dass zum Zeitpunkt der Vertragsunterzeichnung keine Rechtsstreitigkeiten anhängig sind bzw. ihr keine Androhungen von Rechtsstreitigkeiten betreffend den Kaufgegenstand vorliegen.

6.3. Informationspflichten der Verkäuferin

Die Verkäuferin wird im Rahmen des rechtlich Zulässigen

(a) bis [...] nach dem Vollzugstag dem Käufer mindestens zweimal im Monat in angemessenem Umfang Auskünfte erteilen und Unterlagen zur Verfügung stellen, soweit die Verkäuferin hierzu trotz der inzwischen vorgenommenen sachlichen und personellen Umstrukturierungsmaßnahmen und trotz der Übergabe der Akten in der Lage ist, und

(b) bis [...] nach dem Vollzugstag die bei der Verkäuferin im Zusammenhang mit dem Kaufgegenstand eingehende Postkorrespondenz wöchentlich und kostenfrei (elektronisch oder per Post) an den Käufer weiterleiten.

(c) Die Verkäuferin wird die Schuldner der abgetretenen Gekauften Forderungen entsprechend dem in Anlage [...] beigefügten Musterschreiben innerhalb von [...] Wochen nach Vollzugstag schriftlich informieren.

6.4. Übertragung der Kreditakten

(a) Am Servicing-Übertragungstag wird die Verkäuferin in ihren Geschäftsräumen (oder in den Räumen eines von ihr mit der Beitreibung oder der Abwicklung des Verkaufsprozesses beauftragten Dritten) dem Käufer die Kreditakten übergeben. Der Käufer verpflichtet sich zur Abholung auf seine Kosten. Die Verkäuferin verpflichtet sich, die physischen Akten in einem nachvollziehbaren und in Übereinstimmung mit den elektronischen Daten stehenden System geordnet und verpackt zu übergeben.

(b) Der Käufer wird die Kreditakten in Besitz nehmen.

6.5. Interim-Servicing

Die Verkäuferin hat das Servicing bis zum Unterzeichnungstag mit der von ihr bisher angewendeten geschäftlichen Sorgfalt betrieben. Vom Unterzeichnungstag bis zum Servicing Übertragungstag wird die Verkäuferin das Servicing mit der von der Verkäuferin bisher angewendeten geschäftsüblichen Sorgfalt betreiben.

6.6 Beauftragung eines Kreditdienstleisters

(a) Ist der Käufer kein Kreditdienstleister, hat er bei Abschluss dieses Kaufvertrages einen Kreditdienstleister zu beauftragen, um Kreditdienstleistungen im Zusammenhang mit den Gekauften Forderungen durchzuführen, sofern der Kreditvertrag mit einer der folgenden Personen geschlossen worden ist:

(i) natürlichen Personen oder

(ii) Kleinst-, kleinen und mittleren Unternehmen im Sinne des Artikels 2 des Anhangs zur Empfehlung 2003/361/EG der Kommission vom 6. Mai 2003 betreffend die Definition der Kleinstunternehmen sowie der kleinen und mittleren Unternehmen (ABl. L 124 vom 20.5.2003, S. 36).

(b) Ist der Käufer nicht in einem Vertragsstaat wohnhaft oder hat seinen satzungsmäßigen Sitz oder, sofern er nach seinem nationalen Recht über keinen satzungsmäßigen

Sitz verfügt, seine Hauptverwaltung nicht in einem Vertragsstaat, hat sein Vertreter bei Abschluss dieses Kaufvertrages einen Kreditdienstleister zu beauftragen.

Dies gilt nicht, wenn der Vertreter selbst ein Kreditdienstleister ist.

6.7 Mitteilungspflichten des Käufers[3]

(a) Hat der Käufer oder sein Vertreter einen Kreditdienstleister beauftragt, um Kreditdienstleistungen im Zusammenhang mit den Gekauften Forderungen zu erbringen, so hat der Käufer oder sein Vertreter entsprechend § 8 Absatz 1 S. 1 KrZwMG der BaFin und der Deutschen Bundesbank spätestens an dem Tag, an dem die Erbringung der Kreditdienstleistungen beginnt, Name und Anschrift des Kreditdienstleisters mitzuteilen.

Im Fall der späteren Beauftragung eines anderen als des nach Satz 1 mitgeteilten Kreditdienstleisters hat der Käufer oder sein Vertreter dessen Namen und Anschrift der Bundesanstalt und der Deutschen Bundesbank spätestens am Tag dieser Änderung mitzuteilen.

(b) Hat der Käufer die Gekauften Forderungen, auf einen neuen Kreditkäufer übertragen, hat er der BaFin und der Deutschen Bundesbank halbjährlich folgende Daten zu den seit der letzten Mitteilung übertragenen Kreditverträge oder Ansprüche entsprechend § 8 Absatz 3 KrZwMG mitzuteilen:

(i) die Rechtsträgerkennung des neuen Kreditkäufers und, wenn ein Vertreter bestellt wurde, dessen Vertreters, oder bei fehlender Rechtsträgerkennung

(aa) den Namen des neuen Kreditkäufers oder dessen Vertreters,

(bb) die Namen der Geschäftsleiter und der Mitglieder des Verwaltungs- oder des Aufsichtsorgans des neuen Kreditkäufers oder dessen Vertreters sowie die Namen der Personen, die bedeutende Beteiligungen halten, sowie

(cc) die Anschrift des neuen Kreditkäufers oder dessen Vertreters,

(ii) den aggregierten offenen Betrag der Gekauften Forderungen,

(iii) die Anzahl und das Volumen der Gekauften Forderungen sowie

(iv) Angaben dazu, ob die Übertragung einen mit Verbrauchern abgeschlossenen notleidenden Kreditvertrag oder die Ansprüche eines Kreditgebers hieraus umfasst, und Angaben dazu, durch welche Art von Vermögenswerten der notleidende Kreditvertrag gegebenenfalls besichert ist.

7. Zahlungseingänge und Aufwendungsersatz

7.1. Zahlungseingänge

(a) Das Konto, auf welches der Schuldner vor Kündigung des Engagements gezahlt hat resp. hätte zahlen sollen bleibt bis zum [TT/MM/JJJJ] bestehen. Die Verkäuferin verpflichtet sich, den Käufer von sämtlichen Ansprüchen Dritter, die aus Rückforderungen, Aufrechnungen oder Erstattungsansprüchen resultieren und ihren Grund in den von der Verkäuferin getroffenen Vereinbarungen haben, freizustellen, sofern und soweit die beanspruchten Zahlungseingänge bei ihr eingegangen

3 Nur bei Erwerb eines notleidenden Kreditvertrags oder der Ansprüche des Kreditgebers hierzu nach den Grundsätzen des KrZwMG.

sind. Zusätzlich zur Weiterleitung verpflichtet sich die Verkäuferin, den Käufer unverzüglich über die Zahlungseingänge zu informieren. Dies muss zumindest Angaben zur Forderung/Vertragsnummer, Betrag sowie Valutadatum enthalten. Nach dem Vollzugstag erhaltene Zahlungseingänge wird die Verkäuferin [...] Tage nach Zahlungseingang unter Angabe zumindest der vorgenannten Zuordnungskriterien auskehren.

(b) Eine separate Verwahrung der Zahlungseingänge durch die Verkäuferin findet nicht statt.

7.2. Aufwendungsersatz

Die Parteien stimmen ab, dass der Käufer der Verkäuferin sämtliche im Zusammenhang mit dem Servicing des Kaufgegenstandes und Zwangsvollstreckungsverfahren (soweit anwendbar) nach Ziffer 6.2 bei der Verkäuferin seit dem Stichtag veranlassten angemessenen Aufwendungen gegen entsprechenden schriftlichen Nachweis ersetzen wird. Die zwischen Stich- und Vollzugstag veranlassten angemessenen Aufwendungen werden im Rahmen der Kaufpreisermittlung und Zahlung gem. Ziffer 3.2 und 3.3 berücksichtigt.

8. Gewährleistungen der Verkäuferin

Die Parteien sind sich darüber einig, dass die gesetzlich geltenden Gewährleistungen, einschließlich solcher nach den Bestimmungen des Bürgerlichen Gesetzbuchs, ausgeschlossen sind. Die Parteien sind sich weiter darüber einig, dass die Garantien und Erklärungen dieser Ziffer 9 keine Garantien im Sinne des § 444 BGB (Beschaffenheitsgarantie) sind.

8.1. Garantien[4]

Die Verkäuferin garantiert dem Käufer, soweit nachfolgend nicht anders bestimmt, zum Unterzeichnungstag und zum Vollzugstag im Wege eines verschuldensunabhängigen, selbständigen Garantieversprechens im Sinne des § 311 Abs. 1 BGB folgendes:

(a) Ordnungsgemäße Organisation

(i) Die Verkäuferin ist zum Unterzeichnungstag eine [...].

(ii) Die Verkäuferin wurde ordnungsgemäß gegründet und ist zum Unterzeichnungstag existent.

(iii) Die Verkäuferin hat zum Unterzeichnungstag alle erforderlichen Erlaubnisse, Genehmigungen und Lizenzen für die Fortführung ihres bisherigen Geschäftsbetriebs.

(iv) Am Unterzeichnungstag ist (α) weder die Verkäuferin überschuldet oder zahlungsunfähig noch droht deren Zahlungsunfähigkeit und (β) wurde kein Antrag auf Eröffnung des Insolvenzverfahrens über das Vermögen der Verkäuferin gestellt.

(v) Der Verkäuferin sind am Unterzeichnungstag keine Anordnungen nach §§ 21 oder 22 der Insolvenzordnung oder nach § 46a Kreditwesengesetz zugegangen [die nicht erledigt sind].

---

4 Bei Bedarf kann hier mit sog. Disclosure Schedules gearbeitet werden, also mit Anlagen, die bestimmte Tatbestände aus einer Garantie ausnehmen (siehe auch zuvor in Fußnote 6).

(b) Rechtsinhaberschaft

Die Verkäuferin ist rechtlicher und wirtschaftlicher Inhaber der Gekauften Forderungen und der Sicherheiten oder ist berechtigt, über die Gekauften Forderungen zu verfügen. Die Verkäuferin hat bis zu dem Vollzugstag nicht anderweitig über den Kaufgegenstand verfügt. Die Gekauften Forderungen sind frei von Rechten Dritter.

(c) Kaufgegenstand

Die in der Anlage [...] aufgeführten Forderungen sind zum Stichtag existent. Im Einzelnen bedeutet dies zum Stichtag:

Es wird der Bestand der Forderungen garantiert, und zwar ausschließlich in der Höhe, wie er in der Tabelle „Forderungen" unter der Spaltenüberschrift [...] angegeben ist.

(ii) Jede Gekaufte Forderung lautet auf Euro.

(iii) Die Gekauften Forderungen und Sicherheiten unterliegen deutschem Recht.

(iv) Die Gekauften Forderungen sind nicht mit Einreden und/oder Einwendungen behaftet, die ihre Geltendmachung gegenüber den Schuldnern auf Dauer ausschließen.

(d) Ermächtigung, bindende Verpflichtung

Die Verkäuferin besitzt alle Befugnisse und Rechte (einschließlich aller erforderlichen Erlaubnisse, Genehmigungen und Lizenzen, um diesen Vertrag durchzuführen. Soweit die Übertragung einer Forderung von der Verkäuferin auf den Käufer aufgrund einer nicht erteilten Zustimmung nicht möglich ist, gilt Ziffer 5.4 (b) entsprechend.

(e) Keine Geldwäsche

Die Verkäuferin hat im Zusammenhang mit dem Kaufgegenstand die zum jeweiligen relevanten Zeitpunkt geltenden und anwendbaren Geldwäschebestimmungen beachtet.

(f) Keine Beteiligung

Die Verkäuferin war zu keinem Zeitpunkt seit Vergabe des jeweiligen zum Kaufgegenstand gehörenden Darlehens bei einem Schuldner einer Gekauften Forderung mit 10% oder mehr am Stammkapital beteiligt noch hat sie Handlungen vorgenommen oder Erklärungen abgegeben, die dazu führen könnten, dass die Gekauften Forderungen im Rang hinter Forderungen anderer Gläubiger zurücktreten.

(g) Keine Konsortialkredite

Den Gekauften Forderungen liegen keine Konsortialkredite zugrunde.

(h) Kündigung

Am Vollzugstag müssen sämtliche Gekauften Forderungen von gekündigten Rechtsverhältnissen herrühren.

(i) Keine Auszahlungsverpflichtung

Es bestehen im Zusammenhang mit dem Kaufgegenstand keine Zahlungsverpflichtungen, insbesondere keine Auszahlungsverpflichtungen, gegenüber Kreditnehmern, Sicherungsgebern, Bürgen oder Dritten.

(j) Übertragbarkeit

Die Gekauften Forderungen sind in der in diesem Vertrag vorgesehenen Weise an den Käufer zum Vollzugstag übertragbar.

(k) Keine KfW-Darlehen

Zum Vollzugstag enthält der Kaufgegenstand keine von der Kreditanstalt für Wiederaufbau (KfW) refinanzierte Kredite.

(l) Keine Berlin-Darlehen

Die Gekauften Forderungen wurden entweder nicht durch Kreditverträge begründet, welche die Verkäuferin nach § 17 Absatz 2 und 5 BerlinFördG gewährt hat, oder der aus solchen Kreditverträgen entstehende Steuerschaden wird von der Verkäuferin getragen.

(m) Übertragbarkeit

Die Gekauften Forderungen sind in der in diesem Vertrag vorgesehenen Weise an den Käufer zum Vollzugstag rechtlich übertragbar.

(n) Verbundenes Geschäft

Bei den Gekauften Forderungen handelt es sich nach der heutigen Rechtsprechung nicht um verbundene Geschäfte nach § 358 BGB oder deren Vorgängervorschriften des Verbraucherkreditgesetzes.

(o) Regelungen zum Fernabsatzgesetz

Die Verkäuferin bestätigt, dass sie sämtliche Kreditverträge aus denen die Gekauften Forderungen resultieren unter Berücksichtigung der jeweils gültigen Regelung zu Fernabsatzverträgen geschlossen hat.

(p) Kauf-Informationen

Die dem Käufer in der Zeit vom [...] bis zum [...] zur Verfügung gestellten Originaldokumente stellten alle für die sachgerechte Bewertung des Kaufgegenstandes erforderlichen Unterlagen dar. Die dem Käufer von der Verkäuferin während des Prüfungszeitraums zur Verfügung gestellte Datatapes und die durch die Verkäuferin gegebenen Auskünfte und Antworten auf Fragen des Käufers bzw. ihrer Berater waren zum Zeitpunkt ihrer Abgabe richtig und sind im Hinblick auf die Gekauften Forderungen und Sicherheiten und im Wesentlichen nicht irreführend.

(q) Keine Gegenrechte

Der Verkäuferin sind keine schriftlichen Erklärungen zugegangen, in denen gegen die Gekauften Forderungen Einreden oder Einwendungen geltend gemacht oder angedroht werden.

8.2. Keine Gewährleistung

(a) Der Käufer und die Verkäuferin sind sich darüber einig, dass der Käufer keine Rechte und Ansprüche gegen die Verkäuferin aus diesem Vertrag oder aus jedwedem anderen Rechtsgrund herleiten kann, die daraus resultieren, dass Schuldner Rechte gegen den Käufer geltend machen, sofern und soweit nicht eine Garantie nach Ziffer 8.1 verletzt ist.

(b) Über 8.1 hinaus übernimmt die Verkäuferin keine Haftung für den Fall, dass eine Gekaufte Forderung nicht realisiert oder verwertet werden kann (keine Bonitäts-

oder Delkrederehaftung der Verkäuferin nach dem Stichtag), insbesondere weil im Rahmen der Zwangsvollstreckung keine oder keine ausreichenden Erlöse erzielt wurden oder weil ein Schuldner zahlungsunfähig ist.

9. Haftung für Verletzungen der Gewährleistungen

9.1. Benachrichtigung

Der Käufer wird die Verkäuferin monatlich unverzüglich schriftlich informieren, wenn ihm bekannt wird, dass eine der in Ziffer 9 gegebenen Garantien nicht zutrifft.

9.2. Entschädigungen und Umfang der Haftung

(a) Soweit wegen Nichtbestehens einer gemäß Ziffer 8 garantierten Tatsache Forderungen nicht oder nicht in der garantierten Höhe durchgesetzt werden können, haftet die Verkäuferin nach Wahl des Käufers wie folgt:

(i) Die Verkäuferin erbringt Nachbesserung innerhalb einer Frist von [sechzig (60)] Kalendertagen ab Zugang des schriftlichen Nachweises bei der Verkäuferin, dass der Käufer trotz ernsthafter Bemühungen die betroffene Forderung nicht oder nicht in der garantierten Höhe durchsetzen konnte, indem sie den garantierten Zustand herstellt.

(ii) Die Verkäuferin leistet Ersatz in Höhe des unmittelbaren Nachteils, den der Käufer durch den Nichteintritt der garantierten Tatsache erleidet. Der Ersatz von entgangenem Gewinn ist ausgeschlossen. Schadensersatzansprüche (insbesondere externe Bindungen) sind ab dem Vollzugstag bis zum Tag der Erstattung des Schadens in Höhe von [...] % p.a. zu verzinsen.

(iii) Die Verkäuferin erstattet dem Käufer den für diese Forderung bestimmten Teilkaufpreis zuzüglich angefallener externer Auslagen (beispielsweise Klageverfahrenskosten oder Adressermittlungskosten) ab dem Vollzugstag Zug um Zug gegen Rückübertragung der betroffenen Forderung zurück. Kosten im Zusammenhang mit dieser Ziffer 9.2 trägt die Verkäuferin.

(b) Soweit eine der von der Verkäuferin unter Ziffer 8.1 abgegebenen Garantien nicht zutrifft, ist die Verpflichtung der Verkäuferin nach dieser Ziffer 9.2 die einzige Rechtsfolge; die Geltendmachung weitergehender Rechte oder Ansprüche aus diesem Grunde ist im Übrigen ausgeschlossen. Es gilt § 254 BGB.

(c) Alle weiteren Rechte und Ansprüche gegen die Verkäuferin aus jedwedem Rechtsgrund sind ausgeschlossen, soweit gesetzlich zulässig.

9.3. Kenntnis des Käufers

Der Käufer kann keine Ansprüche wegen einer Garantieverletzung nach Ziffer 8 geltend machen, soweit er aufgrund der Kauf-Informationen die den Garantieansprüchen zugrunde liegenden Tatsachen oder Umstände kannte oder infolge grober Fahrlässigkeit nicht kannte.

9.4. Verjährung

In Abweichung von den gesetzlichen Verjährungsfristen sind sich die Parteien darüber einig, dass alle Ansprüche nach dieser Ziffer 9 oder alle sonstigen Ansprüche einschließlich der Ansprüche auf Nachleistung, Gewährleistung oder Schadensersatz aus oder im Zusammenhang mit diesem Vertrag [...] nach dem Tag der Unterzeichnung dieses Vertrages verjähren. Eine Benachrichtigung der Verkäuferin durch den Käufer gemäß Ziffer 9.1 unterbricht die Verjährung, jedoch längstens für [...] Monate.

10. Gewährleistungen des Käufers

Der Käufer garantiert der Verkäuferin zum Unterzeichnungstag und zum Vollzugstag im Wege eines verschuldensunabhängigen, selbständigen Garantieversprechens im Sinne des § 311 Abs. 1 BGB:

(a) Ordnungsgemäße Organisation

(i) Der Käufer ist eine [...].

(ii) Der Käufer wurde ordnungsgemäß gegründet und ist existent.

(iii) Der Käufer hat alle erforderlichen Erlaubnisse, Genehmigungen und Lizenzen für die Fortführung seines bisherigen Geschäftsbetriebs.

(iv) Nach bestem Wissen des Käufers am Unterzeichnungstag (α) ist der Käufer nicht überschuldet oder zahlungsunfähig noch droht die Zahlungsunfähigkeit und (β) wurde kein Antrag auf Eröffnung des Insolvenzverfahrens über das Vermögen des Käufers gestellt.

(v) Dem Käufer sind am Unterzeichnungstag keine Anordnungen nach §§ 21 oder 22 der Insolvenzordnung oder nach § 46a Kreditwesengesetz bzw. den vergleichbaren Normen des anwendbaren Sachrechts zugegangen [die nicht erledigt sind].

(b) Ermächtigung, bindende Verpflichtung

Der Käufer besitzt alle Befugnisse und Rechte (einschließlich aller erforderlichen Erlaubnisse, Genehmigungen und Lizenzen), um

(i) den Kaufgegenstand zu erwerben, und

(ii) diesen Vertrag durchzuführen.

(c) Lizensierter Kreditdienstleister

Der Käufer hat zum Zeitpunkt des Erwerbs der Gekauften Forderungen alles seinerseits Erforderliche getan, einen lizensierten Kreditdienstleister[5] zu beauftragen. Der Nachweis, dass die Beauftragung erfolgt ist und die erforderliche Lizenz[6] des Kreditdienstleisters vorliegt, ist zum Zeitpunkt des Closings zu erbringen. Als Nachweis reicht eine Eintragung in das Kreditdienstleisterregister der [zuständigen Aufsichtsbehörde] aus.[7]

11. Zinsanspruch

Der Zinsanspruch für Zahlungen, die nach diesem Vertrag an einen Zahlungstermin oder eine Zahlungsfrist gebunden sind, entsteht ohne Mitteilung oder Mahnung.

---

5 Kreditdienstleister ohne Erlaubnis: vertragliche Einigung zwischen den Parteien erforderlich; nur im Fall Drittstaatenangehörigkeit denkbar.

6 Beachtung von Lizenzen die via Passporting gegeben sind.

7 Dabei ist zu beachten, dass noch nicht alle Jurisdiktionen die Richtlinie (EU) 2021/2167 in nationales Recht umgesetzt haben und entsprechend auch keine Register bestehen.

12. Weitere Pflichten der Parteien

Die Parteien sind nicht berechtigt, Rechte oder Forderungen aus diesem Vertrag ohne schriftliche Einwilligung der jeweils anderen Partei an Dritte zu übertragen oder abzutreten, es sei denn diese wird an ein verbundenes Unternehmen im Sinne des § 15 AktG vorgenommen oder ein Unternehmen, das direkt oder indirekt von dem Käufer kontrolliert wird. Außerdem werden die in Ziffer 17 (d) geregelten Finanzierungen ebenfalls ohne schriftliche Einwilligung möglich sein.

12.1 Meldepflichten gegenüber der SCHUFA

Insbesondere verpflichtet sich der Käufer, die der Verkäuferin bisher obliegenden Meldepflichten gegenüber der SCHUFA Holding AG zu übernehmen bzw. fortzusetzen sowie eine entsprechende Vereinbarung über den technischen Zugang zur Durchführung von Meldepflichten abzuschließen, sofern nicht der Käufer ohnehin über einen eigenen SCHUFA-Vertrag an die SCHUFA gebunden ist. Dies setzt voraus, dass die Verkäuferin die dafür erforderlichen Informationen über ihre bisherigen SCHUFA-Meldungen zur Verfügung stellt. Die Parteien sind sich darüber einig, dass die Verkäuferin der SCHUFA Holding AG Name und Anschrift des Käufers als Forderungskäufer mitteilt.

13. Mitteilungen

(a) Jede Mitteilung oder sonstige Kommunikation der Parteien im Zusammenhang mit diesem Vertrag muss in Textform an die folgenden Adressen gesandt werden:

(i) wenn an den Käufer, dann an die im Vertragseingang angegebene Adresse:

z. Hd. von: [...]

Telefon: [...]

E-Mail: [...]

(ii) wenn an die Verkäuferin, dann an die im Vertragseingang angegebene Adresse der Verkäuferin:

z. Hd. von: [...]

Telefon: [...]

E-Mail: [...]

(iii) Adressenänderungen werden erst ab tatsächlichem Zugang der entsprechenden Mitteilung wirksam.

14. Anwendbares Recht

Dieser Vertrag unterliegt deutschem Recht.

15. Gerichtsstandsvereinbarung[8]

Gerichtsstand
– soweit rechtlich zulässig – für alle Streitigkeiten im Zusammenhang mit diesem Vertrag ist [...].

8 Soweit eine Gerichtsstandsvereinbarung gewünscht ist; anstelle dessen kann auch eine Schiedsvereinbarung aufgenommen werden.

16. Vertraulichkeit

(a) Die Parteien werden Informationen, die sie aufgrund dieses Vertrages oder im Zusammenhang damit erhalten haben und die das Geschäft oder finanzielle Angelegenheiten der Parteien und von Dritten sowie jede andere Information vertraulicher Natur, einschließlich Information über die Identität von Schuldnern oder die Existenz und den Inhalt dieses Vertrages, vertraulich behandeln, mit der Ausnahme von Informationen:

(i) deren Offenlegung durch diesen Vertrag gestattet ist,

(ii) die im Zeitpunkt ihrer Mitteilung bereits öffentlich bekannt waren und dies nicht auf einer Verletzung der Vorschriften dieses Vertrages beruht,

(iii) die auf Grund Gesetz, Verordnung oder Anordnung eines Gerichts, einer Behörde oder einer Institution, die mit vergleichbaren Rechten ausgestattet ist, einschließlich Zentralbanken, Börsen oder Bankaufsichtsbehörden sowie Steuerbehörden an diese gegeben werden müssen,

(iv) die gegeben werden müssen, um Rechte aus diesem Vertrag auszuüben, zu schützen oder durchzusetzen.

(b) Im Übrigen bleiben die Bestimmungen der zwischen der Verkäuferin und dem Käufer am [...] abgeschlossenen Vertraulichkeitserklärung bestehen, sofern sie diesem Vertag nicht widersprechen.

(c) Die Parteien sind jeweils berechtigt, Dritte auch im Wege gemeinsam abgestimmter Presseerklärungen allgemein über den Abschluss dieses Vertrages und den Verkauf des Kaufgegenstandes unter Nennung der Vertragspartner zu informieren, wobei jede solche Presseerklärung der Einwilligung der jeweils anderen Partei bedarf.

(d) Zum Zweck der Refinanzierung, der vollständigen oder teilweisen Verbriefung der Refinanzierung des Kaufgegenstands, des Verkaufs einzelner Gekaufter Forderungen oder Sicherheiten oder der Gesamtheit oder eines Teiles des Kaufgegenstands dürfen Informationen (ohne die Regelung der Ziffer 17 (a) zu beschränken) (α) an verbundene Unternehmen (im Sinne des § 15 AktG), Zweckgesellschaften, Kapitalgeber, potentielle Investoren, deren Berater oder Ratingagenturen gegeben werden, wenn sichergestellt ist, dass der Empfänger der Information diese ebenfalls vertraulich behandelt bzw. – im Fall von Ratingagenturen – wenn diese ausdrücklich auf die Vertraulichkeit dieser Informationen hingewiesen werden, wobei die Identität, d. h. der Name der jeweiligen Schuldner, gegenüber Ratingagenturen nicht offengelegt wird oder (β) nach marktüblicher Praxis in einem Verkaufsprospekt (*Offering Circular*) oder *Information Memorandum* veröffentlicht werden, wobei die Veröffentlichung personenbezogener Daten betreffend die Schuldner in jedem Fall ausgeschlossen ist.

17. Salvatorische Klausel

Ist eine Regelung dieses Vertrages ganz oder zum Teil unwirksam, nichtig oder nicht durchsetzbar, oder wird eine Regelung dieses Vertrages ganz oder zum Teil unwirksam, nichtig oder nicht durchsetzbar, werden die übrigen Regelungen dieses Vertrages davon nicht berührt. Anstelle der unwirksamen, nichtigen oder nicht durchsetzbaren Regelung gilt die wirksame und durchsetzbare Regelung als vereinbart, mit der der wirtschaftliche Zweck dieses Vertrages so genau wie möglich umgesetzt wird. Gleiches gilt im Falle des Vorliegens einer Regelungslücke.

18. Änderungen

Änderungen dieses Vertrages (einschließlich dieser Ziffer 19) bedürfen der Schriftform.

19. Bargeschäft

Den Verpflichtungen der Verkäuferin aus diesem Vertrag steht eine unmittelbar gleichwertige Gegenleistung im Sinne der §§ 129 ff. Insolvenzordnung gegenüber, die bei Zahlung des Kaufpreises in das Vermögen der Verkäuferin gelangt und dort verbleibt.

20. Kosten

(a) Soweit in diesem Vertrag nicht anders vereinbart, trägt die Verkäuferin die Kosten der Verkäuferin und der Käufer seine eigenen Kosten (insbesondere Rechts- und sonstigen Beratungskosten).

(b) Sonstige Transaktionskosten, sowie Grundbuchgebühren und damit zusammenhängende Notarkosten, werden von dem Käufer getragen. Gebühren der Grundbuchämter für die Eintragung des Käufers als neuer Grundpfandgläubiger trägt der Käufer.

(c) Gebühren der zuständigen Kartellbehörden werden zwischen Käufer und Verkäuferin geteilt.

Unterschriftenseite des Kaufvertrages vom [...]

Für die [...]
als Verkäuferin

____
Ort, Datum

____
Name / Titel

Für [...]
als Käufer

____
Ort, Datum

____

Anhang 2

Auslagerungsvertrag

zwischen

[*Name des Kreditinstituts*]

als Auftraggeber

und

[*Name des Auslagerungsunternehmens*]

als Auslagerungsunternehmen

DIESER AUSLAGERUNGSVERTRAG wird abgeschlossen an diesem [...] von und zwischen:

(1) [...] errichtet nach dem Recht von [...] mit Sitz in [...] (der „**Auftraggeber**“);

(2) [...] errichtet nach dem Recht von [...] mit Sitz in [...] (das „**Auslagerungsunternehmen**“). [Kreditdienstleister]

Präambel

(1) Der Auftraggeber führt bisher die Darlehensverwaltung im eigenen Haus selbst durch. Die Durchführung der Darlehensverwaltung („**Verwaltungsgegenstände**“) soll nunmehr das Auslagerungsunternehmen als externer Dienstleister übernehmen.[1]

(2) Der Auftraggeber möchte daher das Auslagerungsunternehmen unter Vertrag nehmen, um die in dem Kauf- und Übertragungsvertrag definierten Verwaltungsgegenstände im Namen des Auftraggebers gemäß diesem Vertrag zu verwalten.

(3) Der Auftraggeber ist ein Kreditinstitut im Sinne des § 1 Absatz 1 S. 1 KWG [ein Kreditdienstleistungsinstitut im Sinne des § 2 Absatz 2 S. 1 KrZwMG] und unterliegt daher den Regelungen und Bestimmungen des § 25b KWG [§ 20 KrZwMG] für die Auslagerung von Aktivitäten und Prozessen.[2]

(4) Dieser Vertrag ist als ein Auslagerungsvertrag gemäß § 25b KWG [als eine Auslagerungsvereinbarung gemäß § 20 KrZwMG] anzusehen, so dass das Auslagerungsunternehmen über die bloße Pflicht zur Verwaltung der Verwaltungsgegenstände bestimmte aufsichtsrechtliche Verpflichtungen einzuhalten hat.

1. Definitionen, Begriffe und Auslegung

1.1 Definitionen

In diesem Vertrag:

„**Auftraggeberkonto**“ meint das in § 2.8(c) dieses Vertrages angegebene Konto.

„**Ausgeschlossene Aktivitäten**“ bedeutet [...].

„**Auslagerungsunternehmen-Aufwandskonto**“ meint das in § 2.8(d) dieses Vertrages angegebene Konto.

„**BaFin**“ meint die Bundesanstalt für Finanzdienstleistungsaufsicht.

„**Basisdienstleistungen**“ meint die Dienstleistungen, die in § 2.2 dieses Vertrages beschrieben sind, die das Auslagerungsunternehmen dem Auftraggeber gegenüber erbringen soll.

„**Behörde**“ meint jede Bundes-, regionale oder örtliche Regierung, öffentliche Verwaltung, Gericht, Schiedsgericht, Ministerium, Behörde oder Dienststelle eines Landes oder Staates oder Gebietskörperschaft oder eine politische Unterabteilung davon, die exekutive, legislative, gerichtliche, aufsichtsbehördliche oder Verwaltungsfunktionen der oder im Hinblick auf die Verwaltung ausübt.

---

1 Die zu verwaltenden Darlehen sind in einer Anlage zu beschreiben. Sofern eine revolvierende Struktur gewünscht ist, sind weitere Spezifikationen zu treffen.

2 Soweit der Auftraggeber ein Kreditinstitut i. S. d. § 1 Abs. 1 S. 1 KWG ist, das Kreditdienstleistungen auslagert, gilt dieses Vertragsmuster entsprechend, § 20 Abs. 3 KrZwMG. Abweichende Regelungen zur Auslagerungsvereinbarung gemäß § 20 KrZwMG sind entsprechend gekennzeichnet.

„**Berichtsdatum**" meint im Hinblick auf jeden Einzugszeitraum den [...] Kalendertag.

„**Darlehensnehmer**" meint jeden Darlehensschuldner, Garanten oder sonstigen Schuldner im Hinblick auf einen Vermögenswert.

„**Dienstleistungen**" meint die von dem Auslagerungsunternehmen in Übereinstimmung mit diesem Vertrag zu erbringenden Leistungen, insbesondere die Basisdienstleistungen und die Zusätzlichen Dienstleistungen.

„**Dienstleistungsauslagen**" meint etwaige Aufwendungen und Auslagen, die dem oder im Namen des Auslagerungsunternehmens in Verbindung mit der Erbringung der Dienstleistungen im Rahmen dieses Vertrages entstanden sind, und die näher gemäß § 5.3 dieses Vertrages beschrieben sind.

„**Dienstleistungsauslagepositionen**" meint die in Anhang 4 zu diesem Vertrag aufgeführten Positionen.

„**DSGVO**" meint die Verordnung (EU) 2016/679 (Datenschutz-Grundverordnung – DSGVO).

„**Einzugszeitraum**" meint einen Zeitraum, der am [...] beginnt und am [...] endet.

„**Geschäftstag**" meint jeden Tag, an dem die Geschäftsbanken in [...] und [...] für den Geschäftsverkehr geöffnet haben.

„**Honorarvereinbarung**" meint die in Anhang 1 beigefügte Honorarvereinbarung.

„**Kenne-Deinen-Kunden-Prüfung**" meint das in Anhang 2 beigefügte Formular für die „Kenne-Deinen-Kunden-Prüfung".

„**Kreditakten**" meint alle Akten, Daten, Aufzeichnungen, Bücher oder sonstige Informationen, unabhängig ob in Papier- oder elektronischer Form, die den Vermögenswerten zugrunde liegen, diese dokumentieren oder sich darauf beziehen.

„**KrZwMG**" meint das Gesetz über den Zweitmarkt für notleidende Kredite und über Kreditdienstleistungsinstitute (Kreditzweitmarktgesetz – KrZwMG).

„**KWG**" meint das Gesetz über das Kreditwesen (Kreditwesengesetz – KWG).

„**Notfallangelegenheit**" hat die diesem Begriff in § 2.6(d) verliehene Bedeutung.

„**Parteien**" meint den Auftraggeber und das Auslagerungsunternehmen zusammen und „**Partei**" meint, je nach Fall, entweder den Auftraggeber oder das Auslagerungsunternehmen einzeln.

„**Rechtsvorschrift**" meint jede in- oder ausländische Vorschrift, Gesetz oder sonstiges Recht, Regel, Richtlinie oder Auslegung durch eine Behörde und jede Entscheidung, Erlass, einstweilige Verfügung, Urteil, Anweisung, Beschluss, Veranlagung oder vollstreckbaren Titel einer Behörde oder eines Schiedsrichters.

„**Service Level-Vereinbarung**" meint die in Anhang 3 beigefügte Service Level-Vereinbarung.

„**Servicing-Honorar**" hat die diesem Begriff in § 5.1 verliehene Bedeutung.

„**Servicing-Standard**" meint die Sorgfalt eines ordentlichen Kaufmanns und mindestens dieselbe kaufmännisch angemessene Aufmerksamkeit, Fähigkeit und Sorgfalt mit der gewissenhafte institutionelle Verwalter gewerblicher Darlehen die Verwaltung von Verwaltungsgegenständen, die den Vermögenswerten vergleichbar sind, durchführen. Der Auftraggeber wird von Zeit zu Zeit Änderungen dieser Servicing-Standards vornehmen und kommunizieren, die aufgrund von Änderungen des geltenden Rechts notwendig sind. Wenn der Auftraggeber den Servicing-Standard anpassen möchte, um (a) das geltende Recht, (b) die von der BaFin von Zeit zu Zeit geänderten oder ausgelegten Grundsätze, wie in § 4.3(b) vorgesehen, vertraglich wiederzugeben, haben sich die Parteien einvernehmlich innerhalb einer (1) Woche nach Eingang des schriftlichen Vorschlags des Auftraggebers auf die Änderungen des Servicing-Standards zu einigen.

„**Standardbericht**" meint einen vom Auslagerungsunternehmen erstellten Bericht, im Wesentlichen in der als Anhang 5 beigefügten Form sowie entsprechend § 2.3 dieses Vertrages.

„**USt**" meint eine in der Bundesrepublik Deutschland zu erhebende Umsatzsteuer.

„**Verfahren zur Verhinderung von Geldwäsche**" meint alle geltenden deutschen Rechtsvorschriften im Hinblick auf die Vermeidung von Geldwäsche, insbesondere das Geldwäschegesetz und dessen Verfahren.

„**Vergütungen**" meint, im Hinblick auf die Vermögenswerte, alle etwaigen Mieten, Gewinne, Erlöse, Einkünfte, Erträge, Zahlungseingänge, Rückvergütungen, Steuererstattungen und Erhebungen jeder Art und aus jeder Quelle, die dem Auftraggeber zugehen.

„**Vermögenswerte**" meint die in dem Kauf- und Übertragungsvertrag beschriebenen Vermögenswerte, einschließlich (insbesondere) aller Rechte, Forderungen und (etwaiger) Sicherheiten.

„**Vertrag**" meint diesen Outsoucingvertrag (in seiner zum jeweiligen Zeitpunkt ergänzten und geänderten Fassung).

„**Wesentliche Nachteilige Auswirkung auf das Auslagerungsunternehmen**" meint den Eintritt von Umständen aufgrund derer die kaufmännische oder finanzielle Verfassung des Auslagerungsunternehmens sich wesentlich verschlechtert hat oder aufgrund derer dies vernünftigerweise angenommen werden kann und die in jedem Fall die Fähigkeit des Auslagerungsunternehmens, seine Verpflichtungen aus diesem Vertrag oder Unterverwaltungsvereinbarungen zu erfüllen, wesentlich und nachteilig beeinflusst.

„**Wirksamkeitsdatum**" hat die diesem Begriff in § 2.10 verliehene Bedeutung.

„**Zusätzliche Dienstleistungen**" meint die zusätzlichen Dienstleistungen, die das Auslagerungsunternehmen gegenüber dem Auftraggeber gemäß § 2.1 erbringen soll und die einvernehmlich schriftlich zwischen dem Auslagerungsunternehmen und dem Auftraggeber vereinbart wurden.

Worte, die allein den Singular beschreiben, sollen auch den Plural beinhalten und umgekehrt. Etwaige sonstige im Kauf- und Übertragungsvertrag definierte Begriffe, die hier nicht anderweitig definiert werden, haben dieselbe Bedeutung, wenn sie hier verwendet werden.

1.2 Auslegung

Die Überschriften in diesem Vertrag lassen ihre Auslegung unberührt. Worte, die allein den Singular beschreiben, sollen auch den Plural beinhalten und umgekehrt und Worte, die ein Genus beschreiben, sollen alle Genera beschreiben.

1.3 Anhänge

Die Anhänge sind Bestandteil dieses Vertrages.

2. Pflichten des Auslagerungsunternehmens

2.1 Allgemein

Der Auftraggeber bestellt das Auslagerungsunternehmen zur Erbringung der nachfolgend in § 2.2 beschriebenen Dienstleistungen in Verbindung mit der Verwaltung und Einziehung der Vermögenswerte in Übereinstimmung mit dem Servicing-Standard (die „**Basisdienstleistungen**"). Das Auslagerungsunternehmen nimmt hiermit die Bestellung als Auslagerungsunternehmen zu den Bestimmungen und unter den Bedingungen dieses Vertrages an. Das Auslagerungsunternehmen hat in Übereinstimmung mit dem Servicing-Standard dem Auftraggeber gegenüber diejenigen zusätzlichen Dienstleistungen zu erbringen, die einvernehmlich schriftlich von Zeit zu Zeit zwischen dem Auslagerungsunternehmen und dem Auftraggeber vereinbart werden (die „**Zusätzlichen Dienstleistungen**").

2.2 Basisdienstleistungen

Die Basisdienstleistungen umfassen die folgenden Dienstleistungen und dürfen keine (vorbehaltlich einer etwaigen gegenteiligen Bestimmung, die in einem anderen Dokument enthalten ist, die durch den oder zugunsten des Auslagerungsunternehmens im Hinblick auf die Vermögenswerte abgeschlossen und von diesem akzeptiert wurde) Ausgeschlossenen Aktivitäten enthalten:

(a) allgemeine Bearbeitung von Darlehen, d. h. (i) verwalten, erstellen und antworten auf Korrespondenz der Darlehensnehmer einschließlich der Abrechnung; (ii) verarbeiten von Zahlungen von Darlehensnehmern und sonstiger Eingänge und Aufwendungen; (iii) unterhalten von getrennten Buchhaltungsaufzeichnungen für jeden Vermögenswert; und (iv) aktualisieren der Darlehensinformationen einschließlich auflaufender Zinsen, Rückzahlungen und Berechnungen der Vorfälligkeitsentschädigung;

(b) auf Verlangen des Auftraggebers diesen bei der Erstellung der Korrespondenz zur Übergabe an die Darlehensnehmer im Hinblick auf die Übertragung der Verwaltung der Vermögenswerte unterstützen;

(c) mit etwaigen angemessenen Bitten von Wirtschaftsprüfern, Buchhaltern, Rating-Agenturen, Bankaufsichtsbehörden und anderen hoheitlichen und Aufsichtsbehörden nach Informationen, die ausdrücklich vom Auftraggeber genehmigt sind und in Verbindung mit den Vermögenswerten erfolgen, kooperieren;

(d) bei der Vornahme notwendiger Benachrichtigungen der Darlehensnehmer, insbesondere in Verbindung mit einer Änderung von Anschriften oder Konten, Hilfe leisten;

(e) alle Anmeldungen, Aktivitäten oder Rechtsgeschäfte, die nach geltenden Rechtsvorschriften vorgeschrieben sind und von Zeit zu Zeit notwendig sind, um alle Rechte, Ansprüche und Befugnisse im Rahmen der Vermögenswerte zu erhalten, innerhalb der zeitlichen Fristen (einschließlich ordnungsgemäß erlangter Fristverlängerungen) erstellen und dabei Hilfe leisten (aber, um Zweifel zu vermeiden, ohne diese einzuleiten);

(f) den Darlehensnehmern normale und übliche Informationen, die vernünftigerweise angefordert wird, zügig zur Verfügung stellen, wobei diese Leistung das Antworten auf vernünftige Anfragen der Darlehensnehmer nach Informationen über den Status eines bestimmten Vermögenswertes umfasst;

(g) den Auftraggeber sofort benachrichtigen, sobald er Kenntnis von Rechtsstreitigkeiten erlangt, die von einem Darlehensnehmer gegen den Auftraggeber und dem Auslagerungsunternehmen erhoben werden;

(h) den Auftraggeber (so bald wie möglich, nachdem er Kenntnis von einem solchen Ereignis erlangt hat) über jegliche Informationen benachrichtigen, die eine wesentliche Auswirkung auf die Vermögenswerte hat oder die eine wesentliche Auswirkung auf die Fähigkeit des Auslagerungsunternehmens, seine Pflichten zu erfüllen, haben kann;

(i) auf [monatlicher] Grundlage einen Standardbericht erstellen;

(j) den Auftraggeber dabei unterstützen, so dass er seine Pflichten aus dem Kauf- und Übertragungsvertrag erfüllen kann;

(k) für Versicherungsdeckung sorgen;

(l) das Verfahren der Neuregistrierung von Grundschulden und Hypotheken verwalten und sicherstellen, dass jeder Antrag ordnungsgemäß beim zuständigen Grundbuchamt eingereicht wird; und

(m) etwaige zusätzliche Basisdienstleistungen, wie in Anhang 6 aufgeführt.

2.3 Standardbericht

An oder vor jedem Berichtsdatum hat das Auslagerungsunternehmen dem Auftraggeber eine schriftliche Kopie des Standardberichts vorzulegen, aus dem seine Aktivitäten während des unmittelbar vorhergehenden Einzugszeitraums und bestimmte Vorhersagen hervorgehen und worin insbesondere die folgenden Informationen genannt werden:

(i) [eine aufgeschlüsselte Liste aller zu erstattender Dienstleistungsauslagen unter Berücksichtigung der nachfolgenden Positionen (v) und (vi);]

(ii) [eine Zusammenfassung wesentlicher Änderungen, wesentlicher Verzichtserklärungen oder wesentlicher Ergänzungen von Ursprünglichen Darlehensdokumenten oder anderer Verträge in Verbindung mit einem Vermögenswert;]

(iii) [eine Zusammenfassung wesentlicher Änderungen der Leistungsfähigkeit eines Darlehensnehmers oder einer damit zusammenhängenden vergleichsweisen Einigung, Reorganisation oder Liquidationsplan;]

(iv) [eine detaillierte Beschreibung von Maßnahmen, die im Hinblick auf eine Notfallangelegenheit unternommen wurden, und der vom Auslagerungsunternehmen aufgrund einer von Zeit zu Zeit durch den Auftraggeber erteilten ausdrücklichen Anweisung oder Delegierung von Befugnissen getroffenen Entscheidungen, die vom Auslagerungsunternehmen ohne weitere Genehmigung durch den Auftraggeber vorgenommen wurden;]

(v) [eine Abrechnung über etwaige Investitionsausgaben und eine Projektion dieser Investitionsausgaben für den nächsten Einzugszeitraum;]

(vi) [eine Abrechnung über die betrieblichen Dienstleistungsauslagen, die dem Auslagerungsunternehmen entstanden sind, und eine Projektion dieser betrieblichen Dienstleistungsauslagen für den nächsten Einzugszeitraum;]

(vii) [eine Abrechnung der laufenden Versicherungsdeckung der Vermögenswerte und der im Zusammenhang damit entstandenen Kosten;]

(viii) [soweit die Vermögenswerte aus Sicherheiten über Immobilien bestehen, eine Liste der Verkäufe, Übertragungen, Entlastungen, Verzichtserklärungen, Einleitung von Zwangsversteigerungen oder Zwangsverwaltung oder Insolvenzverfahren, Enteignung, zufälligen Untergang oder sonstige Verfügung über einen Vermögenswert, infolgedessen der Auftraggeber keinen weiteren rechtlichen, billigen oder wirtschaftlichen Anspruch mehr auf diesen Vermögenswert hat oder haben könnte;]

(ix) [soweit die Vermögenswerte aus Sicherheiten über Immobilien bestehen, eine Liste der geplanten Zwangsversteigerungen für die nächsten drei (3) Kalendermonate mit den jeweiligen Daten und eine Beschreibung der geplanten Strategie im Hinblick auf diese Zwangsversteigerung;]

(x) [soweit die Vermögenswerte aus Sicherheiten über Immobilien und/oder Abtretungen von Mietforderungen bestehen, eine Abrechnung der Mieteinnahmen und eine Projektion dieser für den folgenden Einzugszeitraum]; und

(xi) [eine Prognose der hier von §§ [...] erfassten Positionen].

Die in dem entsprechenden Anhang festgelegte Form des Standardberichts kann von Zeit zu Zeit im Ermessen des (vernünftig handelnden) Auftraggebers geändert werden, jedoch vorausgesetzt, dass der Auftraggeber mit dem Auslagerungsunternehmen für nicht mehr als zehn (10) Geschäftstage Rücksprache hält, bevor er diesem irgendwelche Änderungen mitteilt und alle vernünftigen Kommentare des Auslagerungsunternehmens zu berücksichtigen hat. Eine Änderung des Standardberichts wird durch eine mit einer vorherigen Frist von fünf (5) Geschäftstagen vom Auftraggeber an das Auslagerungsunternehmen gesandten schriftlichen Mitteilung über die Änderung zum ersten Berichtsdatum nach Zugang dieser Mitteilung bei dem Auslagerungsunternehmen wirksam.

2.4 Keine weiteren Verpflichtungen

Nichts von dem, was in diesem Vertrag enthalten ist, verpflichtet das Auslagerungsunternehmen oder soll implizieren, dass das Auslagerungsunternehmen verpflichtet ist, irgendwelche Leistungen außer den in §§ 2.1 und 2.2 genannten Dienstleistungen zu erbringen.

2.5 Befugnis des Auslagerungsunternehmens gegenüber Dritten

Vorbehaltlich gegenteiliger Bestimmungen, die in einem anderen vom oder zugunsten des Auslagerungsunternehmens im Hinblick auf die Vermögenswerte abgeschlossenen Vertrag enthalten sind, darf das Auslagerungsunternehmen nicht als Vertreter des Auftraggebers auftreten, indem er irgendeine Handlung im Hinblick auf die Vermögenswerte vornimmt, die nicht in diesem Vertrag als eine vom Auslagerungsunternehmen vorzunehmende Handlung vereinbart wurde.

2.6 Genehmigung

(a) Sofern keine ausdrückliche anderweitige Anweisung des Auftraggebers vorliegt, hat das Auslagerungsunternehmen die Basisdienstleistungen, ohne die vorherige Zustimmung des Auftraggebers zu erbringen oder zu besorgen. Etwaige sonstige Handlungen und Aktivitäten im Hinblick auf die Vermögenswerte können, vorbehaltlich dieses § 2.6, vom Auslagerungsunternehmen nur nach vorheriger schriftlicher Zustimmung und Genehmigung durch den Auftraggeber durchgeführt werden.

(b) Jede rechtmäßige und vernünftige Anweisung des Auftraggebers im Hinblick auf die Verwaltung der Vermögenswerte ist, vorbehaltlich dieses Vertrages, bindend für das Auslagerungsunternehmen. Der Auftraggeber kann jederzeit Anweisungen über alle Angelegenheiten in Verbindung mit diesem Vertrag erteilen und das Auslagerungsunternehmen hat solche Anweisungen sofort zu befolgen (und dafür zu sorgen, dass seine Mitarbeiter solche Anweisungen sofort befolgen).

(c) Dem Auslagerungsunternehmen ist es erlaubt, als Darlehensverwalter für Dritte tätig zu werden, vorausgesetzt, dies führt nicht zu Interessenskonflikten für das Auslagerungsunternehmen oder beeinträchtigt die Erfüllung dieses Vertrages durch das Auslagerungsunternehmen anderweitig nachteilig. Soweit dies notwendig oder wünschenswert ist, um etwaige Interessenskonflikte zu vermeiden, wird das Auslagerungsunternehmen sicherstellen, dass geeignete organisatorische Maßnahmen umgesetzt werden, z. B. „**Chinese Wall**“ Arrangements, um Verwaltungsleistungen gegenüber unterschiedlichen Kontrahenten oder im Hinblick auf die Verwaltung von Portfolios von Verwaltungsgegenständen, die sich von den Vermögenswerten unterscheiden, zu erbringen.

(d) Ohne eine sonstige hierin enthaltene Befugnis des Auslagerungsunternehmens einzuschränken, falls, um den Wert eines Vermögenswertes oder die Rechte und Interessen des Auslagerungsunternehmens, des Auftraggebers im Hinblick auf einen Vermögenswert, zu bewahren oder zu schützen, eine Handlung oder Aufwendung, die nicht gemäß den Bestimmungen dieses Vertrages autorisiert ist, die ansonsten der Zustimmung des Auftraggebers bedürfen würde, sofort als Reaktion auf eine Notfallangelegenheit bezüglich der Vermögenswerte vorgenommen werden muss (eine „**Notfallangelegenheit**“), dann ist das Auslagerungsunternehmen ermächtigt, diese Handlung vorzunehmen oder zu besorgen und/oder diese Aufwendungen einzugehen, die er für angemessen notwendig oder geeignet hält, um den Wert dieses Vermögenswerts und/oder der Rechte und Interessen des Auslagerungsunternehmens, des Auftraggebers daran zu schützen. Das Auslagerungsunternehmen hat den Auftraggeber sofort über die vorgenommene Maßnahme und eingegangene Aufwendung sowie die Umstände, die zu dieser Aufwendung geführt haben (einschließlich des Grundes für die Notwendigkeit einer sofortigen Handlung) zu benachrichtigen. Für Zwecke dieses Vertrages liegt eine Notfallangelegenheit insbesondere dann vor, wenn (i) eine unmittelbare Gefahr der Wertverminderung eines oder mehrerer Vermögenswerte vorliegt; und (ii) nicht ausreichend Zeit für das Auslagerungsunternehmen vorhanden ist, um die Zustimmung des Auftraggebers anzufordern.

(e) Um Zweifel zu vermeiden: Dieser § 2.6 ist nicht so auszulegen, als ob er das Auslagerungsunternehmen verpflichtet, Ausgeschlossene Aktivitäten vorzunehmen.

2.7 Verhältnis zwischen Auftraggeber und Auslagerungsunternehmen

Solange seine Bestellung hiernach andauert:

(a) erkennt das Auslagerungsunternehmen an, dass der Auftraggeber der Auftraggeber der Vermögenswerte ist;

(b) erkennt das Auslagerungsunternehmen an, dass der gesamte Rechtsanspruch auf alle Akten und Aufzeichnungen und andere Informationen in Verbindung mit den Vermögenswerten, die vom Auftraggeber zu übergeben sind (möglicherweise durch Dritte an das Auslagerungsunternehmen gemäß diesem Vertrag), alleiniges wirtschaftliches und rechtliches Eigentum des Auftraggebers sind.

2.8 Zahlungen[3]

(a) Wo die Bestimmungen der Darlehensdokumente von einem Darlehensnehmer verlangen, Mittel für Treuhandguthaben für steuerliche und/oder Versicherungszwecke bereitzustellen und der Darlehensnehmer tatsächlich diesen Betrag bereitstellt, hat das Auslagerungsunternehmen die Anweisung zu erteilen, dass diese Mittel auf die Auftraggeberkonten gezahlt werden. Dem Auslagerungsunternehmen ist es gemäß § 17 Absatz 6 KrZwMG untersagt, finanzielle Mittel von Kreditnehmern entgegenzunehmen und zu halten.

(b) Alle Zahlungen, die von den Parteien nach diesem Vertrag zu zahlen sind, sind per Banküberweisung in sofort frei verfügbaren Mitteln ohne Kosten oder Gebühren für den Empfänger zu überweisen.

(c) Zahlungen an den Auftraggeber sind auf das folgende Bankkonto zu überweisen:

Bank:	[...]
Kontoname:	[...]
Kontonummer:	[...]
IBAN:	[...]
BIC/SWIFT:	[...]
Begünstigter:	[...]

(d) Das Servicing-Honorar und das Honorar für Zusätzliche Dienstleistungen des Auslagerungsunternehmens sind auf das folgende Bankkonto oder ein anderes vom Auslagerungsunternehmen mit einer vorherigen Frist von mindestens [...] Geschäftstagen anzugebendes Bankkonto zu überweisen:

Bank:	[...]
Kontoname:	[...]
Kontonummer:	[...]
IBAN:	[...]
BIC/SWIFT:	[...]
Begünstigter:	[...]

3 Zu diskutieren, ob Treuhandkontokonzept anstelle eines Auftraggeberkontos genutzt werden sollte.

(e) Zahlungen von Dienstleistungsauslagen an das Auslagerungsunternehmen sind in Übereinstimmung mit § […] auf das folgende Bankkonto („**Auslagerungsunternehmen-Aufwandskonto**“) oder ein anderes vom Auslagerungsunternehmen mit einer vorherigen Frist von mindestens […] Geschäftstagen anzugebendes Bankkonto zu überweisen:

Bank:	[…]
Kontoname:	[…]
Kontonummer:	[…]
IBAN:	[…]
BIC/SWIFT:	[…]
Begünstigter:	[…]

(f) Soweit eine Zahlung oder sonstige nach diesem Vertrag zu erbringende Handlung an einem Tag fällig ist, der kein Geschäftstag, ist, ist diese Zahlung oder Handlung am nächstfolgenden Geschäftstag zu leisten. Für den Zeitraum zwischen dem Fälligkeitsdatum und dem nächsten Geschäftstag fallen keine Zinsen an.

2.9 Beauftragung von Dritten

Das Auslagerungsunternehmen darf geeignet qualifizierte Dritte mit der Erfüllung seiner vertraglichen Pflichten beauftragen, aber nur im Namen des Auslagerungsunternehmens (und nicht des Auftraggebers) und nur mit der vorherigen schriftlichen Zustimmung des Auftraggebers. Die Bestimmungen und Bedingungen dieser Unterdelegationsvereinbarungen mit Dritten müssen den Bestimmungen dieses Vertrages entsprechen. Gegenüber dem Auftraggeber haftet das Auslagerungsunternehmen weiterhin vollständig für die Leistungserbringung in Übereinstimmung mit den Bestimmungen dieses Vertrages für die vom Auslagerungsunternehmen zu erbringenden Leistungen. Die Haftung des Auslagerungsunternehmens für seine eigenen Mitarbeiter erstreckt sich auf etwaige vom Auslagerungsunternehmen beauftragte Dritte.

2.10 Service Level-Vereinbarung

Das Auslagerungsunternehmen erklärt sich damit einverstanden, das Servicing in Übereinstimmung mit der Service Level-Vereinbarung in ihrer von Zeit zu Zeit geänderten Fassung zu erbringen. Etwaige Änderungen der Service Level-Vereinbarung müssen dem Auslagerungsunternehmen […] Geschäftstage vor dem jeweiligen Wirksamkeitsdatum („**Wirksamkeitsdatum**“) mitgeteilt werden.

Während einer Anlaufzeit von […] Geschäftstagen ab dem Wirksamkeitsdatum hat das Auslagerungsunternehmen alle notwendigen Schritte umzusetzen, um vollständig betriebsbereit zu sein, so dass er die Verpflichtungen aus der geänderten Service Level-Vereinbarung erfüllen kann.

2.11 Kenne-Deinen-Kunden (Know-Your-Customer)

Das Auslagerungsunternehmen erklärt sich bereit, das Servicing in Übereinstimmung mit der Kenne-Deinen-Kunden-Prüfung zu leisten.

Option – Auslagerungsvereinbarung

Die §§ 2.12 bis einschließlich § 3.4 sind nur für den Fall vorgesehen, dass es sich bei dem Auftraggeber um ein Kreditdienstleistungsinstitut im Sinne des § 2 Abs. 2 S. 1 KrZwMG handelt.

2.12 Berücksichtigung geltenden Rechts

Das Auslagerungsunternehmen verpflichtet sich, die für den Auftraggeber geltenden rechtlichen Bestimmungen und die einschlägigen Rechtsvorschriften der Europäischen Union und der Vertragsstaaten über Kreditverträge und die Ansprüche eines Kreditgebers hieraus einzuhalten.

3. Pflichten des Auftraggebers

3.1 Informationspflicht

Der Auftraggeber hat den Kreditkäufer über die Absicht der Auslagerung einer seiner Basisdienstleistungen zu unterrichten.

3.2 Sicherstellung der Anforderungen des KrZwMG

Der Auftraggeber muss sicherstellen, dass

(i) durch die Auslagerung der Basisdienstleistungen auf ein Auslagerungsunternehmen die Einhaltung der Anforderungen der Erlaubnis nach § 10 Absatz 1 S. 1 KrZwMG durch den Auftraggeber nicht beeinträchtigt wird,

(ii) die Aufsicht über den Auftraggeber nicht beeinträchtigt wird,

(iii) der Auftraggeber direkt auf alle Daten zu den ausgelagerten Basisdienstleistungen zugreifen kann und

(iv) der Auftraggeber auch nach Beendigung der Auslagerungsvereinbarung weiterhin über das Fachwissen und die Ressourcen verfügt, um die ausgelagerten Basisdienstleistungen erbringen zu können.

3.3 Interne Kontrolle

Erfolgt eine Auslagerung der Basisdienstleistungen auf ein Auslagerungsunternehmen, ist dafür Sorge zu tragen, dass die Qualität der internen Kontrolle des Auftraggebers oder die fortgesetzte ordnungsgemäße Erbringung seiner Basisdienstleistungen nicht beeinträchtigt wird.

3.4 Pflichten gegenüber der BaFin

Auch bei einer Auslagerung der Basisdienstleistung auf ein Auslagerungsunternehmen bleibt der Auftraggeber für die Erfüllung der gesetzlichen Pflichten und Aufgaben gegenüber der BaFin verantwortlich.

4. Aufzeichnungen; Datenschutz; Vertraulichkeit

4.1 Kreditakten

Das Auslagerungsunternehmen hat sicherzustellen, dass die Kreditakten jederzeit in sicherem Gewahrsam sind und dass die ursprünglichen Darlehensverträge, Sicherheitenverträge, Sicherungszweckvereinbarungen, Grundschuld- und Hypothekenurkunden und Grundschuld- und Hypothekenbriefe (die „**Ursprünglichen Darlehensdokumente**") an einem sicheren Ort aufbewahrt werden (um Zweifel zu vermeiden: Das Auslagerungsunternehmen ist berechtigt, die Kreditakten und die ursprünglichen Darlehensdokumente in den Räumlichkeiten Dritter zu lagern, vorausgesetzt, dass diese Räumlichkeiten einer deutschen Bank gehören). Wenn ein Hypothekenbrief oder Grundschuldbrief durch Feuer zerstört wird, während er sich im Gewahrsam des Auslagerungsunternehmens befindet, hat das Auslagerungsunternehmen diesen Brief auf

Kosten des Auslagerungsunternehmens zu ersetzen; wenn das Auslagerungsunternehmen diesen Brief nicht ersetzen kann, hat das Auslagerungsunternehmen den Auftraggeber von etwaigen Schäden freizustellen, die dem Auslagerungsunternehmen aufgrund der Zerstörung dieses Briefes entstanden sind, es sei denn, das Auslagerungsunternehmen kann nachweisen, dass die Zerstörung nicht vorsätzlich oder grob fahrlässig vom Auslagerungsunternehmen verursacht wurde.

4.2 Aufzeichnungen

(a) Für die Dauer dieses Vertrages hat das Auslagerungsunternehmen in den Räumlichkeiten des Auslagerungsunternehmens einen vollständigen und genauen Satz von Akten, Büchern und Aufzeichnungen vorzuhalten, aus dem (i) die von dem Auslagerungsunternehmen in Verbindung mit der Erbringung der Dienstleistungen im Rahmen dieses Vertrages durch das Auslagerungsunternehmen durchgeführten geschäftlichen und betrieblichen Aktivitäten und (ii) alle Informationen, die das Auslagerungsunternehmen vernünftigerweise im Hinblick auf die Vermögenswerte erhält, hervorgehen. Die vorstehenden Akten, Bücher und Aufzeichnungen und die Kreditakten werden in diesem Vertrag gemeinsam als die „**Aufzeichnungen**" bezeichnet.

(b) Das Auslagerungsunternehmen ist verpflichtet, die Kreditakten und die Ursprünglichen Darlehensdokumente an die Partei, die einen Anspruch darauf hat, zurückzugeben, sobald das erste der folgenden Ereignisse eintritt: (i) Die Kündigung dieses Vertrages oder (ii) die Zahlung der letzten eingezogenen Beträge auf das Auftraggeberkonto. Wenn sämtliche Kreditakten und die Ursprünglichen Darlehensdokumente auf diese Weise zurückgegeben worden sind, hat das Auslagerungsunternehmen keine weitere Verpflichtung, alle Akten und Aufzeichnungen im Hinblick auf die Erfüllung dieses Vertrages weiterhin zu unterhalten.

(c) Der Auftraggeber bzw. ein vom Auftraggeber aufgrund vorheriger Abrede mit dem Auslagerungsunternehmen benannter Dritter ist berechtigt, vorbehaltlich der Einhaltung der DSGVO und der deutschen Regeln zum Bankgeheimnis und/oder anderer Vertraulichkeitsregeln, die in § 4.2(b) genannten Dokumente nach einer vorherigen schriftlichen Ankündigung von (3) Geschäftstagen während der üblichen Geschäftszeiten des Auslagerungsunternehmens einzusehen. Der Auftraggeber ist berechtigt, von diesen Aufzeichnungen auf eigene Kosten Kopien und Auszüge anzufertigen.

(d) Das Auslagerungsunternehmen hat auf angemessenes Verlangen des Auftraggebers dem Auftraggeber unverzüglich durch geeignete Telekommunikationsmittel die Details des physischen Lagerortes aller Aufzeichnungen mitzuteilen, vorausgesetzt, dass wenn diese Aufzeichnungen nicht unter seiner Kontrolle aufbewahrt werden, er dem Auftraggeber nur den letzten bekannten Lagerort dieser Aufzeichnungen mitzuteilen hat.

4.3 Datenschutz

(a) Das Auslagerungsunternehmen erkennt an, dass die Daten Dritter, die er im Rahmen dieses Vertrages erhält, Vertraulichkeitsvorschriften unterliegen kann, insbesondere wenn die Angelegenheit Kundendaten betrifft. Diese Pflicht bezieht sich insbesondere auf Daten, die nach der DSGVO geschützt sind und Daten, die den Regeln des Bankgeheimnisses und/oder einer zukünftigen Rechtsvorschrift über die Vertraulichkeit unterliegen. Das Auslagerungsunternehmen wird keine im

Rahmen dieses Vertrages erhaltenen personenbezogenen Daten für einen anderen Zweck als den in diesem Vertrag angegebenen. Das Auslagerungsunternehmen wird keine Kopien oder Duplikate von im Rahmen dieses Vertrages erhaltenen personenbezogenen Daten ohne die Kenntnis und vorherige Zustimmung des Auftraggebers anfertigen, es sei denn, dies erfolgt für Zwecke des Servicing im Rahmen dieses Vertrages.

(b) Beide Parteien werden alle Pflichten erfüllen, die aus der Verarbeitung von Daten resultieren. Das Auslagerungsunternehmen wird insbesondere seine Pflichten nach dem Servicing-Standard dieses Vertrages erfüllen. Für diesen Zweck vereinbaren die Parteien, dass:

(i) das Auslagerungsunternehmen die DSGVO, die deutschen Regeln zum Bankgeheimnis, eine zukünftige Rechtsvorschrift zur Vertraulichkeit und/oder Vertraulichkeitsregeln, die in einem Kauf- und Übertragungsvertrag festgelegt sind, beachten wird. Das Auslagerungsunternehmen hat alle zukünftigen Rechtsvorschriften zum Datenschutz zu beachten, sobald diese wirksam werden;

(ii) der Auftraggeber und das Auslagerungsunternehmen haben im Verhältnis und im Umgang miteinander sicherzustellen, dass die Bestimmungen der DSGVO eingehalten werden und der Auftraggeber und das Auslagerungsunternehmen haben die Vertraulichkeit und Verfügbarkeit aller von der DSGVO erfassten Daten sicherzustellen;

(iii) das Auslagerungsunternehmen hat sicherzustellen, dass alle personenbezogenen Informationen im Hinblick auf die Darlehensnehmer durch geeignete technische und organisatorische Mittel geschützt sind, insbesondere gegen Verlust, unberechtigte Verwendung durch Kopieren oder Verfälschung;

(iv) das Auslagerungsunternehmen hat die Geschäftsgeheimnisse des Auftraggebers geheim zu halten; und

(v) das Auslagerungsunternehmen hat sicherzustellen, dass falls er den Dienstleistungen ähnliche Leistungen Dritten gegenüber erbringt, dieser Dritte keine Informationen der Darlehensnehmer im Hinblick auf die Vermögenswerte erlangt und dass der Auftraggeber keine Informationen über die Verwaltungsgegenstände des Dritten erlangt.

(vi) Der Auftraggeber erkennt an, dass das Auslagerungsunternehmen nicht verpflichtet ist, dem Auftraggeber irgendwelche Informationen über die Darlehensnehmer zu liefern, wenn die Offenlegung der angeforderten Informationen zu einer Verletzung von geltenden Datenschutzgesetzen, Gesetzen zum Bankgeheimnis oder anderen Vertraulichkeitsregeln führen könnte.

(c) Das Auslagerungsunternehmen wird dem Auftraggeber auf Verlangen des Auftraggebers einen Nachweis über die Implementierung der technischen und organisatorischen Maßnahmen, die die Rechte und Freiheiten natürlicher Personen schützen gemäß Art. 24 Absatz 1 DSGVO vorlegen. Der Auftraggeber hat das Recht, die Räumlichkeiten des Auslagerungsunternehmens während der üblichen Bürozeiten zu betreten, um die Einhaltung der Pflichten zur Beachtung der Geheimhaltung zu überprüfen und, soweit dies notwendig und angemessen ist, um die Befolgung der Pflichten zur Einhaltung des Bankgeheimnisses zu überprüfen, die für diese Pflichten relevanten Dokumente zu einzusehen. Das Auslagerungsunternehmen hat jederzeit sicherzustellen, dass eine ordentliche Fortführung des Geschäfts in einem Notfall möglich ist.

(d) Der Auftraggeber verpflichtet sämtliche von ihm beschäftigten Mitarbeiter und beauftragte Dritte auf die Einhaltung der geltenden Datenschutzvorschriften und verpflichtet diese Personen zur Verschwiegenheit.

4.4 Vertraulichkeit

Die Parteien dürfen weder während der Laufzeit dieses Vertrages noch nach seiner Beendigung irgendeiner Person gegenüber (außer mit Ermächtigung der anderen hier beteiligten Partei) irgendwelche Informationen offenlegen, die die Partei in Übereinstimmung oder in Verbindung mit diesem Vertrag erhalten hat, es sei denn (aber auch nur, wenn und soweit dies mit der DSGVO vereinbar ist):

(a) sie ist durch Verfügung eines rechtlich zuständigen Gerichts dazu gezwungen, sei es bei der Durchführung eines Verfahrens zur Offenlegung prozesserheblicher Urkunden oder anderweitig;

(b) aufgrund eines Gesetzes oder einer Richtlinie oder Anforderung einer Behörde in Übereinstimmung, mit der diese Partei handeln muss oder gewöhnlich handelt;

(c) gegenüber den Abschlussprüfern oder rechtlichen oder sonstigen fachlichen Beratern, die den beruflichen Geheimhaltungsregeln einer vorstehend genannten Körperschaft unterliegen; und

(d) wie gemäß diesem Vertrag vorgesehen,

jedoch vorausgesetzt, dass die vorstehenden Einschränkungen nicht gelten für:

(i) Informationen, die dem Empfänger bereits auf andere Weise als durch einen Verstoß gegen diesen § 4.4 bekannt sind; und

(ii) Informationen, die der allgemeinen Öffentlichkeit andere Weise als durch einen Verstoß gegen diesen Paragrafen bekannt sind oder werden.

5. Die Gebühren und Auslagen des Auslagerungsunternehmens

Option 1

5.1 Servicing-Honorar

(a) Der Auftraggeber hat an das Auslagerungsunternehmen eine Gebühr für die Erfüllung der Dienstleistungen (abgesehen von etwaigen Zusätzliche Dienstleistungen), die während des am [...] beginnenden Zeitraums bis zur Beendigung dieses Vertrages erbracht werden, in Form einer festen Verwaltungsgebühr in Höhe von [...] pro Jahr zu bezahlen, die Ende Dezember eines jeden Kalenderjahres zahlbar ist.

(b) Das Servicing-Honorar schließt eine etwaige geltende USt sowie Kosten wie etwa Auslagen und Aufwendungen (die insbesondere etwaige Kosten für die Lagerung der Kreditakten enthalten) in Verbindung mit der Erbringung der Dienstleistungen nicht ein.

5.2 Honorar für Zusätzliche Dienstleistungen

Der Auftraggeber kann von Zeit zu Zeit Zusätzliche Dienstleistungen vom Auslagerungsunternehmen anfordern. Der Umfang der Zusätzlichen Dienstleistungen und das dafür berechnete Honorar werden zwischen dem Auslagerungsunternehmen und dem

Auftraggeber zu dem Zeitpunkt ausgehandelt, an dem die Zusätzlichen Dienstleistungen ausgeführt werden sollen.

Option 2

Die als Anhang 1 beigefügte Honorarvereinbarung bietet einen Überblick über das Servicing-Honorar.

5.3 Dienstleistungsauslagen

Das Auslagerungsunternehmen hat alle von ihm in der Erfüllung seiner Verpflichtungen hiernach [nach vorheriger [schriftlicher] Zustimmung des Auftraggebers] einzugehenden Dienstleistungsauslagen zu bezahlen.

(a) Erste Vorauszahlung

Sofort nach Unterzeichnung dieses Vertrages hat der Auftraggeber an dem Auslagerungsunternehmen eine erste Vorauszahlung in Höhe von (EUR [...]) („**Erste Vorauszahlung**") zu zahlen, um Mittel für zukünftige Dienstleistungsauslagen bereit zu stellen. Soweit des Gesamtsaldo auf dem Auslagerungsunternehmen-Aufwandskonto am jeweiligen letzten Tag von zwei aufeinanderfolgenden Einzugszeiträumen unter den Betrag der Ersten Vorauszahlung fällt, können die Parteien eine Erhöhung dieses Betrages vereinbaren, wobei der Auftraggeber dann den Betrag, um den die Erste Vorauszahlung erhöht wurde, auf das Auslagerungsunternehmen-Aufwandskonto zu zahlen hat. Mit Beendigung dieses Vertrages hat das Auslagerungsunternehmen den Betrag der Ersten Vorauszahlung (einschließlich etwaiger Beträge, um die die Erste Vorauszahlung in Übereinstimmung mit dem vorstehenden Satz erhöht wurde) zurück an den Auftraggeber zu zahlen, vorausgesetzt, dass der Anspruch des Auftraggebers auf Zahlung der Ersten Vorauszahlung gegen unbestrittene Ansprüche des Auslagerungsunternehmens auf Erstattung von Dienstleistungsauslagen, die zu diesem Zeitpunkt immer noch fällig sind, aufgerechnet werden kann, so dass nur der Teil der Erste Vorauszahlung, der nach dieser Aufrechnung zur Rückzahlung fällig ist, an den Auftraggeber bar zu zahlen ist).

(b) Monatliche Vorauszahlung

Der Auftraggeber hat

(i) an das Auslagerungsunternehmen eine Vorauszahlung in Höhe der zukünftigen Dienstleistungsauslagen zu zahlen, die für jeden Einzugszeitraum in der Aufwandsprognose des Auslagerungsunternehmens, die als Teil des Standardberichts vorzulegen ist, geschätzt werden, und

(ii) sofort nachdem das Auslagerungsunternehmen dem Standardbericht detaillierte schriftliche Rechnungen für diese Aufwendungen zusammen mit angemessen detaillierter unterstützender Dokumentation in Verbindung damit beigefügt hat, dem Auslagerungsunternehmen alle tatsächlichen Dienstleistungsauslagen zu erstatten, soweit sie diesem Vertrag entsprechen und die für diesen Einzugszeitraum gezahlte Vorauszahlung übersteigen.

(c) Dienstleistungsauslagen; bestimmte Ausschlüsse und Einschränkungen

Zu erstattende Dienstleistungsauslagen enthalten nicht – und der Auftraggeber ist nicht verpflichtet, damit zusammenhängende Beträge zu bezahlen oder zu erstatten – Kosten und Aufwendungen des Auslagerungsunternehmens, (i) die nicht unmittelbar aus dem Einzug oder der Verwaltung der Vermögenswerte in Übereinstimmung mit diesem Vertrag entstehen, (ii) aus einem Kündigungsereignis oder sonstigen Nichterfüllung einer Verpflichtung im Rahmen dieses Vertrages durch das Auslagerungsunternehmen oder einem Verstoß einer Bestimmung einer Rechtsvorschrift durch das Auslagerungsunternehmen resultieren, oder (iii) aufgrund einer Leistungsstörung des Auslagerungsunternehmens im Rahmen eines anderen Vertrages als diesem notwendig werden, deren Vertragspartei das Auslagerungsunternehmen ist.

(d) Kosten und Gebühren Dritter

Das Auslagerungsunternehmen hat dem Auftraggeber gegenüber (i) alle Honorare, Gebühren, Aufwendungszahlungen, die an einen Dritten zu zahlen sind oder ausgezahlt wurden, der von dem Auslagerungsunternehmen beauftragt oder angestellt wurde, einschließlich z. B. externe Anwälte, Wirtschaftsprüfer und andere Berater und Ratgeber, die das Auslagerungsunternehmen in Verbindung mit der Vollstreckung, Einziehung, Zwangsversteigerung, Verwaltung, dem Betrieb und Verfügung über die Vermögenswerte in Dienst genommen hat, und (ii) alle Zahlungen, Gegenleistungen oder sonstige Entschädigungen jeglicher Art oder Aufrechnungen oder andere Vergütungsabreden (gleichgültig, ob in mündlicher oder schriftlicher Form), die von diesen Vertragsparteien erhalten oder mit ihnen abgeschlossen wurden, (eine „**Zahlungsabrede**") offen zu legen. Die Dienstleistungsauslagen sind vom Auftraggeber nur nach Abzug etwaiger Vorteile jeglicher Art (einschließlich zukünftiger Vorteile), die das Auslagerungsunternehmen im Rahmen oder in Verbindung mit einer Zahlungsabrede erhält, zu erstatten.

(e) [Dienstleistungsauslagepositionen]

[Unbeschadet einer etwaigen hier enthaltenen gegenteiligen Bestimmung, ist jede einzelne Dienstleistungsauslageposition mit einem Betrag von bis zu den jeweiligen Schwellenwerten, die jeder Position zugewiesen sind, zu erstatten und muss nicht separat vom Auftraggeber genehmigt werden. Die Erstattung weiterer Beträge an weiteren angemessenen Auslagen nach Ermessen des Auftraggebers bleibt unberührt. Der Anhang Dienstleistungsauslagepositionen kann im alleinigen Ermessen des Auftraggebers von Zeit zu Zeit geändert werden. eine Änderung des Anhangs Dienstleistungsauslagepositionen wird am […]. Geschäftstag nach Benachrichtigung des Auslagerungsunternehmens wirksam. Etwaige Kosten und Auslagen, die keine Dienstleistungsauslagepositionen sind und bei denen ein Hinweis auf ihren Zweck nicht offensichtlich ist, müssen vor Auszahlung vom Auftraggeber schriftlich genehmigt werden.]

6. Versicherung

Während der Dauer dieses Vertrages hat das Auslagerungsunternehmen auf Kosten des Auslagerungsunternehmens eine Berufshaftpflichtversicherung mit einer Deckung von mindestens […] pro Schadensfall, einschließlich der in § 2 dieses Vertrages beschriebenen Darlehensverwaltung des Auslagerungsunternehmens, und eine umfassende oder allgemeine gewerbliche Haftpflichtversicherung (Personen- und Sachschäden) für allgemeine Haftpflicht, insbesondere einschließlich Drittrisiken, in Kraft zu halten.

Das Auslagerungsunternehmen hat dem Auftraggeber auf Verlangen Informationen über die Versicherung zur Verfügung zu stellen.

7. Zusagen, Zusicherungen

7.1 Zusagen

Das Auslagerungsunternehmen sagt hiermit dem Auftraggeber gegenüber zu:

(a) Einhaltung

die Bestimmungen dieses Vertrages und alle Anweisungen des Auftraggebers einzuhalten;

(b) Aufmerksamkeit und Sorgfalt

diejenige Zeit und Aufmerksamkeit aufzubringen und sämtliche Fachkenntnis, Aufmerksamkeit und Sorgfalt anzuwenden, wie dies notwendig ist, um sicherzustellen, dass der Servicing-Standard erfüllt wird;

(c) Berichte

den Standardbericht spätestens [...] Geschäftstage (oder an demjenigen anderen Datum, auf das sich die Parteien von Zeit zu Zeit einigen können) nach dem Ende eines Monats zu erstellen und dem Auftraggeber vorzulegen;

(d) Finanzberichterstattung

ein Abrechnungssystem zu unterhalten, das in Übereinstimmung mit den Grundsätzen ordnungsgemäßer Buchführung eingerichtet wurde und angewendet wird;

(e) Systemanforderungen und Einsichtnahme in die Aufzeichnungen

Systeme im Hinblick auf die Vermögenswerte vorhanden zu haben, die in der Lage sind, die Informationen zu liefern, auf die der Auftraggeber vernünftigerweise und ordnungsgemäß nach diesem Vertrag einen Anspruch hat, und sich nach angemessenen Kräften zu bemühen, diese Systeme in einem guten Betriebszustand zu halten und es dem Auftraggeber, eine unabhängigen Wirtschaftsprüfungsgesellschaft und/oder anderen Vertretern des Auftraggebers nach einer vorherigen schriftlichen Anmeldung von zehn (10) Tagen zu gestatten, seine Räumlichkeiten während der normalen Geschäftszeiten unter der direkten Aufsicht des Auslagerungsunternehmens für die folgenden Zwecke zu betreten, um zu inspizieren und sich selbst Gewissheit darüber zu verschaffen, dass die Systeme vorhanden sind, in gutem Betriebszustand unterhalten werden und in der Lage sind, die Informationen zu liefern, auf die er oder sie vernünftigerweise und ordnungsgemäß nach diesem Vertrag einen Anspruch hat/haben;

(e) Aufbewahrung von Aufzeichnungen

Aufzeichnungen zum Zwecke der Identifizierung, insbesondere jederzeit, jedes von den und an die Darlehensnehmer gezahlten Betrages, jede von den oder an die Darlehensnehmer geschuldeten Betrages, und die Quelle der Eingänge, die auf die Auftraggeberkonten gezahlt werden, aufzubewahren und zu führen. Das Auslagerungsunternehmen hat dem Auftraggeber etwaige wesentliche Änderungen seiner Verwaltungs- und betrieblichen Verfahren im Hinblick auf die Aufbewahrung und Führung der Aufzeichnungen mitzuteilen;

(f) Erfüllung und Einhaltung der zugrunde liegenden Ursprünglichen Darlehensdokumente

auf eigene Kosten und rechtzeitig vollständig alle Bestimmungen, Zusagen und andere Versprechen im Hinblick auf die Vermögenswerte im Rahmen der Ursprünglichen Darlehensdokumente, die für das Servicing relevant sind, zu erfüllen und einzuhalten;

(g) Lizenz

alle Lizenzen, Genehmigungen, Eintragungen, Ermächtigungen und Zustimmungen einzuholen und in Kraft zu halten, die in Verbindung mit der Erbringung der Dienstleistungen notwendig oder wünschenswert sein können;

(h) Einhaltung von gesetzlichen Anforderungen

alle gesetzlichen Anforderungen im Hinblick auf die Vermögenswerte einzuhalten, insbesondere der DSGVO und Rundschreiben und andere von Zeit zu Zeit von der BaFin ausgegebene Erklärungen (und, ausschließlich für Zwecke dieses § 7.1, sagt der Auftraggeber dem Auslagerungsunternehmen gegenüber zu, dass wenn und soweit dies relevant ist, er sich an die DSGVO und die Rundschreiben und andere von Zeit zu Zeit von der BaFin ausgegebene Erklärungen halten wird). Dies gilt nur für diejenigen Erklärungen, die dem Auftraggeber zur Kenntnis gebracht werden und die das Servicing beeinflussen werden. Der Auftraggeber hat das Auslagerungsunternehmen über diese Erklärungen unverzüglich zu benachrichtigen;

(i) Versicherung

Das Auslagerungsunternehmen darf das Servicing nicht an einen unabhängigen Unternehmer delegieren, es sei denn, der unabhängige Unternehmer hält eine entsprechende Versicherungsdeckung aufrecht.

7.2 Während der Dauer dieses Vertrages und für den nach geltendem Recht vorgeschriebenen Zeitraum nach Beendigung oder Ablauf dieses Vertrages kann der Auftraggeber Gegenstand der Regulierung und Prüfung durch hoheitliche Körperschaften, Standardorganisationen oder sonstige Aufsichtsbehörden, insbesondere die BaFin, oder aufgrund von geltenden Gesetzen, Regeln, Richtlinien, Standards und Vertragsbestimmungen sein. Wenn eine hoheitliche Körperschaft, Standardorganisation oder sonstige Aufsichtsbehörde, insbesondere die BaFin, ihr Recht zur Überprüfung oder Prüfung der Bücher und Aufzeichnungen des Auftraggebers geltend macht, soweit diese für die Dienstleistungen nach diesen Gesetzen, Regeln, Richtlinien, Standards relevant sind, hat das Auslagerungsunternehmen sämtliche vom Auftraggeber angeforderte Unterstützung bei der Beantwortung solcher Prüfungen oder Informationsanfragen zu bieten.

7.3 Unbeschadet § 4.2(b) hat das Auslagerungsunternehmen nach einer Frist gemäß § 4.2(c) während der Dauer des Vertrages und für einen Zeitraum von [drei (3) Jahren] nach Beendigung oder Ablauf dieses Vertrages dem Auftraggeber, der BaFin und den von der BaFin ermächtigten Prüfern vollständigen und uneingeschränkten Zugang zu allen angemessenen Geschäftszeiten zu den Einrichtungen, an oder von denen aus die Dienstleistungen erbracht werden, sowie den Vertragsaufzeichnungen, Datensystemaufzeichnungen und anderen einschlägigen Informationen des Auslagerungsunternehmens, soweit diese für die Dienstleistungen und die vom Auslagerungsunternehmen im Rahmen dieses Vertrages übernommenen Verpflichtungen relevant sind, zu gewähren und die gesamte relevanten Informationen und Dokumentation zur Verfügung zu stellen, jeweils insoweit wie diese für die Dienstleistungen und die Verpflichtungen des Auslagerungsunternehmens im Rahmen dieses Vertrages relevant sind, soweit diese Informationen nicht in Aufzeichnungen enthalten sind, die der Partei, die in Übereinstimmung mit § 4.2(b) einen Anspruch darauf hat, zurückgegeben wurden. Dieser Zugang ist soweit wie notwendig zu gewähren, um es den Parteien zu ermöglichen, geltende rechtliche, regulatorische und vertragliche Verpflichtungen zu erfüllen und ist insbesondere für Zwecke der Durchführung von Prüfungen und Inspektionen durch den Auftraggeber oder die BaFin zu gewähren, um die Integrität der Unternehmensdaten zu verifizieren, die Erfüllung der Dienstleistungen durch das Auslagerungsunternehmen zu überprüfen, um die Einhaltung der Sachverständnisvorschrift und einzelner Anweisungen der BaFin zu überprüfen, jeweils soweit dies für die im Rahmen dieses Vertrages durch das Auslagerungsunternehmen erbrachten Dienstleistungen und übernommenen Verpflichtungen relevant ist. Das Auslagerungsunternehmen hat jede angemessene vom Auftraggeber, der BaFin oder einem anderen vorstehend benannten Beauftragen angeforderte Unterstützung bei der Durchführung einer solchen Prüfung zu bieten, einschließlich der Bereitstellung aller Informationen und jeglicher Dokumente, die für die im Rahmen dieses Vertrages durch das Auslagerungsunternehmen erbrachten Dienstleistungen und übernommenen Verpflichtungen relevant sind; das Auslagerungsunternehmen hat Kopiereinrichtungen bereit zu halten, um Kopien dieser relevanten Dokumente anzufertigen.

7.4 Wenn eine Prüfung durch eine hoheitliche Körperschaft, Standardorganisation oder Aufsichtsbehörde, insbesondere der BaFin, die für den Auftraggeber rechtlich zuständig ist, zu der Feststellung führt, dass das Auslagerungsunternehmen die Grundsätze ordnungsgemäßer Buchführung oder andere Prüfungsvoraussetzungen oder ein Gesetz oder einen Standard im Hinblick auf die Erfüllung seiner Verpflichtungen im Rahmen dieses Vertrages nicht einhält, hat das Auslagerungsunternehmen innerhalb der von diesem Prüfer festgelegten Frist den oder die von dieser hoheitlichen Körperschaft, Standardorganisation oder Aufsichtsbehörde identifizierten Mangel oder Mängel anzugehen und zu beheben.

7.5 Zusicherungen und Gewährleistungen

Jede Partei sichert der anderen gegenüber zu und gewährleistet ihre gegenüber:

(a) **Ordnungsgemäße Errichtung:** Sie ist ordnungsgemäß errichtet und existiert wirksam nach den Rechtsvorschriften der Rechtsordnung ihrer Gründung. Sie verfügt über die gesamte notwendige Fähigkeit und Befugnis, ihre Verpflichtungen im Rahmen dieses Vertrages einzugehen und zu erfüllen;

(b) **Ordnungsgemäße Ermächtigung:** Die Unterzeichnung und Übergabe dieses Vertrages wurde durch alle notwendigen Maßnahmen ordnungsgemäß autorisiert;

(c) **Bindende Wirkung:** Dieser Vertrag stellt eine rechtmäßige und bindende Verpflichtung dieser Partei dar, die in Übereinstimmung mit ihren Bestimmungen durchsetzbar ist, außer insoweit wie die Durchsetzbarkeit durch Konkurs-, Reorganisations- und andere ähnliche Rechtsvorschriften, die die Rechte von Gläubigern im Allgemeinen betreffen, und nach Treu und Glauben modifiziert wird;

(d) **Zustimmungen, Genehmigungen etc.:** Für die ordnungsgemäße Unterzeichnung und Erfüllung ihrer Verpflichtungen im Rahmen dieses Vertrages sind keine Zustimmungen, Ermächtigungen, Genehmigungen, Lizenzen, Mitteilungen oder Anmeldungen notwendig oder, wenn eine solche doch notwendig ist, wurde sie eingeholt;

(e) **Rechtsstreitigkeiten:** Gegen diese Partei ist keine Rechtstreitigkeit anhängig oder, nach Wissen dieser Partei, angedroht, die, wenn sie zum Nachteil dieser Partei entschieden wird;

(f) **Kein Verstoß:** Die Unterzeichnung und Erfüllung dieses Vertrages und aller sonstigen Urkunden und Dokumente, die gemäß diesem Vertrag abzuschließen sind, durch sie und alle in diesem Vertrag vorgesehenen Rechtsgeschäfte verstoßen nicht:

(i) gegen ihre Gründungsdokumente,

(ii) irgendeine für sie geltende Rechtsvorschrift, Regel oder Richtlinie,

(iii) eine wesentliche vertragliche Einschränkung, die in einem Vertrag oder in einer Urkunde enthalten ist, deren Partei sie ist oder durch welche sie gebunden ist, oder

(iv) eine Anweisung, Verfügung, Urteil, Schiedsspruch, einstweilige Verfügung oder Erlass, die für sie oder einen Teil oder alle Ihrer Verwaltungsgegenstände bindend ist oder sie oder diese betrifft.

8. Freistellung

8.1 Das Auslagerungsunternehmen hat den Auftraggeber und jedes Vorstandsmitglied, leitenden Angestellten oder Mitarbeiter des Auftraggebers freizustellen und von allen etwaigen Schadensersatzansprüchen, Haftung oder Aufwendungen (einschließlich angemessener Kosten für Anwälte und Klageverfahren), schadlos zu halten, die im Hinblick auf Handlungen oder Unterlassungen des Auslagerungsunternehmens in Verbindung mit diesem Vertrag aufgrund von Vorsatz oder grober Fahrlässigkeit des Auslagerungsunternehmens im Hinblick auf die Nichtbeachtung seiner Pflichten hiernach entstanden sind; jedoch vorausgesetzt, dass der Auftraggeber das Auslagerungsunternehmen in einem solchen Fall über etwaige existierende oder anhängige Klagen oder Umstände, die vernünftigerweise zu einer Klage führen können, sofort zu benachrichtigen hat. Das Auslagerungsunternehmen hat das Recht, die Beilegung einer solchen Klage zu verwalten und der Auftraggeber hat mit dem Auslagerungsunternehmen in Verbindung damit zusammen zu arbeiten.

8.2 Der Auftraggeber hat das Auslagerungsunternehmen und jedes Vorstandsmitglied, leitenden Angestellten oder Mitarbeiter des Auslagerungsunternehmens freizustellen und von allen etwaigen Schadensersatzansprüchen, Haftung oder Aufwendungen (einschließlich angemessener Kosten für Anwälte und Klageverfahren), schadlos zu halten, die im Hinblick auf Handlungen oder Unterlassungen des Auftraggebers in Verbindung mit diesem Vertrag (einschließlich Handlungen oder Unterlassungen des Auslagerungsunternehmens infolge des gutgläubigen Handelns entsprechend den Anweisungen des Auftraggebers) aufgrund von Vorsatz oder grober Fahrlässigkeit des Auftraggebers im Hinblick auf die Nichtbeachtung seiner Pflichten hiernach entstanden sind; jedoch vorausgesetzt, dass das Auslagerungsunternehmen den Auftraggeber in einem solchen Fall über etwaige existierende oder anhängige Klagen oder Umstände, die vernünftigerweise zu einer Klage führen können, sofort zu benachrichtigen hat. Der Auftraggeber hat das Recht, die Beilegung einer solchen Klage zu verwalten und das Auslagerungsunternehmen hat mit dem Auftraggeber in Verbindung damit zusammen zu arbeiten.

9. Kündigung des Vertrages

9.1 Kündigung durch den Auftraggeber

Der Auftraggeber kann diesen Vertrag mit Wirkung nach Ablauf einer Kündigungsfrist von [...] kündigen.

9.2 Kündigung durch das Auslagerungsunternehmen

Das Auslagerungsunternehmen kann diesen Vertrag mit Wirkung nach Ablauf einer Kündigungsfrist von [...] kündigen.

10. Änderung der aufsichtsrechtlichen Anforderungen

Diesem Vertrag liegen § 25b KWG i. V m. den Mindestanforderungen an das Risikomanagement der Kreditinstitute („**MaRisk**"), insb. AT 9 zu Grunde. Bei einer wesentlichen Änderung der aufsichtsrechtlichen oder sonstigen rechtlichen Vorgaben einschließlich der maßgeblichen Leistungs- und Qualitätsstandards, durch die die Geschäfts- bzw. Kalkulationsgrundlage dieses Vertrages nicht mehr erfasst ist, verpflichten sich die Parteien, eine neue Vereinbarung zu treffen, die der Zielsetzung dieses Vertrages unter Berücksichtigung der neuen Vorgaben am nächsten kommt.

11. Aufsicht durch die BaFin

Die Funktion der internen Revision gemäß KWG wird hinsichtlich der ausgelagerten Aktivitäten und Prozesse durch den Auftraggeber wahrgenommen. Der Auftraggeber hat ein jederzeitiges, vollumfängliches und ungehindertes Einsichts-, Informations- und Prüfungsrecht hinsichtlich des ausgelagerten Bereichs; dies schließt die Anfertigung von Abschriften einschlägiger Unterlagen mit ein. Dem Auftraggeber ist ein Zugang zu allen Dokumenten, Datenträgern und Systemen beim Auslagerungsunternehmen zu gewähren, die die ausgelagerten Aktivitäten und Prozesse betreffen. Personen, die beim Auslagerungsunternehmen Funktionen der Internen Revision wahrnehmen oder gesetzlich vorgeschriebene oder aufsichtlich angeordnete externe Prüfungen vornehmen, sind gegenüber dem auslagernd sowie dessen Prüfern von einer bestehenden Schweigepflicht zu entbinden.

12. Auftragsdatenverarbeitung

Das Auslagerungsunternehmen verarbeitet personenbezogene Daten im Auftrag des Auftraggebers. Für die Beurteilung der Zulässigkeit der Datenverarbeitung sowie für die Wahrung der Rechte der Betroffenen ist allein der Auftraggeber verantwortlich. Der Auftraggeber erteilt alle Aufträge oder Teilaufträge schriftlich. Änderungen des Verwaltungsgegenstandes und Verfahrensänderungen sind gemeinsam abzustimmen. Der Auftraggeber hat das Recht, Weisungen über Art, Umfang und Verfahren der Datenverarbeitung zu erteilen. Mündliche Weisungen sind unverzüglich schriftlich zu bestätigen. Weisungsberechtigte Personen des Auftraggebers sind dem Auslagerungsunternehmen schriftlich mitzuteilen. Der Auftraggeber informiert das Auslagerungsunternehmen unverzüglich, wenn er Fehler oder Unregelmäßigkeiten bei der Prüfung der Auftragsergebnisse feststellt.

Das Auslagerungsunternehmen verarbeitet personenbezogene Daten ausschließlich im Rahmen der getroffenen Vereinbarungen und nach Weisungen des Auftraggebers. Es verwendet die zur Datenverarbeitung überlassenen Daten für keine anderen Zwecke. Kopien oder Duplikate werden ohne Wissen des Auftraggebers nicht erstellt. Das Auslagerungsunternehmen sichert im Bereich der auftragsgemäßen Verarbeitung von personenbezogenen Daten die vertragsmäßige Abwicklung aller vereinbarten Maßnahmen zu. Soweit möglich sind personenbezogene Daten zu anonymisieren.

Das Auslagerungsunternehmen sichert zu, dass die verarbeiteten Daten von sonstigen Datenbeständen strikt getrennt werden. Das Auslagerungsunternehmen erklärt sich damit einverstanden, dass der Auftraggeber jederzeit berechtigt ist, die Einhaltung der Vorschriften über den Datenschutz und der vertraglichen Vereinbarungen im erforderlichen Umfang zu kontrollieren, insbesondere durch die Einholung von Auskünften und die Einsichtnahme in die gespeicherten Daten und die Datenverarbeitungsprogramme.

Nicht mehr benötigte Unterlagen mit personenbezogenen Daten und Dateien dürfen erst nach vorheriger Zustimmung durch das auslagernde Unternehmen datenschutzgerecht vernichtet werden. Nach Abschluss der vertraglichen Arbeiten hat das Auslagerungsunternehmen sämtliche in seinen Besitz gelangten Unterlagen und erstellten Verarbeitungs- oder Nutzungsergebnisse, die im Zusammenhang mit dem Auftragsverhältnis stehen, dem Auslagerungsunternehmen auszuhändigen. Die Datenträger des Auslagerungsunternehmens sind danach physisch zu löschen. Test- und Ausschussmaterial ist unverzüglich zu vernichten oder dem auslagernden Unternehmen auszuhändigen. Die Beauftragung von Subunternehmen ist nur mit schriftlicher Zustimmung des Auftraggebers zugelassen. Das Auslagerungsunternehmen hat in diesem Falle vertraglich sicherzustellen, dass die vereinbarten Regelungen auch gegenüber Subunternehmern gelten. Es hat die Einhaltung dieser Pflichten regelmäßig zu überprüfen. Die Weiterleitung von Daten ist erst zulässig, wenn der Subunternehmer die Verpflichtung nach der DSGVO erfüllt hat. Das auslagernde Unternehmen stimmt der Weitergabe der Daten an diese Subunternehmer zu. Dem Auslagerungsunternehmen bestätigt es, dass es nach Art. 37 DSGVO einen betrieblichen Datenschutzbeauftragten bestellt hat. Für die Sicherheit erhebliche Entscheidungen zur Organisation der Datenverarbeitung und zu den angewandten Verfahren sind mit dem Auftraggeber abzustimmen.

Das Auslagerungsunternehmen verpflichtet sich, bei der auftragsgemäßen Verarbeitung der personenbezogenen Daten des Auftraggebers das Datengeheimnis zu wahren. Es verpflichtet sich, die gleichen Geheimnisschutzregeln zu beachten, wie sie dem Auftraggeber obliegen. Das Auslagerungsunternehmen bestätigt, dass ihm die einschlägigen datenschutzrechtlichen Vorschriften bekannt sind. Das Auslagerungsunternehmen sichert zu, dass es die bei der Durchführung der Arbeiten beschäftigten Mitarbeiter und Subunternehmer mit den für sie maßgebenden Bestimmungen des Datenschutzes vertraut macht. Es wird sie schriftlich auf das Datengeheimnis verpflichten. Es überwacht die Einhaltung der datenschutzrechtlichen Vorschriften. Auskünfte darf das Auslagerungsunternehmen nur nach vorheriger schriftlicher Zustimmung durch den Auftraggeber erteilen.

Das Auslagerungsunternehmen sichert die Einhaltung der in diesem Vertrag getroffenen Maßnahmen zu. Falls ein Datenschutzbeauftragter bestellt wird, muss er für diese Aufgabe die persönliche Zuverlässigkeit sowie fachliche Eignung besitzen. Das Auslagerungsunternehmen verpflichtet sich dann, dem Datenschutzbeauftragten und den von ihm eingesetzten Bediensteten Zugang zu den Arbeitsräumen zu gewähren und unterwirft sich der Kontrolle. Das Auslagerungsunternehmen sichert in seinem Verantwortungsbereich die Umsetzung und Einhaltung der vereinbarten technischen und organisatorischen Maßnahmen entsprechend Art. 24 DSGVO zu.

Dazu zählt insbesondere die innerbetriebliche Organisation, die so gestaltet ist, dass sie den besonderen Anforderungen des Datenschutzes gerecht wird. Technische und organisatorische Maßnahmen zur Sicherung der Daten des Auftraggebers vor Missbrauch und Verlust werden vom Auslagerungsunternehmen entsprechend den Forderungen der DSGVO getroffen.

Dies beinhaltet insbesondere:

- Maßnahmen, damit Unbefugte keinen Zutritt zu den Datenverarbeitungsanlagen erhalten, mit denen personenbezogene Daten verarbeitet werden: Die EDV-Anlage des Auslagerungsunternehmens ist in einem besonders gesicherten Raum untergebracht. Zugang zu diesem Raum haben nur die mit der Abwicklung des Mehrwertprogramms zuständigen Mitarbeiter des Auslagerungsunternehmens;
- Maßnahmen, damit Unbefugte an der Benutzung der Datenverarbeitungsanlagen und -verfahren gehindert werden;
- Maßnahmen, damit die zur Benutzung der Datenverarbeitungsverfahren Befugten ausschließlich auf die ihrer Zugriffsberechtigung unterliegenden personenbezogenen Daten zugreifen können und dass personenbezogene Daten bei der Verarbeitung, Nutzung und nach der Speicherung nicht unbefugt gelesen, kopiert, verändert oder entfernt werden können;
- Maßnahmen, die gewährleisten, dass personenbezogene Daten bei der elektronischen Übertragung oder während ihres Transports oder ihrer Speicherung nicht unbefugt gelesen, kopiert, verändert oder entfernt werden können und dass überprüft und festgestellt werden kann, an welchen Stellen eine Übermittlung personenbezogener Daten durch Einrichtungen zur Datenübertragung vorgesehen ist;
- Maßnahmen, die gewährleisten, dass nachträglich überprüft und festgestellt werden kann, ob und von wem personenbezogene Daten in Datenverarbeitungssysteme eingegeben, verändert oder entfernt worden sind;
- Maßnahmen, die gewährleisten, dass personenbezogene Daten gegen zufällige Zerstörung oder Verlust geschützt sind;
- Maßnahmen, die gewährleisten, dass zu unterschiedlichen Zwecken erhobene Daten getrennt verarbeitet werden können.

An der Erstellung der Verfahrensverzeichnisse hat das Auslagerungsunternehmen mitzuwirken. Dieses hat die erforderlichen Angaben dem Auftraggeber zuzuleiten.

Das Auslagerungsunternehmen beachtet die Grundsätze ordnungsmäßiger Datenverarbeitung. Dieses gewährleistet die vertraglich vereinbarten und gesetzlich vorgeschriebenen Datensicherheitsmaßnahmen. Die technischen und organisatorischen Maßnahmen können im Laufe des Auftragsverhältnisses der technischen und organisatorischen Weiterentwicklung angepasst werden. Wesentliche Änderungen sind schriftlich zu vereinbaren. Soweit die beim Auslagerungsunternehmen getroffenen Sicherheitsmaßnahmen den Anforderungen des auslagernden Unternehmens nicht genügen, benachrichtigt es das auslagernde Unternehmen unverzüglich. Entsprechendes gilt für Störungen sowie bei Verdacht auf Datenschutzverletzungen oder Unregelmäßigkeiten bei der Verarbeitung personenbezogener Daten. Es unterrichtet das auslagernde Unternehmen unverzüglich, wenn eine vom auslagernden Unternehmen erteilte Weisung nach seiner Meinung zu einem Verstoß gegen gesetzliche Vorschriften führen kann. Die Weisung braucht nicht befolgt zu werden, solange sie nicht durch das Auslagerungsunternehmen geändert oder ausdrücklich bestätigt wird.

Das Auslagerungsunternehmen haftet dem Auftraggeber für Schäden, die das Auslagerungsunternehmen, seine Mitarbeiter bzw. die von ihm mit der Vertragsdurchführung Beauftragten bei der Erbringung der vertraglichen Leistung schuldhaft verursachen. Für den Ersatz von Schäden, die ein Betroffener wegen einer nach der DSGVO oder anderen Vorschriften für den Datenschutz unzulässigen oder unrichtigen Datenverarbeitung im Rahmen des Auftragsverhältnisses erleidet, ist der Auftraggeber gegenüber den Betroffenen verantwortlich. Soweit das auslagernde Unternehmen zum Schadensersatz gegenüber dem Betroffenen verpflichtet ist, bleibt ihm der Rückgriff beim Auslagerungsunternehmen vorbehalten.

13. Bankgeheimnis

Das Auslagerungsunternehmen ist verpflichtet, sämtliche ihm im Zusammenhang mit diesem Vertrag zugänglich werdende Informationen unbefristet geheim zu halten. Das Auslagerungsunternehmen verpflichtet sämtliche von ihm beschäftigten Mitarbeiter und beauftragte Dritte, auf die Einhaltung der geltenden Datenschutzvorschriften sowie des Bankgeheimnisses und verpflichtet diese Personen zur Verschwiegenheit bzw. lässt sich ggf. eine Bestätigung geben, dass Dritte ihrerseits bereits ihre Mitarbeiter entsprechend verpflichtet haben.

Insbesondere wird das Auslagerungsunternehmen alle in seinen Besitz gelangten Unterlagen des auslagernden Instituts sorgfältig verwahren und vor Einsichtnahme Unbefugter schützen sowie alle erforderlichen organisatorischen Maßnahmen treffen, Kundendaten vor unbefugtem Zugang zu schützen. Es wird die Unterlagen, die Informationen im Sinne des vorstehenden Absatzes enthalten, sowie Vervielfältigungen irgendwelcher Art hiervon an das auslagernde Institut herausgeben, sobald es diese zur Erfüllung seiner vertraglichen Pflichten nicht mehr benötigt. Ein Zurückbehaltungsrecht, gleich aus welchem Rechtsgrund, kann insoweit nicht geltend gemacht werden.

Das Auslagerungsunternehmen hat durch besondere technische, personelle und organisatorische Maßnahmen sicherzustellen, dass im Fall der Erbringung von Dienstleistungen für mehrere Institute die Vertraulichkeit der Daten zwischen den verschiedenen Auftraggebern gewahrt bleibt.

Das Auslagerungsunternehmen trägt dafür Sorge, dass alle datenschutzrechtlichen Bestimmungen eingehalten werden.

14. Mitteilungen

Jede Mitteilung, Anweisung oder sonstige Kommunikation zwischen den Parteien in Verbindung mit diesem Vertrag muss schriftlich (einschließlich Telefax aber ausschließlich E-Mail) an die folgenden Personen unter den folgenden Anschriften (oder diejenigen anderen Personen, Anschriften oder Faxnummern, die der andren Partei entsprechend diesem § 10 mitgeteilt werden) gesendet werden:

(a) an das Auslagerungsunternehmen:

[...]

(b) an den Auftraggeber:

[...]

15. Verschiedenes

15.1 Keine Abtretung

Das Auslagerungsunternehmen ist nicht berechtigt, alle oder einzelne seiner Rechte oder Leistungen hieraus abzutreten, zu delegieren oder zu übertragen (und, um Zweifel zu vermeiden, nichts in diesem § 15.1 soll das Recht des Auslagerungsunternehmens einschränken, die Erfüllung seiner Pflichten gemäß den Bestimmungen dieses Vertrages zu delegieren).

15.2 Schriftliche Änderungen

Änderungen dieses Vertrages bedürfen der Schriftform. Dasselbe gilt für einen Verzicht auf dieses Schriftformerfordernis.

15.3 Unabhängige Unternehmer

Das Verhältnis der Parteien untereinander ist das von unabhängigen Unternehmern, ausschließlich so, wie hierin geregelt, und jede Partei ist nur für ihre hierin genannten Verpflichtungen verantwortlich.

15.4 Rechtswidrigkeit

Wenn einzelne oder mehrere Bestimmungen dieses Vertrages ganz oder teilweise unwirksam sind oder werden, wird die Wirksamkeit der übrigen Bestimmungen dadurch nicht beeinflusst. Die Parteien verpflichten sich, eine etwaige unwirksame Bestimmung durch eine Bestimmung zu ersetzen, die rechtlich und kaufmännisch der ursprünglich beabsichtigten Bestimmung so nahe wie möglich kommt.

15.5 Zusammenarbeit

Die Parteien dieses Vertrages sind sich einig, dass sie umfassend zusammenarbeiten werden, um all diejenigen weiteren Handlungen vorzunehmen und etwaige weitere Dokumente zu unterzeichnen, die notwendig oder wünschenswert sind, um den durch diesen Vertrag vorgesehenen Abreden vollständige Wirkung zu verleihen.

15.6 Anwendbares Recht und Gerichtsstand

Dieser Vertrag und etwaige nichtvertragliche Pflichten, die aus oder in Verbindung mit diesem Vertrag entstehen, unterliegen deutschem Recht. [...] ist nicht ausschließlicher Gerichtsstand für die Anhörung und Beilegung jeglicher Streitigkeiten oder Verfahren unter den Parteien im Hinblick auf jede Angelegenheit, die aus oder in Verbindung mit diesem Vertrag entsteht.

Unterzeichner

Datum:	Datum:
____________________	____________________
Für […]	Für […]
Als:	Als:
Durch: ________________	Durch: ________________

Anhang 3

Kaufvertrag über notleidende Forderungen

Rahmenvertrag

Revolvierender Ankauf unbesichert

zwischen

[…]

als Verkäuferin

und

[…]

als Käufer

DIESER KAUFVERTRAG wird geschlossen zwischen:

(1) […] („**Verkäuferin**“)

und

(2) […] („**Käufer**“).

Präambel

(A) Die Verkäuferin ist ein Kreditinstitut mit Sitz in […]. Die Verkäuferin beabsichtigt, ordnungsgemäß gekündigte Kreditengagements,[1] die in diesem Kaufvertrag als Kaufgegenstand näher beschrieben sind, an den Käufer, im Wege einer revolvierenden Übertragung, laufend zu verkaufen und zu übertragen.

(B) Der Käufer ist eine nach dem Recht der […] errichtete Gesellschaft mit Sitz in […]. Er wird […] mit der Einziehung der Forderungen als Kreditdienstleister beauftragen.

(C) Um sich vom Verwaltungsaufwand und von Eigenmittelanforderungen[2] zu entlasten, hat sich die Verkäuferin entschlossen, den in diesem Kaufvertrag näher beschriebenen Kaufgegenstand zu veräußern. Die Verkäuferin und der Käufer bezwecken mit dem Abschluss dieses Vertrages und mit der Veräußerung des Kaufgegenstandes eine möglichst vollständige und umfassende Übertragung aller Nutzen und Lasten aus dem Kaufgegenstand und aller Rechte aus den dazugehörigen Kreditverhältnissen von der Verkäuferin auf den Käufer.[3]

(D) Für die Verkäuferin als Kreditinstitut ist es eine wesentliche Voraussetzung für die Übertragung des Kaufgegenstandes auf den Käufer, dass sich die zukünftige Verwaltung des Kaufgegenstandes nach geltendem Recht sowie nach den mit den Kreditnehmern, Sicherungsgebern und den anderen Dritten abgeschlossenen Vereinbarungen richtet und hierbei insbesondere das Bankgeheimnis[4] und andere anwendbare Vertraulichkeitsregelungen im Rahmen von dessen Anwendungsbereich strikt beachtet werden.

1. Begriffsbestimmungen und Auslegung

1.1 Begriffsbestimmungen

In diesem Vertrag haben nachstehend aufgeführte Begriffe die folgende Bedeutung, soweit sich aus dem Zusammenhang nichts anderes ergibt:

„**Abrechnungsperiode**“ ist der in Ziffer 7.3 bezeichnete Zeitraum.

„**BaFin**“ ist die Bundesanstalt für Finanzdienstleistungsaufsicht.

„**Forderung**“ ist jede Forderung der Verkäuferin gegen einen Schuldner, bestehend aus dem ausstehenden Forderungsbetrag, den fälligen Zinsen (einschließlich Verzugszinsen) und Kosten einschließlich aller gegenwärtigen und zukünftigen Ansprüche und Rechte sowie den Nebenrechten aus den Forderungen.

---

1 Forderungsarten können sein: Ratenkreditforderungen, Spezialfall Autokreditforderungen, Forderungen aus Kontoüberziehungen, Kreditkartenforderungen.

2 Kann ggf. bei Nicht-Kreditinstituten entfallen. (Muster nur für Kreditinstitute?)

3 Vgl. Fußnote 1

4 Vgl. Fußnote 2.

„**Gekaufte Forderung**" ist jede nach den Bestimmungen dieses Vertrages verkaufte Forderung zum jeweiligen Stichtag zzgl. etwaiger nach dem Stichtag im Zusammenhang mit den aufgeführten Forderungen entstehenden Zinsen und Kosten.

„**Geschäftstag**" ist jeder Tag, an dem Banken in Deutschland für den allgemeinen Geschäftsverkehr geöffnet sind.

„**Kauf-Informationen**" sind alle Informationen und Daten hinsichtlich des Kaufgegenstandes, welche die Verkäuferin dem Käufer physisch oder elektronisch zur Verfügung gestellt hat.

„**Kaufgegenstand**" ist jede Gekaufte Forderung.

„**Kaufpreis**" ist der gemäß Ziffer 7 für den Kaufgegenstand bestimmte Gesamtkaufpreis.

„**Kreditakte**" ist die von der Verkäuferin geführte physische oder digitale Kreditakte, die Unterlagen enthält, die dem Nachweis einer Forderung oder einer Sicherheit dienen und die unter anderem die zugehörigen Stammdaten und Korrespondenz mit Schuldnern, Rechtsanwälten und Grundbuchämtern enthält (mit Ausnahme solcher Unterlagen, die von der Verkäuferin für rein interne Zwecke generiert worden sind), d. h. Dokumente in digitaler Form, vorhandene Originale oder beglaubigte Abschriften hiervon und Korrespondenz (in digitaler Form oder in Papierform) mit Schuldnern, Insolvenzverwaltern und Gerichten bis zum Vollzugstag.[5]

„**Kreditdienstleister**" sind Kreditdienstleistungsinstitute i. S. d. § 2 Absatz 2 KrZwMG sowie wenn sie Kreditdienstleistungen für einen Kreditkäufer erbringen, (i) im Inland niedergelassene Kreditinstitute mit Erlaubnis zum Erbringen des Kreditgeschäfts oder in einem anderen Vertragsstaat niedergelassene CRR-Kreditinstitute und (ii) Nichtkreditinstitute, die der Beaufsichtigung durch eine zuständige Behörde eines Vertragsstaats nach Artikel 20 der Richtlinie 2008/48/EG oder Artikel 35 der Richtlinie 2014/17/EU unterliegen, wenn sie in diesem Vertragsstaat tätig sind.[6]

„**Kreditdienstleistungen**" sind im Sinne der Definition des § 2 Absatz 3 KrZwMG zu verstehen.

„**KrZwMG**" ist das Gesetz über den Zweitmarkt für notleidende Kredite und über Kreditdienstleistungsinstitute (Kreditzweitmarktgesetz).

„**Nachteil**" ist jeder vermögensrechtliche und wirtschaftliche Nachteil sowie jede Aufwendung (§670 BGB) einschließlich Drittaufwendungen, soweit die verpflichtete Partei solche Drittaufwendungen aufgrund außerhalb dieses Vertrages liegender Umstände zu ersetzen hat.

„**Nebenrechte**" sind alle gegenwärtigen und zukünftigen, entstandenen und entstehenden Rechte, selbständige und unselbständige Gestaltungsrechte, einschließlich des Kündigungsrechts im Zusammenhang mit dem Kaufgegenstand.

„**Parteien**" sind die Verkäuferin und der Käufer zusammen.

„**SCHUFA**" ist die Schufa Holding AG, eine privatwirtschaftliche deutsche Wirtschaftsauskunftei.

„**Schuldner**" ist jeder Schuldner einer Gekauften Forderung oder Sicherheit.

5 Abhängig von der Forderungsklasse.

6 Konzept für Forderungen im Anwendungsbereich des KrZwMG.

„**Servicer**" ist die [...] sowie jeder Dritte, der vom Käufer mit dem Servicing beauftragt wird.

„**Servicing**" ist die Verwaltung und Abwicklung des Kaufgegenstands, einschließlich der Verwaltung von Zahlungseingängen.

„**Stichtag**" ist der in Ziffer 8.1beschriebene Tag, an dem Nutzen und Lasten des Kaufgegenstandes auf den Käufer übergehen.

„**Teilkaufpreis**" ist der auf die einzelnen Gekauften Forderungen und die jeweils dafür bestellten Sicherheiten entfallende Teilkaufpreis.

„**Unterzeichnungstag**" ist der Tag, an dem die Parteien diesen Kaufvertrag unterzeichnen.

„**Vertragsstaat**" ist ein Mitgliedstaat der Europäischen Union oder ein Vertragsstaat des Abkommens über den Europäischen Wirtschaftsraum.

„**Vollzugstag**" ist der Tag der Annahme des Kaufangebotes gemäß Ziffer 6.2.

„**Zahlungseingänge**" sind bezogen auf den Kaufgegenstand alle Einzahlungen, Gelder, Einzüge sowie alle sonstigen monetären Vorteile, die eine Zahlungsverpflichtung eines Schuldners ganz oder teilweise erfüllen.

1.2 Bezugnahmen

Soweit dieser Vertrag nicht ausdrücklich etwas anderes bestimmt, beziehen sich Bezugnahmen auf Gesetze, Verordnungen oder privatrechtliche Vereinbarungen jeweils auf deren aktuelle Fassung.

2. Kaufgegenstand / Delkredererisiko

(a) Gegenstand des Vertrages ist der revolvierende Verkauf von Forderungen, die den nachfolgend aufgeführten Kriterien entsprechen (nachstehend einheitlich „Kaufforderungen" genannt):

- Die (Einzel-)Forderung aus dem jeweiligen Engagement weist mindestens ein Forderungsvolumen (Kündigungssaldo) größer als [...] EUR auf;
- Die (Einzel-)Forderung aus dem jeweiligen Engagement weist maximal ein Forderungsvolumen (Kündigungssaldo) kleiner als [...] EUR auf;
- Die Forderung wird unmittelbar und unverzüglich nach Kündigung der Geschäftsverbindung zum Schuldner oder anderweitigem Eintritt der Gesamtfälligkeit zum Kauf angeboten [Alternative: der Zeitraum zwischen Kündigung und Andienung der Forderung beträgt nicht mehr als [...] Tage]; darüber hinaus können auch bereits titulierte oder fruchtlos vollstreckte Forderungen bzw. Forderungen, bei denen sich der Schuldner bereits in einem Restschuldbefreiungsverfahren befindet, angeboten werden;
- Dem Schuldner wurde vor, mit oder nach der Kündigung kein Vergleichsangebot unterbreitet; die Forderung kann dennoch angeboten werden, wenn die Höhe des Vergleichsangebot mitgeteilt wird;
- Die Forderung ist grundsätzlich nicht mit Sachsicherheiten (Grundpfandrechten, Sicherungsübereignungen, Sicherungszessionen, Verpfändungen etc.) besichert, denen seitens der Bank ein Wert zugemessen wird.

Forderungen gegen mehrere Gesamtschuldner gelten als eine Forderung, mehrere Forderungen gegen die gleichen Schuldner gelten als ein Engagement.

Verkäuferin und Käufer vereinbaren, dass Forderungen, die aus rechtlichen Gründen nicht verfolgt werden können oder dürfen, nicht von dem Käufer erworben werden. Ausgeschlossen vom Vertrag sind daher insbesondere:

- Forderungen, die aus rechtlichen Gründen nicht durchsetzbar sind;
- Forderungen, deren Schuldner eine juristische Person (GmbH, AG etc.) ist und die erloschen ist und an deren Stelle keine haftenden Rechtsnachfolger oder persönlich haftende Dritte bestehen;
- Forderungen, bei denen der Schuldner eine natürliche Person ist, über deren Vermögen das Insolvenzverfahren abgeschlossen und Restschuldbefreiung erteilt wurde;
- Forderungen, deren Verkauf eine Garantieverletzung durch die Verkäuferin nach diesem Vertrag zur Folge hätte.

Daneben sind auch Forderungen vom Erwerb durch den Käufer ausgeschlossen, bei denen sämtliche Hauptschuldner ihren Wohnsitz oder ihren ständigen Aufenthaltsort außerhalb der Bundesrepublik Deutschland haben.

Diese Vereinbarung erfasst auch den Erwerb von Nebenrechten, (nicht werthaltigen) Sachsicherheiten sowie Personalsicherheiten (Bürgschaften, Mitverpflichtungen etc.), welche mit den Kaufforderungen in Zusammenhang stehen, nicht aber den Erwerb von Verpflichtungen der Verkäuferin, beispielsweise aus Avalen, aus nicht in Anspruch genommenen oder nicht vollständig in Anspruch genommenen Kreditlinien oder aus Schadensersatzansprüchen, die in der Tätigkeit der Verkäuferin begründet sind.

(b) Die Parteien sind sich weiter darüber einig, dass

(i) der Käufer den Kaufgegenstand einschließlich des Delkredererisikos (Risiko der Zahlungsunfähigkeit und -unwilligkeit eines Schuldners) übernimmt,

(ii) dem Käufer alle Zahlungseingänge nach dem Stichtag zustehen, und

(iii) der Käufer nach dem Stichtag sämtliche Aufwendungen der Verkäuferin im Zusammenhang mit dem Kaufgegenstand und dessen Servicing (außer den Sach- und Personalaufwendungen der Verkäuferin vom Stichtag bis zum Servicing-Übertragungstag) trägt.

3. Sicherheiten

Die Vertragsparteien sind sich darüber einig, dass die im Zeitpunkt der Forderungsabtretung bestellten Sicherheiten gem. § 401 BGB und die von dieser Bestimmung nicht erfassten Sicherungsrechte mit den verkauften Forderungen auf den Käufer übergehen, der diese verwerten wird. Die Verkäuferin tritt diese Rechte ausdrücklich an den Käufer ab, der diese Abtretung annimmt. Sollte zur Wirksamkeit der Übertragung ein gesonderter Übertragungsakt erforderlich sein, verpflichten sich die Vertragsparteien, diesen gesondert vorzunehmen.

4. Angebotspflicht der Verkäuferin

Die Verkäuferin wird grundsätzlich **sämtliche** Forderungen im Sinne dieses Vertrages, die dem Kaufgegenstand gemäß Ziffer 2 entsprechen und die ab Beginn dieses Vertrages fällig gestellt werden, dem Käufer unverzüglich und ohne Einleitung eigener Inkassomaßnahmen zum Kauf anbieten.

Die Verkäuferin ist insoweit nicht berechtigt, die Kaufangebote nach eigenen Kriterien zu selektieren oder zu beschränken.

Von der Angebotspflicht ausgenommen sind Forderungen

- mit einem Forderungsbetrag über EUR [...];
- bei denen im Einzelfall ein wichtiger Grund gegen eine externe Bearbeitung spricht und die Verkäuferin daher aus geschäftspolitischen Gründen von einer Übertragung an Dritte absehen möchte.

5. Laufzeit des Vertrages

Diese Vereinbarung tritt am __________ in Kraft und hat zunächst eine Laufzeit bis einschließlich zum __________ (ursprüngliche Laufzeit).

Mit Ablauf der vereinbarten Laufzeit verlängert sich der Rahmenvertrag jeweils um weitere [...] Monate (aktuelle Laufzeit), soweit er nicht von einer der Vertragsparteien mit einer Frist von [...] Wochen zum jeweiligen Laufzeitende gekündigt wird.

Beide Vertragsparteien haben das Recht, das Vertragsverhältnis jederzeit mit sofortiger Wirkung zu kündigen, wenn dafür ein wichtiger Grund vorliegt. Ein wichtiger Grund liegt

- für den Verkäufer insbesondere vor,
  - (aa) bei Zahlungsunfähigkeit des Käufers, Zwangsvollstreckungen in das Vermögen des Käufers oder bei Eröffnung eines Insolvenzverfahrens über das Vermögen des Käufers;
  - (bb) wenn der Käufer nicht die Beauftragung eines Kreditdienstleisters nachweist;
  - (cc) wenn der Käufer die Einziehung der verkauften Forderungen nicht mit der notwendigen Umsicht und Sorgfalt betreibt bzw. die Interessen der Verkäuferin beachtet und bei der Einziehung der Forderungen nicht mit der bei Kreditinstituten gebotenen Sorgfalt vorgeht;
- für den Käufer insbesondere vor,
  - (aa) wenn eine der Vertragsparteien ein Recht auf Preisanpassung gemäß Ziffer 7.4 geltend macht und keine Einigung über die angepassten Preise zustande kommt.
  - (bb) die Verkäuferin die Angebotspflicht gemäß Ziffer 4 nachhaltig verletzt.

6. Zustandekommen des Einzelkaufs

6.1 Kaufangebot

Das Kaufangebot erfolgt durch Übermittlung der gemäß § 6 KrZwMG erforderlichen Forderungs- und Kundendaten. Erforderlichkeit und Format der zu liefernden Daten bestimmt sich insoweit nach den gemäß Artikel 16 der Richtlinie (EU) 2021/2167 erlassenen technischen Durchführungsstandards (Durchführungsverordnung (EU) 2023/2083 vom 26.9.2023), nachstehend einheitlich „Durchführungsverordnung".

Hierzu vereinbaren die Vertragsparteien folgenden sicheren Übertragungskanal entsprechend Artikel 6 Absatz 3 Durchführungsverordnung:

[…].

6.2 Annahme des Angebotes / Zustandekommen des Einzelankaufs

Der Kaufvertrag der einzelnen angedienten Forderungen ist durch stillschweigende Annahme des Kaufangebots gem. 6.1 bewirkt (§ 151 BGB), wenn der Käufer nicht innerhalb von […] Bankarbeitstagen seine Ablehnung gegenüber der Verkäuferin schriftlich erklärt.

7. Kaufpreis / Abrechnung / Kaufpreisanpassung

7.1 Kaufpreis

Der vom Käufer an die Verkäuferin zu zahlende Kaufpreis für den Kaufgegenstand bestimmt sich nach einer prozentualen Quote des Kündigungssaldos per Kündigungsstichtag oder nach einem festen Betrag in EUR gemäß nachfolgender Staffelung (hier können sich unterschiedliche Prozentsätze je nach Forderungsart und Verfahrensstand ergeben):

[…]

Forderungen gegen die gleichen Schuldner, die auf unterschiedlichen Vertragsbeziehungen beruhen, aber gleichzeitig zum Kauf gestellt werden oder in der gleichen Kündigungserklärung fällig gestellt wurden, gelten als eine Kaufforderung im Sinne nachstehender Staffelung:

[…]

7.2 Maximalkaufpreis je Kalenderjahr / Jahresbudget

Übersteigt die Summe der Kaufpreise im jeweiligen Kalenderjahr einen Gesamtbetrag von ____________ EUR […],

hat der Käufer das Recht, weitere Ankäufe in diesem Kalenderjahr abzulehnen.

7.3 Fälligkeit, Abrechnung und Zahlungskonto

Der Käufer erstellt innerhalb von […] Bankarbeitstagen nach Ende einer Abrechnungsperiode, für die in der jeweiligen Abrechnungsperiode verkauften Forderungen eine Kaufpreisermittlung und stellt diese der Verkäuferin zur Verfügung.

Abrechnungsperioden beginnen mit Vertragsbeginn beziehungsweise mit dem Ende der letzten Abrechnungsperiode und enden jeweils zum

[…]

für die jeweilige Abrechnungsperiode.

Maßgeblich für die Zuordnung eines Einzelkaufs zu einer Abrechnungsperiode ist jeweils das Zustandekommen des Einzelankaufs gemäß Ziffer 6.2.

Die Kaufpreise sind fällig nach Erstellung der Abrechnung bis zum 20. des jeweiligen Folgemonats.

Die fälligen Zahlungsansprüche sind kostenfrei auf nachfolgendes Konto der Verkäuferin zu überweisen:

IBAN:

BIC:

Kreditinstitut:

7.4 Kaufpreisanpassungsklausel

Der Kalkulation des Kaufpreises liegen die folgenden Kalkulationsgrundlagen zugrunde:

[...]

Nach 3 und 6 Monaten ab Vertragsbeginn ist eine Überprüfung der vertragsgegenständlichen Forderungen vorzunehmen. Weichen die in diesem Zeitraum verkauften Forderungen nach diesem Vertrag zum Nachteil des Käufers von der erwarteten Struktur der Forderungen ab, hat der Käufer das Recht, ab dem (über-)nächsten Übergabemonat eine Preisanpassung, unter Berücksichtigung der abweichenden Struktur der Forderungen, zu verlangen.

Jede Vertragspartei hat zudem das Recht zum Ablauf der ursprünglichen beziehungsweise der jeweils aktuellen Laufzeit, eine Neukalkulation der vereinbarten Preise mit Wirkung für die Zukunft und unter Berücksichtigung der bisherigen Beitreibungsergebnisse, zu verlangen.

Preisanpassungen nach dieser Klausel haben keine Auswirkung auf Verkäufe, die vor der jeweiligen Preisanpassung durchgeführt wurden.

7.5 Umsatzsteuer

Die Parteien gehen auf Basis des Urteils des Europäischen Gerichtshofs vom 27.10.2011 (Rs. C93/10, „GFKL Financial Services AG") sowie der Urteile des Bundesfinanzhofs vom 26. Januar 2012 (V R 18/08) und 4. Juli 2013 (V R 8/10) davon aus, dass dieser Vertrag und seine Durchführung keine Umsatzsteuerpflicht bei einer der Parteien auslöst, da es sich bei den vertragsgegenständlichen Forderungen um zahlungsgestörte Forderungen im Sinne des Abschnitts 2.4 Abs. 7 UStAE handelt, deren tatsächlicher wirtschaftlicher Wert zum Zeitpunkt des Vertragsabschlusses dem vereinbarten Kaufpreis entspricht und unter dem Nennwert liegt. Der Käufer erbringt folglich keine umsatzsteuerpflichtige Leistung, insbesondere keine auf die Einziehung der Darlehensforderungen gerichtete Leistung, gegen Entgelt an den Verkäufer. Der Kaufpreis ist daher als Netto-Kaufpreis kalkuliert. Die Parteien gehen ferner davon aus, dass der Verkäufer auf Basis dieses Vertrages im Inland nach § 3a Abs. 2 Satz 1 UStG steuerbare und nach § 4 Nr. 8 Buchstabe c UStG steuerfreie Umsätze im Geschäft mit Forderungen an den Käufer erbringt.

Sofern sich die Rechtsprechung ändert oder die Finanzverwaltung die umsatzsteuerliche Behandlung durch entsprechende Verwaltungsanweisungen ändert oder anpasst, erfolgt die Umsetzung ab Rechtskraft des Urteils oder aber dem Datum der Veröffentlichung. Die Umsatzsteuerbehandlung der bereits abgeschlossenen Forderungsverkäufe sowie die gezahlten Kaufpreise bleiben davon unberührt.

Die Forderungen sind zahlungsgestört im Sinne des Abschnitt 2.4 Abs. 7 Sätze 1f UStAE. Demzufolge erklärt der Verkäufer, da es sich bei den vertragsgegenständlichen Forderungen um Kreditforderungen handelt, dass die Voraussetzungen für die Kündigung der zugrunde liegenden Kreditverträge vorliegen bzw. eine solche Kündigung durch den Verkäufer bereits vorgenommen wurde. Der Verkäufer erklärt, dem

Käufer alle Unterlagen und Informationen zur Verfügung zu stellen, die zur Feststellung der Zahlungsgestörtheit der vertragsgegenständlichen Forderung erforderlich sind. Sollte das Finanzamt aufgrund der Feststellung, dass einzelne Forderungen nicht zahlungsgestört im Sinne des Abschnitt 2.4 Abs. 7 Sätze 1 f. UStAE sind, Umsatzsteuer bei dem Käufer nachfordern, ist der Verkäufer verpflichtet, den Käufer von der Inanspruchnahme durch das Finanzamt freizustellen bzw. dem Käufer entstehende finanzielle bzw. steuerliche Nachteile (einschließlich steuerlicher Nebenleistungen gem. § 3 Abs. 4 AO) auszugleichen.

Die Verkäuferin verpflichtet sich unwiderruflich, von einem etwaigen Optionsrecht nach § 9 UStG ohne Zustimmung des Käufers keinen Gebrauch zu machen.

Eine Änderung der Rechtsprechung der umsatzsteuerlichen Behandlung stellt keinen zur Kündigung berechtigenden wichtigen Grund nach Ziffer 5 dieses Vertrages dar.

8. Abtretung

8.1 Globalabtretung

Die Verkäuferin tritt hiermit alle bei Abschluss dieses Vertrages fälligen und künftig fällig gestellten Forderungen jeweils mit wirtschaftlicher Wirkung ab dem Kündigungsstichtag unter der Bedingung an den Käufer ab, dass ein Kaufvertrag über die einzelne Kaufforderung gem. Ziffer 6.2 dieses Vertrages zustande gekommen ist. Der Käufer nimmt die Abtretung an.

Abgetreten werden alle mit der übertragenen Forderung zusammenhängenden Neben- und Vorzugsrechte. Hierzu zählen insbesondere die aufgelaufenen vertraglichen und gesetzlichen Zins- und Kostenerstattungsansprüche, selbstständige und unselbstständige Gestaltungsrechte, Kündigungsrechte sowie Rechte aus etwaigen Zwangs- oder Vollstreckungsmaßnahmen, die im Zusammenhang mit der Geltendmachung der Kaufforderung erworben wurden und Schadenersatz- und Erstattungsansprüche gegen Dritte, wie zum Beispiel aus geleisteten Vorschusszahlungen für die Durchführung gerichtlicher Verfahren bezüglich der verkauften Rechte.

Soweit im Einzelfall Kreditsicherheiten bestehen, gehen diese mit Ausnahme von Zessionen von Forderungen aus Lieferungen und Leistungen mit der Abtretung ebenfalls über, dies gilt insbesondere auch für Grundpfandrechte, Bürgschaften, Sicherungsübereignungen, Zessionen, Verpfändungen und atypischen Sicherheiten. Soweit Sicherheiten aus rechtlichen Gründen nicht allein durch die in diesem Vertrag vereinbarte Abtretung auf den Käufer übergehen, werden die Parteien jeweils auf Verlangen der anderen Partei alle erforderlichen Maßnahmen für deren alsbaldigen Übergang treffen.

Die Verkäuferin stellt dem Käufer eine gesonderte Abtretungserklärung in Form einer Globalurkunde (**Anlage 1**) über die gekauften Forderungen zur Verfügung.

8.2 Abtretungsanzeige und Abtretungsbestätigung

Auf Anforderung des Käufers, stellt die Verkäuferin zusätzlich eine einzelfallbezogene Abtretungsanzeige gemäß dem Muster **(Anlage 2)** oder eine Abtretungsbestätigung **(Anlage 3)** zur Verfügung. Sollten für diese einzelfallbezogene Abtretungsanzeige externe Kosten (beispielsweise Notarkosten) entstehen, so gehen diese zu Lasten des Käufers (siehe Ziffer 8.3).

8.3 Abtretung in besonderer Form

Soweit ausnahmsweise die Abtretung einer besonderen Form bedarf, wird die Verkäuferin auf Anforderung der Käufers Abtretungserklärungen in der notwendigen Form sowie Eintragungsbewilligungen in grundbuchverkehrsfähiger Form erteilen. Über eine entsprechende Anforderung muss der Käufer die Verkäuferin bis zum Ablauf von [...] Bankarbeitstagen nach Annahme des Angebots im Sinne von Ziffer 6.2 informieren. Die Vorbereitung der Abtretungsurkunde obliegt dem Käufer. Sämtliche externe Kosten für die Erteilung der Abtretungsurkunden wie auch der Umschreibung bestehender Vollstreckungstitel und die Vornahme von Eintragungen in öffentlichen Registern, trägt in diesem Fall der Käufer.

8.4 Pflicht zur Übertragung von Forderungen

(a) Soweit verkaufte Forderungen am Vollzugstag nicht auf den Käufer übergegangen sind, werden die Parteien jeweils auf Verlangen der anderen Partei alle erforderlichen Maßnahmen für deren alsbaldige Abtretung treffen.

(b) Soweit die Abtretung einer Forderung von der Verkäuferin an den Käufer nicht möglich ist, werden die Parteien darauf hinwirken, dass der Käufer wirtschaftlich so gestellt wird, als wäre die entsprechende Forderung übertragen worden. Treten die Voraussetzungen für eine Übertragung ein, wird die Verkäuferin in Absprache mit dem Käufer die betreffende Forderung übertragen. Diese Alternative ist auf den vereinbarten Kaufpreis und die zu erstattende externe Kosten begrenzt.

(c) Sollte eine Übertragung der Forderung nicht möglich sein, ist der Käufer berechtigt den Forderungskauf zum ursprünglichen Kaufpreis rückabzuwickeln.

9. Übertragung des Servicing

9.1 Zeitpunkt

Die Verkäuferin wird mit dem Käufer zusammenarbeiten, um das Servicing am Vollzugstag auf den Käufer beziehungsweise den von diesem beauftragten Kreditdienstleister zu übertragen. Die Kosten und Gebühren zur Übertragung des Servicing tragen die Parteien jeweils selbst, es sei denn, im Vertrag werden zu einzelnen Punkten der Übertragung andere Regelungen getroffen.

Die Verkäuferin versichert, keine eigenen Inkassomaßnahmen nach dem Vollzugstag zu veranlassen.

9.2 Übernahme von Zwangsvollstreckungsverfahren

Beide Parteien verpflichten sich, nach dem Vollzugstag darauf hinzuwirken, dass der Käufer durch Parteiauswechslung Zwangsvollstreckungsverfahren, die hinsichtlich des Kaufgegenstands anhängig sind, in der Lage übernimmt, in der diese sich befinden. Die Verkäuferin bestätigt weiterhin, dass zum Zeitpunkt der Vertragsunterzeichnung keine Rechtsstreitigkeiten anhängig sind bzw. ihr keine Androhungen von Rechtsstreitigkeiten den Kaufgegenstand betreffend vorliegen. Die Verkäuferin ist verpflichtet, ggf. bestehende Vollstreckungstitel im Original zu übergeben.[7]

---

7 Abhängig von der Forderungsklasse.

9.3 Übergabe von Kreditakten[8]

Im Rahmen der Angebotsübermittlung übergibt die Verkäuferin die für die Durchführung des Forderungseinzugs erforderlichen Unterlagen in elektronischer Form. Sofern dieses nicht möglich ist, werden die Originalakten übergeben.

Auf Anforderung des Käufers ist die Verkäuferin verpflichtet, die bei der Verkäuferin verbleibenden Kreditunterlagen, insbesondere Schuldtitel, Grundschuldbriefe und beleggebundene Nachweise über Umsätze und verauslagte Kosten an den Käufer zu übergeben.

Die Verkäuferin ist verpflichtet, bis zum Ablauf von [...] Monaten nach dem Vollzugstag Unterlagen zur Verfügung zu stellen, soweit die Verkäuferin hierzu trotz der Übergabe in der Lage ist und soweit diese Unterlagen erforderlich sind, um die gekauften Forderungen nach Abtretung einzuziehen.

9.4 Informationspflichten der Verkäuferin (Auskünfte / Postweiterleitung)

Die Verkäuferin wird im Rahmen des rechtlich Zulässigen

- für einen Zeitraum von [...] Monaten nach dem Kauf der Forderung dem Käufer sowie dem von diesem beauftragten Servicer in angemessenem Umfang Auskünfte erteilen und Unterlagen zur Verfügung stellen, soweit die Verkäuferin hierzu trotz der inzwischen vorgenommenen sachlichen und personellen Umstrukturierungsmaßnahmen und trotz der Übergabe des Vorgangs in der Lage ist, und
- bis 12 Monate nach dem Vollzugstag die bei der Verkäuferin im Zusammenhang mit dem Kaufgegenstand eingehende Postkorrespondenz [wöchentlich/monatlich] und kostenfrei (elektronisch oder per Post) an den Käufer weiterleiten. Nach diesem Zeitraum wird die Verkäuferin eingehende Unterlagen mit Verweis auf den Verkauf an den Absender zurücksenden.

9.5 Schuldnerinformation

Die Verkäuferin wird die jeweiligen Schuldner entweder im Rahmen der Kreditkündigung oder alternativ durch separates Schreiben über den beabsichtigten Verkauf der Forderung informieren.

9.6 Beauftragung eines Kreditdienstleisters

(a) Ist der Käufer kein Kreditdienstleister, hat er bei Abschluss dieses Kaufvertrages einen Kreditdienstleister zu beauftragen, um Kreditdienstleistungen im Zusammenhang mit den Gekauften Forderungen durchzuführen, sofern der Kreditvertrag mit einer der folgenden Personen geschlossen worden ist:

- natürlichen Personen oder
- Kleinst-, kleinen und mittleren Unternehmen im Sinne des Artikels 2 des Anhangs zur Empfehlung 2003/361/EG der Kommission vom 6. Mai 2003 betreffend die Definition der Kleinstunternehmen sowie der kleinen und mittleren Unternehmen (ABl. L 124 vom 20.5.2003, S. 36).

(b) Ist der Käufer nicht in einem Vertragsstaat wohnhaft oder hat seinen satzungsmäßigen Sitz oder, sofern er nach seinem nationalen Recht über keinen satzungsmäßigen Sitz verfügt, seine Hauptverwaltung nicht in einem Vertragsstaat, hat sein

8 Abhängig von den Forderungsklassen.

Vertreter bei Abschluss dieses Kaufvertrages einen Kreditdienstleister zu beauftragen. Dies gilt nicht, wenn der Vertreter selbst ein Kreditdienstleister ist.

9.7 Mitteilungspflichten des Käufers

(a) Hat der Käufer oder sein Vertreter einen Kreditdienstleister beauftragt, um Kreditdienstleistungen im Zusammenhang mit den Gekauften Forderungen zu erbringen, so hat der Käufer oder sein Vertreter entsprechend § 8 Absatz 1 S. 1 KrZwMG der BaFin und der Deutschen Bundesbank spätestens an dem Tag, an dem die Erbringung der Kreditdienstleistungen beginnt, Name und Anschrift des Kreditdienstleisters mitzuteilen.

Im Fall der späteren Beauftragung eines anderen als des nach Satz 1 mitgeteilten Kreditdienstleisters, hat der Käufer oder sein Vertreter dessen Namen und Anschrift der Bundesanstalt und der Deutschen Bundesbank spätestens am Tag dieser Änderung mitzuteilen.

(b) Hat der Käufer die Gekauften Forderungen auf einen neuen Kreditkäufer übertragen, hat er der BaFin und der Deutschen Bundesbank halbjährlich folgende Daten zu den seit der letzten Mitteilung übertragenen Kreditverträgen oder Ansprüchen entsprechend § 8 Absatz 3 KrZwMG mitzuteilen:

- die Rechtsträgerkennung des neuen Kreditkäufers und, wenn ein Vertreter bestellt wurde, dessen Vertreters, oder bei fehlender Rechtsträgerkennung
  (aa) den Namen des neuen Kreditkäufers oder dessen Vertreters,
  (bb) die Namen der Geschäftsleiter und der Mitglieder des Verwaltungs- oder des Aufsichtsorgans des neuen Kreditkäufers oder dessen Vertreters sowie die Namen der Personen, die bedeutende Beteiligungen halten, sowie
  (cc) die Anschrift des neuen Kreditkäufers oder dessen Vertreters,
- den aggregierten offenen Betrag der Gekauften Forderungen,
- die Anzahl und das Volumen der Gekauften Forderungen sowie
- Angaben dazu, ob die Übertragung einen mit Verbrauchern abgeschlossenen notleidenden Kreditvertrag oder die Ansprüche eines Kreditgebers hieraus umfasst, und Angaben dazu, durch welche Art von Vermögenswerten der notleidende Kreditvertrag gegebenenfalls besichert ist.

(c) Der Käufer oder der Kreditdienstleister hat vor der ersten Durchsetzungsmaßnahme und immer dann, wenn der Kreditnehmer es verlangt, dem Kreditnehmer in Textform in klarer und verständlicher Sprache die gemäß § 30 KrZwMG erforderlichen Angaben zu erteilen.

10. Zahlungseingänge

10.1 Zahlungseingänge

(a) Die Verkäuferin ist verpflichtet, auf die verkaufte Forderung bei ihr eingehende Zahlungseingänge auf die Bankverbindung des Käufers weiterzuleiten. Zusätzlich zur Weiterleitung verpflichtet sich die Verkäuferin, den Käufer unverzüglich über die Zahlungseingänge zu informieren.

(b) Eine separate Verwahrung der Zahlungseingänge durch die Verkäuferin findet nicht statt.

(c) Die fälligen Zahlungsansprüche sind auf nachfolgendes Konto des Käufers zu überweisen:

IBAN:

BIC:

Kreditinstitut:

11. Gewährleistungen der Verkäuferin[9]

Die Parteien sind sich darüber einig, dass die gesetzlich geltenden Gewährleistungen, einschließlich solcher nach den Bestimmungen des Bürgerlichen Gesetzbuchs, ausgeschlossen sind. Die Parteien sind sich weiter darüber einig, dass die Garantien und Erklärungen dieser Ziffer 11 keine Garantien im Sinne des § 444 BGB (Beschaffenheitsgarantie) sind.

11.1 Garantien

Die Verkäuferin garantiert dem Käufer, soweit nachfolgend nicht anders bestimmt, zum Unterzeichnungstag und zum Vollzugstag im Wege eines verschuldensunabhängigen, selbständigen Garantieversprechens im Sinne des § 311 Abs. 1 BGB folgendes:

(a) Ordnungsgemäße Organisation

(i) Die Verkäuferin ist zum Unterzeichnungstag ein in Deutschland zugelassenes Kreditinstitut.

(ii) Die Verkäuferin wurde ordnungsgemäß gegründet und ist zum Unterzeichnungstag existent.

(iii) Die Verkäuferin hat zum Unterzeichnungstag alle erforderlichen Erlaubnisse, Genehmigungen und Lizenzen für die Fortführung ihres bisherigen Geschäftsbetriebs.

(iv) Am Unterzeichnungstag ist (α) weder die Verkäuferin überschuldet oder zahlungsunfähig noch droht deren Zahlungsunfähigkeit und (β) wurde kein Antrag auf Eröffnung des Insolvenzverfahrens über das Vermögen der Verkäuferin gestellt.

(v) Der Verkäuferin sind am Unterzeichnungstag keine Anordnungen nach §§ 21 oder 22 der Insolvenzordnung oder nach § 46a Kreditwesengesetz zugegangen [die nicht erledigt sind].

(b) Rechtsinhaberschaft

Die Verkäuferin ist rechtlicher und wirtschaftlicher Inhaber der Gekauften Forderungen und der Sicherheiten oder ist berechtigt, über die Gekauften Forderungen zu verfügen. Die Verkäuferin hat bis zu dem Vollzugstag nicht anderweitig über den Kaufgegenstand verfügt. Die Gekauften Forderungen sind frei von Rechten Dritter.

9 Ggf. Modifizierung auf Grund anderer Forderungsklassen.

(c) Kaufgegenstand

Die im Rahmen dieses Vertrages zum Kauf angebotenen Forderungen sind zum jeweiligen Stichtag existent. Im Einzelnen bedeutet dies zum Stichtag:

Es wird der Bestand der Forderungen garantiert, und zwar ausschließlich in der Höhe, wie er beim Angebot der Forderung angegeben ist.

(ii) Jede Gekaufte Forderung lautet auf Euro.

(iii) Die Gekauften Forderungen und Sicherheiten unterliegen deutschem Recht.

(iv) Die Gekauften Forderungen sind nicht mit Einreden und/oder Einwendungen behaftet, die ihre Geltendmachung gegenüber den Schuldnern auf Dauer ausschließen.

(d) Ermächtigung, bindende Verpflichtung

Die Verkäuferin besitzt alle Befugnisse und Rechte (einschließlich aller erforderlichen Erlaubnisse, Genehmigungen und Lizenzen, um diesen Vertrag durchzuführen. Soweit die Übertragung einer Forderung von der Verkäuferin auf den Käufer aufgrund einer nicht erteilten Zustimmung nicht möglich ist, gilt Ziffer 11.1 (b) entsprechend.

(e) Keine Geldwäsche

Die Verkäuferin hat im Zusammenhang mit dem Kaufgegenstand die zum jeweiligen relevanten Zeitpunkt geltenden und anwendbaren Geldwäschebestimmungen beachtet.

(f) Keine Beteiligung

Die Verkäuferin war zu keinem Zeitpunkt seit Vergabe des jeweiligen zum Kaufgegenstand gehörenden Darlehens an einem Schuldner einer Gekauften Forderung in Form einer Kapitalgesellschaft mit 10% oder mehr an dessen Stammkapital beteiligt, noch hat sie Handlungen vorgenommen oder Erklärungen abgegeben, die dazu führen könnten, dass die Gekauften Forderungen im Rang hinter Forderungen anderer Gläubiger zurücktreten.

(g) Keine Konsortialkredite

Den Gekauften Forderungen liegen keine Konsortialkredite zugrunde.

(h) Kündigung

Am Vollzugstag müssen sämtliche Gekauften Forderungen von gekündigten Rechtsverhältnissen herrühren.

(i) Keine Auszahlungsverpflichtung

Es bestehen im Zusammenhang mit dem Kaufgegenstand keine Zahlungsverpflichtungen, insbesondere keine Auszahlungsverpflichtungen, gegenüber Kreditnehmern, Sicherungsgebern, Bürgen oder Dritten.

(j) Übertragbarkeit

Die Gekauften Forderungen sind in der in diesem Vertrag vorgesehenen Weise an den Käufer zum Vollzugstag übertragbar.

(k) Keine KfW-Darlehen

Zum Vollzugstag enthält der Kaufgegenstand keine von der Kreditanstalt für Wiederaufbau (KfW) refinanzierten Kredite.

(l) Keine Berlin-Darlehen

Die Gekauften Forderungen wurden entweder nicht durch Kreditverträge begründet, welche die Verkäuferin nach § 17 Absatz 2 und 5 BerlinFördG gewährt hat, oder der aus solchen Kreditverträgen entstehende Steuerschaden wird von der Verkäuferin getragen.

(m) Übertragbarkeit

Die Gekauften Forderungen sind in der in diesem Vertrag vorgesehenen Weise an den Käufer zum Vollzugstag rechtlich übertragbar.

(n) Verbundenes Geschäft

Bei den Gekauften Forderungen handelt es sich nach der heutigen Rechtsprechung nicht um verbundene Geschäfte nach § 358 BGB oder deren Vorgängervorschriften des Verbraucherkreditgesetzes.

(o) Regelungen zum Fernabsatzgesetz

Die Verkäuferin bestätigt, dass sie sämtliche Kreditverträge, aus denen die Gekauften Forderungen resultieren, unter Berücksichtigung der jeweils gültigen Regelung zu Fernabsatzverträgen geschlossen hat.

(p) Kauf-Informationen

Die dem Käufer zur Verfügung gestellten Originaldokumente stellten alle für die sachgerechte Bewertung des Kaufgegenstandes erforderlichen Unterlagen dar. Die dem Käufer von der Verkäuferin zur Verfügung gestellte Datatapes und die durch die Verkäuferin gegebenen Auskünfte und Antworten auf Fragen des Käufers bzw. ihrer Berater, waren zum Zeitpunkt ihrer Abgabe richtig und sind im Hinblick auf die Gekauften Forderungen und Sicherheiten und im Wesentlichen nicht irreführend.

(q) Keine Gegenrechte

Der Verkäuferin sind keine schriftlichen Erklärungen zugegangen, in denen gegen die Gekauften Forderungen Einreden oder Einwendungen geltend gemacht oder angedroht werden.

11.2 Keine Gewährleistung

(a) Der Käufer und die Verkäuferin sind sich darüber einig, dass der Käufer keine Rechte und Ansprüche gegen die Verkäuferin aus diesem Vertrag oder aus jedwedem anderen Rechtsgrund herleiten kann, die daraus resultieren, dass Schuldner Rechte gegen den Käufer geltend machen, sofern und soweit nicht eine Garantie nach Ziffer 11.1 verletzt ist.

(b) Über 11.1 hinaus übernimmt die Verkäuferin keine Haftung für den Fall, dass eine Gekaufte Forderung nicht realisiert oder verwertet werden kann (keine Bonitäts- oder Delkrederehaftung der Verkäuferin nach dem Stichtag), insbesondere weil im Rahmen der Zwangsvollstreckung keine oder keine ausreichenden Erlöse erzielt wurden oder weil ein Schuldner zahlungsunfähig ist.

12. Haftung für verletzungen der Gewährleistungen

12.1 Benachrichtigung

Der Käufer wird die Verkäuferin monatlich unverzüglich schriftlich informieren, wenn ihm bekannt wird, dass eine der in Ziffer 11 gegebenen Garantien nicht zutrifft.

12.2 Entschädigungen und Umfang der Haftung

(a) Soweit wegen Nichtbestehens einer gemäß Ziffer 11garantierten Tatsache Forderungen nicht oder nicht in der garantierten Höhe durchgesetzt werden können, haftet die Verkäuferin nach Wahl des Käufers wie folgt:

(i) Die Verkäuferin erbringt Nachbesserung innerhalb einer Frist von [sechzig (60)] Kalendertagen ab Zugang des schriftlichen Nachweises bei der Verkäuferin, dass der Käufer trotz ernsthafter Bemühungen die betroffene Forderung nicht oder nicht in der garantierten Höhe durchsetzen konnte, indem sie den garantierten Zustand herstellt.

(ii) Die Verkäuferin leistet Ersatz in Höhe des unmittelbaren Nachteils, den der Käufer durch den Nichteintritt der garantierten Tatsache erleidet. Der Ersatz von entgangenem Gewinn ist ausgeschlossen.

(iii) Die Verkäuferin erstattet dem Käufer den für diese Forderung bestimmten Teilkaufpreis zuzüglich angefallener externer Auslagen (beispielsweise Klageverfahrenskosten oder Adressermittlungskosten) ab dem Vollzugstag Zug um Zug gegen Rückübertragung der betroffenen Forderung zurück. Kosten im Zusammenhang mit dieser Ziffer 12.2 trägt die Verkäuferin.

(b) Soweit eine der von der Verkäuferin abgegebenen Garantien nicht zutrifft, ist die Verpflichtung der Verkäuferin nach dieser Ziffer 12.2 die einzige Rechtsfolge; die Geltendmachung weitergehender Rechte oder Ansprüche aus diesem Grunde ist im Übrigen ausgeschlossen. Es gilt § 254 BGB.

(c) Alle weiteren Rechte und Ansprüche gegen die Verkäuferin aus jedwedem Rechtsgrund sind ausgeschlossen, soweit gesetzlich zulässig.

12.3 Kenntnis des Käufers

Der Käufer kann keine Ansprüche wegen einer Garantieverletzung nach Ziffer 11 geltend machen, soweit er aufgrund der Kauf-Informationen die den Garantieansprüchen zugrunde liegenden Tatsachen oder Umstände kannte oder infolge grober Fahrlässigkeit nicht kannte.

13. Gewährleistungen des Käufers

Der Käufer garantiert der Verkäuferin zum Unterzeichnungstag und zum Vollzugstag im Wege eines verschuldensunabhängigen, selbständigen Garantieversprechens im Sinne des § 311 Abs. 1 BGB:

(a) Ordnungsgemäße Organisation

(i) Der Käufer ist eine [...].

(ii) Der Käufer wurde ordnungsgemäß gegründet und ist existent.

(iii) Der Käufer hat alle erforderlichen Erlaubnisse, Genehmigungen und Lizenzen für die Fortführung seines bisherigen Geschäftsbetriebs.

(iv) Nach bestem Wissen des Käufers am Unterzeichnungstag (α) ist der Käufer nicht überschuldet oder zahlungsunfähig noch droht die Zahlungsunfähigkeit und (β) wurde kein Antrag auf Eröffnung des Insolvenzverfahrens über das Vermögen des Käufers gestellt.

(v) Dem Käufer sind am Unterzeichnungstag keine Anordnungen nach §§ 21 oder 22 der Insolvenzordnung oder nach § 46a Kreditwesengesetz bzw. den vergleichbaren Normen des anwendbaren Sachrechts zugegangen [die nicht erledigt sind].

(b) Ermächtigung, bindende Verpflichtung

Der Käufer besitzt alle Befugnisse und Rechte (einschließlich aller erforderlichen Erlaubnisse, Genehmigungen und Lizenzen), um

(i) den Kaufgegenstand zu erwerben, und

(ii) diesen Vertrag durchzuführen.

(c) Lizensierter Kreditdienstleister

Der Käufer hat zum Zeitpunkt des Erwerbs der Gekauften Forderungen alles seinerseits Erforderliche getan, um einen lizensierten Kreditdienstleister zu beauftragen. Als Nachweis reicht eine Eintragung in das Kreditdienstleisterregister der [zuständigen Aufsichtsbehörde] aus.

14. Weitere Pflichten der Parteien

14.1 Weiterveräußerung der gekauften Forderungen

Die Parteien sind nicht berechtigt, Rechte oder Forderungen aus diesem Vertrag ohne Einwilligung der jeweils anderen Partei an Dritte abzutreten, es sei denn

- diese Abtretung wird an ein verbundenes Unternehmen im Sinne des § 15 AktG vorgenommen oder ein Unternehmen, das direkt oder indirekt von dem Käufer kontrolliert wird oder
- die Abtretung erfolgt im Wege der stillen Zession zu Refinanzierungszwecken und der Käufer nimmt den Forderungseinzug auch nach Weiterverkauf im eigenen Namen aufgrund einer erteilten Einziehungsermächtigung vor.

14.2 Servicer und Kreditdienstleister

Der Käufer erklärt, die [...] als Servicer und registrierten Kreditdienstleister zu beauftragen.

Ein Wechsel des Servicers bedarf der Zustimmung der Verkäuferin. Die Verkäuferin darf die Zustimmung zu einem Servicerwechsel nur aus wichtigem Grund verweigern.

14.3 Meldepflichten gegenüber der SCHUFA

Der Käufer verpflichtet sich, die der Verkäuferin bisher obliegenden Meldepflichten gegenüber der SCHUFA Holding AG zu übernehmen bzw. fortzusetzen sowie eine entsprechende Vereinbarung über den technischen Zugang zur Durchführung von Meldepflichten abzuschließen, sofern nicht der Käufer ohnehin über einen eigenen SCHUFA-Vertrag an die SCHUFA gebunden ist. Dies setzt voraus, dass die Verkäuferin die dafür erforderlichen Informationen über ihre bisherigen SCHUFA-Meldungen zur Verfügung stellt. Die Parteien sind sich darüber einig, dass die Verkäuferin der SCHUFA Holding AG Name und Anschrift des Käufers als Forderungskäufer mitteilt.

14.4 Informationsbereitstellung für Meldungen des Verkäufers

Der Käufer sichert zu, der Verkäuferin die zur Erfüllung derer Meldepflichten nach § 6 Absatz 3 KrZwMG erforderlichen Informationen mitzuteilen. Hierzu zählen

- die Rechtsträgerkennung des Kreditkäufers oder, wenn ein Vertreter bestellt wurde, seines Vertreters oder bei fehlender Rechtsträgerkennung
- die Namen der Geschäftsleiter und der Mitglieder des Verwaltungs- oder des Aufsichtsorgans des Kreditkäufers sowie die Namen der Personen, die bedeutende Beteiligungen am Kreditkäufer halten,
- der aggregierte offene Betrag der übertragenen notleidenden Kreditverträge oder Ansprüche in der jeweiligen Meldeperiode,
- die Anzahl und das Volumen der übertragenen notleidenden Kreditverträge oder Ansprüche in der jeweiligen Meldeperiode sowie
- Angaben dazu, ob die Übertragung einen mit Verbrauchern abgeschlossenen notleidenden Kreditvertrag oder Ansprüche hieraus umfasst, und Angaben dazu, durch welche Art von Vermögenswerten der notleidende Kreditvertrag gegebenenfalls besichert ist.

15. Mitteilungen

(a) Jede Mitteilung oder sonstige Kommunikation der Parteien im Zusammenhang mit diesem Vertrag muss in Textform an die folgenden Adressen gesandt werden:

(i) wenn an den Käufer, dann an die im Vertragseingang angegebene Adresse:

z. Hd. von: [...]

Telefon: [...]

E-Mail: [...]

(ii) wenn an die Verkäuferin, dann an die im Vertragseingang angegebene Adresse der Verkäuferin:

z. Hd. von: [...]

Telefon: [...]

E-Mail: [...]

(iii) Adressenänderungen werden erst ab tatsächlichem Zugang der entsprechenden Mitteilung wirksam.

16. Anwendbares Recht

Dieser Vertrag unterliegt deutschem Recht.

17. Gerichtsstandsvereinbarung

Gerichtsstand – soweit rechtlich zulässig – für alle Streitigkeiten im Zusammenhang mit diesem Vertrag ist [...].

18. Vertraulichkeit

(a) Die Parteien werden Informationen, die sie aufgrund dieses Vertrages oder im Zusammenhang damit erhalten haben und die das Geschäft oder finanzielle Angelegenheiten der Parteien und von Dritten betreffen sowie jede andere Information vertraulicher Natur einschließlich Informationen über die Identität von Schuldnern oder die Existenz und den Inhalt dieses Vertrages, vertraulich behandeln, mit der Ausnahme von Informationen:

(i) deren Offenlegung durch diesen Vertrag gestattet ist,

(ii) die im Zeitpunkt ihrer Mitteilung bereits öffentlich bekannt waren und dies nicht auf einer Verletzung der Vorschriften dieses Vertrages beruht,

(iii) die auf Grund eines Gesetzes, einer Verordnung oder auf Anordnung eines Gerichts, einer Behörde oder einer Institution, die mit vergleichbaren Rechten ausgestattet ist (einschließlich Zentralbanken, Börsen oder Bankaufsichtsbehörden sowie Steuerbehörden) an diese übermittelt werden müssen,

(iv) die übermittelt werden müssen, um Rechte aus diesem Vertrag auszuüben, zu schützen oder durchzusetzen.

(b) Im Übrigen bleiben die Bestimmungen der zwischen der Verkäuferin und dem Käufer am [...] abgeschlossenen Vertraulichkeitserklärung bestehen, sofern sie diesem Vertag nicht widersprechen.

(c) Die Parteien sind jeweils berechtigt, Dritte auch im Wege gemeinsam abgestimmter Presseerklärungen allgemein über den Abschluss dieses Vertrages und den Verkauf des Kaufgegenstandes unter Nennung der Vertragspartner zu informieren, wobei jede solche Presseerklärung der Einwilligung der jeweils anderen Partei bedarf.

(d) Zum Zweck der Refinanzierung, der vollständigen oder teilweisen Verbriefung der Refinanzierung des Kaufgegenstands, des Verkaufs einzelner Gekaufter Forderungen oder Sicherheiten oder der Gesamtheit oder eines Teiles des Kaufgegenstands, dürfen Informationen (ohne die Regelung der Ziffer 18 (a) zu beschränken) (α) an verbundene Unternehmen (im Sinne des § 15 AktG), Zweckgesellschaften, Kapitalgeber, potentielle Investoren, deren Berater oder Ratingagenturen gegeben werden, wenn sichergestellt ist, dass der Empfänger der Information diese ebenfalls vertraulich behandelt bzw. – im Fall von Ratingagenturen – wenn diese ausdrücklich auf die Vertraulichkeit dieser Informationen hingewiesen werden, wobei die Identität, d. h. der Name der jeweiligen Schuldner, gegenüber Ratingagenturen nicht offengelegt wird oder (β) nach marktüblicher Praxis in einem Verkaufsprospekt (*Offering Circular*) oder *Information Memorandum* veröffentlicht werden, wobei die Veröffentlichung personenbezogener Daten betreffend die Schuldner in jedem Fall ausgeschlossen ist.

19. Salvatorische Klausel

Ist eine Regelung dieses Vertrages ganz oder zum Teil unwirksam, nichtig oder nicht durchsetzbar, oder wird eine Regelung dieses Vertrages ganz oder zum Teil unwirksam, nichtig oder nicht durchsetzbar, werden die übrigen Regelungen dieses Vertrages davon nicht berührt. Anstelle der unwirksamen, nichtigen oder nicht durchsetzbaren Regelung gilt die wirksame und durchsetzbare Regelung als vereinbart, die dem wirtschaftlichen Zweck dieses Vertrages am ehesten entspricht. Gleiches gilt im Falle des Vorliegens einer Regelungslücke.

20. Änderungen

Änderungen dieses Vertrages (einschließlich dieser Ziffer 20) bedürfen der Schriftform.

21. Bargeschäft

Den Verpflichtungen der Verkäuferin aus diesem Vertrag steht eine unmittelbar gleichwertige Gegenleistung im Sinne der §§ 129 ff. Insolvenzordnung gegenüber, die bei Zahlung des Kaufpreises in das Vermögen der Verkäuferin gelangt und dort verbleibt.

22. Zahlungen

Alle unter diesem Vertrag zu leistenden Zahlungen sind an dem ausdrücklich in diesem Vertrag oder dem von den Parteien festgelegten Tag, ansonsten sofort fällig; sollte eine zu leistende Zahlung an einem anderen Tag als einem Geschäftstag fällig werden, hat diese Zahlung an dem darauffolgenden nächsten Geschäftstag zu erfolgen.

Alle unter diesem Vertrag zu leistenden Zahlungen sind von den Parteien ohne Abzug, Aufrechnung oder Zurückbehaltung zu leisten, soweit im Folgenden nicht ausdrücklich anders vereinbart.

Alle unter diesem Vertrag zu leistenden Zahlungen sind von den Parteien durch Banküberweisung mit taggleicher Wertstellung in frei verfügbaren Mitteln, kosten- und gebührenfrei für den jeweiligen Empfänger zu überweisen.

Alle unter diesem Vertrag zu leistenden Zahlungen erfolgen netto, das heißt ohne Abzug von etwaig anfallender Steuern oder sonstiger Abzüge soweit im Folgenden nicht ausdrücklich anders vereinbart.

23. Kosten

(a) Soweit in diesem Vertrag nicht anders vereinbart, trägt die Verkäuferin die Kosten der Verkäuferin und der Käufer seine eigenen Kosten (insbesondere Rechts- und sonstige Beratungskosten).

(b) Sonstige Transaktionskosten, insbesondere hinsichtlich einer Titelumschreibung, trägt der Käufer.

Ort, Datum	Ort, Datum
Für die […] als Verkäuferin ____________________ Name / Titel	Für den […] als Käufer ____________________ Name / Titel

Anlage 1 (Globalabtretung)

Anlage 2 (Abtretungsanzeige)

Anlage 3 (Abtretungsbestätigung)

Anhang 4

Confidentiality Agreement

between

[…]

as Bank

and

[…]

as Investor

and

[…]

as Professional Advisory Firm

This confidentiality agreement (the '**Agreement**') is dated […] and made

Between

(1) […], is a […] with its registered seat in […], registered with the […] of […] under […] (the '**Bank**');

(2) […] (the '**Investor**') and

(3) […] (the '**Professional Advisory Firm**').

The Bank, the Investor and the Professional Advisory Firm together the '**Parties**' and each a '**Party**'.

Preamble

(A) The Bank has entered with the Investor in bidder discussions in relation to […] (the '**Transaction**') and concluded a non-disclosure agreement.

(B) It is intended that the Bank provides samples of customer contracts in relation to the loan agreements and related documentation (the '**Customer Contracts**') to enable the Professional Advisory Firm to carry out legal due diligence (the '**Due Diligence**').

(C) The existence of the Customer Contracts may constitute, and the Customer Contracts may contain confidential information and disclosure of such Customer Contracts and their terms may be restricted or prohibited at the time of the Due Diligence.

(D) In order to comply with the terms of the Customer Contracts, the Investor and the Bank agree subject to the terms of this Agreement that the Customer Contracts only be made available to persons who due to their profession within the meaning of section 203 (1) no. 3 of the German Criminal Code *(Strafgesetzbuch)*, their assistants or persons employed by them in preparation for the profession and other persons who are involved in their professional or official activities within the meaning of section 203 (3) of the German Criminal Code *(Strafgesetzbuch)*, are bound to secrecy (the '**Relevant Persons**').

(E) It is the intention of the Parties that the Customer Contracts be provided in a data room subject to certain agreed data room rules (the '**Data Room Rules**') to individual Relevant Persons at the Professional Advisory Firm (the '**Information Trustees**').

1. Confidentiality Obligation

1.1 The Professional Advisory Firm hereby undertakes to keep all information and data contained in the Customer Contracts (the '**Protected Information**') confidential and secret and not to make the Protected Information available or accessible to the Investor or any third parties, irrespective of the manner or form in which it obtains such Protected Information. The Professional Advisory Firm will ensure that the Information Trustees comply with this confidentiality obligation.

1.2 The Professional Advisory Firm hereby acknowledges the Data Room Rules as binding and will ensure that the Information Trustees will comply with the Data Room Rules.

2. Access to Protected Information

2.1 The Customer Contracts provided to the Professional Advisory Firm may only be inspected by Information Trustees. The Professional Advisory Firm shall ensure that only Information Trustees will have access to the Protected Information.

2.2 It shall be the responsibility of each Information Trustee who inspects a Customer Contract to maintain confidentiality in respect of the Protected Information. The Professional Advisory Firm shall ensure that after reviewing the Customer Contracts each Information Trustee deletes all Protected Information.

2.3 The Professional Advisory Firm shall ensure compliance with the confidentiality obligations under this Agreement by all Information Trustees with access to the Protected Information. The Professional Advisory Firm shall be liable for any breach of this Agreement by the Information Trustees.

3. Reporting

3.1 Any communication with the Investor in connection with the Protected Information by the Professional Advisory Firm and the Information Trustees may only be carried out in accordance with the provisions of this clause 3.

3.2 Any oral and written report, summary, analysis, evaluation and any other documents or communications prepared by the Professional Advisory Firm or the Information Trustees in relation to the Customer Contracts or Protected Information (**'Reporting'**) shall be compiled solely in an anonymised and aggregated form and shall not reflect any information or data which may be used to identify a specific Customer Contract, refer to the identity of a debtor or the contractual counterparty or counterparties under the Customer Contract, any third-party guarantor or other third party, in particular names, addresses, details of the commercial terms of the contract (except for the nominal amounts of the accounts receivable pursuant to such contract) or other personal [or [...]] information.

3.3 The Professional Advisory Firm shall obtain the consent of the Bank before providing any Reporting to the Investor.

3.4 The Professional Advisory Firm undertakes and will ensure that it and the Information Trustees do not provide the Investor with any further written or verbal communication regarding the Protected Information. The Investor undertakes not to request or accept any further information. If such communication is made the Investor will immediately inform the Bank thereof and immediately destroy any information received.

4. Liability for Confidentiality Breaches

The Professional Advisory Firm shall indemnify and hold the Bank harmless from and against all damages resulting from the breach of obligations by the Professional Advisory Firm or any of the Information Trustees pursuant to this Agreement. Any claims for damages of the Bank against the Investor remain unaffected.

5. Term

This Agreement shall remain in full force and effect even if the Transaction is not concluded.

6. Miscellaneous

6.1 All questions regarding Protected Information shall be addressed by the Professional Advisory Firm exclusively to the Investor. In the absence of express consent from the Bank the Professional Advisory Firm is not authorised to disclose to the Investor or any other person the Protected Information or its existence other than in the manner set out in this Agreement.

6.2 Amendments to this Agreement (including this clause 6.2) must be made in writing.

6.3 If any provision of this Agreement is invalid, void or unenforceable in whole or in part, or if any provision of this Agreement becomes invalid, void or unenforceable in whole or in part, the remaining provisions of this Agreement shall not be affected. Instead of the invalid, void or unenforceable provision, such effective and enforceable provision is deemed to have been agreed upon as it implements the economic purpose of this Agreement as closely as possible. The same shall apply in the event of a regulatory gap.

6.4 This Agreement is subject to the substantive law of the Federal Republic of Germany, without regard to principles of conflicts of laws and without regard to the UN Convention on the Sale of Goods. The exclusive place of jurisdiction for all disputes arising out of or in connection with this Agreement shall be [...].

Signature Page of the Confidentiality Agreement

The Bank

[...]

Name: ______________________	Name: ______________________
Title: ______________________	Title: ______________________
______________________	______________________
Place, Date	Place, Date

The Investor

[...]

Name: ______________________	Name: ______________________
Title: ______________________	Title: ______________________
______________________	______________________
Place, Date	Place, Date

[...]

Name: ______________________	Name: ______________________
Title: ______________________	Title: ______________________
______________________	______________________
Place, Date	Place, Date

The Professional Advisory Firm

[...]

Name: ______________________	Name: ______________________
Title: ______________________	Title: ______________________
______________________	______________________
Place, Date	Place, Date

Mitgliederliste

DKS
Deutsche Kreditmarkt-Standards

Bank/Unternehmen + Ansprechpartner
(Stand März 2026)

Addleshaw Goddard (Germany)	Nadine Bourgeois
Advant Beiten	Petra Fendt
Ankura Consulting Group	Jens-Georg Nawrath
AO Shearman	Dr. Franz-Bernhard Herding
Baker Tilly	Dr. Alexander Fridgen
Bickel & Company	Dr. Boris Trautmann
Bird & Bird	Dr. Michael Jünemann
Bryan Cave Leighton Paisner LLP	Mike Danielewsky
Bundesvereinigung Kreditankauf und Servicing e. V.	Cristina Bachmeier
Clifford Chance	Dr. Stefan Sax
CMS Hasche	Dr. Alexandra Schulz-Amend
Commerzbank AG	Lars Löffelholz
Consors Finanz BNP Paribas S.A. Niederlassung Deutschland	Mathias Droop
Deloitte	Dr. Simon Grieser
Dentons Europe LLP	Andreas Ziegenhagen
DLA Piper	Florian Bruder
Dohr Inkasso	Hans Iuel Dohr
Dr. Wieselhuber & Partner	Volker Riedel
Ehlermann Rindfleisch Gadow ERG Legal	Dr. Carolin Schmeding
Flick Gocke Schaumburg	Prof. Dr. Christian Brünkmans
Florett & Falke	Maximilian Pape
FMP Potsdam	Karsten Reitz
FPS Law	Daniel Herper
Frankfurt School Forum	Ulrich Martin

Friedrich Graf von Westphalen FGvW	Raphael Klesen
Gibson Dunn & Crutcher LLP	Sebastian Schoon
Gleiss Lutz	Dr. Kai Birke
GÖRG Partnerschaft von Rechtsanwälten	Dr. Jens-Dietrich Mitzlaff
Gowling WLG	Carolin Glänzel
Grub Brugger	Dr. Hans Konrad Schenk
GSK Stockmann	Rebecca Comtesse
Heuking Kühl	Michael Neises
HmcS	Lutz Hansen
Hogan Lovells	Dr. Katlen Blöcker
ING Bank – a branch of ING-DiBa AG	Bettina Röder
Jones Day	Claudia Leyendecker
Kallan Legal	Dr. Christina Griebeler
KUCERA Rechtsanwälte	Oliver Platt
Landesbank Hessen-Thüringen	Andreas Lautz
lindenpartners	Michael Kohl
LOANCOS Gruppe	Dr. Clifford Tjiok
Loschelder	Dr. Nils Derksen
Lowell Group	Sandra Trotzowsky
Mayer Brown	Dr. Martin Philipp Heuber
McDermott Will Emery LLP	Dr. Oliver Lieth
Menold Bezler	Roman A. Becker
Merck Finck Privatbankiers	Andrea Burkert
Morgan, Lewis & Bockius LLP	Dr. Torsten Schwarze
Noerr	Dr. Andreas Naujoks
Norton Rose Fulbright	Dr. Sylwia Bea-Pulverich
Oldenburgische Landesbank OLB	Dr. Clemens Stauder
One Square Advisors	Wolf Waschkuhn
Osborne Clarke	Antje Günther
Rimon Falkenfort	Oliver Otto
Riverty GmbH	Oliver Kuhaupt
RSM Ebner Stolz	Jan Groß

Santander Consumer	Andrea Weber
Schalast LAW TAX	Prof. Dr. Christoph Schalast
Schiebe und Collegen	Dr. Robert Schiebe
Schrittmacher	Matthias Kühne
Simmons & Simmons	Dr. Christopher Kranz
SZA Schilling, Zutt & Anschütz	Dr. Andreas Herr
Taylor Wessing	Dr. Jens Wiesner
Thümmel Schütze und Partner	Olaf Sachner

Persönliche Mitgliedschaft:
Judith Wittig

Literaturverzeichnis

Ashley, Kevin D.	Artificial Intelligence and Legal Analytics, 2017
Aßfalg, Eric	Die Integration des Finanzdienstleistungsfernabsatzrechts in die Verbraucherrechterichtlinie und eine neue „Widerrufsfunktion“, GPR 2023, 247
Auer-Reinsdorff, Astrid/ Conrad, Isabell (Hrsg.)	Handbuch IT- und Datenschutzrecht, 3. Aufl. 2019
Auffenberg, Lutz	Bitcoins als Rechnungseinheiten Eine kritische Auseinandersetzung mit der aktuellen Verwaltungspraxis der BaFin, NVwZ 2015, 1184
Bauerfeind, Tobias/Hille, Cornelius/Loff, Detmar	Aufsichtsregime nach MiCAR aus Instituts- und Produktperspektive – Widerstreit oder Homogenität?, RdF 2023, 84
Baums, Theodor	Recht der Unternehmensfinanzierung, 1. Aufl. 2017
Beck, Lucas-Michael	Die neue Haftung für Kryptoverwahrer gemäß Art. 75 Abs. 8 MiCAR, WM 2024, 425
Becker, Axel/Gruber, Walter/ Heuter, Henning (Hrsg.)	Handbuch MaRisk – Neue Anforderungen an das Risikomanagement in der Bankpraxis, 4. Aufl. 2024
Beisel, Daniel/Andreas, Friedhold E. (Hrsg.)	Beck'sches Mandatshandbuch, 4. Aufl. 2024
Bernau, Timo/Lutterbach, Maike	Digital Operational Resilience Act (DORA) – Paradigmenwechsel in der IT-Aufsicht, BKR 2023, 506
Bernsau, Georg/Beyer, Hans	Sanieren mit dem StaRUG: von der Regelung einer finanziellen Schieflage bis zur Durchsetzung eines Gesellschafterwechsels – ein Praxisbericht, BB 2022, 1090
Birne, Aurelia Philine	Neue digitale Zahlungsmittel im Lichte des Zahlungsdiensterechts, RDi 2024, 521
Bitter, Georg	Reform des Insolvenz- und Restrukturierungsrechts zum 1.1.2021 in Kraft getreten, GmbHR 2021, R16
Blassl, Johannes/Sander, Philipp	Kryptoverwahrgeschäft – Einsatz der Blockchain im Finanzbereich wird regulierte Finanzdienstleistung, WM 2020, 1188
Böger, Ole/Ellenberger, Jürgen/Findeisen, Michael/ Nobbe, Gerd (Hrsg.)	Kommentar zum Zahlungsverkehrsrecht – Praxiskommentar zum Zivil- und Aufsichtsrecht des Zahlungsverkehrs, 3. Aufl. 2020
Bork, Reinhard	Erstreckung der §§ 103 ff. InsO auf die präventive Restrukturierung?, ZRI 2020, 457
Brackmann, Susann/ Holze, Alina	Gesellschafter- und Aktionärsbeteiligung in der Restrukturierung, ZRI 2024, 143
Braun, Eberhard (Hrsg.)	Insolvenzordnung – InsO mit EuInsVO, Kommentar, 10. Aufl. 2024

Brauneck, Jens Die Kryptoverwahrung der MiCAR im deutschen Kontext, EuZW 2025, 981

Brinkmann, Moritz Die Solvenzsicherungspflicht der Geschäftsleiter: zur Haftungs- und Organisationsvedassung der juristischen Person nach dem StaRUG, KTS 2021, 303

Brünkmans, Christian Geschäftsleiterpflichten und Geschäftsleiterhaftung nach dem StaRUG und SanInsFoG – Nachtrag zu ZInsO 2021, ZInsO 2021, 125

Burchardi, Sophie Risikotragung für KI-Systeme – Zur Zweckmäßigkeit einer europäischen Betreiberhaftung, EuZW 2022, 685

Casper, Matthias/Terlau, Matthias (Hrsg.) Zahlungsdiensteaufsichtsgesetz – Das Aufsichtsrecht des Zahlungsverkehrs und des E-Geldes, 3. Aufl. 2023

Chen, Peter Pin-Shan The entity-relationship model – toward a unified view of data, 1976

Chibanguza, Kuuya/Steege, Hans Die KI-Verordnung – Überblick über den neuen Rechtsrahmen, NJW 2024, 1769

d'Avoine, Marc/Hamacher, Phil Aussonderungsrechte an Kryptowerten?, ZIP 2022, 2214

d'Avoine, Marc/Hamacher, Phil Kryptoassets und Kosten der Aussonderung, § 46i Abs. 3 KWG und § 44 Abs. 3 KMAG, ZRI 2024, 49

Danwerth, Christopher/Hildner, Alicia Nach dem Pyrrhussieg vor dem KG Berlin – Neue Lösungsansätze zur Regulierung von Bitcoins – zugleich eine Besprechung des Urteils des KG Berlin v. 25.9.2018 – (4) 161 Ss 28/18 (35/18), BKR 2018, 473, BKR 2019, 57

Demgensky, Sascha/Erm, Andreas Der Begriff der Einlagen nach der 6. KWG-Novelle, WM 2001, 1445

Denga, Michael Non-Fungible Token im Bank- und Kapitalmarktrecht, BKR 2022, 288

Diederichs, Marc Risikomanagement und Risikocontrolling, 2012

Diem, Andreas/Jahn, Christian Akquisitionsfinanzierungen – Kredite für Unternehmenskäufe, 4. Aufl. 2019

Diem, Andreas/Jahn, Christian (Hrsg.) Acquisition Finance Agreements in Germany – Englischsprachige Kreditverträge für Leveraged Buy-Outs nach deutschem Recht, 2017

Draghi, Mario The Future of European Competitiveness, Bericht an die Europäische Kommission, 2024

Ebers, Martin Standardisierung Künstlicher Intelligenz und KI-Verordnungsvorschlag, RDi 12/2021, 588

Ebers, Martin/Heinze, Christian A./Krügel, Tina/Steinrötter, Björn (Hrsg.) Künstliche Intelligenz und Robotik – Rechtshandbuch, 1. Aufl. 2020

Ebers, Martin/Quarch, Benedikt M. (Hrsg.) Rechtshandbuch ChatGPT – KI-basierte Sprachmodelle in der Praxis, 2024

Einig, Andreas MaRisk bei Finanzdienstleistungsinstituten – Überblick über wesentliche Vorschriften und Hinweise zur Prüfung durch den Wirtschaftsprüfer, 2014

Ellenberger, Jürgen/Bunte, Hermann-Josef (Hrsg.) Bankrechts-Handbuch, 6. Aufl. 2022

Feiler, Lukas/ Forgó, Nikolaus KI-VO – EU-Verordnung über künstliche Intelligenz, 2024

Fellenberg, Frank/Kment, Martin (Hrsg.) Taxonomie-Verordnung, Kommentar, 2024

Fischer, Reinfrid/Schulte-Mattler, Hermann (Hrsg.) KWG, CRR – Kommentar zu Kreditwesengesetz, VO (EU) Nr. 575/2013 (CRR) und Ausführungsvorschriften, 6. Aufl. 2023

Fleischer, Holger/Goette, Wulf (Hrsg.) Münchener Kommentar zum Gesetz betreffend die Gesellschaften mit beschränkter Haftung: GmbHG, 5. Aufl. 2026

Floridi, Luciano The Ethics of Artificial Intelligence: Principles, Challenges, and Opportunities, 2023

Flöther, Lucas F. (Hrsg.) StaRUG – Unternehmensstabilisierungs- und -restrukturierungsgesetz, Kommentar, 2021

Flöther, Lucas F./Wilke, Anna K. Neue Zugangshürde zum StaRUG – Der Gesellschafter als Sanierungsbremse?, ZRI 2023, 1029

Frank, Justus/Heine, Maurice KI-Einsatz im Betrieb unter der KI-Verordnung, NZA 2023, 1281

Frank-Fahle, Constantin/ Falder, Roland/Lemmerz, Anna-Luisa Quick Guide Compliance, ESG und Investigations in Emerging Markets. Ein Leitfaden für Praktiker, 2024

Fridgen, Alexander/ Geiwitz, Arndt/Göpfert, Burkard (Hrsg.) Beck'scher Online-Kommentar zum Insolvenzrecht

Fritz, Daniel Friedemann/ Scholtis, Lorenz Anregungen für eine mutige und praxistaugliche Umsetzung der Restrukturierungsrichtlinie, BB 2019, 2051

Fromberger, Mathias/Haffke, Lars/Zimmermann, Patrick Kryptowerte und Geldwäsche, BKR 2019, 377

Fuhrmann, Lambertus/ Heinen, Alexander/Schilz, Lukas Die gesellschaftsrechtlichen Aspekte des StaRUG – Drei Fragen an die Restrukturierungsanzeige nach § 31 I StaRUG, NZG 2021, 684

Gasteyer, Thomas KI – Berufsrechtliche Risiken und anwaltliche Regulierung, Anwaltsblatt v. 13.11.2024

Gehrlein, Markus Einleitung eines StaRUG-Verfahrens aus eigener Machtvollkommenheit der Geschäftsführer?, ZRI 2024, 737

Gerdemann, Simon Konformitätsbewertung als Kernpflicht der KI-Verordnung, NJW 2024, 2209

Gigerenzer, Gerd Risiko, 4. Aufl. 2013

Godzierz, Cornelia (Hrsg.) Compliance Checklisten – Rechtliche Risiken im Unternehmen erkennen und vermeiden, 6. Aufl. 2025

Götze, Cornelius „Gelatine" statt „Holzmüller" – Zur Reichweite ungeschriebener Mitwirkungsbefugnisse der Hauptversammlung, NZG 2004, 585

Gravenbrucher Kreis Evaluierung des Gesetzes über den Stabilisierungs- und Restrukturierungsrahmen für Unternehmen (Unternehmensstabilisierungs- und -restrukturierungsgesetz – StaRUG), ZRI 2025, 549

Grüneberg, Christian (Hrsg.) Bürgerliches Gesetzbuch, Kommentar, 85. Aufl. 2026

Gsell, Beate/Krüger, Wolfgang/Lorenz, Stephan/Reymann, Christoph (Gesamthrsg.) beck-online.GROSSKOMMENTAR BGB

Hacker, Philipp/Thomale, Chris Crypto-Securities Regulation: ICOs, Token Sales and Cryptocurrencies under EU Financial Law, ECFR 2018, vol. 15, issue 4, 645

Haimes, Yacov Y. Risk modeling, assessment, and management, 4. Aufl. 2016

Haneke, Severin Aussonderung von verwahrten Kryptowerten de lege ferenda – Stellungnahme zu § 46i KWG-RefE, NZI 2023, 529, 531

Hannemann, Ralf/Biewer, Susen/Kocatepe, Sibel/Zaruk, Marina (Hrsg.) Mindestanforderungen an das Risikomanagement (MaRisk), Kommentar, 7. Aufl. 2025

Harder, Phillip-Boie/Kindler, Peter/Kluth, David (Hrsg.) Sanierungsrecht – StaRUG/InsO/IDW Standards, Kommentar, 2024

Harman, Dan Neue Instrumente des Zahlungsverkehrs: PayPal & Co., BKR 2018, 457

Henning, Kai/Lackmann, Frank/Rein, Andreas (Hrsg.) Privatinsolvenz – Insolvenzverfahren mit Restschuldbefreiung, Handkommentar, 2. Aufl. 2022

Herrmann, Jan/Aschenbeck, Tanja Die MiCAR ist da: Ausgewählte Abgrenzungsfragen zum Anwendungsbereich – Welche Kryptowerte sind erfasst und was ist mit NFTs?, BB 2023, 1987

Herrmann, Jan/Aschenbeck, Tanja Die MiCAR ist da: Ausgewählte Abgrenzungsfragen zum Anwendungsbereich – Welche Kryptowerte-Dienstleistungen sind erfasst? Copy & Paste von MiFID II & Co.?, BB 2023, 2883

Herrmanns, Michael Die Ausgestaltung der Krisenfrüherkennung und des Krisenmanagements nach § 1 StaRUG – Empfehlungen auf der Basis von IDW ES 16, KSI 3/2025,

Hirte, Heribert/Mülbert, Peter O./Roth, Markus (Hrsg.)	Aktiengesetz, Großkommentar, 5. Aufl. 2015
Hirtenlehner, Johannes/Isci, Julian	Die Verwendung von Kunden-Kryptowerten auf eigene Rechnung, BKR 2025, 348
Hofmann, Matthias	Vertragsbeendigung nach §§ 49 ff. StaRUG-E – praktisches Sanierungstool oder untaugliches Ungetüm?, NZI 2020, 871
Höhlein, Thomas/Weiß, Hagen	Krypto-Assets, ICO und Blockchain: prospektrechtliche Perspektive und aufsichtsrechtliche Praxis, RdF 2019, 116
Hu, Xiangwang/Zheng, Zuduo/Chen, Danjue/ Sun, Jian	Autonomous Vehicle's Impact on Traffic: Empirical Evidence From Waymo Open Dataset and Implications From Modelling, IEEE Trans. Intell. Transport. Syst. 2023, 6711
Jacoby, Florian/Thole, Christoph (Hrsg.)	StaRUG, Unternehmensstabilisierungs- und -restrukturierungsgesetz, Kommentar, 2023
Jandt, Silke/Steidle, Roland (Hrsg.)	Datenschutz und Internet – DS-GVO, BDSG, TDDDG, KI-VO, DMA, DSA, 2. Aufl. 2025
John, David/Patz, Anika	ZuFinG und FinmadiG – eine Neuordnung der Krypto-Landschaft, BKR 2023, 849
Josenhans, Michael/Danzmann, Max	Das Future-Pledgee- und das Parallel-Debt-Konzept in der Kreditfinanzierung – Theoretische und praktische Aspekte, RdF 2017, 38
Kaulartz, Markus/Hirzle, Katharina/ Holl, Benedikt	Tokenisierung durch das Auslobungsmodell, RDi 2022, 324
Kaulartz, Markus/Holl, Benedikt	Die Regulierung von Staking-Dienstleistungen, RDi 2024, 241
Kaulartz, Markus/Holl, Benedikt	Die Regulierung von Staking-Dienstleistung, RDI 2024, 241
Kaulartz, Markus/Matzke, Robin	Die Tokenisierung des Rechts, NJW 2018, 3278
Kaulartz, Markus/Schmid, Alexander	Rechtliche Aspekte sogenannter Non-Fungible Tokens (NFTs), CB 2021, 298
Keding, Sebastian	Die aufsichtsrechtliche Behandlung von Machine-to-Machine-Zahlungen unter Rückgriff auf Peer-to-Peer-Netzwerke, WM 2018, 64
Kelly, Anne	Sound Judgment: Review of Noise: A Flaw in Human Judgment (2021) by Daniel Kahneman, Olivier Sibony, and Cass R. Sunstein, Numeracy 15, Iss. 2 (2022)
Kiethe, Kurt	Vorstandshaftung aufgrund fehlerhafter Due Diligence beim Unternehmenskauf, NZG 1999, 976
Kilian, Robert/Denga, Michael	Das Testen und Zertifizieren von KI-Systemen, NJW 2024, 2945

Kirchner, Hilbert/ Böttcher, Eike	Abkürzungsverzeichnis der Rechtssprache, 11. Aufl. 2024
Kleinert, Ursula/Mayer, Volker	Elektronische Wertpapiere und Krypto-Token Aktuelle Rechtslage und die Blockchain-Strategie der Bundesregierung vom 18.9.2019, EuZW 2019, 857
Kleinert, Ursula/Mayer, Volker	Der deutsche Weg zum elektronischen Wertpapier, EuZW 2020, 1059
Klöhn, Lars/Parhofer, Nicolas/Resas, Daniel	Initial Coin Offerings (ICOs) – Markt, Ökonomik und Regulierung, ZBB 2018, 89
Kluge Markus/Hübel, Hagen/Siadat, Alireza/ von Goldbeck, Axel	Umsetzung der Registerführungsvorgaben nach eWpG, Digital Finance, ZdiW 7–8, 2023, 217 ff.
Knoblich, René/Krimphove, Dieter	Die neue KI-VO im Regelungsdickicht des Aufsichtsrechts – Praktische Lösung für den Finanzsektor, BKR 2024, 843
Koch, Jens	AktG, Kommentar, 19. Aufl. 2025
Korch, Stefan	Restrukturierungshaftung der Geschäftsleiter nach dem StaRUG, GmbHR 2021, 793
Korch, Stefan	Gesellschafter in der Restrukturierung, ZHR 189 (2025), 647
Korschinowski, Sven/Pussar, Marc	Tokenisierte Sichteinlagen – Antwort der Banken auf den digitalen Euro?, RdZ 2023, 84
Kranz, Christopher/ Kirschner, Simon	Zur Notwendigkeit der vorherigen Einholung eines Gesellschafterbeschlusses für ein StaRUG-Verfahren, DB 2025, 1331
Kreding, Sebstian	Die aufsichtsrechtliche Behandlung von Machine-to-Machine-Zahlungen unter Rückgriff auf Peer-to-Peer-Netzwerke, WM 2018, 64
Kreft, Theresa/Raetz, Marius	Begebung und Handel von Fondsanteilen mittels Distributed-Ledger-Technologie, BKR 2024, 497
Krenzler, Michael/Remmertz, Frank R. (Hrsg.)	Rechtsdienstleistungsgesetz – RDG, RDGEG, RDV, 3. Aufl. 2023
Krey, Marina Jovita/Mayer, Volker	Lending und Staking – der Versuch einer rechtlichen Einordnung, EuZW 2025, 844
Krimphove, Dieter	Was ist Proportionalität?, BKR 2017, 535
Krimphove, Dieter	Die neue MaRisk (BA) 10/2021, BKR 2021, 589
Krimphove, Dieter	Die MaRisk nach ihrer 7. Novellierung, BKR 2023, 500, 505
Krimphove, Dieter	CB-Beitrag: Das Wertpapierinstitutsgesetz – oder die Etablierung eines neuen Aufsichtssystems für Finanzdienstleister, CB 2021, 181
Krimphove, Dieter/Lüke, Stefan (Hrsg.)	MaRisk – Rundschreiben 06/2024 (BA) – Mindestanforderungen an das Risikomanagement, 2. Aufl. 2025
Krimphove, Dieter/ Rohwetter, Kerstin	„Regulatory Sandbox“ – Sandkastenspiele auch für Deutschland?, BKR 2018, 494 ff.

Krönke, Christoph	Kryptoverwaltungsrecht – Das spezifische Aufsichtsregime für Kryptowerte nach der MiCAR, RDi 2024, 1
Kümpel	herausgegeben von Mülbert, Peter O./Früh, Andreas/Seyfried, Thorsten, Bankrecht und Kapitalmarktrecht, 7. Aufl. 2025
Kümpel, Jeremias	AG Dresden, Beschluss vom 9.8.2023 – 572 RES 1/23 – Voraussetzungen für amtswegige Bestellung eines Restrukturierungsbeauftragten und Berechnungsgrundlage der Vergütung, NZI 2023, 969
Kümpel, Jeremias	Mehrstimmrechtsaktien im Stabilisierungs- und Restrukturierungsrahmen, AG 2024, 426
Kümpel, Siegfried (Begr.)/ *Mülbert, Peter O./Früh, Andreas/Seyfried, Thorsten* (Hrsg.)	Bankrecht und Kapitalmarktrecht, 7. Aufl. 2025
Kunze, Christoph	MaRisk-Compliance – Proportionale Anwendung im genossenschaftlichen Sektor, 3. Aufl. 2024
Kütük, Merih Erdem/Sorge, Christoph	Bitcoin im deutschen Vollstreckungsrecht – Von der „Tulpenmanie“ zur „Bitcoinmanie“, MMR 2014, 643
Lehmann, Matthias/Schinerl, Fabian	The Concept of Financial Instruments: Drawing the Borderline between MiFID and MiCAR, EBI Working Paper Series, 2024 – no. 171
Letta, Enrico	Much More Than a Market, Bericht zur Zukunft des Binnenmarktes, 2024
Lewens, Urs/Rölike, Nicole	Der Aufstieg der Sustainability-Linked Loans, BKR 2024, 463
Linardatos, Dimitrios	Finanzinstrumente im Digitalzeitalter – Teil I –, WM 2024, 1633
Linardatos, Dimitrios/ Aubrunner, Fabian	Die MiCAR-Aufsicht im EWR – Trends und Maßnahmen nach einem Jahr, RDi 2006, 1
Lösing, Carsten/John, David	Die Regulierung von E-Geld Token – Analyse und Einordnung im regulatorischen Kontext (insbesondere MiCAR), BKR 2023, 373
Lühmann, Daniel/Görgülü, Can/Marciniak, Jörg	Einsatz von KI im Asset Management – Ein Blick auf die regulatorische Landschaft mit Fokus auf die KI-Verordnung der EU, BKR 2024, 175
Luhmann, Niklas	Soziologische Aufklärung, 1. Aufl. 1990
Machacek, Marisa E.	Die Anwendung der neuen MiCA-Verordnung auf Dezentrale Finanzanwendungen, EuZW 2021, 923
Madaus, Stephan/Klockenbrink, Ulrich/Meier, Nicola Rebecca	Keine Zustimmung der Gesellschafter für Einleitung des StaRUG-Verfahrens einer GmbH zur Vermeidung der Insolvenz, NZI 2024, 838
Maslen, Martin	Steuerung und Reduktion operationeller Risiken im Bankensektor, 2010

Maume, Philipp Die Verordnung über Märkte für Kryptowerte (MiCAR) – Stablecoins, Kryptodienstleistungen und Marktmissbrauchsrecht, RDi 2022, 497

Maume, Philipp Ein neues Haus für die Kryptoaufsicht, ZBB 2025, 209

Maume, Philipp/Maute, Lena (Hrsg.) Rechtshandbuch Kryptowerte – Blockchain, Tokenisierung, Initial Coin Offerings, 2020

Maume, Philipp/Siadat, Alireza Struktur, Definitionen und Anwendungs-fälle der Kryptoregulierung, NJW 2023, 1168

Maume, Philipp/Tollenaar, Nicolaes Die aufsichtsrechtliche Einordnung von Giralgeldtoken, BKR 2024, 312

Meier, Johannes (Hrsg.) Handbuch MiCAR – Europäische Regulierung der Kryptowerte, 2025

Meier, Nicola/Kotovskaia, Anastasia Das Machtpotenzial der Kryptowährungen von BigTechs – Finanzmarktregulatorische, währungs- und wettbewerbsrechtliche Problemstellungen, BKR 2021, 348

Meyer-Sparenberg, Wolfgang/Jäckle, Christof (Hrsg.) Beck'sches M&A-Handbuch – Planung, Gestaltung, Sonderformen, regulatorische Rahmenbedingungen und Streitbeilegung bei Mergers & Acquisitions, 2. Aufl. 2022

Michel, Katja/Schmitt, Yannick MiCAR – Marktzugang für Kryptodienstleister, BB 2023, 905

Miernicki, Martin Das Sonderinsolvenzrecht der Kryptowerte, LRZ 2024, Rn. 389, www.lrz.legal/2024Rn389

Möller-Klapperich, Julia Die neue KI-Verordnung der EU, NJ 2024, 337

Morgen, Christoph (Hrsg.) StaRUG – Kommentar zum Gesetz über den Stabilisierungs- und Restrukturierungsrahmen für Unternehmen, 2. Aufl. 2022

Möslein Florian/Rennig, Christopher, Das Finanzmarktdigitalisierungsgesetz (FinmadiG) im europäischen Kontext, RDi 2024, 145

Möslein, Florian/Omlor, Sebastian (Hrsg.) FinTech-Handbuch – Digitalisierung, Recht, Finanzen, 3. Aufl. 2024

Möslein, Florian/Omlor, Sebastian Digitalisierung der Finanzmärkte – Ein Arbeitsprogramm für die neue Legislaturperiode, ZRP 2025, 44

Mulert, Martin/Steiner, Jan-Mark Gesellschaftsrechtlich zulässige Regelungen im Insolvenz- und Restrukturierungsplan, NZG 2021, 673

Müller, Markus/Jarocki, Tabea 10 Jahre MaRisk-Compliance, CB 2023, 441

Nägele, Thomas Der Sekundärmarkt für Security Token aus EU-Sicht, ZdiW 2021, 181

Neumann, Karl-Alexander/Schmidt, Arndt Alexander Corporate Governance von Wertpapierinstituten, BKR 2021, 535

Niggemann, Karl A./Dahlhausen, Ulrich/Hofer, Markus B./Schmitz, Rudolf/Everling, Oliver (Hrsg.)	ESG als Treiber von M&A. Unternehmenskäufe und Zusammenschlüsse erfolgreich managen, 2024
Noreen, Umara/Shafique, Attayah/Zaheer, Ahmed/Ashfaq, Muhammad	Banking 4.0: Artificial Intelligence (AI) in Banking Industry & Consumer's Perspective, Sustainability 2023, 15(4), 3682
Noyer, Christian	Bericht zur Kapitalmarktintegration und Finanzstabilität, 2024
Omlor, Sebastian	PayPal Stablecoin (PYUSD) aus Sicht der MiCAR, RdZ 2023, 164
Omlor, Sebastian	Zahlungsverkehrsrecht für Zahlungstoken: Hintergründe, EU-Regulierung, Perspektiven, RdZ 2024, 76
Omlor, Sebastian	Digitaler Euro, E-Geld(-Token) und tokenisierte Sichteinlagen: digitale Geldformen im Vergleich, ZBB 2023, 330
Omlor, Sebastian	Der Zugang zum Zahlungskonto nach deutschem und europäischem Zahlungsdienste- und Wettbewerbsrecht, ZEuP 2021, 821
Omlor, Sebastian	Stablecoins unter MiCAR: EU-Zahlungsverkehrsrecht für vermögenswertereferenzierte und E-Geld-Token, ZHR 187 (2023), 635
Omlor, Sebastian/Heine, Jannik	Aufsichtsrechtliche Einordnung von Giralgeldtoken, WM 2025, 729 ff.
Omlor, Sebastian/Link, Mathias (Hrsg.)	Kryptowährungen und Token, 3. Aufl. 2026
Ossmann-Magiera, Lea Ludmilla/Dehmel, Susanne	Das Risikomanagementsystem nach den neuen Regeln für Künstliche Intelligenz, KIR 2024, 134
Palmstorfer, Rainer	Die Rolle der Grundrechte im AI Act, NLMR 2024, 281
Parzinger, Josef	Keine Gesellschafterzustimmung für Einleitung des StaRUG Verfahrens einer GmbH, wenn die Alternative die Insolvenz ist, FD-InsR 2024, 818137
Patz, Anika	Überblick über die Regulierung von Kryptowerten und Kryptowertedienstleistern, BKR 2021, 725
Paulheim, Heiko	Knowledge graph refinement: A survey of approaches and evaluation methods, 2017, 489
Polanyi, Michael	The Tacit Dimension, 1966
Pöllath, Reinhard/Holzapfel, Hans-Joachim (Begr.)	Unternehmenskauf in Recht und Praxis – Rechtliche und steuerliche Aspekte, 16. Aufl. 2021
Pötsch, Jordan/Bernnat, Rainer	Regulierung von Künstlicher Intelligenz in der EU Praxisbezogene Lösungsansätze für die Sicherheit von KI-Anwendungen, 2025

Prehn, Annette	Das Finanzierungsmodell „Bürgerdarlehen“ als gangbarer Weg aus finanziellen Engpässen der Kommunen?, DÖV 2011, 174
Proske, Stefan/Streit, Georg	Rettende Restrukturierung durch Rechtsrahmen? Lob und Kritik zum Regierungsentwurf des StaRUG, NZI 2020, 969
Rana, Nripendra/Pillai, Rajasshrie/Sivathanu, Brijesh/Malik, Nishtha	Assessing the nexus of Generative AI adoption, ethical considerations and organizational performance, Technovation 135, 2024
Reichling, Peter (Hrsg.)	Praxishandbuch Risikomanagement und Rating – Grundlagen, Konzepte, Fallstudie, 1. Aufl. 2003
Renner, Moritz	„Banking Without Banks“? Rechtliche Rahmenbedingungen des Peer-to-Peer Lending, ZBB 2014, 261
Rennig, Christopher	KWG goes Krypto – Die Aufnahme von Kryptowerten und des Kryptoverwahrgeschäfts in das KWG, BKR 2020, 23
Rennig, Christopher	Finanztechnologische Innovationen im Bankaufsichtsrecht, 2022
Resas, Daniel/Ulrich, Niklas/Geest, André	Kryptoverwahrung nach dem KWG: Der Versuch einer Konturierung des neuen Erlaubnistatbestands, ZBB 2020, 22
Ribak, Maurice	Wertpapierrecht der Security Token Offerings – Kohärenz von Zivil- und Aufsichtsrecht im europäischen Mehrebenensystem, 2023
Rieländer, Frederick	Eigentum an digitalen Vermögenswerten – Auf dem Weg zu einem sachenrechtlichen Zuordnungsregime für Krypto-Assets, ZEuP 2024, 769
Risse, Jörg/Kästle, Florian/Töke, Matthias	M&A und Corporate Finance von A–Z, 4. Aufl. 2025
Römermann, Volker (Hrsg.)	Münchener Anwaltshandbuch GmbH-Recht, 5. Aufl. 2023
Römermann, Volker (Hrsg.)	Insolvenzordnung (InsO)/Insolvenzrecht (InsR), Kommentar, 49. EL Januar 2024
Rüsing, Christian	Verantwortungsvolle Kreditvergabe in der novellierten Verbraucherkreditrichtlinie, ZBB 2025, 24
Schäfer, Frank A./Omlor, Sebastian/Mimber, Jörg (Hrsg.)	Zahlungsdiensteaufsichtsgesetz: ZAG, 2. Aufl. 2025
Schäfer, Jürgen/Conzen, Georg (Hrsg.)	Praxishandbuch Immobilien-Investitionen – Anlageformen, Ertragsoptimierung, Risikominimierung, 4. Aufl. 2020
Schäfer, Carsten	Keine exklusive Geschäftsleiter-Kompetenz zur Einleitung eines StaRUG-Verfahrens, ZRI 2024, 881
Schefzig, Jens/Kilian, Robert (Hrsg.)	Beck'scher Online-Kommentar zum KI-Recht
Scherer, Peter (Hrsg.)	Depotgesetz – Gesetz über die Verwahrung und Anschaffung von Wertpapieren, 2. Aufl. 2024

Schippel, Robert	Trainingsvorgaben: Wie kann man KI-Kompetenz nach Art. 4 KI-VO vermitteln?, KIR 2025, 119
Schlemmer, Elisabeth	Klimabedingte Rechtsrisiken – Vom vernachlässigten Teilaspekt in den Fokus der Bankenaufsicht, BKR 2025, 823
Schluck-Amend, Alexandra	Die fehlende praktische Relevanz des StaRUG: Empfehlungen an den Gesetzgeber, NZI-Beilage 2023, 7
Scholz, Franz (Begr.)	GmbHG, Kommentar, 13. Aufl. 2024
Schröder, Sarah/ Triantafyllakis, Ilias	Kryptowerte in der Insolvenz des Kryptoverwahrers – Massebefangen oder aussonderbar?, BKR 2023, 12
Schulz, Martin (Hrsg.)	Compliance Management im Unternehmen. Grundlagen, Erfolgsfaktoren und praktische Umsetzung, 3. Aufl. 2025
Schwartz, Michael/ Gerstenberger, Juliane	KfW-Mittelstandspanel 2025, S. 2, 21, https://www.kfw.de/%C3%9Cber-die-KfW/KfW-Research/KfW-Mittelstandspanel.html
Schwenke, Thomas	Einführung KI-Verordnung: Grundlagen, Begriffe und Pflichtenkatalog, DSB 2024, 205
Schwennicke, Andreas	Die künftige Beaufsichtigung der Wertpapierfirmen in Deutschland, BKR 2021, 150
Schwennicke, Andreas/ Auerbach, Dirk (Hrsg.)	Kreditwesengesetz (KWG) mit Zahlungsdiensteaufsichtsgesetz (ZAG), 4. Aufl. 2021
Seibt, Christoph H./ Westpfahl, Lars (Hrsg.)	StaRUG, Kommentar, 2023
Seibt, Christoph H./Harf, Alexandra	StaRUG-Verfahrenseingang: Gesellschafterbeschluss und Treuepflichten, ZIP 2024, 2309
Siadat, Alireza	MiCAR – Regulierte Finanzinstrumente mit Schwerpunktsetzung auf NFT, RdF 2023, 4
Siadat, Alireza	Markets in Crypto Assets Regulation – erster Einblick mit Schwerpunktsetzung auf Finanzinstrumente, RdF 2021, 12
Siadat, Alireza/Asatiani, Tamari	Vereinfachtes Verfahren vs. Äquivalenzverfahren nach MiCAR, BKR 2023, 221
Skauradszun, Dominik	Das Internationale Privatrecht der Kryptowerte, elektronischen Wertpapiere und Kryptowertpapiere, ZfPW 2022, 56
Skauradszun, Dominik (Hrsg.)	Verbraucherrechtedurchsetzungsgesetz (VDuG), Kommentar, 2024
Skauradszun, Dominik	Zur Aussonderung von (gemeinschaftlich) verwahrten Kryptowerten nach dem Zukunftsfinanzierungsgesetz, RDi 2023, 269
Skauradszun, Dominik/ Böhning, Sebastian/Kümpel, Jeremias	Vorschläge zur Stärkung der Restrukturierungsgerichte und zur Gewährleistung eines effektiven Rechtsschutzes in Restrukturierungssachen. ZRI 2025, 617

Skauradszun, Dominik/ Harnack, Alana Julia — Prüfungsumfang des Restrukturierungsgerichts bei Anzeigen und Aufhebungen nach §§ 31, 33 StaRUG, DZWiR 2023, 511

Skauradszun, Dominik/ Harnack, Alana Julia — Verbandsklagen gegen mehrere Unternehmer in Streitgenossenschaft, ZZP 2026

Skauradszun, Dominik/ Kümpel, Jeremias — Die Aussonderung verwahrter kryptografischer Instrumente, Kryptowerte und Kryptowertpapiere nach § 47 InsO, § 46i KWG und § 45 KMAG-E, DB 2024, 783

Skauradszun, Dominik/ Kümpel, Jeremias/Schweizer, Selina/Gramlich, Vincent — Zur Auswirkung eines Stakings auf die Rechtsposition der Kunden im Falle der Insolvenz des Kryptoverwahrers, ZBB 2023, 355

Skauradszun, Dominik/ Linardatos, Dimitrios (Hrsg.) — Kryptomärkteaufsichtsgesetz (KMAG), Handkommentar, 2025

Skauradszun, Dominik/ Schweizer, Selina/Kümpel, Jeremias — Das Kryptoverwahrgeschäft und der insolvenzrechtliche Rang der Kunden – Aussonderung oder Insolvenzquote?, ZIP 2022, 2101

Skauradszun, Dominik/ Wrede, Clara — Forderungen auf die MiCAR-Vermögenswertreserve im deutschen Insolvenzrecht – Aussonderungs- oder Absonderungsrecht?, RDi 2024, 55

Sorge, Christoph — KI-Kompetenz als Schlüsselqualifikation in der juristischen Ausbildung, KIR 2024, 77

Spindler, Gerald/Bille, Martin — Rechtsprobleme von Bitcoins als virtuelle Währung, WM 2014, 1357

Steege, Hans/Chibanguza, Kuuya (Hrsg.) — Metaverse – Rechtshandbuch, 2023

Streinz, Rudolf (Hrsg.) — EUV/AEUV – Vertrag über die Europäische Union, Vertrag über die Arbeitsweise der Europäischen Union, Charta der Grundrechte der Europäischen Union, 3. Aufl. 2018

Strobel, Benedikt — Tokenisiertes Geschäftsbankgeld?, BKR 2024, 52

Stürner, Rolf/Eidenmüller, Horst/Schoppmeyer, Heinrich/Madaus, Stephan (Hrsg.) — Münchener Kommentar StaRUG, 2023

Terlau, Matthias — MiCAR-Stablecoins – Erlaubnispflichten des Emittenten bei öffentlichem Angebot, Zulassung zum Handel und (nur) Ausgabe, BKR 2023, 809

Thole, Christoph — Der Entwurf des Unternehmensstabilisierungs- und Restrukturierungsgesetzes (StaRUG-RefE), ZIP 2020, 1985, 1995 f.

Thole, Christoph — Die Geschäftsleiterhaftung im StaRUG und nach § 15b InsO n.F, BB 2021, 1347

Thole, Christoph — StaRUG-Evaluation: Ausgewählte Reformperspektiven, ZRI 2025, 941

Thole, Christoph	Ausgewählte Fragen aus drei Jahren StaRUG, ZRI 2024, 1006
Thöne, Meik	Deliktische Haftung im Internet der Dinge, RDi 2024, 318
Tresselt, Matthias/Locher, Johannes	Gesetz zur Modernisierung des Personengesellschaftsrechts (MoPeG) – Insolvenz- und sanierungsrechtliche Auswirkungen, NWB Sanieren und Restrukturieren 2023, 296
Voigt, Paul/Hullen, Nils	Handbuch KI-Verordnung – FAQ zum EU AI Act, 2024
Weiß, Hagen	Tokenisierung – Vermögensanlage oder Wertpapier? Die Blockchain-Technik lässt die Grenzen zwischen beiden verschwimmen, BaFin Journal April 2019, 8
Wendt, Janine/Wendt, Domenik H.	Das neue Recht der Künstlichen Intelligenz – KI-Verordnung, Leitlinien, Delegierte Rechtsakte, 2. Aufl. 2025
Windholz, Natascha et al.	Praxishandbuch KI-VO – Künstliche Intelligenz rechtskonform im privaten und öffentlichen Bereich einsetzen, 2024
Wittig, Arne	Digitales Geld – Gegenwärtige und künftige Regulierung von E-Geld und E-Geld-Token nach ZAG und MiCAR, WM 2023, 412
Woesch, Philippe/Vogt, Melanie	Die KI-Verordnung – Die digitale Zukunft im Finanzsektor, BKR 2024, 689, 694
Wollring, Moritz/Quitzau, Frederik	Die Initiierung der präventiven Restrukturierung in der Praxis – Grundlagen, Besonderheiten und Stolpersteine, ZRI 2021, 785
Wu, Yulong/Schlegel, Viktor/Batista-Navarro, Riza	Natural Context Drift Undermines the Natural Language Understanding of Large Language Models, v. 1.9.2025, http://arxiv.org/abs/2509.01093
Wybitul, Tim	Arbeitsbuch AI Act – Gebrauchsanleitung für Unternehmen zur Umsetzung der KI-Verordnung, 2025
Zickgraf, Peter	Initial Coin Offerings – Ein Fall für das Kapitalmarktrecht?, AG 2018, 293